面向21世纪课程教材
Textbook Series for 21st Century

U0771791

"十二五"普通高等教育本科国家级规划教材

保险学

（第五版）

主编 魏华林 林宝清

高等教育出版社·北京

内容简介

　　本书是教育部"高等教育面向21世纪教学内容和课程体系改革计划"的研究成果，也是普通高等教育"十五""十一五"和"十二五"国家级规划教材。

　　本书是在第四版基础上修订而成的第五版。全书由四篇及附章组成：第一篇介绍保险基础理论和基本知识，包括风险管理、保险的性质与功能、保险合同、保险的基本原则等内容；第二篇介绍保险业务种类，包括财产保险、责任保险、人身保险、再保险等内容；第三篇介绍保险经营技术，包括保险经营的特征与原则、保险经营的基本环节、保险单设计、保险精算、保险基金运用、保险经营效益等内容；第四篇介绍保险市场，包括保险市场结构与运作、保险市场营销、保险经营风险与防范、保险市场监管等内容；附章为社会保险的有关内容。

　　本书理论联系实际，紧跟时代步伐，除了详细介绍保险领域的基本理论与实务知识外，还分析了中国保险市场的变化及其发展趋势。有理论、有实务、有法规、有案例，适合于高校和业界不同层次的保险学课程教学与培训使用。

图书在版编目（ＣＩＰ）数据

　　保险学 / 魏华林，林宝清主编. -- 5版. -- 北京：高等教育出版社，2023.2（2024.7重印）
　　ISBN 978-7-04-059375-4

　　Ⅰ. ①保… Ⅱ. ①魏… ②林… Ⅲ. ①保险学-高等学校-教材 Ⅳ. ①F840

　　中国版本图书馆CIP数据核字（2022）第160499号

Baoxianxue

| 策划编辑 | 赵　鹏 | 责任编辑 | 赵　鹏　荆雯旭 | 封面设计 | 姜　磊 | 版式设计 | 马　云 |
| 责任绘图 | 李沛蓉 | 责任校对 | 陈　杨 | 责任印制 | 刘思涵 | | |

出版发行	高等教育出版社	网　　址	http://www.hep.edu.cn
社　　址	北京市西城区德外大街 4 号		http://www.hep.com.cn
邮政编码	100120	网上订购	http://www.hepmall.com.cn
印　　刷	高教社（天津）印务有限公司		http://www.hepmall.com
开　　本	787 mm×1092 mm　1/16		http://www.hepmall.cn
印　　张	28.75	版　　次	1999 年 8 月第 1 版
字　　数	640 千字		2023 年 2 月第 5 版
购书热线	010-58581118	印　　次	2024 年 7 月第 3 次印刷
咨询电话	400-810-0598	定　　价	69.00 元

编著作者（以章为序）：

绪论、第五、十八章：魏华林教授、博导（武汉大学）

第一章：许谨良教授、博导（上海财经大学）

第二、十三、十七章：林宝清教授、博导（厦门大学）

第三章：孙祁祥教授、博导（北京大学）

第四章：郑荣鸣教授（厦门大学）

第六、七章：郑功成教授、博导（中国人民大学）

第八章：李秀芳教授、博导（南开大学）

第九、十二章：胡炳志教授、博导（武汉大学）

第十、十六章：郭颂平教授（广东金融学院）

第十一章：赵正堂副教授、博士（厦门大学）

第十四章：江生忠教授、博导（南开大学）
　　　　　许莉副教授、博士（厦门大学）

第十五章：赵春梅副教授、博士（南开大学）

第十八章：杨霞副教授、博士（武汉大学）

附章：李珍教授、博导（中国人民大学）

审稿专家：

李继熊教授（中央财经大学）

刘茂山教授、博导（南开大学）

邓大松教授、博导（武汉大学）

魏迎宁教授、高级经济师（中国保险监督管理委员会）

吴越教授、高级经济师（上海保险学会）

乌通元教授、高级经济师（上海保险公会）

张亦春教授、博导（厦门大学）

戴国强教授、博导（上海财经大学）

总前言

面向 21 世纪金融学专业六门主干课程教材，是教育部立项的重点项目"金融学系列课程主要教学内容改革研究与实践"的重要成果。参加此项目研究的单位包括厦门大学、复旦大学、中国人民大学、北京大学、武汉大学、中央财经大学、上海财经大学、西南财经大学、华东师范大学 9 所重点院校。3 年来，本项目在教育部高教司的直接领导下，在总召集人厦门大学张亦春教授的主持下，积极开展各项调查、资料搜集和比较研究，先后召开大、小会议十余次，特别是由教育部高教司于 1998 年 8 月发函邀请全国十多位同行专家讨论了教材编写大纲和知识点，到会专家提了许多好的意见；教材脱稿后，1999 年 3 月又由教育部高教司发函邀请全国 20 多位著名专家，分别审查了各门教材初稿，会后各主编根据审稿意见对教材初稿又进行了认真修改和完善，最后定稿。可以说，这套教材不仅倾注了主编、参编人员的智慧，而且相当广泛地征求和听取了全国著名专家的意见，是集体智慧的结晶。

面向 21 世纪的金融学专业主干课程教材，包括《货币银行学》《金融市场学》《国际金融学》《中央银行学》《商业银行经营学》《保险学》，除《货币银行学》列入经济学类专业核心课程另行编写外，其余 5 本教材此次一并出齐。

在着手组织编写这套教材时，我们确定的指导思想是：坚持知识、能力、素质协调发展和遵循本学科专业自身发展的规律及特点，在界定各门课程主要理论、观点和知识点的基础上，编写出高水平、高质量、上台阶，融理论性、知识性、前瞻性和启发性于一体，适合我国高等学校金融学专业本科教学需要的真正面向 21 世纪的专业课程教材。我们希望全国金融学专业的广大教师继续关心和支持这项工作，及时将使用这套教材中遇到的问题和改进意见向各位主编反映，以供修订时参考。

教育部面向 21 世纪"金融学系列课程主要教学
内容改革研究与实践"项目组
1999 年 6 月

第五版前言

本书自 1999 年初版至今凡二十三年，曾获评 2002 年全国普通高等学校优秀教材二等奖，承蒙广大用书院校师生和高等教育出版社之抬爱，现在赓续推出第五版。

本版修订期间，正值党的二十大召开，我们遂与党的二十大精神对标，认真检视了全书内容，认为在保险经济学理论上，本书做到了"守正创新"。"守正"体现在运用马克思主义政治经济学原理和辩证唯物主义方法论诠释保险经济现象；"创新"指本书所采用的"保险本位商品说"及其理论体系与实证分析。这些都有别于国内外既有的教科书。

本版修订，一如既往地秉承"求是、求实、求真、求新"之理念，俾本书作者自我追求至善外，尤重于用书院校师生和高等教育出版社之反馈意见，兹更新要点如下：

1. 本书第二篇的原篇名"保险实务篇"，细酌之，似嫌失之贴切，因为后两篇"保险经营篇"与"保险市场篇"亦为保险之实务，故而将之更名为"保险形态篇"。改后的篇名亦有承上启下之意涵。

2. 应缩短篇幅之动议，将第五篇"保险监管篇"恢复初版时章的设计，归建第四篇"保险市场篇"，仍为"第十八章 保险市场监管"，并有所改写。

3. 因第十一章原作者不再承担该章的修订，由新加入的作者撰写。主要新辟或改写的内容有：保险单设计引论、保险单设计三原则、产寿险保险单制作设计概略、寿险保险单普适条款解说等。

4. 因第十二章第二节的第三目和第四目与第十七章的第三节和第四节在内容上基本雷同，且该内容更适于第十七章，故将该两目从第十二章中删除。

5. 更新了第十四章第三节的保险企业财务报表和案例分析，增加了将于 2023 年开始逐步施行的"新保险合同会计准则"专栏。

6. 附章的第三节根据"十三五"以来我国社会保险政策制度的重大变化予以改写。

7. 因应本版篇章结构的调整等，改写了绪论的最后一段内容。

一本经得起教学实践检验的教科书，有赖于它内在的合理性、科学性、先进性和时代性。本书初版及其后伴随着保险教育与实务发展的数次修订，得到了成千上万读者的青睐与关怀，它不仅凝聚了本书著者的学术智慧，还凝聚了广大读者和同行专家的宝贵建言。

正是由于本书著者与读者之间经年的交流与互鉴，并从中汲取真知灼见以为再版时的参考与借鉴，才成就了本书再版的延续。此行修订，想必还是未能尽如人意，一是囿于我们主观学识之相对局限性，二是事物发展变化之客观规律使然。因此，我们恳切地期待着读者朋友继续不吝赐教。

二十三年来，高等教育出版社始终如一地关注和陪伴着本书的成长，为本书高质高效的出版和推广倾注了不可多得的资源，本版的修订得到了有关编辑同志难能可贵的细致合作和精心编辑；武汉大学保险系杨霞副教授为第五版的修订承担了几乎所有的事务性工作；武汉大学为本书的初版和过往的再版提供了优越的工作条件和氛围。诚此，一并致谢！

人事沧桑，本书的作者中不期多了一个黑框。第一主编武汉大学魏华林教授在第五版修订工作期间驾鹤西去，为此我们深感痛惜！谨借此书的修订寄托我们对魏华林教授最崇高的敬意和最深切的哀思！

林宝清

2022 年 11 月于厦门大学

第四版前言

《保险学》（第三版）自 2011 年出版至今已逾五载。5 年来，保险领域出现了许多新情况，发生了许多变化。2014 年国务院颁布了《关于加快发展现代保险服务业的若干意见》（国发〔2014〕29 号），2015 年国家发布《中华人民共和国保险法》（2015 年修正）（主席令第二十六号），2016 年中国保险监督管理委员会印发了《中国保险业发展"十三五"规划纲要》。保险发展环境的变化，保险产业政策的引领，不仅丰富了保险理论的研究内容，而且提升了保险业的整体实力，中国的保险地位已经位列世界第三。今后一个时期是中国从保险大国向保险强国转变的关键时期。特殊的历史背景，为教材的本次修订提供了机遇，创造了条件。

修订后的教材在形式和内容上均发生了一些变化。形式上的变化体现在三个方面：一是教材除了充实原有的专栏外，各章还增加了章前导言，以方便读者对整章内容有总体的把握。二是根据内容需要，部分章节增加了"案例分析"和"延伸阅读"等版块。三是压缩了教材的纸质篇幅，引入了有关电子资源，以链接或二维码的形式将专栏、案例分析和延伸阅读等版块的内容提供给读者，以丰富读者阅读形式，培养开放思维能力。内容上的充实，主要是根据保险理论的深化、保险市场的发展和保险监管政策的变化，调整了有关章节的结构，并更新了内容，包括年金保险、巨灾保险、互联网保险、大病保险和"偿二代"等。具体地说，变化如下：

第一章增加了国内外自保公司发展动态的内容。

第四章增加了国内外保险法关于近因原则的条款规定。

第五章增加了专栏"政策性保险公司——中国出口信用保险公司"。

第六章在火灾保险主要险种中，增加了财产保险一切险；在运输货物保险中，增加了一切险的保险责任；在农业保险中，补充了政策性农业保险和商业性农业保险等性质分析。

第七章增加了雇主责任保险费率的影响因素。

第八章将人身保险的分类由人寿保险、意外伤害保险和健康保险三类，改为人寿保险、年金保险、意外伤害保险和健康保险四类，并将年金保险单独成节。增加了"养老年金保险典型条款示例""教育年金保险典型条款示例"和"保监会发布的《变额年金保险管理暂行办法》中规定的最低保单利益保证"的专栏，比较分析了定额年金和变额年金。根据 2015 年开始实施的《万能保险精算规定》和《分红保险精算规定》，调整了万能保险和分红保险的有关内容。增加了专栏"意外伤害保险的保险责任条款示例""意外伤害保险的除外责任条款示例""某保险公司住院费用补偿医疗保险的保险责任条款示例""某保险公司终身重大疾病保险条款示例""某保险公司失能收入损失保险的保险责任条款示例"。增加了 2014 年新版《人身保险伤残评定标准》关于意外事故伤残程度确定的内容。以专栏形式反映了《国务院办公厅关于加快发展商业健康保险的若干意见》《个人税收优惠型健康保险业务管理暂行办法》《中国保监会关于促进团体保险健康发展有关问题的通知》等的核心内容。

第九章增加了专栏"地震巨灾保险制度在我国落地"、延伸阅读"中国再保险市场的发展历程"。

第十一章增加了专栏"保单通俗化：寻求易读性与规范性之间的合理边界"。

第十二章增加了专栏"中国寿险业生命表的演进"。

第十四章增加了专栏"再保险对三差损益的效益影响分析"、案例分析"平安投资富通遭遇国有化处置"、延伸阅读"长城人寿因数据不真实再吃罚单　连年亏损陷困境"。

第十五章增加了专栏"行在当代的原始互助"。

第十六章增加了专栏"互联网重塑保险业行业　开启十倍空间成长之路"，充实了互联网公关、网络营销的模式、保险公司网络营销的经营业绩等市场变化。

第十八章增加了专栏"各国对保险业实施不同的对外开放政策"《保险公司信息披露管理办法》节选"，增加了延伸阅读"欧盟监管指令推动再保险市场发展"。

第十九章增加了专栏"'新国十条'对保险业进行全新定位""中国保监会三定职责"，增加了延伸阅读"美国政府对美国国际集团（AIG）的救助和监管"。

第二十章增加了近年来保监会股权监管、保险资金监管、公司治理监管、偿付能力监管等保险监管新动向，增加了专栏"'偿二代'的制度框架与主要特征"《中国保险业信用体系建设规划（2015—2020 年）》""中国互联网保险监管政策进展""中国保险监管国际化交流情况"。

第二十一章增加了专栏《保险监管核心原则》简介"、延伸阅读"全球系统重要性保险机构"。

附章将"中国城镇社会保险制度的沿革"调整为"中国城镇职工社会保险制度的沿革"和"中国城乡居民社会保险制度的沿革"两个部分，增加了社会保险的特点、城乡居民基本养老保险制度和大病保险制度等内容，更新了新型农村合作医疗与失业保险制度的有关内容。

本教材从初次写作算起，至今已近 20 年，有些当年风华正茂、才华横溢的作者，随着岁月的流逝，现在已经成熟，有的已经离开教学岗位，但是，为了一个共同的目标，他们选择了坚守，一个不少、一如既往地参与了历次教材修订工作。更为难能可贵的是，长期以来，教材得到了数以万计读者的关注与呵护，大家以不同的方式对教材进行完善和补充，使之获得了全国优秀教材二等奖的殊荣。这样的荣誉，与其说属于教材的作者，不如说属于教材的读者，尤其是那些历届任教与就读于保险学及其相关专业的教师和其弟子。

教材的修订与教材的编写一样，是一项看似简单，实为艰辛的劳动，既需要作者本身的无私付出和充分耐心，又需要其他方面的协同和配合。武汉大学的杨霞副教授在历次修订中，承担了几乎所有与修订有关的事务性工作。高等教育出版社的郭金录首席编辑、王琼高级编辑和河北金融学院的付正博士，为本次修订做出了难以替代的工作，在此一并感谢。

在教材修订工作全部完成，即将付梓之际，惊悉教材第一章的作者、上海财经大学保险系创办人许谨良教授与世长辞，本教材竟成许教授亲笔完成修改的遗作。谨以此教材，表达我们对许教授最崇高的敬意和最深切的哀思。

魏华林　林宝清
2016 年 12 月于珞珈山

第三版前言

本书出版以来，尤其是第二版出版以来，承蒙多方使用，先后多次印刷，得到社会认同。然而，"十一五"期间，国内外保险理论和实践不断出现新的进展与变化，鉴于此，现将第二版修订后重新出版，以及时反映这些新的变化，适应新时期高校保险教学的新需求。

此次修订后的《保险学》与第二版相比，主要有以下两个方面的变化：

一是内容上的修改。第三版根据近五年来理论研究、法律法规、保险经营、保险市场和保险监管等方面的新变化，调整、更新和改写了各个章节的相关内容。具体而言，修订版章节修改的内容主要有：各章根据 2009 年修订的《保险法》，修改了有关法条及内容，第一章增加了关于自保公司这一自留的最高级形式的介绍；第二章补充了保险在宏观经济中的作用之———有助于完善和实现国家社会管理职能；第三章增加了保险合同的订立、成立与生效等内容，同时删去了有关保险合同的分类；第四章在最大诚信原则中增加了告知义务的特点、保险人的告知义务，在近因原则中对多因致损情况做了更为详细的分析；第八章根据《健康保险管理规定》《投资连结保险精算规定》《万能保险精算规定》等规定，修改了有关健康保险、投资连结保险和万能保险的定义与特征的描述；第十三章根据《保险保障基金管理办法》《保险资金运用管理暂行办法》等规定，补充了保险保障基金制度、保险资金运用比例要求等内容；第十四章在保险经营效益指标中增加了有关综合效益指标净资产收益率的讨论，以及对于标准保费、保费收入的确认与计量的分析，在保险经营效益分析中增加了流动性分析和保险企业价值分析；第十五章补充了专业自保公司、保险股份有限公司在中国的发展情况等内容；第十六章增加了对于电话营销、网络营销等直接营销渠道的介绍，并根据《保险专业代理机构监管规定》《保险经纪机构监管规定》等规定修改了有关间接营销渠道的讨论；第十九章和第二十章补充了《保险公司偿付能力管理规定》《保险信息披露管理办法》《保险条款和保险费率管理办法》《关于规范保险公司治理结构的指导意见（试行）》《再保险业务管理规定》等监管规章和规范性文件；附章将社会保障制度的历史修改为社会保险发展的四个阶段，并增加了有关中国城镇社会保险制度最新现状的描述，城镇基本养老保险、基本医疗保险和新型农村合作医疗制度的主要内容、运行机制等的介绍和分析。

二是形式上的完善。第三版通过补充案例、专栏等形式，丰富了全书的表达形式，增强了章节的可读性。具体而言，修订版章节增加的案例与专栏主要有：第三章增加了有关保险合同主体变更的案例；第四章补充了多因致损情况下近因的判定案例；第十章增加了保险公司竞争力排行榜、墨西哥湾漏油事故、国内首家相互制农险公司——阳光农业保险等专栏；第十六章补充了中国老年化社会下的保险需求、网络营销促进保险业务增长、中国银保渠道潜力巨大等专栏。

本次修订再版得益于各方支持配合，除了全体作者外，还有一些无私奉献的年轻助理研究人员，他们是武汉大学的杨霞、李毅、李芳；南开大学的王辉等。正是他们的积极参与和辛勤工作，加快了修订进度，增色了修订内容，提高了修订质量。

特别需要感谢的是高等教育出版社的郭金录编辑，正是他的专业水准和敬业精神，使得本书得以及时再版。

时隔五年，尽管我们对该书进行了全面修订，但错误之处在所难免，期待读者一如既往地关心、支持和指正。

魏华林　林宝清
2011 年 6 月于珞珈山

第二版前言

《保险学》第一版承蒙多方使用，先后多次印刷，得到社会认同。应广大读者要求，现将初版修订，重新出版。

修订后的《保险学》与第一版相比，主要有以下几个方面的变化：

一是结构上的调整。第二版将初版的四篇结构调整为五篇结构，除了增设第五篇"保险监管篇"外，还将初版"保险经营篇"中的"保险市场营销"一章调整至"保险市场篇"。在"保险经营篇"中，"保险经营环节"一章调整为"保险经营导论"。

二是章节上的改写和增添。第二版除了对初版中由于保险市场和法规、条款的变化而显得过时的内容进行了全面的修订外，还对部分章节进行了改写和增添。改写比较大的章节主要有：第十章"保险经营导论"；附章中的"中国社会保障制度的主要内容"等。增添的章节主要是：第二章中的"保险公司"；第三章中的"保险合同的分类"；第八章中的"团体保险"；另外，将初版中的"保险监管"一章改写成四章，增添了第十九章、二十章、二十一章等内容。

三是内容上的增加。第二版中有关章节增加的内容主要有：第一章增加了整体化风险管理的概念；第二章增加了有关保险社会管理功能的讨论；第三章增加了保险合同的分类、影响保险合同效力的主要因素；第四章增加了有关弃权与禁止反言的内容；第六章扩展介绍了家庭财产保险的最新险种，新增了第三者责任（强制）保险的相关内容；第八章增加了对我国投资连结险、万能险和分红险的详细介绍；第十章增加了国际理赔协会制定的理赔准则；第十一章增加了保险单设计的公平互利原则；第十三章增加了美国纽约州、日本、韩国、中国及中国台湾地区的有关保险资金运用的规定；第十四章增加了保险公司财务状况变动表的介绍；第十六章增加了我国有关保险代理人和保险经纪人的规定；第十八章至第二十一章全面阐述了保险监管理论、制度、内容和保险监管国际化，这也是初版教材中不曾有的内容。

本书是全国高校保险教育研究的一项集体成果，来源于多年的保险教学实践和学术交流活动。本书第一版2002年获得中国教育部优秀教材奖，之后被教育部列为普通高等教育"十五"国家级规划教材，得到了国家教育部和武汉大学的鼎力相助。借此机会，感谢全国高校和保险教育培训机构已经使用和即将使用本书的老师和同学们，感谢他们对本书的修改建议，以及参加对本书第二版修订的讨论。

本书的作者应该包括那些为本书的出版自始至终提供协助研究、修改和校对的助理研究人员们，他们是杨霞、李琼、马兰、彭琼、万暄、李雪霜、李晨。我们知道，对于他们为本书贡献的宝贵时间和精力来说，不是我们用"感谢"二字所能代替的。

　　尽管我们对本书进行了一次全面修订，但错误之处在所难免，加之实践发展快于理论研究的现实，需要我们作者继续充实、更新和修订，也需要广大读者继续关心、支持和指正。

魏华林　林宝清

2005 年 8 月于麦迪逊

目　录

第一篇　基础理论篇

第二篇　保险形态篇

第三篇 保险经营篇

第十八章　保险市场监管　　　　　　// 385

绪 论

一、保险学的创立与发展

保险学作为保险实践的理论概括和总结，有着悠久的历史。从世界上第一部保险专著问世算起，有据可查的保险学的研究工作已有将近 500 年的历史。人类过去长达几个世纪的保险思想与智慧，凝结在一幅又一幅保险学研究画卷之中。正是这些人类共有的保险学研究成果，不停地推动着保险历史的前进与发展。

保险理论产生于保险实践。没有保险实践，就不会有保险理论；保险理论一旦形成，又会对保险实践产生巨大的推动作用。保险实践与保险理论的相互关系，构成保险学的全貌。

14 世纪后半叶，海上保险开始在欧洲的意大利出现。当时意大利地中海沿岸的各个港口是世界贸易的中心，各行各业的商人云集于此经营生意，签订包括保险合同在内的商业合同，由此引起保险合同纠纷的案件在所难免。为了不使这些纠纷影响贸易的正常进行，一些有识之士，特别是法官与律师，开始结合保险诉讼进行保险理论问题的探讨，一些研究成果随之问世。16 世纪初期，以海上保险条款与判例为主要研究内容的海上保险专著的出版，标志着保险学这一新兴学科的诞生。这时的保险研究侧重于有关海上保险法律问题的理论探讨，因此，当时的保险学被称为保险法学。

保险法学的建立，不仅为保险纠纷的解决提供了法理依据，而且为海上保险合同的履行扫清了障碍，进而促进了海上贸易的发展，世界贸易的中心领域逐步地从意大利扩展到英国、法国、荷兰等地。人类由此意识到保险理论研究对保险实践产生的巨大作用。

继海上保险之后，火灾保险、人寿保险相继形成。与海上保险和火灾保险相比，人寿保险的技术含量需求较高。人寿保险究竟起源于基尔特（Guild）制度，还是起源于公典（Mount of Piety）制度或年金（annuity）制度，似乎没有具体史实可以佐证。然而，人们可以毫无疑问地确定，存在于 13 世纪至 16 世纪之间的上述三种制度，不是现代意义上的商业性质的人寿保险，而是一种具有相近性质的人寿保险的雏形。由于当时的人们没有从理论上找到其赖以存在的数理计算问题，所以在长达几个世纪里，人寿保险没有也不可能得到发展。直到保险精算学产生并应用于保险实践之后，它才开始转化为真正意义上的人寿保险。

17 世纪后半叶，两位保险精算创始人对人寿保险计算原理的研究取得了突破性进展，一位是荷兰的政治家维德（Johan de Witt），另一位是英国天文学家哈雷（Edmund Halley）。前者倡导了一种终身年金现值的计算方法，为国家的年金公债发行与生息提供了科学的依据；后者在研究人的死亡率的基础上，发明了生命表，从而使年金价值的计算更为精确。18 世纪 40—50 年代，辛普森（Thomas Simpson）根据哈雷的生命表，制作出依照死亡率的提高而递增的费率表；陶德森（James Dodson）依据年龄之差等因素研究出计算保险费的方法。至此，人类实现了死亡保险的梦想。上述过程虽然经历了一段漫长的时间，所得到的结论却十分简单：统计学和概率论成为应用数学并被加以推广，为生命表和年金利率的计算提供了可能；保险精算学的产生，使理论意义上的人寿保险转化为现实意义上的人寿保险，开创了人寿保险发展的新纪元。

如果说保险法学和保险精算学主要是研究保险经营的技术问题，具有一定的社会局限性，那么，19 世纪 80 年代开始出现的综合保险学，则对保险业的发展、对提高保险在国民经济中的地位起到了至关重要的作用。德国是综合保险学研究的发源地。与英、法两国保险学研究不同的是，德国保险学的研究一开始就趋向于综合研究。早在 17 世纪前半期，德国就根据 30 年战争（1618—1648 年）的经验，将保险与国家命运连在一起，实行火灾保险国营计划，为此后从国民经济的角度研究保险迈出了第一步。后来保险又被纳入社会政策范畴进行研究，为 1880 年德国劳动保险的实施并取得成功奠定了坚实的理论基础。1895 年，德国经济学家莱克西斯（Wilhelm Lexis）、法学家埃伦伯格（Victor Ehrenberg）和数学家博尔曼（Georg Bohlmann）三人合作，在哥廷根大学成立研究所，开设以保险综合研究为内容的保险课程。他们首次将保险与经济结合在一起进行研究，开创了用保险这一经济杠杆解决社会经济问题的先河。1899 年德国保险学会宣告成立。该学会在其章程中给保险学下定义为："所谓保险学，是指对保险制度的存在和发展，所有有关法律、经济、数学、自然科学等各学科知识的研究。"综合保险学的提出，不仅确立了保险业在社会经济生活中的地位和作用，同时显示出保险学作为独立学科存在的可能性。

在德国学者将保险与经济挂钩研究之后，美国经济学者于 20 世纪初开始从保险与国民经济、企业经济之间的关系出发，从事保险学的研究。他们认为保险是经济生活处于危险地位时的一种对策，提出了保险与风险管理关系的观点，创立了微观保险学。美国哥伦比亚大学的威利特（A.H.Willett）于 1901 年发表的《风险与保险的经济理论》论文，芝加哥大学的奈特（F.H.Knight）和哈迪（C.O.Hardy）提出的"保险是经济生活处于危险时的对策"等观点，可被视为当时美国微观保险学研究的代表。美国的保险学研究以 20 世纪 70 年代为分界线，大致经历了两个时期。起初主要着眼于保险在市场经济中的作用问题研究，其成果主要表现在保险险种的开发和设计方面。这种研究及其成果的取得，成为第二次世界大战以后美国意外保险和内陆运输保险迅速发展并独具特色的一个重要原因。20 世纪 70 年代后期，美国的保险学研究发生了一些变化，由原来对内涵问题的研究转向对外延问题的研究，表现为研究者使用系统工程理论和动态分析方法，剖析保险在国民经济和社会安全体系中的重要地位，探讨社会、经济、政治、自然环境的变化对保险产生的影响及其规律。在此基础上产生了宏观保险学的思想，形成了现代保险研究学派。美国保险业在过去半个世纪中一直保持着增长势头，长久不衰，至今保险费收入仍高居世界各国榜首，追根溯源，不能不说与其先进的保险学研究及应用有着密切的关系。

随着时间的推移，世界上越来越多的人看到了保险学研究与保险业发展之间的相互促进关系，从而引起了对保险学研究和保险学教育的重视。从 19 世纪后半叶开始，一些国家相继成立本国的保险学研究专门机构，即保险学会，进行有组织、有计划的保险学研究。随之而来的是跨地区的国际性保险学研究机构登台亮相。保险学研究组织由小到大，由分散到集中，逐步进入世界范围内的联合；保险学研究的内容由实务到理论，由微观到宏观，逐步形成体系。第二次世界大战后，保险学研究的内容已趋成熟，其标志是保险学的研究成果载入大学教科书，保险学教育跨入大学殿堂，成为大学教育中一项不可缺少的教学内容。与此相适应，有些大学设立了保险学专业，对保险市场需要的保险专业人才进行正规的专业训练。以美国为例，20 世纪初，全国只有 5 所大学开设保险学课程，1925 年发展到 93 所，1948 年增加到 118 所，34 年后又增加到 493 所。在这些开设保险学专业的大学中，除了提供几十门保险学课程教育外，有些学校还有与此相关的硕士和博士培养方案。有些国家，如英国、美国、澳大利亚等国还面向社会举行保险专业人才资格证书考试，如英国的 CII 考试、美国的 CPCU 考试等[①]。我国的保险学研究和教育工作起步较晚，但发展很快，在恢复保险学教育不到 20 年的时间内，我国已形成保险学专科、本科和研究生教育等多层次、多形式的保险学教育体系和多形式、多内容的研究体系。

二、保险学的研究对象

从保险学研究的发展轨迹可以看出，保险学的产生与发展是一个不断变化、不断升华的过程，从保险法学到保险数学，从综合保险学到微观保险学、宏观保险学，保险学逐步成为一门独立的学科。保险学作为一门独立的学科而存在，是因为它有独特的研究对象，即保险商品关系。作为保险学研究对象的保险商品关系是指保险当事人双方之间遵循商品等价交换原则，通过签订保险合同的法律形式确立双方的权利与义务，以实现保险商品的经济损失补偿功能。在保险商品关系中，一方当事人按照合同的规定向另一方缴纳一定数额的费用，另一方当事人按照合同的规定承担经济补偿责任，即当发生保险事故或出现约定事件时，保险人按照合同规定的责任范围，对对方的经济损失进行补偿或给付，以保障对方的生产或生活的正常运行。保险商品关系既是一种经济关系，又是一种法律关系。保险商品关系的具体内容主要体现在以下四个层面：

第一，保险当事人之间的关系。保险当事人之间的关系是指保险人与投保人、被保险人、保险受益人之间因保险商品交换而形成的相互关系。保险人作为保险商品经营的主体，在为投保人或被保险人提供保险商品服务的过程中，与客户结成一定的社会经济关系，即商品交换关系。连接保险当事人权利与义务关系的纽带是保险合同。

---

① CII 为英国特许保险协会（Chartered Insurance Institude），CPCU 为美国财产和意外险注册承保师（Chartered Property Casualty Underwriter）。

由保险合同确定的保险当事人之间的关系表现为一种法律关系。保险法律关系是保险经济关系的表现形式，保险经济关系是保险法律关系存在的基础。

第二，保险当事人与保险中介人之间的关系。这种关系一方面表现为保险人与保险代理人、保险经纪人、保险公估人等之间因经营保险业务而形成的保险商品交换关系，另一方面表现为保险代理人、保险经纪人、保险公估人等与被保险人或保险受益人等之间因从事保险代理、保险经纪、保险公估活动而产生的保险商品交换关系。

第三，保险企业之间的关系。保险企业之间的保险商品关系包括保险公司之间、原保险公司与再保险公司之间以及再保险公司之间因保险经营活动而产生的保险商品关系。目前，我国保险市场上存在的保险企业，从性质上看，有国有独资保险公司、股份有限保险公司和相互保险公司；从形式上看，有内资保险公司、外资保险公司和中外合资保险公司；从业务内容上看，有财产保险公司、人身保险公司和再保险公司；从经营范围上看，有全国性保险公司、区域性保险公司等。随着改革开放政策的进一步贯彻落实和社会经济的深入发展，还会出现一些其他形式的保险企业，从而形成一种不同经济结构、不同层次、不同形式的保险企业并存的保险市场格局。这些保险企业，不论其规模大小、实力强弱，在市场经济中均处于平等地位。为了各自的经济利益，它们在保险经营活动中既存在相互竞争关系，又存在相互协作关系。

第四，国家对保险业实施监管而形成的管理与被管理的关系。这种关系是指国家保险主管机关对在本国领土上从事保险业务的保险人和从事保险中介业务的保险中介人实施监管而形成的管理与被管理的关系。具体表现在两个方面：一是政府与保险企业之间的关系。政府实施宏观调控，根据保险市场的需要，决定是否批准成立新的保险企业；主持制定或批准主要险种的基本保险条款和保险费率等。政府对国家负责，企业按政府规定经营保险业务，自主经营，自负盈亏，自我约束，自我发展。二是监管者与被监管者之间的关系。保险商品关系本质上是一种商品经济关系。只要存在商品经济关系，必然有保险市场的竞争。为了保障保险企业的正常经营，保护保险当事人的合法利益，宏观上需要对保险市场进行管理，包括经济手段的管理、行政手段的管理和法律手段的管理，从而形成一种保证保险商品交换正常运作的管理与被管理的关系。

保险学的研究对象与保险学的任务有着密切的联系。保险学的研究对象制约着保险学的任务，保险学的任务实现着保险学研究对象的要求。同其他任何科学一样，保险学的任务只有一个，即揭示保险这一宏观现象的产生、发展及其运动的规律。具体地说，保险学的任务内容包括：

第一，揭示保险商品关系的质的规定性，明确保险商品关系与非保险商品关系的本质区别，划清商业保险与非商业保险的界限，阐明保险学与其相近学科的关系。

第二，揭示保险商品关系的产生、确立和发展的客观条件，阐明保险经济活动的基本原理，明确保险经济活动的基本规则。

第三，阐明保险商品关系的内在矛盾，为正确处理保险业内部关系提供理论指导。

第四，阐明保险与国民经济中相关部门之间的关系，明确保险在国民经济中的地位和作用。

第五，揭示保险一般规律在保险经营中的体现，为制定和调整保险产业政策、促进保险业的健康发展提供理论依据。

三、保险学的研究内容

保险学的研究内容决定于保险学的研究对象，是保险学对象的具体表现。从这种意义上说，保险学的内容与保险学的对象是统一的。然而，两者之间也存在着一定的差别。一门科学的对象是指某一现象领域中的某种特殊关系，因此，一门科学只能有一个研究对象，而一门科学所涉及的内容则是多方面的。不仅如此，任何一门科学的研究对象及其性质都不是孤立存在的，对于一门科学的研究，除了要研究这门科学的对象本身以外，还要研究与这门科学的对象相关的各个领域，以及它们之间的相互关系。保险学的对象与其内容的关系也是如此。保险学的研究对象只有一个，即保险商品关系，而保险学的研究内容则相对广泛得多。保险学的内容很多，归纳起来，主要有以下几个方面。

（一）保险经济领域中的保险商品关系

作为保险学研究对象的保险商品关系，是保险学研究内容的中心和主体。保险学主要研究保险经济领域中商品性保险关系的性质、特征、表现形式、产生及其存在的条件，揭示保险商品关系及其运动的规律。

（二）保险经济领域中的非商品性保险关系

保险经济领域中的非商品性保险关系，表现形式主要有政策保险、社会保险、社会福利、社会救济、合作保险、专业自保和个人保险等。虽然这些保险形式及其反映的关系不属于保险学的研究对象，但与这一领域中的商品性保险之间有着密切的联系。研究保险经济领域中的保险商品关系，必然会涉及上述各种保险形式。只有在研究和分析保险商品与非保险商品的相互关系中研究保险商品关系，才能揭示保险商品关系的内在本质及其运动规律。因此，非商品性保险关系及其形式构成了保险学研究内容的一部分。

（三）法律

法律包括保险法律，其本身不是保险学的研究对象，但其在保险学研究中具有相当重要的意义。如上所述，保险关系不仅是一种经济关系，同时也表现为一种法律关系。从法学的角度看，保险形式是一种法律形式，保险行为是一种法律行为。其原因在于：首先，保险商品关系和保险活动是按照国家的保险法律及法规建立和运作的。其次，保险当事人的权利和义务关系是按照保险合同法的规定，以保险合同的形式建立起来的。再次，一旦发生保险事故，保险关系双方都要按照保险合同的规定进行处理。

（四）数学

数学对保险的意义，可以从两个方面得到说明：第一，从宏观上看，大数法则等概率论知识既是保险学得以建立的数理基础，又是制定保险商品价格的科学依据。数学使保险商品关系得以建立在通过数量计算而形成的合理的保险费率的基础上，使保险关系与商品的等价交换关系有机地联系在一起。第二，从微观上看，数学与保险企业的经营有着密切的关系。一个保险企业的经营是通过经营保险险种实现的，而险种的费率是否科学、合理，决定着该企业的生存与发展状况。从某种意义上说，没有数学作依据，就没有科学意义上的保险，也不会有真正的保险科学。

除此之外，保险学与自然科学、技术科学、生产力科学、经济科学和计算机科学等也有着密切的关系。这些科学不仅与保险技术有着直接的关系，而且对于揭示保险学原理也是不可缺少的。需要说明的是，虽然这些相关学科的研究成果都不同程度地成为保险学的内容，在保险学研究中占有一定的地位，但它们本身不是保险学的对象。在保险学研究中，人们只是将这些科学的研究成果作为研究保险学的方法和手段，而不去研究这些科学本身的内容。因此，不能把保险学研究的对象与保险学所涉及的内容混为一谈，以致把保险学所涉及的全部内容当作保险学研究的对象，并由此得出保险学是一门多对象、多属性、多学科的综合性科学这一不恰当的结论。

四、保险学的体系结构

任何科学都在不断地发展和完善，保险学作为一门新兴的科学更是如此。撇开早期的保险学，如保险法学、保险数学等不谈，即便到了近代，保险学的体系结构也未形成统一的模式。有的将保险学分为原理与实务，有的将保险学分为总论与分论，还有的将保险学分为保险经济学与保险经营学等，各种划分方法及其内容也不尽相同。之所以出现这种状况，其原因在于：一方面，人们在主观上对一门学科的认识有一个由不成熟到比较成熟的过程；另一方面，由于受到认识客观事物的能力和水平的限制，人们很难达到对客观事物完全认识的程度。因此，对某一学科逻辑结构的安排也就难以做到尽善尽美。至今，保险学体系结构的不确定性恰好说明了这一点。

对保险经济现象的认识与说明必须建立在经济学、法学、精算学、管理学等相关学科的基本原理和方法之上，否则，就不足以阐明保险经济现象内在的特殊矛盾与运行的特有规律，从而也就不能完整地认识和把握保险经济之现象形态的基本概貌。因此，本书并不拘泥于保险学体系结构非此即彼的"经院式"教条，而是立足于在总体上把握对保险经济现象的认识与说明。如是，我们将本书的体系结构设计为基础理论篇、保险形态篇、保险经营篇和保险市场篇共4篇。各篇内容虽然相对独立，但又不失内在关系与联系，这种设计既能满足教师在教学内容安排上的取舍之便，又能满足读者各取所需。

附章"社会保险"专门介绍与商业保险密切相关的，并与商业保险中的人身保险具有一定替代性或互补性的社会保险形态，以满足保险学教学过程两者比较之方便与拓展学生知识面之需要。

第一篇

基础理论篇

第一章
风险与保险

风险的存在是保险得以产生和发展的基础，保险是一种分散风险、补偿损失的经济制度，保险企业以风险为经营对象。风险管理的形成源于保险，而保险至今仍是风险管理的重要手段。本章阐述有关风险的基本概念、风险的分类、风险管理的基本程序、可保风险的基本条件，为保险学入门进行铺垫。

第一节　风险及其特征

一、风险的概念

何谓风险？不同的学者有不同的解释。有的认为风险是一种不确定性，包括不幸事件发生与否的不确定性，或损失发生的不确定性，或可测定的不确定性等。有的则认为风险是一种疑虑，包括对客观存在遭受损害可能性的疑虑，或在一定情况下关于未来结果的疑虑等。这些解释虽都有一定的道理，但似乎都未能准确表达风险的真正含义。风险的真正含义是指引致损失的事件发生的一种可能性。

首先，风险的这种定义强调的是"损失的事件"的存在。"损失的事件"与"可测定性"不同，可测定性的不确定性可以存在于各种场合。以投掷钱币为例，一次投掷出现的正反面是不确定的，但在无限次投掷的情况下，正反面出现的概率各为 50%。然而，投掷钱币的行为本身并不存在损失的问题。

其次，定义中的"事件"并非特指"不幸事件"。因为风险不仅与损失相联系，而且与盈利相联系。比如，将股价下跌作为一个事件，空头可以从中获益，多头则遭受损失。当然，保险中的事件是指不幸事件。

最后，定义中的"可能性"与不确定性在含义上有一定的区别。可能性指客观的存在，在概率上既不可能等于 0，也不可能等于 1，因为概率为 0 的风险是不存在的，而概率为 1 的风险是一种必然性风险。若不确定性的概率既可为 0，亦可为 1，那么就失去了可能性的含义。此外，不确定性仅仅是风险的特征之一，并不包括风险的全部。比如，投机风险一般为不可测定的不确定性，纯粹风险则一般为可测定的不确定性。所以，不确定性作为风险的一个特征不能概括风险的全部内涵。

根据上述分析，可以认为风险是可以被感知和认识的客观存在，无论从微观角度还是宏观角度都可以对其进行判断和估计，从而对风险进行有效管理。

二、风险的特征

（一）客观性

风险是一种客观存在。随着科学技术的进步和经营管理的改进，认识、管理和控制风险能力的增强，人们在社会经济活动中所面临的自然灾害、意外事故、决策失误等风险，虽然可以部分地受到有效控制，但是，从总体上说，风险是不可能完全排除的。在一定条件下，风险的发生还带有一定的规律性，这种规律性给人们提供了认识风险、估计风险和管理风险，把风险减少到最低程度的可能性。正是风险的客观存在，决定了保险经济的必要性。

（二）损害性

风险与人们的利益密切相关。损害是风险发生的后果，风险会给人们的利益造成损害。经济上的损害（或称损失）可以用货币进行衡量。人身损害虽然不能以货币衡量，但一般都表现为所得的减少或支出的增加，或者两者兼而有之，终究还是经济上的损失（当然亦有精神上的损害）。无损害或损失，也就无风险[①]，在这里"无风险、无保险"，也就转为"无损失、无保险"。必须指出：保险不是保证风险不发生，而是保证消除风险发生的后果，即对损失进行经济补偿。

（三）不确定性

风险的不确定性表现在三个方面。

1. 空间上的不确定性

以火灾为例，就总体来说所有的建筑物都面临火灾的风险，并且也必然有些建筑物发生火灾；但是，具体到某一栋建筑物，是否发生火灾则是不确定的。

2. 时间上的不确定性

比如，人总是要死的，但是何时死，在健康状况正常的情况下是不可预知的。

3. 损失程度的不确定性

比如，在台风区、洪涝区，人们往往知道每年或大或小要遭受台风或洪水的袭击，但是人们却无法预知发生的台风或洪水是否会造成财产损失或人身伤亡及其程度如何。

风险的偶然性形成了经济单位与个人对保险的需求，而风险的不确定性使之成为可保风险。

（四）可测定性

风险的不确定性说明风险基本上是一种随机现象，是不可预知的，那是就个别单位而言。就风险总体而言，根据数理统计原理，随机现象一定要服从于某种概率分布。也就是说，一定时期内特定风险发生的频率和损失率，是可以依据概率论原理加以正确测定的，即把不确定性化为确定性。最典型的是生命表，它表明虽然死亡对于个体

---

① 这里的风险特指静态风险。以下凡是与保险有关的风险均指静态风险。

来说是偶然事件，但是，通过对某一地区的人的各年龄段死亡率的长期观察统计，就可以准确地得出该地区各年龄段稳定的死亡率。

所以，我们说风险客观存在的确定性和发生的不确定性，构成了保险的风险，两者缺一不可，而且可测定性奠定了保险费率厘定的基础。

（五）发展性

人类在创造和发展物质生产资料的同时，也创造和发展了风险。尤其是当代高新技术的开发与应用，使风险的发展性更为突出。比如，向太空发射卫星把风险拓展到外层空间，建立核电站则带来了核污染风险，等等。风险的发展为保险的发展创造了空间。

三、风险因素、风险事故和损失

探讨和分析风险因素、风险事故和损失这三个与风险密切相关的概念，可以加深对风险的定义及其本质的认识。

（一）风险因素

风险因素（hazard），也称风险条件，是指引发风险事故或在风险事故发生时致使损失增加的条件。因此，风险因素是就产生或增加损失频率（loss frequency）与损失程度（loss severity）的情况来说的。例如，对于建筑物，风险因素是指其建材与建筑结构等；对于人体，风险因素是指其健康状况和年龄等。

风险因素通常可分为三类。

1. 实质风险因素

实质风险因素是指有形的并能直接影响事件的物理功能的风险因素。例如，汽车厂家生产的刹车系统、发动机功能等，建筑物的坐落地址、建筑材料、结构、消防系统等，均是实质风险因素。

2. 道德风险因素

道德风险因素是指与人的品行修养有关的无形因素。例如，诈骗、纵火等恶意行为或不良企图，均属道德风险因素。

3. 心理风险因素

心理风险因素是指与人的心理状态有关的无形因素。例如，人的疏忽、过失、投保后片面依赖保险等，均属心理风险因素。

实质风险因素与人无关，故也称物质风险因素；道德风险因素和心理风险因素均与人密切相关，前者侧重于人的恶意行为，后者侧重于人的疏忽行为，因此这两类风险也可合并称为人为风险因素。

（二）风险事故

风险事故（peril）也称风险事件，是指损失的直接原因或外在原因，也指风险由可能变为现实，以致引起损失的结果。风险因素是损失的间接原因，因为风险因素要通过风险事故的发生才能导致损失。风险事故是损失的媒介物。火灾、爆炸、地震、车祸、疾病等，是风险事故常见的表现形式。

风险事故和风险因素的区分有时并不是绝对的。例如，对于暴风雨来说，如果是毁坏房屋、庄稼等，暴风雨就是风险事故；如果是造成路面积水、能见度差、道路泥泞，引起连环车祸，暴风雨就是风险因素，车祸才是风险事故。在这里，判定的标准就是看是否直接引起损失。

（三）损失

损失（loss）作为风险管理和保险经营的一个重要概念，是指非故意的（unintentional）、非计划的（unplanned）和非预期的（unexpected）经济价值（economic value）的减少。这一定义包含两个重要的要素：一是非故意的、非计划的、非预期的；二是经济价值的减少。两者缺一不可，否则就不构成损失。例如，恶意行为、折旧、面对正在受损失的物资可以抢救而不抢救等造成的后果，分别属于故意的、计划的和预期的，因而不能被称为损失。又如，记忆力的衰退，虽然满足第一个要素，但不满足第二个要素，因而也不是损失。但是，车祸使受害人丧失一条胳膊，便是损失，因为车祸的发生满足第一个要素，而人的胳膊虽不能以经济价值来衡量，即不能以货币来度量，但丧失胳膊后所需的医疗费以及因残疾而导致的收入减少却可以用金钱来衡量，所以车祸的结果满足了第二个要素。

损失通常分为直接损失与间接损失两种形态。前者指风险事故直接造成的有形损失，即实质损失（physical loss）；后者指由直接损失进一步引发或带来的无形损失，包括额外费用损失（extra expense loss）、收入损失（income loss）和责任损失（liability loss）。由于任何风险造成的损失都不会脱离上述形态，所以有人将损失直接分为四类，即实质损失、费用损失、收入损失和责任损失。其中，责任损失包括两方面：一是无法履行契约责任的损失；二是因为过失或故意而导致他人遭受人身伤害或财产损失的侵权行为依法应负的赔偿责任。

（四）风险因素、风险事故与损失三者之间的关系

风险因素、风险事故与损失三者之间存在因果关系，即风险因素引发风险事故，而风险事故导致损失。如果将这种关系连接起来，便得到对风险的直观解释，如图 1-1 所示。

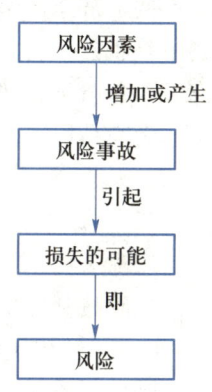

图 1-1 风险的图解

第二节 风险的分类

人类社会所面临的风险是多种多样的，不同的风险有着不同的性质和特点，它们发生的条件、形成的过程和对人类造成的损害是大不相同的。为了便于对各种风险进行识别、测定和管理，对种类繁多的风险按照一定的方法进行科学分类是十分必要的，尤其对于保险的经营，更具有特别重要的意义。

一、按风险的环境分类

风险按其所产生的环境分类，可分为静态风险和动态风险。

（一）静态风险

静态风险是指自然力的不规则变动或者人们行为的错误或失当所导致的风险。静态风险一般与社会的经济、政治变动无关，在任何社会经济条件下都是不可避免的。

（二）动态风险

动态风险是指由社会经济或政治的变动所导致的风险。比如，人口的增加、资本的成长、技术的进步、产业组织效率的提高、消费者爱好的转移、政治经济体制的改革等，都可能引起风险。

静态风险与动态风险的区别在于：首先，损失与否不同。静态风险对于个体和社会来说，都是纯粹损失；而动态风险对于一部分个体可能有损失，对于另一部分个体则可能获利，从社会总体上看也不一定有损失，甚至受益。例如，消费者爱好的转移，会引起旧产品失去销路，增加对新产品的需求。其次，影响范围不同。静态风险通常只影响少数个体；动态风险的影响则比较广泛，往往会带来连锁反应。再次，发生特点不同。静态风险在一定条件下具有一定的规律性，也就是服从概率分布；动态风险则不具备这一特点，无规律可循。最后，性质不同。静态风险一般为纯粹风险，而动态风险包含纯粹风险和投机风险。比如，商业萧条时期，商品大量积压，此属投机风险；而商品积压，遭受各种意外事故所致损失的机会就大，此为纯粹风险。

二、按风险的性质分类

风险按其性质分类，可分为纯粹风险和投机风险。

（一）纯粹风险

纯粹风险是指那些只有损失机会而无获利可能的风险。自然灾害和意外事故及人的生老病死等，均属此类风险。

（二）投机风险

投机风险是指那些既有损失机会，又有获利可能的风险。例如，商业行为上的价格投机，就属于此类风险。

纯粹风险与投机风险相比，前者因只有净损失的可能性，人们必然避而远之；后者却有获利的可能，甚至获利颇丰，人们必为求其利甘冒风险而为之。

三、按风险的对象分类

风险按其对象分类，主要有财产风险、责任风险、信用风险和人身风险。

（一）财产风险

财产风险是指导致一切有形财产毁损、灭失或贬值的风险。例如，建筑物有遭受火灾、地震、爆炸等损失的风险；船舶在航行中，有遭到沉没、碰撞、搁浅等损失的风险；露天堆放或运输中的货物有遭到雨水浸泡、损毁或贬值的风险等。至于因市场价格跌落致使某种财产贬值，则不属于财产风险，而是经济风险。

（二）责任风险

责任风险是指个人或团体因行为上的疏忽或过失，造成他人的财产损失或人身伤亡，依照法律、合同或道义应负的经济赔偿责任的风险。如驾驶机动车不慎撞人，造成对方伤残或死亡；医疗事故造成病人病情加重、伤残或死亡；生产、销售有缺陷的产品给消费者带来损害；雇主对雇员在从事职业范围内的活动中身体受到伤害等应负的经济赔偿责任。

（三）信用风险

信用风险是指在经济交往中，权利人与义务人之间，由于一方的违约或违法行为给对方造成经济损失的风险。

（四）人身风险

人身风险是指可能导致人的伤残、死亡或丧失劳动能力的风险，如疾病、意外事故等。这些风险都会造成经济收入的减少或支出的增加，影响本人或其所赡养的亲属经济生活的安定。

四、按风险产生的原因分类

风险按其产生的原因分类，可以分为自然风险、社会风险、政治风险和经济风险。

（一）自然风险

从人类社会的编年史可以看出，地震、水灾、火灾、风灾、雹灾、冻灾、旱灾、虫灾以及各种瘟疫等自然现象是经常发生的。这种因自然力的不规则变动引起的种种现象，对人们的经济生活和物质生产及生命造成的损失与损害，就是自然风险事故。自然风险是保险人承保最多的风险。自然风险具有如下特征：第一，自然风险形成的不可控性。自然灾害的发生是受自然规律作用的结果。人类对自然灾害具有基本的认识，但对灾害的控制往往束手无策，如地震、山洪、飓风等自然灾害。第二，自然风险形成的周期性。虽然自然灾害的形成具有不可控性，但它却具有周期性，使人类能够对灾害予以防御。如夏季可能出现涝灾和旱灾，冬季可能出现冻灾，秋季可能出现洪灾，春季可能出现瘟疫等。第三，自然风险事故引起后果的共沾性。自然风险事故一旦发生，后果所涉及的对象往往很广（某一国家、某一地区，甚至全世界）。一般地讲，自然风险事故引起后果的共沾性越大，人类所蒙受的经济损失就越惨重。

（二）社会风险

社会风险是指由于个人或团体的行为，包括过失行为、不当行为及故意行为对社会生产及人们生活造成的损失的可能性，如盗窃、抢劫、玩忽职守及故意破坏等行为对他人的财产或人身造成损失或损害的可能性。

（三）政治风险

政治风险又称为国家风险，是指在对外投资和贸易过程中，因政治原因或订约双方所不能控制的原因，使债权人可能遭受损失的风险。如输入国家发生战争、革命、内乱而中止货物进口；或输入国家实施进口或外汇管制，对输入货物加以限制或禁止输入；本国变更外贸法令，使输出货物无法送达输入国，造成合同无法履行而形成的损失。

（四）经济风险

经济风险是指在生产和销售等经营活动中由于受各种市场供求关系、经济贸易条件等因素变化的影响，或经营者决策失误，对前景预期出现偏差等，导致经济遭受损失的风险。比如，生产的增减、价格的涨跌、经营的盈亏等方面的风险。

第三节　风险管理

一、风险管理的概念

风险管理是指人们对各种风险的认识、控制和处理的主动行为。它要求人们研究风险的发生和变化规律，估算风险对社会经济生活可能造成损害的程度，并选择有效的手段，有计划、有目的地处理风险，以期用最小的成本代价，获得最大的安全保障。

风险管理的对象是风险，作为人类社会对客观存在的风险的主观能动行为和经验总结，古已有之。但是，风险管理作为独立的管理系统而成为一门新兴的学科，则是到了20世纪50年代才在美国开始兴起，迄今其科学方法尚未充分发展。尽管如此，它的一般适用原则已经形成，各经济单位都凭此处理风险。其所涉及的范围业已超出纯粹风险，包括了投机风险。20世纪末出现了整体化风险管理这一崭新的概念，即把纯粹风险和财务风险（价格风险、利率风险、汇率风险等）综合起来加以研究与管理，运用非传统风险转移技术，如设立自保公司、设计多触发条件产品和有限风险计划、发行同保险事件相连接的巨灾债券，把风险转嫁给资本市场上的投资者。

二、风险管理的基本程序

传统风险管理的基本程序是风险识别、风险估测、风险评价、选择风险管理技术和风险管理效果评价等环节。

（一）风险识别

风险识别是风险管理的第一步，是指对企业面临的和潜在的风险加以判断、归类和鉴定风险性质的过程。存在于企业周围的风险多种多样、错综复杂，无论是潜在的还是实际存在的，无论是静态的还是动态的，无论是企业内部的还是与企业相关联的外部的，所有这些风险在一定时期和某一特定条件下是否客观存在，存在的条件是什么，以及损害发生的可能性等，都是在风险识别阶段应予以回答的问题。识别风险主要包括感知风险和分析风险两方面的内容。

（二）风险估测

风险估测是指在风险识别的基础上，通过对所收集的大量详细损失资料加以分析，运用概率论和数理统计，估计和预测风险发生的概率与损失程度。风险估测不仅使风险管理建立在科学的基础上，而且使风险分析定量化。损失分布的建立、损失概率和损失期望的预测值，为风险管理者进行风险决策、选择最佳管理技术提供了可靠的科学依据。

（三）风险评价

风险评价是指在风险识别和风险估测的基础上，把风险发生的概率、损失严重程度，结合其他因素综合起来考虑，得出系统发生风险的可能性及其危害程度，并与公认的安全指标比较，确定系统的危险等级，然后根据系统的危险等级决定是否需要采取控制措施，以及控制措施采取到什么程度。风险评价通过定性、定量分析风险的性质以及比较处理风险所支出的费用，来确定风险是否需要处理和处理的程度。

（四）选择风险管理技术

根据风险评价结果，为实现风险管理目标，选择最佳风险管理技术并实施是风险管理的第四步。风险管理技术分为控制型和财务型两大类。前者的目的是降低损失频率和减少损失程度，重点在于改变引起意外事故和扩大损失的各种条件；后者的目的是以提留基金和订立保险合同等方式，消化发生损失的成本，即对无法控制的风险做出财务安排。

（五）风险管理效果评价

风险管理效果评价是指对风险管理技术适用性及其收益性情况进行分析、检查、修正和评估。风险管理效益的大小取决于是否能以最小风险成本取得最大安全保障；同时，在实务中还要考虑与整体管理目标是否一致，具体实施的可行性、可操作性和有效性。

三、风险处理方式及其比较

风险处理是指通过采用不同措施和手段，用最小的成本达到最大安全保障的经济运行过程。风险处理的方式很多，但最常用的是避免、自留、预防、抑制和转嫁。

（一）避免

避免风险是指设法回避损失发生的可能性，即从根本上消除特定的风险单位和中途放弃某些既存的风险单位。它是处理风险的一种消极技术。

避免技术通常在两种情况下采用：① 某特定风险所致损失频率和损失程度相当高；② 在处理风险时其成本大于产生的效益。

避免风险虽简单易行，但意味着利润的丧失，且避免技术的采用通常会受到限制。例如，试图避免某种风险也许是不可能的，如人的生老病死以及世界性经济危机、能源危机都是不可避免的。又如，采用避免技术在经济上是不适当的，即无经营就无风险，但无经营就无利润，故从经济利益上看采用避免技术是不适当的。再如，避免了某一风险有可能产生新的风险，如因采用卡车运货有风险而放弃，但货物运不出去又会产生货物积压的风险。

（二）自留

自留风险是指对风险的自我承担，即企业或单位自我承受风险损害后果的方法。自留风险有主动自留和被动自留之分。自留风险通常在风险所致损失的频率和程度低、损失短期内可预测以及最大损失不影响企业或单位财务稳定时采用。在这样的情况下采用风险自留，其成本要低于其他处理风险技术的成本，且方便有效。虽然自留风险有减少潜在损失、节省费用支出和取得基金运用收益等优势，但自留风险有时会因风险单位数量的限制而无法实现其处理风险的功效，一旦发生风险损害，可能导致财务调度上的困难而失去其作用。

自留风险的最高级形式是设立自保公司。自保公司一般是母公司为保险目的而设立和拥有的保险子公司，它主要向母公司及其子公司提供保险服务。截至2013年年底，全球共有6 342家自保公司，全球500强企业中已有约80%的企业建立了自保公司。中国海洋石油总公司于2000年8月23日在中国香港注册成立我国第一家真正意义上的自保公司，并委托美国怡安保险经纪公司（AON）管理。

之后，中国石油化工集团也在中国香港设立了自保公司。中国石油天然气集团成立的中石油专属财产保险股份有限公司为我国内地第一家自保公司。2015年2月5日，中国保险监督管理委员会批复同意中国铁路总公司出资筹建中国铁路财产保险自保有限公司。

（三）预防

损失预防是指在风险损失发生前为了消除或减少可能引发损失的各种因素而采取的处理风险的具体措施，其目的是通过消除或减少风险因素而降低损失发生频率。损失预防措施可分为：工程物理法，是指损失预防措施侧重于风险单位的物质因素的一种方法，例如，防火建筑结构设计、防盗装置的设置等，这种方法适用于哈顿的能量释放理论；人类行为法，是指损失预防措施侧重于对人们进行行为教育的一种方法，如职业安全教育、消防教育等，适用于亨利希（H.W.Heinrich）的骨牌理论。

（四）抑制

损失抑制是指在损失发生时或发生后为缩小损失程度而采取的各项措施。它是处理风险的有效技术，如安装自动喷淋系统和火灾警报器等。损失抑制的一种特殊形态是割离，它是指将风险单位割离成许多独立的小单位而达到减轻损失程度的一种方法。

（五）转嫁

转嫁风险是指一些单位或个人为避免承担风险损失，有意识地将损失或与损失有关的财务后果转嫁给另一单位或个人去承担的一种风险管理方式。风险管理者会尽一切可能回避并排除风险，把不能回避或排除的风险尽可能地转嫁给第三者，不能转嫁的或损失程度较小的风险可以自留。转嫁风险的方式主要有两种，即保险转嫁和非保险转嫁。保险转嫁是指向保险公司投保，以交纳保险费为代价，将风险转嫁给保险人承担。当发生风险损失时，保险人按照合同约定责任给予经济补偿。非保险转嫁又具体分为两种方式：一是出让转嫁；二是合同转嫁。前者一般适用于投机风险。比如，当预测股市行情下跌时，赶快出让手中的股票，从而把股票跌价损失的风险转嫁出去。

后者适用于企业将具有风险的生产经营活动承包给对方，并在合同中明确规定由对方承担风险损失的赔偿责任。比如，通过承包合同，建设单位可以将建筑、安装工程中的一部分风险转嫁给施工单位等。

在现实生活中，究竟选择哪一种方式最为合理，要根据风险的不同特性并结合行为主体本身所处的环境和条件而定。对于出现机会不多、损失金额不大，或者出现机会较多但损失金额很小的风险，宜采用自留的方式；对于出现机会多、损失金额也大的风险宜采用避免方式；对于出现机会很少但损失金额巨大的风险，则最适宜采用保险转嫁的方式。

保险虽然仅是整个风险管理过程中财务管理手段之一，但它却比其他风险的财务处理手段优越得多，因而得到广泛运用。

第四节　可保风险

一、可保风险的概念

可保风险即可保危险，是指可被保险公司接受的风险，或可以向保险公司转嫁的风险。可保风险必须是纯粹风险，即危险。但并非任何危险均可向保险公司转嫁，也就是说保险公司所承保的危险是有条件的。

二、可保风险的要件

（一）风险不是投机的

保险人承保的风险，一般是纯粹风险，即仅有损失机会而无获利可能的风险。例如，火灾风险，只有给人的生命财产带来损害的可能，而绝无带来利益的可能。投机风险则不然，它既有损失的可能，又有获利的机会。例如，股市风险，投机股票既有因股市下跌遭到损失的可能，又有因股市上涨而获利的机会，对这类投机风险（包括商业风险）保险人是不能承保的。

（二）风险必须是偶然的

风险是客观存在的，风险的偶然性是对个体标的而言的，如对某个人、某家企业等。偶然性包含两层意思：一是发生的可能性；二是发生的不确定性，即发生的对象、时间、地点、原因和损失程度等，都是不确定的。如果是确定的风险，那么就是必然要发生的风险。对某个人必然发生的风险，保险人是不予承保的。比如，某人患了绝症，并已确诊，他就不能向保险公司投保死亡保险，因为在可预见的时间内，死亡对他来说已是必然的。

（三）风险必须是意外的

风险的意外性包含两层意思：一是风险的发生或风险损害后果的扩展都不是投保

人的故意行为。投保人故意行为引发的风险事件或扩大损害后果均为道德风险，保险人是不予赔偿的。二是风险的发生是不可预知的，因为可预知的风险往往带有必然性。比如，适航的海轮在海上出险是不可预知的；而不适航的海轮由于出险概率相当大，在海上出险可以说是可预知的。因此，对后者保险人就不予承保，船东瞒过保险人投保了的，出险时一经查出，保险人也不负赔偿责任。

（四）风险必须是大量标的均有遭受损失的可能性

这一条件是要满足保险经营的大数法则要求。也就是说，某一风险必须是大量标的均有遭受损失的可能性（不确定性），但实际出险的标的仅为少数（确定性），如火灾对于建筑物。只有这样的风险，才能计算出合理的保险费率，让投保人付得起保费，保险人也能建立起相应的赔付基金，从而实现保险的"千家万户帮一家"的宗旨。如果某种风险只是一个或少数几个个体所具有，就失去了保险的大数法则基础，保险人承保该类风险等于是下赌注，进行投机。

（五）风险应有发生重大损失的可能性

风险的发生有导致重大或比较重大的损失的可能性，才会有对保险的需求。如果导致损失的可能性只局限于轻微损失的范围，就不需要通过保险来获取保障，因为这在经济上是不合算的。

本章小结

1. 在比较关于风险诸说的基础上给风险下定义，并阐明了该定义的内涵。

2. 概括了风险所固有的五个特征，并说明了这些特征分别对保险运行机制的意义。

3. 阐明风险事故与风险因素和引起风险的原因、对风险的不同分类等，有助于风险的识别、衡量和处理。

4. 介绍了风险管理目标、过程及处理方法，目的在于明确保险仅为风险管理的财务处理手段之一。

5. 通过对可保风险内涵的界定明确只有静态风险才可能向保险公司转嫁，但又不是所有的静态风险均可向保险公司转嫁，即可承保的风险必须具备一定的条件。

重要概念

风险	实质风险因素	道德风险因素	心理风险因素
风险事故	静态风险	动态风险	纯粹风险
投机风险	风险管理	整体化风险管理	自保公司
可保风险			

思考题

1. 关于"风险"的定义有哪些？你支持哪一种说法？为什么？

2. 理解风险的特征对了解保险运行机制有何意义?

3. 风险的分类对风险管理有何意义?

4. 如何理解保险在风险管理中的地位与作用?

 **即测即评**

请扫描右侧二维码，进行即测即评。

第二章
保险的性质与功能

第一章已经明确了保险是风险管理的财务手段之一。本书的对象是商业保险，也就是说，保险这种风险财务管理手段是通过保险市场上的保险商品形态来实现的。那么，这就涉及作为经济范畴的保险因何、为何和如何成为商品形态？回答这"三何"是本章的任务。"因何"是通过对保险性质的演绎以明确保险所体现的客观存在的经济关系，即将保险这一抽象的经济范畴概念还原为其经济关系的具体，从理性上认识保险是什么；"为何"是以保险质的规定性演绎保险的基本功能，认识到保险之所以成为商品是因为其经济补偿功能具有使用价值，因而可以成为需求和买卖的对象；"如何"即保险分配关系的商品化，指保险的商品形态是保险分配关系在市场条件下得以实现的一种形式。保险公司是保险商品的供给主体，是保险分配关系外部组织的高级形式，是保险市场风险集散的信用中介。

第一节　保险的性质

一、保险性质说的评介 [①]

关于保险性质的学说，国内外学术界颇不一致，至今仍然争论不休，主要分歧在于财产保险与人身保险是否具有共同性质。日本学者园乾治教授以此为界，把近现代保险学理论归纳为损失说、非损失说和介于两者之间的二元说这三大流派"十三说"。本节仅对各流派中的主要说法做些评介，以此作为保险学说的基本理论线索。

（一）损失说

保险产生的最初目的，是解决物质损害的补偿问题。从这个概念出发来阐述保险机制特征的，主要有以下三种。

1. 损失赔偿说

该学说认为保险是一种损失赔偿合同。英国的马歇尔（S.Marshall）认为："保险

---

① 园乾治. 保险总论［M］. 李进之，译. 北京：中国金融出版社，1983：6-17.

是当事人的一方收受商定的金额，对于对方所受的损失或发生的危险予以补偿的合同。"德国的马修斯（E.A.Masius）认为："保险是约定当事人的一方，根据等价支付或商定，承保某标的物发生的危险，当该项危险发生时，负责赔偿对方损失的合同。"

显然，该学说是从合同的角度给保险下定义的。但保险与合同本来就是两个不同的概念。保险是经济范畴，经济范畴是经济关系在理论上的抽象，而合同是法律行为，是经济关系赖以实现的形式，因此，把保险合同等同于保险是错误的，此其一。其二，该学说即使从合同角度来解释保险的概念，也仅局限于合同保险，即私法上的合同概念，而不能解释公法上强制成立的保险关系，如社会保险、存款保险等。

2. 损失分担说

该学说强调在损失赔偿中多数人互相合作的事实，因而把损失分担这一概念视为保险的性质。此学说的倡导者德国的华格纳（A.Wagner）认为："从经济意义上说，保险是把个别人由于未来特定的、偶然的、不可预测的事故在财产上所受的不利结果，由处于同一危险之中、但未遭遇事故的多数人予以分担，以排除或减轻灾害的一种经济补偿制度。""这个定义既能适用于任何组织、任何险种、任何部门的保险，同时也可适用于财产保险、人身保险，甚至还可适用于自保。"他还强调："所有的保险都是损害保险。"

该学说抛开了对保险概念的法律上的解释，而从经济角度指出保险是多数被保险人之间的相互关系，即分担损失赔偿，实际上已经阐明了保险的本质，这是一大进步。但华格纳把"自保"也纳入保险范畴，则显然是错误的。因为"自保"在风险准备金上的摊提与单独的储蓄并无任何区别。

3. 危险转嫁说

该学说是从危险处理的角度来阐述保险的本质，认为保险是一种危险转嫁机制，个人或企业可借此以支付一定的代价为条件将日常生活和经济活动中可能遭遇到的各种风险转嫁出去。

最早提出危险转嫁说的美国学者威利特认为："保险是为了资本的不确定损失而积累资金的一种社会制度，它依靠把多数的个人危险转嫁给他人或团体来进行。"

美国学者克劳斯塔（B.Krosta）则是从保险人集散风险的功能进一步阐明保险的性质，他认为："被保险人转嫁给保险人的仅仅是危险，也就是损失发生的可能性，所以是可以承保的。保险人把这种共同性质的危险大量汇集起来，就能将危险进行分摊。"在这里，克劳斯塔认为在危险转嫁的同时，也就实现了危险的均摊，从而他给保险所下的定义是："保险是以收受等价、实现均摊为目的而进行的危险汇集。"

危险转嫁说的观点至今仍广泛运用于危险管理和保险领域。由于新的危险单位随着科学技术的发展而不断涌现，它可能带来十分巨大的损失，使个别单位或个人根本无法独自承担这种损失，只能将这种危险转嫁出去，以减少对危险损失的负担。即使是保险人，为了经营财务成果的稳定，也需要将承保的巨额危险用分保的形式予以转嫁。但该学说还是隐含了商业保险的合同概念。

总而言之，前述损失赔偿说、损失分担说和危险转嫁说都是以损失补偿的概念来阐明保险的性质。相比较之下，其中损失分担说是比较严谨的经济学上的保险定义。

（二）二元说

二元说论者认为：财产保险与人身保险具有不同的性质，前者以经济补偿为目的，后者以给付一定金额为目的。人身保险是非损失保险。二元说的主要观点有以下两种。

1. 否定人身保险说

该学说认为，人身保险并不体现保险的性质，它是和保险不相同的另外一种合同。经济学家科恩（G.Cohn）说："因为在人身保险中，损失赔偿的性质极少，它不是真正的保险而是混合性质的保险。"埃斯特（L.Elster）更直截了当地说："在人身保险中完全没有损失赔偿的性质，从国民经济来看，人身保险不过是储蓄而已。"威特（J.D.Witt）也持相同观点，认为："人身保险不是保险，而是一种投资。"

埃斯特和威特主要是从人寿保险中的储蓄成分来否定人身保险的性质。实际上，人寿保险是保险与储蓄的结合，即通常所说的"储蓄性保险"或"储蓄性险种"。单就这一点论之，科恩的见解是正确的，尽管他否定人身保险是真正的保险，但承认了人身保险中的保险成分。

2. 择一说

该学说与"否定人身保险说"不同，承认人身保险是真正的保险，但主张把人身保险与财产保险分别以不同的概念进行阐明。主张该说的德国法学家埃伦伯格给保险合同下了综合性定义，即"保险合同不是损失赔偿的合同，就是以给付一定金额为目的的合同"，二者只能择一。

择一说对各国保险合同有广泛的影响，《中华人民共和国保险法》（简称《保险法》）中的合同部分也是对财产保险合同和人身保险合同分别定义的。但从严格意义上察之，"择一说"与"损失赔偿说"一样是在法律关系上解释保险，而不是在对保险经济范畴下定义。

凡是二元说论者都只是强调了保险的种概念（种概念＝属概念＋种差），而不是在对保险这一属概念下定义。也就是说，财产保险和人身保险相对于保险来说都是种概念，当然在内涵上就有所差异。可见，二元说是在对两者分别下定义。但是，保险作为独立的经济范畴应该有一个统一的概念，所以二元说是不能接受的。

（三）非损失说

该学说认为，保险应该有一个统一的性质，既然损失说不能涵盖人身保险，那么就要在损失观念之外另寻解释，因此就有了以下各种观点。

1. 技术说

该学说认为保险是把可能遭受同样事故的多数人组织起来，结成团体，测定事故发生的比例（概率），按照此比例进行分摊，这种特殊技术就是人身保险或财产保险的共同特征。

主张技术说的意大利商法学家费芳德（C.Vivante）认为：保险不能没有保险基金，在计算这种保险基金时，一定要使保险人实际支出的保险总额和全体被保险人交纳的净保险费总额相等，这种保险基金要通过特殊技术，保持保险费和保险价值的平衡。保险的特性就在于采用这种特殊技术，科学地建立保险基金。此外，这种技术不一定要按照统计学或概率论等科学的方法，凭经验或推测也可以求得。

概率论是研究普遍存在的随机现象的一门学科。保险经营运用概率论原理,仅仅是解决保险的对价问题,用它来解释保险的特性显然是文不对题。

2. 欲望满足说

与技术说相反,欲望满足说是从经济学角度探索保险性质,其倡导者是拉扎路斯,他说:"保险是以赔偿和满足经济需要为其性质的,是当意外事故发生时,以最少的费用满足该偶发欲望所需要的资金,并予以充分可靠的经济保障。"

该说受到不少学者的支持,沃纳(G.Worner)认为:"保险是处于同样经济不安定的情况下,许多企业经营单位把偶发的且能计算出来的财产上的欲望,根据互助原则予以保障的手段。"后来他又把"财产上的欲望"改成了"金钱上的欲望",并做了最广义的解释,包括直接损失、利益丧失、储蓄能力停止、防止紧急损失费用以及其他不得已的开支等,存在于与货币价值有关的一切场合。

3. 财产共同准备说

该学说认为,保险是为了安定经济生活,将多数经营单位组织起来,根据大数法则积聚经济上的财富并留为共同准备。日本学者小岛昌太郎就主张这个观点。实际上该学说是从保险基金机能上来解释保险性质的。具体来说,保险对于应付意外事故的损失和支出的增加,是很有必要的。意外事故在每个具体的事件上虽然是偶然的,但在不特定的多数事件中,就成为必然的情况,这正是保险存在的基础。然而,化偶然为必然,要按照大数法则积蓄货币,即作为财产准备不是单独的,而是多数人经济结合的集体,向各成员收取分担金,积聚为财产共同准备,委托保险人管理、经营。但是,此学说不能解释无须建立保险基金条件下的合作保险形态。

4. 相互金融机构说

在货币经济条件下,所有的经济活动都是用货币的收支来实现,因此,保险作为应对经济不安定的善后措施,需要以调整货币的收支为目的。所以,保险公司是金融机构,是以发生偶然性事实为条件的相互金融机构。

该学说的倡导者日本学者米谷隆三认为,保险费的积累在经济上是投保人的共同基金,保险的性质不在于财产的准备,而在于集体成员为相互通融资金而结成多数人的联系,进而强调保险不只是准金融机构和辅助金融机构,而是真正的金融机构。

保险公司本来就是金融机构。但是,保险公司是经济法人,而保险是经济范畴,把两者等同起来是错误的,此其一。其二,所谓金融,即资金的融通,是指资金盈余的单位或个人以一定的条件把暂时不用的资金交给资金短缺的单位或个人使用,并获得相应的回报。而在保险行为中的保险费支出和保险金的赔付均不含有金融的特性,所以,保险与金融应为两个不同的概念,不能把保险等同于金融。

总之,非损失说各种释义的特点都是企图完全抛开"损失"的概念。比如,日本的园乾治也认为:"损失这个概念作为形成保险的观点是不正确的。"[①]他的定义是:"保险是多数经营单位,以合理计算的共同分担金作为经济补偿的手段,保障经济安定的

---

① 园乾治.保险总论[M].李进之,译.北京:中国金融出版社,1983:31.

互相共济制度。"① 然而，在这里既然使用了"经济补偿"的概念，也就不可能摆脱"损失"的含义，因为补偿总是对损失而言，没有损失，也就无所谓补偿。可见要在保险的定义中回避"损失"的概念，几乎不可能，甚至会把保险的最本质属性抛掉。

"无危险，无保险"，危险即损失的可能性，那么"无损失的可能性就无保险"。我们在第一章分析可保危险要素时就已经明确，按照这个逻辑，本书对保险下定义时倾向于"损失说"。

上述考察的理论线索，借助了日本保险学家园乾治对保险性质说的"三分法"标准，即以财产保险和人身保险是否具有共同的性质为标准。但是，必须指出，园乾治的这一划分标准本身就不合形式逻辑的要求。因为财产保险和人身保险相对于保险属概念来说都是种概念，要在种概念之间寻求统一的定义是不可能的。

二、保险的概念 ②

（一）保险的定义

给保险下定义，就要研究保险的自然属性。某物的自然属性是该事物区别于他事物的质的规定性。所以，我们在给保险下定义前，必须先从以下几个方面来考察保险经济现象的质的规定性。

第一，保险是对国民收入中的一部分后备基金的分配和再分配活动，属于分配环节。

第二，没有危险就没有保险。自然灾害和意外事故的存在是保险成立的条件。

第三，保险分配是价值形式的分配。

第四，保险分配不同于分配环节的其他分配形式，它是一种对经济损失补偿的部分或全部的平均分摊，体现公平合理的原则。

第五，保险是以善后处理经济损失补偿为目的的联合行为，必须有多数人参加才可能有保险行为。

第六，保险是一个属概念，其内涵量的规定性必须使其外延量能够概括所有的保险经济现象。即我们给保险下定义以阐明保险的性质，应是对保险这一属概念下定义，而非对保险的种概念下定义。比如，财产保险和人身保险是保险的两大类型，具有不同的特性。但两者又具有保险共同的属性，即具有共同的质的规定性。

根据上述保险经济现象的质的规定性，本书把保险的定义概括为："保险是集合具有同类危险的众多单位或个人，以合理计算分担金的形式，实现对少数成员因该危险事故所致经济损失的补偿行为。"

这一定义具有普遍的适用性，不仅适用于低级形式的行会合作保险或相互保险（不一定体现大数法则），而且适用于法令保险（强制保险）；不仅适用于财产保险，而且适用于人身保险。但是，财政救灾后备和经济单位或个人的自保不能被认为是保险，

---

① 园乾治.保险总论［M］.李进之，译.北京：中国金融出版社，1983：17.

② 林宝清.保险发展模式论［M］.北京：中国金融出版社，1993：11.

因为前者是以国家为主体的无偿分配，后者是一种储蓄或风险准备金，都与保险的内涵相悖。

定义中的"经济损失的补偿"概念，如果单独使用可直接简化成"经济补偿"。这是因为补偿相对损失而言，没有损失则无所谓补偿。这样，只要明确了本概念中"补偿"的性质，那么，"经济补偿"与"损失补偿""补偿损失"等提法，就均属于同一个概念。

该定义坚持了"损失说"的一元论，并且它适用于人身保险。说明如下：

首先，诚然人的身体或生命没有价值，不能以货币衡量和补偿，自然死亡也不能说是损失，但在人身方面，可能发生的疾病、伤残、死亡、丧失劳动能力等事件或意外事故，不是导致货币收入的减少，就是导致货币支出的增加，这正是人身保险利益之所在，参加保险就是为了抵补收入的减少或支出的增加。从这个意义上论之，人身保险可适用补偿的概念。

其次，在生存保险中，到期领取生存保险金，但人的生存并不意味着经济上不会遭到任何意外的或必然的损失，如失业者的生存、丧失劳动力者的生存、失去双亲后儿童的生存，凡此种种，都无一不是遭到经济上的损失，或失去经济来源或增支或减收。因此，就需要失业保险、年金保险、儿童保险、教育费用保险等。

最后，人寿保险中大部分险种带有储蓄性质，储蓄支付是返还而不是补偿。但必须明确，储蓄既非保险的性质亦非保险的职能，储蓄属货币信用的概念，不存在保险分配关系中的任何一个因子，故而带储蓄性质的人身保险险种应被看作"储蓄＋保险"。而从给付上看，则是"固定返还＋不固定返还"，固定返还的储蓄部分为自保额，不固定返还的补偿部分就具有保险的经济互助性质。

（二）保险的本质

保险的本质是指保险的社会属性，它与保险的自然属性不同。

研究保险的自然属性，把握它的质的规定性，从而给保险概念下定义，其任务是认识保险经济现象自身的同一性和与其他经济现象的相异性，这是从静态上认识保险，是认识保险经济现象的基本前提。而研究保险的社会属性，既要把握保险经济现象内在矛盾的特殊性（内部的同一性和相异性的对立统一），又要把握保险经济现象与其他经济现象的普遍联系（外部的同一性和相异性的对立统一），从而把握保险经济现象发生、发展和变化的规律，这是从动态上深化对保险经济现象的认识。

在阐述保险的定义时，我们已经明确保险是一种平均分担经济损失补偿的活动，那么，很显然在分担的主体之间必然形成一种再分配关系，保险作为经济范畴，是这种分配关系的理论表现。所以，我们把保险的本质表述如下：

所谓保险的本质，即多数单位或个人为了保障其经济生活的安定，在参与平均分担少数成员因偶发的特定危险事故所致损失的补偿过程中形成的互助共济的分配关系。简言之，保险的本质是指在参与平均分担损失补偿的单位或个人之间形成的一种分配关系。

从近现代保险经济的主要形式看，其内部关系的对立统一有：被保险人之间的分配关系，这是整个保险分配关系的基础；被保险人与保险人之间的分配关系，这是保险分配关系的表现形式；保险人与再保险人之间的分配关系，这是保险分配关系的发展。其外部关系的对立统一有：保险分配关系与财政、企业财务、信贷、工资、价格等分配关系的关系。以上内容将在本书以后的有关章节中全面展开论述。

（三）保险分配关系的客观必然性

保险分配关系是客观存在的一种经济关系。这是因为，"人们在生产中不仅仅影响自然界，而且也相互影响。他们只有以一定的方式共同活动和互相交换其活动，才能进行生产。为了进行生产，人们互相之间便发生一定的联系和关系；只有在这些社会联系和社会关系的范围内，才会有他们对自然界的影响，才会有生产。"[①] 人类同自然界的关系包括：改造自然物进行物质资料的生产和再生产；同自然灾害和意外事故做斗争以保证再生产（包括人类自身再生产）的顺利进行。在物质资料再生产的过程中人们需要联合行动，同样，为了消除自然灾害、意外事故或生老病死等给经济生活带来的不安定因素，人们也必须联合行动，和衷共济，共同分担经济损失补偿，以集体的力量增强同自然界做斗争的能力，保证社会再生产的顺利进行和经济生活的安定。这样也就形成了他们之间特有的"我为人人，人人为我""千家万户帮一家"的经济关系，即保险分配关系。由于自然力和偶发事件造成的破坏在任何社会制度下都是不可避免的，是不以人们的意志为转移的自然规律，这就决定了在商品货币经济条件下，保险分配关系存在的客观必然性，并且是受一定的生产资料占有形式制约的一种经济关系，即生产资料的占有形式决定着保险分配关系的本质。例如，资本主义以前的社会的合作保险和相互保险以保证经济生活的安定为目的；资本主义社会的商业保险以获取利润为目的，但也并不能否定其赖以存在的保险分配关系这一基础。

保险分配关系存在的客观必然性，说明了保险分配关系是保险合同关系（法律关系）的基础，保险的分配关系产生出保险的法律关系，而不是相反。保险的合同关系只不过是对客观存在的保险分配关系加以确立、规范和调整。正如马克思指出的："这种具有契约形式的（不管这种契约是不是用法律固定下来的）法的关系，是一种反映着经济关系的意志关系。这种法的关系或意志关系的内容是由这种经济关系本身决定的。"[②] 至此，读者可能已经明确，本书为什么要对保险和商业保险分别给予定义。实际上，商业保险只不过是保险分配关系得以实现的一种形式。

第二节 保险的功能 [③]

保险的性质决定保险的功能。保险的功能说明或表现保险的性质，是保险性质的客观要求。从理论上认识、抽象和概括保险的功能，有利于不断完善保险内部的传导

---

① 马克思，恩格斯. 马克思恩格斯选集：第1卷［M］. 北京：人民出版社，2012：340.

② 马克思. 资本论：第1卷［M］. 北京：人民出版社，2004：103.

③ 林宝清. 保险发展模式论［M］. 北京：中国金融出版社，1993：11.

机制，有利于适时调整保险分配的内外部关系，有利于充分发挥保险的功能作用，为国民经济的安定和发展服务。因此，研究保险的功能不单是理论问题，而且具有重要的实践价值。

一、保险功能说评介

迄今，国内关于保险功能问题的探讨存有多家之说。

（一）单一功能论

该学说主张保险只有经济补偿这唯一的功能，认为经济补偿是建立保险基金的根本目的，也是保险产生和形成的原因。在再生产过程中，存在着风险对生产力的破坏与怎样筹资以维护生产力的矛盾，保险就是通过经济补偿恢复生产力以解决这一矛盾的经济手段。

单一功能论只是强调了保险机制的目的和社会效应，在保险如何达到它的目的和取得它的效应方面却未能加以说明。也就是说，"单一功能论"不能完整地说明保险运行机制的全过程，从而也就不能完整地表现保险的性质。

（二）基本功能论

该学说坚持保险具有分散危险功能和经济补偿功能，且两个功能是相辅相成的。

分散危险是处理偶然性危险事故的技术手段，是保险经济活动所特有的内在功能；而经济补偿作为积极体现保险行为内在功能的现实表现形式，是保险经济活动的外在功能。

基本功能论准确地表述了保险机制运行过程中目的与手段的统一，完整地表现了保险的性质，所以，我们说分散危险功能与经济补偿功能的统一就是保险。如马克思所说的，价值尺度与流通手段的统一是货币。

该学说在我国保险理论界得到比较普遍的认可。但是，马克思在科学地概括出货币两大基本功能后，认为货币还具有其他三个派生功能，即贮藏手段、支付手段和世界货币。那么，保险除了其两大基本功能外，是否还存在着保险运行机制所决定的其他派生功能？

（三）二元功能论

该学说认为保险具有补偿功能和给付功能。从财产保险的角度，保险具有经济补偿的功能；从人身保险的角度，保险又具有保险金给付的功能。

二元功能论比较传统，常见于我国的各类保险教科书中。这一观点主要是在西方保险二元性质说的影响下产生的。本章第一节保险学说的评介中就已经明确指出，保险作为独立的经济范畴应该有一个统一的概念，二元说的观点是不能接受的。因此，由保险二元性质说所导出的保险二元功能论同样是不能接受的。

（四）多元功能论

该学说认为保险不仅具有分散危险和经济补偿两个基本功能，还应包括给付保险金、积累资金、融通资金、储蓄、防灾防损、社会管理等功能，或者其中的若干个。多元功能论者的表述并不一致。

多元功能论者一般都持发展的观点，认为随着市场经济的发展，保险的功能也应该有所发展，这种动态观无可非议。但是，多元功能论往往把一些属于保险公司的功能（诸如融通资金、防灾防损等）归属于保险的功能，这就混淆了保险经济范畴与保险公司经济组织的概念，因而是不正确的。又如，储蓄是货币信用的一种形式，把它作为保险的功能也是不合适的。再如，保险是否具有"社会管理"的功能？目前各方看法不一致。但我们认为，保险仅是经济主体风险管理的财务处理手段，如利率是中央银行实现宏观经济调控的手段，利率本身不可能回答社会管理问题，不可能具有社会管理功能；同理，保险也不可能具有社会管理的功能。

那么，应该如何认识并科学概括和演绎保险的功能呢？根据保险是经济分配的性质，认识保险的功能就必须从保险分配关系的历史和现状上考察其发展。

我们知道，商业保险是从行会合作保险的基础上发展起来的，合作保险和相互保险仅表现为会员（既是被保险人又是保险人，二位一体）之间的保险分配关系。到了商业保险，保险分配关系外化为或者说发展为以被保险人之间的分配关系为基础的保险人与被保险人之间的直接的分配关系，后者甚至隐蔽了前者。当出现分保以后，又出现了保险人之间的分配关系。这样，随着保险分配关系内涵的不断丰富，保险的功能必然也随之丰富和发展起来。如果说低级形态的保险只有分散危险与补偿损失两个基本功能，那么，现代保险一般都有四个功能，即分散危险、补偿损失、积蓄基金和监督危险。

二、保险的基本功能

（一）分散危险功能

为了确保经济生活的安定、分散危险，保险把集中在某一单位或个人身上的因偶发的灾害事故或人身事件所致的经济损失，通过直接摊派或收取保险费的办法平均分摊给所有被保险人，这就是保险的分散危险功能。通过该功能的作用，危险不仅可在空间上达到充分分散，亦可在时间上达到充分分散。

据说在古代长江商旅有分船装货以分散沉船损失的实践。比如，有 10 个商人，如果他们将自己的货物全部装在各自雇的船上，万一该船遭遇险滩而沉没，那么他们的货物就全部灭失了；如果他们进行合作，每艘船只装每人的 1/10 货物，其中 1 艘船遇险沉没，则每人只损失该批货物的 1/10，这样风险就分散了。虽然该实践只求风险损失的分散，而没有补偿，但已经蕴涵了保险最基本的思想和要素。由此可见，分散危险应是保险的第一功能。

（二）补偿损失功能

保险把集中起来的保险费用于补偿被保险人合同约定的保险事故或人身事件所致经济损失，保险所具有的这种补偿能力就是保险的补偿损失功能。

分散危险和补偿损失是手段和目的的统一，是保险本质特征的最基本反映，最能表现和说明保险分配关系的内涵。因此，它们是保险的两个基本功能。

诚然，分散危险对于补偿损失来说是手段，但是，作为保险本质特征的表现来说是功能，甚至可以被认为是保险的第一功能。没有分散危险就不可能有损失的补偿，分散危险是前提条件，补偿损失是分散危险的目的。

至此，我们可以说，分散危险功能与补偿损失功能的统一是保险。

三、保险的派生功能

保险的派生功能是在保险固有的基本功能基础上发展的，归根到底，是伴随着保险分配关系的发展而产生的。

（一）积蓄基金功能

现代保险运用概率论的方法计算保险费率，要求有足够的空间容量和时间跨度。因此，保险分散危险就包含了两层意思：① 空间上分散；② 时间上分散。从空间上分散来看，由于保险标的损失的发生存在空间上的不确定性，那么保险人可以通过向某地区 1 000 家住户收取房屋火灾保险费的方式，分摊其中某一处或某几处住户房屋的实际火灾损失，从而实现危险在空间上的分散。从时间上分散来看，分摊经济损失就带有预提分摊金的因素，否则，不能满足时间上分散的要求。预提尚未赔偿或给付出去的分摊金必然形成积蓄。保险这种以保险费的形式预提分摊金并把它积蓄下来，实现时间上分散危险的功能，就是保险的积蓄基金功能。可以说，现代保险如果没有这一功能，就不能正常维系和发展保险分配关系。当然，不实行预收保险费的合作保险形态，因不具备时间上分散危险损失机制，也就不具有该项功能。

从概念的内涵上可以看出积蓄保险基金是为了达到时间上分散危险的目的，可见，该功能是由保险的基本功能中的分散危险功能派生而来的。

（二）监督危险功能

该功能也是保险分配关系提出的要求。分散危险的经济性质表现为保险费的分担，而参加保险者必然要求尽可能减轻保费负担而获得同样的保险保障。因此，他们之间必然要发生相互间的危险监督，以期尽量消除导致危险发生的不利因素，达到减少损失和减轻负担的目的。保险的这种功能，就是监督危险功能。监督危险在行会合作保险和相互保险中是在其会员之间进行的，商业保险则在保险人与被保险人之间进行。比如，对于船舶保险，投保的船舶必须适航，不适航不保；即使已经投保，违反适航条件的也不赔偿。又如，保险的诚信原则也是危险的监督。可见，保险的监督危险功能是客观存在的。

监督危险是为了减少损失补偿，所以该功能是保险基本功能中补偿损失功能的派生功能，也是使保险分配关系处于良性循环的客观要求。

第三节　保险的作用

保险的作用和功能是两个既有区别又有联系的概念。保险的作用是指保险在国民经济中执行其功能时所产生的社会效应。

一、保险在微观经济中的作用

保险在微观经济中的作用主要是指保险作为经济单位或个人风险管理的财务手段所产生的对微观主体的经济效应。其作用具体表现在以下五个方面。

（一）有助于受灾企业及时恢复生产

在物质资料生产的过程中，自然灾害和意外事故是不可避免的，这是一条自然规律。但灾害事故在什么时候什么地点发生、波及面有多广、受损程度有多大，都是不确定的。保险赔偿具有合理、及时、有效的特点，投保企业一旦遭遇灾害事故损失，就能够按照保险合同约定的条件及时得到保险赔偿，获得资金，重新购置资产，恢复生产经营。同时，由于受灾企业恢复生产及时，还可减少利润和费用等间接经营损失。

（二）有助于企业加强经济核算

保险作为企业风险管理的财务手段之一，能够把企业不确定的巨额灾害损失化为固定的、少量的保险费支出，并摊入企业的生产成本或流通费用，这是完全符合企业经营核算制度的。因为企业通过缴付保险费，把风险损失（甚至可包括由营业中断造成的利润损失和费用损失）转嫁给保险公司，不仅不会因灾损而影响企业经营成本的均衡，而且还保证了企业财务成果的稳定。如果企业不参加保险，为了不因灾损而使生产经营中断、萎缩或破产，就需要另外准备一套风险准备金，这种完全自保型的风险财务手段，一般来说，对单个企业既不经济也不可能。

（三）有助于企业加强危险管理

保险补偿固然可以在短时间内迅速消除或减轻灾害事故的影响，但是，就物质净损失而言，仍旧是一种损失，而且保险企业也不可能从风险损失中获得额外的利益。因此，防范危险于未然是企业和保险公司利益一致的行为。保险公司常年与各种灾害事故打交道，积累了丰富的危险管理经验，不仅可以向企业提供各种危险管理经验，而且还可以通过承保时的危险调查与分析、承保期内的危险检查与监督等活动，尽可能消除危险的潜在因素，达到防灾防损的目的。此外，保险公司还可以通过保险合同的约束和保险费率杠杆调动企业防灾、防损的积极性，共同做好危险管理工作。

（四）有助于安定人民生活

家庭是劳动力再生产的基本单位，家庭生活安定是人们从事生产劳动、学习、休息和社会活动的基本保证。但是，自然灾害和意外事故对于家庭来说同样是不可避免的，参加保险也是家庭危险管理的有效手段。家庭财产保险可以使受灾家庭恢复原有的物质生活条件。当家庭成员尤其是工资收入者，遭遇生老病死残等意外的或必然的事件时，人身保险作为社会保险和社会福利的补充，对家庭的正常经济生活起保障作用。

（五）有助于民事赔偿责任的履行

人们在日常生产和社会活动中不可能完全排除因民事侵权或其他侵权而发生民事

赔偿责任或民事索赔事件的可能性。具有民事赔偿责任风险的单位或个人可以通过缴付保险费的办法将此风险转嫁给保险公司，使被侵权人的合法权益得到保障并顺利获得在保险金额内的民事赔偿。有些民事赔偿责任由政府采取立法的形式强制实施，如雇主责任险、机动车第三者责任险等。

二、保险在宏观经济中的作用

保险在宏观经济中的作用是保险功能的发挥对全社会和国民经济总体所产生的经济效应。其作用具体表现在以下七个方面。

（一）有助于保障社会再生产的正常进行

社会再生产过程由生产、分配、交换和消费四个环节组成，它们在时间上是连续的，在空间上是均衡的。也就是说，社会总产品的物质流系统和价值流系统在这四个环节中的运动，时间上是连续的，空间分布上是均衡的。但是，再生产过程的这种连续性和均衡性会因遭遇各种灾害事故而被迫中断和失衡，这种情况是不可避免的。比如，一家大型钢铁厂因巨灾损失而无力及时恢复生产，社会正常的价值流系统和物质流系统因该厂不能履行债务和供货合同而致中断，其连锁反应还将影响社会再生产过程的均衡发展。保险经济补偿能及时和迅速地对这种中断和失衡发挥修补作用，从而保证社会再生产的连续性和稳定性。

（二）有助于推动商品的流通和消费

商品必须通过流通过程的交换才能进入生产消费或生活消费，而在交换行为中难免存在交易双方的资信风险和产品质量风险的障碍，保险为克服这些障碍提供了便利。比如，出口信用保险为出口商提供了债权损失的经济补偿；履约保证保险为债权人提供了履约担保；产品质量保证保险不仅为消费者提供了产品质量问题上的经济补偿承诺，而且还为厂商的商品做了可信赖的广告。可见，保险在推动商品流通和消费方面的作用是不可低估的。

（三）有助于推动科学技术向现实生产力转化

科学技术是第一生产力。在各种经济生活中，采用新技术比采用落后的技术显然具有更高的劳动生产率，当代的商品竞争越来越趋向于高新技术的竞争。在商品价值方面，技术附加值比重越来越大。但是，对于熟悉了原有技术工艺的经济主体来说，采用新技术就意味着新的风险。保险则可以对采用新技术带来的风险提供保障，为企业开发新技术、新产品以及使用专利壮胆，促进先进技术的推广运用。

（四）有助于财政和信贷收支平衡的顺利实现

财政收支计划和信贷收支计划是国民经济宏观调控的两大资金调控计划。相对资金运动来说，物质资料的生产、流通与消费是第一性的，所以，财政和信贷所支配的资金运动的规模与结构首先决定于生产、流通和消费的规模与结构。毫无疑问，自然灾害和意外事故发生的每次破坏，都将或多或少地造成财政收入的减少和银行贷款归流的中断，同时还要增加财政支出和信贷支出，从而给国家宏观经济调控带来困难。在生产单位参加保险的前提下，财产损失得到保险补偿，恢复生产经营就有了资金保证，生产经营一旦恢复正常，就保证了财政收入的基本稳定，银行贷款也能得到及时的清偿或者重新获得物质保证。可见，保险确实对财政和信贷收支的平衡发挥着保障性作用。此外，保险公司积蓄的巨额保险基金还是财政和信贷基金资源的重要补充。

（五）有助于增加外汇收入和增强国际支付能力

保险在对外贸易和国际经济交往中，是必不可少的环节。按照国际惯例，进出口贸易都必须办理保险。保险费与商品的成本价和运费一起构成进出口商品价格的三要素。一国出口商品时争取到到岸价格或进口商品时争取到离岸价格，即由己方负责保险，可减少保险外汇支出。此外，当一国进入世界保险市场参与再保险业务时，应保持保险外汇收支平衡，力争保险外汇顺差。保险外汇收入是一种无形贸易收入，对于增强国家的国际支付能力起着积极的作用，历来为世界各国所重视。

（六）有助于动员国际范围内的保险基金

保险公司虽是集散风险的中介，但就单家保险公司而言，其所能集中的风险量总要受自身承保能力的限制，超过的就要向其他保险人分出（再保险），或对巨额危险单位采取共保方式。因此，再保险机制或共保机制就可以把保险市场上彼此独立的保险基金联结为一体，共同承担某一特定的风险，这种行为一旦超越国界，即可实现国际范围内的风险分散，从而将国际范围内的保险基金联结为一体。国际再保险是动员国际范围内的保险基金的一种主要形式。

（七）有助于完善和实现国家社会管理职能

本书第一章第三节"风险管理"的内容中就已经明确保险是风险管理的财务处理手段，因此，保险完全可以被用来作为国家社会风险管理的政策性工具以完善和实现国家有关行政部门的社会管理职能。比如，国家规定的强制性社会保险，就是合理运用保险机制管理社会经济生活和保证社会安定的一个最为典型的例子；又如，强制性的机动车第三者责任险（我国称为"交强险"），是国家为了在一定程度上保护被侵权人的合法权益而以法律的权威加以规范的险种。

当今世界上不少国家为了实现国家管理社会的不同目标而设立有相应的险种，诸如，为了防止商业银行发生系统性信用危机而建立的存款保险制度，为了应付巨灾风险的善后财务而建立的巨灾保险制度，为了刺激出口而设立的政策性出口信用保险，还有政策性农业保险等。可见，保险不仅像利率、税率一样可以成为国家宏观经济管理的工具，还可以成为国家宏观社会管理的工具。

归纳起来，保险在宏观和微观经济活动中的作用有两方面：① 发挥社会"稳定器"作用，保障社会经济的安定；② 发挥社会"助动器"的作用，为资本投资、生产和流通保驾护航。这是保险的自然属性使然，无论在哪一种社会制度下的保险都概莫能外。

第四节　商业保险

一、保险的商品属性 [①]

（一）保险的商品形态

商业保险以保险作为经营的对象，在这里保险取得了商品的形态。马克思指出："商品首先是一个外界的对象，一个靠自己的属性来满足人的某种需要的物。这种需要的性质如何，例如是由胃产生还是由幻想产生，是与问题无关的。" [②] 保险之所以能成为买卖对象，取得商品形态，是因为它具有经济损失补偿的功能或者说能提供经济保障，从而满足人们转嫁危险损失的需要。在商业保险的形态下，保险是一种纯粹独立形态的保障性商品，它的体化物即为保险单。

保险之所以取得商品形态，其终极原因还在于在市场经济条件下保险基金的筹集和保险补偿一般不可能采取直接的摊派方式，而只能采取保险人出售保险单和投保人交付保险费的买卖方式得以实现。所以，可以说保险的商品形态是保险分配关系得以实现的一种形式，即保险分配关系的商品化。所谓保险商品论，亦即保险分配关系商品化的理论。

（二）保险商品的价值和使用价值

价值和使用价值是商品的两个基本属性。保险由于取得了商品形态，同其他商品一样，也具有价值和使用价值两重性。下面从质和量两个方面分别考察保险商品的价值和使用价值。

1. 保险商品价值的质和量

（1）质的规定性——物化劳动。商品的内在价值是人类同质的抽象劳动的凝结。保险商品的价值是物化于保险本身的劳动，即用来生产因危险损失引起的保险补偿过程中所必需消耗的那部分生产资料和生活资料的劳动。保险商品的价值形成与一般商品不同。一般商品的价值形成，无论是有形商品，还是无形商品，都可划分为物化劳动和活劳动两个部分。物化劳动是旧价值向新价值的转移，并以活劳动为前提。而保险商品的价值形成中并不存在活劳动部分（因保险作为商品是非劳动产品商品），而且其物化劳动部分（净费率）只是用于补偿损失，是危险消费（纯消费）所必需的部分。所以，我们还可以把物化于保险本身的劳动，简单地理解为危险消费所必需的劳动，它形成保险商品的价值实体。

（2）量的规定性——净费率。保险商品的价值量决定于保险标的的平均损失率。在这里可以看到保险商品价值量的决定与一般商品不同。一般商品的价值量决定于生产该商品的社会平均必要劳动量，价值规律在这里发生作用；保险商品的价值量则决定于危

[①] 林宝清.保险发展模式论［M］.北京：中国金融出版社，1993：11.

[②] 马克思，恩格斯.马克思恩格斯全集：第42卷［M］.北京：人民出版社，2016：21.

险损失概率，即决定于损失概率所要求的生产资料或生活资料的价值量。所以，保险商品的价值量（净费率部分）决定不受价值规律支配，而是受危险发生的或然率支配。

2. 保险商品使用价值的质和量

（1）质的规定性——提供经济保障。保险商品对于保险人是价值，对于被保险人是使用价值。保险商品的使用价值表现为它为被保险人提供经济保障，因此，保险商品是一种保障性商品。具体表现为：① 免除恐惧——观念上的消费；② 补偿损失——实质上的消费。因为人们在生产活动和经济生活中对危险损失都怀有恐惧的心理，一旦把危险损失转嫁给保险公司便可获得安全感，这种安全感即保险商品的观念上消费。由于保险仅对损失进行补偿，被保险人不可能从损失补偿中获得额外的利益，所以善意投保人或被保险人并不希望实现对保险商品的实质性消费（生存保险与储蓄寿险除外）。保险商品的实质性消费是观念上消费的物质基础，但保险商品的消费主要是观念上的消费，体现着"人人为我，我为人人"和"千家万户帮一家"的互助共济理念。

（2）量的规定性——保险金额。保险商品的使用价值量，以货币为衡量单位，具体表现为保险金额。保险金额是保险人在约定的保险事件发生后，履行赔付或给付的最高责任限额。

（三）保险商品等价交换原理

保险交换是不是等价交换？有人说保险交换是不等价交换，因为有些人交了保费却未得到赔偿，相反，得到赔偿的人所得的赔偿金额却是所付保费的百倍、千倍、万倍；有人说是等价交换，因为从保险交换的集约性上看是等价的，即以保险人总体为一方和被保险人总体为另一方的双方交易是等价的；还有人说个体不等价，而总体是等价的。后两者实际上是同义的，即说明了保险人用集中起来的纯保费建立保险基金，最后都要实现对被保险人的偿还。商品交换必须服从价值规律的要求，交换必须等价（撇开供求引起的价格波动），至少交换双方认为是等价的，无论是个别交换，还是总体交换，都不能违背等价原则。以上三种看法实际上均混淆了保险商品价值量与使用价值量的区别。保险商品价值量的货币表现是保险费（纯保费 + 附加保费），这是没有问题的。问题在于保险商品的使用价值也是以货币表现，即保险金额。正是这一点，模糊了人们的视线。个别不等价说把个别保费与保险金额比较，与此相反，总体等价说则把总保费与个别或若干个保险金额比较。可见两者都是把保险商品的价值量与使用价值量进行比较，因而在等价原理上甚至都是欠通的。

保险费是单个保险的市场价格，投保人支付这个价格取得保险保障，他们之所以愿意购买保单，是因为他们在比较危险处理（比如自保还是转嫁）财务的机会成本上，认为保险公司提供的这个保障承诺值这个价，两相情愿就是等价交换。

二、商业保险的概念

（一）商业保险的定义

商业保险，又称合同保险或自愿保险，指保险双方当事人（保险人和投保人）自愿订立保险合同，由投保人交纳保险费，用于建立保险基金；当被保险人发生合同约定的财产损失或人身事件时，保险人履行赔付或给付保险金的义务。

在这里，对商业保险的定义采用了前述"二元说"的表达方式。之所以如此，是因为商业保险合同包括财产保险合同和人身保险合同，当代的人身保险合同中的寿险，储蓄已是主要因素，储金已被看作一种金融资产，储蓄的兑付不是赔付，所以用了"给付"的概念。

《保险法》第 2 条给保险下的定义是："本法所称保险，是指投保人根据合同约定，向保险人支付保险费，保险人对于合同约定的可能发生的事故因其发生所造成的财产损失承担赔偿保险金责任，或者当被保险人死亡、伤残、疾病或者达到合同约定的年龄、期限等条件时承担给付保险金责任的商业保险行为。"可见，我国的《保险法》是一部"商业保险法"。

（二）商业保险的构成要素

商业保险是一种营利性保险，是当代保险经济活动的一种主要形式，在国民经济中占有重要地位。商业保险的构成要素包括以下几方面。

1. 专营机构

保险公司是商业保险专营机构的主要形态，是保险供给主体。保险公司是依法成立的经济法人。我国《保险法》第 6 条规定："保险业务由依照本法设立的保险公司以及法律、行政法规规定的其他保险组织经营，其他单位和个人不得经营保险业务。"

2. 保险合同

保险合同规定了保险人与投保人之间的权利与义务关系。签订保险合同是法律行为，经过投保人与保险人之间的要约与承诺，保险合同就构成法律事实。由于保险活动不是即时结清的买卖行为，保险活动必须采用书面协议的形式，并由《保险法》等法律法规加以规范和调整。

3. 保险利益

保险利益是指投保人或被保险人对保险标的（保险人承保的对象）必须具有的法律上认可的利益。如果投保人对投保标的不具有保险利益，就不能成为保险合同行为，已签订的保险合同无效。

4. 大数法则

概率论是从数量的角度来研究随机现象，并从中获得这些随机现象所服从的规律。因此，商业保险的险种要求具有大量的标的，使危险损失率符合概率的要求，人寿保险满足精算的要求，只有这样才能使保险费率的定价符合公平合理的要求，商业保险的经营才有科学的依据。

5. 保险基金

保险基金主要由保险公司的实收资本和历年的以收抵支后的结余及保险公司的责任准备金等构成，它决定着保险公司的承保能力。商业保险活动如果没有相应数量的保险基金是不可能进行的。

（三）保险商品交换的特点

1. 契约性

在商品交换的过程中，交换的形式不是单一的，既有现货交易，也有期货交易；

既有货币与实物商品的直接交易，也有货币与各种契约等信用形式的交易。所有这些交换的方式，都只是商品买卖的不同表现形式，并不改变商品交换的性质。保险经营资本的独立化，把保险分配关系直接地表现为，或者说具体化为，保险人与被保险人之间相互对立的两极，从而被保险人之间的互助共济的分配关系便看不见了，所见到的只是保险人与被保险人之间的契约交换关系。在保险市场上以货币作为支付手段的保险契约买卖，是保险商品交换的唯一方式，俗称"卖保单"和"买保单"。

2. 期限性

一般商品交易都通行着"钱货两清"原则，或一手交钱一手交货，或先付钱后交货，或先交货后付钱。无论哪种形式，一旦成交，也就完成了商品销售的"惊险的跳跃"，作为商品的"旅途"也就结束了。保险商品交易则不同，保单实现销售后，保险商品并未完成"惊险的跳跃"。因为投保人或被保险人在购买保单后，一方面开始在观念上消费保险的使用价值，另一方面他们作为保险人的或有债权人直至保单的自然终止或履约终止。无论是自然终止还是履约终止，都说明了保险商品交易不是瞬间完成的，而是一个有期限的交易过程。在这期间，如果出现了保险事故或保险事件，保险人的赔偿承诺或给付承诺就转变为现实的赔偿或给付。

3. 条件性

一般商品交易有钱就能购买，而对于保险商品来说并非如此。保险商品购买的条件性，要求购买者（投保人）必须对投保标的具有保险利益，不具有保险利益的就不能购买保险商品（《保险法》另有规定的除外）。这一强制性规范，是为了避免道德危险的发生，保护保险标的的安全。

4. 诺承性

一般商品交易通常都是实践性交易，保险商品交易则是诺承性交易，即保险交易双方以合同条款的形式来约定彼此的权利和义务。由于保险合同条款通常均是由保险人拟订的格式条款，所以要求保险人必须以最大的诚信履行对合同条款的说明义务。同时，保险标的始终都控制在投保人或被保险人一方，因此，也就要求投保人或被保险人以最大的诚信履行对保险标的实质性危险因素的告知和保证义务。《保险法》规定，如果双方中的任一方违反诚信原则，保险合同行为就不受法律保护，甚至要负相应的民事责任。

三、商业保险与类似制度比较

（一）商业保险与社会保险比较

社会保险是指国家通过立法的形式，为依靠工资收入生活的劳动者及其家属提供基本生活条件，促进社会安定而举办的保险。其主要险种有社会养老保险、失业保险和医疗保险三种。社会保险是社会保障的主要内容。商业保险与社会保险的区别有以下几方面。

1. 实施方式不同

商业保险一般是自愿保险，只有少数险种（如机动车交通事故强制保险等）是强制性险种；而社会保险的险种均为强制性险种，体现社会公平，兼顾效率。

2. 举办主体不同

商业保险由专营的保险公司举办，遵循等价有偿的商业原则；而社会保险一般由政府举办，是以社会安定为目的的非营利性保险。

3. 保费来源不同

商业保险的保险费由投保人交纳；而社会保险的保险费一般由雇主和雇员一起承担，雇主和雇员分担比例各国有所不同，若基金不够，则通常由财政贴补。

4. 保险金额不同

商业保险中的财产保险的保险金额由保险利益的价值决定，人身保险的保险金额由投保人的需要及其支付能力所决定；而社会保险的保险金额是由国家统一规定的，一般只能保证基本的生活费和医疗保健费。

（二）商业保险与政策性保险比较

政策性保险可分为两类：一是社会政策性保险，即社会保险；二是经济政策性保险，也就是政府为实现某项经济政策而举办的保险，如农业保险、出口信用保险等。经济政策性保险的对象一般是关系国计民生的比较重大的项目。商业保险与政策性保险的区别有以下几方面。

1. 举办主体不同

商业保险可以国营、公私合营或私营；而政策保险一般都是风险大、利薄，甚至亏本的项目，商业保险公司一般都不愿承保，但这些项目又关系国计民生，国家必须扶持。所以，经济政策性保险一般都由专门成立的专业保险公司承保，如农业保险公司、出口信用保险公司等；有的由国家指定商业保险公司承保，国家同时给予优惠政策。

2. 经营目标不同

商业保险公司以利润最大化为经营目标；政策性保险公司虽然也要求经济核算，但必须兼顾，甚至注重社会的宏观经济效益，在亏损项目上由财政给予适度支持或兜底。

3. 承保机制不同

商业保险的品种多，可由投保人任意选择，同时在保险利益的价值范围内由投保人自己决定投保金额，甚至保险费率（价格）亦可谈判；经济政策性保险则不同，有特定的险种、单一费率，保险人为了防止逆选择，还要求投保人必须投保政策性保险项目的所有对象，这种做法近乎以经济手段强制投保，从而达到有效消除逆选择因素的目的。

（三）商业保险与储蓄比较

保险和储蓄都可以作为处理经济不稳定的善后措施，尤其是人身保险（带储蓄性的）与储蓄几乎无甚差别，需求者也往往将之与储蓄进行比较。尽管如此，两者的差异还是很大的，具体表现在以下几方面。

1. 经济范畴不同

储蓄属于货币信用范畴，是货币借贷行为，可以单独、个别地进行。储蓄作为经济生活中的后备，只能是自助的行为。保险则是独立于货币信用外的另一个范畴，它必须依赖多数经济单位或个人才能实现，是一种联合互助的行为。经济范畴不同说明它们各自体现的经济关系不一样。

2. 需求动机不同

储蓄需求的动机一般是基于购买准备、支付准备和预防准备，这些需求一般在时间上和数量上均可确定；对保险的需求则是基于特定事故发生与否的不确定性、发生时间和损失程度的不确定性。

3. 权利主张不同

储蓄是以存款自愿、取款自由为原则，谁的钱进谁的账，由谁支配，存款人对自己的存款有完全的随时主张权，支取未到期存款虽然将损失部分的利息收入，但本利和一定大于本金。保险贯彻投保自愿、退保自由原则，但中途退保所领回的退保金在扣除保险公司管理费、手续费等费用后一般小于所缴保险费总和，或小于保单的现金价值（指寿险保单）；如果不是退保，被保险人的主张权要受保险合同条件的约束。

4. 运行机制不同

储蓄行为主要受诸如利息率、物价水平、工资收入及流动性偏好等因素的影响，而且无须特殊的技术进行计算。保险行为主要受危险损失的不确定性影响，而且需要特殊的技术，即概率论的方法计算保险费率，来达到损失补偿均摊的目的。

（四）商业保险与救济比较

在保障经济安定的善后对策中，除了保险、储蓄以外，还有救济。储蓄是自助、单独进行的善后对策，保险是互助合作的善后对策，救济则是依赖外援，提供救济的有政府、社会团体和公民个人。商业保险与救济的区别表现在以下几方面。

1. 权利义务不同

救济是一种基于人道主义的单方施舍行为，没有对应的权利义务关系，救济方没有义务一定要对受灾者或贫困者实施救济。由于救济是一种无偿援助，所以接受救济者也无须向救济方履行任何义务。如果从合同角度论之，救济是单务合同，保险则是双务合同。保险合同行为要求合同双方必须权利义务相等，贯彻等价有偿原则。

2. 给付对象不同

救济的对象往往事先不能确定，且相当广泛，包括国内外受灾者或生活贫困者（老弱病残者、失业者、单亲家庭等）；而保险的保障对象都是在合同中事先确定的被保险人或保险金受领人。

3. 主张权利不同

救济的数量可多可少，形式多种多样，金钱、实物均可，接受救济者无权提出自己的主张；保险金的赔付或给付则必须严格按照合同履约，被保险人可按合同的约定主张对保险金的请求权，如有异议还可向法院提出起诉，或要求仲裁，以实现请求权。

（五）商业保险与赌博比较

商业保险与赌博从表现形态上看具有相似之处。其一，单个的给付与反给付不均等。保险方面有给付而未能得到反给付或得到更多反给付（保费与赔款比较），赌博也如此。其二，给付的确定性与反给付的不确定性。财产保险与赌博就完全贯彻这种随机现象，如参与保险者给付保费是确定的，能否得到赔偿则是不确定的。参与赌博下赌注是确定的，而输赢是不确定的。尽管如此，两者还是存在着很大的差异。

1. 目的不同

参加保险的目的是以小额的保费支出将不确定的危险损失转嫁给保险人，获得经济生活安定的保障；赌博则是想以小额的赌注博得大额钱财，目的在于发财。

2. 条件不同

参加保险不仅要交保费，而且必须对保险对象具有保险利益，所保的风险是静态风险，所以，被保险人从保险事故赔偿中无法获得额外利益；而参加赌博，只要拿得出约定的赌注均可参加，赢者可获额外的大量钱财。

3. 机制不同

保险的风险是客观存在的，风险损失在被保险人之间平均分担，达到互助共济处理善后的目的；而赌博输赢的风险完全是人为的，输赢完全是赌博双方之间个人的事。

4. 社会后果不同

从保险与赌博两者的目的、条件和机制看，保险是受国家鼓励的事业，保险合同受国家法律保护，保险发展的深度和密度，已经成为世界各国评价国家综合国力的重要指标之一；赌博则会带来家庭和社会经济生活的不安定，甚至引发刑事犯罪，除美国等一些国家和地区经特许设有经营性赌场外，一般国家和地区都明令禁止赌博，赌博行为不受法律保护。

第五节　保险公司 [①]

保险经济活动、保险分配关系、保险的功能都必须通过一定的组织形式来实现，保险公司是保险分配关系外部组织的高级形式。本章以金融型的保险公司定位，阐述保险公司的性质与功能。

一、保险公司的性质

我国保险公司与世界各国的一样，属于非银行金融机构的一种形态。保险公司之所以被定位为金融机构，是因为其拥有巨额的保险基金可用于货币市场和资本市场融资，而且几乎表现为资金的融出，并成为金融市场三大或四大金融支柱之一。保险公司与商业银行不同，它的融资活动主要在资本市场，而不是货币市场。

---

① 林宝清.保险发展模式论［M］.北京：中国金融出版社，1993：11.

二、保险公司的功能

保险公司的功能可分为两方面：一是作为组织保险经济活动和经营保险业务的专业公司的功能，包括组织保险经济补偿（简称组织经济补偿）功能、掌管保险基金功能和防灾防险功能。二是作为金融机构的保险公司的功能，包括融通资金功能和吸收储蓄功能。所谓金融型保险公司，即是组织经济补偿和融通资金这两个基本功能的统一。

（一）组织经济补偿功能

保险公司组织经济补偿功能与保险的分散危险和补偿损失这两个基本功能相对应，并由这两个基本功能决定；同时，又是这两个基本功能实现的条件。

保险公司一方面通过承保业务把被保险人的风险集中在自己身上，出险时履行赔偿义务，实现了保险的补偿损失功能；另一方面又通过扩大承保面（标的大量化）和再保险把风险分散出去，在被保险人和保险人之间进行风险的分摊，从而实现了保险分散危险损失的功能。保险公司这种集散风险的操作能力，就是保险公司组织经济补偿的功能。

保险公司是集散风险的中介，集中风险是商业保险公司经营保险的特有方式。诸如合作保险和相互保险等组织形式，都不存在危险集中问题，因为在这两种组织形式中，被保险人和保险人是合二为一的。

但是，保险公司的经营不在于集中危险，而在于分散危险，因为保险机制的本身在于分散危险。被保险人通过交保费把危险转嫁给保险公司，从表面上看，似乎保险公司把危险集中在自己身上，然而这仅是形式而已。在这里，形式掩盖了保险人通过收取保费分散危险的实质。

（二）掌管保险基金功能

保险公司为了实现其组织经济补偿的功能，通过收取保费，建立赔付或给付准备金（保险基金）。保险费的收入表现为货币单方面转移，保单相当于有条件的"债权证书"，所以，尽管保险公司所积累的保险基金属于保险公司所有（寿险保单的现金价值除外），但是从保险分配关系的本质看，毋宁说是保险公司的或有债务。保险公司的这种负债，就是其掌管保险基金的功能。该功能由保险的积蓄保险基金功能所决定，同时又是保险积蓄保险基金功能实现的条件。

保险公司经营不同于银行，银行的收入来源于存贷利差，保险公司的收入却直接来源于保费收入的一部分。所以，为了防止保险公司把"债"转化为收入，保障被保险人的合法权益和保证保险公司在巨额损失下的偿付能力，必须对保险公司采取"限利政策"，有效的办法就是监督其按承保总量扩充总准备金，令其承保业务与偿付能力相适应。

（三）防灾防险功能

保险公司是专门与灾险打交道的行业，它在承保时，通过对危险因素的调查和识别，提出危险处理的方案；在承保期间，通过对危险因素的监督检查，提出整改和防范措施；在标的出险时，通过对出险原因的检验核查，总结防灾防险的经验；凭借与危险打交道的丰富经验，开展危险管理的咨询服务等。保险公司所具有的这种为保障国家、经济单位和个人财产安全及维护人民身体健康和生命安全提供服务的能力，即为保险公司的防险防灾功能。该功能是保险监督危险功能的要求和实现的条件。

（四）融通资金功能

保险公司把积累的暂时不需要赔付或给付的巨额保险基金用于短期贷放或投资，这种把补偿基金转化为生产建设基金的能力，就是保险公司的融通资金功能。很显然，保险公司的这种融通资金的功能是基于保险公司掌管保险基金的功能，或者说是后者的派生功能。此时的保险公司又相当于基金管理公司。

融通资金功能对于保险公司来说是相当重要的，可以极大地降低保险公司整体经营和积累保险基金的机会成本，实现保险基金的保值和增值，增加保险公司盈利，同时，还可为降低保险费率提供物质条件。所以，融通资金功能是保险公司的基本功能之一，也是保险公司之所以被称为金融机构的条件。

但是，危险发生的不确定性决定了保险公司的经营也具有不确定性，即一旦发生较大的灾损，其投资就要立即兑现。所以，为了保证保险公司的即时偿付能力，维护被保险人的合法权益，保险管理当局必须规定保险公司的贷放对象、投资范围和结构以保证资产流动性，规定保险公司必须从盈余中提留特别危险准备金（保障基金）、呆账准备金，并实施监管。

（五）吸收储蓄功能

严格地说，只有寿险公司才具备该项功能。我们知道，单纯的死亡保险和单纯的生存保险无疑是纯粹的保险，又都带有极强的射幸性和逆选择性，顾客有限。基于寿险可提供长期性资金，同时也为了迎合和吸引顾客，保险公司设计了诸如生死两全保险、年金保险、儿童保险、婚嫁保险等名目繁多的带有储蓄性质的保险险种，从而将保险与储蓄巧妙地结合起来，这就使得保险公司具备了吸收储蓄的功能。

在这里提的是"吸收储蓄功能"，而不是"储蓄功能"，因为储蓄属于货币信用的范畴，既非保险的功能，亦非保险公司的功能。保险公司的吸收储蓄的功能，是保险公司向金融领域扩张的一种强有力的手段，形成了保险业与金融业之间竞争储蓄资源的格局。

综上所述，本节阐述了保险公司的五个功能，并对这五个功能的获得进行了理论上的演绎，使之都有所依附。与此同时，我们还必须明确无论是保险的功能，还是保险公司的功能，都是客观的存在。所谓保险公司制度性改革和创新，都是围绕着如何更好地为保险公司提供实现其功能的条件进行的，最终的目的也都是立足于实现保险的功能，壮大国民经济中保险后备的实力。

本章小结

1. 通过对西方保险学说的评介比较，明确"损失说""二元说"和"非损失说"三者各自立论的依据，提供保险学基本理论线索并说明本书因何采用"损失说"观点。

同时，指出园乾治教授的"三分法"标准是不合逻辑的。

2. 从经济学角度考察保险分配关系，首先运用形式逻辑界定保险经济范畴，给出本书的保险定义，从静态方面阐明保险是什么；而后运用辩证逻辑揭示保险分配关系的本质，它的内部和外部的对立统一，从动态方面说明保险经济发生、发展和变化的规律。

3. 从保险分配关系存在的客观必然性，说明保险分配关系是保险合同关系的基础，保险合同关系只不过是对客观存在的保险分配关系加以确立、规范和调整。

4. 研究保险的功能不仅是理论问题，而且对实践具有深刻意义。在比较和评介关于保险功能诸说的基础上，本书根据保险性质的客观要求把保险功能概括为分散危险、补偿损失、积蓄基金和监督危险四个功能，并阐明它们之间的关系。

5. 保险的作用是保险诸功能的发挥所产生的社会效应。通过对保险在微观经济、宏观经济中作用的考察，说明保险因何能成为社会发展的稳定器和助动器，从而深化对保险经济存在的合理性及其意义的认识。

6. 市场交易的对象是商品，保险市场交易的对象当然是保险商品，这已成为近年保险理论界的基本共识。保险经济补偿功能的有用性使保险取得商品形态，保险单是保险商品的体化物。保险的商品形态是市场经济条件下保险分配关系实现的一种形式。在研究保险商品价值与使用价值的质和量的规定性后，指出"集约等价说"的理论缺陷，并以危险财务处理的比较机会成本为依据，阐明保险商品等价交换原理。

7. 阐述了商业保险的机构、合同、保险利益、大数法则和保险基金五个构成要素和保险商品交换的契约性、期限性、条件性、诺承性四个特点。

8. 商业保险是以保险商品作为买卖对象的保险形态。商业保险是双方当事人以平等互利、等价有偿为条件的合同交易行为，它与其他类似制度比较具有明显的差异。

9. 保险公司是保险分配关系的外部组织的高级形式。本章着重从保险公司实现保险诸功能的关系上，演绎了保险公司的五个功能，并提出组织经济补偿与融通资金这两个基本功能的统一是金融型保险公司的概念。

☑ 重要概念

保险	损失说	二元说	非损失说
保险本质	分散危险功能	补偿损失功能	积蓄基金功能
监督危险功能	保险商品	保险商品的价值	保险商品的使用价值
保险商品等价交换	商业保险	保险公司	组织经济补偿功能
掌管保险基金功能	防灾防险功能	融通资金功能	吸收储蓄功能

💡 思考题

1. 试比较并评论"损失说""二元说"和"非损失说"。

2. 本书对保险定义的研究是否符合形式逻辑规范？为什么要对保险与商业保险分

别定义？

3. 研究保险分配关系内部的和外部的对立统一关系有何意义？

4. 应该如何概括保险的功能？你是否认同本书保险基本功能与派生功能的概括与表述？

5. 保险因何取得商品形态？如何理解"保险商品论即关于保险分配关系商品化"的理论？

6. 我国目前关于保险商品说的理论有哪些不同的学术观点？你支持哪种观点？为什么？

7. 关于保险商品等价交换问题有哪些说法？你支持哪一种观点？为什么？

8. 保险商品交换具有哪些特点？认识这些特点有何意义？

9. 保险公司具有哪些功能？如何获得这些功能？

即测即评

请扫描右侧二维码，进行即测即评。

第三章
保险合同

与一般消费者和商家的商品买卖关系不同，保险商品的买卖是建立在合同的基础上的，因而它是一种法律关系。法律关系是指人们根据法律规定而结成的、由国家强制力保证实施的权利与义务关系。

保险合同又称保险契约，它是投保人与保险人之间订立的一种在法律上具有约束力的协议，即根据当事人的双方约定，投保人交付保险费给对方，保险人在保险标的发生约定事故时，承担经济补偿责任，或者履行给付义务的一种法律行为。

第一节　保险合同概述

一、保险合同与一般合同的共性

保险合同属于合同的一种，因此，它具有一般合同共有的法律特征。保险合同的一般特征表现在以下三个方面：

第一，合同的当事人必须具有民事行为能力。

第二，保险合同是双方当事人意思表示一致的行为，而不是单方的法律行为。任何一方都不能把自己的意志强加给另一方，任何单位或个人对当事人的意思表示不能进行非法干预。

第三，保险合同必须合法，否则不能得到法律的保护。在一方不能履行义务时，另一方可向国家规定的合同管理机关申请调解或仲裁；或者争议双方依照仲裁协议，将彼此间的争议交由双方共同信任、法律认可的仲裁机构的仲裁员居中调解，并做出裁决；也可以直接向人民法院起诉。

二、保险合同的特性

与一般合同相比较，保险合同又是一种特殊类型的合同，因此，它有着自己的特点。这些特点主要体现在它的双务性、射幸性、补偿性、条件性、附和性和个人性等方面。

（一）双务性 [1]

合同有双务合同和单务合同之分。单务合同是对当事人一方只发生权利，对另一方只发生义务的合同。如赠与合同、无偿保管合同、无偿借贷合同等都属于单务合同。双务合同则是当事人双方都享有权利和承担义务，一方的权利即为另一方的义务。在等价交换的经济关系中，绝大多数合同都是双务合同。我们说保险合同具有双务性，其理由在于，保险合同的投保人负有按约定缴付保险费的义务，保险人则负有在保险事故发生时赔偿或给付保险金的义务。但保险合同与一般的双务合同又有不同。因为在一般的双务合同中，除法律或合同另有规定以外，双方应同时对等给付，而不能一方要求他方先行给付。比如，在买卖合同中，买方付款以后，卖方应当依照合同规定给付标的物，不附有其他任何条件。而在保险合同中，虽然投保人交付了保险费，但只有在保险事故发生后，保险人才履行保险金赔偿或给付的义务。

（二）射幸性

保险合同具有射幸性特点。射幸是碰运气、赶机会的意思。因此，也可以通俗地说，保险合同具有机会性的特点。所谓射幸性特点是指，保险合同履行的结果建立在事件可能发生、也可能不发生的基础上。在合同有效期内，假如保险标的发生损失，则被保险人从保险人那里得到的赔付金额可能远远超出其所支出的保险费；反之，如无损失发生，则被保险人只付出了保险费而没有得到任何货币补偿。保险人的情况则与此对应。当保险事故发生时，它所赔付的金额可能大于它所收缴的保险费；而如果保险事故没有发生，它只享受了收取保险费的权利，而无赔付的义务。

保险合同的射幸性特点来源于保险事故发生的偶然性，这在财产保险合同中表现得尤为明显。而在人寿保险中，在大部分场合，由于保险人给付保险金的义务是确定的，只是存在一个给付的时间不确定的问题，因此，许多人寿保险合同具有储蓄性，射幸性特点较弱。还需要指出的是，所谓保险合同的射幸性特点是就单个保险合同而言的，如果从全部承保的保险合同总体来看，保险费与赔付金额的关系以精确的数理计算为基础，从原则上来说，收入与支出保持平衡。因此，总体来看，保险合同不存在射幸性的问题。

（三）补偿性

这主要是对财产保险合同而言的。所谓补偿合同即保险人对投保人所承担的义务仅限于损失部分的补偿，赔偿不能高于损失的数额。保险的一个最主要的目的是让被保险人恢复到损失发生前的经济状况，而不是改善被保险人的经济状况。这样做既是为了保险人，也是为了整个社会。因为如果不这样规定的话，被保险人就可以通过保险而获利，有些被保险人就会故意犯罪，这就会引发道德风险。

根据保险合同的补偿性质，产生了保险利益原则、代位求偿原则和不能超额保险的原则。本书将在有关章节讲解这些问题。

---

[1] 关于这一点，学术界有不同的看法。国内大多数教科书认为保险合同是双务合同，而英美法系的学者大多认为是单务合同。

（四）条件性

合同的条件性是指，只有在合同所规定的条件得到满足的情况下，合同的当事人一方才履行自己的义务；反之，则不履行其义务。保险合同就具有这样的特点。作为投保人，他可以不去履行合同所要求他做的事情，但如果投保人没有满足合同的要求，他就不能强迫保险人履行其义务。比如，保险合同通常规定，投保人必须在损失发生以后的某一规定的时间内向保险人报告出险情况。没有人强迫投保人必须这样做，换句话说，投保人可以不在规定的时间里向保险人报告。但是，如果投保人没有这样做，他也就不能指望或强迫保险人赔偿他的损失。

（五）附和性

附和合同即由当事人的一方提出合同的主要内容，另一方只是做出取或舍的决定，一般没有商议变更的余地。保险合同就具有这样的特点。保险人依照一定的规定，制定出保险合同的基本条款；投保人依照该条款，或同意接受，或不同意投保，一般没有修改某项条款的权利。即使有必要修改或变更保单的某项内容，通常也只能够采用保险人事先准备的附加条款或附属保单，而不能完全依照投保人的意思来做出改变。

但是，保险合同也并非全部采取标准合同的形式，因此，不能说所有的保险合同均为附和合同。有些特殊险种的合同也采取双方协商的办法来签订，这与一般的民事合同性质是相同的。所以说，保险合同不是典型的附和合同，而只是具有附和合同的性质。保险合同之所以具有附和合同的性质，原因在于保险人掌握保险技术和业务经验，而投保人往往不熟悉保险业务，很难对条款提出异议。但正因为如此，当保险合同出现由于条款的歧义而导致法律纠纷时，按照国际上的通常做法，法院往往会做出有利于被保险人的判决。

（六）个人性

保险合同的这一特性主要体现在财产保险合同中。它的含义是，保险合同所保障的是遭受损失的被保险人本人，而不是遭受损失的财产。由于个人的禀性、行为等将极大地影响到风险标的发生损失的可能性和严重性，保险人在审核投保人的投保申请时，必须根据各个不同的投保人的条件以及投保财产的状况来决定是接受还是拒绝，抑或有条件地接受其投保。保险合同的这一特性表明，投保人在转让自己的财产的同时，不能转让其保险合同，除非经过保险公司的同意。举例来说，张三喜欢开快车，经常发生事故，李四开车则非常谨慎。如果张三去投保，保险公司很可能不接受他的投保申请，或者提高保费率。因此，假定李四要将他的车卖给张三，他不能将保单同时转让给张三，除非经过了保险公司的同意。

第二节　保险合同的要素

任何法律关系都包括主体、客体和内容三个不可缺少的要素。保险合同的法律关系也是由这三个要素组成的。保险合同的主体为保险合同的当事人和关系人，客体为保险利益，内容为保险合同当事人和关系人的权利与义务的关系。

一、保险合同的主体

保险合同和其他合同一样，必须有订立合同的当事人，作为合同规定的权利和义务承担的主体。保险合同的当事人就是投保人和保险人。但保险合同也与一般合同有着不同之处：一般合同多是当事人为自己的利益而订立，保险合同则既可为自己的利益，亦可为他人的利益而订立，这在人寿保险中表现得特别明显，如在投保人之外，还有受益人的存在。不仅如此，保险合同所保障的对象，即意外事件在其财产或身体上发生的人，也是与保险合同有着重要关系的被保险人。所以，受益人与被保险人是保险合同的关系人。保险合同的投保人、被保险人、保险人与受益人等通常均在合同中明确载明。

（一）保险合同的当事人

1. 保险人

保险人是向投保人收取保险费，在保险合同规定的保险事件发生时，对被保险人承担赔偿损失给付责任的人。各国法律一般要求保险人具有法人资格，但并非任何法人均可从事保险业，只有依法定程序申请批准，取得经营资格才可经营。此外，保险人还必须在规定的经营范围开展业务。如果保险人不具备法人资格，其所订的保险合同无效。如属超越经营范围，合同效力则根据具体情况而定。

2. 投保人

投保人是向保险人申请订立保险合同，并负有交付保险费义务的人。投保人通常需要具备以下三个条件：

第一，具有完全的民事权利能力和民事行为能力。保险合同与一般合同一样，要求当事人具有完全的民事权利能力和民事行为能力。这对法人和自然人均相同。未取得法人资格的组织不能成为保险合同的当事人，无民事行为能力或限制民事行为能力的自然人也不能签订保险合同而成为保险合同的当事人。

第二，对保险标的必须具有保险利益。投保人如对保险标的不具有保险利益，则不能申请订立保险合同，已订立的合同也为无效合同。本书在后面的内容中将要详细讨论什么是保险利益。

第三，负有交付保险费的义务。保险合同为有偿合同，投保人取得经济保障的代价就是交付保险费。交付保险费的义务为投保人所有，保险人一方无权免除投保人的这一义务。不论保险合同是为自己的利益还是为他人的利益而订立，投保人均需承担交付保险费的义务。在后一种情况下，如投保人未能按时履行交付保险费的义务，保险合同关系人可以代投保人交付，但这只是代付性质，而并非说保险合同关系人有交付保险费的义务。保险人不得以关系人非当事人为由而拒收关系人代付的保险费，从而影响保险合同的效力。

（二）保险合同的关系人

1. 被保险人

被保险人是指其财产、利益或生命、身体和健康等受保险合同保障且享有保险金请求权的人。

在财产保险中，被保险人是保险财产的权利主体。在被保险财产发生保险事故时，保险人对被保险人的财产进行赔偿（在这里，房屋、汽车等财产为保险标的）；在人身保险中，被保险人是从保险合同中取得对其生命、身体和健康保障的人，同时他也是保险事故发生的本体（在这里，人的生命、身体和健康为保险标的）；在责任保险中，被保险人是对他人的财产损毁或人身伤亡负有法律责任，因而要求保险人代其进行赔偿，由此对自己的利益进行保障的人（在这里，民事赔偿损害责任为保险标的）。

被保险人必须在保险合同中做出明确规定，确定的方式有以下几种：

（1）在保险合同中明确列出被保险人的名字。被保险人可以是一个，也可以是多个，但均须列明。当被保险人之一死亡以后，其余被保险人仍可继续享受保险保障的权利，保险合同继续有效。

（2）以变更保险合同条款的方式确认被保险人。这种方式是在保险合同中增加一项变更被保险人的条款。一旦该条款所约定的条件成立时，补充的对象就自动取得了被保险人的地位。这也是被保险人的变更方式。这一方式通常用于财产的承租人或受托人等场合。变更后的被保险人的资格应当与原被保险人相同。

（3）采取订立多方面适用的保险条款确认被保险人。这种方式与第一种方式的不同之处在于，它不具体指明被保险人的姓名；与第二种方式的不同之处在于，它不是用排序的方式确定被保险人，而是采用扩展被保险人的办法。在这一方式中，每个人都具有同等的被保险人的地位。

2. 保单所有人

在保单签发后，对保单拥有所有权的个人或机构为保单所有人。保单所有人的称谓主要适用于人寿保险合同。由于财产保险合同大多是 1 年左右的短期合同，保单没有现金价值，并且绝大多数投保人都是以自己的财产作为保险标的来进行投保（成为被保险人），在发生保险事故时得到保险赔偿（成为受益人）的，因此，投保人、被保险人、受益人和所有人通常就是一个人，所有人在此并没有太大的意义。但在人寿保险中，由于大多数人寿保险合同所具有的储蓄性特征，以及在许多场合所有人与受益人并不是同一个人，所有人的意义就显得十分突出和重要。[①] 所有人既可以是个人，也可以是一个组织机构；既可以与受益人是同一人，也可以是其他的任何人，如与投保人或者被保险人是同一个人。但一般来说，被保险人与保单的所有人为同一人的情况较为普遍。保单所有人所拥有的权利通常包括以下七种：

（1）变更受益人；

（2）领取退保金；

（3）领取保单红利；

（4）以保单作为抵押品进行借款；

（5）在保单现金价值的限额内申请贷款；

---

① 我国的保险合同中没有保单所有人这个概念，这应当说是一个缺陷，因为该缺失易导致现实生活中一些不必要的纠纷。

（6）放弃或出售保单的一项或多项权利；

（7）指定新的所有人。

3. 受益人

受益人也被称为保险金受领人，是指在保险事故发生后直接向保险人行使赔偿请求权的人。

（1）受益人的构成要件：

第一，受益人是享有赔偿请求权的人。换句话说，受益人是有资格享受保险合同利益的人，但他不负交付保险费的义务，保险人不得向受益人追索保险费。需要注意的是，受益人与保险人的法律关系只是在被保险人死亡时才发生。

第二，受益人是由保单所有人所指定的人。一般来说，如果投保人、被保险人和所有人是同一人，不论是谁指定受益人，事实上都是一样的；但如果投保人、被保险人和所有人不是同一人，则最终决定受益人的权利应当在所有人而不是投保人或被保险人。保单所有人可以在保险合同中明确规定受益人，也可以规定指定受益人的方法。例如，规定以继承人为受益人。投保人或被保险人必须对保险标的具有保险利益，但受益人不必如此。

通常来说，有两种形式的受益人，一种是不可撤销的受益人，另一种是可撤销的受益人。在第一种场合，保单所有人只有在受益人同意时才可以更换受益人。在第二种场合，保单所有人可以中途变换受益人，或撤销受益人的受益权。受益人的撤销或变更不必征得保险人的同意，但必须通知保险人。如果保单所有人在改变了受益人的情况下没有通知保险人，后者在向原指定的受益人做出给付后，不承担对更改后的受益人的义务。

专栏 3-1

单位为员工投保受益人不得指定为本单位

（2）受益人与继承人的区别。虽然受益人与继承人都在他人死亡后受益，但是两者的性质是不同的。受益人享有的是受益权，是原始取得；而继承人享有的是遗产的分割权，是继承取得。受益人没有用其领取的保险金偿还被保险人生前债务的义务；但如果是继承人的话，则在其继承遗产的范围内有为被继承人偿还债务的义务。[1]

二、保险合同的客体

保险合同的客体是保险利益，保险利益不同于保险标的。保险标的是保险合同中所载明的投保对象，是保险事故发生所在的本体，即作为保险对象的财产及其有关利

---

[1] 在有遗产税的国家和地区，受益人受领的保险金通常是免征遗产税的。

益或者人的生命、身体和健康。保险利益则是指投保人或被保险人对保险标的具有的法律上承认的利益。

在保险合同中，明确了保险标的，对投保人来说，就是肯定了转嫁风险的范围；对保险人来说，则是指明了它对哪些财产和哪些人的生命、身体承担保险责任。

特定的保险标的是保险合同订立的必要内容。但是订立保险合同的目的并非保障保险标的本身。换句话说，被保险人投保后并不能保障保险标的本身不发生损失，而是在保险标的发生损失后，他能够从经济上得到补偿。因此，保险合同实际上保障的是被保险人对保险标的所具有的利益，即保险利益。

尽管保险利益与保险标的的含义不尽相同，但两者的关系是相互依存的。一般来说，在被保险人没有转让保险标的的情况下，保险利益以保险标的的存在为条件：保险标的存在，投保人或被保险人的经济利益也存在；保险标的遭受损失，投保人或被保险人也将蒙受经济上的损失。

三、保险合同的内容

保险合同既然反映了保险当事人和关系人之间的一种权利与义务关系，那么，对于保险关系中的任意一方来说，都必须清楚地了解保险合同的主要条款、保险合同的形式、自己的权利与义务、合同生效及无效的条件，以便充分利用保险的功能，防止法律纠纷的出现。

（一）保险合同的主要条款

保险合同的条款是规定保险人与被保险人的基本权利和义务的条文，它是保险公司对所承保的保险标的履行保险责任的依据。

根据合同内容的不同，保险条款可以分为基本条款和附加条款。基本条款是关于保险合同当事人和关系人权利与义务的规定以及按照其他法律一定要记载的事项；附加条款是指保险人按照投保人的要求增加承保风险的条款，增加了附加条款即意味着扩大了标准保险合同的承保范围。

根据合同约束力的不同，保险条款可以分为法定条款和任选条款。法律规定必须列入保单的条款叫作法定条款；保险人自己根据需要列入保单的条款叫作任选条款。

保险合同的基本条款主要包括以下几项。

1. 当事人和相关人的姓名或者名称和住所

明确当事人和相关人的姓名或者名称和住所，是为保险合同的履行提供一个前提。因为在合同订立后，保险费的交付、保险金额的赔偿均与当事人及其住所有关。由于保单是由保险人印制的，因此，保险公司的名称及住所已在上面，保单上需要填写的只是投保人、被保险人和受益人的姓名或者名称和住所。如果被保险人或受益人不止一个人，则需要在保险合同中列明。

2. 保险标的

当事人在订立保险合同时，必须将保险标的明确记载于合同中，这样才能决定保险的种类，并据以判断投保人或被保险人是否对其具有保险利益。

同一保险合同中并不限于单一的保险标的。在很多情况下，集合多数保险标的而订立一份保险合同也是常见的，如团体保险合同和综合保险合同。

3. 保险金额

保险金额是由保险合同的当事人确定并在保单上载明的被保险标的的金额，它又可以被看作是保险人的责任限额。保险金额涉及保险人与投保人（被保险人、受益人）的权利与义务。对于保险人来说，它既是收取保险费的计算标准，也是补偿给付的最高限额；对于投保人（被保险人、受益人）来说，它既是交付保险费的依据，也是索赔和获得保险保障的最高数额。因此，保险金额对于正确计算保险费、进行保险偿付和稳定合同关系等，都具有非常重要的意义。

保险金额的确定应当既考虑保险人的利益，也考虑被保险人的保障程度和合理负担。具体来说，应当依据以下两个原则：

（1）不超过保险标的的价值。在财产保险中，以保险财产估价来核定保险价值。保险财产估价过低，保险金额会相应减少，保险费也会减少，但保障效果也将随之降低，从而使被保险人在保险财产遭受损失时得不到充分保障；反之，如果保险财产估价过高，保险金额就会相应提高，被保险人交付的保险费也会相应增加。然而，当保险财产遭受损失时，保险人只能按照实际损失负责赔偿。因此，超过保险价值的保险金额就得不到赔付。在人身保险中，不存在保险价值的问题。保险金额是在订立保险合同时，由当事人双方协议确定的，它一般只受到投保人本身交付保险费的能力和被保险人健康状况的限制。

需要指出的是，于1995年通过并于2002年修正的《中华人民共和国保险法》（简称旧《保险法》）第19条规定，保险合同条款中应当载明保险价值，而2009年及2015年修改后的《保险法》未将该内容涵盖在内。原因之一在于，保险价值概念多用于财产保险合同，而人身保险合同中对此并无要求。

（2）严格遵循保险利益原则。从价值量来看，当保险标的属于投保人完全所有时，投保人对该保险标的的保险利益与保险价值是相等的；如果保险标的为投保人部分所有，投保人对该保险标的就仅有部分的保险利益。总之，无论保险金额有多大，都要求投保人对保险标的享有保险利益。

4. 保险费以及支付方法

保险费是投保人向保险人购买保险所支付的价格。它是建立保险基金的重要源泉。保险人是否有赔付能力，很大程度上取决于它所收取的保险费总额是否能够弥补它所承担的全部赔偿责任。

保险费率一般是保险合同必须记载的事项，但只要投保人同意支付保险费，即使合同中没有载明，也不影响合同的效力。

5. 保险期限和保险责任开始时间

保险期限即保险合同的有效期限，也就是保险合同从开始生效到终止的这一期间。保险期限既是计算保险费的依据，也是保险人履行其赔偿或给付义务的根据。保险合同是承担风险的合同，风险的不确定性决定了保险合同明确规定期限的特殊性。只有在保险期限内发生保险事故，保险人才承担赔偿或给付的责任。

计算保险期限通常有两种方法：

（1）按日历年、月计算。如财产保险通常为1年，期满后可以续订新约；人身保险的存续期间较长，有5年、10年、15年、20年甚至终身等。

（2）以一项事件的始末为存续期间。例如，货物运输险、运输工程险等以一个运程为保险期限。又如，建筑、安装工程保险的保险期限，通常以工程施工日起至预约验收为止。

6. 其他条款

除了上述五项内容外，我国《保险法》还规定，保险合同应包括：

（1）保险责任和责任免除；

（2）保险金赔偿或给付方法；

（3）违约责任和争议处理；

（4）订立合同的时间。

（二）保险合同的形式

保险合同依照其订立的程序，大致可以分为四种书面形式：

1. 投保单

投保单是投保人向保险人申请订立保险合同的书面要约。

投保单由保险人准备，通常有统一的格式。投保人依照保险人所列项目逐一填写。不论是出于投保人的主动，还是保险人（代理人或经纪人）的邀请，投保单的填写均不改变其要约性质。

在投保单中，投保人要向保险人如实告知投保风险的程度或状态等有关事项，这叫"声明"事项。"声明"事项通常是保险人核实情况、决定承保与否的依据。例如，在财产保险中，投保人需要如实填写被保险财产的所在地、内外部环境、营业性质、消防设备等情况；在人身保险中，投保人要如实填写被保险人的健康、职业、经济状况、与受益人的关系等情况。上述信息对于保险人估计风险、决定是否接受投保等都是非常重要的。

投保单本身并非正式合同的文本，但投保人在投保单中所填写的内容会影响到合同的效力。投保单上如有记载，保单上即使有遗漏，其效力也是与记载在保单上一样的。如果投保人在投保单中告知不实，在保单上又没有修正，保险人即可以投保人未遵循合同的诚信原则为由而在规定的期限内宣布合同无效。

2. 暂保单

暂保单又被称为临时保单，它是正式保单发出前的临时合同。保险代理人有时在收到第一期保险费后，即将暂保单发给投保人作为具有投保单效力的收据。

订立暂保单不是订立保险合同的必经程序。一般来说，使用暂保单有下列三种情况：

（1）保险代理人在争取到业务但尚未向保险人办妥保险单前，对被保险人临时开出证明。

（2）保险公司的分支机构在接受投保时，需要请示总公司审批，或者还有一些条件尚未全部谈妥。在这种情况下，保险公司的分支机构向投保人开出暂保单。

（3）正式保单需由计算机统一处理，而投保人又急需保险凭证。在这种情况下，保险人在保单做成交付前先签发暂保单，作为保险合同的凭证。

暂保单的法律效力与正式保单完全相同，但有效期较短，大多由保险人具体规定。当正式保单交付后，暂保单即自动失效。保险人也可在正式保单发出前终止暂保单效力，但必须提前通知投保人。暂保单的形式既可以是书面的，也可以是口头的。但为了避免由于"空口无凭"而产生纠纷，人们大多还是使用书面形式。[①] 在保险实践中，财产保险的暂保单常常为保险双方滥用。就被保险人而言，由于保险费有时可在出立正式保单时才交付，而暂保单又具有与正式保单相同的法律效力，这就等于享受了免费保险；保险代理人为争取客户，有时也不注意选择良好的投保人，而依赖于暂保单的自动失效，这往往容易产生纠纷。因此，对暂保单的使用必须十分慎重。

3. 保费收据

保费收据是在人寿保险中使用的、在保险公司发出正式保单前出具的一个文件。它与财产保险中的暂保单很相似，但是也有一些重要的差异。最主要的差异表现在：暂保单在出具时即完全生效，并持续有效至正式保单送达时为止；而保费收据只是投保人交付一定的保险费（通常是首期保险费）和可能获得预期保障的证据。这种预期的保险保障通常取决于一些事先规定的先决条件。如果不存在这些先决条件，保险人可以不承担任何保险责任。

在我国的寿险实践中，经常发生投保人在交纳了首期保险费以后合同是否成立的争议。借鉴国外的一些有效的做法或许对解决此类问题有所帮助。例如，在美国人寿保险中有附条件暂保收据（conditional receipt）和无条件暂保收据（binding receipt）两种。在附条件暂保收据场合，投保人在交付了首期保险费以后，代理人将出具一份附条件暂保收据，该收据在签发时并不具备索赔效力，但具有追溯效力。如果被保险人在申请保险的那一天满足了保险人所要求的所有条件，附条件暂保收据就从那一天开始生效。因此，如果被保险人的死亡发生在正式保单签发前，受益人对死亡保险金的索赔必须得到承认。相反，在无条件暂保收据的场合，只要投保人已经交付了首期保险费，并且其投保申请已在审查过程中，那么，如果此时发生保险事故，保险公司就应当提供保险赔偿，即使在审核投保单的过程中发现该被保险人不符合投保条件。

4. 保险单

保险单简称保单，它是投保人与保险人之间保险合同行为的一种最正式的书面形式。保险单必须明确、完整地记载有关保险双方的权利和义务。它所记载的内容是双方履约的依据。

---

① 在使用口头申请的情况下，这种纠纷是很容易出现的。例如，假如代理人矢口否认曾经接受过投保人的申请怎么办？或者代理人在正式保单签发前死亡了怎么办？或者代理人为独立代理人，其同时代理了多家保险公司的业务，那么，投保人到底是与哪一家公司签订的合同？

第三节　保险合同的订立、生效与履行

一、保险合同的订立

保险合同的订立是投保人与保险人之间基于意思表示一致而做出的法律行为。保险合同的订立须经过投保人提出要求和保险人同意两个阶段，这两个阶段即合同实践中的要约与承诺。

（一）要约

要约也称"提议"，是指当事人一方以订立合同为目的而向对方做出的意思表示。一个有效的要约应具备三个条件：① 要约须明确表示订约愿望；② 要约须具备合同的主要内容；③ 要约在其有效期内对要约人具有约束力。

保险合同的要约通常由投保人提出。虽然在许多场合，看起来是保险公司或其代理人在积极主动地向投保人"推销"保险，但这属于"要约邀请"，其实质仍然是投保人提出要约，即投保人是要约方。

（二）承诺

承诺是指当事人另一方就要约方的提议而做出的意思表示。做出承诺的人即为承诺人或受约人。合同当事人一方一经做出承诺，合同即告成立。需要注意的是，承诺需由受约人本人或其合法代理人做出，承诺须在要约的有效期内做出。

保险合同的承诺也叫承保，是由保险人做出的。由于保险合同要约通常都是采用投保单形式的，而投保单又是保险人事先印就的，因此，当投保人按投保单所列事项逐一填好后，经保险人审查，认为符合要求的，将予以接受，经签章后，即做出承保，保险合同随之成立。

二、保险合同的成立与生效

保险合同的成立是指投保人与保险人就保险合同条款达成协议。保险合同的生效是指保险合同对当事人双方发生约束力，即合同条款产生法律效力。

一般来说，合同一经依法成立，即发生法律效力。换句话说，合同成立即生效。但是，许多保险合同约定，合同通常是在成立后的某一时间开始生效，即合同才产生法律效力，合同当事人才受合同条款的约束。因此，在合同成立以后并不立即生效的情况下，保险人的责任是不同的：保险合同成立后但尚未生效前发生保险事故的，保险人不承担保险责任；保险合同生效后发生保险事故的，保险人应按约定承担保险责任。

当然，投保人与保险人也可在保险合同中约定，合同一经成立即发生法律效力。此时，保险合同成立即生效。

三、保险合同的履行

保险合同一经成立，投保人及保险人都必须各自承担自己的义务。一方履行其义务，他方则得以享受其权利或利益。所谓保险合同的履行即双方各自承担义务。

（一）投保人的义务

1. 交付保险费的义务

交付保险费是投保人最重要的义务。投保人必须按照约定的时间和方法交付保险费。根据险种的不同，投保人可以采取不同的方式来交付保险费。

根据保险通例，保险费的交付可以由投保人为之，也可以由有利害关系的第三人为之。无利害关系的第三人也可以代投保人交付保险费，但他们并不因此而享有保险合同上的利益，保险人也不能在第三人交纳保险费后，请求其继续给付，而只能向投保人做出请求。

交付保险费与合同效力的关系，通常由当事人约定。一般来说，财产保险合同采用一次交付保险费的形式；而人身保险合同中，可以采取趸交、分期交付、终身交付等方式。

如果投保人未能依照合同规定履行交付保险费的义务，将产生下列法律后果：

第一，在约定保险费按时交付为保险合同生效要件的场合，保险合同不生效。

第二，在财产保险合同中，保险人可以请求投保人交付保险费及迟延利息，也可以终止保险合同。

第三，在人身保险合同中，如果投保人未按约定期限（包括宽限期在内）交付保险费，保险人应进行催告。投保人应在一定期限内交付保险费，否则保险合同自动终止。

2. 如实告知义务

如实告知义务是指，在订立保险合同时，投保人要将与保险标的相关的重要事项如实告知保险人。如实告知一般分两种类型：一是无限告知，即法律或保险人对告知内容没有明确规定，投保人须主动将与保险标的有关的所有重要事实告知保险人；二是询问告知，即投保人只对保险人询问的问题如实告知，对询问以外的问题无需告知。我国执行的是询问告知。我国《保险法》第 16 条第 1 款规定："订立保险合同，保险人就保险标的或者被保险人的有关情况提出询问的，投保人应当如实告知。"

投保人告知的范围和内容是指足以影响保险人决定是否承保和确定费率的重要事项。重要事项在具体合同中各有不同，如人身保险中被保险人的年龄、性别、健康状况、既往病史等均是重要事实，而财产保险中保险标的的价值、品质、风险状况等就是重要事实。如果投保人故意或者因重大过失未履行如实告知义务，而且足以影响保险人决定是否同意承保或者提高保险费率的，那么保险人有权解除合同。

3. 通知义务

投保人的通知义务主要有两个：一是保险事故"危险增加"的通知义务；二是保险事故发生的通知义务。

（1）保险事故"危险增加"的通知义务。在保险合同中，危险增加是有特定含义的，它是指在订立保险合同时，当事人双方未曾估计到的保险事故危险程度的增加。保险事故危险增加的原因有两种：一种是由投保人或被保险人的行为所致。例如，投保人在投保房屋保险时，房屋的用途是居住。此后，在保单有效期内，投保人将其改作了餐馆。这种改变无疑增加了保险事故的危险程度。因此，投保人应当将这种改变通知保险人。另一种情况由投保人或被保险人以外的原因所致，与投保人个人无关。但即使这样，投保人也应当在知道危险增加后，立即通知保险人。《保险法》第 52 条第 1 款则规定，在合同有效期内，保险标的的危险程度显著增加的，被保险人应当按照合同约定及时通知保险人。保险人在接到通知后，通常采取提高费率和解除保险合同两种做法。在提高费率的场合，如果投保人不同意，则保险合同自动终止。保险人在接到"危险增加"的通知，或虽未接到通知但已经知晓的情况下，应在一定期限内作出增加保险费或解除合同的意思表示；如果不作任何表示，则可视为默认，以后不得再主张提高费率或解除保险合同。

投保人履行保险事故"危险增加"的通知义务，对于保险人正确估价风险具有重要意义。因此，各国保险立法均对此加以明确规定。

（2）保险事故发生的通知义务。保险合同订立以后，如果发生了保险事故，投保人、被保险人或受益人应及时通知保险人。这一点是非常重要的。因为保险事故的发生，意味着保险人承担保险责任，履行保险义务的条件已经产生。保险人如果能够及时得知情况，一方面，可以采取适当的措施防止损失的扩大；另一方面，可以迅速查明事实，确定损失，明确责任，不致因调查的拖延而丧失证据。关于通知的期限，各国法律规定有所不同。有的几天、有的几周、有的无明确的时间限定，只是在合同中使用"及时通知""立即通知"等字样。

如果投保人未履行保险事故发生的通知义务，则有可能产生两种后果：一是保险人不解除保险合同，但可以请求投保人（被保险人）赔偿因此而遭受的损失；二是保险人免除保险合同上的责任。

4. 避免损失扩大的义务

在保险事故发生后，投保人不仅应及时通知保险人，还应当采取各种必要的措施，进行积极的施救，以避免损失的扩大。《保险法》第 57 条第 1 款规定："保险事故发生时，被保险人应当尽力采取必要的措施，防止或者减少损失。"为鼓励被保险人积极履行施救义务，《保险法》还规定，被保险人为防止或者减少保险标的的损失所支付的必要的、合理的费用，由保险人承担。投保人、被保险人未履行施救义务的，对于由此而扩大的损失，应当承担责任。

（二）保险人的义务

保险合同成立后，一旦保险事故发生，保险人即要按照保险合同的规定赔偿或给付保险金。这是保险人的义务。在履行这一义务前，保险人需要首先确定损失赔偿责任。

1. 确定损失赔偿责任

在保险条款中，关于保险人的损失赔偿或给付责任的规定称为"责任范围"。险种不同，保险人的责任范围也不同。对责任范围的限定一般是从三个方面做出的：基本责任、附加责任和除外责任。

（1）基本责任，保险人依据保险合同的基本条款对被保险人所承担的赔偿或给付的责任。

（2）附加责任，附加于保险人基本责任范围之上的责任。这部分责任是由投保人或被保险人提出要求并经保险人同意而增加的承保责任范围。附加责任一般不能单独承保，它们大多数是附加在基本责任之上的。

（3）除外责任，保险标的的损失不属于由保险责任范围内的保险事故所导致的结果，因而保险人不予赔偿的责任。对保险人来说，除正面规定其应当承担的责任以外，又明确规定其不应承担的责任，目的是使保险人承担责任的范围更为明确，防止发生法律纠纷。

① 规定除外责任的原因。保险人之所以做出除外责任的规定，是与可保风险的条件联系在一起的。其理由在于：

第一，避免保险人遭受重大损失。对于保险人来说，如果它承保了许多相互有关联的保险标的，或者单个的、价值很高的保险标的，就很容易遭受特大灾难。例如，由于战争可能同时影响许多保险标的，大多数保险合同都将由战争所引起的损失排除在外。原子核辐射这类风险也是为绝大多数合同所排除的，因为这种风险涉及面太大，补偿代价过高，或者保险人还缺少这方面的资料和技术来计算损失率，所以一般也被列入除外责任范围。

第二，限制对非偶然事故的赔偿。非偶然的事故损失是很难预测的，补偿费用也非常高昂。此外，自然发生的损失，如自然磨损，也不在补偿之列。

第三，减轻逆选择的负面影响。在保险领域中，逆选择是指这样一种倾向：遭受风险损失可能性大的人比一般的人更希望购买保险。通常来说，保险人是通过一些特殊的合同来限制逆选择的。例如，有些房屋保险对贵重物品（珠宝等）的补偿设定了一个最高限度，超过这个最高限额就被列为除外责任，否则保险人将面临过大的风险。因此，如果被保险人所拥有的贵重物品的价值超过了保险人所规定的最高限额，他就必须购买由特殊合同所提供的保险。

② 除外责任的内容。除外责任通常要就风险、财产、损失和地点等方面做出明确的限制。

其一，除外风险。保险合同之所以排除一些风险事故是因为它们或者被其他的合同所包括，或者是非同寻常的，需要分别定价。例如，许多被保险人不愿意投保地震风险，因为他们认为自己所处的地域不会受到地震风险的威胁。如果有两份保单，一份将地震风险列为除外责任，但投保人每年能够节省 100 元钱，另一份承保地震风险，但投保人每年至少需要多交 100 元，投保人很可能就会选择前者。因此，为了使房屋保险的价格更具竞争力，保险公司通常在其合同中排除地震风险。

其二，除外财产。在有些合同中，某些财产是被除外的。这样做的理由主要是，在其他的合同中通常已经包含这类财产。例如，责任保险往往将由被保险人所看管、监护或控制的他人的财产的损失责任排除在外，因为这类损失通常可以由财产保险来承保。

其三，除外损失。有一些由法令和法规所引起的损失是不包括在财产保险合同中的。例如，进口货物中带菌，为了社会公共利益，政府当局下令焚毁而造成货主的损失。又如，有些合同将间接损失作为除外损失，有些合同将由物体本身所固有的瑕疵等作为除外损失。

其四，除外地点。一些合同要对承保风险的地点做出特殊的规定，例如房屋的地点、汽车驾驶的地域等。

需要说明的是，有些合同也可用附加责任的办法，将原来属于除外责任的内容扩大为承保责任。

2. 履行赔偿给付义务

在责任范围内的保险事故发生后，保险人应向被保险人或受益人赔偿或给付保险金，这是保险人履行合同责任的行为。

保险人承担赔付责任的行为主要包括保险金的内容和支付方式。

（1）保险金的内容。保险金的内容包括以下三个方面：

第一，赔偿给付金额。在财产保险中，赔偿给付金额根据保险财产的实际损失而定，但最高以保险标的的保险金额为限。如有分项保险金额的，以该分项保险标的的保险金额为最高限。在人身保险中，则以约定的保险金额为最高限额。

第二，施救费用。在发生保险责任范围内的保险事故时，被保险人为了抢救以及保护、整理保险财产而承担的合理费用。

第三，为了确定保险责任范围内的损失所支付的受损标的的检验、估价、出售的合理费用。

（2）保险金的支付方式。在原则上，保险人通常以现金的形式赔付损失和费用，而不负责以实物补偿或恢复原状，但双方在合同中有约定的除外。如在财产保险中，保险人按约定负责重建或修理；在伤害或健康保险中，保险人按约定负责医疗；在工程险中，保险人按约定重置受损项目或予以修理等。

第四节　保险合同的变更

保险合同的变更，是指在保险合同的存续期间，其主体、内容及效力有所改变。保险合同依法成立，即具有法律约束力，当事人双方都必须全面履行合同规定的义务，不得擅自变更或解除合同。但是，有些保险合同是长期性合同，如有些人身保险合同可以长达四五十年甚至更长。由于主客观情况的变化，就会产生变更的必要。各国保险法律一般都允许保险合同的主体和内容有所改变，我国也是如此。

一、保险合同主体的变更

主体的变更是指保险合同当事人的变更。一般来说，这主要是指投保人、被保险人的变更，而不是保险人的变更。

保险合同主体的变更通常又叫作保险合同的转让。由于保险合同的主要形式是保单，这种变更在习惯上又叫作保单的转让。

在财产保险中，保单的转让往往因保险标的的所有权发生转移（包括买卖、让与和继承）而发生。关于保单转让的程序，有两种通行的做法：

一种是转让必须得到保险人的同意。在这种情况下，保险标的的所有权发生转移，即主体变更，则保险关系相应消灭。如果想要继续保持保险合同关系，被保险人必须在保险标的的所有权（或管理权）转让时，事先书面通知保险人，经保险人同意，并对保单批注后方才有效；否则，保险合同从保险标的的所有权（或管理权）转移时即告终止。例如，被保险人出售其被保险的车辆，保单并不是随着车辆的出售自动转给新车主的。如果转让保单，必须征得保险人的同意。若保险人同意转让，则保单转让有效；反之则无效。

另一种是允许保单随着保险标的的转让而自动转移，不需征得保险人的同意。货物运输保险合同一般属于这种情况。这样规定的理由在于，货物运输，特别是海洋运输路途遥远、流动性大。在货物从起运到目的地的整个过程中，货权可能几经易手，保险利益也会随之转移。如果每次被保险人的变更都需征得保险人的同意，必然妨碍商品流转。有鉴于此，各国保险立法一般都规定：除另有明文规定的以外，凡运输保险，其保险利益可随意转移。换句话说，凡运输保险，其保单可随货权的转移而背书转让。

在人身保险中，保单一般不需要经过保险人的同意即可转让，但在转让后必须通知保险人。

保险合同转让一经确认，原投保人与保险人的保险关系随即消灭，受让人与保险人的保险关系随即建立。在保单的主体变更以后，原投保人的权利与义务也一同转移给了新的合同主体。例如，货物让与前没有交付的保险费，保单受让人就有交付责任。

二、保险合同内容的变更

保险合同内容的变更是指在主体不变的情况下，改变合同中约定的事项，它包括：被保险人地址的变更；保险标的数量的增减，品种、价值或存放地点的变化；保险期限、保险金额的变更；保险责任范围的变更；货物运输保险合同中的航程变更、船期的变化；等等。这些变化都会影响保险人所承担风险的大小。

保险合同的主体不变更而内容变更的情况是经常发生的。各国保险立法一般都规定，保险合同订立以后，投保人可以提出变更合同内容的请求，但须经保险人同意，办理变更手续，有时还需增交保险费，合同方才有效。

三、保险合同效力的变更

（一）合同的无效

合同的无效是指合同虽已订立，但在法律上不发生任何效力。按照不同的角度来划分，合同的无效有以下三种类型。

1. 约定无效与法定无效

根据不同的原因划分，无效分为约定无效与法定无效两种。约定无效由合同的当事人任意约定，只要约定的理由出现，则合同无效。法定无效由法律明文规定，法律规定的无效原因一旦出现，则合同无效。各国的保险法通常都规定，符合下列情况之一者，保险合同无效：

（1）合同系代理他人订立而不作申明。

（2）恶意的重复保险。

（3）人身保险中未经被保险人同意的死亡保险（父母为未成年子女投保的人身保险不受该限制）。

（4）人身保险中被保险人的真实年龄已超过保险人所规定的年龄限制。

2. 全部无效与部分无效

根据不同的范围划分，无效有全部无效与部分无效两种。全部无效是指保险合同全部不发生效力，上述几种情况就属于全部无效；部分无效是指保险合同中仅有一部分无效，其余部分仍然有效。例如，在善意的超额保险中，保险金额超过保险价值的部分无效，但在保险价值限额以内的部分仍然有效。又如，在人身保险中，被保险人的年龄与保单所填写的不符（只要没有超过保险人所规定的保险年龄的限度），保险人按照被保险人的实际年龄给付保险金额，这也是部分无效。

3. 自始无效与失效

根据时间划分，无效有自始无效和失效两种。自始无效是指合同自成立起就不具备生效的条件，合同从一开始就不生效。失效是指合同成立后，因某种原因而导致合同无效。如被保险人对保险标的失去保险利益，保险合同即失去效力。失效不需要当事人做意思表示，只要失效的原因一出现，合同即失去效力。

（二）合同的解除

保险合同的解除是指当事人基于合同成立后所发生的情况，使合同无效的一种单独的行为。即当事人一方行使解除权（或法律赋予，或合同中约定），使合同的一切效果消失并恢复到合同订立前的状态。

合同的解除与合同的无效是不同的。前者是行使解除权而效力溯及既往，后者则是根本不发生效力。解除权有时效规定，可因时效而丧失解除权；无效合同则并不会因时效而成为有效合同。

行使解除权的法律效力是，双方都负有恢复到合同订立以前的状态的义务。因此，已经获得的保险费或保险金应返还给对方；责任方对他方所造成的损失，需承担损害赔偿的责任。但如果保险合同的解除系投保人的不当行为所致，在这种情况下，要求保险人返还保险费，显然不利于行使解除权的保险人，因此，有时在法律或合同条款上有明确规定，上述情况下，保险人无须返还保险费。

（三）合同的复效

保险合同的复效是指保险合同的效力在中止以后又重新开始。保险合同生效后，由于某种原因，合同的效力中止。如人身保险中投保人未能按时交付保险费，保险合同的效力由此中断。在此期间，如果发生保险事故，保险人不负给付保险金的责任。但保险合同效力的中止并非终止。投保人可以在一定的条件下，提出恢复保险合同的效力，经保险人同意，合同的效力即可恢复，即合同复效。已恢复效力的保险合同应视为自始未失效的保险合同。

（四）合同的终止

保险合同的终止是指当事人之间由合同所确定的权利义务因法律规定的原因出现而不复存在。

导致保险合同终止的原因很多，主要有以下四种。

1. 合同因期限届满而终止

保险合同关系是一种债的关系。任何债权债务都是有时间性的。保险合同订立后，虽然未发生保险事故，但如果合同的有效期已届满，则保险人的保险责任自然终止。这种自然终止，是保险合同终止的最普遍、最基本的原因。保险合同终止，保险人的保险责任亦告终止。当然，保险合同到期以后还可以续保，但是续保不是原保险合同的继续，而是一个新的保险合同的成立。

2. 合同因解除而终止

解除是较为常见的保险合同终止的另一类原因。在实践中，保险合同的解除分为法定解除、约定解除和任意解除三种。

（1）法定解除，是指法律规定的原因出现时，保险合同当事人一方（一般是保险人）依法行使解除权，消灭已经生效的保险合同关系。法定解除是一种单方面的法律行为。从程序上来说，依法有解除权的当事人向对方做出解除合同的意思表示，即可解除合同，无须征得对方的同意。

（2）约定解除，是双方当事人约定解除合同的条件，一旦出现所约定的条件时，一方或双方即有权利解除保险合同。保险合同一经解除，保险人的责任亦告终止。

从解除的条件来看，以约定方式解除保险合同对于合同的双方均作了限制性的规定，尤其是对于保险人的限制更严。

（3）任意解除，是指法律允许双方当事人都有权根据自己的意愿解除合同。但是，并非所有的保险合同都是可以由当事人任意解除和终止的，它一般有着严格的条件限制。

《保险法》规定，投保人或被保险人有下述行为之一者，可以构成保险人解除保险合同的条件：① 投保人故意或者因重大过失未履行前款规定的如实告知义务，足以影响保险人决定是否同意承保或者提高保险费率的（第16条第2款）。② 未发生保险事故，被保险人或者受益人谎称发生了保险事故，向保险人提出赔偿或者给付保险金请求的（第27条第1款）。③ 投保人、被保险人故意制造保险事故的（第27条第2款）。④ 投保人申报的被保险人年龄不真实，并且其真实年龄不符合合同约定的年龄限制的（但合同成立后逾2年或保险人在合同订立时，已经知道投保人未如实告知的除外）（第32条第1款）。⑤ 自合同效力中止之日起满2年双方未达成协议的（第37条第1款）。⑥ 投保人、被保险人未按照约定履行其对保险标的的安全应尽责任的（第51条第3款）。⑦ 在合同有效期内，保险标的的危险程度显著增加的，被保险人未及时通知保险人的（第52条第1款）。⑧因保险标的转让导致危险程度显著增加的（第49条第3款）。

3. 合同因违约失效而终止

因被保险人的某些违约行为，保险人有权使合同无效。例如，终身保险合同的保险费交付一般有季交、半年交、年交等方式。如果投保人不能如期（包括在宽限期在内）交付保险费，则保险人可以使正在生效的合同效力中止。但在一定条件下，中途失效的合同经被保险人履约并为保险人所接受，还可以恢复效力。

然而，并不是所有的保险合同在失效后都可以复效。不能如期交付保险费而被中止的合同，其后果也可能不同。一般来说，人寿保险和简易人身保险，因不能如期交付保险费而被暂时中止效力的，被保险人可以争取合同复效；但财产保险合同因不能如期交付保险费而被中止合同的，则通常不能恢复合同效力。

需要指出的是，合同自始无效与违约失效是不同的。前者是指这样一种情况，被保险人以欺诈、捏造或隐瞒真实情况等不诚实的手段，欺骗保险人而签订保险合同，当其真相暴露时，合同的无效性应溯及过去，也就是说，合同从签订之时起就没有约束力。所以，合同自始无效，也就不存在效力终止的问题。

4. 合同因履行而终止

保险事故发生后，保险人完成全部保险金额的赔偿或给付义务后，保险责任即告终止。最常见的如终身人寿保险中的被保险人死亡，保险人给付受益人全部保险金额后；或被保险财产被火灾焚毁，被保险人领取了全部保险赔偿金后，合同即告终止。

第五节　保险合同的争议处理

保险合同争议是指在保险合同成立后，合同主体就合同履行时的具体做法产生意见分歧或纠纷。这种意见分歧或纠纷有些是由于合同双方对合同条款的理解互异造成的，有些则是由于违约造成的。不管是什么原因，发生争议以后都需要按照一定的程序处理和解决。

一、保险合同的解释原则

保险合同的解释是指当保险当事人由于对合同内容的用语理解不同发生争议时，依照法律规定或者约定俗成的方式，对保险合同的内容或文字的含义予以确定或说明。保险合同的解释原则通常有以下五种。

（一）文义解释原则

文义解释即按合同条款通常的文字含义并结合上下文来解释，它是解释保险合同条款的最主要的方法。

文义解释必须要求被解释的合同字句本身具有单一且明确的含义。如果有关术语本来就只具有唯一的意思，或联系上下文只能具有某种特定含义，或根据商业习惯通常仅指某种意思，那就必须按照它们的本意去理解。例如，暴风、地震、泥石流等，这些字句都有非常明确特定的含义。

（二）意图解释原则

意图解释是指在无法运用文义解释方式时，通过其他背景材料进行逻辑分析来判断合同当事人订约时的真实意图，由此解释保险合同条款的内容。保险合同的真实内容应是当事人通过协商后形成的一致意思表示。因此，解释时必须要尊重双方当时的真实意图。意图解释只适用于合同的条款不精当、语义混乱，不同的当事人对同一条款所表达的实际意思理解有分歧的情况。如果文字表达清楚，没有含糊不清之处，就必须按照字面解释，不得任意推测。

（三）有利于被保险人的解释原则

有利于被保险人的解释原则，是指当保险合同的当事人对合同条款有争议时，法院或仲裁机关往往会做出有利于被保险人的解释。例如，《保险法》第30条规定："采用保险人提供的格式条款订立的保险合同，保险人与投保人、被保险人或者受益人对合同条款有争议的，应当按照通常理解予以解释。对合同条款有两种以上解释的，人民法院或者仲裁机构应当作出有利于被保险人和受益人的解释。"之所以如此，是因为保险合同是附和性合同，有很强的专业性。在订立保险合同时，一般来说，投保方只能表示接受或不接受保险人事先已经拟定好的条款。有些专业性的术语不是一般人能够完全理解的。为了避免保险人利用其有利地位，侵害投保方的利益，各国普遍使用这一原则来解决保险合同当事人之间的争议。鉴于此，保险人在拟定合同条款时应尽量使用语言明确的表述，在订立合同时向投保方准确地说明合同的主要内容。需要指出的是，这一原则不能滥用。如果条款意图清楚，语言文字没有产生歧义，即使发生争议，也应当依据有效的保险合同约定做出合理、公平的解释。

（四）批注优于正文、后加的批注优于先加的批注的解释原则

为了满足不同的投保人的需要，有时保险人需要在统一印制的保险单上加批注，或增减条款，或修改条款。无论以什么方式更改条款，如果前后条款内容有矛盾或互相抵触，后加的批注、条款应当优于原有的条款。保险合同更改后应写明批改日期。如果由于未写明日期而使条款发生矛盾，手写的批注应当优于打印的批注，加贴的批注应当优于正文的批注。

（五）补充解释原则

补充解释是指当保险合同条款约定内容有遗漏或不完整时，借助商业习惯、国际惯例、公平原则等对保险合同的内容进行务实、合理的补充解释，以便合同的继续执行。

二、保险合同争议的解决方式

按照我国法律的有关规定，保险合同争议的解决方式主要有以下四种。

（一）协商

协商是指合同双方当事人在自愿互谅的基础上，按照法律、政策的规定，通过摆

事实、讲道理，求大同、存小异来解决纠纷。自行协商解决方式简便，有助于增进双方的进一步信任与合作，并且有利于合同的继续执行。

（二）调解

调解是指在合同管理机关或法院的参与下，通过说服教育，使双方自愿达成协议、平息争端。调解必须遵循法律、政策与平等自愿原则。只有依法调解，才能保证调解工作的顺利进行。如果一方当事人不愿意调解，就不能进行调解。如调解不成立或调解后又反悔，可以申请仲裁或直接向法院起诉。

（三）仲裁

仲裁是指争议双方依照仲裁协议，自愿将彼此间的争议交由双方共同信任、法律认可的仲裁机构的仲裁员居中调解，并做出裁决。仲裁结果具有法律效力，当事人必须予以执行。

（四）诉讼

诉讼是指争议双方当事人通过国家审判机关——人民法院进行裁决的一种方式，它是解决争议时最激烈的一种方式。当事人双方因保险合同发生纠纷时，有权以自己的名义直接请求法院通过审判给予法律上的保护。当事人提起诉讼应当在法律规定的时效以内。

《中华人民共和国民事诉讼法》第 25 条对保险合同纠纷的管辖法院做了明确的规定："因保险合同纠纷提起的诉讼，由被告住所地或者保险标的物所在地人民法院管辖。"《最高人民法院关于适用〈中华人民共和国民事诉讼法〉的解释》中规定："因财产保险合同纠纷提起的诉讼，如果保险标的物是运输工具或者运输中的货物，可由运输工具登记注册地、运输目的地、保险事故发生地人民法院管辖。"

本章小结

1. 保险合同是指投保人和保险人之间订立的关于各自权利和义务的一种协议。保险合同是保险关系建立的基础和依据。保险合同作为一种特殊的、具体的经济合同，与其他经济合同相比既有共性，又有特性。保险合同的特点主要体现在本身所具有的双务性、射幸性、补偿性、条件性、附和性和个人性等方面。

2. 保险合同的要素由保险合同的主体、保险合同的客体、保险合同的内容三大部分构成。保险合同的主体包括保险合同的当事人和保险合同的关系人。前者包括保险人、投保人，后者包括被保险人、保单所有人和受益人。

3. 保险合同的客体是保险利益。保险利益是指投保人或被保险人对保险标的所具有的法律上承认的利益。保险利益与保险标的不同。投保人购买保险不是为了保障保险标的不发生损失，而是为了当损失发生后能够从保险人那里得到经济补偿。从这个意义上说，保险合同所保障的不是保险标的，而是被保险人对保险标的所具有的保险利益。尽管保险标的与保险利益含义不同，但两者相互联系、相互作用。保险标的是保险利益的存在条件，保险利益是保险标的的表现形式。

4. 保险合同的内容即保险合同主体之间的权利和义务关系。这种关系主要通过保险合同条款得以体现。保险合同条款是规定保险关系双方权利与义务的条文。保险条款根据保险合同的内容可以分为基本条款与附加条款；根据保险合同的约束力可以分为法定条款与任选条款。保险合同的内容主要包括保险当事人和相关人的姓名或者名称与住所、保险标的、保险金额、保险费、保险期限、保险赔款方式等。

5. 保险合同的形式主要有投保单、暂保单、保费收据及保险单四种。投保单是投保人向保险人申请订立保险合同的书面要约；暂保单是保险单发出前的一种临时保险合同；保费收据是在人寿保险中使用的、在保险公司发出正式保单之前出具的一个文件；保险单是保险合同的正式书面形式。

6. 保险合同的履行即双方各自承担义务。投保人的义务主要包括交付保险费义务、通知义务和避免损失扩大的义务；保险人的义务包括确定损失赔偿责任、履行赔偿给付义务。

7. 保险合同的变更是指在保险合同的存续期间，其主体、内容及效力有所改变。保险合同主体的变更主要是指投保人、被保险人的变更。保险合同内容的变更是指在主体不变的情况下，改变合同中约定的事项，这些变化会影响到保险人所承担的风险大小。保险合同效力的变更包括合同的无效、合同的解除、合同的复效以及合同的终止。

8. 保险合同争议是指在保险合同成立后，合同主体就合同履行时的具体做法产生意见分歧或纠纷。发生争议时，保险合同的解释原则包括文义解释原则，意图解释原则，有利于被保险人的解释原则，批注优于正文、后加的批注优于先加的批注的解释原则以及补充解释原则。保险合同争议的解决方式包括协商、调解、仲裁和诉讼。

☑ 重要概念

保险合同	保险人	投保人	保单所有人
被保险人	受益人	保险标的	保险利益
合同条款	投保单	暂保单	保险单
除外责任	失效	合同的解除	合同的复效
合同的终止	保险合同的解释原则		

☀ 思考题

1. 在订立保险合同时，谁是要约方？明确这个问题具有什么样的重要性？

2. 区分保险标的和保险利益对保险合同的实际意义是什么？

3. 为什么许多保险合同不适用"成立即生效"的原则？

4.《保险法》规定，投保人为与其有劳动关系的劳动者投保人身保险，不得指定被保险人及其近亲属以外的人为受益人，请阐述其意义所在。

 **案例分析**

主人已改合同未变　保险公司不赔

新车主以保险公司未履行车辆保险合同为由，将保险公司告上法庭。

谭女士于 2021 年 10 月 15 日从徐先生处购买一辆小轿车，并办理了过户手续。该车已由徐先生在某保险公司投保，保险期限自 2021 年 3 月 6 日至 2022 年 3 月 5 日。2021 年 10 月 19 日、11 月 20 日，该车两次发生交通事故，谭女士均持徐先生身份证办理了保险赔偿事宜。2022 年 2 月 21 日，该车再次发生交通事故，保险公司接受理赔申请后，以谭女士未办理被保险人变更手续为由拒绝赔偿。

谭女士认为保险公司在办理前两次事故赔偿事宜时，已经知道车主变更的事实，虽然没有书面变更车辆的被保险人，但保险公司的理赔行为表明双方存在事实上的保险合同关系，故起诉要求保险公司履行保险合同。

该保险公司称：公司是与被保险人徐先生签订了保险合同，谭女士既不是保险合同的被保险人，在车辆转卖后，被保险人也未依合同约定以书面形式通知保险人办理合同批改，前两次的理赔属于不当理赔，并不能成为这次理赔的依据。因此，保险人对被保险人徐先生投保车辆此次的保险事故不予赔偿。

法院审理后认为：原告谭女士购车后未办理被保险人变更手续，不是被保险人。与被告之间无保险合同关系，不是保险合同的相对方，无权依保险合同关系要求被告赔偿。据此，法院依法裁定驳回谭女士的起诉。

说明：《保险法》第 49 条第 2 款和第 4 款规定："保险标的转让的，被保险人或者受让人应当及时通知保险人，但货物运输保险合同和另有约定的合同除外"；"被保险人、受让人未履行本条第二款规定的通知义务的，因转让导致保险标的危险程度显著增加而发生的保险事故，保险人不承担赔偿保险金的责任。"该案例中，谭女士和徐先生做了车辆买卖交易后，并未通知保险人，因此保险人不负损失赔偿责任。

资料来源：中国保险学会网站，有改动。

即测即评

请扫描右侧二维码，进行即测即评。　　　　　　　　　　　　　　　

第四章
保险的基本原则

> 保险基本原则是保险合同双方当事人、关系人在签订和履行保险合同过程中必须遵守的原则。这些原则是保险实践的经验总结，并已成为各国保险的法律规定。遵循保险基本原则，有利于维护保险合同双方当事人、关系人的合法权益，保证保险合同的顺利履行，确实发挥保险经济补偿的功能。
>
> 保险基本原则有保险利益原则、最大诚信原则、近因原则、损失补偿原则，以及损失补偿原则的派生原则——代位追偿原则和重复保险的分摊原则。本章着重介绍各项原则的基本内容、重要意义、相关的法律规定及其在保险经济活动中的应用。

第一节　保险利益原则

一、保险利益及其成立要件

所谓保险利益原则，是指在签订和履行保险合同的过程中，投保人或被保险人对保险标的必须具有保险利益。保险利益既是订立保险合同的前提条件，也是保险合同生效及在存续期间保持效力的前提条件。无论是财产保险还是人身保险，投保人只有对保险标的具有保险利益，才有条件或有资格与保险人订立保险合同，签订的保险合同才能生效，否则，合同非法或无效。而在保险合同生效履行的过程中，如果投保人或被保险人失去对保险标的的保险利益，保险合同也随之失效。

（一）保险利益的含义

如前所述，保险利益是指投保人或被保险人对保险标的所具有的法律上承认的经济利益，这种经济利益因保险标的的完好、健在而存在，因保险标的的损毁、伤害而受损。例如，某人拥有一套住房，如果房子安全存在，他可以居住，或者出租、出售以获得利益；但是，如果房子损毁，他不仅无法居住，更谈不上出租、出售，经济上显然要遭受到损失。又如，某家庭的主要工资收入者，如果他身体健康，能正常上班工作，他就能为家庭带来一定的经济收入；但是，如果他不幸遭受意外事故而伤残或死亡，则不仅使其家庭经济收入减少，而且由于治疗还要增加其家庭的经济支出。所以，保险利益体现的是投保人或被保险人与保险标的之间的经济利益关系。

（二）保险利益的要件

并非投保人或被保险人对保险标的所拥有的任何利益都可成为保险利益，保险利益的构成必须具备下列条件。

1. 保险利益必须是合法的利益

投保人或被保险人对保险标的的利益必须是法律认可并受到法律保护的利益，即在法律上可以主张的利益。违法行为所产生的利益，不能成为保险利益。例如，以盗窃、诈骗、贪污、走私等手段所获取的财物都不能成为保险合同的标的物，由此而产生的利益不能构成保险利益。

2. 保险利益必须是确定的利益

确定的利益包括已经确定和能够确定的利益。已经确定的利益指事实上的利益，即现有的利益，如投保人已取得财产所有权或使用权而由此享有的利益。能够确定的利益指客观上可以实现的利益，即预期利益。例如，货物运输保险的保险金额可以按货物到达目的地的销售价格确定，其中包括预期利润；又如，果农可对自己种植的果树的未来收获量进行投保；这些均为预期利益。预期利益是基于现有利益于未来可能产生的利益，必须具有客观依据，仅凭主观预测、想象可能会获得的利益不能成为保险利益。

3. 保险利益必须是经济上的利益

所谓经济上的利益是指投保人或被保险人对保险标的的利益价值必须能够用货币衡量。因为保险的目的是弥补被保险人因保险标的出险所遭受的经济损失，这种经济损失正是基于当事人对保险标的所拥有的经济利益为前提。如果当事人对保险标的不具有经济利益或具有的利益不能用货币计量，保险赔偿金或保险金的给付就无法实现。所以，无法用货币衡量其价值的利益不能成为保险利益。

二、保险利益原则的意义

在保险理论与实践中，坚持保险合同的成立必须具有保险利益这一原则有以下几方面意义。

（一）规定保险保障的最高限度

保险作为一种经济补偿制度，其宗旨是补偿被保险人因保险标的出险所遭受的经济损失，但不允许被保险人通过保险而获得额外的利益。所以，为了使被保险人既能够得到足够的、充分的补偿，又不会由于保险而获得额外的利益，就必须以投保人或被保险人在保险标的上所具有的经济利益，即保险利益作为保险保障的最高限度。投保人依据保险利益确定保险金额，保险人在保险利益的限度内支付保险赔款或保险金，这样就可以在被保险人得到充分补偿的前提下，有效避免被保险人不当得利。所以保险利益为投保人取得保险保障和保险人的保险补偿提供了客观的依据，否则，保险保障和保险赔偿就无法可依、无章可循，从而也可能使被保险人通过保险而获取额外的利益。

（二）防止道德危险的发生

保险赔偿或保险金的给付以保险标的遭受损失或保险事件的发生为前提条件，如果投保人或被保险人对保险标的无保险利益，那么该标的受损，对其来说不仅没有遭受损失，相反还可以获得保险赔款，这样就可能诱发投保人或被保险人为谋取保险赔款而故意破坏保险标的的道德危险。反之，如果有保险利益存在，即投保人或被保险人在保险标的上具有经济利益，这种经济利益因保险标的的受损而受损，因保险标的的存在而继续被享有，这样投保人或被保险人就会关心保险标的的安危，认真做好防损防险工作，使其避免遭受损害。即使有故意行为发生，被保险人充其量也只能获得其原有的利益，因为保险利益是保险保障的最高限度，保险人只是在这个限度内根据实际损失进行赔偿，被保险人也无利可图。而在人身保险方面，保险利益的存在更为必要，如果投保人可以以任何人的死亡为条件而获取保险金，其道德危险发生的后果是不堪设想的。

（三）区别保险与赌博的标准

就单个保险合同来说，保险与赌博同样决定于偶然事件的发生而获得货币收入或遭受货币损失。例如，按5‰的保险费率计算，一年交5元的保险费，其结果或者是发生保险事故而得到1 000元的赔款，或者是保险事故不发生而只交保险费却得不到保险赔款。买彩票也是一样，中彩，可以获得多于本金数倍的货币收入；反之，则连本金都有去无回。所以，从表面上看，保险同赌博相似，都具有射幸因素，但是，从实质上看，二者毫无共同之处。保险是基于人类"互助共济"的精神，"千家万户帮一家"，通过保险补偿被保险人由于风险所造成的经济损失，从而保障社会再生产的顺利进行，保障人们生活的安定。而赌博是基于个人的私利，以图不劳而获，是一种损人利己的行为，与保险"互助共济"的精神是格格不入的。所以，为了使保险区别于赌博，并使其不成为赌博，要求投保人对保险标的必须具有保险利益，被保险人只有在经济利益受损的条件下，才能得到保险赔偿，从而实现保险补偿损失的目的。如果保险不以保险利益存在为前提，则将与赌博无异。

三、保险利益原则在财产保险与人身保险应用上的区别

由于财产保险与人身保险的保险标的性质不同，在保险合同的订立和履行过程中对保险利益原则的应用也不尽相同，其区别主要表现在以下几方面。

（一）保险利益的来源不同

1. 财产保险的保险利益来源

保险利益体现的是投保人或被保险人与保险标的之间的经济利益关系，这种经济利益关系在财产保险中来源于投保人对保险标的所拥有的以下各种权利：

（1）财产所有权。财产所有人对所拥有的财产具有保险利益，因为如果财产遭受损害，其将蒙受经济损失。

（2）财产经营权、使用权。财产的经营者或使用者可能并不拥有财产所有权，但由于对财产拥有经营权或使用权而享有由此产生的利益并承担相应的责任，对其负责

经营或使用的财产具有保险利益。例如，国有企业财产所有权属于国家，但企业拥有国有资产的经营权并享有由于经营国有资产而产生的经济利益，同时也要对国有资产的安全性和完整性负责，因此国有企业对其所经营的国有资产具有保险利益。又如，租车人在承租期间对其所租用的车辆具有保险利益，因为如果车辆完好，他们可根据租车合同的规定使用，以实现其租车的目的。但是，如果车辆受损，其必须对车主赔偿损失。

（3）财产承运权、保管权。财产的承运人或保管人对其负责运输或保管的财产具有保险利益，因为虽然他们不是该财产的所有人，但他们与该财产具有法律认可的经济利害关系。即承运人如果将货物安全运达目的地，就可以向托运人收取运费；如果货物在运输途中遭受损失，则承运人必须对托运人赔偿损失。同样，仓储公司要对受托仓储的货物和商品的安全负责，如果货物在仓储期间受损，仓储公司要对货主承担赔偿责任；反之则可取得保管费收入。

（4）财产抵押权、留置权。抵押是一种债的担保，抵押人为债务人，抵押权人为债权人。债务人给债权人提供作为抵押担保的财产，虽然并不转移其所有权或占有权，但当债务人不能依约偿还借款时，债权人有权处理抵押财产，从中受偿。所以，抵押权人对抵押财产具有经济上的利害关系，即保险利益。留置也是一种债的担保，它与抵押的区别是债权人在债权受偿之前拥有对债务人作为清偿债务担保的财产的占有权，即留置权。当债务人不能依约偿还债务时，留置权人同样有权处理留置的财产，因而也具有保险利益。

2. 人身保险的保险利益来源

人身保险的保险利益来源于投保人与被保险人之间所具有的各种利害关系：

（1）人身关系，指投保人以自己的生命和身体作为保险标的。任何人对自己的生命和身体都具有最大的利害关系，因而具有保险利益。

（2）亲属关系，指投保人的配偶、子女、父母等家庭成员。由于家庭成员之间具有婚姻、血缘、抚养和赡养关系，因而也具有经济上的利害关系，所以投保人对其家庭成员具有保险利益。

（3）雇用关系。由于企业或雇主与其雇员之间具有经济利益关系，因而，企业或雇主对其雇员具有保险利益。所以，企业或雇主可以作为投保人为其雇员订立人身保险合同。

（4）债权债务关系。由于债权人债权的实现有赖于债务人依约履行义务，债务人的生死存亡，关系到债权人的切身利益，所以债权人对债务人具有保险利益。但债权人的生死安危与债务人并无利害关系，不影响债务人债务的履行，因此债务人对债权人无保险利益。

对于人身保险的保险利益的来源，特别是当投保人为他人投保人身保险时，保险利益的确定具体要依据本国的法律，因为各国对人身保险的保险利益的立法有所不同。如英美法系的国家基本上采取"利益主义原则"，即以投保人与被保险人之间是否存在金钱上的利害关系或其他私人之间的利害关系为判断依据，有利害关系则有保险利益。而大陆法系的国家大多采取"同意主义原则"，即不论投保人与被保险人之间有无利害关系，只要取得被保险人的同意，就具有保险利益。还有一些国家采取"利益和同意相结合的原则"，即投保人与被保险人之间具有经济上的利害关系或其他利害关系时有保险利益；若投保人与被保险人之间没有利害关系，但征得被保险人同意也具有保险利益。我国保险立法和实务基本上是实行"利益和同意相结合的原则"。我国《保险法》第31条规定，投保人对下列人员具有保险利益：① 本人；② 配偶、子女、父母；③ 前项以外与投保人有抚养、赡养或者扶养关系的家庭其他成员、近亲属；④ 与投保人有劳动关系的劳动者。除前款规定外，被保险人同意投保人为其订立合同的，视为投保人对被保险人具有保险利益。

（二）对保险利益时效的要求不同

财产保险不仅要求投保人在投保时对保险标的具有保险利益，而且要求保险利益在保险有效期内始终存在，特别在发生保险事故时，被保险人对保险标的必须具有保险利益。如果投保人或被保险人在订立保险合同时具有保险利益，但在保险合同履行过程中失去了保险利益，则保险合同随之失效，保险人不承担经济赔偿责任。这是由财产保险的补偿性所决定的，因为没有保险利益就无所谓损失，自然也就无须补偿。但根据国际惯例，在海上保险中对保险利益的要求有所例外，即不要求投保人在订立保险合同时具有保险利益，只要求被保险人在保险标的遭受损失时，必须具有保险利益，否则就不能取得保险赔偿。如英国《1906年海上保险法》第6条第1款规定："被保险人在保险合同生效时，对保险标的可以不具有利害关系，但是，在保险标的发生损失时，被保险人对保险标的必须具有利害关系。"这是由于海上保险的利益方比较多，经济关系复杂，保险合同经常随物权的转移而转让，保险标的不受被保险人所控制。而财产保险的目的是补偿被保险人所遭受的经济损失，所以海上保险只要求被保险人在保险标的受损时具有保险利益即可。我国《保险法》第12条第2款也强调："财产保险的被保险人在保险事故发生时，对保险标的应当具有保险利益。"第48条规定："保险事故发生时，被保险人对保险标的不具有保险利益的，不得向保险人请求赔偿保险金。"可见，财产保险对保险利益的要求重点在保险事故发生时。

人身保险则着重强调投保人在订立保险合同时对被保险人必须具有保险利益，保险合同生效后，就不再追究投保人对被保险人的保险利益问题，法律允许人身保险合同的保险利益发生变化，合同的效力仍然保持。这是因为人身保险合同生效后，保险合同是为被保险人或受益人的利益而存在，而非投保人，即当保险事故或保险事件发生时，只有被保险人或受益人有权领取保险金，享受保险合同规定的利益。所以人身保险合同生效后强调投保人对被保险人的保险利益毫无意义。而且法律规定受益人必须由被保险人指定，如果由于受益人的故意行为致使被保险人受到伤害，受益人则丧失受益权。这就能够有效地防范受益人谋财害命，从而保障被保险人的人身安全和利益。此外，人身保险具有储蓄的性质，如寿险保单具有现金价值，是一种有价证券，被保险人在急需资金时，可以将寿险保单质押贷款或转让融资。所以，人身保险的保险利益只要求在投保时存在。我国《保险法》第12条第1款规定："人身保险的投保人在保险合同订立时，对被保险人应当具有保险利益。"第31条第3款规定："订立合同时，投保人对被保险人不具有保险利益的，合同无效。"

（三）确定保险利益价值的依据不同

财产保险保险利益价值的确定是依据保险标的的实际价值，也就是说，保险标的的实际价值即为投保人对保险标的所具有的保险利益的价值。投保人只能根据保险标的的实际价值投保，在保险标的实际价值的限度内确定保险金额，如果保险金额超过保险标的的实际价值，超过部分无效。我国《保险法》第55条第3款规定："保险金额不得超过保险价值。超过保险价值的，超过部分无效，保险人应当退还相应的保险费。"

人身保险由于保险标的是人的生命或身体，是无法估价的，因而其保险利益也无法以货币计量。所以，人身保险金额的确定是依据被保险人的需要与支付保险费的能力。

第二节　最大诚信原则

一、最大诚信原则的含义

任何一项民事活动，各方当事人都应当遵循诚信原则，这是世界各国立法对民事、商事活动的基本要求。保险合同关系属于民商事法律关系，自然也必须遵守诚信的原则。但是，在保险活动中对当事人诚信的要求要比一般民事活动更为严格，要求当事人具有"最大诚信"，这主要源于海上保险。因为在海上保险中，投保的船舶和货物往往远离保险人，保险人无法对投保的财产做实地查勘，只能根据投保人的陈述来决定是否承保及以什么条件承保。因此，投保人的陈述是否正确属实，对于保险人是至关重要的，由此确定了最大诚信原则。例如，英国《1906年海上保险法》第17条规定："海上保险合同是建立在最大诚信原则基础上的合同，如果任何一方不遵守这一原则，另一方可以宣告合同无效。"以后这一原则被运用于各种保险，成为保险的基本原则之一。

诚信就是讲诚实和守信用。讲诚实是指一方当事人对另一方当事人不得隐瞒、欺骗；守信用是指任何一方当事人都必须善意地、全面地履行自己的义务。所以，最大诚信原则的基本含义是：保险双方在签订和履行保险合同时，必须以最大的诚意，履行自己应尽的义务，互不欺骗和隐瞒，恪守合同的认定与承诺，否则保险合同无效。我国《保险法》第5条规定："保险活动当事人行使权利、履行义务应当遵循诚实信用原则。"

坚持最大诚信原则是为了确保保险合同的顺利履行，维护保险双方当事人的利益，所以，该原则适用于保险双方当事人。这是因为：一方面，投保人或被保险人对保险标的的情况最为了解，其之所以要求投保，就是意识到危险的存在，欲把标的的危险转嫁给保险人。而对保险人来说，由于保险标的的广泛性和复杂性，其对保险标的的具体情况除了调查所得以外，了解甚少，主要是根据投保人的陈述来决定是否承保、如何承保以及适用的费率。如果投保人陈述不实或有意欺骗，将会误导保险人做出错误的决策，从而损害保险人的利益，所以特别要求投保人或被保险人遵守最大诚信原则。另一方面，由于保险的专业性和技术性，保险合同都采用附和合同的形式，即合同的条款、内容都是由保险人单方制定，投保方只能采取同意或不同意，或者以附加条款的方式接受。而且，由于保险的专业性，对于合同的条款，一般投保人或被保险人不易理解和掌握，所以要求保险人在订立保险合同时必须如实向投保人说明保险合同的条款内容，以最大的诚意履行其应尽的义务与责任。

最大诚信原则的主要内容包括告知、保证、弃权与禁止反言。

二、告知

告知是指在订立保险合同时，保险人应当向投保人说明保险合同的条款内容，投保人应当将与保险标的有关的重要事实如实向保险人陈述。

什么是重要事实？英国《1906 年海上保险法》对此是这样表述的："影响谨慎的保险人在确定收取保险费的数额和决定是否接受承保的每一项资料就认为是重要事实。"我国《保险法》第 16 条第 2 款规定："投保人故意或者因重大过失未履行前款规定的如实告知义务，足以影响保险人决定是否同意承保或者提高保险费率的，保险人有权解除合同。"由此可见，重要事实是指对保险人决定是否接受或以什么条件接受投保起决定作用的事实。例如，有关投保人和被保险人的详细情况，有关保险标的的详细情况，危险因素及危险变化、增加的情况，过去发生的损失赔付情况，曾经遭到其他保险人拒绝承保的情况，等等。

告知包括口头和书面的陈述。告知是对保险双方当事人的要求，是保险双方当事人必须履行的义务。告知义务具有如下特点。

（一）法定性

告知是保险合同双方当事人的法定义务，违反告知义务将承担法律后果。对于保险人违反告知义务，我国《保险法》第 17 条规定："订立保险合同，采用保险人提供的格式条款的，保险人向投保人提供的投保单应当附格式条款，保险人应当向投保人说明合同的内容。对保险合同中免除保险人责任的条款，保险人在订立合同时应当在投保单、保险单或者其他保险凭证上作出足以引起投保人注意的提示，并对该条款的内容以书面或者口头形式向投保人作出明确说明；未作提示或者明确说明的，该条款不产生效力。"

对于投保人违反告知义务，我国《保险法》除前文提及的第 16 条第 2 款规定外，第 16 条第 4 款和第 5 款规定："投保人故意不履行如实告知义务的，保险人对于合同解除前发生的保险事故，不承担赔偿或者给付保险金的责任，并不退还保险费。投保人因重大过失未履行如实告知义务，对保险事故的发生有严重影响的，保险人对于合同解除前发生的保险事故，不承担赔偿或者给付保险金的责任，但应当退还保险费。"

（二）先合同性

多数学者认为，告知义务属于先合同义务，即在保险合同成立前应履行的义务。先合同告知的内容对保险人来说主要是合同的条款，对投保人来说主要是对保险标的过去或投保当时的事实做出如实的陈述。先合同告知的内容在合同成立后告知，其告知行为无效。

此外，投保人或被保险人不仅应在订立保险合同时将保险标的的有关重要事实如实告知保险人，而且在保险合同的履行过程中应将保险标的风险情况的变化、出险情况及时告知保险人，如实申报保险标的受损情况，提供各项有关损失的真实资料和证明。对此，我国《保险法》也有相应的规定，如第52条规定："在合同有效期内，保险标的的危险程度显著增加的，被保险人应当按照合同约定及时通知保险人，保险人可以按照合同约定增加保险费或者解除合同……被保险人未履行前款规定的通知义务的，因保险标的的危险程度显著增加而发生的保险事故，保险人不承担赔偿保险金的责任。"第21条规定："投保人、被保险人或者受益人知道保险事故发生后，应当及时通知保险人。故意或者因重大过失未及时通知，致使保险事故的性质、原因、损失程度等难以确定的，保险人对无法确定的部分，不承担赔偿或者给付保险金的责任，但保险人通过其他途径已经及时知道或者应当及时知道保险事故发生的除外。"第27条第3款规定："保险事故发生后，投保人、被保险人或者受益人以伪造、变造的有关证明、资料或者其他证据，编造虚假的事故原因或者夸大损失程度的，保险人对其虚报的部分不承担赔偿或者给付保险金的责任。"

（三）主动性

此特点主要是对保险人而言，即保险人履行告知义务不以投保人的请求或询问为条件，而应主动告知，对保险合同条款内容做出说明；保险人若在合同订立以后才对投保人说明，其说明无效。

但对投保人来说，告知的立法形式有两种：一是无限告知，二是询问告知。无限告知即法律对告知的内容没有做具体的规定，只要事实上与保险标的的危险状况有关的任何重要事实，投保人都有义务告知保险人。无限告知对投保人的要求比较高，而且也有失公平。因为要求没有专业知识的投保人区分何为重要事实，何为非重要事实，实在是勉强。因此采用该立法形式的法国、比利时以及英美法系的国家在保险实践中，已逐渐放宽对投保人的要求，或谋求对法律进行改革，以实现投保人与保险人之间的公正平等。询问告知即告知的内容以保险人的询问为限，投保人对保险人询问的问题必须如实告知，对询问以外的问题，投保人无须告知。大多数国家的保险法采用询问告知的形式，我国也采用这一形式。我国《保险法》第16条第1款规定："订立保险合同，保险人就保险标的或者被保险人的有关情况提出询问的，投保人应当如实告知。"所以，对于某一事项是否为重要事实，在询问告知的立法形式下，通常将保险人询问的事项推定为重要事实，而将保险人未询问的推定为非重要事实。因为何为与保险标的有关的重要事实只有保险专家能清楚，故以保险人依其专业知识制定的询问内容作为重要事实的推定，如果保险人询问的事项有漏洞，其后果只能由保险人自己承担。

三、保证

保证是最大诚信原则的另一项重要内容。所谓保证，是指保险人在签发保险单或承担保险责任前要求投保人或被保险人对某一事项的作为或不作为、某种事态的存在或不存在做出的承诺或确认。保证的内容属于保险合同的重要条款之一，是保险人签发保险单或承担保险责任所需投保人或被保险人履行某种义务的条件。所以，保证主要是对投保方的要求。

（一）保证的类型

1. 根据保证事项是否已存在可分为确认保证与承诺保证

（1）确认保证，是投保人或被保险人对过去或现在某一特定事实的存在或不存在的保证。确认保证是要求对过去或投保当时的事实做出如实的陈述，而不是对该事实以后的发展情况做保证。例如，投保人身保险时，投保人保证被保险人在过去和投保当时健康状况良好，但不保证今后也一定如此。

（2）承诺保证，是投保人或被保险人对将来某一事项的作为或不作为的保证，即对该事项今后的发展做保证。例如，投保家庭财产保险时，投保人或被保险人保证不在家中放置危险品；投保家庭财产盗窃险时，保证家中无人时，门窗一定要关好、上锁。这些都属于承诺保证。

2. 根据保证存在的形式可分为明示保证与默示保证

（1）明示保证，是指以文字或书面的形式载明于保险合同中，成为保险合同的条款。例如，我国机动车辆保险条款"被保险人必须对保险车辆妥善保管、使用、保养，使之处于正常技术状态"即为明示保证。明示保证是保证的重要表现形式。

（2）默示保证。它一般是国际惯例所通行的准则，习惯上或社会公认的被保险人应在保险实践中遵守的规则，而不载明于保险合同中。默示保证的内容通常是以往法庭判决的结果，是保险实践经验的总结。默示保证在海上保险中运用比较多。例如，海上保险的默示保证有三项：① 保险的船舶必须有适航能力；② 要按预定的或习惯的航线航行；③ 必须从事合法的运输业务。

默示保证与明示保证具有同等的法律效力，被保险人都必须严格遵守。

（二）违反保证义务的法律后果

由于保险约定保证的事项均为重要事项，是订立保险合同的条件和基础，因而各国立法对投保人或被保险人遵守保证事项的要求极为严格，凡是投保人或被保险人违反保证，不论其是否有过失，亦不论是否对保险人造成损害，保险人均有权解除合同，不予承担责任。

保证与告知都是最大诚信原则的主要内容，但二者还是有区别的。对此英国著名的大法官曼斯菲尔德是这样解释的："告知与保证不同，告知仅须实质上正确即可，而保证必须严格遵守。例如，被保险船舶保证于8月1日开航，而延迟至8月2日才解缆，这即为违反保证条款。"可见，告知强调的是诚实，对有关保险标的的重要事实如实申报；而保证则强调守信，恪守诺言，言行一致，承诺的事项与事实一致。告知是订立保险合同时所做的陈述，包括口头或书面的陈述；而保证通常作为合同的条款载明于保险合同中，要求投保人或者被保险人在整个保险期限内遵守。所以，保证对投保人或被保险人的要求比告知更为严格。此外，告知的目的在于使保险人能够正确估计其所承担的危险；保证的目的则在于控制危险，减少危险事故的发生。

四、弃权与禁止反言

从上述告知和保证的内容要求可见，虽然从理论上来说，最大诚信原则适用于保险双方当事人，但在保险实践中，其更多的是体现在对投保人或被保险人的要求上。保险人由于控制着保险合同的拟定，并在保险合同中约定诸多投保人或被保险人应当履行的特定义务，以此作为其承担保险责任的前提条件，所以，保险人在保险合同的履行过程中，特别是对保险合同的解除和保险赔偿金的给付享有十分广泛的抗辩机会。因此，为了保障被保险人的利益，限制保险人利用违反告知或保证而拒绝承担保险责任，各国保险法一般都有弃权与禁止反言的规定，以约束保险人及其代理人的行为，平衡保险人与投保人或被保险人的权利义务关系。

（一）弃权

弃权是指保险合同一方当事人放弃其在保险合同中的某项权利，包括解约权和抗辩权。尽管从概念上看，弃权的主体既可以是保险人，也可以是投保人或被保险人，但更多情况下是就保险人而言，该规定主要是用于约束保险人。

弃权一般因保险人单方面的言辞或行为而发生效力。构成保险人的弃权必须具备两个条件：首先，保险人必须知道投保人或被保险人有违反告知义务或保证条款的情形，因而享有合同解除权或抗辩权。其次，保险人必须有弃权的意思表示，包括明示表示和默示表示。对于默示弃权，可以从保险人的行为中推断。如保险人知道投保人或被保险人有违背约定义务的情形，而仍然做出如下行为的，通常被视为默示弃权：

第一，投保人未按期交纳保险费，或违背其他约定的义务，保险人原本有权解除合同，但却在已知该种情形的情况下仍然收受投保人逾期交付的保险费，则证明保险人有继续维持合同的意思表示，因此，其本应享有的合同解除权或抗辩权视为放弃。

第二，被保险人违反防灾减损义务，保险人可以解除保险合同，但在已知该事实的情况下并没有解除保险合同，而是指示被保险人采取必要的防灾减损措施，该行为可视为保险人放弃合同解除权。

第三，投保人、被保险人或受益人在保险事故发生时，应于约定或法定的时间内通知保险人。但投保人、被保险人或受益人逾期通知而保险人仍接受，可视为保险人对逾期通知抗辩权的放弃。

第四，在保险合同有效期限内，保险标的危险增加，保险人有权解除合同或者请求增加保险费，当保险人请求增加保险费或者继续收取保险费时，则视为保险人放弃合同的解除权。

（二）禁止反言

禁止反言是指合同的一方既然已经放弃其在合同中可以主张的某种权利，则不得再向他方主张这种权利。例如，保险人明知有影响保险合同效力的因素或者事实存在，却以其言辞或行为误导不知情的投保人或被保险人相信保险合同无瑕疵，则保险人不得再以该因素或者事实的存在对保险合同的效力提出抗辩，即禁止保险人反言。禁止反言以欺诈或者致人误解的行为为基础，这些基础行为本质上属于侵权行为。保险人有如下情形之一，在诉讼中将被禁止反言。

第一，保险人明知订立的保险合同有违背条件、无效、失效或其他可解除的原因，仍然向投保人签发保险单，并收取保险费。

第二，保险代理人就投保申请书及保险单上的条款做错误的解释，使投保人或被保险人信以为真而进行投保。

第三，保险代理人代替投保人填写投保申请书时，为使投保申请内容易被保险人接受，故意将不实的事项填入投保申请书，或隐瞒某些事项，而投保人在保险单上签名时不知其虚伪。

第四，保险人或其代理人表示已按照被保险人的请求完成应当由保险人完成的某一行为，而事实上并未实施，如保险单的批注、同意等，致使投保人或被保险人相信业已完成。

在保险实践中，弃权和禁止反言主要用于约束保险人，要求保险人为其及代理人的行为负责，有利于平衡保险人与投保人或被保险人的权利义务关系，使最大诚信原则在保险合同的履行中得到更好的落实。弃权和禁止反言的规定源于英美法系国家，我国《保险法》对此也有所体现。例如，《保险法》第16条规定："订立保险合同，保险人就保险标的或者被保险人的有关情况提出询问的，投保人应当如实告知。投保人故意或者因重大过失未履行前款规定的如实告知义务，足以影响保险人决定是否同意承保或者提高保险费率的，保险人有权解除合同。前款规定的合同解除权，自保险人知道有解除事由之日起，超过三十日不行使而消灭。自合同成立之日起超过二年的，保险人不得解除合同；发生保险事故的，保险人应当承担赔偿或者给付保险金的责任。……保险人在合同订立时已经知道投保人未如实告知的情况的，保险人不得解除合同；发生保险事故的，保险人应当承担赔偿或者给付保险金的责任。"

第三节　近因原则

一、近因原则的含义

当保险标的遭受损害时，被保险人能否得到保险赔偿或取得保险金，取决于损害事故发生的原因是否属于保险责任：若属于保险责任，保险人责无旁贷必须承担赔偿损失或给付保险金的义务；若是除外责任，保险人可以免责。但是，在保险实践中，保险标的的损害并不总是由单一的原因造成的，损害发生的原因经常是错综复杂的，其表现形式也多种多样，有的是同时发生，有的是不间断地连续发生，有的则是时续时断地发生，而且这些原因有的属于保险责任，有的不属于保险责任。对于这一类因果关系较为复杂的赔案，保险人应如何判定责任归属？这就要根据近因原则。

所谓近因，不是指在时间或空间上与损失结果最为接近的原因，而是指促成损失结果的最有效的、起决定作用的原因。英国学者约翰·T.斯蒂尔将近因定义为："近因是指引起一系列事件发生，由此出现某种后果的能动的、起决定作用的因素；在这一因素作用的过程中，没有来自新的独立渠道的能动力量的介入。"①近因属于保险责任的，保险人应承担损失赔偿责任；近因不属于保险责任的，保险人不负赔偿责任。这就是所谓的近因原则。英国《1906 年海上保险法》第 55 条第 1 款规定："依照本法规定，除保险单另有约定外，保险人对于由所承保的危险近因造成的损失，负赔偿责任，但对于不是由所承保的危险近因造成的损失，概不负责。"

近因原则是保险理赔中必须遵循的重要原则。坚持近因原则，有利于正确、合理地判定损害事故的责任归属，从而有利于维护保险双方当事人的合法权益。

二、近因原则的应用

从理论上来说，近因原则比较简单，但在实践中要从错综复杂的众多原因中找出近因则有相当的难度。而近因的判定正确与否，关系保险双方当事人的切身利益。那么如何确定损失近因？在保险实务中，致损的原因是各种各样的，因此，要根据具体的情况做具体的分析。

（一）单一原因致损近因的判定

单一原因致损，即造成损失的原因只有一个，则该原因就为近因。如果这一原因属于保险责任范围，保险人就应履行赔偿责任；反之，不负赔偿责任。例如，货物在运输途中遭受雨淋而受损，如果被保险人在水渍险的基础上加保淡水雨淋险，保险人应负赔偿责任；如果被保险人只投保水渍险，则保险人免责。

（二）多种原因同时致损近因的判定

多种原因同时致损，即各原因发生无先后之分，且对损害结果的形成都有直接或实质的影响效果，则原则上它们都是损失的近因。若该多种原因都属保险责任，对其所致的损失，保险人必须承担赔偿责任。若都为除外责任，保险人不负赔偿责任。若多种原因中既有保险责任，又有除外责任，如果它们所导致的损失能够分清，保险人则对承保的危险所造成的损失予以负责。如果保险危险与除外危险所导致的损失无法分清，此种情形的处理有两种意见：一种是主张损失由保险人与被保险人平均分摊；另一种是主张保险人可以完全不负赔偿责任。

（三）多种原因连续发生致损近因的判定

多种原因连续发生，即各原因依次发生，持续不断，且具有前因后果的关系。若损失是由两个以上的原因所造成，且各原因之间的因果关系未中断的情况下，其最先发生并造成一连串事故的原因为近因。如果该近因为保险责任，保险人应负责赔偿损失；反之不负责。例如，敌机投弹引起火灾，造成保险财产的损失。虽然保险财产的损失是由火灾引起的，但火灾是敌机投弹的结果，所以，敌机投弹是保险财产损失的近因，而敌机投弹属战争行为，不属于火灾保险的责任范围，因此，保险人不予赔付。又如，包装食品投保水渍险，在运输途中海水渍湿外包装，致使食品受潮而发生霉变

---

① 斯蒂尔.保险的原则与实务［M］.孟兴国，等，译.北京：中国金融出版社，1992：40.

损失。虽然食品损失的直接原因是霉变，而霉变不属于水渍险的责任范围，但霉变却是海水渍湿外包装使水汽侵入食品造成的结果，所以近因是海水渍湿，因此，保险人应承担赔偿责任。

（四）多种原因间断发生致损近因的判定

多种原因间断发生，即各原因的发生虽有先后之分，但其之间不存在任何因果关系，却对损失结果的形成都有影响效果。此种情形损失近因的判定及保险人承担责任的处理方法与多种原因同时致损基本相同。

但是，对于有些前因，在新的原因介入时，其发生的作用或效力已经耗尽，或者损害的影响作用已被新原因取代，则该前因将成为远因而不被考虑，新介入的原因为近因。例如，某青年投保人身意外伤害险，后遭遇车祸，经救治痊愈出院，但因车祸毁容丧失生活信心，自杀死亡。该案中，虽然车祸致使被保险人毁容，但并未导致被保险人死亡这一结果，而被保险人自杀也不是毁容的必然结果。所以，车祸这一前因只是使被保险人处于一种非正常的境地，但不是被保险人死亡结果的充分或必要条件，随着被保险人被救治痊愈出院，车祸对被保险人死亡的影响作用已逐渐消失，被保险人的死亡是新介入的原因——自杀的结果，所以，自杀是被保险人死亡的近因，车祸则成为远因。故保险人不必承担给付保险金的责任。

当然，也可能有这样的情形：后因虽然作用于保险标的，但并未打断前因与损害结果的因果关系，则前因仍为近因。典型的案例是英国利兰船运有限公司诉诺威治联合火灾保险公司一案（Leyland Shipping Co. Ltd. V Norwich Union Fire Insurance Society Ltd.）。第一次世界大战期间，英国利兰公司一艘货轮在英吉利海峡遭受德国潜水艇的袭击，被鱼雷击中严重受损，在拖轮的协助下抵达法国勒阿费尔港。港口当局担心船舶沉没将影响码头的使用，要求该船停靠在码头防波堤外，该船在那里受海浪的不断冲击而沉没。船舶所有人根据未包括战争原因在内的保险单，以损失为海难所致为由向保险人索赔遭拒后诉至法院。审理此案的英国上议院大法官洛德·肖（Lord Shaw）认为，导致船舶沉没的原因包括鱼雷击中和海浪冲击，但船舶在被鱼雷击中后始终没有脱离危险，因此船舶沉没的近因是鱼雷击中而不是海浪冲击，保险人不负赔偿责任。

近因原则是保险理赔的重要原则，最早以法律形式确定这一原则的是英国《1906年海上保险法》，目前许多国家的保险法都有近因原则的规定。我国《保险法》目前还没有近因原则的规定，但近因原则在我国保险和司法实践中已有应用。近因原则也是我国判定保险人是否应当承担保险责任的一个重要准则。

第四节 损失补偿原则

一、损失补偿原则的含义

经济补偿是保险的基本职能，也是保险经济活动的出发点和归宿点，因而损失补偿原则也是保险的重要原则。

损失补偿原则是指保险合同生效后，如果发生保险责任范围内的损失，被保险人有权按照合同的约定，获得全面、充分的赔偿。保险赔偿的目的是弥补被保险人由于保险标的遭受损失而失去的经济利益，被保险人不能因保险赔偿而获得额外的利益。

损失补偿原则体现了保险的宗旨，即确保被保险人通过保险可以获得经济保障，同时又要防止被保险人利用保险从中谋利，确实发挥保险损失补偿的功能。

损失补偿原则主要适用于财产保险以及其他补偿性保险合同。

二、损失补偿原则的基本内容

（一）被保险人请求损失赔偿的条件

被保险人请求保险赔偿时必须具备以下条件。

1. 被保险人对保险标的具有保险利益

根据上述保险利益原则，财产保险不仅要求投保人或被保险人投保时对保险标的具有保险利益，而且要求在保险合同履行过程中，特别是保险事故发生时，被保险人对保险标的必须具有保险利益，否则就不能取得保险赔偿。

2. 被保险人遭受的损失在保险责任范围内

这里包括两个方面：一是遭受损失的必须是保险标的；二是保险标的的损失必须是由保险的风险造成的。只有符合这两个条件，被保险人才能要求保险赔偿，否则保险人不承担赔偿责任。

3. 被保险人遭受的损失能用货币衡量

如果被保险人遭受的损失不能用货币衡量，保险人就无法核定损失，从而也无法支付保险赔款。

（二）保险人履行损失赔偿责任的限度

坚持损失补偿原则，就要求保险人在履行赔偿责任时，必须把握三个限度，以保证被保险人既能恢复失去的经济利益，又不会由于保险赔款而额外受益。

1. 以实际损失为限

当投保财产遭受保险责任范围内的损失时，保险人按合同规定承担赔偿责任，其支付的保险赔款，不得超过被保险人的实际损失。实际损失是根据损失当时财产的实际价值来确定的，而财产的价值与市价有关，所以实际损失的确定通常要根据损失当时财产的市价（定值保险和重置价值保险例外）。例如，某幢建筑物按实际价值 100 万元投保，因火灾遭受全损，当时市场房价较投保时下跌，该建筑物的市价为 80 万元，则保险人只能按市价，即实际损失赔偿被保险人 80 万元。

2. 以保险金额为限

保险金额是保险人承担赔偿责任的最高限额，所以保险赔款不能超过保险金额，只能低于或等于保险金额。如上例，假设损失发生时市场房价较投保时上涨，该建筑物的市价是 120 万元，这时虽然被保险人的实际损失是 120 万元，但由于保险金额是 100 万元，所以，保险人只能以保险金额为限，赔付 100 万元。

3. 以保险利益为限

保险利益是保险保障的最高限度，保险赔款不得超过被保险人对遭受损失的财产所具有的保险利益。例如，在抵押贷款中，借款人为取得 60 万元贷款而将价值 100 万元的房子抵押给贷款人（如银行），贷款人为保证贷款的安全，将抵押品——房子投保财产保险。由于贷款人对该房子只有 60 万元的保险利益，所以，当房子遭受损失时，保险人只能根据保险利益最多赔偿被保险人 60 万元。

（三）损失赔偿方式

损失赔偿方式是损失补偿原则的具体应用。财产保险损失赔偿方式主要有两种。

1. 第一损失赔偿方式

在保险金额限度内，按照实际损失赔偿。其计算公式为：

（1）当损失金额 ≤ 保险金额时：

$$赔偿金额 = 损失金额$$

（2）当损失金额 > 保险金额时：

$$赔偿金额 = 保险金额$$

第一损失赔偿方式是把保险财产的价值分为两个部分：第一部分为保险金额以内的部分，这部分已投保，保险人对其承担损失赔偿责任；第二部分是超过保险金额的部分，这部分未投保，保险人不承担损失赔偿责任。由于保险人只对第一部分的损失承担赔偿责任，故此方式被称为第一损失赔偿方式。

2. 比例计算赔偿方式

这种赔偿方式是按保障程度，即以保险金额与损失当时保险财产的实际价值的比例计算赔偿金额。其计算公式为：

$$赔偿金额 = 损失金额 × 保险金额 / 损失当时保险财产的实际价值$$

采用比例计算赔偿方式，保障程度越高，即保险金额越接近保险财产的实际价值，赔偿金额也就越接近损失金额。如果保障程度是百分之百，赔偿金额就等于损失金额。所以，被保险人若想得到十足的补偿，就必须按财产的实际价值足额投保。

三、损失补偿原则在财产保险实务中的特例

损失补偿原则虽然是财产保险的一项基本原则，但在保险实务中有一些特殊的情况。

（一）定值保险

所谓定值保险是指保险合同双方当事人在订立保险合同时，约定保险标的的价值，并以此确定为保险金额，视为足额投保。当保险事故发生时，保险人不论保险标的损失当时的市价如何，即不论保险标的的实际价值大于或小于保险金额，均按损失程度十足赔付。其计算公式为：

$$保险赔款 = 保险金额 × 损失程度（\%）$$

在这种情况下，保险赔款可能超过实际损失，如保险标的市价跌落，则保险金额可能大于其实际价值。因此，定值保险是损失补偿原则的特例。海洋运输货物保险通

常采用定值保险的方式，这是因为运输货物出险地点不固定，各地的市价也不一样，如果按照损失当时的市价确定损失，不仅比较麻烦，而且容易引起纠纷，故采用定值保险的方式。

（二）重置价值保险

所谓重置价值保险是指以被保险人重置或重建保险标的所需费用或成本确定保险金额的保险。一般财产保险是按保险标的的实际价值投保，发生损失时，按实际损失赔付，使受损的财产恢复到原来的状态，由此恢复被保险人失去的经济利益。但是，由于通货膨胀、物价上涨等因素，有些财产（如建筑物或机器设备）即使按实际价值足额投保，保险赔款也不足以进行重置或重建。为了满足被保险人对受损的财产进行重置或重建的需要，保险人允许投保人按超过保险标的实际价值的重置或重建价值投保，发生损失时，按重置费用或成本赔付。这样就可能出现保险赔款大于实际损失的情况，所以，重置价值保险也是损失补偿原则的特例。

四、损失补偿原则不适用于人身保险

由于人身保险的保险标的是无法估价的人的生命或身体机能，其保险利益也是无法估价的。被保险人发生伤残、死亡等事件，给其本人及家庭所带来的经济损失和精神上的痛苦都不是保险金所能弥补得了的，保险金只能在一定程度上帮助被保险人及其家庭缓解由于保险事故的发生而带来的经济困难，获得精神上的安慰。所以，人身保险合同不是补偿性合同，而是给付性合同，保险金额是根据被保险人的需要和支付保险费的能力来确定的。当保险事故或保险事件发生时，保险人按双方事先约定的金额给付。所以，损失补偿原则不适用于人身保险。

第五节　损失补偿原则的派生原则

一、代位追偿原则

（一）代位追偿原则的含义

代位追偿原则是损失补偿原则派生的原则。代位追偿原则是指在财产保险中，保险标的发生保险事故造成推定全损，或者保险标的由于第三者责任导致保险损失，保险人按照合同的约定履行赔偿责任后，依法取得对保险标的的所有权或对保险标的损失负有责任的第三者的追偿权。

坚持代位追偿原则首先是为了防止被保险人由于保险事故的发生，从保险人和第三者责任方同时获得双重赔偿而额外获利，确保损失补偿原则的贯彻执行。因为损失补偿原则要求被保险人获得的补偿不得超过其所遭受的损害，而当保险事故是由第三者责任造成时，被保险人有权依据保险合同向保险人请求赔偿，也有权对造成损害的

第三者请求赔偿。由于被保险人同时拥有两方面的损害赔偿请求权，那么被保险人行使请求权的结果，将使其就同一保险标的的损害获得双重的或者多于保险标的实际损害的补偿，这不符合损失补偿的原则。所以在被保险人取得保险赔偿后，应当将向第三者请求赔偿的权利转移给保险人，由保险人代位追偿。同时，为了维护社会公共利益，保障公民、法人的合法权益不受侵害，致害人应对受害人承担经济赔偿责任；如果致害人因受害人享受保险赔偿而免除赔偿责任，这不仅使得致害人通过受害人与保险人订立保险合同而获益，而且损害了保险人的利益，这不符合社会公平的原则。所以，代位追偿既使得致害人无论如何都应承担损害赔偿责任，同时也使得保险人可以从过失方追回支付的赔偿费用，从而维护保险人的合法权益。

代位追偿原则的主要内容包括权利代位和物上代位。

（二）权利代位

权利代位即追偿权的代位，是指在财产保险中，保险标的由于第三者责任导致保险损失，保险人向被保险人支付保险赔款后，依法取得对第三者的索赔权。我国《保险法》第60条第1款规定："因第三者对保险标的的损害而造成保险事故的，保险人自向被保险人赔偿保险金之日起，在赔偿金额范围内代位行使被保险人对第三者请求赔偿的权利。"《中华人民共和国海商法》第252条规定："保险标的发生保险责任范围内的损失是由第三人造成的，被保险人向第三人要求赔偿的权利，自保险人支付赔偿之日起，相应转移给保险人。"

在财产保险中，当保险标的发生损失，既属于保险责任，又属于第三者负有经济赔偿责任时，被保险人有权向保险人请求赔偿，也可以向第三者责任方请求赔偿。如果被保险人已从责任方取得全部赔偿，保险人可免去赔偿责任；如果被保险人从责任方得到部分赔偿，保险人在支付赔偿金时，可以相应扣减被保险人从第三者已取得的赔偿。如果被保险人首先向保险人提出索赔，保险人应当按照保险合同的规定支付保险赔款，被保险人取得保险赔款后，应将向第三者责任方追偿的权利转移给保险人，由保险人代位行使向第三者追偿的权利。被保险人不能同时取得保险人和第三者的赔款而获得双重或多于保险标的实际损害的补偿。

1. 代位追偿权产生的条件

代位追偿权的产生必须具备下列三个条件：

（1）损害事故发生的原因和受损的标的，都属于保险责任范围。只有保险责任范围内的事故造成保险标的的损失，保险人才负责赔偿；否则，保险人无需承担赔偿责任，受害人只能向有关责任方索赔或自己承担损失，与保险人无关，也就不存在保险人代位追偿的问题。

（2）保险事故的发生是由第三者的责任造成的，肇事方依法应对被保险人承担民事损害赔偿责任，这样被保险人才有权向第三者请求赔偿。被保险人在取得保险赔款后将向第三者请求赔偿权转移给保险人，由保险人代位追偿。

（3）保险人按合同的规定对被保险人履行赔偿义务后，才有权取得代位追偿权。因为代位追偿权是债权的转移，在转移前是被保险人与第三者之间特定的债的关系，与保险人没有直接的法律关系。保险人只有依照保险合同的规定向被保险人给付保险赔偿金以后，才依法取得对第三者请求赔偿的权利。

2. 保险人在代位追偿中的权益范围

保险人在代位追偿中享有的权益以其对被保险人赔付的金额为限，如果保险人从第三者责任方追偿的金额大于其对被保险人的赔偿，则超出的部分应归被保险人所有。这是由于保险代位追偿的目的在于防止被保险人取得双重赔款而获得额外的利益，从而保障保险人的利益。但同样，保险人也不能通过行使代位追偿权而获得额外的利益，损害被保险人的利益。

当第三者造成的损失大于保险人支付的赔偿金额时，被保险人有权就未取得赔偿部分对第三者请求赔偿。例如，我国《保险法》第 60 条第 3 款规定："保险人依照本条第一款规定行使代位请求赔偿的权利，不影响被保险人就未取得赔偿的部分向第三者请求赔偿的权利。"

3. 保险人取得代位追偿权的方式

权益取得的方式一般有两种：一是法定方式，即权益的取得无须经过任何人的确认，依法取得；二是约定方式，即权益的取得必须经过当事人的磋商、确认。根据我国《保险法》第 60 条的规定，保险人代位追偿权的取得是采用法定方式，保险人自向被保险人赔偿保险金之日起，在赔偿金额范围内代位行使被保险人对第三者请求赔偿的权利，而无须经过被保险人的确认。但是在实践中，保险人支付保险赔款后，通常要求被保险人出具"权益转让书"。从法律规定上看，"权益转让书"并非权益转移的要件，所以，被保险人是否出具"权益转让书"并不影响保险人取得代位追偿权。但这一文件能起到确认保险赔款时间和赔款金额，以及保险人取得代位追偿权的时间和向第三者追偿所能获得的最高赔偿额的作用。

虽然保险人支付保险赔款后即依法取得代位追偿权，但由于代位追偿权是被保险人转移其债权的结果，被保险人与第三者之间债的关系如何，对保险人能否顺利履行和实现其代位追偿权是至关重要的。所以，法律对被保险人放弃对第三者的请求赔偿权所应承担的责任做了规定。我国《保险法》第 61 条规定："保险事故发生后，保险人未赔偿保险金之前，被保险人放弃对第三者请求赔偿的权利的，保险人不承担赔偿保险金的责任。保险人向被保险人赔偿保险金后，被保险人未经保险人同意放弃对第三者请求赔偿的权利的，该行为无效。被保险人故意或者因重大过失致使保险人不能行使代位请求赔偿的权利的，保险人可以扣减或者要求返还相应的保险金。"

被保险人不得弃权或过失而侵害保险人代位追偿的权益，同时还负有协助保险人向第三者追偿的义务，包括提供必要的文件和所知道的有关情况。

4. 代位追偿的对象及其限制

保险代位追偿的对象为对保险事故的发生和保险标的的损失负有民事赔偿责任的第三者，其可以是法人，也可以是自然人。通常保险人在如下情况下，赔偿被保险人损失后，依法取得对第三者的代位追偿权：

（1）第三者对被保险人的侵权行为，导致保险标的遭受保险损失，依法应承担损害赔偿责任。所谓侵权行为是指："因作为或不作为而不法侵害他人财产或人身权利的行为。"①《中华人民共和国民法典》第 176 条规定："民事主体依照法律规定或者按照当事人约定，履行民事义务，承担民事责任。"而民事责任是以经济利益为特点，即受害人所遭受的经济损失要由致害人给予补偿，所以，第三者应对其侵权行为导致的保险标的的损失承担赔偿责任。例如，第三者违章行驶，造成交通事故，导致被保险人投保车辆损失，依法应对被保险人承担侵权的民事损害赔偿责任；因产品质量不合格，造成保险标的的损失，产品的制造商、销售商应对被保险人承担侵权的民事损害赔偿责任。

（2）第三者不履行合同规定的义务，造成保险标的的损失，根据合同的约定，第三者应对保险标的的损失承担赔偿责任。如在货物运输保险中，由于承运人的野蛮装卸，造成运输货物的损毁，根据运输合同的规定，承运人应对被保险人承担损害赔偿责任。

（3）第三者不当得利行为，造成保险标的的损失，依法应承担赔偿责任。如第三者以盗窃手段非法占有保险标的，造成被保险人的损失，根据法律，如果案件破获，应当向第三者即窃贼进行追偿。

（4）其他依据法律规定，第三者应承担的赔偿责任。如共同海损的受益人对共同海损负有分摊损失的责任。

对于代位追偿的对象，许多国家的立法都有所限制。我国《保险法》第62条规定：除被保险人的家庭成员或者其组成人员故意造成本法第60条第1款规定的保险事故外，保险人不得对被保险人的家庭成员或者其组成人员行使代位请求赔偿的权利。这是因为被保险人的家庭成员或其组成人员（如职工）往往与被保险人具有一致的利益，即他们的利益受损，被保险人的利益也同样遭受损失；他们的利益得到保护，实质上也就是保护被保险人的利益。如果保险人对被保险人先行赔偿，而后向被保险人的家庭成员或其组成人员追偿损失，则无异于又向被保险人索还，被保险人的损失将得不到真正的补偿。因此，保险人不得向被保险人的家庭成员或其组成人员行使代位求偿权，除非他们故意造成保险事故的发生。

（三）物上代位

物上代位是指保险标的遭受保险责任范围内的损失，保险人按保险金额全数赔付后，依法取得该项保险标的的所有权。

1. 物上代位产生的基础

物上代位通常产生于对保险标的做推定全损的处理。所谓推定全损是指保险标的遭受保险事故尚未达到完全毁损或完全灭失的状态，但实际全损已不可避免；或者修复和施救费用将超过保险价值；或者失踪达一定时间，保险人按照全损处理的一种推定性的损失。由于推定全损是保险标的并未完全毁损或灭失，即还有残值，而失踪可能是被他人非法占有并非物质上的灭失，日后或许能够得到索还，所以保险人在按全损支付保险赔款后，理应取得保险标的的所有权，否则被保险人就可能由此而获得额

---

① 中国大百科全书总编辑委员会《法学》编辑委员会.中国大百科全书（法学）[M].北京：中国大百科全书出版社，1984：472.

外的利益。

2. 物上代位权的取得

保险人通过委付取得物上代位权。所谓委付是指保险标的发生推定全损时，投保人或被保险人将保险标的的一切权益转移给保险人，而请求保险人按保险金额全数赔付的行为。委付是一种放弃物权的法律行为，在海上保险中经常采用。委付的成立必须具备一定的条件：

（1）委付必须由被保险人向保险人提出。我国《海商法》第249条第1款规定："保险标的发生推定全损，被保险人要求保险人按照全部损失赔偿的，应当向保险人委付保险标的。保险人可以接受委付，也可以不接受委付，但是应当在合理的时间内将接受委付或者不接受委付的决定通知被保险人。"委付通知是被保险人向保险人做推定全损索赔前必须提交的文件，被保险人不向保险人提出委付，保险人对受损的保险标的只能按部分损失处理。委付通知通常采用书面的形式。

（2）委付应就保险标的的全部。由于保险标的的不可分性，委付也具有不可分性，所以委付应就保险标的的全部。如果仅委付保险标的的一部分，而不委付其余部分，则容易产生纠纷。但如果保险标的是由独立可分的部分组成，其中只有一部分发生委付原因，可仅就该部分保险标的请求委付。

（3）委付不得附有条件。我国《海商法》第249条第2款明确规定："委付不得附带任何条件。"例如，船舶失踪而被推定全损，被保险人请求委付，但不得要求日后如船舶被寻回，将返还其受领的赔偿金而取回该船。因为这会增加保险合同双方关系的复杂性，从而增加保险人与被保险人之间的纠纷。

（4）委付必须经过保险人的同意。被保险人向保险人发出的委付通知，必须经保险人的同意才能生效。保险人可以接受委付，也可以不接受委付。因为委付不仅将保险标的的一切权益转移给保险人，同时也将被保险人对保险标的的所有义务一起转移给保险人。我国《海商法》第250条规定："保险人接受委付的，被保险人对委付财产的全部权利和义务转移给保险人。"所以，保险人在接受委付前必须慎重考虑，权衡利弊，即受损保险标的的残值是否能大于将要由此而承担的各种义务和责任风险所产生的经济损失，不能贸然从事。如船舶因沉没而推定全损，被保险人提出委付，保险人要考虑打捞沉船所能获得的利益是否大于打捞沉船以及由此而产生的各项费用支出。

被保险人提出委付后，保险人应当在合理的时间内将接受委付或不接受委付的决定通知被保险人。如果超过合理的时间，保险人对是否接受委付仍然保持沉默，应视作不接受委付的行为，但被保险人的索赔权利并不因保险人不接受委付而受影响。在保险人未做出接受委付的意思表示以前，被保险人可以随时撤回委付通知。但保险人一经接受委付，委付即告成立，双方都不能撤销，保险人必须以全损赔付被保险人，同时取得保险标的物的代位权，包括标的物上的权利和义务。

3. 保险人在物上代位中的权益范围

由于保险标的的保障程度不同，保险人在物上代位中所享有的权益也有所不同。我国《保险法》第59条规定："保险事故发生后，保险人已支付了全部保险金额，并且保险金额等于保险价值的，受损保险标的的全部权利归于保险人；保险金额低于保险价值的，保险人按照保险金额与保险价值的比例取得受损保险标的的部分权利。"也就是在足额保险中，保险人按保险金额支付保险赔偿金后，即取得对保险标的的全部所有权。在这种情形下，由于保险标的的所有权已经转移给保险人，保险人在处理标的物时所获得的利益如果超过所支付的赔偿金额，超过的部分归保险人所有。此外，如有对第三者损害赔偿请求权，索赔金额超过其支付的保险赔偿金额，也同样归保险人所有，这一点与代位追偿权有所不同。而在不足额保险中，保险人只能按照保险金额与保险价值的比例取得受损标的的部分权利。由于保险标的的不可分性，保险人在依法取得受损保险标的的部分权利后，通常将该部分权利作价折给被保险人，并在保险赔偿金中进行相应的扣除。

（四）权利代位与物上代位的区别

代位追偿原则的主要内容是权利代位和物上代位，二者的目的都是防止被保险人由于保险赔偿而获得额外的利益，确保损失补偿原则的贯彻落实，但如上所述，二者在实施中是有区别的：

（1）从代位产生的前提看，权利代位的产生是由于第三者的责任导致保险标的的损失，而物上代位则是由于保险标的作推定全损的处理。

（2）从保险人取得代位权的方式看，权利代位是法定取得，即当保险人向被保险人支付保险赔款后就依法取得对第三者的追偿权；而物上代位是约定取得，必须是被保险人向保险人提出保险委付，并经过保险人的同意。

（3）从代位权来看，权利代位是保险人取得对导致保险标的损失的第三者责任方的追偿权，而物上代位则是保险人取得对保险标的的所有权。

（4）从保险人享有的代位权益来看，在权利代位中保险人享有的权益以对被保险人赔付的金额为限，如果追偿的金额大于保险赔款，超出的部分归被保险人所有；而在物上代位中，保险人拥有对保险标的的一切权益，同时要承担相应的义务。

（五）代位追偿原则不适用于人身保险

代位追偿原则是损失补偿原则的派生原则，是对损失补偿原则的补充和完善，所以代位追偿原则与损失补偿原则一样只适用于各种财产保险，而不适用于人身保险。我国《保险法》第46条规定："被保险人因第三者的行为而发生死亡、伤残或者疾病等保险事故的，保险人向被保险人或者受益人给付保险金后，不享有向第三者追偿的权利，但被保险人或者受益人仍有权向第三者请求赔偿。"因为人身保险的保险标的是无法估价的人的生命和身体机能，因而不存在由于第三者的赔偿而使被保险人或受益人获得额外利益的问题，所以，如果发生第三者侵权行为导致的人身伤害，被保险人可以获得多方面的赔偿而无需权益转让，保险人也无权代位追偿。

二、重复保险分摊原则

（一）重复保险分摊原则的含义

重复保险分摊原则也是损失补偿原则的派生原则。该原则是指在重复保险的情况下，当保险事故发生时，各保险人应采取适当的分摊方法分配赔偿责任，使被保险人既能得到充分的补偿，又不会超过其实际损失而获得额外的利益。重复保险分摊原则主要适用于重复保险的情况。

所谓重复保险是指投保人以同一保险标的、同一保险利益，同时向两个或两个以上的保险人投保同一危险，保险金额总和超过保险标的的价值。具体地说，重复保险必须具备下列条件。

1. 同一保险标的及同一保险利益

重复保险要求以同一保险标的及同一保险利益进行保险，保险标的若不相同，显而易见不存在重复保险的问题；而保险标的相同，但保险利益不相同，也不构成重复保险。例如，对同一房屋，甲以所有人的利益投保火灾保险，乙以抵押权人的利益也投保火灾保险，甲、乙的保险利益不相同，两人对同一房屋的保险不称为重复保险。所谓同一保险利益，含有同一被保险人之意味，如被保险人不同，则不存在重复保险的问题。

2. 同一保险期间

如果是同一保险标的及同一保险利益，但保险期间不同，也无重复保险问题。例如，保险合同期满又办理续保，这不构成重复保险。但保险期间的重复，并不以全部期间重复为必要，其中部分期间重复，也可构成重复保险。

3. 同一保险危险

如果以同一保险标的及同一保险利益同时投保不同的危险，也不构成重复保险。例如，同一家庭财产可同时投保火灾保险和盗窃险。

4. 与数个保险人订立数个保险合同，且保险金额总和超过保险标的的价值

如果只与一个保险人订立一个保险合同，保险金额超过保险标的的价值，则为超额保险；与数个保险人订立数个保险合同，但保险金额总和不超过保险标的的价值，则为共同保险。只有既与数个保险人订立数个保险合同，保险金额总和又超过保险标的的价值，才构成重复保险。

由于重复保险是投保人以同一保险标的、同一保险利益，同时向两个以上的保险人投保同一种危险，且保险金额总和超过保险标的的价值，这就有可能使得被保险人在保险事故发生时，就同一标的损失从不同保险人处获得超额赔款，这就违背了损失补偿原则的要求，而且容易诱发道德风险。为了防止被保险人由于重复保险而获得额外的利益，同时防范道德风险，确立了重复保险分摊原则，由各保险人按相应的责任，共同公平地分摊损失赔款，使被保险人所获得的赔款总额与其实际损失相等。可见，重复保险分摊原则也是由损失补偿原则派生的，是损失补偿原则的补充和体现，同样也只适用于财产保险等补偿性保险合同，不适用于人身保险。

重复保险原则上是不允许的，但事实上却是存在着的。通常是由于投保人或被保险人的疏忽，或者为求得更大的安全感，当然也有为谋取超额赔款而故意进行重复保险。对于重复保险，各国保险立法都规定，投保人有义务将重复保险的有关情况告知各保险人。我国《保险法》第 56 条规定："重复保险的投保人应当将重复保险的有关情况通知各保险人。"投保人不履行该项义务，其后果与违反告知义务相似，保险人有权解除保险合同或不承担赔偿责任。

（二）重复保险的分摊方式

在重复保险的情况下，当发生保险事故时，保险标的所遭受的损失由各保险人分摊，分摊的方式有以下几种。

1. 比例责任分摊方式

比例责任分摊方式指各保险人按其所承保的保险金额与总保险金额的比例分摊保险赔偿责任。其计算公式为：

$$各保险人承担的赔款 = 损失金额 \times \frac{该保险人承保的保险金额}{各保险人承保的保险金额总和}$$

例如，某业主将其所有的一幢价值 60 万元的房子同时向甲、乙两家保险公司投保一年期的火灾保险，甲公司保险金额为 50 万元，乙公司保险金额为 30 万元，此即为重复保险。假定在此保险有效期内，房子发生火灾损失 40 万元，则甲、乙两家保险公司应如何分摊赔偿责任？

采用比例责任分摊方式：

$$甲保险公司承担的赔款 = 40 \times 50/80 = 25（万元）$$
$$乙保险公司承担的赔款 = 40 \times 30/80 = 15（万元）$$

即甲、乙两家保险公司各承担 25 万元和 15 万元的赔款，赔款总额为 40 万元，正好等于被保险人的实际损失。比例责任分摊方式在各国保险实务中运用比较多，我国《保险法》第 56 条第 2 款规定："重复保险的各保险人赔偿保险金的总和不得超过保险价值。除合同另有约定外，各保险人按照其保险金额与保险金额总和的比例承担赔偿保险金的责任。"

2. 限额责任分摊方式

限额责任分摊方式是以在没有重复保险的情况下，各保险人依其承保的保险金额而应负的赔偿限额与各保险人应负赔偿限额总和的比例承担损失赔偿责任。其计算公式为：

$$各保险人承担的赔款 = 损失金额 \times \frac{该保险人的赔偿限额}{各保险人赔偿限额总和}$$

如上例，在没有重复保险的情况下，甲保险公司应承担 40 万元的赔偿责任，乙保险公司应承担 30 万元的赔偿责任。现按照限额责任分摊方式计算：

$$甲保险公司承担的赔款 = 40 \times 40/70 = 22.857（万元）$$
$$乙保险公司承担的赔款 = 40 \times 30/70 = 17.143（万元）$$

即甲公司承担赔款 22.857 万元，乙公司承担赔款 17.143 万元，两家保险公司赔款总和也是 40 万元。限额责任分摊方式与比例责任分摊方式的共同点是各保险人都是按照一定的比例分摊赔款责任；二者的区别是计算分摊比例的基础不同，前者以赔偿责任为计算基础，后者则是以保险金额为计算基础。

3. 顺序责任分摊方式

顺序责任分摊方式指由先出单的保险人首先负责赔偿，后出单的保险人只有在承保的标的损失超过前一保险人承保的保额时，才依次承担超出的部分。

仍以上例为例，采用顺序责任分摊方式，先出单的甲保险公司应承担赔款 40 万元，后出单的乙保险公司则不必承担赔偿责任。假定房子全部被烧毁，即损失 60 万元，则由甲保险公司先赔偿 50 万元，乙保险公司再承担损失超过甲保险公司承保的保额的 10 万元。这样，两家保险公司的赔偿总额为 60 万元，正好等于被保险人的实际损失，使得被保险人既能够得到充分的补偿，又不可能通过重复保险而获得额外的利益。

本章小结

1. 保险利益原则是保险特有的原则，它强调了保险利益在保险合同的签订和履行过程中的重要性。保险利益必须是合法的利益、确定的利益和经济上的利益。坚持保险利益原则的意义在于规定保险保障的最高限度，防止道德危险和使保险区别于赌博。

2. 由于财产保险与人身保险的保险标的性质不同，对保险利益原则的应用也不尽相同。财产保险的保险利益来源于投保人对保险标的所拥有的各种权利，如所有权、经营权、使用权、承运权、保管权、抵押权和留置权等；而人身保险的保险利益来源于投保人与被保险人之间所具有的各种利害关系，如人身关系、亲属关系、雇用关系和债权债务关系等。财产保险不仅要求投保人在投保时对保险标的具有保险利益，而且要求保险利益在保险有效期内始终存在，特别在发生保险事故时，被保险人对保险标的必须具有保险利益，否则保险人不承担经济赔偿责任。而人身保险则着重强调投保人在订立保险合同时对被保险人必须具有保险利益，保险合同生效后就不再追究投保人对被保险人的保险利益问题，法律允许人身保险合同的保险利益发生变化，合同的效力仍然保持。财产保险的保险利益价值的确定是依据保险标的的实际价值；而人身保险由于保险标的是人的生命或身体，是无法估价的，其保险利益也无法以货币计量，因而人身保险金额的确定是依据被保险人的需要和支付保险费的能力。

3. 最大诚信原则是保险的基本原则之一。它要求保险双方在签订和履行保险合同时必须以最大的诚意履行自己应尽的义务，互不欺骗和隐瞒，恪守合同的认定与承诺，否则保险合同无效。坚持最大诚信原则是为了确保保险合同的顺利履行，维护保险双方当事人的利益。最大诚信原则的主要内容包括告知、保证、弃权与禁止反言。告知包括口头和书面的陈述，告知义务具有法定性、先合同性和主动性等特点。投保人告知的立法形式有无限告知和询问告知两种。保证根据保证事项是否已存在分为确认保证与承诺保证，根据保证存在的形式分为明示保证与默示保证。明示保证与默示保证具有同等的法律效力，被保险人都必须严格遵守。违反最大诚信原则，保险人有权解除合同，不承担赔偿责任。弃权与禁止反言主要用于约束保险人，限制保险人利用违反告知或保证而拒绝承担保险责任，以平衡保险人与投保人或被保险人的权利义务关系。

4. 保险人在处理因果关系较为复杂的赔案时，要根据近因原则。所谓近因是指促成损失结果的最有效的或起决定作用的原因。近因属于保险责任的，保险人应承担赔偿责任；反之，保险人不负赔偿责任。坚持近因原则有利于正确、合理地判定损失事故的责任归属，从而有利于维护保险双方当事人的合法权益。在保险实务中，如何确定损失近因，要根据具体的情况做具体的分析。

5. 损失补偿原则是保险的又一重要原则。它规定如果发生保险责任范围内的损失，被保险人有权按照合同的约定，获得全面、充分的赔偿，但不能由此而获得额外的利益。所以，保险人在履行赔偿责任时，必须以实际损失、保险金额和保险利益为限。具体的理赔计算方式有第一损失赔偿方式和比例计算赔偿方式两种。损失补偿原则主要适用于财产保险以及其他补偿性保险合同，不适用于人身保险。但在财产保险实务中有一些特殊的情况，如定值保险、重置价值保险。

6. 代位追偿原则是损失补偿原则的派生原则。它是指在财产保险中，保险标的发生保险事故造成推定全损，或者保险标的由于第三者责任导致保险损失，保险人按照合同的约定履行赔偿责任后，依法取得对保险标的的所有权或对保险标的的损失负有责任的第三者的追偿权。代位追偿包括权利代位和物上代位。保险人的代位求偿权以保险人实际支付的保险赔偿金为限。保险人不得向被保险人的家庭成员或者其组成人员行使代位求偿权，除非他们故意造成保险事故的发生。保险人物上代位权的取得是通过保险委付，委付必须由被保险人向保险人提出，经保险人同意后才能生效。由于保险标的的保障程度不同，保险人在物上代位中所享有的权益也有所不同。代位追偿原则不适用于人身保险。

7. 重复保险是指投保人以同一保险标的和同一保险利益，同时向两个或两个以上的保险人投保同一危险，保险金额总和超过保险标的的价值。在重复保险的情况下，当保险事故发生时，各保险人应采取适当的分摊方法分配保险责任，使被保险人既可得到充分的补偿，又不会超过其实际损失而获得额外利益。重复保险分摊原则也是损失补偿原则的派生原则，同样也不适用于人身保险。重复保险的分摊方式有：比例责任分摊方式、限额责任分摊方式和顺序责任分摊方式。

☑ 重要概念

保险利益	告知	重要事实	保证
确认保证	承诺保证	明示保证	默示保证
弃权	禁止反言	近因	代位追偿
权利代位	侵权行为	物上代位	委付
推定全损	重复保险		

💡 思考题

1. 何谓保险利益原则？为什么保险合同的成立必须具有保险利益存在？
2. 何谓最大诚信原则？其主要内容有哪些？
3. 何谓近因原则？如何判定损失近因？
4. 何谓损失补偿原则？如何确保损失补偿原则的贯彻落实？
5. 为什么说代位追偿原则和重复保险分摊原则是损失补偿原则的派生原则？
6. 保险人代位追偿权的产生必须具备哪些条件？

7. 委付的成立必须具备哪些条件?

8. 试比较权利代位与物上代位的区别。

9. 重复保险的分摊方式有哪几种? 请掌握各种分摊方式的具体计算方法。

即测即评

请扫描右侧二维码,进行即测即评。

第二篇

保险形态篇

第五章
保险形态的分类

任何一个概念都有内涵和外延两个方面，如果说本书第二章分析的是保险的内涵，那么本章讨论的则是保险的外延。分清保险的内涵和外延，进而揭示保险背后所反映的经济法律关系及其表现是保险学教学与研究的应有之义。研究保险形态的分类，可以确立保险的外延，因此本章主要阐述保险形态分类的意义、方法与标准，以及现代保险业务的主要种类等内容。

第一节　保险形态分类的意义与方法

一、保险形态分类的意义

恩格斯说："每一门科学都是分析某一个别的运动形式或一系列互相关联和互相转化的运动形式的，因此，科学分类就是这些运动形式本身依其内在序列所进行的分类、排序，科学分类的重要性也正在于此。"① 保险的定义包括保险的内涵和外延两方面的内容，对保险的本质与职能的分析，揭示了保险的内涵，使人们知道了保险所反映的经济关系和法律关系；对保险形态分类的分析则是为了阐明保险的外延，探讨保险关系的表现及其具体内容。

保险作为一种经济制度，本身不是一个单独概念，而是一个普遍概念。保险的外延不是一个单独的事物，而是一种类别的事物。保险作为一种类别事物，其数量已达数百种之多，在科学研究中，我们不可能也没有必要把每一种具体保险形态都列举出来。保险外延的内容只有采用分类的方法，即按照不同的属性，把那些数量众多的保险形态分成若干小类的方法，才能全部展现出来。从这种意义上说，保险本质与职能的分析是为了确立保险的内涵，保险形态分类的分析则是为了确立保险的外延。两者相辅相成，缺一不可。

随着社会生产力的不断发展和科学技术的日益进步，人类的保险需求会越来越多，与此相适应，保险服务范围也会越来越宽。面对这种变化，对形形色色的日益繁杂的

---

① 马克思，恩格斯. 马克思恩格斯文集：第9卷［M］. 北京：人民出版社，2009：504.

保险形态进行分门别类的处理，辨别不同类别保险形态的内在要求，寻找不同类别保险形态之间的相互关系，无论在理论上还是在实践上，都是必要的。具体地说，保险形态分类的意义在于：首先，通过保险形态的分类分析，可以确定保险学的研究范围，了解保险的发展变化及其规律。保险起源于海上保险。海上保险在性质上属于财产保险。然而，初始阶段的财产保险与当今社会的财产保险相比，无论其保障对象还是责任范围，都有着某些质的变化。这些变化的原因及其规律，可以通过保险形态的分类得到说明。其次，保险形态的分类分析可以帮助人们弄清保险各种类别之间的联系与区别，改进保险经营方式，加强保险经营管理，建立健全与保险形态相适应的保险法规和制度，促进保险事业的健康发展。最后，保险形态的分类分析可以使社会公众增进对保险的全面了解，以便根据各自生产和生活的风险管理的需要，选择与其需要相适应的保险种类。

二、保险形态分类的方法

保险形态的分类方法与其他事物的分类方法一样，是一种认识客观事物的逻辑方法。它要求人们依据事物的属性，把大类事物划分成它所包含的几个小类事物，分类的标准是事物本身所具有的客观性质。在现实生活中，每一类事物都具有不同的性质，因此，人们可以根据不同的标准对同类事物进行不同的分类。而根据不同的标准对同类事物进行不同的分类，可以产生对同一事物的不同认识。

保险事业，尤其是现代的保险事业，其形态是十分复杂的。如何对这种复杂而又多变的保险形态进行分类，迄今还没有形成一个固定的原则或统一的标准。已有的各类保险的名称，大都从历史演变而来，例如，火灾保险、洪水保险、偷盗保险等是以被保障的危险事故命名的。又如，船舶保险、货物保险、汽车保险、住宅保险等，是以保险标的命名的。再如，海上保险、内陆运输保险、航空保险等，则是以危险事故发生的空间命名的。然而，现实生活中的许多保险单承保的危险并不止一种，所以，按危险事故对保险进行分类没有什么实际意义。另外，保险单所保的财产往往不是一项，而是许多项，故此，按保险标的对保险进行分类，也不太切合实际。随着承保多种危险、多种标的的"复合保险"的出现，原始的、传统的保险形态的分类方法面临新的挑战。于是，保险形态的分类方法的不断改进与变化，成为现代保险事业发展的必然趋势。

现代保险形态的分类方法主要有三种，即法定分类法、理论分类法和实用分类法。

保险形态的法定分类法源于各国的法律，由于各个国家的保险法规对保险分类的规定不同，保险形态分类在各个国家不尽相同。美国的保险法规将保险分为财产保险、人身保险和人身意外伤害保险。日本的法律把保险分为损害保险和人身保险。西欧国家的保险法规一般将保险业务分为寿险与非寿险两大类。寿险是指人寿保险，非寿险则包括火灾保险、海上保险和意外保险等。按我国《保险法》的分类，商业保险可分为财产保险（包括财产损失保险、责任保险、信用保险、保证保险）和人身保险（包括人寿保险、人身意外伤害保险、健康保险）两大类。法定分类法的确立是出于国家对保险业进行宏观管理的目的。

保险形态的理论分类法主要基于对保险的总体特征的把握，以及对保险运动规律的探求，这种分类通常反映出理论上的特征而不同于法定分类和实用分类。为了对种类繁多的险种在总体上归纳其特征，保险理论分类法将保险按保险标的分类标准进行了划归；为了客观认识保险的经营方式，保险理论分类法将保险按经营方式分类标准进行了划归；同样，按实施方式、经营动机等标准对保险形态进行的分类，也可以说是理论分类法对保险形态的划归。

保险形态的实用分类法来自保险公司的业务实践，是保险公司根据自身业务操作的需要对保险业务进行的划归。由于实践的丰富性、变化性，保险的实用分类比法定分类与理论分类更具有多样性、灵活性和可操作性。保险公司可以按其经营的业务侧重点或业务量对保险业务进行划归，也可以根据公司的现有规模进行划归，还可以根据保险需求市场的状况进行划归。实用分类法对保险的划归是基于保险公司的经营目的，通过对业务的划归而更好地调整自身的经营，以适应保险需求市场。

由于法定分类法、理论分类法及实用分类法三者各自的目的不同，选择的角度殊异，保险形态分类的差异成为必然的现象。然而，不论采用何种分类方法，都要遵循一定的分类原则。这些原则包括：第一，保险形态的分类要体现保险合同的内容。保险合同是保险关系成立的基础和依据，建立在保险合同基础上的有关保险原则，保险关系双方的权利和义务，以及由此引申出来的其他规定，都可以作为保险形态分类的依据。第二，保险形态的分类要与本国的法律规范和经济统计口径相一致。第三，保险形态的分类要在遵循本国保险业界习惯，突出国别保险特点的基础上，注重与国际保险市场的现行标准相衔接，以便在保险经营管理、会计核算、信息技术等方面进行比较与借鉴。

第二节　保险形态分类的标准

保险形态分类的标准产生于保险的社会实践，并且随着社会实践的变化而变化，随着社会实践的发展而发展。不同的历史时期有着不同的保险形态分类标准；同一时期，由于国别差异，保险形态分类标准也不尽相同。保险形态分类的标准不同，划分的保险种类的名称也就不同。不论采用何种保险形态分类标准，只要其来源于保险的本质规定，那么由此做出的保险形态分类就能帮助我们明确保险反映的具体内容，进而为揭示各种形态保险的内在联系及其规律提供条件与可能。

保险理论与实务研究中曾经使用或正在使用的保险形态分类标准，主要有以下几种。

一、保险经营

以保险经营为标准区分保险形态，是古今中外保险研究中常用的一种方法。其具体标准分为以下两种。

（一）保险经营主体

以保险经营主体为标准，保险形态可以分为公营保险与民营保险。保险经营的主体有公法上人格与私法上人格之分，公法上团体经营的保险为公营保险，私法上团体经营的保险为民营保险。公营保险又分为国家经营的保险和地方政府或自治团体经营的保险，包括国家强制设立的保险机关经营的保险或国家机关提供补助金的保险。民营保险是由私人投资经营的保险，其形式主要有个人保险、合作保险和公司保险等。以保险经营主体性质为标准的保险形态分类如图 5-1 所示。

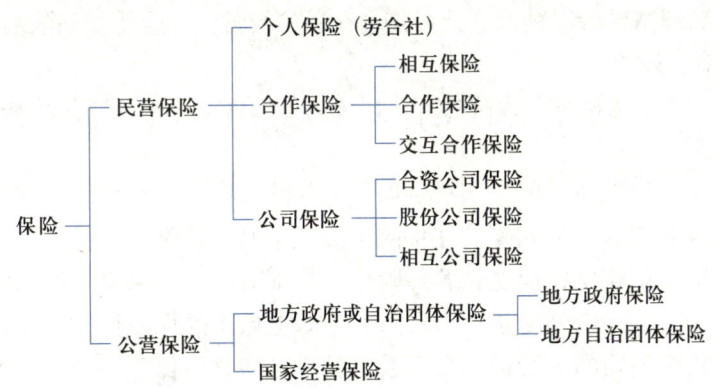

图 5-1 保险形态的分类（以保险经营主体为标准区分）

（二）保险经营性质

以保险经营的性质为标准，保险形态可以分为营利保险与非营利保险。营利保险又称商业保险，是指保险经营者以营利为目的而经营的保险。股份公司经营的保险是最常见的一种营利保险。劳合社个人经营者经营的保险也是营利保险。非营利保险又称非商业保险，经营此种保险的目的不是为了营利，或者是由政府资助，以保证经济的协调发展和安定社会经济生活，如社会保险、政策保险等；或者是为了保证加入保险者的相互利益，如相互保险、交互保险、合作保险等。以经营性质为标准的保险形态分类如图 5-2 所示。

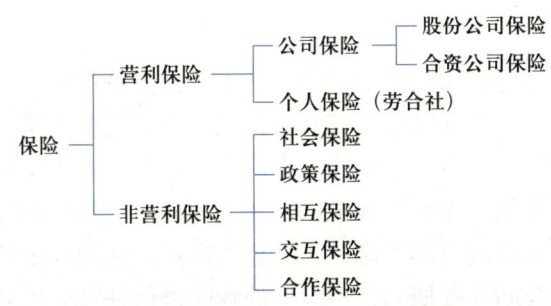

图 5-2 保险形态的分类（以保险经营的性质为标准区分）

二、保险技术

保险技术在保险形态分类上的应用，主要体现在计算技术、风险转嫁方式、业务承保方式和给付形式四个方面。

（一）计算技术

以计算技术在保险经营中的应用程度为标准，保险形态可以分为人寿保险与非人寿保险。前者危险事故的发生较为规则，保险合同期限较长，数理基础较为精确，计算技术能够在保险经营中得到充分应用；后者危险事故的发生具有不规则性，保险合同期限较短，数理基础难以精确，计算技术在保险经营中的应用受到限制。

（二）风险转嫁方式

以风险转嫁方式为标准，保险形态可以分为足额保险、不足额保险和超额保险。

1. 足额保险

足额保险是指以保险价值全部投保而订立保险合同的一种保险。保险合同中估计确定的保险金额与保险价值相等。在保险事故发生时，若保险标的物全部受损，保险人按照保险金额全部赔偿；反之，若保险标的物部分受损，保险人则以实际损失为准计算其赔偿金额。唯一例外的是海上保险。当海上保险的保险标的物未达到全部损失时，被保险人将标的物的未受损部分以委付的方式转移给保险人，请求保险人支付该保险标的物的全部保险金额。

2. 不足额保险

不足额保险亦称部分保险，是指保险合同中约定的保险金额小于保险价值的一种保险。产生不足额保险的原因有两种：一是在订立保险合同时，投保人仅以保险价值的一部分投保，造成保险金额小于保险价值。投保人不足额投保，或者由于保险标的发生全部损失的可能性较小，投保人为了节省保费支出，选择部分投保；或者由于保险标的风险较大，保险人只接受部分投保，其余由被保险人自行负责，以此增强其防灾防损的意识。二是在订立保险合同后，保险标的的价值上涨，以致原来的足额保险变成不足额保险。不足额保险对损失补偿的影响因全部损失与部分损失的不同而不同。若保险标的物全部受损，保险人依据保险金额全部赔付，其不足保险价值部分，保险人不承担责任；若保险标的物为部分损失，保险人按损失金额×（保险金额/保险价值）的比例赔偿。

3. 超额保险

超额保险是指保险合同中约定的保险金额大于保险价值的一种保险。造成超额保险的原因不外乎两种：一是保险合同订立时，保险双方当事人确定的保险金额超过保险价值。这种超额保险有善意和恶意之分，前者如投保人对于保险标的物的实际价值认识不清，误以高额投保，而保险人也未加注意，以致出现超额保险；后者如投保人居心叵测，企图利用保险获得不当利益，故意提高保险标的物的价值，确定虚假的保险金额。二是在保险合同存续期间，保险标的物的价值跌落，以致保险人履行赔偿金额时，其保险金额超过保险价值。在保险标的物发生损失时，除了投保人或被保险人有欺诈行为，使保险合同无效外，保险人只按保险标的物的实际价值赔偿。

（三）业务承保方式

以保险业务的承保方式为标准，保险可以分为原保险、再保险、复合保险、重复保险和共同保险。

1. 原保险

原保险是指投保人与保险人直接签订保险合同而成立保险关系的一种保险，是再保险的对称。在原保险关系中，保险需求者将其风险转嫁给保险人，当保险标的遭受保险责任范围内的损失时，保险人直接对被保险人负损失赔偿责任。

2. 再保险

再保险简称分保，是指保险人将其承担的保险业务，部分或全部转移给其他保险人的一种保险。以前再保险仅适用于财产保险，尤其是财产保险中的海上保险和火灾保险，近些年来已逐步扩展至人身保险、责任保险等。再保险是保险的一种派生形式，保险是再保险的基础和前提，没有保险，也就没有再保险；再保险是保险的后盾和支柱，没有再保险，保险的发展就会受到限制。两者相辅相成，相互促进，相互发展。

3. 复合保险

复合保险是指投保人以保险利益的全部或部分，分别向数个保险人投保相同种类保险，签订数个保险合同，其保险金额总和不超过保险价值的一种保险。复合保险的损失如何处理，因保险业务性质的不同而不同，其方式主要有保险分摊法、超额承保法和优先承保法三种。

4. 重复保险

重复保险是指投保人以同一保险标的、同一保险利益、同一危险事故分别向数个保险人订立保险合同的一种保险。重复保险与复合保险的区别在于，其保险金额的总和超过保险价值。重复保险与超额保险一样，弊端甚多，因此法律对此有特别的规定，要求具备一定的条件，才能成立。

5. 共同保险

共同保险是指投保人与两个以上保险人之间，就同一保险利益、对同一危险共同缔结保险合同的一种保险。在实务中，数个保险人可能以某一保险公司的名义签发一张保险单，然后每一保险公司对保险事故损失比例分担责任。从形式上看，共同保险与再保险相似，投保人仅需与某一保险公司接触，不必与各保险公司分别接洽，但两者之间存在着明显的不同。首先，反映的保险关系不同。共同保险反映的是投保人与各保险人之间的关系，这种保险关系是一种直接的法律关系；再保险反映的是保险人与保险人之间的关系，再保险接受人与原投保人之间并不发生直接的关系。其次，对风险的分摊方式不同。共同保险的各保险公司对其承担风险责任的分摊是第一次分摊，再保险则是对风险责任进行的第二次分摊；共同保险是危险的横向分担，再保险则是危险的纵向分担。

尽管共同保险与再保险有所不同，但二者并非背道而驰。近代保险业发展显示，两者渐趋接近，且具相辅相成的作用。两者的结合采用，可使危险分散更快、更彻底，因而日益受到人们的高度重视。

　　共同保险在英、美国家不具有普遍意义，但它们采用共同保险条款。这是保险人与被保险人共同分担危险责任的一种保险条款。比如，某保险标的的价值为 100 万元，保险公司承保 80 万元，其余 20 万元凭双方约定由被保险人自保。此种保险条款与不足额保险的区别在于：第一，共同保险条款一经签订，被保险人不得将未经保险的部分向其他保险人投保，不足额保险则无此种限制。第二，共同保险条款自始即为共同分担危险的一种约定，不足额保险则为被保险人独自分担一部分危险的责任。

　　（四）给付形式

　　以保险给付方式为标准，保险可以分为下列几种形态。

　　1. 定额保险与损失保险

　　定额保险是指在保险合同订立时，由保险双方当事人协商确定一定数额的保险金额，当保险事故发生时，保险人依照预先确定的金额给付保险金的一种保险。损失保险则是在保险事故发生后，由保险人估计保险标的的实际损失额来支付保险金的一种保险。前者适用于人身保险，后者适用于财产保险。

　　2. 定额保险与利益保险

　　这是风险减轻学说的代表人物、美国保险学者马赫尔等对保险进行的分类。马赫尔所说的定额保险，与其他定额保险一样，是指保险给付事先约定，与实际经济需要无关的一种保险。相比之下，利益保险则有其特定的含义，它不是作为保险险种的利益保险，而是从对被保险人的保险给付的利益关系确定给付标准的一种保险。衡量给付高低的标准是保险保障率，即必要的给付金额与实际给付金额的比率。以保险保障率为标准，可以将保险区分为 1 和 1 以下的两种形态。现实生活中的足额保险和超额保险的保险保障率为 1，不足额保险的保险保障率为 1 以下。

　　3. 现金保险与实物保险

　　当被保险人因保险事故发生而遭受损失时，保险人以现金方式进行补偿的保险，被称为现金保险，如火灾保险、人寿保险等；当被保险人因保险事故发生而遭受损失时，保险人以实物方式进行补偿的保险，被称为实物保险，如玻璃保险、医疗保险等。

三、保险政策

　　以保险政策为分类标准，保险可以分为自愿保险与法定保险、商业保险与社会保险、普通保险与政策保险等类别。

　　（一）自愿保险与法定保险

　　自愿保险亦称任意保险，是指保险双方当事人通过签订保险合同，或是需要保险保障的人自愿组合、实施的一种保险。前者如商业保险、营利性保险等，后者如相互保险、合作保险等。自愿保险的保险关系，是当事人之间自由决定、彼此合意后所成立的合同关系。投保人可以自由决定是否投保、向谁投保、中途退保等，也可以自由选择保障范围、保障程度和保险期限等。保险人可以根据情况自愿决定是否承保、怎样承保，并且自由选择保险标的、设定投保条件等。法定保险又称强制保险，是国家对一定的对象以法律、法令或条例规定其必须投保的一种保险。法定保险的保险关系不是产生于投保人与保险人之间的合同行为，而是产生于国家或政府的法律效力。法定保险的范围可以是全国性的，也可以是地方性的。法定保险的实施方式有两种选择，或是保险对象与保险人均由法律限定；或是保险对象由法律限定，但投保人可以自由选择保险人。然而，不论何种形式的法定保险，大都具有下列特征：一是全面性。法定保险的实施以国家法律形式为依据，只要是属于法律规定的保险对象，不论是否愿意，都必须参加保险。二是统一性。法定保险的保险金额和保险费率，不是由投保人和保险人自行决定，而是由国家法律统一标准规定。

（二）商业保险与社会保险

有关商业保险与社会保险的内容参见第二章第四节和附章第一节。

（三）普通保险与政策保险

普通保险是指基于个人或经济单位风险保障的需要，经过自由选择而形成保险关系的一种保险。普通保险保险关系的形成不含有执行特定的国家政策的成分。属于这种保险关系的保险形态有人寿保险、财产保险、船东相互保险等。政策保险则是政府为了政策上的目的，运用普通保险的技术而开办的一种保险。政策保险的种类包括社会政策保险和经济政策保险两大类别。具体项目有：第一，为实施社会保障政策目的而经办的社会保险，如养老保险、医疗保险、工伤保险、失业保险、生育保险等；第二，为实现国民生活安定的政策目的而经办的国民生活保险，如劳动者财产损失保险、汽车赔偿责任保险、地震保险、住宅融资保险等；第三，为实现农业增产增收政策目的而经办的农业保险，如种植业保险、养殖业保险等；第四，为实现扶持中小企业发展政策目的而经办的信用保险，如无担保保险、能源对策保险、预防公害保险、特别小额保险等；第五，为实现促进国际贸易目的而开办的输出保险，如出口信用保险、外汇变动保险、出口票据保险、海外投资保险等。

专栏 5-1

政策性保险公司——中国出口信用保险公司

四、立法形式

以国家保险立法形式为标准，保险形态可以分为以下几种。

（一）财产保险与人身保险

我国《保险法》第 95 条将保险公司经营的主要业务分为两大类，即财产保险和人身保险。前者包括财产损失保险、责任保险、信用保险、保证保险等，后者包括人寿保险、意外伤害保险、健康保险等。此种保险立法分类，除我国保险法律外，美国若干州保险法律也有类似规定。

（二）损失保险与人身保险

此种分类方法，多见于早期的保险立法，如德国 1908 年《保险合同法》，法国

1930 年《保险合同法》等皆采用这样的分类方法。损失保险与财产保险相似，都是以财产损失为主要承保对象，但其内容有所不同。损失保险中的"损失"，除了包括财产上的利益外，尚包括无形利益与责任。因此，损失保险若从保险利益的角度观察，包括积极的财产保险和消极的财产保险两大类，如图 5-3 所示。

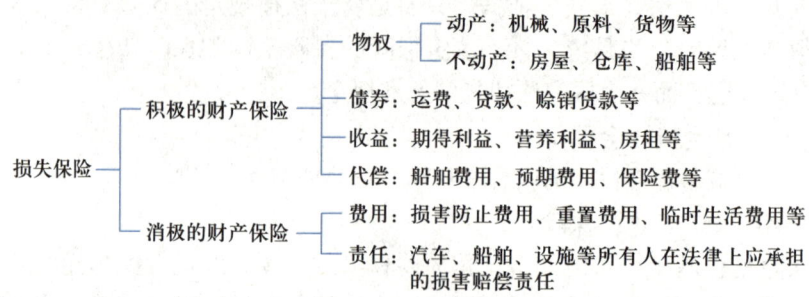

图 5-3　损失保险的分类

尽管损失保险与人身保险的分类和财产保险与人身保险的分类相比，内容涵盖更为具体、广泛，但这种分类标准本身缺乏同一性。因为损失保险中的"损失"是相对于保险事故的结果，人身保险中的"人身"则是相对于保险合同的对象。若以损失为分类标准，保险应分为损失保险与非损失保险；若以保险对象为分类标准，保险则应分为财产保险与人身保险。

（三）损害保险与人寿保险

此种分类方法源于德国，在日本得到广泛应用。日本《商法典》[①] 第 3 篇第 10 章将保险分为损害保险与人寿保险；日本《保险业法》有禁止损害保险与人寿保险兼营的规定。不过日本的这种法律规定已有所改变。日本 1996 年 4 月 1 日起正式实施的新《保险业法》，将保险分为寿险与非寿险，并且分别允许寿险公司（非寿险公司）收购或拥有非寿险子公司（寿险子公司）50% 以上的股份。

（四）财产、意外保险与人寿、健康保险

这种分类标准为现在美国各州保险立法所采用。纵观美国保险立法历史，其分类标准经历过两个阶段。以前美国各州保险立法将保险区分为人寿保险、火灾保险、海上保险、意外保险四大类别。此种分类方法由于缺乏理论根据，只是出于保险监管上的需要，遭到了一些非议。1947 年，美国保险监督官协会（National Association of Insurance Commissioners，NAIC）提出建议，废除上述分类方法，得到各州保险界响应。在此之后的保险立法中，承保多项保险业务的保险种类代替了传统的承保单一业务的保险种类，将保险正式分为两大类：一类为财产、意外保险，另一类为人寿、健康保险。美国保险立法中所说的"意外保险"，是指火灾保险、人寿保险、海上保险外的其他各种保险，包括责任保险、伤害保险、疾病保险、汽车保险、盗窃保险、玻璃保险、航空保险、犯罪保险、机器锅炉保险、劳工补偿保险等。在美国，许多意外保险人也经营保证保险。人寿保险有狭义与广义之分，广义的人寿保险包括健康保险，美国保

---

① 日本的《保险业法》与《保险合同法》分开立法。2008 年颁布单行的《保险合同法》《商法典》保险合同篇废止。

险立法上所说的人寿保险是一种狭义的人寿保险。

五、经济因素

以经济关系因素为分类标准，保险可以分为企业保险与个人保险，团体保险与个人保险，收入保险、财产保险、费用保险等。

（一）企业保险与个人保险

从保险费承担者的角度看，保险可以分为企业保险与个人保险。前者以企业为保障主体，保险费由投保企业的法人负担，从企业经费中支出；后者是以个人和家庭为保障主体，保险费由个人或家庭负担，从个人可支配的收入中支付。

（二）团体保险与个人保险

这种分类主要适用于早期的人身保险。世界上许多国家将人寿保险公司经营的人身保险业务分为两大类，即普通人寿保险与团体人寿保险。前者是指个人为满足自己和家庭需要而购买的人身保险，简称个人保险；后者是指由雇主、工会和其他团体为其雇员或成员购买的人身保险，简称团体保险。团体保险的种类主要包括团体人寿保险、团体健康保险、团体养老保险、团体年金等。近些年来，团体保险范围发生了变化，由过去的人身保险领域延伸到财产保险、责任保险领域，如美国有些企业的雇员福利计划中的团体私用汽车保险和团体房主保险等。

（三）收入保险、财产保险、费用保险

作为以伴有经济损失的偶然事件为前提的经济制度的保险，应该以承担的经济损失类别为标准进行分类。其结果保险可以被区分为三种类别：收入保险、财产保险和费用保险。收入保险是指承保与工作能力的暂时或永久地、部分地丧失有关的经济损失。这种保险的特点是以未来和过去的时间要素为标准。损失分担学说的倡导人，德国保险学家华格纳及其他学者认为，收入能力的损失是未来可能得到的财产的损失。这个财产现在不存在，它是由未来的努力而获得的工资、利息、收入、房租等构成。这种收入能力的丧失，对个人来说是由于死亡、伤害、疾病、老龄、失业等；对企业来说，是由于灾害事故的发生而导致的营业中断、收益减少、房租损失等。收入损失分为个人和企业两种。与此相适应，收入保险也可分为个人收入保险和企业收入保险。前者包括人寿保险、健康保险、伤害保险、失业保险、收入补偿保险等，后者包括营业中断保险、房租损失保险等。

财产保险承保的损失，包括积极的财产和消极的财产两方面的经济损失。前者包括已有财产的损坏或灭失，如火灾、海难等；不诚实，如偷窃、伪造等；第三者的违约，如不履行合同等。后者包括因承担法律赔偿责任而造成的经济损失，如雇主责任、过失责任等。财产保险就是承保与上述损失有关的一种保险。

费用保险是指承保因无法预测的异常支出而造成的财产和收入上的损失。这种未来费用仅限于临时生活费、残余整理费等保险事故发生后的间接费用。如果说收入保险和财产保险是承保死亡、火灾、交通事故等危险发生时的经济损失，那么，费用保险则是承保未来费用支出的经济损失，即以危险事故发生时为准，承担事后的费用。

以经济因素为标准的保险分类及其内容如图 5-4 所示。[①]

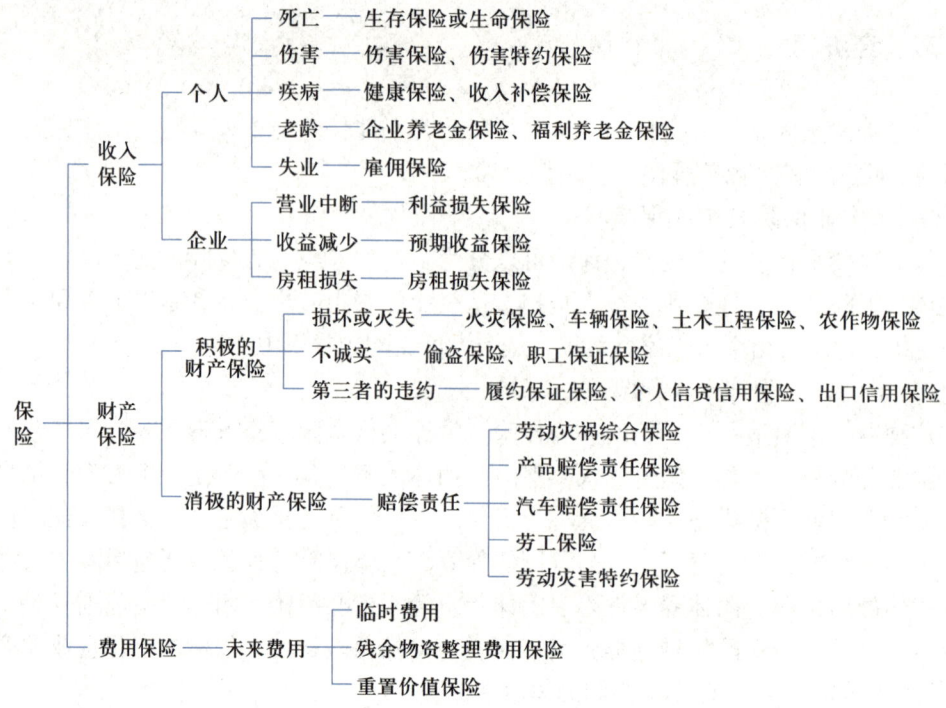

图 5-4　保险形态的分类（以承担的经济损失类别为标准区分）

除了上述保险形态分类标准外，在常见教科书中还可以找到其他一些分类标准，如实证分类标准、场所分类标准、保险承保风险的数量分类标准等。不过，这些标准一般不具有理论性质，故予以省略。

第三节　保险业务的种类

上节保险形态分类标准的分析，展示了古今中外人类对保险形态分类曾经使用过的标准及其内容。本节保险业务种类的分析将要阐明目前保险市场上经常使用的保险业务种类。

从整体上看，保险标的无非是两种：一是经济生活的主体，即人身；二是经济生活的客体，即财产。所以，不论在理论上还是实践中，保险业务通常被区分为财产保险与人身保险。这种传统的保险业务分类模式持续了几个世纪。随着社会关系的不断变化和保险经营技术的不断改进，责任保险与信用保证保险日益受到重视，并逐渐从传统保险业务中分离出来，成为独立的保险业务种类。于是，现代保险业务的框架便

① 铃木让一.财产、责任保险总论［M］.海文堂出版股份有限公司，1983.

由财产保险、人身保险、责任保险、信用保证保险四大部分构成。

一、财产保险

财产保险是指以财产及其相关利益为保险标的，因保险事故的发生导致财产的损失，以金钱或实物进行补偿的一种保险。财产保险有广义与狭义之分。广义的财产保险包括财产损失保险、责任保险、信用保险、保证保险等，狭义的财产保险是以有形的物质财富及其相关利益为保险标的的一种保险。本处所要分析的是狭义的财产保险，具体包括以下几种保险。

（一）火灾保险

火灾保险，简称火险，是指保险人对于保险标的因火灾所导致的损失负责补偿的一种财产保险。火灾是财产面临的最基本和最主要的风险，早期的财产保险主要是针对火灾对于各种财产所造成的破坏。随着保险经营技术的改进，保险人开始将火灾保险单承保的责任范围扩展到各种自然灾害和意外事故对于财产所造成的损失，但国际保险市场习惯上仍将对一般的固定资产和流动资产的保险称为火灾保险。

我国的火灾保险曾经采用西方国家通用的火灾保险条款。1951 年，中国人民保险公司制定了新的火灾保险条款。由于保险责任在火灾保险责任基础上有所扩大，以火灾保险单的名义承保显得名不符实，所以火灾保险被改为财产保险，包括企业财产保险和家庭财产保险等。

（二）海上保险

海上保险，简称水险，是指保险人对于保险标的物因海上危险所导致的损失或赔偿责任，提供经济保障的一种保险。在所有保险中，海上保险的历史最为悠久，其保险标的随着保险经营技术的发展而不断变化。早期的海上保险，经营范围仅限于海上，其保险标的为船舶、货物和运费三种，承保的风险也仅为海上固有的风险。19 世纪末，随着商品贸易的发展和运输方式的变革，海上保险的范围开始扩大，承保的保险标的种类逐步增加。如果说在此之前海上保险的保险范围是以航海为限，实行的是"海上风险"承保原则，那么此时的海上保险开始突破传统界限，凡是与航海有关的财产、利益或责任，均可成为海上保险的标的，在范围上包括了与航海有关的内河或陆上的损失等。进入 20 世纪后，特别是近几十年来，海上保险的内容与形式进一步发生变化。其保险标的已由原来的与海上运输有关的财产、利益和责任，扩展至一些与海上运输没有直接关系的海上作业、海上资源开发等工程项目，如海上石油开发保险、海上养殖业保险、船东保赔保险等。与此同时，海上保险的保障范围也从原来的海上运输风险与责任，发展至陆上运输、航空运输，以及国际多式联运的风险与责任。于是，传统的名实相符的海上保险变得名不符实，这种名不符实的海上保险，被称为广义的海上保险。其内容包括两个方面：一是承保包括一部分陆上危险在内的原来意义上的海上保险，叫作海洋运输保险；二是专门承保内河、湖泊、铁路、公路及航空运输等风险的海上保险，叫作内陆运输保险。需要指出的是，在现实生活中，并不是所有国家都采纳上述解释。同样是内陆运输保险概念，美国做广义的解释，日本则做狭义的解释。在日本看来，内陆运输保险仅指陆上货物运输保险，这种保险与海洋运输保险、航空运输保险齐名。

（三）汽车保险

汽车保险的内容包括汽车损失保险和汽车责任保险。前者主要承保汽车车身的损失，有时也承保医疗费用风险。此种医疗费用风险，是指被保险汽车在使用过程中发生意外事故，致使被保险人或同车乘客直接受到身体伤害时，由被保险人支付医疗费用的风险。后者承保被保险人因汽车对第三者所负的赔偿责任，故称第三者意外责任保险。汽车第三者意外责任险通常又被区分为第三者人身伤害责任险、第三者财产损害责任险等。被保险人对于汽车损失保险与汽车责任保险，可以合并投保，也可以分开投保。汽车保险在保险市场上地位日益突出，当今世界非寿险保费收入的60%以上为汽车险的保费。汽车保险在我国被称为机动车辆保险。

（四）航空保险

航空保险是一个统称，在国际保险市场上，其保障范围包括一切与航空有关的风险。航空保险与海上保险、汽车保险一样，在国际上通常将其单独命名。航空保险的保障对象有财物和人身之分。以财物为保险标的的航空保险，主要有飞机保险与空运货物保险；以责任为保险标的的航空保险则有旅客责任险、飞机第三者责任险和机场责任险等。这样的飞机保险划分也有例外，在美国，空运货物保险被包括在内陆运输保险范围内。

（五）工程保险

工程保险是指对进行中的建筑工程项目、安装工程项目及工程运行中的机器设备等面临的风险提供经济保障的一种保险。工程保险在性质上属于综合保险，既有财产风险的保障，又有责任风险的保障。与普通财产保险相比，工程保险的特点在于：首先，工程保险承保的风险是一种综合性风险，表现为风险承担者、保险项目和风险范围的综合性。其次，工程保险承保的风险是一种巨额风险。现代工程项目本身投资巨大，加之先进的设计和科学的施工方法在工程中的应用，使得工程项目变成高技术的集合体，保险标的价值昂贵，工程项目风险复杂。最后，工程保险承保的风险是一种高科技风险。现代工程项目的技术含量高，专业技术强，而且涉及多种学科或多项技术领域，从而对工程保险的承保技术、承保手段和承保能力提出了更高的要求。

（六）利润损失保险

利润损失保险在英国保险市场上被称为灾后损失险（consequential loss insurance），在美国保险市场上被称为营业中断险（business interruption insurance）。利润损失保险对传统的财产保险中不承保的间接后果的损失提供损失补偿。它承保由于火灾等自然灾害或意外事故使被保险人在一定时期内停产、停业或营业受到影响所造成的间接的经济损失，包括利润损失和灾后营业中断期间仍需开支的必要费用等损失。

利润损失保险是一种附加险，是依附在火灾或财产保险基本保单上的一种扩大责任的保险。由于利润损失保险所保风险与火灾或财产保险所保的风险是一致的，因此只有在财产遭受保险事故发生物质损失，而该种物质损失已经或可以获得保险赔偿的情况下，保险人才负责赔偿该事故所造成的利润损失。

（七）农业保险

农业保险是以种植业和养殖业为保险标的，对其在生长、哺育、成长过程中因遭受自然灾害或意外事故导致的经济损失提供损失补偿的一种保险。种植业保险包括生长期农作物保险、收获期农作物保险、森林保险、经济林和园林苗圃保险等。养殖业保险包括大牲畜保险、家畜家禽保险、水产养殖保险和其他养殖保险等。

由于农业风险较大、农业的经济收入偏低等客观因素的制约，农业保险不适宜采用商业保险经营方式。国际上的商业保险公司较少涉足农业保险，即使经营农业保险也不采取严格的商业保险经营准则。

二、人身保险

人身保险是以人的身体或生命为保险标的的一种保险。根据保障范围的不同，人身保险可以分为人寿保险、意外伤害保险和健康保险。

（一）人寿保险

人寿保险是以人的寿命为保险标的，当发生保险事故时，保险人对被保险人履行给付保险金责任的一种保险。人寿保险包括死亡保险、生存保险、生死合险。

1. 死亡保险

死亡保险是在保险有效期内被保险人死亡，保险人给付保险金的一种保险。死亡保险又分为定期死亡保险和终身死亡保险。定期死亡保险习惯上称为定期保险，是一种以被保险人在规定期限内发生死亡事故而由保险人给付保险金的保险。终身死亡保险，又称终身人寿保险或终身保险，是一种被保险人按约定定期交付保费，保险人在被保险人死亡时给付保险金的保险。

2. 生存保险

生存保险是以被保险人在规定期限内生存作为给付保险金的条件的一种保险。它有年金保险和定期生存保险之分。年金保险也称养老金保险，该保险的被保险人按约定定期支付保险费后，保险人在被保险人生存期间承担自约定期开始按期给付同等金额的年金的责任，直至被保险人死亡为止。如果被保险人在保险期内死亡，保险合同即告终止。定期生存保险是以某一特定期间为限，并以被保险人在此期间生存作为给付年金条件的一种生存保险。定期生存保险的年金给付受到两个条件限制：一是被保险人在保险约定期内死亡，保险责任即告终止；二是被保险人生存到保险期满，年金停止给付。

3. 生死合险

生死合险又称两全保险，是生存保险与死亡保险的混合险种。生死合险的保险责任范围包括了生存保险与死亡保险两者的责任范围，即无论被保险人在保险有效期内是生存还是死亡，保险人均应承担给付保险金的责任。

（二）意外伤害保险

意外伤害保险是指被保险人在保险有效期间因遭遇非本意的、外来的、突然的意外事故，致使其身体蒙受伤害因而残废或死亡时，保险人按照合同约定给付保险金的一种人身保险。意外伤害保险可以单独办理，也可以附加于其他人身险合同内作为一种附加保险。该险种主要有两大类，即普通意外伤害保险和特种意外伤害保险。前者作为一种独立的险种，是专门为被保险人因各种意外事故导致身体伤害而提供保险保障的一种保险；后者保障范围仅限于特种原因或特定地点所造成的伤害，如电梯乘客意外伤害保险、旅游伤害保险等。

（三）健康保险

健康保险是指被保险人因疾病、分娩而造成的经济损失由保险人提供经济保障的一种保险。按经济损失的形式可将健康保险分为三类：第一类是被保险人由于疾病或分娩所致残废或死亡，由保险人给付残废保险金或死亡保险金的一种健康保险。第二类是医疗费用保险，即由于疾病和分娩所发生的医疗费用支出，由保险人给予保障的一种健康保险。第三类是工作能力丧失收入保险，即被保险人由于疾病所致的全部或部分工作能力丧失，而使其不能获得正常收入，由保险人分期给付保险金的一种健康保险。

三、责任保险

责任保险是以被保险人依法应负的民事损害赔偿责任或经过特别约定的合同责任为保险标的的一种保险。责任保险主要包括以下几类。

（一）公众责任保险

公众责任保险又称普通责任保险或综合责任保险，它是责任保险中独立的、适用范围极为广泛的保险类别，主要承保企业、机关、团体、家庭、个人以及各种组织，在固定的场所因其疏忽、过失行为而造成他人的人身伤害或财产损失，依法应承担的经济赔偿责任的一种保险。公众责任保险包括场所责任保险、个人责任保险等。

（二）产品责任保险

产品责任保险是承保产品制造者、销售者，因产品缺陷致使他人遭受人身伤害或财产损失而依法应由其承担的经济赔偿责任的一种保险。产品责任保险的特点是：第一，强调以产品责任法为基础。因为受害者与致害者之间并无契约关系，如果没有一定的法律规定，受害者的索赔将无依据，产品责任亦不易划分，产品责任保险将成为无源之水。第二，产品责任保险虽不承担产品本身的损失，但它与产品有着内在的联系。产品质量越好，其风险就越小；反之，产品质量越差，其风险就越大。第三，由于产品是连续不断地生产和销售的，所以产品责任保险的保险期限虽为 1 年，但它强调续保的连续性和保险的长期性。第四，产品责任事故须发生在制造、销售场所范围之外的地点。

（三）职业责任保险

职业责任保险是承保各种专业技术人员，因工作上的疏忽或过失造成合同对方或他人的人身伤害或财产损失而依法应承担经济赔偿责任的一种保险。职业责任保险一般由提供各种专业技术服务的单位（如医院、律师事务所、会计师事务所、设计院等）投保，它适用于医生、药剂员、工程师、设计师、律师、会计师等专业技术工作者。现今国际保险市场上主要有医疗责任保险、律师责任保险、会计师责任保险、建筑工程技术人员责任保险及其他职业责任保险等。

（四）雇主责任保险

雇主雇用劳工需要承担数种责任，其中代价最高的是按照劳工赔偿或雇主责任相关法律对雇员因工作而遭受的伤亡和疾病应当承担的法律赔偿责任。雇主通过参加雇主责任保险来遵守这一法律规定。雇主责任保险承保被保险人（雇主）的雇员在受雇期间从事业务时，因遭受意外事故导致伤、残、死亡，或患有与职业有关的职业性疾病而依法或根据雇用合同应由被保险人承担的经济赔偿责任。雇主所承担的这种责任包括其自身的故意行为、过失行为乃至无过失行为所致的雇员人身伤害赔偿责任，但为控制风险并与社会公共道德准则相一致，被保险人的故意行为被保险人列为除外责任。雇主责任保险的特点是：第一，以民法和雇主责任法或雇主与雇员之间的雇用合同作为承保条件。第二，被保险人是雇主，保险人与被保险人的雇员之间不存在保险关系，但该保险所保障的是雇员的权益。

四、信用保证保险

信用保证保险是一种以经济合同制定的有形财产或预期应得的经济利益为保险标的的保险。它是一种担保性质的保险。按担保对象的不同，信用保证保险可分为信用保险和保证保险两种。

信用保险是权利人要求保险人担保对方（被保证人）的信用的一种保险。信用保险的投保人为信用关系中的权利人，由其投保他人的信用，例如，卖方（权利人）担心买方不付款或不能如期付款而要求保险人提供保险，保证其在遇到上述情况而受到损失时，由保险人给予赔偿，如出口信用保险等。

保证保险则是被保证人根据权利人的要求，请求保险人担保自己的信用的一种保险。保证保险的保险人代被保证人向权利人提供担保，如果被保证人不履行合同义务或者有犯罪行为，致使权利人受到经济损失，由保险人负赔偿责任。

比如，履约保证保险承保工程所有人因承包人不能按时、按质、按量交付工程而遭受的损失。例如，工程承包合同规定，承包人应在和业主签订承包合同后 20 个月内交付工程项目，业主（权利人）为能按时接收完工项目，要求承包人（被保证人）提供保险公司的履约保证，保证承包人不能如期完工而使业主（权利人）受到经济损失时，由保险公司（保证人）给予赔偿。

又如，忠诚保证保险承保雇主因雇员的不法行为，如盗窃、贪污、伪造单据、挪用款项等行为而使雇主受到的经济损失。忠诚保证保险按照雇主的要求可以投保其所有雇员，也可投保其指定的某些雇员。

保证保险一般由商业保险公司经营，但有些国家如美国规定，该业务必须是政府批准的具有可靠偿付能力和专业人员的保险公司才能经营。

除上述险种外，还有其他保险，如原子能保险、核电站保险、地震保险、航天保险等，这些保险主要是对巨灾风险提供保障。由于它们的历史短、业务量小，不具有广泛的代表性，在此不做详细介绍。

本章小结

1. 对保险形态分类进行分析的目的是阐明保险的外延，探讨保险关系的表现及其具体内容。保险的外延作为一种类别事物，其内容只有采用分类的方法才能全部展现出来。保险形态分类分析的意义：一是为了确定保险学的研究范围；二是为了说明各种保险形态之间的联系与区别；三是为了增进社会公众对保险的全面了解。

2. 保险形态分类的方法是认识客观事物的逻辑方式，分类的标准是事物本身所具有的客观性质。分类的方法有法定分类法、理论分类法和实用分类法三种。不论采用何种方法，都要遵循三条原则：一是要体现保险合同的内容；二是要与法律规范和统计口径一致；三是要与国际市场的标准与做法衔接。

3. 保险形态分类的标准产生于保险实践，随保险实践的发展而变化。不同的历史时期有着不同的分类标准，分类的标准不同，保险形态的种类名称也不同。保险理论与实务研究中曾经使用过的保险形态分类标准主要有保险经营、保险技术、保险政策、立法形式和经济因素五种。

4. 现实生活中比较定型的保险种类有财产保险、人身保险、责任保险、信用保险、保证保险等。

重要概念

法定分类法	理论分类法	实用分类法	商业保险
社会保险	政策保险	相互保险	合作保险
共同保险	收入保险	费用保险	海上保险
保险保障率			

思考题

1. 如何理解"保险不是一个单独概念，而是一个普遍概念"？
2. 保险形态分类的方法与原则是什么？
3. 简述以保险技术为分类标准的保险形态种类及其内容。
4. 商业保险、社会保险和政策保险的异同何在？
5. 简述以经济损失为分类标准的保险形态种类及其内容。

即测即评

请扫描右侧二维码，进行即测即评。

第六章
财产损失保险

财产损失保险，是以承保保险客户的财产物资损失风险为内容的各种保险业务的统称，包括各种火灾保险、运输保险、工程保险、农业保险等。上述险别还可进一步分类，例如，火灾保险可分为财产保险基本险、财产保险综合险、家庭财产保险等类别；运输保险可分为机动车辆保险、船舶保险、航空保险、货物运输保险等类别；工程保险可分为建筑工程保险、安装工程保险、科技工程保险等类别。作为财产保险业传统的、也是最主要的业务来源，财产损失保险不仅会首先得到发展，而且会得到全面的、有深度的发展。

第一节　财产损失保险概述

一、财产保险的概念及分类

（一）财产保险的概念

财产保险有广义与狭义之分。广义财产保险是人身（寿）保险外一切保险业务的统称；狭义财产保险也可称为财产损失保险，专指以财产物资为保险标的的各种保险业务。责任保险与信用保险、人身意外伤害保险与短期健康险均不属于此列。本章阐述的是狭义财产保险。

作为一种有效的经济补偿制度，财产损失保险的共同特点主要有以下四个方面：

第一，保险标的是有形财产。财产损失保险承保的标的均是实际存在的、可以计量的物质财富。

第二，强调被保险人在保险事故发生时对保险标的应具有保险利益。这一特点可以防止投保人或被保险人放任、促使其不具有保险利益或仅具有低于保险金额的保险利益的保险标的发生保险事故而谋取保险赔款。

第三，业务经营十分复杂。财产损失保险的保险标的的种类繁多，需要保险人分门别类地做好风险调研、评估和费率测算等工作，涉及技术门类和需要运用的知识多，在整体上呈现出复杂性。

　　第四，防灾防损特别重要。责任保险与人身（寿）保险对风险的控制，重在承保前和承保时，在承保期间往往无法控制风险。而各种财产损失保险不仅需要保前控制风险，尤其需要重视保险期间对风险的控制，这样就使防灾防损成为狭义财产保险业务中的重要内容和经营环节。保险公司需要设置防灾防损机构，以专门从事防灾防损工作。

（二）财产损失保险的分类

　　对财产损失保险的分类，通常根据保险标的来划分，按照属性相同或相近归属成几大业务种类，每一业务种类又由若干具体的保险险种构成，见图6-1。

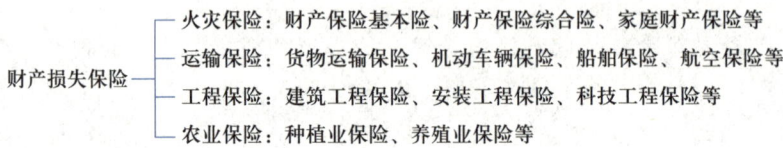

火灾保险：财产保险基本险、财产保险综合险、家庭财产保险等
运输保险：货物运输保险、机动车辆保险、船舶保险、航空保险等
财产损失保险
工程保险：建筑工程保险、安装工程保险、科技工程保险等
农业保险：种植业保险、养殖业保险等

图6-1　财产损失保险的分类

　　在图6-1中，火灾保险、运输保险、工程保险、农业保险构成了财产损失保险的第一层次，而财产保险基本险等构成了第二层次，在这一层次之下就是具体的财产损失保险险种。因此，财产损失保险是由多个保险类别和众多险种组成的，无论是在国际保险市场上，还是在我国保险市场上，财产损失保险均是财产与责任保险公司的主要业务来源。

二、财产损失保险的运行

（一）财产损失保险运行概述

　　考察财产损失保险的整个过程，可以发现其涉及面广、环节多、非常复杂，且总是不断地进行展业、承保、防灾防损、再保险和理赔工作。因此，财产损失保险的运行可以概括为展业、承保、防灾防损、再保险和理赔五大环节。

　　可以用图6-2来展示财产损失保险业务运行的一般程序。

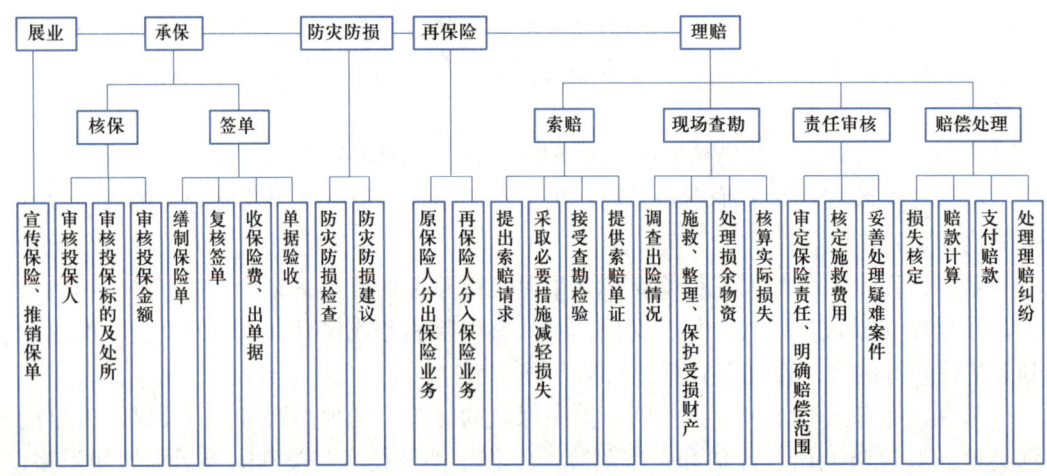

图6-2　财产损失保险业务运行程序

（二）财产损失保险的承保

承保是财产保险经营的第一环节。在承保前，保险人需要展业，即进行有关财产损失保险的宣传、确定推销保单的合适渠道和方式，因此，展业是承保的基础。

保险人的承保主要包括核保和签单。核保是指保险人对投保人的投保要约进行审核，以决定是否承保的过程。在这一过程中，保险人对不良的投保业务可以拒绝承保或与投保人商定新的承保条件，以防止不良业务的承保，影响业务的效益。因此，核保不仅是承保环节的关键，也是确保承保业务效益的关键。在核保时，保险人需要对投保人、投保标的及其处所、投保金额等进行审核。签单是指保险人经过核保，同意投保人的投保要求，决定承保并签发保险单的行为，它是承保的结果，也是该笔保险业务的真正开始。保险单的签发，标志着保险人对投保人风险转嫁的承诺，保险单则是维护双方保险合同关系及各自利益的直接法律依据。签单的基本程序包括缮制财产保险单、复核签章、收取保险费并出具收据、单证签收等。

（三）财产损失保险的防灾防损

财产损失保险的防灾防损包括预防和抑制保险损失。首先，保险人需要采取有关措施，在保险事故发生前，转移保险财产，以防范保险损失的发生。例如，在防汛期间，注意天气预报，当洪灾到来前，动员被保险人将财产转移到安全地带；又如，平时通过对被保险人的防灾防损检查，发现隐患，及时向被保险人提出整改建议，督促被保险人将灾害事故隐患消除在萌芽状态等。其次，当采取预防措施仍然发生了保险事故时，就需要采取相应的措施来抑制保险损失的扩大，即保险人需要对被损害财产进行施救、整理和保护。如在洪水灾害来临时，帮助被保险人抢救财产物资，为被保险人的施救提供经济补偿；当损失发生后，及时处理受损财产，以最大可能防止保险损失的扩大。最后，保险人还可以通过参与社会的防灾防损工作来达到减轻保险损失的目的。如协助交通管理部门开展"安全百日活动"，举行风险管理培训，开展防灾防损宣传，甚至像有的保险公司为消防部门购置消防设备等，均可以起到减损的作用。

（四）财产损失保险的再保险

尽管并非任何一笔财产损失保险业务均需要通过再保险来分散风险，但再保险确实是财产损失保险经营中的必要环节。财产损失保险风险分布的不平衡性和保险损失的集中性，均决定了任何一家保险公司都不可能独立支撑起稳定的财务，任何一家保险公司都需要通过再保险来将自己的承保风险进一步在保险人之间进行分散（详细内容参见第九章）。

（五）财产损失保险的理赔

财产损失保险赔偿处理的程序包括：受理被保险人的索赔—现场查勘—责任审核—赔偿处理。前一个环节是后一个环节的基础，每一环节上的失误均可能损害保险人或被保险人的利益。

在财产损失保险赔偿过程中，还需要注意下列事项：

第一，根据近因原则来判明保险责任，尤其要准确分清保险责任、除外责任和附加责任等。

第二，以保险金额、被保险人的保险利益或保险财产的实际损失为最高赔偿限额。

第三，对第三者导致的财产保险损失，在赔偿后应行使代位追偿权，以维护保险人的经济利益。

第四，严格按照承保方式或约定方式履行赔偿义务。如对不同的业务采取比例赔偿方式、第一危险赔偿方式、限额责任赔偿方式等。

第五，对重复保险的保险财产损失，要按照重复保险分摊原则在所有保险人之间分摊损失。

第六，在计算赔款时，除剔除不属于保险财产和保险责任范围内的损失外，还应扣除免赔额，对有关费用进行分摊。

第二节　火灾保险

一、火灾保险的概念及特征

火灾保险，简称火险，是指以存放在固定场所并处于相对静止状态的财产物资为保险标的，由保险人承担保险财产遭受保险事故损失的经济赔偿责任的一种财产保险。早期的火灾保险仅承保火灾，承保的对象亦限于不动产。随着社会经济的发展，物质财富不仅种类日益繁杂，而且面临的其他风险亦日渐扩大，因此，火灾保险也在不断发展。现在的火灾保险承保的风险范围已经扩展到火灾及其他各种自然灾害，乃至意外事故损失；承保的标的也扩展到各种不动产与动产；在承保形式上既有主险，也有附加险。

作为最富传统意义的一类财产保险业务，火灾保险的独特之处在于：首先，火灾保险的保险标的只能是存放在固定场所并处于相对静止状态下的各种财产物资。这一限制实际上将处于流动状态的货物、运输工具以及处于生长期的各种农作物、养殖对象排除在外，从而在标的范围上局限于各种固定资产、流动资产和生活资料。如果投保人的投保标的不符合这一规定，不可能从保险人处获得火灾保险的保障。其次，火灾保险承保财产的地址不得随意变动。保险合同强调被保险人的保险财产必须存放在保险合同约定的固定地址范围内，在保险期间不得随意变动，否则，保险人可以不负责任。如果被保险人确实需要变动保险财产存放地点，亦须征得保险人的同意。最后，火灾保险的保险标的十分繁杂。与其他保险业务相比，火灾保险承保的标的异常复杂，既有土地、房屋、机器、设备，又有各种各样的原材料、燃料、在产品、商品及生活消费资料，每一张保单承保的内容显然包括多项标的，而其他保险的保险标的结构则较单纯。

二、火灾保险的一般内容

（一）火灾保险的适用范围

从保险业务来源角度看，火灾保险是适用范围最广泛的一种保险业务，因为任何组织或家庭、个人均有着自己的财产物资，或代替他人管理着财产物资，均会遇到各种风险，需要向保险公司转嫁自己的风险。因此，各种企业、团体及机关单位均可以投保团体火灾保险，所有的城乡居民家庭和个人均可投保家庭财产保险。

就保险标的范围而言，火灾保险的可保财产包括：房屋及其他建筑物和附属装修设备，各种机器设备、工具、仪器及生产用具，管理用具及低值易耗品、原材料、半成品、在产品、产成品、库存商品和特种储备商品及各种生活消费资料等。对于某些市场价格变化大、保险金额难以确定、风险较特别的财产物资，如古物、艺术品等，则需要经过特别约定的程序才能承保。不能用货币衡量其价值的财产或利益、非实际的物资（如货币等）、非法财产以及应当投保其他险种的财产物资，均不在火灾保险的承保范围内，如生长期农作物只能投保农业保险，各种交通运输工具则通常投保专门的运输工具保险等。

（二）火灾保险的保险责任

从传统火灾保险仅承保火灾等少数风险，到现代火灾保险承保多种风险，火灾保险在风险责任方面有了很大的扩展。尽管各国的火灾保险乃至各保险人出具的火灾保险单在保险责任范围方面有宽有窄，但概括起来，火灾保险承保的保险责任通常包括如下四个部分：

（1）火灾及相关危险，包括火灾、爆炸、雷电。

（2）各种自然灾害，包括洪水、台风、龙卷风、暴风、暴雨、泥石流、海啸、雪灾、冰雹、冰凌、崖崩、滑坡等。地震也是可以承保的风险，但许多国家的保险公司往往将其单列出来承保，以便控制这类特殊风险。

（3）有关意外事故，包括飞行物体及空中运行物体的坠落，被保险人的电、气、水设备因火灾发生的意外等。

（4）施救费用，即采取必要的、合理的施救措施对造成保险财产的损失进行施救、整理所支付的合理费用。

火灾保险所承担的风险责任通常是上述风险中的一部分或大部分，还可以根据被保险人的需要扩展承保盗窃风险等。

保险人在经营火灾保险时，也有如下除外不保的风险：

（1）战争、军事行动或暴力行为、政治恐怖活动。

（2）核污染。

（3）被保险人的故意行为。

（4）各种间接损失。

（5）保险标的本身缺陷、保管不善而致的损失，以及变质、霉烂、受潮及自然磨损等。

不过，火灾保险业务的具体责任范围，仍然需要由各具体的保险条款规定，有关扩展责任也必须在保险合同中予以明确注明。

（三）火灾保险的费率

火灾保险的费率，通常以每千元保额为计算单位，费率的表达形式为千分率。

在火灾保险的经营实践中，基于保险标的存放在固定处所，其费率的确定通常需要综合考虑如下因素。

1. 建筑结构及建筑等级

根据建筑行业的有关规章，建筑物质量与抗风险能力从高到低通常被划分为一等、二等、三等，它是保险人制定火灾保险费率的首要依据。

2. 占用性质

建筑物的使用性质、用途不同，风险亦不同。如以仓库为例，一处存放烟花，一处存放粮食，一处存放机床，则存放烟花的仓库的风险显然要大于存放粮食与机床的仓库，因此，其保险费率也应相应地提高。

3. 承保风险的种类及多寡

承保风险的种类越多，则保险人承担的责任越大；反之亦然。如在中国财产保险市场上，财产保险综合险的费率几乎全部高于财产保险基本险的费率，这种现象是承保风险种类及多寡对费率影响的具体反映。

4. 地理位置

由于火灾保险承保的标的必须存放在固定处所，该处所的地理位置是否适宜，周围有无特定的风险，对保险财产的影响甚大。如沿江、沿河、沿湖的位置容易遭遇水灾，沿海的地理位置容易遭遇台风及风暴潮灾等。因此，地理位置对火灾保险费率的确定有重要影响。

5. 投保人的防灾设备及防灾措施

在同样的条件下，投保人的防灾设备与防灾措施越健全，风险越不易发生，损失越易控制，保险人对此往往给予相应的费率优惠；反之，风险会因投保人的防灾不当或忽视防灾而放大，从而导致保险损失的扩大。

此外，对保险人而言，以往承保业务的损失记录也是确定现时费率的重要参考依据。

火灾保险业务的费率的分类，首先是分为团体火灾保险费率与家庭财产保险费率，它们均采取固定级差费率制度。团体火灾保险的费率，还需要根据具体的业务归类为工业险费率、仓储险费率和普通险费率三类，每一类费率又据上述各因素的不同而分为若干等级，在承保时依具体的业务选择适用的费率标准。同时，火灾保险的费率通常以 1 年期的费率为标准费率，对不足 1 年的业务则制定专门的短期费率标准，短期费率标准一般按照 1 年期费率标准的一定百分比确定。

（四）火灾保险的保险金额

火灾保险的保险金额通常根据投保标的分项确定。其中，团体火灾保险的保险金额分为固定资产与流动资产两大类。固定资产还要进一步按照固定资产的分类进行分项，每项固定资产仅适用于该项固定资产的保险金额；流动资产则不再分项确定。在家庭财产保险中，需要分为房屋及其附属设施、家用电器、其他家庭用品等项确定，分项越细越好。因此，尽管一张保险单只有一个总的保险金额，但在理赔时却还需要根据受损财产的具体价值来计算赔款，并受该项财产的实际价值或保险金额的约束。

确定团体火灾保险的固定资产保险金额时，既可以按照账面原值确定，也可以按照重置价值确定，还可以依据公估行或评估机构评估后的价值确定。对于流动资产的保险金额，既可以按照最近账面12个月的平均余额确定，也可以由被保险人自行确定。家庭财产保险的保险金额，一般由投保人自己确定，且通常以千元为计算单位。

保险金额一旦确定，即是保险人承担经济赔偿责任的最高限额，它同时表明被保险人转嫁责任和保险人承担责任的大小。

（五）火灾保险的赔偿

发生火灾保险赔案时，保险人要依循财产保险一般赔偿原则和理赔程序开展赔偿工作，同时注意下列事项：

第一，对固定资产分项计赔，每项固定资产仅适用于自身的赔偿限额。例如，某企业投保财产保险基本险，载于保险合同的保险金额是1 000万元，其中房屋建筑物为800万元，机器设备为100万元，其他财产为100万元，保险期间发生火灾，造成损失800多万元，其中机器设备一项的损失即达到150万元。尽管经保险人查堪、审核后确认系保险事故所致，但对被保险人机器设备一项的损失赔偿最高仍然不得超过100万元。

第二，注意扣除残值和免赔额。火灾保险中的赔案，往往存在损余物资，保险人在赔偿时应当作价抵充赔款，同时扣除免赔额，以维护保险人的合法权益。

第三，对团体火灾保险一般采用比例赔偿方式处理赔案，对家庭财产保险一般采取第一危险赔偿方式处理赔案。但在某些业务中亦交互使用。

三、火灾保险的主要险种

（一）财产保险基本险

财产保险基本险，是以企事业单位、机关团体等的财产物资为保险标的，由保险人承担被保险人财产所面临的基本风险责任的财产保险，它是团体火灾保险的主要险种之一。

根据我国现行财产保险基本险条款，该险种承担的保险责任如下：

（1）火灾，指在时间或空间上失去控制的燃烧所造成的灾害。

（2）雷击，指由雷电造成的灾害，包括直接雷击和感应雷击两种。

（3）爆炸，包括物理性爆炸和化学性爆炸。

（4）飞行物体和空中运行物体的坠落。如果该项责任涉及第三者的责任，则保险人可以先赔后追，即依法行使代位追偿权。

（5）被保险人拥有财产所有权的自用的供电、供水、供气设备因保险事故遭受破坏，引起停电、停水、停气以及造成保险标的的直接损失，保险人亦予以负责。

（6）必要且合理的施救费用。

除上述责任外，其他均属于财产保险基本险的除外责任。

（二）财产保险综合险

财产保险综合险与财产保险基本险一样，也是团体火灾保险业务的主要险种之一，它在适用范围、保险对象、保险金额的确定和保险赔偿处理等内容上，与财产保险基本险相同，不同的只是保险责任较财产保险基本险有扩展。

　　根据现行财产保险综合险条款规定，保险人承保该种业务时所承担的责任包括：

（1）火灾、爆炸、雷击。

（2）暴雨。每小时降雨量达 16 毫米以上，或连续 12 小时降雨量达 30 毫米以上，或连续 24 小时降雨量达 50 毫米以上的降雨所造成的保险标的的损失，均属于暴雨责任。

（3）洪水。但规律性的涨潮、设施漏水、水管爆裂等造成的保险标的的损失，不属于洪水责任。

（4）台风。是否构成台风应以当地气象机构的认定为准。

（5）暴风。风速在八级以上才构成暴风责任。

（6）龙卷风。这里指范围小而时间短的猛烈旋风，其平均最大风速一般在 79~103 米 / 秒，极端最大风速一般在 100 米 / 秒以上。

（7）雪灾。雪灾的标准是每平方米雪压超过建筑结构荷载规范规定的荷载标准，以致造成保险标的的损失。

（8）雹灾，指冰雹降落造成的损失。

（9）冰凌，即气象部门称的凌汛。

（10）泥石流，指突然爆发的大量夹带泥沙、石块等的洪流，它随大暴雨或大量水流流出。

（11）崖崩，指土崖、石崖等受自然风化、雨水浸泡等原因而发生崩塌。

（12）突发性滑坡。

（13）地面突然塌陷。

（14）飞行物体及其他空中运行物体坠落。

　　由上可见，财产保险综合险承保的责任范围较财产保险基本险要广泛得多。其除外责任即是火灾保险的一般除外责任。需要指出的是，国内的商业保险公司一般将地震风险列为除外不保的风险，只有少数公司将地震风险作为特别约定的风险通过附加险的方式予以承保。

　　（三）财产保险一切险

　　财产保险一切险的承保责任比前述综合险的保障范围更宽泛，即一切险承保的责任范围是保险合同上"列明的除外责任之外的一切自然灾害与意外事故"，这与综合险承保"列明责任"（保险公司仅对合同上"列明的责任"承担保险责任）不同。如某财险公司对一切险合同承保的责任仅做如下规定："在保险期间内，由于自然灾害或意外事故造成保险标的直接物质损坏或灭失；及因上述原因造成的保险事故发生时，为抢救保险标的或防止灾害蔓延，采取必要的、合理的措施而造成保险标的的损失。"而除外责任包括详细列明的战争、罢工、恐怖活动、地震、海啸、环境污染等十几类风险导致的损失。保险公司通过保险合同中列明的"除外责任"来限制承保风险的范围。财产保险一切险的举证责任在承保人而非被保险人，除非承保人证明损失属于除外责任范围，否则所有损失均属于保险赔偿责任。

　　（四）家庭财产保险

　　家庭财产保险是面向城乡居民家庭或个人的火灾保险，保险人在承保家庭财产保险时，其保险标的、承保地址、保险责任等均与团体火灾保险有相通性，在经营原理与程序方面亦具相通性。家庭财产保险的特点在于投保人是以家庭或个人为单位,业务分散,额小量大,风险结构以火灾、盗窃等风险为主。家庭财产保险的主要险种有以下几类。

1. 普通家庭财产保险

它是保险人专门为城乡居民家庭开设的一种通用型家庭财产保险业务,保险期限为1年,保险费率采用千分率,由投保人根据保险财产实际价值确定保险金额作为保险人赔偿的最高限额。

2. 家庭财产两全保险

它是在普通家庭财产保险的基础上衍生的一种家庭财产保险业务。与普通家庭财产保险相比,家庭财产两全险不仅具有保险的功能,亦兼具到期还本的功能,即被保险人向保险人交付保险储金,保险人以储金在保险期内所生利息为保险费收入;当保险期满时,无论是否发生过保险事故或是否进行过保险赔偿,其本金均须返还给被保险人。此外,其他内容均与家庭财产保险相同。

3. 房屋及室内财产保险

目前财产保险市场上该类保险可分为三种:① 一般的房屋保险。此种房屋保险目前被大多数保险公司纳入普通家庭财产保险系列内。② 除房屋保险外还包括室内财产的保险。③ 贷款抵押房屋保险。保险公司将个人或家庭以抵押贷款方式购买的商品房为保险标的而推出的险种。

4. 安居类综合保险

该类保险是集房屋、室内财产和责任保险为一体的、具有组合特征的综合型保险。保险客户可以根据自身需要而选择投保,即保险客户既可投保包括房屋在内的一般家庭财产保险,又可投保现金、珠宝、有价证券,还可投保民事赔偿风险。该险种可以最大限度地满足保险消费者的全面需求和个性化选择。

5. 投资保障型家庭财产保险

这是集保障性、储蓄性、投资性于一身的新型家庭财产保险险种。此类险种一般既能使被保险人获得保险保障,还能使投保人(或被保险人)收回保障金本金并确保获得高于银行同期存款利率的投资回报。

6. 专项家庭财产保险

根据保险客户的需要,保险人还通常开办若干专项家庭财产保险,如家用液化气罐保险、家用电器保险、房屋装潢保险等,投保人可以根据需要选择投保。

第三节 运输保险

一、运输保险的概念及特征

运输保险是以处于流动状态下的财产为保险标的的一种保险,包括运输货物保险和运输工具保险。这种保险的共同特点是,保险标的处于运输状态或经常处于运行状态，从而与火灾保险的保险标的要求存放在固定场所和处于相对静止状态是有区别的，并因此而不能被火灾保险包容。

运输保险业务的内容，包括运输货物保险、机动车辆保险、船舶保险、航空保险、摩托车保险等，在整个财产保险业中占有十分重要的地位。在中国，机动车辆保险作为第一大财产保险险种，其保费收入在 21 世纪以来占财产保险保费收入总额的 70% 左右，如果再加上其他运输保险业务，则该类业务在财产保险业中至少要占 80%。因此，运输保险业务是各财产与责任保险公司非常重视的业务来源。

尽管各种运输保险业务均具有自己的特色，如飞机在空中运行、船舶航行于海上、货物则被各种运输工具载运等，但它们作为同一类型的业务，又表现出如下总体特征：

第一，保险标的具有流动性。无论是运输货物还是运输工具，总是处于流动过程中或经常处于流动过程中，这一特点决定了保险标的及其风险很难为保险人所控制，货物运输中的风险甚至连被保险人也无法控制。

第二，保险风险大而复杂。保险人在承保运输保险时，不仅需要承担该项标的在固定场所时可能遇到的风险（如货物在转运中需要在仓库或码头存放，运输工具在停驶时需要停放在车库、机场、港口等），更需要承担运行过程中的风险，从而扩大了相应的责任风险。

第三，异地出险现象。由于保险标的的流动性，许多运输保险事故往往发生在异地，即远离保险合同签订地或被保险人所在地，如武汉市的车辆可能在北京发生碰撞事故，哈尔滨市的货物也可能在运往广州的途中受损，飞机出险甚至可能在外国，等等。运输保险异地出险的现象，给保险人处理赔案增添了麻烦，为解决这一问题，通常需要采用委托查勘理赔的方式来处理运输保险赔案。

第四，第三者责任大。一方面，运输货物保险中，由于货物直接受承运人控制，一旦受损，首先被追究责任的往往是保险人与被保险人之外的第三方——承运人，如果承运人确有责任，则保险人通常要行使代位追偿权；另一方面，各种运输工具在运行中一旦发生事故，往往损害第三者或公众的利益，如果受害人索赔属于保险责任范围，则保险人需要承担起对第三者的赔偿责任。因此，运输保险关系虽然仅存在于保险人与被保险人之间，但客观上要涉及第三方。

二、运输货物保险

（一）运输货物保险的适用范围

运输货物保险是以运输过程中的各种货物为保险标的、以运行过程中可能发生的有关风险为保险责任的一种财产保险。在国际上，运输货物保险是随着国际贸易的发展而不断发展并很早就已经走向成熟的险种。因为无论是对内贸易还是对外贸易，商品使用价值的转移均离不开运输。在运输过程中，货物遭受自然灾害或意外事故的损失总是难免的，而根据各国有关运输法律、法规的规定，承运人仅对由自己的过错造成的货物损失负责，对于不可抗力造成的货物损失则不负责任。因此，对货物的所有者而言，无论选择信誉多高的承运人，均有投保货物保险的必要。

　　基于运输货物保险保障的是运输过程中的货物的安全,该险种仅适用于收货人和发货人。在国际上,运输货物保险是由收货人投保还是由发货人投保,通常由贸易合同明确规定,并往往包含在货物价格中。在中国,发货人与收货人均可投保。

　　(二)运输货物保险的一般内容

　　货物运输分为海上、内河、航空、陆上和多式联运等多种方式,据此,运输货物保险亦可以被划分为水路运输货物保险、陆上运输货物保险和航空运输货物保险及联运险等。在此,联运险是指运输货物需要经过两种或两种以上的主要运输工具联运,才能将其从起点地运送到目的地的保险。根据运输货物保险的承保范围,它又可以分为国内运输货物保险和涉外运输货物保险,前者是货物运输在国内进行,后者则是货物运输跨越了一国国境。按照保险人承担责任的方式,运输货物保险还可以划分为基本险、综合险、一切险和附加险四类。附加险险别十分发达,是运输货物保险的特色之一,多种附加险由保险客户根据需要选择。

　　关于运输货物保险的保险责任,基本险、综合险与一切险是不同的,责任范围有区别。一般而言,运输货物保险基本险的责任通常包括如下项目:一是因火灾、爆炸及相关自然灾害所导致的货物损失;二是因运输工具发生意外事故而导致的货物损失;三是在货物装卸过程中的意外损失;四是按照国家规定或一般惯例应当分摊的共同海损费用;五是合理的、必要的施救费用等。运输货物保险综合险则不仅承保上述责任,而且还承保被保险货物因受震动、碰撞、挤压而造成货物破碎、弯曲、凹瘪折断、开裂或包装破裂致使货物散失的损失、液体货物因受震动、碰撞或挤压致所用容器(包括封口)损坏而渗漏的损失,或用液体保藏的货物因液体渗漏而造成保藏货物腐烂变质的损失;遭受盗窃或整件提货不着的损失;符合安全运输规定而遭受雨淋所致的损失;等等。运输货物保险一切险则除了承保综合险的所有责任外,还包括因一般外来风险所造成的保险货物的损失等。

　　无论是基本险还是综合险和一切险,保险人对下列原因导致的损失均不负责:①战争或军事行动;②被保险货物本身的缺陷或自然损耗;③被保险人的故意行为或过失;④核事件或核爆炸;⑤其他不属于保险责任范围内的风险等。

　　运输货物保险采用定值保险方式,即确定的保险金额是保险人承担赔偿责任的最后价值,从而避免受市场价格变动的影响。国内运输货物保险保险金额的确定依据包括起运地成本价、目的地成本价、目的地市场价等,由被保险人任选一种;涉外运输货物保险的保险金额的确定依据包括"离岸价"(free on board,FOB)、成本加运费价(cost and freight,CFR)、"到岸价"(cost insurance and freight,CIF)等,由投保人根据贸易合同确定。

　　运输货物保险的保险费率厘定,通常要考虑所选用的运输工具、运输路线、运输方式和所经区域,以及货物本身的性质与风险,保险人据此综合评估风险,并根据费率规章确定费率。如果投保人同时选择了附加险,则还需要另行计收保险费。

　　当运输货物发生损失时,需要对受损货物进行检验,检验时保险人或保险人的代理人与被保险人均应同时在场,以避免正式处理赔案时发生纠纷。被保险人索赔必须提供符合保险合同规范的各种单证,并接受保险人的审核。如果损失是由承运人的原因造成的，则保险人还应当依法行使代位追偿权。

（三）运输货物保险的险种

目前，在中国保险市场上，涉外运输货物保险的险种主要有海洋运输货物保险、陆上运输货物保险、航空运输货物保险和邮包险等。其中，海洋运输货物保险是涉外运输货物保险的主要业务，它又分为平安险、水渍险、一切险及海洋运输冷藏货物保险和海洋运输散装桐油保险等；陆上运输货物保险以承保火车、汽车运输为主，分为陆运险和陆运一切险；航空运输货物保险分为空运险和空运一切险；邮包险专门承保邮局递送的涉外货物，它需要兼顾海、陆、空三种运输工具的责任，也分为邮包险和邮包一切险。上述险种与险别均依国际惯例制定相应的条款，不同险种之间主要由于运输工具的差异而在风险责任上有差别。

国内运输货物保险险种主要有水路、陆路运输货物保险，航空运输货物保险、管道运输货物保险。其中水路、陆路运输货物保险又被分为基本险、综合险与一切险等。此外，随着国内物流业的迅速发展，一些保险公司开设有以物流企业的物流货物为承保标的的物流保险及相关附加保险险种。

三、运输工具保险

（一）运输工具保险的适用范围

运输工具保险专门承保各种机动运输工具，包括机动车辆、船舶、飞机、摩托车等各种以机器为动力的运载工具。由于各种运输工具在运行过程中会经常遇到各种自然风险与意外事故风险，参加保险即成为其拥有者转嫁风险和稳定经营的必要手段。因此，运输工具保险的适用范围也相当广泛，客运公司、货运公司、航空公司、航运公司以及拥有上述运输工具和摩托车、拖拉机等机动运输工具的家庭或个人，均可以投保运输工具保险类的不同险种，并通过相应的保险获得风险保障。

（二）机动车辆保险

机动车辆保险是运输工具保险中的主要业务，它以各种以机器为动力的陆上运输工具为保险标的，包括各种汽车、摩托车、拖拉机等。由于机动车辆本身所具有的特点，机动车辆保险具有陆上运行、流动性大、行程不固定、业务量大、投保率高、第三者责任风险大等特点。在财产保险经营实践中，机动车辆保险实际上是以机动车辆及与之密切关联的有关利益为保险标的的多项保险业务的统称。按照保险标的来划分，机动车辆保险往往被分为普通汽车（或一般机动车辆）保险、新能源汽车保险、摩托车保险、拖拉机保险等；按照保险责任划分，机动车辆保险又被分为车辆损失保险和第三者责任保险，其中车辆损失保险属于狭义财产保险范围，第三者责任保险属于责任保险范围。多数国家均对机动车辆第三者责任保险采取强制保险的措施，以利维护公众的安全。我国自2004年5月1日《中华人民共和国道路交通安全法》实施起，将第三者责任保险列入了法律强制保险的范围，并于2006年7月1日起正式实施，其全称为"机动车交通事故责任强制保险"，简称为"交强险"。

车辆损失保险承保的是车辆本身因各种自然灾害、碰撞及其他意外事故所造成的损失以及施救费用，其保险金额通常根据投保车辆的重置价值确定，也可以由保险双方协商确定。车辆损失险的保险费则由基本保险费加上保险金额×保险费率两部分组成，其中基本保险费可以各保险公司自行制定统一的费率来计算，保险金额、保险费率则因投保车辆价值、投保人的不同等而有较大差别。当被保险车辆发生保险损失时，保险人根据其受损情况进行赔偿，全损时按照保险金额赔偿，但以不超过重置价值为限；部分损失时，则按照实际修理费用赔偿。

机动车辆第三者责任（含法律强制，余同）保险属于责任保险范畴，它承保被保险车辆因意外事故造成第三者的人身伤害或财产损失，依法应由被保险人承担经济赔偿责任的风险。当保险事故发生时，保险人在保险责任范围内按约承担致害人的损害赔偿责任。机动车辆第三者责任保险的经营原则与赔偿处理均类似于其他责任保险（见本书第七章）。在承保第三者责任保险业务时，因承保的风险是法律风险，承担的责任是不确定的民事损害赔偿责任，保险人通常以赔偿限额的方式来控制自己的风险，即保险人规定若干等级的每次责任事故的赔偿限额或累计赔偿限额，投保人可以选择，其保险费按不同的赔偿限额收取。

机动车辆保险除了车辆损失保险、第三者责任保险、车上人员责任险（司机责任险和乘客责任险）等主险外，还包括绝对免赔率特约保险、车轮单独损失险、新增加设备损失险、车身划痕损失险，以及其他各种附加险和特约险。

（三）船舶保险

船舶保险是指以各种船舶、水上装置及其碰撞责任为保险标的的一种运输工具保险，它是传统财产保险业务的重要险种之一，在保险业的发展史上具有特殊的地位。

船舶保险适用于各种团体单位、个人所有或与他人共有的机动船舶与非机动船舶，以及水上装置等，一切船东或船舶使用人都可以利用船舶保险来转嫁自己可能遭遇的风险。不过，投保船舶保险者必须有港务监督部门签发的适航证明和营业执照等。对于建造或拆除中的船舶则要求另行投保船舶建造保险或船舶拆除保险，并按照工程保险原则来经营；对于石油钻井船、渔船等，一般另有专门的险种承保。

船舶保险的可保标的，包括运输船舶、渔业船舶、工程船舶、工作船舶、特种船舶及其附属设备，以及各种水上装置。同时，船舶保险的保险人往往将上述保险标的的碰撞责任亦作为船舶保险的基本责任予以承保。

船舶保险的保险责任可以划分为碰撞责任与非碰撞责任，前者是指保险标的与其他物体碰撞并造成对方损失且依法应由被保险人承担经济赔偿责任的责任；后者则包括有关自然灾害（主要是海洋灾害）、火灾、爆炸等，以及共同海损分摊、施救费用、救助费用等。船舶保险的除外责任主要包括战争、军事行动和政府征用，不具备适航条件，被保险人及其代理人的故意行为，正常维修，因保险事故导致停航、停业的间接损失，以及超载、浪损等引起的损失。

船舶保险的保险金额通常采取一张保险单一个保险金额的形式，但承保船舶本身的损失、碰撞责任和费用损失三项损失均分别以船舶保险的保险金额为最高赔偿限额，从而属于高度综合的险种，附加险不发达。船舶保险的费率厘定，需要综合考虑船舶的种类和结构、船舶的新旧程度、航行区域、吨位大小、使用性质等因素，同时参照历史损失记录和国际船舶保险界的费率标准。其中航行水域是十分重要的因素。

当发生保险事故后，被保险人应当及时通知港务监督部门进行事故调查处理，保险人亦得及时参与。在赔偿时需要注意的事项包括：严格审核事故的性质，区分保险责任与除外责任；对碰撞事故要严格区分碰撞双方或多方的责任，按责论处；对船舶本身损失、碰撞责任的赔偿以保险金额为最高限额分别计算赔款，对有关费用则需要根据情况在保险人与被保险人之间或有关各方之间进行分摊。

（四）飞机保险

飞机保险也称航空保险，它是 20 世纪初期产生的一种运输工具保险。由于飞机作为现代高速运输工具，单机价值高、风险大，保险公司往往采取多家共保或承保后寻求分保的措施来控制风险。英、美等国早期的飞机保险走的就是集团共保的道路，现在的飞机保险更是国际再保险业务的重要来源。

作为运输工具保险中的主要类别，飞机保险实际上是以飞机及其相关责任风险为保险对象的一类保险，它主要包括机身保险、战争及劫持保险、第三者责任保险、旅客责任保险、货物责任保险等若干业务，其中机身保险是最主要的业务。

机身保险以各种飞机本身作为保险标的，适用于任何航空公司、飞机拥有者、有利益关系者以及看管、控制飞机的人。保险人对飞机机身的承保责任通常以一切险方式承保，即对于除外责任以外的任何原因造成的损失或损坏，保险人均负责赔偿。机身险的保险金额通常采取不定值方式承保，但也有保险公司对飞机机身采取定值保险的方式，对飞机损失的赔偿是在保险限额内选择现金赔付或置换相同的飞机。

飞机战争、劫持险是以飞机为保险标的，以战争、劫持等特殊性质的风险（机身保险等不保的风险）为承保责任的一种保险。在西方国家，飞机战争险与飞机劫持险是两个险种，在中国通常在一张保单项下予以承保。

飞机第三者责任保险则专门承保飞机在保险期间可能造成第三者的损失且依法应由被保险人承担经济赔偿责任的风险，其性质类似于机动车辆第三者责任保险。它实行赔偿限额制。航空旅客责任保险是以飞机乘客为保险对象的一种飞机责任保险，保险责任一般从乘客起点验票后开始到终点离开机场止。国际航空承运人对乘客的赔偿责任按照国际民航公约的规定执行，国内航空承运人对乘客的赔偿责任一般由所在国家的航空法律来规定。

第四节　工程保险

一、工程保险的概念及特征

工程保险是指以各种工程项目为主要承保对象的一种财产保险。一般而言，传统的工程保险仅指建筑工程保险和安装工程保险，但进入 20 世纪后，各种科技工程发展迅速，也成为工程保险市场日益重要的业务来源。

工程保险的意义在于：一方面，它有利于保护建筑主或项目所有人的利益；另一方面，它是完善工程承包责任制并有效协调各方利益关系的必要手段。通过保险人的保险，项目所有人的利益因此而得到保护，承包人可以用少量的费用来换取稳定的风险保障，当事各方可能因事故责任而导致的纠纷亦因保险而得到化解。因此，工程保险通常构成现代工程建设合同中的必要内容。

与传统的财产保险相比较，工程保险具有如下特征：

第一，承保风险责任广泛而集中。在各种工程保险合同中，保险人列明不保的风险责任往往属于少数，承担的风险责任则是除外责任之外的一切风险责任，从而通常采取一切险的方式承保。换言之，保险人不仅承担着火灾保险的风险，也承担着工程建设本身所具有的各种风险，还承担着相关责任风险。因此，工程保险的风险责任是相当广泛的，也是十分集中的。

第二，涉及较多的利益关系人。在工程保险中，保险标的涉及多个利益关系人，如项目所有人、承包人、分承包人、技术顾问甚至贷款银行等，各方均对保险标的具有保险利益，从而使保险关系较其他财产保险更为复杂，保险人对此需要采取交叉责任条款来进行规范与制约。

第三，不同工程保险险种的内容相互交叉。如建筑工程中往往包含有安装工程项目，安装工程项目中也通常有建筑工程项目，科技工程中亦既有建筑工程也有安装工程，这一现象使各种工程保险具有了一定程度的相通性。

第四，工程保险承担的主要是技术风险。现代工程建设的技术含量很高，专业性极强，它们对于一般的自然风险通常具备相应的抵御能力，许多工程事故的发生往往是技术不良或未按照技术规程操作而导致的。因此，工程保险是技术性较高的保险业务，尤其是科技工程保险更是代表了现代保险业的最高水平。

二、建筑工程保险

（一）建筑工程保险的适用范围

建筑工程保险承保的是各类建筑工程，即各种民用、工业用和公共事业用的建筑工程，如房屋、道路、桥梁、港口、机场、水坝、娱乐场所、管道以及各种市政工程项目等，均可以投保建筑工程保险。建筑工程保险的被保险人大致包括以下三个类别：一是工程所有人，即建筑工程的最后所有者；二是工程承包人，即负责该建筑工程项目施工的单位，它又可以分为主承包人和分承包人；三是技术顾问，即由工程所有人聘请的建筑师、设计师、工程师和其他专业技术顾问等。当存在多个被保险人时，一般由一方出面投保，并负责支付保险费、申报保险期间的风险变化情况、提出原始索赔等。

（二）建筑工程保险的保险标的与保险金额

建筑工程保险的保险标的范围广泛，既有物质财产部分，也有第三者责任部分。为方便确定保险金额，在建筑工程保险单明细表中列出的保险项目通常包括如下三个部分。

1. 物质损失部分

它包括建筑工程本身，工程所有人提供的物料和项目，安装工程项目，建筑用机器、装置及设备，工地内现成的建筑物，场地清理费，以及所有人或承包人在工地上的其他财产七项。每一项均须独自确定保险金额，七项保险金额之和构成建筑工程险物质损失项目的总保险金额。

2. 第三者责任

它是指被保险人在工程保险期间因意外事故造成工地及工地附近的第三者人身伤亡或财产损失依法应负的赔偿责任，保险人对该项责任采用赔偿限额制。

3. 特种风险赔偿

它是对保险单上列明的地震、洪水等特种风险造成的各项物质损失的赔偿。一般而言，保险人为了控制建筑工程中的巨灾风险，通常对保单中列明的特种风险单独规定赔偿限额，无论保险期间发生一次还是多次保险事故，保险人的赔偿均不得超过该限额。

（三）建筑工程保险的责任范围

建筑工程保险的保险责任可以分为物质部分的保险责任和第三者责任两大部分。其中物质部分的保险责任主要有保险单上列明的各种自然灾害和意外事故，如洪水、风暴、水灾、暴雨、地陷、冰雹、雷电、火灾、爆炸等多项，同时还包括盗窃、工人或技术人员过失等人为风险，并可以在基本保险责任项下附加特别保险条款，以利被保险人全面转嫁自己的风险。不过，对于错误设计引起的损失、费用或责任，换置、修理或矫正标的本身原材料缺陷或工艺不善所支付的费用、引起的机械或电器装置的损坏或建筑用机器、设备损坏，以及停工引起的损失等，保险人不负责任。对于被保险人所有或使用的车辆、船舶、飞机等交通运输工具，也需要另行投保相关运输工具保险。

与一般财产保险不同的是，建筑工程保险采用的是工期保险单，即保险责任的起讫通常以建筑工程的开工到竣工为期。

保险人承担的赔偿责任则根据受损项目分项处理，并适用于各项目的保险金额或赔偿限额。如保险损失为第三者引起，适用于权益转让原则，保险人可依法行使代位追偿权。

三、安装工程保险

（一）安装工程保险的适用范围

安装工程保险，是指以各种大型机器、设备的安装工程项目为保险标的的工程保险，保险人承保安装期间因自然灾害或意外事故造成的物质损失及有关法律赔偿责任。安装工程保险是同建筑工程保险一起发展起来的保险业务，与建筑工程保险不仅存在着业务内容上的交叉，在业务经营方式上亦具相通性。

安装工程保险的适用范围也包括安装工程项目的所有人、承包人、分承包人、供货人、制造商等，即上述各方均可成为安装工程保险的投保人，但实际情形往往是一方投保，其他各方可以通过交叉责任条款获得相应的保险保障。

（二）安装工程保险的主要特点

安装工程保险的主要特点，可以概括为以下三点：

第一，以安装项目为主要承保对象，其中亦可包括附属建筑项目。

第二，安装工程的风险分布具有明显的阶段性。安装工程在试车、考核和保证阶段的风险最集中，造成损失的可能性更大。

第三，承保风险主要是人为风险，并具技术色彩。

（三）安装工程保险的保险标的与费率

安装工程保险的可保标的，通常也包括物质损失、特种危险赔偿和第三者责任三个部分，其中物质损失部分分为安装项目、土木建筑工程项目、场地清理费、承包人的机器设备、所有人或承包人在安装工地上的其他财产五项，各项标的均需明确保险金额；特种危险赔偿和第三者责任保险项目与建筑工程保险相似。

安装工程保险的费率，主要由以下六项组成：① 安装项目。对土木建筑工程、所有人或承包人在工地上的其他财产及清理费为一个总的费率，整个工期实行一次性费率。② 试车为一个单独费率，是一次性费率。③ 保证期费率，实行整个保证期一次性费率。④ 各种附加保障增收费率，实行整个工期一次性费率。⑤ 安装、建筑用机器、装置及设备为单独的年费率。⑥ 第三者责任保险，实行整个工期一次性费率。

四、科技工程保险

科技工程保险业务，主要有海洋石油开发保险、卫星保险和核电站保险等。海洋石油开发保险面向的是现代海洋石油工业，承保从勘探到建成、生产整个开发过程中的风险，海洋石油开发工程的所有人或承包人均可投保该险种。该险种一般被划分为普查勘探阶段、钻探阶段、建设阶段和生产阶段四个阶段。每一阶段均有若干具体的险种供投保人选择投保。每一阶段均以工期为保险责任起讫期。当前一阶段完成，并证明有石油或有开采价值时，后一阶段才得以延续，被保险人亦需要投保后一阶段的保险。因此，海洋石油开发保险作为一项工程保险业务，是分阶段进行的。其主要的险种有勘探作业工具保险、钻探设备保险、费用保险、责任保险、建筑安装工程保险。在承保、防损和理赔方面，均与其他工程保险业务有相通性。

卫星保险是以卫星为保险标的的科技工程保险，属于航天工程保险范畴，它包括发射前保险、发射保险和寿命保险，主要业务是卫星发射保险，即保险人承保卫星发射阶段的各种风险。卫星保险的投保及承保手续与其他工程保险并无区别。

核电站保险以核电站及其责任风险为保险对象，是核能民用工业发展的必要风险保障措施，也是对其他各种保险均将核风险除外不保的一种补充。作为一类新兴的科技工程保险业务，核电站保险起源于 20 世纪 50 年代，其特点是因风险具有特殊性而需要有政府作为后盾。核电站保险的险种主要有财产损毁保险、核电站安装工程保险、核责任保险和核原料运输保险等，其中财产损毁保险与核责任保险是主要业务。在保险经营方面，保险人一般按照核电站的选址勘测、建设、生产等不同阶段提供相应的保险，从而在总体上仍然具有工期性。当核电站正常运转后，则可以采用定期保险单承保。

第五节　农业保险

一、农业保险的概念及特征

（一）农业保险的概念

农业是国民经济的基础，农业保险作为财产保险的有机组成部分，是为农业生产发展服务的一种风险工具。它承保的主要是种植业、养殖业，亦被称为两业保险。种植业保险包括粮食作物保险、经济作物保险、林木保险、园林苗圃保险等，养殖业保险包括牲畜保险、畜禽保险、水产养殖保险、特种养殖保险等。

按照保险责任划分，农业保险可以分为单一责任保险、混合责任保险和一切险。其中，单一责任保险一般仅承保一项风险责任，如水灾、火灾等；混合责任则采取列举方式明示承保的多项风险责任；一切险虽然也采取列举方式，但实质上除列示的不保责任外均属于可保责任，故一切险所承保的风险责任最大。

按照保险性质划分，农业保险可以分为政策性农业保险与商业性农业保险。其中，有政府财政和税收政策支持的农业保险及其再保险，即为政策性农业保险。政策性农业保险一般是由政府直接组织经营，或由政府成立的专门机构经营，或在政府财政政策支持下由其他保险供给主体如股份公司、相互公司、合作社等经营。我国政策性农业保险采用第二种模式。商业性农业保险只由商业性保险机构经营，经营的项目或出售的保险产品的保险责任较窄，保险标的的损失概率较小，赔付率较低。

（二）农业保险的特征

农业保险所具有的特征，可以概括为以下几个方面：

第一，农业保险面广量大。农业生产在野外进行，生产场所非一般保险中的保险地址范围可比，其数量亦非一般财产保险中的保险标的那样有限，如种植业保险往往是大面积成片投保、养殖业保险往往是大规模成批投保。面广量大的特点决定了保险人只有投入较多的力量才能开办这类保险业务。

第二，农业保险受自然风险和经济风险的双重制约。农业生产的最大特点是自然再生产与经济再生产相互交织在一起，农业保险也必然要受到自然风险与经济风险的双重制约。

第三，农业保险的风险结构具有特殊性。它面对的主要是各种气象灾害和生物灾害，尤其是水灾、冰雹、低温灾害、干热风、病虫害等，多数灾害只对农业生产构成严重威胁，从而与其他财产保险所面临的风险的结构具有较大的差异性。

第四，高风险与高赔付率并存。由于农业生产面临的风险大，损失率高，保险赔付率通常也很高，保险人要想通过农业保险赚取利润较通过其他财产保险业务更困难。因此，农业保险被许多保险公司视为"畏途"，真正成功的农业保险模式较为罕见。

第五，农业保险需要政府的支持。国际经验与国内已有的实践表明，农业保险的发展离不开政府的支持，包括财政税收、贷款政策等方面的支持。如美国的联邦农作物保险公司实质上是由美国政府投资设立的一家政策性保险公司，日本的村民共济制度获得了日本政府直接的财税支持。目前我国的农业保险实行政府引导、市场运作、自主自愿和协同推进的原则，国家支持发展多种形式的农业保险，政策性农业保险制度也得到了全面的建设与完善。

二、农业保险的基本内容

（一）农业保险的险种结构

前述已经对农业保险进行了简单的分类。在将农业保险划分为种植业保险与养殖业保险的基础上，还可以进一步细分。在此，用图6-3来揭示农业保险的险种结构。

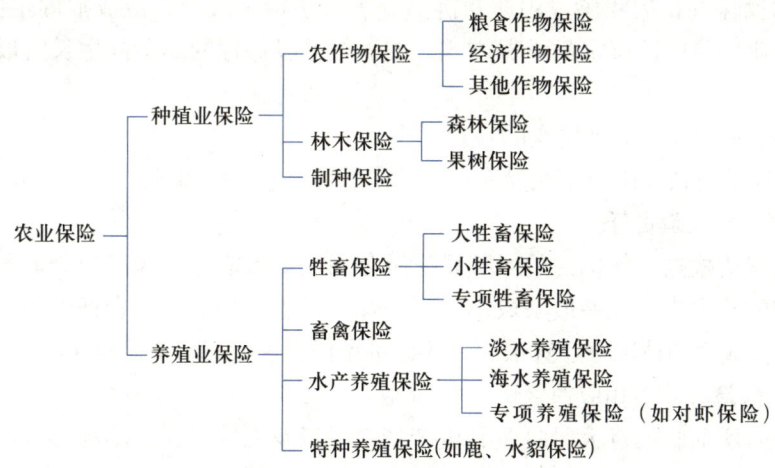

图6-3　农业保险的险种结构

图6-3显示的是农业保险险种的基本结构，实际的业务险种更多，仅农作物保险就有水稻保险、小麦保险、油菜保险等许多种。因此，农业保险是一个不容忽视的保险市场。

（二）农业保险的保险金额

由于农业保险的保险标的具有自然再生产与经济再生产相结合、风险大、损失率高的特点，在保险金额的确定方面也与其他财产保险存在区别，总的要求是实行低保额制，以利保险人控制风险。在经营实践中，农业保险主要采取以下四种方式来确定保险金额。

1. 保成本

保险人按照各地同类标的投入的平均成本作为计算保险金额的依据，据此确定的保险金额即是保险人承担责任的最高赔偿限额。适用于生长期农作物保险、森林保险和水产养殖保险。在保险标的全损的情况下，保险人得按照保险金额全额赔偿；在部分损失的情况下，保险人的赔偿责任则是被保险人的收益与保险金额之间的差额。

2. 保产量

保险人按照各地同类标的的产量确定保险金额，适用于农作物保险、林木保险和水产养殖保险。生长期农作物可以农作物的预期收益量作为保险标的价值，按照一定成数确定保险金额；林木保险的保险金额可以按照单位面积林木蓄积量确定；水产养殖保险则可以按照水产品养殖产量的一定成数确定保险金额。

3. 保收入

此方式即以农产品、畜产品或者农场的收入来确定保险金额。该类产品是根据期货市场价格和农作物、牲畜的平均产量和预期出栏量来确定保险金额，或者以农场近几年的平均收入作为保险金额。这类产品为农户既提供了自然风险损失保障，也提供了农产品市场价格风险损失保障。

4. 估价确定

此方式指由保险人与被保险人双方协商确定投保标的的保险金额。如大牲畜保险，就可以根据投保牲畜的年龄、用途、价值等进行估价后按照一定成数确定保险金额。此外，在农业保险中还有定额承保方式，或者根据投保标的的不同生长阶段来确定保险金额。

（三）农业保险中需要注意的事项

农业保险的复杂性决定了保险人在经营中需要注意下列事项。

1. 审慎选择风险责任

保险人需要根据投保标的的风险状况及公司的承保能力与风险控制能力，确定农业保险险种的承保责任，一般采取单一责任保单，也可采取混合责任保单。一切险保单只有在条件成熟的情况下才宜采用，并通过责任的适度限制来控制保险风险。

2. 让被保险方分担相应的责任

农业保险所面临的巨大风险及其生产特性，以及面广量大、不易管理的特点，决定了保险人在承保时必须让被保险人同时分担相应的风险责任，即不能足额承保农业保险业务，以此达到增强被保险人安全管理的责任心的目的，并借此防止道德风险的发生。

3. 适宜采取统保方式承保

统保是分散农业生产风险和稳定农业保险财务的基本要求，保险人在承保农业保险业务时，适宜采取统保方式承保，即投保人必须将同类标的全部向保险人投保，有的甚至可以要求多个被保险人同时投保某一险种。如水稻保险就必须是成片承保，而不能只保某一家的田地。这种方式可以防止逆选择，同时也为被保险人或更多的保险客户提供更加全面的风险保障。

4. 明确地理位置

无论是种植业保险还是养殖业保险，在保险合同中均须明确载明其地理位置，这是杜绝理赔中的纠纷、准确判定责任的重要依据。

5. 争取政府支持

从宏观出发，农业保险特别需要政府的支持，包括争取政府免税政策和财政支持，通过政府的引导来促使更多的农民投保等。

　　总之，农业保险是难度很大的财产保险业务，但它又为财产与责任保险公司提供了一个庞大的保险市场和极有分量的业务来源，当狭义财产保险、责任保险等市场被各公司基本分割完毕时，农业保险将成为业务竞争的又一个领域。因此，农业保险虽然需要有专业的农业保险公司来经营，但一般的财产与责任保险公司亦可努力开拓这一市场，并通过农业保险市场的业务经营来实现自己的经营目标。

本章小结

　　1. 财产损失保险是财产与责任保险公司的主要业务来源，包括火灾保险、运输保险、工程保险、农业保险等大类业务及若干具体险种，如财产损失保险结构图及农业保险业务结构图中所示。

　　2. 财产损失保险的经营，需要注重各类业务的展业、承保、责任范围、费率厘定、防灾防损和赔案处理程序与技巧，区别各具体险种的具体内容。

　　3. 在经营实践中，既要注意各类财产损失保险业务共性的一面，又要注意区别各类业务乃至各具体险种的特征。

重要概念

财产损失保险　　　　火灾保险　　　　财产保险基本险　　　财产保险综合险
家庭财产两全保险　　运输货物保险　　工期保险单　　　　　碰撞责任
农业保险

思考题

1. 财产损失保险的运行包括哪些程序?
2. 试比较各主要运输工具保险业务的异同。
3. 财产损失保险的理赔需要注意哪些事项?
4. 农业保险经营需要注意哪些事项?

即测即评

请扫描右侧二维码，进行即测即评。

第七章
责任保险

> 责任保险承保的风险是民事法律风险，它不仅是各种民事法律责任风险的客观存在和社会生产力达到一定阶段的产物，更是社会化的法律风险管理有效机制。

第一节　责任保险概述

一、责任保险的概念及分类

责任保险，是以因偶然或意外事件发生所致被保险人（致害人）在法律上对第三者（受害人）的损害赔偿责任为保险标的的保险。作为以保险客户的法律赔偿风险为承保对象的一类保险，责任保险属于广义财产保险的范畴，适用广义财产保险的一般经营理论，但又具有自己的独特内容和经营特点，是一类可以独成体系的保险业务。

首先，责任保险与一般财产保险具有共同的性质，都属于赔偿性保险。无论承保还是理赔，均需遵循财产保险一般业务经营的原则。当责任事故是由第三者造成时亦适用权益转让原则等，既可以满足被保险人的风险转嫁需要，又不允许被保险人通过责任保险获得额外利益。因此，责任保险可以归入广义财产保险范畴。

其次，责任保险承保的风险是被保险人的法律风险。即一般以法律规定的民事损害赔偿责任为承保风险，但也可以根据保险客户的要求并经特别约定后，承保其合同责任风险。这种风险与一般财产保险和人身保险所承保的风险是有根本区别的。

最后，责任保险以被保险人在保险期内可能造成他人的利益损失为承保基础。一般财产保险承保的是被保险人自己的现实利益，如火灾保险与运输保险等保障的是被保险人自己的现实物质利益，信用保险保障的是被保险人自己的现实款物利益，它们都是在保险人承保前客观存在并可以用货币计量的事实。责任保险承保的则是被保险人在保险期内可能造成他人的利益损失，即责任保险承保的这种利益损失首先必须表现为他人的利益受到损失，其次才是这种利益损失因有关法律、法规的规定应当由被保险人负责。因此，责任保险的承保建立在被保险人可能造成他人利益损失的基础上，这种利益损失在承保时是无法准确确定或预知的，从而对被保险人的责任风险大小也无法像其他财产保险或人身保险那样用保险金额来评价，只能以灵活的赔偿限额作为被保险人转嫁法律风险和保险人承担法律风险的最高限额。

根据业务内容的不同，责任保险可以分为公众责任保险、产品责任保险、雇主责任保险、职业责任保险和第三者责任保险五类业务，其中每一类业务又由若干具体的险种构成。如公众责任保险就包括了场所责任保险、电梯责任保险、车库责任保险等。这种分类是责任保险最常见的分类方法，也是责任保险业务经营的基本依据。

二、责任保险的基本特征

责任保险与一般财产保险相比较，二者均以大数法则为数理基础，经营原则一致，经营方式相近（除部分法定险种外），均是对被保险人经济利益损失进行补偿。然而，作为一类独特的保险业务，责任保险在产生与发展基础、补偿对象、承保标的、承保方式、赔偿处理等方面又均有着自己明显的特征。

（一）责任保险产生与发展基础的特征

一般财产保险产生与发展的基础，是自然风险与社会风险的客观存在和商品经济的产生与发展；一般人身保险产生与发展的基础，是社会经济的发展和社会成员生活水平的不断提高；而责任保险产生与发展的基础却不仅是各种民事法律风险的客观存在和社会生产力达到了一定的阶段，更是人类社会的进步带来了法律制度的不断完善，其中法制的健全与完善是责任保险产生与发展的最为直接的基础。

正是由于人们在社会中的行为都在法律制度的一定规范内，才可能因触犯法律而在造成他人的财产损失或人身伤害时必须承担起经济赔偿责任。因此，只有存在着对某种行为以法律形式确认为应负经济上的赔偿责任时，有关单位或个人才会想到通过保险来转嫁这种风险，责任保险的必要性才会被人们所认识、所接受；只有规定对各种责任事故中的致害人进行严格处罚的法律原则，即从契约责任经过疏忽责任到绝对或严格责任原则，才会促使可能发生民事责任事故的有关各方自觉地参加各种责任保险。事实上，当今世界上责任保险最发达的国家或地区，必定同时是各种民事法律制度最完备、最健全的国家，它表明了责任保险产生与发展的基础是健全的法律制度，尤其是民法和各种专门的民事法律与经济法律制度。

（二）责任保险补偿对象的特征

在一般财产保险与各种人身保险的经营实践中，保险人的补偿对象都是被保险人或其受益人，其赔款或保险金也是完全归被保险人或其受益人所有，均不会涉及第三者。而各种责任保险却与此不同，其直接补偿对象虽然也是与保险人签订责任保险合同的被保险人，被保险人无损失则保险人亦无需补偿；但被保险人的利益损失又首先表现为因被保险人的行为导致第三方的利益损失，即第三方利益损失客观存在并依法应由被保险人负责赔偿时才会产生被保险人的利益损失。因此，尽管责任保险中保险人的赔款是支付给被保险人，但这种赔款实质上是对被保险人之外的受害方即第三者的补偿，从而是直接保障被保险人利益、间接保障受害人利益的一种双重保障机制。

（三）责任保险承保标的的特征

一般财产保险承保的均是有实体的各种财产物资，人身保险承保的则是自然人的身体，二者均可以在承保时确定一个保险金额作为保险人的最高赔偿限额。责任保险承保的却是各种民事法律风险，是没有实体标的的。

对每一个投保责任保险的人而言，其责任风险可能是数十元，也可能是数十亿元，这在事先是无法预料的，保险人对所保的各种责任风险及其可能导致的经济赔偿责任大小也无法采用保险金额的方式来确定。但若在责任保险中没有赔偿额度的限制，保险人自身就会陷入经营风险中，因此，保险人在承保责任保险时，通常对每一种责任保险业务要规定若干等级的赔偿限额，由被保险人自己选择，被保险人选定的赔偿限额便是保险人承担赔偿责任的最高限额，超过限额的经济赔偿责任只能由被保险人自行承担。可见，责任保险承保的标的是没有实体的各种民事法律风险，保险人承担的责任只能采用赔偿限额的方式进行确定。

（四）责任保险承保方式的特征

责任保险的承保方式具有多样化的特征。从责任保险的经营实践来看，它在承保时一般根据业务种类或被保险人的要求，可以采用独立承保、附加承保或与其他保险业务组合承保的方式承保业务。

在独立承保方式下，保险人签发专门的责任保险单，它与特定的物没有保险意义上的直接联系，而是完全独立操作的保险业务。如公众责任保险、产品责任保险等。采取独立承保方式承保的责任保险业务，是责任保险的主要业务来源。

在附加承保方式下，保险人签发责任保险单的前提是被保险人必须参加了一般的财产保险，即一般财产保险是主险，责任保险则是没有独立地位的附加险。如建筑工程保险中的第三者责任保险，就一般被称为建筑工程保险附加第三者责任保险。附加承保的责任保险在业务性质和业务处理方面，与独立承保的各种责任保险是完全一致的，不同的只是承保的形式。

在组合承保方式下，责任保险的内容既不必签订单独的责任保险合同，也无需签发附加或特约条款，只需要参加该财产保险便能使相应的责任风险得到保险保障。如船舶的责任保险承保就是与船舶财产保险承保相组合而成的，仅作为综合型的船舶保险中的一类保险责任而承担下来即可。

（五）责任保险赔偿处理的特征

与一般的财产保险与人身保险业务相比，责任保险的赔偿要复杂得多。第一，每一起责任保险理赔案的出现，均以被保险人对第三方的损害并依法应承担经济赔偿责任为前提条件，必然要涉及受害的第三者，从而表明责任保险的赔偿处理并非像一般财产保险或人身保险理赔案一样只是保险双方的事情；第二，责任保险的承保以法律制度的规范为基础，责任保险理赔案的处理也是以法院的判决或执法部门的裁决为依据，从而需要更全面地运用法律制度；第三，责任保险中因保险人代替致害人承担对受害人的赔偿责任，被保险人对各种责任事故处理的态度往往关系到保险人的利益，从而使保险人具有参与处理责任事故的权力；第四，责任保险赔款最后并非归被保险人所有，而是实质上被支付给了受害方。可见，责任保险的赔偿处理具有自己明显的特色。

三、责任保险的承保与赔偿

（一）责任保险的承保

作为一类独成体系的保险业务，责任保险的适用范围是十分广泛的，即适用于一切可能造成他人财产损失与人身伤亡的各种单位、家庭或个人。具体而言，责任保险的适用范围包括如下几类：一是各种公众活动场所的所有者、经营管理者；二是各种产品的生产者、销售者、维修者；三是各种运输工具的所有者、经营管理者或驾驶员；四是各种需要雇用员工的单位；五是各种提供职业技术服务的单位；六是城乡居民家庭或个人。此外，在各种工程项目的建设过程中也存在着民事责任事故风险，建设工程的所有者、承包者等对相关责任事故风险具有保险利益；各单位场所（非公众活动场所）也存在着公众责任风险，如企业等单位亦有着投保公众责任保险的必要性。可见，责任保险的适用范围几乎覆盖了所有的团体组织和社会成员。

在承保责任保险业务时，保险人有必要对投保人的资信、风险状况等进行调查，并做出相应的风险评估，根据不同业务采取相应的承保方式，确保业务素质良好。

（二）责任保险的一般责任范围

人们一般认为，责任保险的保险责任就是民事损害赔偿责任，事实上这二者既有联系又有区别，是不能完全等同的。对责任保险而言，一方面，其承保的责任主要是被保险人的过失行为所致的责任事故风险，即被保险人的故意行为通常是绝对除外不保的风险责任，这一经营特点决定了责任保险承保的责任范围明显地小于民事损害赔偿责任的范围。另一方面，在被保险人的要求下并经过保险人的同意，责任保险又可以承保超越民事损害赔偿责任范围的风险。如在航空事故中，即使民航公司无任何过错，只要旅客在飞行中遭受了人身伤害或财产损失，航空公司也会承担起经济上的赔偿责任。这种无过错责任超出了一般民事损害赔偿责任的范围，但保险人通常将其纳入承保责任范围。可见，责任保险在某些情况下承担的保险责任又超越了民事损害赔偿责任的范围。

根据前述分析和责任保险的国际惯例，责任保险的保险责任，一般包括以下两项内容：

第一，被保险人依法对造成他人财产损失或人身伤亡应承担的经济赔偿责任。这一项责任是基本的保险责任，以受害人的损害程度及索赔金额为依据，以保险单上的赔偿限额为最高赔付额，由责任保险人予以赔偿。

第二，因赔偿纠纷引起的由被保险人支付的诉讼、律师费用及其他事先经过保险人同意支付的费用。

在承担上述赔偿责任的同时，保险人在责任保险合同中一般规定若干除外责任。见后述各节。

（三）责任保险的费率

责任保险费率通常根据各种责任保险的风险大小及损失率的高低来确定。对于不同的责任保险种类，制定费率时所考虑的因素也存在着差异，但从总体上看，保险人在制定责任保险费率时，主要考虑的影响因素应当包括如下几项：

（1）被保险人的业务性质及其产生意外损害赔偿责任可能性的大小。如影剧院的责任风险是公众责任风险，企业的责任风险主要是产品责任风险，雇主所承担的责任风险主要是对雇员的责任风险等。不同业务性质的责任保险业务，具有不同的责任风险，从而是制定责任保险费率时必须着重考虑的因素。

（2）法律制度对损害赔偿的规定。法律制度规范越严格，表明风险越大，费率也越高；反之亦然。

（3）赔偿限额的高低。赔偿限额与免赔额的高低对责任保险的费率有客观影响，赔偿限额越高，保险费绝对数越高，但保险费率相对比率会越低，因为责任事故越大出现的概率就越小；反之亦然。

此外，承担风险的区域的大小、每笔责任保险业务的量及同类责任保险业务的历史损失资料等也是保险人在制定责任保险费率时必须参照的依据。

（四）责任保险的赔偿

责任保险承保的是被保险人的赔偿责任，而非有固定价值的标的，且赔偿责任因损害责任事故大小而异，很难准确预计。因此，不论何种责任保险，均无保险金额的规定，而是采用在承保时由保险双方约定赔偿限额的方式来确定保险人承担的责任限额。凡超过赔偿限额的索赔，仍须由被保险人自行承担。

从责任保险的发展实践来看，赔偿限额作为保险人承担赔偿责任的最高限额，通常有以下三种类型：

（1）每次责任事故或同一原因引起的一系列责任事故的赔偿限额，又可以分为财产损失赔偿限额和人身伤亡赔偿限额两项。

（2）保险期内累计的赔偿限额，可以分为累计的财产损失赔偿限额和累计的人身伤亡赔偿限额。

（3）在某些情况下，保险人也将财产损失和人身伤亡两者合成一个限额，或者只规定每次事故和同一原因引起的一系列责任事故的赔偿限额而不规定累计赔偿限额。

从国际责任保险的发展趋势来看，越来越多国家的责任保险保险人对人身伤亡不再规定赔偿限额，或者仅规定一个综合性的赔偿限额。

在责任保险经营实践中，保险人除通过确定赔偿限额来明确自己的承保责任外，还通常有免赔额的规定，以此达到促使被保险人小心谨慎、防止发生事故和减少小额、零星赔款支出的目的。责任保险的免赔额，通常是绝对免赔额，即无论受害人的财产是否全部损失或受害人是否死亡，免赔额内的损失均由被保险人自己负责赔偿。免赔额的确定，一般以具体数字金额表示，也可以规定赔偿限额或赔偿金额的一定比率。因此，责任保险人承担的赔偿责任是超过免赔额之上且在赔偿限额之内的赔偿金额。

第二节　公众责任保险

一、公众责任保险与公众责任

公众责任保险，又称普通责任保险或综合责任保险，它以被保险人的公众责任为承保对象，是责任保险中独立的、适用范围最为广泛的保险类别。

所谓公众责任，是指致害人在公众活动场所的过错行为致使他人的人身或财产遭受损害，依法应由致害人承担的对受害人的经济赔偿责任。公众责任的构成，以在法律上负有经济赔偿责任为前提，其法律依据是各国的民法及各种有关的单行法规制度。

此外，在一些非公众活动的场所，如果公众在该场所受到了应当由致害人负责的损害，也可以归属于公众责任。例如，某人到某企业办事，在该企业厂区内受到了依法应由企业负责的损害，即是该企业承担的公众责任。因此，各种公共设施场所、工厂、办公楼、学校、医院、商店、展览馆、动物园、宾馆、旅店、影剧院、运动场所及工程建设工地等，均存在着公众责任事故风险。这些场所的所有者、经营管理者等均需要通过投保公众责任保险来转嫁其责任风险。

二、公众责任保险的一般内容

（一）公众责任保险的责任范围

公众责任保险的保险责任，包括被保险人在保险期内、在保险地点发生的依法应承担的经济赔偿责任和有关的法律诉讼费用等。公众责任保险的除外责任则包括：① 被保险人故意行为引起的损害事故；② 战争、内战、叛乱、暴动、骚乱、罢工或封闭工厂引起的任何损害事故；③ 人力不可抗拒的原因引起的损害事故；④ 核事故引起的损害事故；⑤ 有缺陷的卫生装置及除一般食物中毒以外的任何中毒；⑥ 由于震动、移动或减弱支撑引起的任何土地、财产或房屋的损坏责任；⑦ 被保险人的雇员或正在为被保险人服务的任何人所受到的伤害或其财产损失（他们通常在其他保险单下获得保险）；⑧ 各种运输工具的第三者或公众责任事故（由专门的第三者责任保险或其他责任保险险种承保）；⑨ 公众责任保险单上列明的其他除外责任等。对于有些除外责任，经过保险双方的约定，可以作为特别条款予以承保。

（二）公众责任保险的保费计算

保险人在经营公众责任保险业务时，一般不像其他保险业务那样有固定的保险费率表，而是通常视每一被保险人的风险情况逐笔议定费率，以便确保保险人承担的风险责任与所收取的保险费相适应。按照国际保险界的习惯做法，保险人对公众责任保险一般按每次事故的基本赔偿限额和免赔额分别厘定人身伤害和财产损失两项保险费率，如果基本赔偿限额和免赔额需要增减时，保险费率也应适当增减，但又非按比例增减。以美国某保险公司制定的公众责任保险费率规定（参考性）为例，人身伤害每次事故的责任限额为 10 万美元时，按费率表费率的 126% 计算收费；当责任限额提高到 20 万美元时，则按 139% 计算保险费。公众责任保险费的计算方式包括如下两种情况：一是以赔偿限额（累计或每次事故赔偿限额）为计算依据，即保险人的应收保险费＝累计赔偿限额×适用费率；二是对某些业务按场所面积大小计算保险费，即保险人的应收保险费＝保险场所占用面积（平方米）×每平方米保险费。

例如，某影剧院占用面积 1 000 平方米，根据其风险大小及特点，保险双方协商约定每 10 平方米收保险费 1.5 元，则该笔业务的应收保险费为：

$$应收保险费 =1.5×（1\,000/10）=150（元）$$

无论以何种方式计算保险费，保险人原则上均应在签发保险单时一次收清。

（三）公众责任保险的赔偿

公众责任保险的赔偿限额的确定，通常采用规定每次事故赔偿限额的方式，既无分项限额，又无累计限额，仅规定每次公众责任事故的混合赔偿限额，它只能制约每次事故的赔偿责任，对整个保险期内的总的赔偿责任不起作用。

当发生公众责任保险事故时，保险人的理赔应当以受害人向被保险人提出有效索赔并为法律认可为前提，以赔偿限额为保险人承担责任的最高限额，并根据规范化的程序对赔案进行处理。公众责任保险的理赔程序包括七个基本的步骤：一是保险人接到出险通知或索赔要求时，应立即记录出险的被保险人的名称、保险单号码、出险原因、出险时间与地点、造成第三者损害程度及受害方的索赔要求等；二是进行现场查勘，调查核实责任事故的相关情况，并协助现场施救；三是根据现场查勘写出查勘报告，作为判定赔偿责任和计算赔款的依据；四是进行责任审核，看事故是否发生在保险期限内，是否属于保险责任范围，受害人是否向被保险人提出索赔要求或起诉；五是做好抗诉准备，必要时可以被保险人的名义或同被保险人一起出面抗诉；六是以法院判决或多方协商确定的赔偿额为依据，计算保险人的赔款；七是支付保险赔款。

三、公众责任保险的主要险种

公众责任保险是责任保险的主要业务来源之一，又可以分为综合公共责任保险、场所责任保险、承包人责任保险和承运人责任保险四类，每一类又包括若干保险险种，它们共同构成了公众责任保险业务体系。

（一）综合公共责任保险

综合公共责任保险是一种综合性的责任保险业务，承保被保险人在任何地点因非故意行为或活动所造成的他人人身伤害或财产损失依法应负的经济赔偿责任。从国外类似业务的经营实践来看，保险人在该种保险中除一般公众责任外还承担着包括合同责任、产品责任、业主及工程承包人的预防责任、完工责任以及个人伤害责任等风险。因此，它是一种以公众责任为主要保险风险的综合性的公共责任保险。

（二）场所责任保险

场所责任保险是公众责任保险最具代表性的业务来源，承保固定场所因存在着结构上的缺陷或管理不善，或被保险人在被保险场所进行生产经营活动时因疏忽发生意外事故，造成他人人身伤害或财产损失且依法应由被保险人承担的经济赔偿责任。

场所责任保险是公众责任保险中业务量最大的险别，它的险种主要有宾馆责任保险、展览会责任保险、电梯责任保险、车库责任保险、机场责任保险以及各种公众活动场所的责任保险。

（三）承包人责任保险

承包人责任保险专门承保承包人的损害赔偿责任，它主要适用于承包各种建筑工程、安装工程、修理工程施工任务的承包人，包括土木工程师、建筑工、公路及下水道承包人以及油漆工等。

在承包人责任保险中，保险人通常对承包人租用或自有的设备以及对委托人的赔偿责任、合同责任和对分承包人应承担的责任等负责，但对被保险人看管或控制的财产、施工的对象、退换或重置的工程材料或提供的货物及安装了的货物等不负责任。

（四）承运人责任保险

承运人责任保险专门承保承担各种客、货运输任务的部门或个人在运输过程中可能发生的损害赔偿责任，主要包括旅客责任保险、货物运输责任保险、物流责任保险等险种。依照有关法律，承运人对委托给他们的货物运输和旅客运送的安全负有严格责任，除非损害货物或旅客的原因是不可抗力、军事行动及客户自己的过失等，否则，承运人均须对被损害的货物或旅客负经济赔偿责任。值得指出的是，由于物流责任保险的责任范围包括在经营物流业务过程中依法应由被保险人承担赔偿责任的物流货物的损失，其将运输中承运人的责任以及仓储、流通加工过程中保管人及加工人的责任融合在一起，因此，物流责任保险的风险大于其他单独的承运人责任保险的风险。

与一般公众责任保险不同的是，承运人责任保险保障的责任风险实际上是处于流动状态中的责任风险，但因运行途径是固定的，也可以视为固定场所的责任保险业务。

此外，个人责任保险作为西方责任保险市场上的一类独立业务来源，也可归属于公众责任保险范畴。它以家庭或个人为保险对象，承保其可能遭遇的法律风险。

第三节　产品责任保险

一、产品责任保险与产品责任

产品责任保险，是指以产品制造者、销售者、修理者等的产品责任为承保风险的一种责任保险。早期的产品责任保险，主要承保一些直接与人体健康有关的产品，如食品、饮料、药品、化妆品等；后来，承保范围逐渐扩展，各种日用品、轻纺、机械、石油、化工、电子工业产品以至于大型飞机、船舶、成套设备、钻井船、核电站、各种航天产品等均可以投保产品责任保险，即只要投保人有投保需求，其任何产品均可以从保险人处获得产品责任风险的保险保障。当然，对于武器、弹药以及残次品等，保险人是不予承保的。

产品责任保险以产品责任为保险风险，而产品责任又以各国的产品责任法律制度为基础。所谓产品责任，是指产品在使用过程中因其缺陷而造成用户、消费者或公众的人身伤亡或财产损失时，依法应当由产品供给方（包括制造者、销售者、修理者等）承担的民事损害赔偿责任。例如，化妆品因不合格或存在着内在缺陷而造成的对人体皮肤的损害，电视机爆炸造成的财产损失或人身伤害，汽车因缺陷而致车祸等，均属于产品责任事故，产品的制造者、销售者、修理者等均应依法承担起相应的产品责任。在此，产品的制造者包括产品生产者、加工者、装配者；产品销售者包括批发商、零售商、出口商、进口商等各种商业机构，如批发站、商店、进出口公司等；产品修理者指被损坏产品或陈旧产品或有缺陷的产品的修理者。此外，承运人如果在运输过程中损坏了产品并因此导致产品责任事故，亦应当承担起相应的产品责任。由此可见，产品责任保险承保的产品责任，是以产品为具体指向物，以产品可能造成的对他人的财产损失或人身伤害为具体承保风险，以制造或能够影响产品责任事故发生的有关各方为被保险人的一种责任保险。

二、产品责任保险的一般内容

（一）产品责任保险的责任范围

保险人承保的产品责任风险，是产品造成的对消费者或用户及其他任何人的财产损失、人身伤亡所导致的经济赔偿责任，以及由此而导致的有关法律费用等。不过，保险人承担的上述责任也有一些限制性的条件，例如，造成产品责任事故的产品必须是供给他人使用即用于销售的商品，产品责任事故的发生必须是在制造、销售该产品的场所范围之外的地点，如果不符合这两个条件，保险人就不承担责任；对于餐厅、宾馆等单位自制、自用的食品、饮料等，一般均作为公众责任保险的附加责任扩展承保。

产品责任保险的除外责任，一般包括如下几项：一是根据合同或协议应由被保险人承担的其他人的责任；二是根据劳工法律制度或雇用合同等应由被保险人承担的对其雇员及有关人员的损害赔偿责任；三是被保险人所有、照管或控制的财产的损失；四是产品仍在制造或销售场所，其所有权仍未转移至用户或消费者手中时的责任事故；五是被保险人故意违法生产、出售或分配的产品造成的损害事故；六是被保险产品本身的损失；七是不按照被保险产品说明去安装、使用或在非正常状态下使用时造成的损害事故。

（二）产品责任保险的费率

产品责任保险的费率的拟订，主要考虑如下五项因素：一是产品的特点和可能对人体或财产造成损害的风险大小，如药品、烟花、爆竹等产品的责任事故风险就比纺织产品的责任事故风险要大得多；二是产品数量和产品的价格，它与保险费呈正相关关系，与保险费率呈负相关关系；三是承保的区域范围，如出口产品的责任事故风险就较国内销售的产品的责任事故风险要大；四是产品制造者的技术水平和质量管理情况；五是赔偿限额的高低。综合上述因素，即可以比较全面地把握承保产品的责任事故风险。

当然，在产品责任保险的经营实践中，保险人一般事先根据各种类型产品的性能等，将其按照风险大小划分为若干类型，如一些保险公司在承保出口产品的责任保险时就将各种产品划分为一般风险产品、中等风险产品和特别风险产品等，并以此作为确定各具体投保产品的费率的依据。

（三）产品责任保险的赔偿

在产品责任保险的理赔过程中，保险人的责任通常以产品在保险期限内发生事故为基础，而不论产品是否在保险期内生产或销售。如在保险生效前生产或销售的产品，只要在保险有效期内发生保险责任事故并导致用户、消费者或其他任何人的财产损失和人身伤亡，保险人均予负责；反之，即使是保险有效期内生产或销售的产品，如果不是在保险有效期内发生的责任事故，保险人则不会承担责任。对于赔偿标准的掌握，仍然以保险双方在签订保险合同时确定的赔偿限额为最高额度，它既可以每次事故赔偿限额为标准，也可以累计的赔偿限额为标准，在此，生产、销售、分配的同批产品由于同样原因造成多人的人身伤害、疾病、死亡或多人的财产损失均被视为一次事故造成的损失，并且适用于每次事故的赔偿限额。

第四节 雇主责任保险

一、雇主责任保险与雇主责任

雇主责任保险，是以被保险人即雇主的雇员在受雇期间从事业务时因遭受意外导致伤、残、死亡或患有与职业有关的职业性疾病而依法或根据雇用合同应由被保险人承担的经济赔偿责任为承保风险的一种责任保险。在许多国家，雇主责任保险都是一种普遍性的责任保险业务，也是一种强制实施的保险业务；也有一些国家将类似业务纳入社会保险范围，即以工伤社会保险取代雇主责任保险；在日本，则是工伤社会保险与雇主责任保险并存，前者负责基本的保障，后者负责超额的保障。不论采用何种方式经营，都表明雇主承担着相当的民事责任风险，在没有工伤社会保险或工伤社会保险不足的条件下，均需要保险公司开办雇主责任保险业务。

一般而言，雇主所承担的对雇员的责任，包括雇主自身的故意行为、过失行为乃至无过失行为所致的雇员人身伤害赔偿责任，但保险人所承担的责任风险并非与此相一致，即均将被保险人的故意行为列为除外责任，而主要承保被保险人的过失行为所致的损害赔偿，或者将无过失风险一起纳入保险责任范围。构成雇主责任的前提条件是雇主与雇员之间存在着直接的雇用合同关系，即只有雇主才有解雇该雇员的权利，雇员有义务听从雇主的管理从事业务工作，这种权利与义务关系均通过书面形式的雇用或劳动合同来进行规范。下列情况通常被视为雇主的过失或疏忽责任：① 雇主提供危险的工作地点、机器工具或工作程序；② 雇主提供不称职的管理人员；③ 雇主本人直接的疏忽或过失行为，如对有害工种未提供相应的合格的劳动保护用品等。

凡属于上述情形且不存在故意意图的均属于雇主的过失责任，对于由此造成的雇员人身伤害，雇主应负经济赔偿责任。此外，许多国家还规定雇主应当对雇员承担无过失责任，即只要雇员在工作中受到的伤害不是自身故意行为所导致的，雇主就必须承担起对雇员的经济赔偿责任。因此，雇主责任相对于其他民事责任而言是较为严厉的，雇主责任保险所承保的责任范围也超出了过失责任的范围。

二、雇主责任保险的一般内容

（一）雇主责任保险的责任范围

雇主责任保险的保险责任，包括在责任事故中雇主对雇员依法应负的经济赔偿责任和有关法律费用等，导致这种赔偿的原因主要是各种意外的工伤事故和职业病。

下列原因导致的责任事故通常除外不保：一是战争、暴动、罢工、核风险等引起雇员的人身伤害；二是被保险人的故意行为或重大过失；三是被保险人对其承包人的雇员所负的经济赔偿责任；四是被保险人的合同项下的责任；五是被保险人的雇员因自己的故意行为导致的伤害；六是被保险人的雇员由于疾病、传染病、分娩、流产以及由此而施行的内、外科手术所致的伤害等。

（二）雇主责任保险的费率

雇主责任保险的保险费率的厘定相对复杂，各保险公司存在着差异，但一般均根据一定的风险归类确定不同行业或不同工种的不同费率标准，同一行业基本上采用同一费率，但对于某些工作性质比较复杂、工种较多的行业，则还须规定每一工种的适用费率。

具体而言，确定雇主责任保险的保险费率应考虑的因素有：

（1）被保险人的业务性质和风险类型，包括所属行业、是否带有高空作业、有毒有害加工工序及加工生产场所的粉尘、噪声、辐射等是否有超过劳动监察部门规定的职业安全标准的情况。

（2）被保险人已有的损失记录，包括事故情况、损失赔偿数量以及是否将所显现的事故隐患进行了整改进而杜绝了同样事故发生的可能性。

（3）被保险人的雇员工种及可能存在的风险程度。例如，带有高压、高温、腐蚀性、粉尘等的岗位数量和从业人数。

（4）被保险人的管理水平，包括企业安全生产制度建设、操作工艺流程规范、管理水平认证等。

（5）遇有附加保险条款时，应一并考虑扩展责任的风险情况（也可以依据每一扩展条款的风险特点和大小分别设定费率）。

总之，由于雇员从事工种的危险程度不同，对于不同工作类别，费率也各不相同。一般而言，对于办公室职员和做秘书工作的雇员，费率较低；对于从事高风险行业工作的雇员，费率较高。如建筑安装工程业、金属矿业等行业的雇主责任保险费率比金融业、商业等行业要高，但比从事石油、钻井、深水、勘探、航空、航天等工作的雇员的雇主责任保险费率要低。

雇主责任保险费的计算公式如下：

$$应收保险费 = A 工种保险费（年工资总额 \times 适用费率）+$$
$$B 工种保险费（年工资总额 \times 适用费率）+\cdots$$

其中：

$$年工资总额 = 该工种人数 \times 月平均工资收入 \times 12$$

如果有扩展责任，还应另行计算收取附加责任的保险费，它与基本保险责任的保险费相加，即构成该笔业务的全额保险费收入。

（三）雇主责任保险的赔偿

在处理雇主责任保险索赔时，保险人必须首先确立受害人与致害人之间是否存在雇用关系。根据国际上流行的做法，确定雇用关系的标准包括：一是雇主具有选择受雇人的权利；二是由雇主支付工资或其他报酬；三是雇主掌握工作方法的控制权；四是雇主具有终止雇用或解雇受雇人的权利。在英国，雇主对进行工作所用方式的控制被看成是上述四条标准中最重要的一条；但在某些国家或地区，雇主选择与解雇雇员的权利被看成是最重要的。受害人与被保险人的雇用关系的认定，是雇主责任保险保险人承担赔偿责任的基础。

雇主责任保险的赔偿限额，通常是规定若干个月的工资收入，即以每一雇员若干个月的工资收入作为其发生雇主责任保险时的保险赔偿额度，每一雇员只适用自己的赔偿额度。在一些国家的雇主责任保险界，保险人对雇员的死亡赔偿额度与永久完全残废赔偿额度是有区别的，后者往往比前者的标准要高。但对于部分残废或一般性伤害，则严格按照事先规定的赔偿额度表进行计算。其计算公式为：

$$赔偿金额 = 该雇员的赔偿限额 \times 适用的赔偿额度比例$$

如果保险责任事故是第三者造成的，保险人在赔偿时仍然适用权益转让原则，即在赔偿后可以代位追偿。

三、雇主责任保险的附加险

在雇主责任保险经营中，为满足不同保险客户的需要，保险人一般还根据需要推出若干附加险种，它们的共同特点就是超越了雇主责任保险的范围，从而也是保险人的一种业务扩展。

雇主责任保险的主要附加险包括以下几类。

（一）附加第三者责任保险

该项附加险承保被保险人（雇主）因其疏忽或过失行为导致雇员以外的他人人身伤害或财产损失的法律赔偿责任，它实质上属于公众责任保险范围，但如果雇主在投保雇主责任保险时要求加保，保险人可以扩展承保。

（二）附加雇员第三者责任保险

该项附加险承保雇员在执行公务时因其过失或疏忽行为造成的对第三者的伤害且

依法应由雇主承担的经济赔偿责任。

（三）附加医药费保险

该项附加险承保被保险人的雇员在保险期限内，因患有疾病等所需的医疗费用，它实质上属于普通人身保险或健康医疗保险的范畴。

此外，雇主责任保险还可以附加罢工、暴动、战争、核辐射等危险的保险和附加疾病引起的雇员人身伤亡的保险。

总之，保险人可以根据被保险人的不同要求，设计多种附加险条款，以便在满足被保险人需要的同时进一步扩展保险业务。

第五节　职业责任保险

一、职业责任保险与职业责任

职业责任保险，是以各种专业技术人员在从事职业技术工作时因疏忽或过失造成合同对方或他人的人身伤害或财产损失所导致的经济赔偿责任为承保风险的责任保险。职业责任保险由于与特定的职业及其技术性工作密切相关，在国外又被称为职业赔偿保险或业务过失责任保险，是由提供各种专业技术服务的单位（如医院、会计师事务所等）投保的团体业务。个体职业技术工作的职业责任保险通常由专门的个人责任保险来承保。

职业责任保险所承保的职业责任风险，是从事各种专业技术工作的单位或个人因工作上的失误导致的损害赔偿责任风险，它是职业责任保险存在和发展的基础。职业责任的特点在于：第一，它属于技术性较强的工作导致的责任事故；第二，它不仅与人的因素有关，同时也与知识、技术水平及原材料等的欠缺有关；第三，它限于技术工作者从事本职工作中出现的责任事故，如某会计师同时又是医生，但若他的单位是会计师事务所，则其行医过程中发生的医疗职业责任事故就不是保险人可以负责的。

在当代社会，医生、会计师、律师、设计师、经纪人、代理人、工程师等技术工作者均存在着职业责任风险，从而均应当通过职业责任保险的方式来转嫁其风险。

二、职业责任保险的一般内容

（一）职业责任保险的承保方式

职业责任保险的承保方式有如下两种。

1. 以索赔为基础的承保方式

由于从职业责任事故的产生或起因到受害方提出索赔，往往可能间隔一个相当长的时期，如医生的不当治疗造成的后遗症，工程设计错误在施工后或竣工验收或交付使用后才能发现等。因此，各国保险人在经营职业责任保险业务时，通常采用以索赔为基础的条件承保。所谓以索赔为基础的承保方式，是保险人仅对在保险期内受害人向被保险人提出的有效索赔负赔偿责任，而不论导致该索赔案的事故是否发生在保险有效期内。这种承保方式实质上是使保险时间前置了，从而使职业责任保险的风险较其他责任保险的风险更大。采用上述方式承保，可使保险人能够确切地把握该保险单项下应支付的赔款，即使赔款数额在当年不能准确确定，至少可以使保险人了解全部索赔的情况，对自己应承担的风险责任或可能支付的赔款数额做出较切合实际的估计。同时，为了控制保险人承担的风险责任无限地前置，各国保险人在经营实践中，又通常规定一个责任追溯日期作为限制性条款，保险人仅对于追溯日以后、保险期满日前发生的职业责任事故且在保险有效期内提出索赔的法律赔偿责任负责。

2. 以事故发生为基础的承保方式

该承保方式是保险人仅对在保险有效期内发生的职业责任事故而引起的索赔负责，而不论受害方是否在保险有效期内提出索赔，它实质上是将保险责任期限延长了。它的优点在于，保险人支付的赔款与其保险期内实际承担的风险责任相适应，缺点是保险人在该保险单项下承担的赔偿责任往往要经过很长时间才能确定，而且因为货币贬值等因素，受害方最终索赔的金额可能大大超过职业责任保险事故发生当时的水平或标准。在这种情况下，保险人通常规定赔偿责任限额，同时明确一个后延截止日期。

从一些国家经营职业保险业务的惯例来看，采用以索赔为基础的承保方式的职业责任保险业务较多，采用以事故发生为基础的承保方式的职业责任保险业务较少。保险人规定的追溯日期或后延日期一般以前置 3 年或后延 3 年为限。由于两种承保方式关系到保险人承担的职业责任风险及其赔款估计，因此，保险人在经营职业责任保险业务时，应当根据各种职业责任保险的不同特性并结合被保险人的要求来选择承保方式。

在承保职业责任保险业务时，保险人通常只接受提供职业技术服务的团体投保，并要求投保人如实告知其职业性质、从业人数、技术或设备情况、主要风险、历史损失情况以及投保要求等，并根据需要进行职业技术风险的调查与评估，以此作为是否承保的客观依据。在承保时，需要明确承保方式并合理确定赔偿限额、免赔额、保险追溯日期或后延日期等事项。

需要特别指出的是，职业责任承保的对象不仅包括被保险人及其雇员，而且包括被保险人的前任与雇员的前任，这是其他责任保险所不具备的特色，它表明了职业技术服务和保险服务的连续性。

（二）职业责任保险的费率

职业责任保险费率的确定，是职业责任保险中较为复杂且关键的问题。各种职业均有其自身特定的风险，从而也需要有不同的保险费率。

从总体而言，制定职业责任保险的费率时，需要着重考虑下列七项因素：一是投保人的职业种类；二是投保人的工作场所；三是投保人工作单位的性质；四是该笔投保业务的数量；五是被保险人及其雇员的专业技术水平与工作责任心；六是赔偿限额、免赔额和其他承保条件；七是被保险人职业责任事故的历史损失资料以及同类业务的职业责任事故情况。根据上述因素，综合考察各具体的投保对象，能够较为合理地确定投保业务的保险费率。

（三）职业责任保险的赔偿

当职业责任事故发生并由此导致被保险人的索赔后，保险人应当严格按照承保方式的不同基础进行审查，确属保险人应当承担的职业责任赔偿应按保险合同规定进行赔偿。在赔偿方面，保险人承担的仍然是赔偿金与有关费用两项，其中保险人对赔偿金通常规定一个累计的赔偿限额，法律诉讼费用则在赔偿金之外另行计算，但如果保险人的赔偿金仅为被保险人应付给受害方的总赔偿金的一部分，则该项费用应当根据各自所占的比例进行分摊。

三、职业责任保险的主要险种

在西方工业化国家，职业责任保险的险种多达 70 多种，但主要的职业责任保险业务则不外乎以下几种。

（一）医疗职业责任保险

医疗职业责任保险也叫医生失职保险，承保医务人员由于医疗责任事故而致病人死亡或伤残、病情加剧、痛苦增加等，受害者或其家属要求赔偿且依法应当由医疗方负责的经济赔偿责任。在西方国家，医疗职业责任保险是职业责任保险中最主要的业务来源，它几乎覆盖了整个医疗、健康领域及一切医疗服务团体。医疗职业责任保险以医院为投保对象，普遍采用以索赔为基础的承保方式，是从事医疗技术服务工作的医生、护士、药师等工作过程中必不可少的转移风险的工具。

（二）律师责任保险

律师责任保险承保被保险人作为律师在自己的能力范围内在职业服务中发生的一切疏忽行为、错误或遗漏过失行为所导致的法律赔偿责任，包括一切侮辱、诽谤，以及赔偿被保险人在工作中发生的或造成的对第三者的人身伤害或财产损失。律师责任保险的承保基础可以以事故发生或索赔为依据确定，它通常采用主保单（法律过失责任保险）和额外责任保险单（扩展限额）相结合的承保办法。此外，还有免赔额的规定，其除外责任一般包括被保险人的不诚实、欺诈犯罪、居心不良等行为责任。

（三）会计师责任保险

会计师责任保险承保被保险人因违反会计业务上应尽的责任及义务，而造成他人遭受损失，依法应负的经济赔偿责任，但不包括身体伤害、死亡及实质财产的损毁。

（四）建筑、工程技术人员责任保险

建筑、工程技术人员责任保险承保因建筑师、工程技术人员的过失而造成合同对方或他人的财产损失与人身伤害并由此导致经济赔偿责任的职业技术风险。建筑、安装以及其他工种技术人员、检验员、工程管理人员等均可以投保该险种。

此外，还有董事责任保险、美容师责任保险、保险经纪人和保险代理人责任保险、情报处理者责任保险等多种职业责任保险业务，它们在发达的保险市场上同样是受到欢迎的险种。

由此可见，职业责任保险业务范围广阔，是发展前景很好的保险业务，保险公司应当加快研究并开拓这一保险业务领域的步伐。

本章小结

1. 责任保险承保的是法律赔偿风险，其产生与发展是以法制的健全与完善为基本条件的，其在经营实践中虽然要运用到财产保险通用的一些原则，但也具有自己的显著特征。

2. 责任保险的承保方式包括独立承保、附加承保和组合承保等，赔偿限额是保险人承担责任的最高限额，也是被保险人转嫁风险的最高限额。

3. 责任保险作为一类独立体系的业务，又可以分为公众责任保险、产品责任保险、雇主责任保险和职业责任保险等大类，每一类又可以分为若干小类，并包括了若干具体险种，每一类业务乃至每一险种均有着自己独特的内容。

重要概念

责任保险　　　　赔偿限额　　　　公众责任保险　　　　场所责任保险
产品责任保险　　雇主责任保险　　职业责任保险

思考题

1. 责任保险有何特征?
2. 如何确定责任保险中的赔偿限额?
3. 试比较公众责任保险、产品责任保险、雇主责任保险和职业责任保险的异同。

即测即评

请扫描右侧二维码，进行即测即评。

第八章
人身保险

第一节　人身保险概述

一、人身保险的概念

人身保险指以人的寿命（或称为生命）或身体为保险标的，当被保险人在保险期限内发生死亡、伤残、疾病、年老等事故或生存至规定时点时给付保险金的保险业务。从定义可以看出：① 人身保险的保险标的是人的寿命或身体。人的寿命是一个抽象的概念，当其作为保险保障的对象时，以生存和死亡两种状态存在；人的身体，当其作为保险保障的对象时，以人的健康和生理机能、劳动能力（人赖以谋生的手段）等状态存在。② 人身保险的保险责任包括生、老、病、死、伤、残各个方面，即人们在日常生活中遭受意外伤害、疾病、衰老、死亡等各种不幸事故或年老退休时，由保险人依据保险合同的有关规定，向被保险人或其受益人给付保险金。

为了能够对人身保险有更深刻的认识，我们从以下三个方面进一步说明。

（一）人身风险的客观性

人身风险——生、老、病、死、伤、残，是客观存在的，那么人身风险是否属于可保风险的范围呢？一般来说，理想的可保风险通常符合以下四个条件。

1. 风险是可以预测的

对于人寿保险来说，所要预测的是死亡年龄或各年龄的死亡率。虽然对于某个人来讲，很难确定他的死亡时间，但是根据精算原理，利用以往大量的死亡记录，可测算出人在每个年龄的死亡率，并根据死亡率计算人寿保险的保险费。同样，伤残率、疾病率也可以用统计的方法测算出来。

2. 损失幅度不能过于巨大，也不能过于微小

人身保险的死亡责任、残疾责任等是在订立合同时提前将保险金额确定好；而在健康保险中，一般都规定最高限额，因而可以人为地控制损失幅度。

3. 有众多的同类风险暴露单位

每个人都面临生、老、病、死、伤、残的风险，人身保险有广大的市场，对于每

个险种、每个年龄都会有众多的被保险人。

4. 损失发生是不可预料的

对于意外和健康类的风险，损失发生与否是不可预料的。而对于生命风险，死亡和生存对于每个人来讲都是必然要发生的，如何理解偶然和不可预料呢？偶然和不可预料主要是指三个方面：① 发生与否的不可预料。不可预料是指事物的随机性或不确定性。与其对立的确定性事件是指事故肯定发生或肯定不发生。② 知道风险会发生，但发生的时间不可预料。③ 事件发生的原因与结果的不可预料。生命风险中，死亡是必然发生的，但何时发生是不可知的，都属于未来事件，所以生命风险是不确定的事件。

因此，人身风险不仅客观存在，而且是可保风险。

（二）损失均摊、均衡保费

保险学原理中的损失均摊是指将少数人的损失由多数人承担（均摊），这是保险经营的基本原理。人身保险中的损失均摊有其特殊含义，以人寿保险为例予以说明。

人寿保险费的计算基础是各年龄的死亡率。人的死亡率除幼年外随年龄增长而升高，每一年龄的死亡率都不相同。死亡率是逐年变化的，且变化幅度在不同的年龄段不同，特别是到了老年以后，死亡率上升幅度更大。按照费率计算的一般原理，人寿保险的保险成本是逐年递增的。这种按照各年龄死亡率计算而得的逐年更新的保费称为自然保费，假设死亡支付发生在期末，则其计算公式为：

$$某年龄自然保费 \times （1+利率）=保额 \times 此年龄死亡率$$

即

$$某年龄自然保费 = \frac{保额 \times 此年龄死亡率}{1+利率}$$

自然保费刚好用于当年的死亡给付，没有积累，使寿险经营每年达到平衡。但由于死亡率是逐年递增的，因此自然保费也是逐年增加的，且增加速度越来越快，给寿险经营带来困难，表现为：① 如果按照自然保费收取保险费的话，老年时的保险费是年轻时的数倍，使被保险人在年老最需要保险保障时，将因缺乏保费的负担能力无法参加保险，削弱了人寿保险的社会效益。② 容易出现逆选择。由于费率年年更新，往往身体好的人因负担过重而退出保险，而身体不好的人却坚持投保，从而使正常情况下计算出的费率难以维持。

为了解决这一矛盾，人寿保险多采用均衡保费代替年年更新的自然保费。均衡保费是指投保人在保险年度内的每一年所交保费相等。均衡保费与自然保费在数值上有很大差别，如表 8-1 所示。

表 8-1　自然保费与均衡保费的比较

年龄	死亡率 /‰	自然保费 / 千元	均衡保费 / 千元
35	1.057	1.031 22	14.185 15
40	1.650	1.609 76	14.185 15
45	2.658	2.593 17	14.185 15

续表

年龄	死亡率 /‰	自然保费 / 千元	均衡保费 / 千元
50	4.322	4.216 59	14.185 15
55	7.005	6.834 15	14.185 15
60	11.378	11.100 49	14.185 15
70	18.275	17.829 27	14.185 15
80	29.296	28.581 46	14.185 15
90	46.582	45.445 85	14.185 15
95	73.092	71.309 27	14.185 15
100	112.976	110.220 50	14.185 15
105	171.599	167.413 70	14.185 15

表 8-1 中的死亡率来源于中国人寿保险业经验生命表 CL3（1990—1993），保费是按保险金额为 1 000 元，年息率为 2.5%，35 岁投保的终身死亡保险计算而得。由表中数字可看出，均衡保费在早期高于自然保费，晚期低于自然保费，即是用年轻时多交部分弥补年老时少交的部分，将死亡风险造成的损失均匀地摊于整个保险期间，使人寿保险具有与其他保险不同的特性。

（三）风险同质性

风险同质性也可称为风险均等原理。它就是指每个风险单位发生损失的机会是相等的。也就是说相同风险水平的人交纳相同的保险费，不同风险水平的人交纳不同的保险费。例如，人的死亡率、疾病发生率因年龄不同而不同，因此不同年龄的人购买相同性质的保险时所交纳的保险费是不相同的。又如，性别也会使死亡率不同，女性的死亡率一般低于男性，因此，女性和男性的保费应该是不同的。这都是运用风险同质性原理作用的结果。

影响风险同质性的因素很多，主要有：① 年龄；② 性别；③ 职业；④ 健康状况；⑤ 体格；⑥ 居住环境；⑦ 家族病史；⑧ 生活习惯；⑨ 以往病史；⑩ 个人爱好。

二、人身保险的分类

人身保险产品按保险责任分为人寿保险、年金保险、意外伤害保险、健康保险；按设计类型分为普通型产品和新型产品（分红型、投资连结型、万能型）；按投保方式分为个人保险和团体保险等。

（一）人寿保险

人寿保险是以被保险人的寿命作为保险标的，以被保险人的生存或死亡作为保险事故（给付保险金的条件）的一种人身保险业务。

（二）年金保险

年金保险是指以被保险人生存为给付保险金条件，并按约定的时间间隔分期给付生存保险金的人身保险。

（三）意外伤害保险

意外伤害保险是指以意外伤害而致身故或残疾为给付保险金条件的人身保险。意外伤害保险大多为短期保险。

（四）健康保险

健康保险是以被保险人的身体为保险标的，保证被保险人在疾病或意外事故所致伤害时的直接费用或间接损失获得补偿或给付的一种保险。健康保险可以是长期的，也可以是短期的。

第二节　人寿保险

一、人寿保险的特征

（一）生命风险的特殊性

以生命风险作为保险事故的人寿保险的主要风险因素是死亡率。死亡率的规律直接影响人寿保险的经营成本，对于死亡保险而言，死亡率越高则保险费率越高。死亡率受很多因素的影响，如年龄、性别、职业等。同时，死亡率也随着经济的发展、医疗卫生水平和生活水平的提高而不断降低，因此可以说死亡率是变动的。但是根据许多专业机构对死亡率经验的研究，死亡率因素较其他非寿险风险发生的概率的波动而言是相对稳定的，所以在寿险经营中的巨灾风险较少，寿险经营在这方面的稳定性较好，因此在寿险经营中对于再保险手段的运用是相对较少的，保险公司主要对于大额保单和次标准体保险进行再保险安排。

（二）保险标的的特殊性

人寿保险的保险标的是人的生命，而人的生命是很难用货币衡量其价值的。对于财产保险，保险标的在投保时的实际价值是确定保险金额的客观依据，而人寿保险金额的确定却没有人的生命的实际价值作为客观依据。在实务中，人寿保险的保险金额是由投保人和保险人双方约定后确定的，此约定金额既不能过高，也不宜过低。一般从两个方面来考虑这个问题：一方面是被保险人对人寿保险需要的程度，另一方面是投保人交纳保费的能力。对于人寿保险的需求程度可以采用"生命价值"理论或者"人寿保险设计"的方法来进行粗略的测算，交费能力则主要是通过投保人的职业和经济收入来判断。

（三）保险利益的特殊性

由于人寿保险的保险标的是人的生命，人寿保险的保险利益与财产保险有很大的不同，主要表现在：

首先，在财产保险中，保险利益有量的规定性，不仅要考虑投保人有没有保险利益，还要考虑保险利益的金额是多少。投保人对保险标的的保险利益就是保险标的的实际价值，保险利益不应超出财产的实际价值。如果保险金额超过财产的实际价值，超过部分因无保险利益而无效。但是，在人寿保险中，人的生命是无价的，不能用货币来衡量，因此，从理论上来说，人寿保险没有金额上的限制，人寿保险的保险利益没有量的规定性，只是考虑投保人有无保险利益，而不考虑保险利益的金额是多少，即保险利益一般是无限的。在实际中，人寿保险的保险金额受投保人的交费能力的限制。在某些特殊情况下，人寿保险的保险利益有量的规定性。例如，债权人以债务人为被保险人投保死亡保险，保险利益以债权金额为限。

其次，在财产保险中，保险利益不仅是订立保险合同的前提条件，也是维持保险合同效力、保险人支付赔款的条件，一旦投保人对保险标的丧失保险利益，即使发生保险事故，保险人也不负赔款责任。在人寿保险中，保险利益只是订立保险合同的前提条件，不是维持保险合同效力、保险人给付保险金的条件。只要投保人在投保时对被保险人具有保险利益，此后即使投保人与被保险人的关系发生了变化，投保人对被保险人已丧失保险利益，也不影响保险合同的效力，如果发生保险事故，保险人仍要给付保险金。例如，丈夫为妻子投保人寿保险后，夫妻离婚；企业为雇员投保人寿保险后，雇员与企业解除劳动合同。在这两种情况下，虽然投保人对被保险人已丧失了保险利益，但人寿保险合同并不因此而失效，发生保险事故后，保险人仍要给付保险金。

（四）保险金额的确定与给付的特殊性

人寿保险金额的确定与给付的特殊性是由人的生命无法用货币衡量这一特殊性决定的。人寿保险是定额给付性保险。损失补偿原则是保险的基本原则，其派生出来的比例分摊原则和代位追偿原则也是保险经营中非常重要的原则。人寿保险标的的特殊性，使得当被保险人发生保险责任范围内的保险责任时，不能像财产保险那样根据事故发生时财产损失的实际程度支付保险赔款，并以保险金额为最高限额。人寿保险只能按照保险合同规定的保险金额支付保险金，不能有所增减。因此，人寿保险不适用损失补偿原则，所以也不存在比例分摊和代位追偿的问题。同时，在人寿保险中一般没有重复投保、超额投保和不足额投保问题。

（五）保险期限的特殊性

人寿保险合同往往是长期合同，保险期限短则数年，长则数十年甚至一个人的一生。这种长期性使寿险具有特殊性，受到诸多外界因素的影响。

1. 利率因素

人寿保险合同的投保人交纳保险费的时间与保险人支付保险金的时间之间有很长的距离，保险人应对投保人交纳的保险费承担保值增值的责任，因此在人寿保险的长期合同中都有预定利率假设，即保险公司承诺给投保人的利率保证。对于长期合同，利率因素会产生很大的影响，时间越长，利率的影响越大。表 8-2 给出了利率分别为 2%、4%、6%、8% 时，1 元钱在 5 年、10 年……100 年的积累值。

表 8-2 1 元钱在不同利率、不同期限下的积累值比较 单位 / 元

利率	5 年	10 年	15 年	20 年	25 年	30 年	35 年	40 年	45 年	50 年
2%	1.10	1.22	1.35	1.49	1.64	1.81	2.00	2.21	2.44	2.69
4%	1.22	1.48	1.80	2.19	2.67	3.24	3.95	4.80	5.84	7.11
6%	1.34	1.79	2.40	3.21	4.29	5.74	7.69	10.29	13.76	18.42
8%	1.47	2.16	3.17	4.66	6.85	10.06	14.79	21.72	31.92	46.90
利率	55 年	60 年	65 年	70 年	75 年	80 年	85 年	90 年	95 年	100 年
2%	2.97	3.28	3.62	4.00	4.42	4.88	5.38	5.94	6.56	7.24
4%	8.65	10.52	12.80	15.57	18.95	23.05	28.04	34.12	41.51	50.50
6%	24.65	32.99	44.14	59.08	79.06	105.80	141.58	189.46	253.55	339.30
8%	68.91	101.26	148.78	218.61	321.20	471.95	693.46	1 018.92	1 497.12	2 199.76

2. 通货膨胀因素

通货膨胀是经济发展中很难避免的一种经济现象,传统寿险的最主要特征是固定利率和固定给付,即保险合同规定的预定利率和约定的保险金额不会因为通胀的存在而改变,因此持续的通货膨胀会导致人寿保险实际保障水平的下降。表 8-3 给出的是 1979 年 1 月 1 日的 1 000 元在通货膨胀情况下在不同年份的 1 月 1 日的实际货币价值。

表 8-3 通货膨胀与货币价值

年份	1979	1980	1981	1982	1983	1984	1985	1986	1987	1988	1989
通货膨胀率 /%	2	6	2.4	1.9	1.5	2.8	8.8	6	7.3	18.5	17.8
实际价值 / 元	1 000	980	925	903	886	873	849	781	737	686	579
年份	1990	1991	1992	1993	1994	1995	1996	1997	1998	1999	2000
通货膨胀率 /%	2.1	2.9	5.4	13.2	21.7	14.8	6.1	0.8	−2.6	−3	−1.5
实际价值 / 元	492	482	468	444	392	322	281	265	263	270	278
年份	2001	2002	2003	2004	2005	2006	2007	2008	2009	2010	2011
通货膨胀率 /%	−0.8	−1.3	−0.1	2.8	0.8	1.0	3.8	5.9	−1.2	3.1	4.9
实际价值 / 元	282	284	288	288	280	278	275	265	250	253	245
年份	2012	2013	2014	2015	2016	2017	2018	2019	2020	2021	2022
通货膨胀率 /%	2.0	1.4	1.0	0.1	0.7	1.1	1.9	2.0	1.4	1.6	
实际价值 / 元	234	229	226	224	224	222	220	216	212	209	206

资料来源:国家统计局。

说明:此处通货膨胀率指标为商品零售价格指数。

通货膨胀问题一直是人寿保险经营的重大困难之一,许多国家保险业务都经历了相当的困难时期,同时也在不断寻找克服通货膨胀影响的途径。最主要的办法是进行险种的不断变革。

3. 预测因素的偏差

人寿保险合同的长期性使保险公司对于未来因素的预测变得十分困难，如死亡率因素、利率因素、费用因素、失效率因素等。利率因素在寿险的费率中作用很大，不同的利率值对于积累值的影响有很大的差距。更为困难的是利率因素永远是动态的，它不可能长期稳定于某个固定值周围，而寿险业务又是长期合同，因此对于利率因素可能发生的变动及其对寿险业务的影响必须进行非常谨慎的预测。分红保单和利率敏感型保单都在一定程度上克服了利率波动对寿险的影响。对于死亡率因素、费用因素等都有类似的问题。一般而言，保险公司对于长期因素的预定是相对保守的，当保险公司经营较好的时候则通过险种本身的特点或者分红的方法返还给保单持有人，以实现保险的公平性原则。

二、人寿保险的主要类型

人寿保险产品按照设计类型分为普通型人寿保险和新型人寿保险。普通型人寿保险按照保险责任分为定期寿险、终身寿险、两全保险，新型人寿保险包括投资连结保险、万能保险、分红保险等。

（一）普通型人寿保险

普通型人寿保险按照保险责任分为定期寿险、终身寿险、两全保险。

1. 定期寿险

定期寿险是指以死亡为给付保险金条件，且保险期限为固定年限的人寿保险。具体地讲，定期寿险在合同中规定一定时期为保险有效期，若被保险人在约定期限内死亡，保险人即给付受益人约定的保险金；如果被保险人在保险期限届满时仍然生存，契约即行终止，保险人无给付义务，亦不退还已收的保险费。对于被保险人而言，定期寿险最大的优点是可以用极为低廉的保险费获得一定期限内较大的保险保障。其不足之处在于若被保险人在保险期限届满时仍然生存，则不能得到保险金的给付，而且已交纳的保险费不再退还。

2. 终身寿险

终身寿险是指以死亡为给付保险金条件，且保险期限为终身的人寿保险。终身寿险是一种不定期的死亡保险，即保险合同中并不规定期限，自合同有效之日起，至被保险人死亡为止。也就是保险人对被保险人要终身负责，无论被保险人何时死亡，保险人都有给付保险金的义务。终身保险最大的优点是可以得到永久性保障，而且有退费的权利，若投保人中途退保，可以得到一定数额的现金价值（或称为退保金）。终身保险按照交费方式可分为：① 普通终身保险，即保险费终身分期交付。② 限期交费终身保险，即保险费在规定期限内分期交付，期满后不再交付保险费，但仍享有保险保障。交纳期限可以是年限，也可以规定交费到某一特定年龄。③ 趸交终身保险，即在投保时一次全部交清保险费，也可以认为是限期交费保险的一种特殊形态。

3. 两全保险

两全保险是指以在保险期间内死亡或期满生存为给付保险金条件的人寿保险，也称生死合险，是将定期死亡保险和生存保险（是指以被保险人在保险期满时仍生存为给付保险金条件的人寿保险）结合起来的保险形式，即被保险人在保险合同规定的年限内死亡或合同规定时点仍生存，保险人按照合同均负给付保险金责任的生存与死亡混合组成的保险。两全保险是储蓄性极强的一种保险。两全保险的净保费由危险保险费和储蓄保险费组成，危险保险费用于当年死亡给付，储蓄保险费则逐年积累形成责任准备金，既可用于中途退保时支付退保金，也可用于生存给付。两全保险既保障死亡又保障生存，因此不仅能使受益人得到保障，同时也使被保险人本身享受其利益。

（二）新型人寿保险

1. 分红保险

（1）分红保险的含义。分红保险是指保险公司将其实际经营成果产生的盈余，按一定比例向保单持有人进行分配的人身保险产品。按照我国的监管规定，分红保险可以采取终身寿险、两全保险或年金保险的形式。对于投保时被保险人的年龄满18周岁的，个人分红终身寿险、个人分红两全保险在保单签发时或保险责任等待期结束时的死亡保险金额不得低于已交保费的120%。死亡保险责任至少应当包括疾病身故保障责任和意外身故保障责任。

（2）分红保险的主要特点。分红保险的主要特点包括以下四个方面：

第一，保单持有人享受经营成果。分红保险不仅能够获得合同规定的各种保障，同时，保险公司每年要将经营分红险种产生的部分盈余以红利的形式分配给保单持有人，目前中国银保监会规定保险公司应至少将分红业务当年度可分配盈余的70%分配给客户。这样投保人就可以与保险公司共享经营成果，与不分红保险相比增加了投保人的获利机会。

第二，客户承担一定的投资风险。由于每年保险公司的经营状况不一样，客户所能得到的红利也会不一样。在保险公司经营状况良好的年份，客户会分到较多的红利；但如果保险公司的经营状况不佳，客户能分到的红利就会比较少，甚至没有。因此，分红保险使保险公司和客户在一定程度上共同承担了投资风险。

第三，定价的精算假设相对保守。寿险产品在定价时主要以预定死亡率、预定利率和预定费用率三个因素为依据，这三个预定因素与实际情况的差距直接影响到寿险公司的经营成果。对于长期寿险，由于预期的客观困难，在进行各个因素的假设时，往往相对保守。对于分红保险，由于寿险公司要将部分盈余以红利的形式分配给客户，所以保守的精算假设既可以使保险公司在一定程度上规避风险，又不会损害客户的利益。

第四，保险给付、退保金中含有红利。分红保险的被保险人身故后，受益人在获得投保时约定的保额的同时，还可以得到未领取的累积红利和利息。在满期给付时，被保险人在获得保险金额的同时，还可以得到未领取的累积红利和利息。分红保险的保单持有人在退保时得到的退保金也包括保单红利及其利息之和。

（3）保单红利。分红产品从本质上说是一种客户享有保单盈余分配权的产品，即将寿险公司的盈余，如死差益、利差益、费差益等按一定比例分配给保单持有人。分配给客户的保单盈余，也就是我们所说的保单红利。

第一，利源。分红保险的红利，实质上是保险公司盈余的分配。盈余就是保单资产份额高于未来负债的那部分价值。盈余（或红利）的产生是由很多因素决定的，但最为主要的因素是死差益、利差益和费差益。

死差益（损）：对于以死亡作为保险责任的寿险，死差益是由于实际死亡率小于预定死亡率而产生的利益。

利差益（损）：当保险公司实际投资收益率高于预定利率时，则产生利差益。

费差益（损）：是指公司的实际营业费用少于预计营业费用所产生的利益。

除了以上三个主要来源以外，还有其他的盈余来源：①失效收益。寿险合同中途失效时，保险公司支付给保单持有人的解约金小于保单所积存的资产份额。②投资收益及资产增值。③残废给付、意外加倍给付、年金预计给付额等与实际给付额的差额。④预期利润。

第二，红利分配。《分红保险精算规定》中要求：

保险公司应为分红保险业务设立一个或多个单独账户，单独账户应单独管理、独立核算。保险公司为各分红保险账户确定每一年度的可分配盈余时应当遵循普遍接受的精算原理，并符合可支撑性、可持续性原则，其中分配给保单持有人的比例不低于可分配盈余的70%。

分红保险产品可以采用现金红利或增额红利方式分配盈余。

现金红利：分配方式包括现金领取、抵交保费、累积生息以及购买交清保额等形式。

增额红利：分配方式指每年以增加保额的方式分配红利，增加的保额作为红利一旦公布，则不得取消。采用增额红利分配方式的保险公司可在合同终止时以现金方式给付终了红利。

保险公司应对分红保险账户提取分红保险特别储备。分红保险特别储备是分红保险账户逐年累积的，其权益共同属于保单持有人和股东双方，用于平滑未来的分红水平。

2. 万能保险

（1）万能保险的含义。万能保险是一种交费灵活、保额可调整、非约束性的寿险。保单持有人在交纳一定的首期保费后，可以按自己的意愿选择任何时候交纳任何数量的保费，只要保单的现金价值足以支付保单的相关费用，有时甚至可以不再交费。而且，保单持有人可以在具备可保性的前提下，提高保额，也可以根据自己的需要降低保额。

万能保险的经营透明度高，保单持有人可以了解到该保单的内部经营情况。保单持有人可以得到有关保单的相关因素，如保费、死亡给付、利息率、死亡率、费用率、现金价值之间相互作用的各种预期的结果的说明。保单经营的透明度也并不意味着保单持有人能对保单价值做出精确估计，而是可以了解保单基金的支配情况。万能保险具有透明度的一个重要因素是其保单的现金价值与风险保额是分别计算的，即具有非约束性。保单现金价值每年随保费交纳情况、费用估计、死亡率及利息率的变化而变化。风险保额与现金价值之和就是全部的死亡给付额。

从万能保险经营的流程上看，首先，保单持有人交纳一笔首期保费，首期保费有一个最低限额，首期的各种费用支出先要从保费中扣除。其次，根据被保险人的年龄、保险金额计算的相应的死亡给付分摊额以及一些附加优惠条件（如可变保费）等费用，要从保费中扣除。死亡给付分摊是不确定的，而且常常低于保单预计的最高水平。进行了这些扣除后，剩余部分就是保单最初的现金价值。这部分价值通常按新投资利率计息累积到期末，成为期末现金价值。许多万能保险收取较高的首年退保费用以避免保单过早终止。在保单的第二个周期（通常一个月为一周期），期初的保单现金价值为上一周期期末的现金价值额。在这一周期，保单持有人可以根据自己的情况交纳保费，如果首期保费足以支付第二个周期的费用及死亡给付分摊额，第二个周期保单持有人就可以不交纳保费。如果前期的现金价值不足，保单就会由于保费交纳不足而失效。本期的死亡给付分摊及费用分摊也要从上期期末的现金价值余额及本期保费中扣除，余额就是第二期期初的现金价值余额。这部分余额按照新投资利率累积至本期末，成为第二周期的期末现金价值余额。这一过程不断重复，一旦现金价值不足以支付死亡给付分摊额及费用，又没有新的保费交纳，该保单就失效了。

（2）万能保险产品的主要特征。万能保险产品的主要特征表现在以下六个方面：

其一，死亡给付模式。万能保险主要提供两种死亡给付方式，投保人可以任选其一。当然，给付方式也可随时改变。这两种方式习惯上称为 A 方式和 B 方式。A 方式是一种均衡给付的方式，B 方式是直接随保单现金价值的变化而改变的方式，与投资连结保险的 A 方式和 B 方式相同。

在 A 方式中，死亡给付额固定，风险保额每期都进行调整，使得风险保额与现金价值之和成为均衡的死亡给付额。这样，如果现金价值增加了，风险保额就会等额减少；反之，若现金价值减少了，则风险保额会等额增加。这种方式与其他传统的具有现金价值的给付方式的保单较为类似。

在 B 方式中，规定了死亡给付额为均衡的风险保额与现金价值之和。这样，如果现金价值增加了，则死亡给付额会等额增加。

图 8-1 显示了这两种不同的给付方式。其中假定现金价值是逐年递增的。可以看出，A 方式中，风险保额是逐年下降的，而 B 方式中的风险保额是不变的。

其二，风险保额。死亡风险保额是指有效保额减去保单账户价值。其中有效保额是指被保险人因疾病和意外等身故时，保险公司支付的死亡保险金额。对于投保时被保险人的年龄满 18 周岁的，个人万能保险在保单签发时的死亡风险保额不低于保单账户价值的 20%。年金保险的死亡风险保额可以为零。团体万能保险的死亡风险保额可以为零。

其三，保险费交纳。万能保险的投保人可以用灵活的方法来交纳保险费。只要符合保单规定，投保人可以在任何时间不定额地交纳保险费。大多数保险公司仅规定第一次保险费必须足以涵盖第一个月的费用和死亡成本，但实际上大多数投保人支付的首次保费会远远高于规定的最低金额。

这种灵活的交费方式也带来了万能保险容易失效的缺点。万能保险保单无法强迫

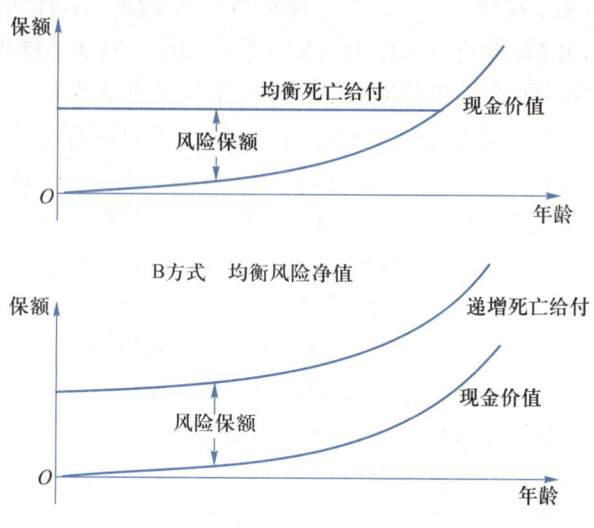

图 8-1　万能保险的死亡给付模式

投保人交纳固定保险费，为了解决这一问题，保险公司的一般做法是根据保单计划所选择的目标保险费，向投保人寄送保费通知书，以提醒其交费。另外投保人一般也会同意签发其银行账户每月预先授权提款单据。还有一种做法是保险公司按投保人规划的保费金额向投保人寄送保费账单，投保人按账单金额交纳保险费。

其四，万能账户及结算利率。《万能保险精算规定》中规定：万能保险应当提供最低保证利率，最低保证利率不得为负。保险期间内各年度最低保证利率数值应一致，不得改变。保险公司应为万能保险设立一个或多个单独账户。万能单独账户的资产应当单独管理，应当能够提供资产价值、对应保单账户价值、结算利率和资产负债表等信息，满足保险公司对该万能单独账户进行管理和保单利益结算的要求。保险公司应当根据万能单独账户资产的实际投资状况确定结算利率。结算利率不得低于最低保证利率。保险公司可以为万能单独账户设立特别储备，用于未来结算。特别储备不得为负，并且只能来自实际投资收益与结算利息之差的积累。

其五，费用收取。万能保险可以并且仅可以收取以下几种费用：

① 初始费用，保险费进入万能账户之前扣除的费用。

② 死亡风险保险费，保单死亡风险保额的保障成本。风险保险费应通过扣减保单账户价值的方式收取，其计算方法为死亡风险保额乘以死亡风险保险费费率。保险公司可以通过扣减保单账户价值的方式收取其他保险责任的风险保险费。

③ 保单管理费，即为维护保险合同向投保人或被保险人收取的管理费用。保单管理费应当是一个不受保单账户价值变动影响的固定金额，在保单首年度与续年度可以不同。保险公司不得以保单账户价值一定比例的形式收取保单管理费。对于团体万能保险，保险公司可以在对投保人收取保单管理费的基础上，对每一被保险人收取固定金额形式的保单管理费。

④ 手续费，保险公司可在提供部分领取等服务时收取，用于支付相关的管理费用。

⑤ 退保费用，保单退保或部分领取时保险公司收取的费用，用以弥补尚未摊销的保单获取成本。保险公司收取的退保费用不得高于保单账户价值或者领取部分对应的保单账户价值的以下比例，见表8-4。

表8-4　退保费用比例限制规定

保单年度	退保费用比例上限 /%	保单年度	退保费用比例上限 /%
第一年	5	第四年	2
第二年	4	第五年	1
第三年	3	第六年及以后	0

专栏 8-1

关于初始费用的规定

其六，持续奖金。万能保险可以提供持续奖金。持续奖金是保险公司对持续有效的保单或持续交费的保单，满足合同约定条件时给予的奖金。保险公司应当在保险合同和产品说明书上明确说明持续奖金发放的条件及金额。保险公司应在产品精算报告中对有关持续奖金的设计、发放、准备金的计提方法以及对公司财务的影响等进行阐述。

3. 投资连结保险

（1）投资连结保险的含义。投资连结保险是指包含保险保障功能并至少在一个投资账户拥有一定资产价值的人身保险产品。投资连结保险的投资账户必须是资产单独管理的资金账户。投资账户应划分为等额单位，单位价值由单位数量及投资账户中资产或资产组合的市场价值决定。投保人可以选择其投资账户，投资风险完全由投保人承担。除有特殊规定外，保险公司的投资账户与其管理的其他资产或其投资账户之间不得存在债权、债务关系，也不承担连带责任。

投资连结保险产品的保单现金价值与单独投资账户（或称"基金"）资产相匹配，现金价值直接与独立账户资产投资业绩相连，一般没有最低保证。大体而言，独立账户的资产免受保险公司其余负债的影响，资本利得或损失一旦发生，无论其是否实现，都会直接反映到保单的现金价值上。不同的投资账户，可以投资不同的投资工具，如股市、债券和货币市场等。投资账户可以是外部现有的，也可以是公司自己设立的。除了各种专类基金供投保人选择外，由寿险公司确立原则，组合投资的平衡式或管理式基金也非常流行。约定条件下，保单持有人可以在不同的基金间自由转换，而不需支付额外的费用。

（2）投资连结保险产品的主要特征。投资连结保险产品的主要特征表现在以下五个方面：

① 投资账户设置。投资连结保险均设置单独的投资账户。保险公司收到保险费后，

按照事先的约定将保费的部分或全部分配入投资账户，并转换为投资单位。投资单位是为了方便计算投资账户的价值而设计的计量单位。投资单位有一定的价格，保险公司根据保单项下的投资单位数和相应的投资单位价格计算其账户价值。保险公司应当至少每周对投资账户中的资产价值评估一次，而且投资连结保险及投资账户均不得保证最低投资回报率。

② 保险责任和保险金额。投资连结保险作为保险产品，其保险责任与传统产品类似，不仅有死亡、残疾给付及生存领取等基本保险责任，一些产品还加入了豁免保险费、失能保险金、重大疾病险等保险责任。在死亡保险金额的设计上，存在两种方法：一种是给付保险金额和投资账户价值两者较大者（方法 A），另一种是给付保险金额和投资账户价值之和（方法 B）。方法 A 的死亡给付金额在保单年度前期是不变的，当投资账户价值超过保险金额后，随投资账户价值波动；方法 B 的死亡给付金额随投资账户价值而不断波动，但风险保额（死亡给付金额与投资账户价值之差）保持不变。

③ 风险保额。死亡风险保额是指有效保额减去账户价值。其中有效保额是指被保险人因疾病和意外等身故时，保险公司支付的死亡保险金额。《投资连结保险精算规定》中规定个人投资连结保险在保单签发时的死亡风险保额不得低于保单账户价值的5%，年金保险和团体投资连结保险的死亡风险保额可以为零。

④ 保险费。投资连结保险大多引入了一定的灵活交费机制，但在设计方式上，还是有所不同。一种方式是在固定交费基础上增加保险费假期（premium holiday），允许投保人不必按约定的日期交费，而保单照样有效，避免了因为超过 60 天宽限期而致的失效。另外还允许投保人在交纳约定的保险费外，可以随时再支付额外的保险费，增加了产品的灵活性。另一种方式是取消了交费期间、交费频率、交费数额的概念。投保人可随时支付任意数额（有最低数额的限制）的保险费，并按约定的计算方法进入投资账户，这种方式对客户的灵活性最高，但保险公司对保费支付的可控性及可预测性降低，同时也提高了对内部操作系统的要求。

⑤ 费用收取。投资连结保险的费用类型，除了与万能保险的 5 种费用类型相同以外，还包括：买入卖出差价，即投保人买入和卖出投资单位的价格之间的差价；资产管理费，按账户资产净值的一定比例收取。

第三节 年金保险

一、年金保险的含义

年金保险是指以被保险人生存为给付保险金条件，并按约定的时间间隔分期给付生存保险金的人身保险。市场上年金保险通常包括两类：一类是养老年金保险。养老保险通常采用年金保险的方式，原保监会发布的《人身保险公司保险条款和保险费率管理办法》规定，养老年金保险是指以养老保障为目的的年金保险。养老年金保险应当符合下列两个条件:第一,保险合同约定给付被保险人生存保险金的年龄不得小于国家规定的退休年龄;第二,相邻两次给付的时间间隔不得超过 1 年。养老年金保险一般为终身年金保险,本章中的年金保险主要指养老年金保险。另一类是教育年金保险,该年金保险是儿童教育金保险的重要组成部分,以定期年金保险为主。

年金保险是基于生命不确定性设计的,由于每个人的寿命长短是无法预期的,以储蓄方式获得的固定资金数量无法与人的寿命相对应,而年金保险的支付以生存为条件,因此年金保险可以解决生命不确定性带来的财务风险,帮助购买保险的人解决老年生活的后顾之忧。

年金保险与人寿保险虽然都是以人的寿命作为保险标的,但两者之间存在一定的差异。人寿保险以死亡为给付保险金的条件,是为被保险人因过早死亡而丧失的收入提供经济保障,保障的是其他人的利益,而年金保险以生存为给付条件,是预防被保险人因寿命过长而可能丧失收入来源或耗尽积蓄而进行的经济储备,保障的是自己的利益。从某种意义上说,年金保险和人寿保险的作用正好相反。

专栏 8-2

养老年金保险典型条款(节选)示例

专栏 8-3

教育年金保险典型条款(节选)示例

由于年金保险和寿险的给付条件不同,身体健康、预期死亡率低于平均水平的人更倾向于购买年金保险;而身体健康欠佳、预期死亡率高于平均水平的人更倾向于购买人寿保险。被保险人的这种逆向选择导致相同年龄和性别的人购买年金和寿险的死亡率呈现明显差异,前者显著低于后者,从而使得两种业务的保险成本产生较大差异。为此,保险公司经营年金保险业务和寿险业务时,采用了不同的生命表,即年金保险使用年金生命表,人寿保险使用寿险生命表。对于相同年龄段,通常年金保险生命表死亡率低于寿险生命表死亡率,见图 8-2。

年金保险的价格受死亡率和利率的影响较大,由于人的寿命是逐年增加的,年金保险的价格受影响的程度会不断变大。

二、年金保险的分类

(一)按交费方式划分

按交费方式,年金保险可以分为:

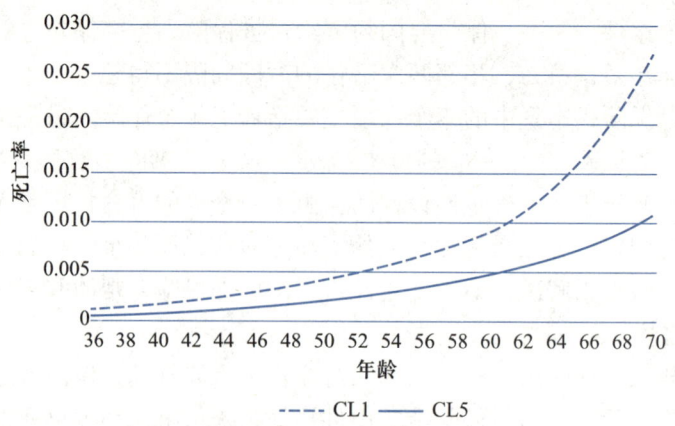

图 8-2 非养老类业务和养老类业务死亡率比较
注：CL1 表示《中国人身保险业经验生命表（2010—2013）》非
养老类业务一表（男），CL5 表示养老类业务表（男）。

（1）趸交年金。一次交清保费的年金，即指投保人一次全部交清年金保险费后，于约定时间开始，由年金受领人按期领取年金。

（2）期交年金。在给付日开始前，分期交付保险费的年金，即指保险费由投保人采用分期交付的方式，并于约定年金给付开始日期起由年金受领人按期领取年金。

（二）按给付开始日期划分

按给付开始日期，年金保险可以分为：

（1）即期年金。合同成立后，保险人即行按期给付年金。

（2）延期年金。合同成立后，经过一定时期或被保险人达到一定年龄后才开始给付的年金。

（三）按给付方式（或给付期间）划分

按给付方式，年金保险可以分为：

（1）终身年金。年金受领人在有生之年一直可以领取约定的年金，直到死亡为止。

（2）最低保证年金。为了防止年金受领人早期死亡而过早丧失领取年金的权利，产生了最低保证年金。最低保证年金又分为两种：一种是确定给付年金，即规定了一个最低保证确定年数，在规定期间内无论被保险人生存与否均可得到年金给付。另一种是退还年金，即当年金受领人死亡而其年金领取总额低于年金购买价格时，保险人以现金方式一次或分期退还其差额。

（3）定期生存年金，即年金的给付以一定的年数为限，若被保险人一直生存，给付到期满；若被保险人在规定的期限内死亡，则年金给付立即停止。这种以被保险人在规定期间内生存为给付条件的年金称为定期生存年金。

（四）按被保险人数划分

按被保险人数，年金保险可以分为：

（1）个人年金。以一个被保险人生存作为年金给付条件的年金。

（2）联合年金。以两个或两个以上的被保险人均生存作为年金给付条件的年金，即是说，这种年金的给付，在数个被保险人中第一个死亡时即停止。

（3）最后生存者年金。以两个或两个以上的被保险人中至少尚有一个生存作为年金给付条件且给付金额不发生变化的年金，即是指年金的给付持续到其中最后一个生存者死亡为止，且给付金额保持不变。

（4）联合及生存者年金。以两个或两个以上的被保险人中至少尚有一个生存作为年金给付条件，但给付金额随着被保险人数的减少而进行调整的年金，即是指年金的给付持续到其中最后一个生存者死亡为止，但给付金额根据仍存活的被保险人数进行相应的调整。

（五）按年金给付水平是否有变化划分

按照给付金额是否有变化，可以将年金划分为定额年金保险和变额年金保险。

（1）定额年金保险。定额年金保险是指保险公司保证对所收取的年金保费至少以约定金额定期给付的年金，即年金每次按固定数额给付，不随投资收益水平的变动而变动，又称固定给付年金。多数定额年金自满期给付日给付金额保持不变，少数定额年金规定，当保险公司的投资收益超过预期水平时将适当提高给付金额；也有一些定额给付年金保险规定，给付金额随居民消费价格指数（CPI）进行适当调整。

（2）变额年金保险。按照监管部门的规定，变额年金保险是指保单利益与连结的投资账户投资单位价格相关联，同时按照合同约定具有最低保单利益保证的人身保险，即年金给付额不是固定不变的，而是依照投资账户的投资收益水平进行调整。

变额年金保险是针对固定给付年金无法对抗长期因通货膨胀而引发的购买力风险而设计的险种，一般而言，投资收益率在理论上会与通货膨胀呈现相同方向的变化。保险公司通常设立多个分立投资账户，不同账户具有不同的投资策略。投保人可以自主选择投资账户，也可以改变投资账户。

（3）定额年金与变额年金风险承担的比较。定额年金保险每期给付的年金事前确定，给付风险较小；但因未考虑通货膨胀对货币购买力的影响，会影响到未来年金领取人的实际保障水平，因此购买力风险较大。

专栏 8-4

原保监会发布的《变额年金保险管理暂行办法》中规定的最低保单利益保证

从长期看，变额年金保险的投资收益率很有可能高于同期通货膨胀率，通常能保持货币购买力，购买风险较小；但由于每期给付的金额事前不确定，给付风险较大，消费者需要有较强的风险承受力。

变额年金可以不提供最低给付水平承诺，风险由年金领取人承担，与投资连结险类似。我国当前在变额年金保险试点期间，规定投资风险由投保人和保险人共同承担，保险公司给予一定的最低保单利益保证。

（4）定额年金与变额年金给付水平的比较。定额年金保险依据投保人交纳的保费来确定给付额，并在整个给付期间保持不变。部分险种的给付水平会因某种原因每隔一段时间有一定变化，如居民消费价格指数、年金领取人健康状况等。变额年金保险的累积价值和每月给付金额将随着分立投资账户的绩效而上下波动。

第四节　意外伤害保险

一、意外伤害保险的概念

（一）意外伤害的含义

意外伤害包括意外和伤害两层含义。伤害指人的身体受到侵害的客观事实。意外是指就被害人的主观状态而言，侵害的发生是被害人事先没有预见的，或违背被保险人主观意愿的。意外伤害保险中所称意外伤害，是指在被保险人没有预见或违背被保险人意愿的情况下，突然发生的外来致害物对被保险人的身体明显、剧烈地侵害的客观事实。

1. 伤害

伤害也称损伤，指被保险人的身体受到侵害的客观事实。伤害由致害物、侵害对象、侵害事实三个要素构成，三者缺一不可。

致害物即直接造成伤害的物体或物质。没有致害物，就不可能构成伤害。在意外伤害保险中，只有致害物是外来的，才被认为是伤害。侵害对象是致害物侵害的客体。在意外伤害保险中，只有致害物侵害的对象是被保险人的身体，才能构成伤害。侵害事实即致害物以一定的方式破坏性地接触、作用于被保险人身体的客观事实。如果致害物没有接触或作用于被保险人的身体，就不能构成伤害。

2. 意外

意外是就被保险人的主观状态而言，指伤害的发生是被保险人事先没有预见到的或伤害的发生违背被保险人的主观意愿。

（1）被保险人事先没有预见到伤害的发生，可理解为伤害的发生是被保险人事先所不能预见或无法预见的；或者伤害的发生是被保险人事先能够预见的，但由于被保险人的疏忽而没有预见。意外伤害应该是偶然发生的事件或突然发生的事件。

（2）伤害的发生违背被保险人的主观意愿，主要表现为：被保险人预见伤害即将发生时，在技术上已不能采取措施避免；或者被保险人已预见伤害即将发生，在技术上也可以采取措施避免，但由于法律或职责上的规定，不能躲避。应该指出的是，凡是被保险人的故意行为使自己身体所受的伤害，均不属意外伤害。被保险人故意使自己遭受伤害，与被保险人已经预见伤害即将发生，但由于法律或责任上的规定不能躲避，性质是完全不同的。

3. 意外伤害的构成

意外伤害的构成包括意外和伤害两个必要条件。仅有主观上的意外而无伤害的客观事实，不能构成意外伤害；反之，仅有伤害的客观事实而无主观上的意外，也不能构成意外伤害。只有在意外的条件下发生伤害，才构成意外伤害。因此，在意外伤害保险中，意外伤害的定义可以表述为：在被保险人没有预见或违背被保险人意愿的情况下，突然发生的外来致害物明显、剧烈地侵害被保险人身体的客观事实。

（二）意外伤害保险的定义

意外伤害保险是指以意外伤害而致身故或残疾为给付保险金条件的人身保险。意外伤害保险有三层含义：① 必须有客观的意外事故发生，且事故原因是意外的、偶然的、不可预见的。② 被保险人必须有因客观事故造成死亡或残废的结果。③ 意外事故的发生和被保险人遭受人身伤亡的结果，两者之间有着内在的、必然的联系，即意外事故的发生是被保险人遭受伤害的原因，而被保险人遭受伤害是意外事故的后果。

意外伤害保险的基本内容是：投保人向保险人交纳一定量的保险费，如果被保险人在保险期限内遭受意外伤害并以此为直接原因或近因，在自遭受意外伤害之日起的一定时期内造成死亡、残疾、支出医疗费或暂时丧失劳动能力，则保险人给付被保险人或其受益人一定量的保险金。

意外伤害保险的保障项目主要有：

（1）死亡给付。被保险人因遭受意外伤害造成死亡时，保险人给付死亡保险金。

（2）残疾给付。被保险人因遭受意外伤害造成残疾时，保险人给付残疾保险金。

意外死亡给付和意外伤残给付是意外伤害保险的基本责任，其派生责任包括医疗给付、误工给付、丧葬费给付和遗族生活费给付等责任。

二、意外伤害保险的特征

（一）保险金的给付

在人寿保险中，保险事故发生时，保险人不问被保险人有无损失以及损失金额是多少，只是按照约定的保险金额给付保险金。在意外伤害保险中，保险事故发生时，死亡保险金按约定的保险金额给付，残疾保险多按保险金额的一定百分比给付。

（二）保费计算基础

人寿保险的净保险费是依据生命表和利息率计算的。这种方法认为被保险人的死亡概率取决于其年龄。意外伤害保险的净保险费是根据保险金额损失率计算的，这种方法认为被保险人遭受意外伤害的概率取决于其职业、工种或从事的活动，在其他条件都相同时，被保险人的职业、工种、所从事活动的危险程度越高，应交的保险费就越多。

（三）保险期限

人寿保险的保险期限较长，至少1年，一般长达十几年、几十年，甚至是终身。意外伤害保险的保险期较短，一般不超过1年，最多3年或5年。这是因为，意外伤害保险的保险费率取决于被保险人的职业、工种或从事活动的危险程度，与被保险人的年龄和健康状况关系不大。如果保险期限较长，保险费每年交纳一次，那么，与保险期限定为一年，每年续保一次并无区别。

（四）责任准备金

人寿保险的年末未到期责任准备金是依据生命表、利息率、被保险人年龄、已保年限、保险金额等因素计算的。意外伤害保险的年末未到期责任准备金与财产保险的计算方法相同。

三、意外伤害保险的可保风险分析

意外伤害保险承保的风险是意外伤害，但是并非一切意外伤害都是意外伤害保险所能承保的。按照是否可保，意外伤害可以分为不可保意外伤害、特约保意外伤害和一般可保意外伤害三种。

（一）不可保意外伤害

不可保意外伤害，也可理解为意外伤害保险的除外责任，即从保险原理上讲，保险人不应该承保的意外伤害，如果承保，则会违反法律的规定或社会公共利益。不可保意外伤害一般包括：

（1）被保险人在犯罪活动中所受的意外伤害。意外伤害保险不承保被保险人在犯罪活动中受到的意外伤害，是由于两个原因：第一，保险只能为合法的行为提供经济保障，只有这样，保险合同才是合法的，才具有法律效力。一切犯罪行为都是违法的行为，所以，被保险人在犯罪活动中所受的意外伤害不予承保。第二，犯罪活动具有社会危害性，如果承保被保险人在犯罪活动中所受意外伤害，即使该意外伤害不是由犯罪行为直接造成的，也违反社会公共利益。

（2）被保险人在寻衅殴斗中所受的意外伤害。寻衅殴斗指被保险人故意制造事端挑起的殴斗。寻衅殴斗不一定构成犯罪，但具有社会危害性，属于违法行为，因而不能承保，其道理与不承保被保险人在犯罪活动中所受意外伤害相同。

（3）被保险人在酒醉、吸食（或注射）毒品后发生的意外伤害。酒醉或吸食毒品对被保险人身体的损害是被保险人的故意行为所致，当然不属意外伤害。

（4）由于被保险人的自杀行为造成的伤害属于不可保风险。

对于不可保意外伤害，在意外伤害保险条款中应明确列为除外责任。

（二）特约保意外伤害

特约保意外伤害，即从保险原理上讲虽非不能承保，但保险人考虑保险责任不易区分或限于承保能力，一般不予承保，只有经过投保人与保险人特别约定，有时还要另外加收保险费后才予承保的意外伤害。特约保意外伤害包括：

（1）战争使被保险人遭受的意外伤害。由于战争使被保险人遭受意外伤害的风险过大，保险公司一般没有能力承保。战争是否爆发、何时爆发、会造成多大范围的人身伤害，往往难以预计，保险公司一般难以拟订保险费率。所以，对于战争使被保险人遭受的意外伤害，保险公司一般不予承保，只有经过特别约定并另外加收保险费以后才能承保。

（2）被保险人在从事登山、跳伞、滑雪、江河漂流、赛车、拳击、摔跤等剧烈的体育活动或比赛中遭受意外伤害。被保险人从事上述活动或比赛时，遭受意外伤害的概率大大增加，因而保险公司一般不予承保，只有经过特别约定并另外加收保险费以后才能承保。

（3）核辐射造成的意外伤害。核辐射造成人身意外伤害的后果，往往在短期内不能确定，而且发生大的核爆炸时，往往会造成较大范围内的人身伤害。从技术上和承保能力上考虑，保险公司一般不承保核辐射造成的意外伤害。

（4）医疗事故造成的意外伤害（如医生误诊、药剂师发错药品、检查时造成的损伤、手术切错部位等）。意外伤害保险的保险费率是根据大多数被保险人的情况制定的，而大多数被保险人身体是健康的，只有少数患有疾病的被保险人才存在医疗事故遭受意外伤害的危险。为了使保险费的负担公平合理，保险公司一般不承保医疗事故造成的意外伤害。

对于上述特约保意外伤害，在保险条款中一般列为除外责任，经投保人与保险人特别的约定承保后，由保险人在保险单上签注特别约定或出具批单，对该项除外责任予以剔除。

（三）一般可保意外伤害

一般可保意外伤害，即在一般情况下可承保的意外伤害。除不可保意外伤害、特约保意外伤害以外，均属一般可保意外伤害。

四、意外伤害保险的主要内容

（一）意外伤害保险的保险责任

意外伤害保险的保险责任是保险人因意外伤害所致的死亡和残疾，不负责疾病所致的死亡。死亡保险的保险责任是被保险人因疾病或意外伤害所致死亡，不负责意外伤害所致的残疾。两全保险的保险责任是被保险人因疾病或意外伤害所致的死亡以及被保险人生存到保险期结束。上述关系可用图8-3表示。

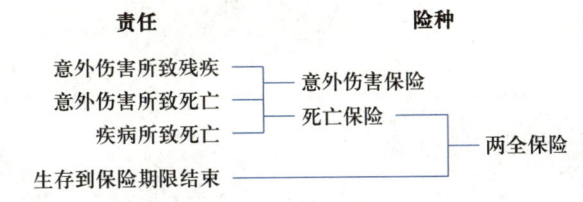

图8-3　意外伤害保险、死亡保险及两全保险的保险责任

在意外伤害保险中，有关于责任期限的规定。只要被保险人遭受意外伤害的事件发生在保险期内，而且自遭受意外伤害之日起的一定时期内（责任期限内，如90天、180天等）造成死亡或残疾的后果，保险人就要承担保险责任，给付保险金；即使被保险人在死亡或确定残疾时保险期限已经结束，只要未超过责任期限，保险人就要负责。

意外伤害保险的保险责任由三个必要条件构成，即被保险人在保险期限内遭受了意外伤害，被保险人在责任期限内死亡或残疾，被保险人所受意外伤害是其死亡或残疾的直接原因或近因。上述三个必要条件缺一不可。

1. 被保险人遭受了意外伤害

被保险人在保险期限内遭受意外伤害是构成意外伤害保险的保险责任的首要条件。这一首要条件包括以下两方面的要求：

（1）被保险人遭受意外伤害必须是客观发生的事实，而不是臆想的或推测的。

（2）被保险人遭受意外伤害的客观事实必须发生在保险期限内。如果被保险人在保险期限开始以前曾遭受意外伤害，而在保险期限内死亡或残疾，不构成保险责任。

2. 被保险人在责任期限内死亡或残疾

被保险人在责任期限内死亡或残疾，是构成意外伤害保险的保险责任的必要条件之一。这一必要条件包括以下两方面的要求：

（1）被保险人死亡或残疾。死亡即机体生命活动和新陈代谢的终止。在法律上发生效力的死亡包括两种情况，一是生理死亡，即已被证实的死亡；二是宣告死亡，即按照法律程序推定的死亡。《中华人民共和国民法典》第 46 条规定，自然人有下列情形之一的，利害关系人可以向人民法院申请宣告该自然人死亡：① 下落不明满 4 年；② 因意外事件，下落不明满 2 年。

残疾包括两种情况：一是人体组织的永久性残缺（或称缺损），如肢体断离等；二是人体器官正常机能的永久丧失，如丧失视觉、听觉、嗅觉、语言机能及运动障碍等。

（2）被保险人的死亡或残疾发生在责任期限内。责任期限是意外伤害保险和健康保险特有的概念，指自被保险人遭受意外伤害之日起的一定期限（如 90 天、180 天、1 年等）。在人寿保险和财产保险中，没有责任期限的概念。

如果被保险人在保险期限内遭受意外伤害，在责任期限内生理死亡，则显然已构成保险责任。但是，如果被保险人在保险期限内因意外事故下落不明，自事故发生之日起满 2 年、法院宣告被保险人死亡后，责任期限已经超过。为了解决这一问题，可以在意外伤害保险条款中订有失踪条款或在保险单上签注关于失踪的特别约定，规定被保险人确因意外伤害事故下落不明超过一定期限（如 3 个月、6 个月等）时，视同被保险人死亡，保险人给付死亡保险金；但如果被保险人以后生还，受领保险金的人应把保险金返还给保险人。

专栏 8–5

意外伤害保险的保险责任条款示例

专栏 8–6

意外伤害保险的除外责任条款示例

责任期限对于意外伤害造成的残疾实际上是确定残疾程度的期限。如果被保险人在保险期限内遭受意外伤害，治疗结束后被确定为残疾时，责任期限尚未结束，当然可以根据确定的残疾程度给付残疾保险金。但是，如果被保险人在保险期限内遭受意外伤害，责任期限结束时治疗仍未结束，尚不能确定最终是否造成残疾以及造成何种程度的残疾，那么，就应该推定责任期限结束时这一时点上被保险人的组织残缺或器官正常机能的丧失是否是永久性的，即以这一时点的情况确定残疾程度，并按照这一残疾程度给付伤残保险金。以后，即使被保险人经过治疗痊愈或残疾程度减轻，保险人也不追回全部或部分伤残保险金；反之，即使被保险人加重了残疾程度或死亡，保险人也不追加给付保险金。

3. 意外伤害是死亡或残疾的直接原因或近因

在意外伤害保险中，被保险人在保险期限内遭受了意外伤害，并且在责任期限内死亡或残疾，并不意味着必然构成保险责任。只有当意外伤害与死亡、残疾之间存在因果关系，即意外伤害是死亡或残疾的直接原因或近因时，才构成保险责任。意外伤害与死亡、残疾之间的因果关系包括以下三种情况：

（1）意外伤害是死亡或残疾的直接原因。即意外伤害事故直接造成保险人死亡或残疾。当意外伤害是被保险人死亡、残疾的直接原因时，构成保险责任，保险人应该按照保险金额给付死亡保险金或按照保险金额和残疾程度给付伤残保险金。

（2）意外伤害是死亡或残疾的近因。即意外伤害是引起直接造成被保险人死亡、残疾的事件或一连串事件的最初原因。

（3）意外伤害是死亡或残疾的诱因。即意外伤害使被保险人原有的疾病发作，从而加重后果，造成被保险人死亡或残疾。当意外伤害是被保险人死亡、残疾的诱因时，保险人不是按照保险金额和被保险人的最终后果给付保险金，而是根据身体健康遭受这种意外伤害会造成何种后果给付保险金。

（二）意外伤害保险的给付方式

意外伤害保险属于定额给付性保险，当保险责任构成时，保险人按保险合同中约定的保险金额给付死亡保险金或伤残保险金。

在意外伤害保险合同中，死亡保险金的数额是保险合同中规定的，当被保险人死亡时如数支付。

伤残保险金的数额由保险金额和伤残程度两个因素确定。伤残程度一般以百分率表示，伤残保险金数额的计算公式是：

$$伤残保险金 = 保险金额 × 伤残程度百分率$$

2014 年 1 月 1 日起，由中国保险行业协会联合中国法医学会共同发布的新版《人身保险伤残评定标准》（简称《伤残标准》）正式实施。该标准对功能和残疾进行了分类和分级，将人身保险伤残程度划分为一至十级，最重为第一级，最轻为第十级。与人身保险伤残程度等级相对应的保险金给付比例分为十档，伤残程度第一级对应的保险金给付比例为 100%，伤残程度第十级对应的保险金给付比例为 10%，每级相差10%。

《伤残标准》建立了 8 大类共 281 项人身保险伤残条目。对于多处伤残的评定原则为：当同一保险事故造成两处或两处以上伤残时，应首先对各处伤残程度分别进行评定，如果几处伤残等级不同，以最重的伤残等级作为最终的评定结论；如果两处或两处以上伤残等级相同，伤残等级在原评定基础上最多晋升一级，最高晋升至第一级。同一部位和性质的伤残，不应采用本标准条文两条以上或者同一条文两次以上进行评定。

　　在实务中还会出现多次意外事故导致被保险人一处或多处伤残的情况，一般情况下按以下方式确定（实务中以保单规定为准）：

　　1. 不同意外事故导致被保险人身体同一处伤残

　　因不同意外事故导致被保险人身体同一处伤残，而伤残项目所属等级不同的，按照伤残等级程度较严重的一项给付意外伤残保险金。若后次伤残项目所属等级较严重，则需扣除前次已给付的意外伤残保险金；若前次伤残项目所属等级较严重，则保险公司不再给付后次的意外伤残保险金。

　　2. 不同意外事故导致被保险人身体不同部位伤残

　　因不同意外事故导致被保险人身体不同部位伤残的，分别给付各次意外伤残保险金，但累计给付的金额以保险单载明的保险金额为限。

　　被保险人在保险期限内多次遭受意外伤害时，所应给付保险金的责任以保险金额为限，1 次或累计给付的保险金达到保险金额时，合同终止。

五、意外伤害保险的主要险别

（一）按投保动因分类

　　按投保动因分类，个人意外伤害保险可分为两种。

　　1. 自愿意外伤害保险

　　该保险是投保人和保险人在自愿基础上通过平等协商订立保险合同的意外伤害保险。投保人可以选择是否投保以及向哪家保险公司投保，保险人也可以选择是否承保。只有双方意思表示一致时才订立保险合同，确立双方的权利和义务。

　　2. 强制意外伤害保险

　　该保险又称法定意外伤害保险，即国家机关通过颁布法律、行政法规、地方性法规强制施行的意外伤害保险，凡属法律、行政法规、地方性法规所规定的强制施行范围内的人，必须投保，没有选择的余地。有的强制意外伤害保险还规定必须向哪家保险公司投保（即由哪家保险公司承保），在这种情况下，该保险公司也必须承保，没有选择的余地。

（二）按保险危险分类

　　按保险危险分类，个人意外伤害保险可分为两种。

　　1. 普通意外伤害保险

　　该保险所承保的危险是在保险期限内发生的各种意外伤害（不可保意外伤害除外，特约保意外伤害视有无特别约定）。目前保险公司开办的团体人身意外伤害保险、学生团体平安保险等，均属普通意外伤害保险。

　　2. 特定意外伤害保险

　　该保险是以特定时间、特定地点或特定原因发生的意外伤害为保险危险的意外伤害保险。例如，保险危险只限定于在矿井下发生的意外伤害、在建筑工地发生的意外伤害、在驾驶机动车辆中发生的意外伤害、煤气罐爆炸发生的意外伤害等。

（三）按保险期限分类

按保险期限分类，个人意外伤害保险可分为下列三种。

1. 一年期意外伤害保险

该保险即保险期限为一年的意外伤害保险业务。在意外伤害保险中，一年期意外伤害保险一般占大部分。保险公司目前开办的个人人身意外伤害保险、附加意外伤害保险等均属一年期意外伤害保险。

2. 极短期意外伤害保险

该保险是保险期限不足一年，往往只有几天、几小时甚至更短的意外伤害保险。我国目前开办的公路旅客意外伤害保险、旅游保险、索道游客意外伤害保险、游泳池人身意外伤害保险、大型电动玩具游客意外伤害保险等，均属极短期意外伤害保险。

3. 多年期意外伤害保险

该保险是保险期限超过一年的意外伤害保险。

把意外伤害保险分为一年期、极短期、多年期的意义在于，不同的保险期限，计算未到期责任准备金的方法不同。

（四）按险种结构分类

按险种结构分类，个人意外伤害保险可分为两种。

1. 单纯意外伤害保险

该保险一张保险单所承保的保险责任仅限于意外伤害保险。保险公司目前开办的个人人身意外伤害保险、公路旅客意外伤害保险、驾驶员意外伤害保险等，均属单纯意外伤害保险。

2. 附加意外伤害保险

此种保险包括两种情况，一种是其他保险附加意外伤害保险，另一种是意外伤害保险附加其他保险责任。

六、意外伤害保险的保险费与责任准备金

（一）意外伤害保险的保险费

虽然意外伤害保险属于人身保险的范畴，但其保险费的计算却与寿险保险费的计算有很大的区别。一般寿险保险费的计算主要依据被保险人年龄大小，即预定死亡率或生存率的高低和预定利率的高低，而意外伤害保险所承担的只是外来的、剧烈的、偶然的危险，因此危险的发生与否基本与被保险人的年龄大小无必然的内在联系。另外，意外伤害保险属于短期保险，保险期限一般不超过一年，因此，意外伤害保险的保险费计算一般也不考虑预定利率的因素。意外伤害保险保险费的计算原理近似于非寿险，即在计算意外伤害保险费率时，应根据意外事故发生频率及其对被保险人造成的伤害程度，对被保险人的危险程度进行分类，对不同类别的被保险人分别制定保险费率。

一年期意外伤害保险费的计算一般按被保险人的职业分类来确定。对被保险人按职业分类一般称为划分工种档次，这是一项在技术上极为复杂的工作，既要讲究科学

性，又要注意实际工作中的可操作性，因为工种档次的划分要粗细适当。美国的意外伤害保险费率，因职业危险不同被分为十档。我国一年期的意外伤害保险，通常把被保险人的职业危险分为三档：第一档为机关、团体、事业单位和一般工商企业单位的职工；第二档为从事建筑、冶金、勘探、航海、伐木、搬运、装卸、筑路、地面采矿、汽车驾驶、高空作业的人员；第三档是从事井下采矿、海上钻探、海上打捞、海上捕鱼、航空执勤的人员。投保人在投保意外伤害保险时，应将被保险人的职业、性别如实填报，保险人根据被保险人从事的不同职业的危险大小，确定不同的保险费率。投保人如填报不实，或故意遗漏，保险人可以终止合同。如果被保险人在合同有效期间变更职业，危险增加，也应及时通知保险人，以便保险人重新调整费率或决定是否继续承保。

对不足 1 年的短期意外伤害保险费率计算，一般是按被保险人所从事活动的性质分类，例如，对飞机旅客、旅游者、游泳者、登山者、大型电动玩具游客等分别确定保险费率。极短期意外伤害保险费的计收原则为：保险期不足 1 个月的，按 1 个月计收，超过 1 个月不足 2 个月的，按 2 个月计收，以此类推。短期费率高于相应月份占全年 12 个月的比例，而对有一些保险期限在几星期、几天、几小时的极短期意外伤害保险来说，保险费率往往更高。这是因为对于每个被保险人来讲，意外伤害保险的危险不是在保险期间内的简单分布，往往保险期间越短，危险越集中，参加极短期意外伤害保险的时间，往往是伤害保险事故发生最为频繁的时候。如鱼汛季节出海捕鱼和登山运动等，危险都比较集中，因此，相应的保险费率就要定得高一些。

（二）意外伤害保险的责任准备金

在责任准备金的提存和核算方面，意外伤害保险与寿险业务有着很大的不同，往往采取非寿险责任准备金的计提原理。由于意外伤害保险业务是跨年度连续经营的，每一会计年度决算时，总有一部分意外伤害保险合同的保险期限尚未结束，如果这些保险合同的被保险人在下一年度发生保险事故，那么应该用上一年度的保险费收入给付。因此，一方面，每一年度末决算时，都必须从当年的保险费收入中提存一部分作为未到期责任准备金，用于当年订立保险合同、收取保险费而在下一年度发生保险金给付的支出；另一方面，每一会计年度末决算时，当年支出的保险金给付中，总有一部分是支付给上年度订立的保险合同被保险人的，由于这些被保险人的保险费已计入上年度的保险费收入中，应该用上年度的保险费收入支付。上年度末决算时，所提存的未到期责任准备金正是用于这种情况的，因此每年度末决算时，应转回上年度末提存的准备金，作为当年的收入。

在计提一年期伤害保险的未到期责任准备金时，我们通常假设伤害保险事故的发生是服从均匀分布规律的，即在保险期限一年内，每天发生保险事故的概率都是相同的，均为 1/365。按照这种假设，每份一年期业务保险合同项下的保险费收入都应该分为两部分：第一部分用于当年可能发生的保险事故，其在保险费中所占的比重是自保险期限开始到当年末的日数与全年日数的比率；第二部分就是上年度末应提存的责任准备金，也是下年度末应转回的责任准备金。在计算极短期意外伤害保险的未到期责任准备金方面，由于极短期意外伤害保险业务的保险期限长短不一，绝大多数只有几星期、几小时甚至更短，因此，在每个会计年度末决算时，保险期限多已结束，即需要提存责任准备金的极短期业务的合同量极少。实务中未到期责任准备金可以采用二十四分之一法（以月为基础计提），或三百六十五分之一法（以天为基础计提）。

第五节　健康保险

一、健康保险的概念

按照监管规定，健康保险是指由保险公司对被保险人因健康原因或者医疗行为的发生给付保险金的保险，主要包括医疗保险、疾病保险、失能收入损失保险、护理保险以及医疗意外保险等。

健康保险中的疾病与伤害是两个完全不同的概念。疾病是指由于人体内在的原因，造成精神上或肉体上的痛苦或不健全。构成健康保险所指的疾病必须有以下三个条件：第一，必须是由于明显非外来原因所造成的。由于外来的、剧烈的原因造成的病态视为意外伤害，而疾病是由身体内在的生理的原因所致。若因饮食不慎、沾染细菌引起疾病，则不能简单视为外来因素。因为外来的细菌还是经过体内抗体的抵抗，最后再形成疾病。因此，一般讲，要以是否是明显外来的原因，作为疾病和意外伤害的分界线。第二，必须是非先天性的原因所造成的。健康保险仅对被保险人的身体由健康状态转入病态承担责任。由于先天原因，使身体发生缺陷，例如，视力、听力的缺陷或身体形态的不正常，不能作为疾病由保险人负责。第三，必须是由于非长存的原因所造成的。在人的一生中，要经历生长、成年、衰老的过程，因此在机体衰老的过程中，也会显示一些病态，这是人生必然要经历的生理现象。对每一个人来讲，衰老是必然的，但在衰老的同时，诱发出其他疾病却是偶然的，需要健康保险来提供保障。而属于生理上存在的原因，即对人到一定年龄以后出现的衰老现象，则不能称为疾病，也不是健康保险的保障范围。

二、健康保险的特点

（一）精算技术

健康保险产品的定价基础和准备金计算与其他人身保险业务，特别是寿险业务相比有较大的不同。人寿保险在制定费率时主要考虑死亡率、费用率和利息率，健康保险则主要考虑疾病率、伤残率和疾病（伤残）持续时间。健康保险费率的计算以保险金额损失率为基础，年末未到期责任准备金一般按当年保费收入的一定比例提存。此外，健康保险合同中规定的等待期、免责期、免赔额、共付比例和给付方式、给付限额也会影响最终的费率。

（二）健康保险的给付

关于"健康保险是否适用补偿原则"问题，不能一概而论。补偿原则是指"被保险人获得的补偿不能高于其实际损失"，费用型健康保险适用该原则，是补偿性的给付；定额给付型健康保险则不适用，保险金的给付与实际损失无关。前者强调对被保险人因伤病所致的医疗花费提供补偿，与人寿保险和意外伤害保险在发生保险事故时给付事先约定的保险金不同，而类似于财产保险。

因为健康保险的特性，一些国家把健康保险和意外伤害保险列为第三领域，允许损害（财产）保险公司承保。我国也遵从国际惯例，放开短期健康保险的经营限制，财产保险公司也可提供短期健康保险和意外伤害保险。

（三）经营风险的特殊性

健康保险经营的是伤病发生的风险，其影响因素远较人寿保险复杂，逆选择和道德风险都更大。为降低逆选择风险，健康保险的核保要比人寿保险和意外伤害保险严格得多。道德风险导致的索赔欺诈也给健康保险的理赔工作提出了更高的要求。精算人员在进行风险评估及计算保费时，除了要依据统计资料，还要获得医学知识方面的支持。此外，健康保险的风险还来源于医疗服务提供者，医疗服务的数量和价格在很大程度上由它们决定，作为支付方的保险公司很难加以控制。

（四）成本分摊

健康保险的基本责任，主要是指疾病（通常不包含分娩）医疗给付责任，即对被保险人的疾病医治所发生的医疗费用支出，保险人按规定给付相应的疾病医疗保险金。健康保险有风险大、不易控制和难以预测的特性，因此，在健康保险中，保险人对所承担的疾病医疗保险金的给付责任往往带有很多限制或制约性条款。

（五）合同条款的特殊性

健康保险为被保险人提供医疗费用和残疾收入补偿，基本以被保险人的存在为条件，所以无须指定受益人，且被保险人和受益人常为同一个人。健康保险合同中，除适用一般寿险的不可抗辩条款、宽限期条款、不丧失价值条款等外，还采用一些特有的条款，如既存状况条款、转换条款、协调给付条款、体检条款、免赔额条款、等待期条款等。此外，健康保险合同中有较多的名词定义，有关保险责任部分的条款也显得比较复杂。

（六）健康保险的除外责任

健康保险的除外责任一般包括战争或军事行动，故意自杀或企图自杀造成的疾病、死亡和残疾，堕胎导致的疾病、残疾、流产、死亡等。健康保险中将战争或军事行动除外，是因为战争所造成的损失程度，一般来讲是较高的，而且难以预测，在制定正常的健康保险费率时，不可能将战争或军事行动的伤害因素以及医疗费用因素计算在内。而故意自杀或企图自杀均属于故意行为，与健康保险所承担风险的偶然事故相悖，故亦为除外责任。

三、健康保险的种类

（一）医疗保险

医疗保险是指以保险合同约定的医疗行为的发生为给付保险金条件，按约定对被保险人接受诊疗期间的医疗费用支出提供保障的健康保险。医疗费用是病人为了治病而发生的各种费用，不仅包括医生的医疗费和手术费用，还包括住院、护理、医院设备等的费用。医疗保险就是医疗费用保险的简称。

医疗保险的范围很广，医疗费用则一般依照其医疗服务的特性来区分，主要包含医生的门诊费用、药费、住院费用、护理费用、医院杂费、手术费用、各种检查费用等。各种不同的健康保险保单所保障的费用一般是其中的一项或若干项的组合。

1. 医疗保险的主要类型

下面介绍几种常见的医疗保险：

（1）普通医疗保险。普通医疗保险给被保险人提供治疗疾病相关的一般性医疗费用，主要包括门诊费用、医药费用、检查费用等。这种保险比较适合于一般社会公众，因为到医院看病是每个人经常发生的事，这种保险的保费成本较低。由于医药费用和检查费用的支出控制有一定的难度，所以，这种保单一般也具有免赔额和比例给付规定，保险人支付免赔额以上部分的一定百分比（比如80%），保险费用则每年规定一次。每次疾病所发生的费用累计超过保险金额时，保险人不再负保险责任。

（2）住院保险。由于住院所发生的费用是相当可观的，故将住院的费用作为一项单独的保险。住院保险的费用项目主要包括每天住院房间的费用、住院期间医生费用、使用医院设备的费用、手术费用、医药费等。住院时期长短将直接影响住院费用的高低，而且这一费用比较高，因此，这种保险的保险金额应根据病人平均住院费用情况而定。为了控制不必要的长时间住院，这种保单一般规定保险人只负责所有费用的一定百分比，如90%。

（3）手术保险。这种保险提供因病人需做必要的手术而发生的费用，一般负担所有手术费用。

（4）综合医疗保险。综合医疗保险是保险人为被保险人提供的一种全面的医疗费用保险，其费用范围包括医疗和住院、手术等的一切费用。这种保单的保险费较高。一般确定一个较低的免赔额连同适当的分担比例（如85%）。

2. 医疗保险的常用条款

医疗费用保险一般规定一个最高保险金额，保险人在此保险金额的限度内支付被保险人所发生的费用，超过此限额时，保险人停止支付。免赔额条款则是医疗保险的主要特征之一，在此基础上，比例给付条款经常采用。如果是一个家庭投保，则免赔额可规定在整个家庭成员费用之和的基础上。

（1）免赔额条款。在医疗保险中，一般均对一些金额较低的医疗费用采用免赔额的规定，即保险人只负责超过免赔额的部分。这样做，一方面是金额较低的医疗费用，被保险人在经济上可以承受，同时，也可以省去保险人因此而投入的大量工作。另一方面，免赔额的规定可以促使被保险人加强对医疗费用的自我控制，避免不必要的浪费。免赔额的计算一般有三种：一是单一赔款免赔额，针对每次赔款的数额；二是全年免赔额，按全年赔款总计，超过一定数额后才赔付；三是集体免赔额。对于团体投保，规定了免赔额后，小额的医疗费由被保险人自负，大额的医疗费用由保险人承担。

（2）比例给付条款，或称共保比例条款。在医疗保险中，由于是以人的身体为保险标的，不存在是否足额投保问题，同时医疗保险的风险不易控制，因此，在大多数医疗保险合同中，对于保险人医疗保险金的支出均有比例给付的规定，即对超过免赔额以上的医疗费用部分采用保险人和被保险人共同分摊的比例给付办法。比例给付，既可以按某一固定比例（例如，保险人承担 70%，被保险人自负 30%）给付，也可按累进比例给付，即随着实际医疗费用支出的增大，保险人承担的比例累计递增，被保险人自负的比例累计递减。这样规定，既有利于保障被保险人的经济利益，解除其后顾之忧，也利于保险人对医疗费用的控制。

（3）给付限额条款。由于健康的风险大小差异很大，医疗费用支出的高低也相差很大，为了加强对医疗保险的管理，保障保险人和广大被保险人的利益，一般对保险人医疗保险金的最高给付均有限额规定，以控制总支出水平。当然，在以某些专门的大病为承保对象的医疗保险中，也可以没有赔偿限额的规定，但这种合同的免赔额比较高，被保险人自负的比例一般也较高。

（二）疾病保险

疾病保险指以保险合同约定的疾病的发生为给付保险金条件的健康保险。某些特殊的疾病往往给病人带来灾难性的费用支付，例如，癌症、心脏疾病等。这些疾病一经确诊，必然会产生大范围的医疗费用支出，因此，通常要求这种保单的保险金额比较大，以足够支付产生的各种费用。疾病保险的给付方式一般是在确诊为特种疾病后，立即一次性支付保险金额。在我国比较有代表性的疾病保险是重大疾病保险。

重大疾病保险保障的疾病一般有恶性肿瘤、心肌梗死、冠状动脉搭桥术、脑中风后遗症、慢性肾衰竭和重大器官移植术、造血干细胞移植术等。

1. 按保险期间划分

重大疾病保险按保险期间划分，可以分为定期和终身两类。

（1）定期重大疾病保险为被保险人在固定的期间内提供保障，固定期间可以按年数确定（如 10 年）或按被保险人年龄确定（如保障至 70 岁）。有的公司将定期重大疾病保险设计为"两全"的形态，即被保险人在保险期间内未患重大疾病且生存至保险期末也可获得保险金，有的还提供等额的身故和高度残疾保障。

（2）终身重大疾病保险为被保险人提供终身的保障。"终身保障"的形式有两种：一种是重疾保障为被保险人终身提供，直至被保险人身故；另一种是指定一个"极限"年龄（如 100 周岁），当被保险人健康生存至这个年龄时，保险人给付与重大疾病保险金额相等的保险金，保险合同终止。终身重大疾病保险产品都会含有身故保险责任，费率相对比较高。

2. 按给付形态划分

按给付形态划分，重大疾病保险有提前给付型、附加给付型、独立主险型、按比例给付型、回购式选择型五种。

（1）提前给付型重大疾病保险产品保险责任包含有重大疾病、死亡和（或）高度残疾，保险总金额为死亡保额，但包括重大疾病和死亡保额两部分。如果被保险人罹患保单所列重大疾病，被保险人可以将一定死亡保额比例的重大疾病保险金提前领取，用于医疗或手术费用等开支；身故时由身故受益人领取剩余部分的死亡保险金。如果被保险人没有发生重大疾病，则全部保险金作为死亡保障，由受益人领取。

（2）附加给付型重大疾病保险产品通常作为寿险的附约，保险责任也包含有重大疾病和死亡高残两类。不同于提前给付型的是该型产品有确定的生存期间。生存期间是指被保险人身患保障范围内的重大疾病始至保险人确定的某一时刻止的一段时间，通常为30天、60天、90天、120天不等。如果被保险人死亡或高度残疾，保险人给付死亡保险金；如果被保险人罹患重大疾病且在生存期内死亡，保险人给付死亡保险金；如果被保险人罹患重大疾病且存活超过生存期间，保险人给付重大疾病保险金，被保险人身故时再给付死亡保险金。此种产品优势在于死亡保障始终存在，不因重大疾病保障的给付而减少死亡保障。

（3）独立主险型重大疾病保险产品包含的死亡和重大疾病责任是完全独立的，各自的保额为单一保额。如果被保险人身患重大疾病，保险人给付重大疾病保险金，死亡保险金为零；如果被保险人未患重大疾病，则给付死亡保险金。此型产品较易定价，即单纯考虑重大疾病的发生率和死亡率，但对重大疾病的描述要求严格。

（4）按比例给付型重大疾病保险产品针对重大疾病的种类而设计，同时可应用于以上诸型产品中，主要考虑某一种重大疾病的发生率、死亡率、治疗费用等因素，被保险人罹患某一种重大疾病时按照重大疾病保险金总额的一定比例给付，其死亡保障不变。

专栏 8-8

某保险公司终身重大疾病保险条款示例

（5）回购式选择型重大疾病保险产品针对前文述及的提前给付型产品存在的因领取重大疾病保险金而导致死亡保障降低的不足，规定保险人给付重大疾病保险金后，如被保险人在某一特定时间后仍存活，可以按照某固定费率买回原保险总额的一定比例（如25%），使死亡保障有所增加；如被保险人再经过一定的时间仍存活，可再次买回原保险总额的一定比例。最终使死亡保障可以达到购买之初的保额。此型产品最早出现在南非，在澳大利亚和英国非常普遍，在我国尚属空白。回购式选择带来的逆选择是显而易见的，因此对于"回购"的前提或条件的设定至关重要。

（三）失能收入损失保险

失能收入损失保险是指以因保险合同约定的疾病或者意外伤害导致工作能力丧失为给付保险金条件，按约定对被保险人在一定时期内收入减少或者中断提供保障的健康保险。具体是指当被保险人由于疾病或意外伤害导致残疾，丧失劳动能力不能工作以致失去收入或减少收入时，由保险人在一定期限内分期给付保险金的一种健康保险。其主要目的是为被保险人因丧失工作能力导致收入的丧失或减少提供经济上的保障，但不承担被保险人因疾病或意外伤害所发生的医疗费用。

1. 失能收入损失保险的含义

如果一个人因疾病或意外伤害事故而不能参加工作，那么他就会失去原来的工资收入。这种收入的损失数额可能是全部，也可能是部分，其时间可能较长，也可能较短。提供被保险人在残疾、疾病或意外受伤后不能继续工作时所发生的收入损失补偿的保险即是失能收入损失保险。

失能收入损失保险一般可分为两种：一种是补偿因伤害而致残疾的收入损失，另一种是补偿因疾病造成的残疾而致的收入损失。在实践中，因疾病而致的残疾比因伤害所致的更为多见一些。

（1）给付方式。一般是按月或按周进行补偿，这根据被保险人的选择而定，每月或每周可提供金额一致的收入补偿。失能收入损失保险所提供的保险金不一定能完全补偿被保险人因伤残而招致的收入损失。一般其给付额都有一个最高限额，该限额低于被保险人在伤残以前的正常收入水平，如果没有这一限制，残疾的被保险人会失去重返工作岗位的动力，故意延长残疾失能的期间，甚至为骗保而自残。但是给付额也不能太低，否则由于被保险人收入锐减，可能使其正常生活受到影响，达不到保障目的。因此残疾收入保险金应与被保险人伤残前的收入水平有一定的联系，对低收入者，每月所偿付的保险金一般不得高于原收入的85%，此比例随原收入的升高而降低，可能为65%或更少。在确定最高限额时，保险公司需要考虑投保人的下述收入：① 税前的正常劳动收入；② 非劳动收入，如股利与利息，被保险人能在残疾期间继续获取的收入；③ 残疾期间的其他收入来源，如团体残疾收入保险和政府残疾收入计划所提供的保险金；④ 目前适用的所得税率，因为投保人的正常劳动收入属于应税收入，而个人保险单所提供的残疾收入保险金不属于应税收入。

失能收入损失保险除了在被保险人全残时给付保险金外，还可以提供其他利益，包括残余或部分伤残保险金给付、未来增加保额给付、生活费用调整给付、残疾免交保费条款，以及移植手术保险给付、非失能性伤害给付、意外死亡给付。这些补充利益作为特殊条款通过交纳附加保费的方式获得。

（2）给付期限。这是指失能收入损失保单支付保险金的最长的时间。给付期限可以是短期或长期的，因此有短期失能及长期失能两种形态。短期补偿是为了补偿在身体恢复前不能工作的收入损失，长期补偿则规定较长的给付期限，一般是补偿全部残废而不能恢复工作的被保险人的收入。一般地，失能收入损失保险期间不论是生病致残还是受伤致残均相同，从13周、26周、52周到2年、5年或给付至65岁，如全残始于55岁、60岁或65岁，可提供终身给付。

多数失能为短期失能，大多数的失能者在 1 年甚或 6 个月内可恢复，若恢复期超过 1 年，恢复工作能力的概率也锐减，尤其是年老者，对此更宜选择较长的保险给付期限。

（3）免责期间，又称等待期间或推迟期。这是指在残疾失能开始后无保险金可领取的一段时间，即残废后的前一段时间，类似于医疗费用保险中的免赔额，在这期间不给付任何补偿。免责期的设定目的在于排除一些不连续的疾病或受伤，因为其所致丧失劳动能力可能只有几天，或者在短时间内，被保险人还可以维持一定生活，同时，它可以通过取消对短期残废的给付而减少保险成本。各保险公司的免责期不同，如 30 天、2 个月、3 个月、6 个月和 1 年等，免责期越长，保费越便宜。此外，免责期间允许中断，如被保险人在短暂恢复后（一般限定为 6 个月以内）再度失能，可将两段失能期间合并计算免责期。

2. 残疾的定义

残疾是失能收入损失保险中非常重要的概念。残疾指由于伤病等原因在人体上遗留影响正常生活和工作能力的固定症状。导致残疾的原因通常有先天性的残障、后天疾病遗留、意外伤害遗留。失能收入损失保险对先天性的残疾不给付保险金，并规定只有满足保单载明的残疾定义时，才可以给付保险金。在失能收入损失保险保单中，关于残疾的定义有很多方式，这里讨论完全残疾和部分残疾的定义。

（1）完全残疾。完全残疾一般指永久丧失全部劳动能力，不能参加工作（原来的工作或任何新工作）以获得工资收入。关于永久丧失劳动能力的定义有许多的不同，商业保险中常见的完全残疾定义有以下六种。

一是全残。目前多将残疾分成两个阶段：在致残初期，如被保险人不能完成其惯常职业的基本任务，则可认定为全残或完全丧失工作能力，被保险人就可按规定领取保险给付；在致残 2~5 年后，被保险人仍不能完成任何与之所受教育、训练或经验相当的职业任务，才可认定为全残，并继续领取残疾收入给付直至保险期满。这种定义可能导致被保险人自愿重返任何一种有收入的职业后就不能再领取全残保险给付。

二是绝对全残。失能收入损失保险单中全残曾定义为绝对全残，即该残疾使得被保险人不能从事任何职业。现在大多数公司已经不再采用此种苛刻的定义。

三是原职业全残。一些失能收入损失保险对从事某些特定职业者（如钢琴师、医师、牙医、律师或会计师等）签发的保单进一步放宽了对全残的限制，规定如被保险人因伤残不能完成原职业的基本任务时，就可认定为全残，也即可以领取约定的保险金，而不论他是否从事其他有收入的职业。

四是收入损失全残。产生于 20 世纪 70 年代的失能收入损失保险关于全残的定义是，如被保险人由于残疾而遭受收入损失，就可被认定为全残。这种保险单提供下述两种情况的残疾收入保险金：一是被保险人因全残而丧失工作能力；二是被保险人尚能工作，但因伤残而致使其收入降低。同时还规定了被保险人在完全丧失工作能力时所能领取的最高限额和因残疾而招致收入损失的确定方法。

五是推定全残。在某些情况下，被保险人患病或遭受意外伤害，最终是否残疾在短期内难以判定，为此，保险公司往往在保险条款中规定一个定残期限，如 180 天。

如果被保险人发生的伤残在定残期限届满时尚无明显的好转征兆，将自动被认定为全残。

六是列举式全残。有的保险公司还在保单中列举出被保险人可以被认定为"全残"的情况，这些情况通常包括被保险人出现了下列情形之一：双目永久完全失明的；两上肢腕关节以上或两下肢踝关节以上缺失的；一上肢腕关节以上及一下肢踝关节以上缺失的；一目永久完全失明及一上肢腕关节以上缺失的；一目永久完全失明及一下肢踝关节以上缺失的；四肢关节机能永久完全丧失的；咀嚼、吞咽机能永久完全丧失的；中枢神经系统机能或胸、腹腔部脏器机能极度障碍，终身不能从事任何工作，为维持生命必要的日常生活活动，全需他人扶助的。

专栏 8-9

某保险公司失能收入损失保险保险责任示例

全部残疾给付金额一般比残疾前的收入少一些，经常是原收入的75%~80%。例如，某公司的职员，残疾前的正常收入为每月10 000元，他所受的伤害恢复后，已不能继续原来的工作，但还能从事轻微工作，只得收入每月4 000元。如果他全部残疾给付为每月8 000元，那么他收入损失为60%，于是其最后的收入补偿额为4 800元。

（2）部分残疾。部分残疾是与全部残疾的定义相对而言，是指部分丧失劳动能力。如果把全部残疾认为是全部的收入损失，部分残疾则意味着被保险人还能进行一些有收入的其他职业（显然这种职业会比原来的收入少）。在这种情况下，保险人给付的将是全部残疾给付的一部分，其计算公式如下：

$$部分残疾给付 = 全部残疾给付 \times \frac{残疾前的收入 - 残疾后收入}{残疾前的收入}$$

（四）护理保险

护理保险是指以因保险合同约定的日常生活能力障碍引发护理需要为给付保险金条件，按约定对被保险人的护理支出提供保障的保险，也可称为长期护理保险。长期护理保险的保险范围分为医护人员看护、中级看护、照顾式看护和家中看护四个等级，但早期的长期护理保险产品不包括家中看护。

一般长期看护保单要求被保险人无法独立完成基本日常生活活动中的若干项（如三项），基本日常生活活动包括但不限于：① 穿衣；② 移动；③ 行动；④ 如厕；⑤ 进食；⑥ 洗澡。除此之外，患有阿尔茨海默病等认知能力障碍的人通常需要长期护理，但他们却能执行某些日常活动；为解决这一矛盾，目前所有长期护理保险已将阿尔茨海默病和阿基米得病及其他精神疾病患者包括在内。

医护人员看护是最高程度的护理，需要特殊的护理专长，由医师下医嘱进行24小时看护，由有执照的护士或看护人员担任，或由治疗师提供康复治疗。与住院相比，选择医护人员看护会较为便宜。中级看护与医护人员看护相似，只是病人不必24小时接受看护，即为一种非连续性的医护人员看护。照顾式看护是最基本的看护，通常不含医疗性质，只对那些无人协助就不能做基本活动的人在日常生活上提供照顾，看护人员不需要经专业训练。是否需要照顾式看护由医生决定，护士监督执行。家中看护指护士或治疗师到病人家中做医疗照顾或治疗，佣人提供家政服务或外出看病购药等交通服务。越来越多的长期护理保险保单提供了在家中看护的保障。在家中的看护比在看护机构便宜，较受老年人欢迎。此类保单每日最大限额为看护机构护理最大限额的 50%。

长期护理保险保险金的给付期限有 1 年、数年和终身等几种不同的选择，同时也规定有 20 天、30 天、60 天、80 天、90 天或者 100 天等多种免责期。例如，选择 20 天的免责期，即从被保险人开始接受承保范围内的护理服务之日起，在看护中心接受护理的前 20 天不属保障范围。免责期越长，保费越低。终身给付保单通常很昂贵。

长期护理保险的保费通常为平准式，也有每年或每一期间固定上调保费者，其年交保费因投保年龄、等待期间、保险金额和其他条件的不同而有很大区别。一般都有豁免保费保障，即保险人开始履行保险金给付责任的 60 天、90 天或 180 天起免交保费。

专栏 8-10

某公司长期护理保险条款示例

此外，长期护理保险保单大多都是保证续保的，可保证对被保险人续保到一特定年龄，如 79 岁，有的甚至保证对被保险人终身续保。保险人可以在保单更新时提高保险费率，但不得针对具体的某个人，必须一视同仁地对待同样风险情况下的所有被保险人。

最后，长期护理保险还有不没收价值条款规定，当被保险人撤销其现存保单时，保险人会将保单积累的现金价值退还给投保人。

（五）医疗意外保险

医疗意外保险是指按照保险合同约定发生不能归责于医疗机构、医护人员责任的医疗损害，为被保险人提供保障的保险。医疗意外保险产品可以包含死亡保险责任，但不得包含生存保险责任。

医疗意外指医疗机构在对患者诊疗护理的过程中，不是出于故意或过失，而是受目前医学科学水平所限，病人由于病情特殊或体质特殊等不能抗拒或不能预见的原因出现难以预料和防范的不良后果的情况。不能抗拒是指医务人员遇到某种不可抗拒的力量，即医务人员自身能力、环境和条件，不能排斥和阻止损害后果的发生。不能预见是指医务人员没有预见，而且根据当时的条件、情况以及医务人员的技术能力也不能预见。

医疗意外的主要表现形式：在诊疗护理工作中，虽然发生了病员死亡、残疾、组织器官损伤导致功能障碍的不良后果，但这些不良后果的发生，是由不能抗拒或不能预见的原因引起的。对此，医务人员不负责任。如：

（1）疾病危重，急需手术，手术无误，但术中死亡或术后出现严重后遗症者。

（2）药物过敏试验为正常或未规定做过敏试验的药物，引起过敏反应者。

（3）病员在诊疗过程中突然发生栓塞、猝死等意外情况，来不及抢救者。

（4）病员属特异性体质，虽然术前知道或术后发现，但为目前医学技术所难以解决而出现不良后果者。

（5）应用新技术、新药物之前作了充分的技术准备，执行了请示报告制度，向病员家属说明了情况并征得其签字同意，仍发生意外者。

（6）经检修的医疗器械，在操作过程中突发故障或临时停电影响正常操作，经积极采取补救措施仍导致不良后果者。

医疗意外保险的保险责任可以包括由于医疗意外导致病员的死亡、残疾、组织器官损伤导致功能障碍的不良后果等，也可以包括因医疗意外而实际支出的医疗费用。该产品可以设计为主险，也可以设计为附加险。

四、健康保险的费率和准备金

（一）费率

健康保险的费率的确定必须像寿险费率那样满足充足、公平、合理的原则。决定健康保险费率的因素比一般寿险要多，而且这些因素很难获得可靠和稳定的测量。这些因素主要包括疾病发生率、残疾发生率、疾病持续时间、利息率、费用率、失效率、死亡率等。另外，还有其他因素，如展业方式、承保习惯、理赔原则及公司的主要目标等也会影响健康保险费率。而其他一些因素，如医院管理和医疗方法、经济发展、地理环境等条件的变化则同样会对将来赔款的预测带来影响，但这些因素不容易被完整地、准确地预测。所有这些因素，决定了健康保险保险费率的计算方式与一般寿险有着明显的不同。下面是四种基本的计算原则。

1. 统一费率原则

根据这种原则，保险费的收取不以年龄的变化而变化，或在较大的年龄档次间（如所有在职职工），所有被保险人适用统一的费率。这种方法一般在赔付率与年龄关系不大的条件下被采用。

2. 阶梯费率原则

根据这种原则，规定被保险人在不同的年龄段内交纳不同的保险费，一般来说，保险费在被保险人达到某个规定的年龄时，就会增加，如费率每10年增加一次，随年龄段呈现阶梯形式。

3. 逐年变动费率原则

这种原则规定了费率每年都发生变化，即每年都采用新费率。这种方法一般适用于医疗费用保险单，医疗费用的增加是一种不好预测的因素。

4. 均衡保险费原则

这种方法规定每年收取相等的保险费，这与一般寿险的平均保险费原理相同，要求逐年建立准备金以支付将来责任。

以上各种方法虽有各自的优势，但它们都必须同时考虑风险的估测、费用支付、利润和其他被动安全系数等问题。对于身体健康状况不能达到标准条款规定但可以有条件承保的被保险人，可以按照次标准体保单来承保，在制定费率时往往采用的方法有：① 减少保单收益支付期，如住院天数的限制等。② 减少保单收益，如支付金额等。③ 提高等待期。④ 规定除外责任或者进行限制保障等。

（二）责任准备金

健康保险的保险期限包括短期、1年期和长期，因此对于不同期限的健康保险，责任准备金的提存方式有所不同。对于1年期或短期健康保险往往采用非寿险方式计提责任准备金，而对于长期健康保险，其损失发生的概率与年龄有关，因此采用寿险方式计提责任准备金。

专栏 8-11

《国务院办公厅关于加快发展商业健康保险的若干意见》

专栏 8-12

《个人税收优惠型健康保险业务管理暂行办法》(原保监会印发)

第六节　团体保险

一、团体保险概述

（一）团体及团体保险的含义

1. 团体的含义

理解团体的含义是理解团体保险的基础。在实践中，各国都将对团体的有关规定作为规范团体保险的重要内容，往往通过立法限定其范围以及投保团体保险的团体应具备的条件，将具备条件的团体称为适格团体。

概括来看，团体的界定一般是从团体的组成、团体人数和参保比例、团体参保人员资格认定及投保金额的规定等方面进行的。

（1）团体组成的规定。参加团体保险的团体，不能是为投保团体保险而组成的团体，而必须是已经存在的、有特定业务活动、实行独立核算的正式法人团体。该项规定的目的在于，将以购买保险为目的而组成的团体排除在团体保险的承保范围外，避免吸引大量高风险人组成的团体，从而给保险公司带来"逆选择"风险。另外，在特定的险种中，被保险人除了雇员（成员）本人外，还可包括员工的眷属（配偶、子女或父母）。

（2）团体人数和参保比例的规定。在团体保险的实践中，往往规定参加团体保险的团体必须达到一定的人数，参保比例也有一定的规定，其原因可以归结为两点：一是团体保险是以团体作为投保人，通过减少管理费用来降低附加费用，从而达到降低保险费的目的，所以人数的多少自然有一定的影响；二是为了防止逆选择的发生。对团体人数一般都会规定一个明确的数量，若人数较少，一般要求团体内100%的人都应投保；若人数较多，要求团体内成员投保应达到一定比例（75%~80%）。

（3）团体参保人员资格认定的规定。团体保险虽然不对单个成员进行保险选择，但是为了合理地控制理赔成本和管理费用，避免逆选择，通常对投保团体保险中的成员参加保险的资格也有一定的限制。如雇主为雇员提供团体保险的情况下，通常有如下规定：

一是全职或专职工作的规定。大部分的团体保险通常只针对全职或专职员工，因为兼职员工除高离职率外，还较有可能为了得到团体保险给付而寻找就业。季节性和暂时性的员工也存在同样的问题。而全职上班的员工，往往健康状况较好，工作与生活较为稳定，流动率较低。

二是正常在职工作的规定。为了避免承保在团体保险合同生效前已患疾病的成员，通常有正常在职工作的资格规定，即要求每一成员在保险生效日均能正常上班且实际参与工作则才能取得参加保险的资格。在某些特殊情况，"正常在职工作"的界定可以放宽或稍做修订。例如，大型团体因为聘用制度较为健全，通常不会录用健康情况欠佳的员工，对此类团体可不必再要求"正常在职工作"的规定。

三是试用期间的规定。试用期间的规定即要求新进入成员必须工作一段时间后才能参加团体保险，其时间长短依据投保团体的流动性高低有所不同。试用期间的规定可以减少一些跳槽者的逆选择，更可以排除一些带病应征者，或为了获得保险的保障而暂时隐匿病情者。

（4）投保金额的规定。一般来说，团体保险对每个被保险人的保险金额按照统一的规定计算，其目的主要在于消除逆选择。具体做法有：整个团体的所有被保险人的保险金额相同；按照被保险人的工资水平、职位、服务年限等标准，分别制定每个被保险人的保险金额。此外，对单个被保险人的投保金额设有上限，一般是以平均保险金额的数倍（大多以3.5倍）为上限。这种做法是依据统一的标准制定每个人的保险金额，雇主或雇员均无权自己增减保险金额。

2. 团体保险的含义

团体保险是指投保人为特定团体成员投保，由保险公司以一份保险合同提供保险保障的人身保险。在团体保险中，符合上述条件的"团体"为投保人，团体内的成员为被保险人，保险公司签发一张总保单给投保人，为其成员因疾病、伤残、死亡以及离职退休等提供补助医疗费用、给付抚恤金和养老保障计划。

（二）团体保险的特点

团体保险投保人和被保险人的特殊性，使其具有一些有别于个人保险的特点。

1. 风险选择特殊

团体保险最显著的特点就是用对团体的风险选择来取代对个人的风险选择。团体保险投保过程中无需提供团体中个人的可保证明，保险人只需对整个团体的可保性做出判断，即用团体核保来替代个人核保。保险人在对团体进行风险选择的过程中，一般需要依据上文所述的对适格团体提出要求。

一般来讲，团体保险的风险比较稳定，主要原因包括：① "团体" 的风险分散，逆选择风险小。由于团体规模较大，可以自动产生风险分散作用，所以团体保险只需重点考虑该团体的人数以及团体人数累积将产生的可预测的死亡率和发病率。如果团体人数累积到一定数量，团体成员的同质性使死亡率和发病率可以预测，那么应用于个人的保险原理也可适用于团体保险。② 团体保险合同再订。团体保险中风险程度高、保险保障要求高的人寿保险产品大多数是以短期险形式出现的，在保险期结束后，投保人和保险人往往会根据过去的赔付记录、被保险人的可保性证明来重新订立保险合同，调整费率。但是像团体年金保险等长期人寿保险，保险期限一般很长（有些长达30~40 年甚至以上），保险公司对未来长期经济发展、资本市场发展、利率变动趋势等问题难以有准确的估计，面临较大风险，所以进行财务再保险安排或者参加养老金公司的再保险战略联盟，以降低经营风险。③ 团体的退保风险小。

2. 保险计划灵活

与普通个人保险的保单不同，团体保险单并非必须是事先印就而一字不可更改的。较大规模的团体投保团体保险，投保单位可以就保单条款的设计和保险内容的制定与保险公司进行协商。当然，团体保险单也应遵循一定的格式和包括一些特定的标准条款，但与个人保险合同比较，明显具有更大的灵活性。团体保险计划作为整个雇员福利项目的一部分，在绝大多数情况下，保险合同充分体现投保团体的要求，对于这些要求，只要不使管理手续复杂化，不致引起严重的 "逆选择"，不违反法律，保险人都会给以充分的考虑并在合同中加以体现。

在团体保险量身定制保单的过程中，其作业流程一般要经过两个阶段：一是计划设计阶段，二是承保阶段。团体保险计划的灵活性充分表现在第一阶段，投保人在这一阶段可以就保险合同条款的设计和内容的制定同保险人进行协商。在经过团体保险部门审核后，保险合同最终得以确定，以最大限度地满足不同团体投保人的不同要求。当然，团体保险合同也要按照规定的格式，使用一些特定条款。

3. 经营成本低廉

对于保险人而言，团体保险的经营成本会低于个人保险，这主要是因为：① 单证印制和单证管理成本低。团体保险一般采取一张主保单承保一个群体的做法，节省了大量的保单印制和管理成本，简化了承保、收费等手续，获得了规模效应。② 附加佣金所占的比例较低。团体保险的佣金占总保险费收入的比率较个人保险的要低，因为它不像个人保险那样，对每一位被保险人相对应的个人代理人支付佣金。而且许多大型的团体投保人常常直接与保险人洽谈，免除了佣金支出，从而降低了保险公司的经营成本。③ 核保成本低。由于团体中参加保险的人员比例较高，逆选择风险较小，体检和其他一些核保要求可以适当免除，节约了保险公司的核保费用。

4. 服务管理专业

团体保险的投保人是团体，其对保险的要求、谈判能力往往高于个人。因此，在团体保险市场的激烈竞争中，要获得更多的客户，就要求从业人员必须具有相关的社保、法律、财税、医疗、金融、管理等方面的知识，具有前瞻性、创造性的优势。团体保险的专业服务人员应成为投保团体的福利保险顾问，从保障、福利、法律、财税等方面向投保团体提出保险建议，为投保团体提供设计科学的员工福利、保险计划的专业服务。

5. 保费分担

团体保险的保费可以有不同的分担方式：① 由雇主负担全部的保费；② 由雇主和雇员共同承担保费；③ 由雇员单独负担保费。对于不同的保费分担方式，一般对于投保比例的限制也有所不同。例如，某公司为排除"逆选择"规定，若保费是双方承担的，则至少要有全部合格职工人数的 75% 参加；若保费是非贡献性的（保费全部由雇主负担），则全部职工必须 100% 参加。

（三）团体保险的种类及其内容

专栏 8-13

《中国保监会关于促进团体保险健康发展有关问题的通知》（原保监会印发）

实务经营中，人们常常按照团体保险合同的保障范围（保险责任），对团体保险进行分类。根据这种传统的分类方法，团体保险可以划分为团体人寿保险（含团体养老保险）、团体意外伤害保险、团体健康保险。

二、团体人寿保险

团体人寿保险通常可分为团体定期人寿保险、团体信用人寿保险、团体养老保险、团体终身保险、交清退休后终身保险、团体遗属收入给付保险和团体万能寿险等险种。

（一）团体定期人寿保险

团体定期人寿保险常简称为团体定期保险，是指以经过选择的团体中的员工为被保险人，团体或团体雇主作为投保人，保险期间为 1 年的死亡保险。

（二）团体信用人寿保险

团体信用人寿保险是指为保全住宅贷款定期付款销售等分期偿还债权，由贷款提供机构或信用保证机构作为投保人（受益人），以与其发生借贷关系的众多分期付款债务人作为被保险人，同保险人签订的一种团体保险合同。

通常，团体信用人寿保险合同以未清偿的债务额为合同的保险金额，在债务清偿前，如果被保险人死亡或达到合同预定的高度残疾状态致使其收入中断，由保险人给付相当于未清偿债务额的金额给受益人。显然，从原则上讲，团体信用人寿保险的保险金额将随债务的分期偿还而逐步递减。

（三）团体养老保险

前述的团体定期保险主要以提供团体员工在工作期间的死亡保障为目的。如果考虑员工在退休后的生活保障需要，团体可能为其向保险人购买一份"生存保险"合同，员工退休后，由保险人一次性按保险金额向退休员工支付一笔款项，供其养老生活所用，这种团体保险称为团体养老保险。不过，随着企业年金的发展，近年来，团体员工的退休保障逐渐由团体养老保险转向企业年金保险。

（四）团体终身保险

团体终身保险是相对于团体定期保险而言的。团体定期保险主要提供团体员工在工作期间的死亡保障。团体终身保险则是指以团体或其雇主为投保人，团体员工为被保险人，一旦被保险人死亡，由保险人负责给付死亡保险金的一种保险产品。显然，团体终身保险可以为团体员工提供退休后的死亡保障，以弥补团体定期保险期限较短的不足。

（五）交清退休后终身保险

这是一种以企业年金方式设立的团体终身保险，团体的员工自行负担保险费，逐年约定交清，每年保障的差额由团体的雇主以购买定期保险的方式来弥补。如此，随着交清保险保额的不断累积，团体定期保险的保额越来越小，雇主负担也越来越轻，当员工退休时，保险单具有现金价值；而且因为雇主支付的保险费是用以购买定期保险，不会产生员工的课税问题。显然，在交清退休后终身保险中，团体保险合同逐渐变成了交清保险合同，团体保险的性质已非常之少。

（六）团体遗属收入给付保险

在这种团体保险中，以团体或其雇主作为投保人，团体所属员工为被保险人，员工的遗属作为受益人，团体或其雇主与保险人签订保险合同，约定在员工死亡时，由保险人向死亡员工的遗属给付死亡保险金。保险金的给付方式通常为按月给付，给付金额通常按该死亡员工的原工资额确定。如在美国，配偶一般获得死者工资25%的保险金，子女获得15%，对家庭给付的最高限额是死者工资的40%，并规定了给付期限。

（七）团体万能寿险

团体雇主一般不为团体万能寿险交付任何保险费，所以，团体万能寿险并不是一种严格意义上的团体保险产品。不过，如果团体的规模较大，可以按该团体的经验数据收取死亡率费用，而且收取的管理费用比个人保险产品低。此外，如果员工离开该团体，他购买的团体万能寿险产品可以在该团体中继续保留。

三、团体意外伤害保险

团体意外伤害保险是团体保险最早的形式之一，它是指当被保险人（团体员工）遭遇意外事故导致死亡或残疾时，由保险人负责给付死亡保险金或残疾保险金的一种团体保险。团体意外伤害保险常常与团体短期丧失工作能力收入保险等一起附加于团体人寿保险合同中，当被保险人在残疾医疗期间丧失收入所得，其应交付的部分保险费可以由附加的意外伤害保险的给付来提供。

当然，保险人给付保险金的前提条件是被保险人身体直接因意外事故遭到伤害，如果因为其他原因（如慢性病等）而受到的伤害则属于免责范围。除了意外事故的发生，许多保险人还同时规定被保险人身体所遭受伤害的部位与程度也应该属于意外性质，才可以申请理赔。不过，这一规定的有效性与可行性常常引起争议。

从字面上看，团体意外伤害保险的保险责任及性质等似乎极为清楚。不过，在保险实务中，由于团体意外伤害保险一般作为团体附加险存在，导致许多人对此项团体保险业务不太熟悉，甚至产生许多误解。例如，因为团体意外伤害保险与雇主责任保险的投保人相同、投保手续类似，以及确定费率的基本因素相同，许多人常常将这两种保险产品混为一谈。实际上，团体意外伤害保险与雇主责任保险在保险标的、保险金额和责任期限的确定以及它们对于团体雇主及其员工的利益关系等方面都存在较大的差别。

四、团体健康保险

团体健康保险是指以团体或其雇主作为投保人，同保险人签订保险合同，以其所属员工作为被保险人（包含团体中的退休员工），约定由团体雇主独自交付保险费，或由雇主与团体员工分担保险费，当被保险人因疾病或分娩住院时，由保险人负责给付其住院期间的治疗费用、住院费用、看护费用，以及在被保险人由于疾病或分娩致残疾时，由保险人负责给付残疾保险金的一种团体保险。

（一）团体（基本）医疗费用保险

在这种团体健康保险中，当被保险人在保险责任期开始后，因疾病而住院治疗时，保险人将负责给付其住院费用、治疗费用、医生出诊费用以及透视费用和化验费用等。

其中，住院费用的给付按照住院天数乘以每日住院给付金额进行计算，每日住院给付金额以及每次住院的天数在团体雇主与保险人签订的合同中都予以规定。治疗费用的确定有两种方法：① 表列法，即在合同附件中详细列明各项治疗的费用限额。不同的团体可根据其需要或员工所能承担的范围，将此费用金额乘上某一系数，以调整其限额。保险人按此确定的限额向被保险人给付保险金（或代为支付治疗费用）。② 根据合理习惯确定每次住院治疗的费用。医生出诊费用以及透视费用和化验费用则通常在保险合同中予以明确规定。值得注意的是，团体医疗费用保险通常将被保险人的门诊医疗列为除外责任，对其发生的门诊医疗费用不予给付保险金。

（二）团体补充医疗保险

团体补充医疗保险也称团体高额医疗保险。由于大部分基本医疗保险（包括团体医疗费用保险）对于药品、器材、假肢、假牙、血或血浆、诊断服务、预防性药物、门诊治疗、护理及其他很多费用均不予承保，而且，基本医疗保险（包括团体医疗费用保险）对于各种医疗费用也有许多限制（包括时间以及金额的限制），这使得团体补充医疗保险这种以排除基本医疗保险中的诸多限制为主要目的的团体健康保险产品开始出现。

　　团体补充医疗保险通常由团体或雇主与保险人共同协商医疗费用的限额。不过，保险人为了规避医疗费用过高的风险，在团体补充医疗保险合同中，还常常附加有免赔额条款及共同保险条款。

　　（三）团体特种医疗费用保险

　　团体特种医疗费用保险主要包括团体长期护理保险、团体牙科费用保险、团体眼科保健保险等。

　　长期护理是帮助那些因为残疾或阿尔茨海默病等慢性病而生活不能自理的人完成诸如吃饭、洗澡、穿衣和移动等日常活动。传统的医疗保险一般不对与长期护理相关的费用进行保障，而团体长期护理保险就是以团体或团体雇主为投保人，以团体下属员工（包括退休员工）及其眷属、年长的家庭成员为被保险人，承担被保险人的长期护理服务费用，保障他们退休后的财产或生活的一种团体保险。

　　在大多数国家，牙科保险是一个比较新鲜的事物。实际上，牙病的医疗费用要比其他疾病更高，对整体医疗支出有着直接和间接的影响。团体牙科保险是以团体或团体雇主为投保人，以团体下属员工为被保险人，为员工所需要的一些牙科服务（包括预防性护理，如定期口腔检查、清洗和早期诊断）和治疗提供保障的一种团体健康保险。

　　（四）团体丧失工作能力收入保险

　　团体丧失工作能力收入保险又称为团体残疾收入保险，它是以团体或雇主作为投保人，以团体下属员工为被保险人，由保险人承担补偿被保险人因遭遇意外伤害或疾病而丧失收入的责任的一种团体保险。一般情况下，团体丧失工作能力收入保险合同按月提供给付金额，此金额的高低与被保险人的正常收入呈一定比例。保险给付则开始于保险合同约定的缺职期后，并延续至合同约定的最高期间或被保险人的极限年龄。

　　实务经营中，大多数的团体丧失工作能力收入保险合同，均以不超过 6 个月（少数合同有 6 个月和 1 年的最高给付期间规定）为最高给付期间，这些合同被归属为团体短期丧失工作能力收入保险。还有一类称为团体长期丧失工作能力收入保险。这种合同与短期合同的最主要区别是其最高给付期远超过 1 年，甚至达到被保险人的极限年龄。

本章小结

　　1. 人身保险是保险的重要种类。人身保险指以人的寿命（或称为生命）或身体为保险标的，当被保险人在保险期限内发生死亡、伤残、疾病、年老等事故或生存至规定时点时给付保险金的保险业务。可以从人身风险的客观性、损失均摊、均衡保费、风险同质性等几个方面理解人身保险。人身保险产品按保险责任分为人寿保险、健康保险、意外伤害保险；按照设计类型分为普通型产品和新型产品；按照投保方式划分可以分为个人保险和团体保险等。

　　2. 人寿保险的特点主要表现在：生命风险的特殊性、保险标的的特殊性、保险利益的特殊性、保险金额的确定与给付的特殊性、保险期限的特殊性等。人寿保险产品按照设计类型分为普通型人寿保险和新型人寿保险。普通型人寿保险按照保险责任分为定期寿险、终身寿险、两全保险。新型人寿保险包括投资连结保险、万能保险、分红保险等。

3. 年金保险是以被保险人生存为给付条件并按一定的时间间隔分期支付的人身保险。年金保险主要市场类型是养老保险和教育金保险。以养老为目的年金保险是解决由于寿命的不确定而带来的财务风险问题。年金保险可以按照交费方式、给付开始日期、给付方式、被保险人数和给付水平是否变动进行分类。

4. 意外伤害保险是指以意外伤害而致身故或残疾为给付保险金条件的人身保险。意外伤害保险中要注意意外、伤害、意外伤害的含义，意外伤害保险的可保风险等概念。意外伤害保险责任构成包括：被保险人在保险期限内遭受了意外伤害，被保险人在责任期限内死亡或残疾，意外伤害是被保险人死亡或残疾的直接原因或近因。意外伤害保险的给付方式、费率和准备金不同于人寿保险。

5. 健康保险是指以因健康原因导致损失为给付保险条件的人身保险。按照保险责任，健康保险分为疾病保险、医疗保险、失能收入损失保险和护理保险等。同时健康保险的保费、准备金等也具有特殊性。

6. 团体保险是指投保人为特定团体成员投保，由保险公司以一份保险合同提供保险保障的人身保险。理解团体的含义是理解团体保险的基础。在实践中，保险监管机构对团体的界定一般是从团体的组成、团体人数和参保比例、团体参保人员资格认定及投保金额的规定等方面进行的。团体保险的特点主要表现在风险选择特殊、保险计划灵活、经营成本低廉、服务管理专业、保费分担等方面。按照团体保险合同的保障范围（保险责任），团体保险可以划分为团体人寿保险（含团体养老保险）、团体意外伤害保险、团体健康保险。

☑ 重要概念

人身保险	人寿保险	健康保险
意外伤害保险	疾病保险	医疗保险
失能收入损失保险	定期寿险	终身寿险
两全保险	分红保险	万能保险
投资连结保险	年金保险	趸交年金
期交年金	联合年金	最后生存者年金
联合及生存者年金	定额年金	变额年金
即期年金	延期年金	终身年金
最低保证年金	定期生存年金	医疗保险
疾病保险	护理保险	医疗意外保险
免赔额条款	比例给付条款	给付限额条款
团体保险	团体人寿保险	团体健康保险
团体意外伤害保险	团体养老保险	团体定期人寿保险

团体信用人寿保险	团体终身保险	交清退休后终身保险
团体遗属收入给付保险	团体万能寿险	团体（基本）医疗费用保险
团体补充医疗保险	团体特种医疗费用保险	团体丧失工作能力收入保险

思考题

1. 简述人身保险的特殊性。
2. 简述人寿保险的主要分类及保险特点。
3. 简述定额年金与变额年金的异同点。
4. 简述意外伤害保险的含义及特点。
5. 简述意外伤害保险的责任构成。
6. 简述健康保险的含义及特点。
7. 简述健康保险中为避免逆选择而进行的各种规定。
8. 简述健康保险的基本类型及特点。
9. 简述团体保险的特点。
10. 简述团体人寿保险的种类。
11. 简述团体健康保险的种类。

即测即评

请扫描右侧二维码，进行即测即评。

第九章
再保险

　　再保险被称为"保险的保险"，是对风险的二次分散。随着社会经济和科学技术的不断发展，社会财富日益增长，人口数量不断增加，自然灾害、意外事故等造成的财产损失和人员伤亡越来越大，保险人承担的保险责任也日益增大。作为保险人分散风险、均衡业务、稳定经营的坚强后盾，再保险已成为保险市场必不可少的组成部分。再保险和保险之间互相促进，共同推动整个保险业繁荣发展。本章主要阐述再保险的基本概念与分类、比例再保险与非比例再保险的主要内容、再保险分出与分入业务的经营与管理，以使读者对再保险有一个整体认识和把握。

第一节　再保险概述

一、再保险的基本概念

　　再保险（reinsurance）也称分保，是保险人在原保险合同的基础上，通过签订分保合同，将其所承保的部分风险和责任向其他保险人进行保险的行为。[①]《保险法》第28条规定："保险人将其承担的保险业务，以分保形式部分转移给其他保险人的，为再保险。"[②]

　　在再保险交易中，分出业务的公司称为原保险人（original insurer）或分出公司（ceding company），接受业务的公司称为再保险人（reinsurer）或分保接受人、分入公司（ceded company）。

　　和直接保险转嫁风险一样，再保险转嫁风险责任也要支付一定的保费，这种保费叫作分保费或再保险费；同时，由于分出公司在招揽业务过程中支出了一定的费用，

---

　　① 如果为避免逻辑错误，再保险的定义可以这样叙述："再保险是指保险人在原保险合同的基础上，与另一个保险人签订协议，将原保险合同的部分风险或责任进行转嫁的行为。"

　　② 1995年《保险法》第28条规定："保险人将其承担的保险业务，以承保形式，部分转移给其他保险人的，为再保险。"新的规定虽然避免了旧规定的明显错误，但仍有缺陷。

分出公司需要向分入公司收取一部分费用加以补偿，这种由分入公司支付给分出公司的费用报酬称为分保佣金（reinsurance commission）或分保手续费。

如果分保接受人又将其接受的业务再分给其他保险人，这种业务活动称为转分保（retrocession），双方分别称为转分保分出人和转分保接受人。

二、危险单位、自留额和分保额

在再保险业务中，分保双方责任的分配与分担是通过确定的自留额和分保额来体现的，而自留额和分保额都是按危险单位来确定的。

（一）危险单位

危险单位是指保险标的发生一次灾害事故可能造成的最大损失范围。

危险单位的划分既重要又复杂，应根据不同的险别和保险标的来决定。例如，船舶险以一艘船为一个危险单位，车辆险以一辆汽车为一个危险单位，人寿保险以一个人为一个危险单位等。关于火险，通常以一栋独立的建筑物为一个危险单位，但如果数栋建筑物在一起毗连，则应根据其使用性质、间距、周围环境等因素决定划分为一个还是数个危险单位。

危险单位的划分关键是要和每次事故最大可能损失范围的估计联系起来考虑，而并不一定和保单份数相等同。例如，一个大型石油化工厂，面积很大，因主要车间与辅助车间之间有设备的连接，则应划分为一个危险单位。如果该工厂生产区与生活区建筑物之间保持有一定距离，则应划分为不同的危险单位。又如，不同货主的货物装载在同一艘船上，虽有数份保单，也属同一危险单位。

危险单位的划分并不是一成不变的。如两栋建筑物之间本没有通道，后修建了天桥，使之连接起来，这就使互相分割的两个危险单位变成了一个危险单位。

危险单位的划分有时需要专业知识。如一家年产80万吨的乙烯工厂，其布局和结构、规格都有一定规范，决定危险单位时要结合具体的建筑物和设施，经过实地查勘或图纸分析，方能确定危险单位的划分。再保险合同一般规定，如何划分危险单位由分出公司决定。

危险单位划分的恰当与否，直接关系再保险当事人双方的经济利益，甚至影响被保险人的利益，因而是再保险实务中一个技术性很强的问题。我国《保险法》第103条规定："保险公司对危险单位的划分应当符合国务院保险监督管理机构的规定。"《保险法》第104条规定："保险公司对危险单位的划分方法和巨灾风险安排方案，应当报国务院保险监督管理机构备案。"

（二）自留额与分保额

对于每一危险单位或一系列危险单位的保险责任，分保双方通过合同按照一定的计算基础对其进行分配。分出公司根据偿付能力所确定承担的责任限额称为自留额或自负责任额；经过分保由接受公司所承担的责任限额称为分保额、分保责任额或接受额。

自留额与分保额可以以保额为基础计算，也可以以赔款为基础计算。计算基础不同，决定了再保险的方式不同。以保险金额为计算基础的分保方式属比例再保险，以赔款金额为计算基础的分保方式属非比例再保险。自留额与分保额可以用百分率表示，如自留额与分保额分别占保险金额的 30% 和 70%；或者用绝对数表示，如超过 100 万元以后的 200 万元。而且，根据分保双方承受能力的大小，自留额与分保额均需有一定的控制，如果保险责任超过自留额与分保额的控制线，则超过部分应由分出公司自负或另行安排分保。

为了确保保险企业的财务稳定性及其偿付能力，许多国家通过立法将再保险的自留额列为国家管理保险业的重要内容。我国《保险法》第 102 条规定："经营财产保险业务的保险公司当年自留保险费，不得超过其实有资本金加公积金总和的 4 倍。"第103 条规定："保险公司对每一危险单位，即对一次保险事故可能造成的最大损失范围所承担的责任，不得超过其实有资本金加公积金总和的百分之十；超过的部分应当办理再保险。"第 105 条规定："保险公司应当按照国务院保险监督管理机构的规定办理再保险，并审慎选择再保险接受人。"

三、再保险与原保险比较

（一）再保险与原保险的关系

再保险的基础是原保险，再保险的产生，正是基于原保险人经营中分散风险的需要。因此，保险和再保险是相辅相成的，它们都是对风险的承担与分散。保险是投保人以交付保险费为代价将风险责任转嫁给保险人，实质是在全体被保险人之间分散风险，互助共济；再保险是原保险人以交付分保费为代价将风险责任转嫁给再保险人，在它们之间进一步分散风险，分担责任。因此，再保险是保险的进一步延续，也是保险业务的组成部分。

但是，在现代保险经营中，再保险的地位与作用越来越重要，再保险可以反过来支持保险业务的发展；甚至对于某些业务，没有再保险的支持，保险交易则难以达成。再保险已成为保险强有力的后盾。

再保险与原保险的区别如下：① 主体不同。原保险主体一方是保险人，另一方是投保人与被保险人；再保险主体双方均为保险人。② 保险标的不同。原保险中的保险标的既可以是财产、利益、责任、信用，也可以是人的生命与身体；再保险中的保险标的只是原保险人对被保险人承保合同责任的一部分或全部。③ 合同性质不同。原保险合同中的财产保险合同属于经济补偿性质，人身保险合同属于经济给付性质；再保险合同全部属于经济补偿性质，再保险人负责对原保险人所支付的赔款或保险金给予一定补偿。

再保险具有以下两个重要特点：

第一，再保险是保险人之间的一种业务经营活动。再保险只在保险人之间进行，按照平等互利、互相往来的原则分出分入业务。原保险人可以充当再保险人，再保险人也可以充当原保险人，它们的法律地位可以互换。但是，再保险人与投保人和被保险人不发生任何业务关系，再保险人无权向投保人收取保险费；同样，被保险人对再保险人没有索赔权；原保险人也不得以再保险人不对其履行赔偿义务为借口而拒绝、减少或延迟履行其对被保险人的赔偿或给付义务。①

第二，再保险合同是独立合同。再保险合同是在原保险合同的基础上产生的，没有原保险合同就不可能有再保险合同。但是，再保险合同与原保险合同在法律上没有任何继承关系，因为保险与再保险没有必然联系，除法定再保险成分外，是否再保险、分出多少业务，由原保险人根据自己的资产和经营状况自主决定。所以，再保险是一种独立性的保险业务，再保险合同也独立于原保险合同。

（二）再保险与共同保险的区别

共同保险是由两家或两家以上的保险人联合直接承保同一标的、同一保险利益、同一风险责任而总保险金额不超过保险标的可保价值的保险。共同保险的各保险人在各自承保金额限度内对被保险人负赔偿责任。

共同保险与再保险均具有分散风险、扩大承保能力、稳定经营成果的功效，但是二者又有明显的区别。共同保险仍然属于直接保险，是直接保险的特殊形式，是风险的第一次分散，因此，各共同保险人仍然可以实施再保险。再保险在原保险基础上进一步分散风险，是风险的第二次分散，可通过转分保使风险分散更加细化。

比较而言，共同保险有其局限性：一是要求共同保险的保险人必须在同一地点；二是手续烦琐，投保人必须和每一个共同保险人洽议有关保险事项，而保险人之间的商议也辗转费时。再保险则不受限制，且运用方便，因此，保险经营中采用再保险比采用共同保险普遍得多。②

专栏 9-1

地震巨灾保险制度在我国落地

四、再保险的分类

再保险的险种，一般按直接保险划分，因而再保险的险种是很多的。但通常所说的再保险的分类，主要有两种标准：一是按责任限制划分；二是按分保安排方式划分。

首先，按责任限制分类，再保险可分为比例再保险和非比例再保险。比例再保险又可分为成数再保险、溢额再保险以及成数和溢额混合再保险。非比例再保险主要有超额赔款再保险和超过赔付率再保险两种（详见本章第二节）。

其次，按分保安排方式分类，再保险可分为临时再保险（facultative reinsurance）、

① 对此，《保险法》在第 29 条做出了明确规定。
② 在特定地区特定业务上采用再保险机制共保越来越多，这种做法避免了恶性竞争，方便了投保人，但本质仍为直接保险。

合同再保险（treaty reinsurance）和预约再保险（facultative obligatory reinsurance）。

临时再保险在安排时需将分出业务的具体情况和分保条件逐笔告诉对方，对方是否接受或接受条件多少完全可以自由选择。对于分出公司来说，是否要办理临时分保，可视危险情况来决定。临时再保险的本质在于，一方面，对于某一危险，保险人是否要进行再保险，再保险多少，完全由本身所承担的风险责任情况以及自留的多少决定，逐次向再保险人接洽；另一方面，再保险人是否接受、如何接受、接受多少，可根据危险的性质、本身的承保能力、与原保险人的业务关系等，酌情自行决定。

合同再保险是分出公司和接受公司双方事先通过契约将业务范围、地区范围、除外责任、分保佣金、自留额、合同限额、账单的编制与发送等各项分保条件用文字予以固定，明确双方的权利和义务。合同一经双方签订，双方均应遵守。因此，合同再保险对当事人双方都具有强制性。

预约再保险是介于临时再保险与合同再保险之间的一种安排方式。一般而言，它对于分出公司来说相当于临时再保险，而对于接受公司来说相当于合同再保险。也就是说，这种安排对分出公司没有强制性，业务是否要办理再保险或分出多少，完全可以自由决定，但对于接受公司来说具有强制性，凡属预约分保范围内的每笔业务不能加以挑剔选择。

第二节　比例再保险和非比例再保险

一、比例再保险

比例再保险（proportional reinsurance）是以保险金额为基础来确定分出公司自留额和接受公司责任额的再保险方式，故有金额再保险之称。在比例再保险中，分出公司的自留额和接受公司的责任额都表示为保额的一定比例，该比例也是双方分配保费和分摊赔款时的依据。也就是说，分出公司和接受公司对于保费和赔款的分配，按照其分配保额的同一比例进行，这就充分显示了保险人和再保险人利益的一致性。所以，比例再保险最能显示再保险当事人双方共命运的原则，因而其应用范围十分广泛。

（一）成数再保险

成数再保险（quota share reinsurance）是指原保险人将每一危险单位的保险金额，按照约定的比率分给再保险人的再保险方式。按照成数再保险方式，不论分出公司承保的每一危险单位的保额大小，只要是在合同规定的限额内，都按双方约定的比率进行分配和分摊。总之，本再保险方式的最大特征是"按比率"再保险，堪称比例再保险的代表方式，同时也是最简便的再保险方式。

由于成数再保险对每一危险单位都按一定的比率分配责任，在遇有巨额风险责任时，原保险人和再保险人承担的责任仍然很大。因此，为了使承担的责任有一定范围，每一份成数再保险合同都按每一危险单位或每张保单规定一个最高责任限额，分出公司和接受公司在这个最高责任限额中各自承担一定的份额。习惯上，若自留 40%，分出 60%，则称合同为 60% 的成数再保险合同（a quota share of 60 percent）。

　　假设一成数再保险合同，每一危险单位的最高限额规定为 500 万元，自留部分为 45%，分出部分为 55%（即为 55% 的成数再保险合同），则合同双方的责任分配如表 9-1 所示。

表 9-1　成数再保险责任分配表　　　　　　　　　　　　　　　　　　单位 / 元

保险金额	自留部分（45%）	分出部分（55%）	其他
800 000	360 000	440 000	0
2 000 000	900 000	1 100 000	0
5 000 000	2 250 000	2 750 000	0
6 000 000	2 250 000	2 750 000	1 000 000

　　本例中，原保险金额为 600 万元时，原保险自留及再保险接受部分，与原保险金额为 500 万元时相同，但还剩下 100 万元的责任需寻找其他方式处理。否则，这 100 万元的责任将复归原保险人承担。

　　一旦各公司承担责任的百分比率确定，保费和赔款就按相应百分比率来计算。我们通过表 9-2 来说明成数再保险责任、保费和赔款的计算。假定表中的原保险金额均在合同最高限额内。

表 9-2　成数再保险计算表　　　　　　　　　　　　　　　　　　　单位 / 万美元

船名	总额（100%）			自留（20%）			分出（80%）		
	保险金额	保费	赔款	自留额	保费	自负赔款	分保额	分保费	摊回赔款
A	200	2	0	40	0.4	0	160	1.6	0
B	400	4	10	80	0.8	2	320	3.2	8
C	600	6	20	120	1.2	4	480	4.8	16
D	800	8	0	160	1.6	0	640	6.4	0
E	1 000	10	0	200	2	0	800	8	0
总计	3 000	30	30	600	6	6	2 400	24	24

　　成数再保险的特点可用两个优点和两个缺陷来概括。两个优点即合同双方利益一致，手续简便；两个缺陷是指它缺乏弹性，同时难以达成风险责任的均衡化。具体说明如下。

　　第一，合同双方的利益一致。由于成数再保险中每一危险单位的责任均按保险金额由分出公司和接受公司按比例承担，因此，合同双方存在真正的共同利益，不论业务良莠大小，双方共命运；不论经营的结果有盈有亏，双方利害关系一致。在各种再保险方式中，成数再保险是保险人与再保险人双方利益完全一致的唯一方式。正是由于这一点，成数再保险合同双方很少发生争执。

第二，手续简化，节省人力和费用。采用成数再保险，分出公司和接受公司之间的责任、保费和赔款分配都按约定的同一比例进行计算，简化了分保实务和分保账单编制方面的手续，节省了人力、时间和管理费用。

第三，缺乏弹性。成数再保险具有简便的优点，同时也就意味着缺乏弹性，其结果表现为对接受公司有利，对分出公司不利。一方面，由于按固定比率自留业务，对于质量好保额不大的业务，分出公司也要按比率分出，不能多作自留，从而使分出公司支付较多的分保费；另一方面，当业务质量较差时，分出公司又不能减少自留，相当于放弃了决定自留的权利。概括起来说，成数再保险往往不能满足分出公司获得准确再保险保障（precise reinsurance protection）的需求。

第四，不能均衡风险责任。由于成数再保险按保险金额的一定比率来划分双方的责任，故所有业务的保险金额，每一笔均按再保险的比率变动；但对于危险度的高低、损失的大小并不加以区别而进行适当的安排，因而不能使风险责任均衡化。换句话说，原保险合同保险金额高低不齐的问题，在成数分保之后仍然存在。虽然合同通常有最高限额的限制，但这是为防止责任累积而设置的，并非为了使风险责任均衡化，对于超过限额的部分势必另行安排其他再保险。因此，成数再保险还必须借助其他形式来分散风险。

应该指出的是：成数再保险优点是主要的，这是它被广泛采用的重要原因。成数再保险的特点，决定了它的运用范围。一般来说，资本雄厚、历史悠久的保险公司较少采用成数再保险，故其多运用于新的公司、新的险种和特种业务方面。具体来说大致有下述八种情况：① 新创办的保险公司，由于缺乏经验，采用成数再保险，可得到再保险人在风险分析、承保审定、赔款处理等技术方面更多的帮助；② 对于新开办的险种，由于缺乏统计资料和实际经验，一般也采用成数再保险处理大额业务；③ 一般来说，汽车险、航空险等，危险性较高，赔款频繁，成数再保险可发挥其手续简便、双方共命运的优势；④ 对于保额和业务质量比较平均的业务，如粮食运输业务，其运载工具的吨位、每船的保额大致相同，采用成数再保险时限额不会太高，业务比较稳定，可以收取较高的分保手续费，同时免去了责任累积之虑；⑤ 各类转分保业务，由于手续烦琐，采用其他的分保方式比较困难，一般都采用易于计算的成数再保险；⑥ 由于成数再保险条件优惠，故在国际分保交往中，往往用作交换，以取得回头业务；⑦ 属于同一资本系统的子公司和母公司之间，以及集团内部分保，为简化分保手续，一般也采用成数方式进行分保；⑧ 成数再保险与其他分保方式混合运用，使再保险的安排对各方面都合情合理，同时又达到风险分散的根本目的。

（二）溢额再保险

溢额再保险（surplus reinsurance），是由保险人与再保险人签订协议，对每个危险单位确定一个由保险人承担的自留额，保险金额超过自留额的部分称为溢额，分给再保险人承担。

溢额再保险与成数再保险的最大区别在于：某一业务的保险金额在自留额之内时，就无须办理分保；只有在保险金额超过自留额时，才将超过部分分给溢额再保险人。

也就是说，溢额再保险的自留额，是一个确定的自留额，不随保险金额的大小变动，而成数再保险的自留额表现为保险金额的固定百分比，随保险金额的大小而变动。

溢额再保险也是以保险金额为基础来确定再保险当事双方的责任的。自留额先定好后，对于每一笔业务，将保险金额与自留额进行比较，即可确定分保额和分保比例。例如，溢额分保的自留额确定为 40 万元，现有三笔业务，保险金额分别为 40 万元、80 万元和 200 万元，第一笔业务在自留之内无须分保，第二笔业务自留 40 万元，分出了 40 万元，第三笔业务自留 40 万元，分出 160 万元。溢额和保险金额的比例即为分保比例。如本例第二笔业务的分保比例为 50%，第三笔业务分保比例为 80%。

溢额再保险关系成立与否，主要看保险金额是否超过自留额，超过自留额的部分即由溢额再保险吸收承受。但溢额再保险的吸收承受，并非无限制，而是以自留额的一定倍数为限度。这种自留额的一定倍数，称为线数（lines）。所以，危险单位、自留额和线数是溢额再保险的三大关键项目，又称三要素。

溢额再保险的合同容量或合同限额，通常以自留额的倍数计算。换句话说，自留额是厘定再保险限额的基本单位，在溢额再保险中称为"线"（line），线的一定倍数，即线数。如某溢额再保险合同的限额订为 20 线，则一线的责任为再保险限额的 5%，假定自留额为 100 万元时，该合同的限额即为 2 000 万元。为简便，保险同业之间通常仅以线数表示溢额再保险合同。例如，本例可称为 20 线的合同（20 lines treaty）。但每线的金额大小，要同时予以注明，以便真正掌握合同容量（capacity）的大小。

综上所述可知，在溢额再保险合同中，再保险人的责任额和原保险人的自留额与总保险金额之间存在一定的比例关系，这是溢额再保险归属于比例再保险的原因所在。但溢额再保险的比例关系随着承保金额的大小而变动，这与成数再保险的固定比例有所不同。

一般而言，分出公司根据其承保业务和年保费收入来制定自留额和决定溢额分保合同的最高限额的线数。由于承保业务的保额增加，或是由于业务的发展，有时需要设置不同层次的溢额，依次称为第一溢额、第二溢额等。当第一溢额的分保限额不能满足分出公司的业务需要时，则可组织第二甚至第三溢额，作为第一溢额的补充，以适应业务的需要。

各层溢额的关系，可用流水来比喻。假定自留与再保险各为消纳危险的容器，各容器的容量，分别为自留额与再保险责任额。保险人承保的业务，首先流入自留额的小容器，自留额满时，即溢流向第一溢额再保险（first surplus reinsurance）的大容器。如果第一溢额的容器流满后仍有溢流，可再设置第二溢额再保险的更大容器来承受业务。以此类推，还可安排第三溢额、第四溢额再保险来解决特殊业务的需要。

这种溢流与承受，就是危险责任的分散与转嫁，是溢额再保险的主要机能。容器的一定容量，就是风险责任均衡的表现，它使自留额与再保险额额度均能保持一定的标准，危险因此被平均化。危险责任的平均化，是溢额再保险的主要目的。

了解了溢额再保险的危险单位、自留额、线数和合同的最高限额及其关系，以及溢额分保比例后，计算各自的责任、保费的分配和确定赔款的分摊就比较容易了。下面举例来予以简单说明。

现组织一份海上货运险溢额再保险合同，危险单位按每一船每一航次划分，自留额为 10 万美元。第一溢额合同限额为 10 线，第二溢额合同限额为 15 线，有关责任、保费和赔款的计算如表 9–3 所示。

表 9–3　分层溢额再保险计算示意表　　　　　　　　　　　　单位 / 美元

	保险金额	A 轮 50 000	B 轮 500 000	C 轮 2 000 000	D 轮 2 500 000	共计
总额	总保费	500	5 000	20 000	25 000	50 500
	总赔款	0	10 000	20 000	100 000	130 000
自留部分	保额	50 000	100 000	100 000	100 000	
	比例 /%	100	20	5	4	
	保费	500	1 000	1 000	1 000	3 500
	赔款	0	2 000	1 000	4 000	7 000
第一溢额	分保额	0	400 000	1 000 000	1 000 000	
	分保比例 /%	0	80	50	40	
	分保费	0	4 000	10 000	10 000	24 000
	分摊赔款	0	8 000	10 000	40 000	58 000
第二溢额	分保额	0	0	900 000	1 400 000	
	分保比例 /%	0	0	45	56	
	分保费	0	0	9 000	14 000	23 000
	分摊赔款	0	0	9 000	56 000	65 000

现以第三笔业务 C 轮为例对表 9–3 略作说明。C 轮保险金额为 200 万美元，自留 10 万美元，第一溢额承受 10 线计 100 万美元，分保比例为 50%，自留与第一溢额之后尚余 90 万美元的责任，由第二溢额承受，第二溢额分保比例为 45%。现发生赔款 20 000 美元，保险人承担 5% 为 1 000 美元，第一溢额再保险人分摊 50% 为 10 000 美元，第二溢额再保险人分摊 45% 为 9 000 美元。其他可依此类推。

从表 9–3 统计的保费收入及支付的赔款来看，这是一个亏损严重的合同，整个合同的赔付率为 257.43%。但亏损的程度，原保险人、第一溢额再保险人、第二溢额再保险人各不相同。计算可知，它们的赔付率分别为 200%、241.67%、282.61%。这显示出高层次溢额再保险的危险度比低层次危险度大，这是由于进入高层次溢额的标的数量减少的原因所致。这说明，溢额再保险合同双方的利益并非是完全一致的。因此，在实务中，各层次的溢额再保险，除次序有先后差别外，其再保险条件可能不相同，但保险责任、保费和赔款的计算方法是一样的。

溢额再保险具有下述两个方面的特点：

第一，可以灵活确定自留额。溢额再保险的优点在于能根据不同的业务种类、质量和性质确定不同的自留额，具有灵活性，凡在自留额以内的业务，全部由分出公司自留不必分出。因此，不论在业务的选择上，还是在节省分保费支出等方面，溢额再保险都具有其优越性。如果溢额分保自留额订得适当，分出公司自留的业务数量多，质量又较好，保险金额又较均匀，其稳定性就会很好。

第二，比较烦琐费时。以货运险为例，办理溢额再保险时，要根据业务单证按船、按每一航次进行登卡和管理限额，并计算出不同的分保比例，以及按这一比例逐笔计算分保费和摊回赔款。在编制分保账单和统计分析方面也较麻烦。所以，办理溢额再保险需要严格的管理和必要的人力来进行，因而可能增加管理费用。

一般来说，对于危险性较小、利益较优且风险较分散的业务，原保险人多采用溢额再保险方式，以保留充足的保险费收入。对于业务质量不齐、保险金额不均匀的业务，也往往采用溢额再保险来均衡保险责任。在国际分保交往中，溢额分保也是常见和乐于考虑的接受分保业务之一，可用于分保交换。

（三）成数和溢额混合再保险

成数和溢额混合再保险，是将成数再保险和溢额再保险组织在一个合同里，以成数再保险的限额，作为溢额再保险的起点，再确定溢额再保险的限额。

关于成数和溢额混合再保险的责任分配举例如表 9-4 如示（假定成数再保险最高限额 50 万元，溢额合同限额为 4 线）。

表 9-4　混合再保险的责任分配　　　　　　　　　　　　　　　　单位 / 元

保险金额	成数分保			溢额分保
	金额	自留（40%）	分出（60%）	
100 000	100 000	40 000	60 000	0
500 000	500 000	200 000	300 000	0
1 000 000	500 000	200 000	300 000	500 000
2 000 000	500 000	200 000	300 000	1 500 000
2 500 000	500 000	200 000	300 000	2 000 000

成数溢额混合再保险合同并无一定的形式，可视分出公司的需要和业务品质而定。这种混合合同通常只适用于转分保业务和海上保险业务，多于特殊情况下采用。例如，某种业务若组织成数再保险合同要支付较多的分保费，而组织溢额再保险合同，保费和责任又欠平衡，这种情况下就可以采用这种混合再保险方式，来协调各方的矛盾。

二、非比例再保险

非比例再保险（non-proportional reinsurance）以损失为基础来确定再保险当事人双方的责任，故又称损失再保险，一般称为超过损失再保险（excess of loss reinsurance）。但英文 "excess of loss" 的意思，又可理解为超额赔款。因此，"excess of loss reinsurance" 有时是非比例再保险的总称，有时又是指其中的一个分类——超额赔款再保险，因为超额赔款再保险是非比例再保险的典型代表。由于超过损失再保险是当原保险人赔款超过一定额度或标准时，再保险人对超过部分负责，故又称第二危险再保险，以表示责任的先后。

（一）险位超赔再保险

险位超赔再保险，以每一危险单位所发生的赔款来计算自负责任额和再保险责任额。假若总赔款金额不超过自负责任额，全部损失由分出公司赔付；假若总赔款金额超过自负责任额，超过部分由接受公司赔付。但再保险责任额在合同中的规定，也是有一定限度的。关于险位超赔在一次事故中的赔款计算，有两种情况：一是按危险单位分别计算，没有限制；二是有事故限额，即对每次事故总的赔款有限制，一般为险位限额的 23 倍，即每次事故接受公司只赔付 23 个单位的损失。现举例说明如下。

现有一超过 100 万元以后 900 万元的火险险位超赔分保合同，在一次事故中有 3 个危险单位遭受损失，每个危险单位损失 150 万元。

如果每次事故对危险单位没有限制，则赔款的分摊如表 9-5 所示。

表 9-5　险位超赔的赔款分摊表　　　　　　　　　　　　　　　　单位 / 元

危险单位	发生赔款	分出公司承担赔款	接受公司承担赔款
Ⅰ	1 500 000	1 000 000	500 000
Ⅱ	1 500 000	1 000 000	500 000
Ⅲ	1 500 000	1 000 000	500 000
共计	4 500 000	3 000 000	1 500 000

但如果每次事故有危险单位的限制，譬如为险位限额的 2 倍，则赔款分摊的方式如表 9-6 所示。

表 9-6　限额险位超赔的赔款分摊表　　　　　　　　　　　　　　单位 / 元

危险单位	发生赔款	分出公司承担赔款	接受公司承担赔款
Ⅰ	1 500 000	1 000 000	500 000
Ⅱ	1 500 000	1 000 000	500 000
Ⅲ	1 500 000	1 500 000	0
共计	4 500 000	3 500 000	1 000 000

在此情形下，由于接受公司已承担了 2 个危险单位的赔款，所以第 3 个危险单位的损失全部由分出公司自己负责。

（二）事故超赔再保险

事故超赔再保险，以一次巨灾事故所发生赔款的总和来计算自负责任额和再保险责任额。事故超赔再保险的责任计算，关键在于一次事故的划分。巨灾事故如台风、洪水和地震，以时间条款来规定多少时间作为一次事故，有的还有地区规定。例如，规定台风、飓风、暴风连续 48 小时内为一次事故；地震、洪水连续 72 小时内为一次事故，洪水还有地区上的规定，如以河谷或以分水岭来划分洪水地区；其他巨灾事故连续在 168 小时内为一次事故。对于事故持续较长时间的，如森林大火和地震，按一次事故或几次事故，在责任分摊上是不同的。

假设有一超过 100 万元以后的 100 万元巨灾超赔分保合同，一次台风持续了 6 天，该事故共损失 400 万元。若按一次事故计算，原保险人先自负 100 万元赔款，再保险人承担 100 万元赔款，剩下 200 万元赔款仍由原保险人自负，即原保险人共承担 300 万元赔款。若按两次事故计算，如第一个 72 小时损失 150 万元，第二个 72 小时损失 250 万元。则对于第一次事故，原保险人和再保险人分别承担赔款 100 万元和 50 万元，第二次事故分别承担赔款 150 万元和 100 万元，即分出公司共负责 250 万元赔款，接受公司负责 150 万元赔款。但在实际情况中，可能无法区分一次台风在某一时间内的损失，则应该由分出公司和接受公司各负责 200 万元赔款。在超额赔款再保险方式中，有一种分 "层"（layering）的安排方法，即将整个超赔保障数额分割为几层，便于不同的再保险人接受。例如，某保险人对它承保的 500 万英镑的业务，分为四层安排超额再保险：第一层为超过 10 万英镑以后的 40 万英镑，第二层为超过 50 万英镑以后的 50 万英镑，第三层为超过 100 万英镑以后的 100 万英镑，第四层为超过 200 万英镑以后的 300 万英镑。

（三）赔付率超赔再保险

赔付率超赔再保险（excess of loss ratio reinsurance），是按赔款与保费的比例来确定自负责任和再保险责任的一种再保险方式，即在约定的某一年度内，赔付率超过一定标准时，由再保险人就超过部分负责至某一赔付率或金额。赔付率超赔再保险的赔付按年度进行，有赔付率的限制，并有一定金额的责任限制。由于这种再保险可以将分出公司某一年度的赔付率控制在一定的标准内，所以，对于分出公司而言，有停止损失再保险或损失中止再保险（stop loss reinsurance）之称。

赔付率超赔再保险合同中，分出公司的自留责任和接受公司的再保险责任，都是由双方协议的赔付率标准限制的。因此，正确地、恰当地规定这两个标准，是该再保险的关键。议定的标准既要能够在分出公司由于赔款较多，遭受过重损失时给予保障，又不能使分出公司借此从中谋利，损害再保险人的利益。通常，在营业费用率为 30% 时，再保险的起点赔付率规定为 70%，最高责任一般规定为营业费用率的两倍即 60%，也就是，再保险责任是负责赔付率在 70%~130% 部分的赔款。

与比例再保险相比，非比例再保险具有如下特点：

（1）在比例再保险下，接受公司接受分出公司承保责任的一定比例，因此所有保费及赔款，皆与分出公司保持一定的分配比例。非比例再保险则不然，接受公司并不分担任何比例责任，仅在赔款超过分出公司自负额时负其责任。

（2）比例再保险以保额为基础分配自负责任和分保责任；非比例再保险以赔款为基础，根据损失额来确定自负责任和分保责任，接受公司的责任额不受原保险金额大小的影响，而与赔款总额相关联。

（3）比例再保险按原保险费率计收再保险费，且再保险费为被保险人所支付原保险费的一部分，与再保业务所占原保单责任保持同一比例。非比例再保险采取单独的费率制度，再保险费以合同年度的净保费收入为基础另行计算，与原保险费并无比例关系。

（4）比例再保险通常都有再保险佣金的规定；而非比例再保险中，接受公司视分出公司与被保险人的地位相等，因此不必支付再保险佣金。

（5）比例再保险的接受公司对分入业务必须提存未满期责任准备金。非比例再保险的接受公司并不对个别风险负责，仅在赔款超过起赔点时才负责，故不发生未满期保险费责任。

（6）比例再保险赔款的偿付，通常都按期结算。非比例再保险的赔款多于接受公司收到损失清单后短期内如数支付。

第三节　再保险的分出与分入

一、分出业务经营与管理概述

分出业务经营与管理的概念可以表述为：为了实现再保险分出业务活动的合理化、科学化，达到预期的最佳经济效益目标，从而稳定保险企业的业务经营，所实施的计划、组织、指挥、协调和控制的一系列动态活动过程。其核心是保险企业经济效益，宗旨为提高经济效益、降低企业费用成本、保证保险企业经营稳定性。

分出业务管理的一个重要方面是正确识别承保业务的风险，客观评估累积责任，特别要防止巨灾事故的累积责任，避免可能因一次重大事故的出现而不利于保险企业的财务稳定。分出业务管理的范围包括：自留额确定、分保规划安排、分保业务流程、分保手续、分保业务账单编制及分保业务的统计与分析。

分出业务管理具有保险企业管理的一般特点，同时又具有自身的特殊性。分出业务管理的一般准则是：

（1）稳定公司业务经营，实现预期最佳经济效益。为了实现这一目标，需要对国际再保险市场认真调查研究，一方面根据市场行情的变化，选择理想的分保经纪人、接受人；另一方面对分出业务的结构情况进行剖析，尽可能分出高风险业务，自留风险小、保费收入多的业务，调整自留额比例和合同分保与临时分保的比例，确定每年重点分出的险种。同时要搜集国际市场的信息，及时反馈到国内承保市场，与直接承保部门协调合作，使直接承保环节与国际市场接轨。

（2）管理现代化原则。分出业务管理现代化体现为保险管理思想现代化、手段现代化和方法现代化。

（3）面向国际市场的原则。面向国际市场就是在维护本国、本公司利益不受侵害的前提下，按照世界同业间遵循的原则办事，尊重国际上经营再保险业的一般惯例。

分出业务部门人员由三部分组成：设计人员、推销人员和辅助工作人员。设计人员的主要工作是对业务进行组织分析以及条款的制定与修改。推销人员的工作是在业务计划完成后，立即将条件提供给参加这项业务的公司并尽量寻求资信好的大公司积极参与，因为大公司的参与对市场是十分重要的。推销人员的任务一方面是将业务安排出去，另一方面确保业务分保给资信度高的公司。辅助人员的工作是配合与协助推销人员处理日常事务。例如，数据的搜集、资料的准备、计算机的操作等。设计人员和推销人员都需要辅助人员的协调与配合来做好管理工作。

商业保险公司的分出业务是在直接业务承保的基础上，由分出部门负责办理的。分出业务的内部管理，一般包括三个方面：① 明确分出部门的职责；② 协调分出部门和直接业务承保部门的关系，分清各自的责任；③ 密切分出部门和账务部门之间的联系，以确保分出业务的效益。

分出部门首先必须对其所要安排分出的业务有充分的了解，如直接业务的承保条件、费率的水平、风险的分布状况等。其次，应了解同类业务在国际市场上的费率、承保条件以及分保情况。只有这样，才能根据业务的具体情况、市场的行情以及本公司的经营方针和自身的承保能力，安排好业务的分出。再次，根据掌握的市场情况和业务情况等，确定自留额和制定分保规划，并在此基础上，根据自留额、分保额、保费收入、赔款状况、分保费支出、分保手续费、利息及其他收益和费用开支等，对业务的经营结果进行测算，由此最终确定再保险方式。最后，与接受公司签订再保险合同，完成分出业务手续。

直接业务的承保与管理在承保部门，分保的安排在分出部门，但承保业务与分出业务之间联系密切。直接业务是分保业务的基础，分保的业务条件是由直接承保部门确定并通知分出部门的。在分保过程中，经常会遇到许多有关业务方面的具体问题。对分保接受人所提出的有关风险的具体问题，如危险单位的划分、最大可能损失等，分出部门的答复应以承保部门提供的资料（口头和书面）为依据。必要时，分出部门还可派人去现场查勘。为了协调这两个部门之间的关系和分清各自的责任，可有一些书面协议规定，作为工作上的依据。

分出部门安排完成分保后，就应将合同摘要表、分保成分表以及账务的结算事项通知账务部门；合同条件如有变动，也应通知账务部门。

二、分出业务实务

实务中，分出业务的流程分为三个阶段。

第一阶段是提出分保建议。当分出合同的条件确定，拟定了分保接受人的人选后，分出人应立即以最迅速、最准确的方式将分保条件发送给选定的接受公司或经纪公司。分保建议一般应将接受人需要了解的事实详细列明。例如，非水险合同分出安排的建议应提供的资料包括：分保条件、统计数字、大赔款一览表、业务构成的详细资料、合同的承保范围及地区范围。分出人提供的信息越详尽，资料的质量越高，越有利于接受人做出决定，极大地缩短分保安排的时间。

第二阶段是完备手续。在合同续转和分出谈判结束后，分出人和接受人双方应尽快完备缔约手续。一般情况下，续转结束后的第一个季度内，分出人应将合同文本及摘要表或者修改条件的附件发送给接受人，每次发送的需签字的文件应一式两份或三份。合同文本及其组成部分是分出人和接受人之间签订的正式的、具有法律性的文件。合同文本签订后，双方的权利和义务就具有了法律依据。

第三阶段是关于赔款的处理。当分出人接到直接承保部门的出险通知或赔款通知时，首先计算分保合同项下的接受人应承担的责任比例和金额，然后向接受人发送出险通知。分出人的出险通知应包括以下内容：① 合同名称及业务年度；② 保险标的名称及坐落地点；③ 保单金额及分出比例；④ 估计赔款金额及合同项下估计摊赔金额；⑤ 赔款发生日期、地点；⑥ 损失原因及是否委托检验人以及可能产生的费用。

分出分保账单的编制是分出分保管理程序中很关键的一环，也是分保实务中最繁重的一项工作，是履行分保协定和条款的凭据。分出分保账单能否及时、准确地编制出来，反映了分出公司的管理水平和技术力量。分出分保账单有季度账单、半年账单和全年账单三种。在合同中一般均表明账单的编制方法、时间。账单项目大致如表 9-7 所示。

表 9-7　账 单 项 目

公司名称：　　　　　　　　　　　接受人名称：
账单期：　　　　　　　　　　　　业务年度：
险别：　　　　　　　　　　　　　货币单位：
合同名称：

借方		贷方	
项目	金额	项目	金额
分保手续费		分保费	
原保险费		未满期保费转入	
转分手续费		利息	
已付赔款和费用		上年度保费准备金退还	
保费准备金扣存		赔款追回款	
赔款准备金扣存		退回分保手续费	
税款及杂项		退回转分保手续费	
原纯益手续费		返还现金赔款	
未满期保费转出		返还赔款准备金	
未决赔款转出		准备金利息	
分保费退回			
纯益手续费			
应付你方余额		应付我方余额	

你方成分 %=
未决赔款 =

这些是账单中的经常项目，有时也会有临时项目。此外，比例合同账单的编制与非比例合同账单的编制也有些不同。

分出业务手续依分保安排方法不同可分为临时分保手续、合同分保手续和预约分保手续。

当某笔业务需要进行临时分保时，分出部门根据已有的接受人的资料信息库，结合分出业务的性质，选择适合的接受人，发出分保建议，以保证临分安排的实现。在拟订的分保接受人名单列出后，分出部门应以最迅速有效的方式，向分保接受人提供分保条件。实务中，并不是所有的分保接受人都能在接到分保条件后立即明确表示接受与否，往往会有一个"讨价还价"的接洽过程。如果分出的业务按分保建议能够分出去，则不必改变条件；如果由于种种原因，按原条件分保有难度，分出部门也不必坚持分保条件不可变。在分保接受人表示承诺，双方达成分保协议后，分保的双方都应有书面凭证，双方的权利和义务便开始生效。为完善手续，在临时分保安排完毕后，分出人应向分保接受人发送正式分保条一式两份，分别由双方签字后，各执一份为凭。

在分保账单方面，临时分保业务由分出公司按照不同的项目逐笔编制和发送，并根据各个项目事先规定的付费方式编制账单。临时分保账单的项目较少，但其时间性强，其编制一般不迟于业务起期后的两周。按照付款方式的不同，可分为一次付清和分期付清。

临时分保的有效期限，一般都在协议或分保条件中加以表明，这样临时分保一般在到期时责任终止。根据原保单，临时分保的许多业务都是 12 个月为一期。

合同分保的手续与临时分保大致相同。首先应确定分保的市场、分出的规模和选择经纪人。在市场选好后，将分保建议及有关的资料通知或送达接受人，由他们考虑是否接受。然后接受人和分出人双方用函电书面承诺和确认所接受的成分而达成分保协议。

合同分保的安排与临时分保的安排的不同之处在于：合同分保以年度为期限安排分保，临时分保则要逐笔安排。因此，合同分保简单、省时、省费用，但协商也复杂得多。

在原保险业务中，损失通知是被保险人的义务。在合同分保业务中，并不是每一个原保险合同的损失无论数额大小一律通知接受人。一般在合同分保业务中，规定损失超过某一额度后，要立即通知再保险人，对于小额损失，分出人以月报或季报通知接受人。

各种合同的期限，在商订合同时已确定，其注销或终止方式也已明确，只需严格按规定办理即可。一般要注意特殊终止和注销的时间性。合同终了时，对于未了责任，包括未满期保费的转移和未决赔款的转移，均按议定的方式处理。

预约分保主要适用于火险和水险的比例分保业务。对分出公司而言，主要可以增加承保能力，在合同分保限额不足的情况下，运用预约分保方式作为合同分保的自动补充。在实务中，如有大额业务超过合同分保限额，则能运用预约分保的限额，而不用与接受人临时洽磋，逐笔分保。预约分保对于分出人具有临分性质，因此分出人对于将放入合同的业务，每月或每季须提供业务清单，列明每笔业务的保户、保额和保费项目及赔款清单，以便接受人了解所承担的责任和对赔款的审核处理。

三、分入业务经营管理的概念与原则

分入业务是指承担或接受其他保险公司所转让的危险或责任。分入业务经营管理是指为平衡风险、增加保费收入、争取盈利，对分入业务过程的计划、调节和控制，

以及对分入的保险业务的质量、分出人的资信情况进行调查审核。分入业务经营管理涉及面较广，其内容既包括承保前对分入业务的质量审核、对分保建议的审查、对分保分出人和分保经纪人资信情况的调查与研究，也包括分入业务承保后的核算与考核、对已接受业务的管理、对已注销业务的未了责任及应收未收款项的管理。

承保前对分入业务质量的审核是再保险经营的重要环节，因为它是接受分入业务的依据，是分保成交的决定性工作。分入业务质量审核的项目有：① 分入业务来源的国家或地区的政治、经济和有关法律环境状况；② 业务所在地区的市场行情和趋势、保险费率和佣金等情况；③ 分出公司提供的有关该业务过去的经营资料。审核上述内容的目的在于避免风险因素大、风险较集中和潜在损失巨大的业务分入。

在接受分入业务前，对分出人提出的分保条件或建议，要认真分析和研究，然后再做出承保决定，具体审核的主要内容包括：① 分出业务种类、分保的方式方法、承保范围和地区；② 分出公司的自留额与分保限额；③ 分保限额或责任限额与分保费之间的比率；④ 支付分保费的保证条件；⑤ 估计分入业务收益；⑥ 保费准备金和赔款金；⑦ 首席承保人条件等。

对分保分出人和分保经纪人资信情况调查和研究的内容包括：① 分出人的资金、财务力量；② 分出人在当地市场的地位和声誉；③ 业务经营规模、分保策略；④ 经营管理经验与业绩等。

承保分入业务以后，要加强对业务成绩的考核，严格检验接受业务的质量，核对和审查合同文本，做好摘要表，审好账单和结算情况，做好登记和业务统计、赔款处理和记录、未决赔款和未了责任记录，并将有关资料输入电脑。要注意必须与分出公司和经纪公司核对账务、办理结算。如果是通过经纪人办理结算，要特别注意账单寄送是否及时、有无截留保费和准备金返还时间等情况。对开出的信用证要加强管理，要注意货币兑换损益、兑换率的应用，密切注意通货膨胀对分入业务赔款计算的影响。

与直接保险业务的经营管理相比较，分入业务的经营管理要更复杂一些；与分出业务的经营管理相比较，它也有特殊性，因为分入业务的要约方是分出人，分保接受人处于相对被动的地位。所以，分保接受人应经常总结业务经营中的经验与教训，加强管理，才能取得好的经济效益。若能遵循一些基本原则，往往可获得较理想的效果。归纳起来，分入业务的经营管理主要有以下各项原则需要遵循：

（1）首先要确定是在业务当地还是在其他地方接受业务。

（2）要充分了解市场和分出公司的各项情况，加强人员之间的往来和接触，了解对方人员的工作作风、特点和技术水平等。

（3）对分入业务的接受应采取谨慎的态度。对确定接受业务的承保额度，一般要控制在资本额的 1% 左右。

（4）要对经纪人进行详细的审查。

（5）要认真审核每一笔赔款是否属于承保范围，是否符合承保年度等，不应盲从首席接受人的决定。

（6）要有清楚的统计和分析。

（7）要提存充足的准备金。

（8）对分入业务应有超额赔款的分保安排，对于易受巨灾袭击的地区性业务，要安排巨灾超额赔款的保障。

（9）对代理人承办的分入业务应拒绝接受。

（10）对转分性质的分入业务应尽可能少接受或不接受。

（11）拒绝将承保权交由经纪公司、分出公司或代理人等。

（12）严格审核合同文件的规定，严格控制批改和附约要求扩展的各项内容。

（13）制订全面的年度业务计划，建立在业务年度结束时进行核算的制度。

（14）建立较为完备的业务统计制度，包括对每个合同的业务情况的统计和管理，以及各种业务的综合统计制度。

四、分入业务的承保

（一）承保额的确定和运用

自留额是分出公司对于危险所能承担的限额，承保额是接受公司对于分出公司转让的危险或责任所能接受或承担的限额。所以，自留额和承保额都是对于危险所能承担的责任限额。因此，关于确定承保额所要考虑的基本因素大致上与确定自留额相同。例如，某公司的资本为 1 000 万元，年保费收入为 3 000 万元，如果确定每一危险单位的承保额为资本的 3%，保费的 1%，则每一危险单位的承保额以 30 万元为限。但对于不同的分保方式和业务种类，考虑的因素还是有所不同的。现主要就分保方式问题予以说明。

对于比例合同如财产险的承保额的确定，应从两个方面考虑：一是合同的分保限额；二是业务量，即保费和所估计的赔款额。具体步骤是，先按规定的承保额分别计算出这二者的百分率，从而选择其中较低的百分率对分保限额加以计算，将所得的金额作为所接受的实际承保额。现举例说明。接受公司对财产险比例合同的业务所规定的承保额为 30 万元，现由经纪公司介绍两笔财产险分保建议，对于所接受的实际承保额的计算如下：

第一笔，合同分保限额 500 万元，按规定的承保额 30 万元，为限额的 6%。估计保费 200 万元，据分保建议中所提供的资料，赔付率估计可高达 150%，据此，估计赔款为 300 万元，承保额 30 万元是赔款额的 10%。据此，选择这两者中较低的百分率，即 6%，对分保限额 500 万元加以计算，得出的金额为 30 万元，即实际承保额为 30 万元。

第二笔，合同分保限额 500 万元，按规定的 30 万元同样是限额的 6%。估计保费 300 万元，最高赔付率估计可达 200%，故赔款额可高达 600 万元，承保额 30 万元为估计赔款的 5%。因此，可按较低的百分率，即 5%，对分保限额 500 万元加以计算，所得金额 25 万元作为所接受的实际承保额。但在实际工作中，对于这笔业务，因赔付率过高，应拒绝接受。

根据上述例子，可以发现这样一个规律：如果合同对于每个危险单位的分保限额较大，而业务量（保费）较小，则可按分保限额来考虑接受的实际承保额；如果合同的分保限额较小而业务量较大，则应当按业务量和所估计的赔款额来考虑所接受的实际承保额。

根据不同的超赔方式，非比例合同的承保额的确定方式略有差别。下面分别予以简单说明。关于财产险、水险、航空险和各种意外险的险位超赔，虽然合同的分保责任额是按每个危险单位或每次损失规定，但所接受的承保额度的确定也应从两个方面考虑：第一是按分保责任额；第二是以所估计的年度最高损失额减去分保费后的可能亏损额。

例如，有一财产险的险位超额合同建议，分保责任额为超过 50 万元以后的 150 万元，按每次损失计算而无责任恢复限制，分保费总数为 100 万元。如果接受公司所规定的承保额度是 30 万元，现在来考虑实际要接受的承保额度。

第一，看承保额度对分保责任的百分率。本例分保责任限额是 150 万元，规定的承保额度 30 万元为限额的 20%。第二，看承保额度对可能亏损的百分率。如果本例估计年度的最高损失为三个责任限额，计 450 万元，从中减去分保费 100 万元，余下的为可能亏损额，即可能亏损额为 350 万元。规定的承保额度 30 万元为亏损额的 8.5%。按分保责任额 150 万元的 8.5% 计算，实际承保额为 12.75 万元。

虽然这种合同的分保责任额是按每个危险单位或每次损失规定，但接受公司应以合同作为一个整体或危险单位来考虑，因此，对该建议所要接受的承保额不应是分保责任额 150 万元的 20%（30 万元），而应是分保责任额的 8.5%（12.75 万元）。

事故超赔一般是分层次安排分保，接受公司为了承保的目的，可将事故超赔分为三个层次，即低层、中层和高层，分别考虑和确定关于所要接受的承保额度。层次划分的一般界限如下：低层，是指预计有损失发生，且可能每年有一次赔付的层次；中层，仅在有较大的巨灾事故时才会有对损失的赔付，预计 10~39 年可能发生一次；高层，在有严重的巨灾事故时才会有对损失的赔付，预计在 40 年及以上的时间可能发生一次。

根据对超赔层次的这种分类，如果接受公司对承保额度的规定一般为 30 万元，最高 35 万元，则对各层次所能接受的承保额度大致如下：低层应在 10 万~15 万元，一般应为 10 万元。低层和中层同时接受，则共计承保额度应在 16 万~25 万元，一般为 20 万元，即如果低层接受 10 万元，中层是所余下的 10 万元。对于高层，在没有接受低层和中层的情况下，可接受 30 万元或 35 万元。如果所有层次都接受，共计承保额度最高不能超过 35 万元，一般为 30 万元。

从接受公司的承保目的出发，对损失中止超赔或赔付率超赔可分为两层，即低层和高层。对于低层，所接受的承保额度可确定为 10 万元；低层和高层同时接受，则最高不能超过 30 万元。由于赔付率超赔合同一般适用于农作物冰雹险和医疗事故险等，其赔付率的波动很大，在实际工作中，对这种业务的接受应采取谨慎的态度。

临时分保所接受的承保额度的确定，可分两种情况：第一种是按最大可能损失，为 10 万元；第二种是按某个地点，为 30 万元。由于临时分保业务的安排经常是针对合同分保限额之外的部分责任，因此，应考虑与合同业务发生责任积累的可能性。

（二）对具体分保建议的考虑

对于具体的分保建议，主要考虑如下几个问题：业务种类、分保的方式方法及承保范围和地区等；分出公司的自留额与分保额之间的关系；分保额与分保费之间的关系；分保条件；对分入业务收益的估算。

在比例合同方面，分保额与分保费这两者之间的相互关系大致有三种情况。由于情况的不同，对接受公司的承保结果也就有所不同，现分述如下。

第一种情况：分保费过分小于合同分保额。例如，分保额为 10 万元，分保费为 2 万元，是分保额的 20%。如果接受 10%，则承保额为 10 000 元，分保费收入 2 000 元。由于保费过少，危险不够分散，如有一个危险单位发生全损，就需 5 年才能得到偿还，而且还要这 5 年内保持同样的保费水平，而再无赔款发生。

上例说明，如果分保费与分保额之间的关系是分保费过分小于分保额，这种合同是不平衡的，因为如果有一个危险单位的全损就会造成严重的亏损。但正因为保费较小，故如不发生全损而赔付率较高以致有亏损，或者赔付率较低有收益，其金额均较小，对整个业务的影响不大。因此，对于这种情况，应着重从每个危险单位的分保额这方面考虑。

第二种情况：分保费过分大于合同分保额。例如，分保额 3.5 万元，分保费 26 万元，分保费是分保限额的近 8 倍，赔付率为 130%，则赔款为 33.8 万元，约为 10 个危险单位的全损。如果接受 10%，则承保额为 3 500 元，分保费为 2.6 万元，赔款 3.38 万元，业务亏损计 7 800 元。由于保费较多而赔款金额较大，对整个业务是有影响的。虽然分保费过分大于分保额，但不能认为分保费可赔付几个全损而可能有较大的收益，而应注意到会产生严重的亏损。这种情况，应着重从分保费这一方面考虑。

第三种情况：分保费与合同分保额大致相当。我们举两个例子来看这一情况。

例 1：合同分保额 10 万元，分保费 25 万元，为限额的 2.5 倍，赔付率 103%，计赔款 25.75 万元，亏损 3%，为 7 500 元。如果接受 10%，责任为 1 万元，保费 2.5 万元，赔款 2.575 万元，业务亏损 750 元。

例 2：合同限额 100 万元，保费 250 万元，为限额的 2.5 倍，赔付率 103%，计赔款 257.5 万元，亏损 3%，为 7.5 万元。如果接受 10%，责任为 10 万元，保费 25 万元，赔款 25.75 万元，业务亏损 7 500 元。

前面两个例子，分保费与分保额的比例关系是相同的，是较平衡的，但例 2 中这两者的金额较大，所以其结果不论是收益或是损失，对整个业务的影响都是较大的。这种情况，对于分保费和分保额这两方面都应注意考虑。

在非比例合同方面，分保费与分保责任限额两者之间的关系，也可分为三种情况。

第一种情况：合同责任限额较大，分保费较少。这种情况往往是由于损失发生率较低所致，因而分保费对限额的百分率也较低。这一般是事故超赔合同，其对责任恢复次数是有规定的。所以，对于这种合同的分保建议，应着重考虑分保责任限额和责任恢复的规定。

第二种情况：合同责任限额较小，分保费较多。这种情况往往是由于损失发生率较高所致，因而分保费对限额的百分率也较高。这一般为险位超赔合同，其对责任的恢复次数，有的是无限制的。所以，对于这种分保建议，应着重考虑分保费方面和责任恢复的规定。因为保费越大，赔款可能越多，从而造成的亏损越严重。

第三种情况：分保合同限额较大，分保费较多。这是由于损失发生率较高，分保费对限额的百分率也高。这一般为中间层次的合同，由于分保责任限额和分保费均较高，对保费、分保责任限额及恢复的规定均应注意考虑。

在分保建议中，分出公司一般应提供有关该业务过去的赔款和经营成果的统计资料。如果建议中缺少这些资料，接受公司可要求其提供，以便对所建议的业务进行估算。接受公司应根据建议中所提出的分保条件和资料（如果是续转业务还应结合自己的统计数字），对所建议的业务进行估价，并结合对其他因素的考虑最后做出是否接受，以及如果接受，接受多少为宜的判断。

（三）分入业务的手续

当分入公司接到分出公司或经纪公司函电提出的分保建议并经审查后，如不同意，应以电复婉言拒绝；如同意接受，应电告接受成分，并进行登记和填制摘要表。

对于分出公司或经纪公司寄来的分保条、合同文本，接受公司要认真核对，签署后，一份自然归卷，其余退还。当接到有关修改合同条文和承保条件等的函电，经审核后，应电复证实，并对摘要表有关栏目进行更改和登录。对寄来的附约，经审核后一份自留，与合同一并归卷备查，其余归还。接受公司在收到业务账单，经审核无误后，要在统计表上登录，然后送会计部门记账和进行结算。

接受公司为了争取主动，在合同到期前，在合同规定的期限内，向对方发出临时注销通知，如经洽商同意续转，可将临时注销通知撤回；如不同意续转，可将临时注销通知作为正式通知，于是合同就告终止。

关于上述分入业务的函电文件的归档，可能有两种情况：一是分散归档，一部分由业务部门归档，如承保业务的函电、合同文本和出险通知等；另一部分由会计部门归档，如业务账单等。二是集中归档，在业务账单是由业务部门输入计算机系统而无须送交会计部门的情况下，可全由业务部门按合同分别归档。

有时，分出公司和接受公司可能对分入业务发生争执甚至进行诉讼。在有必要查阅原始函电文件和核对有关业务数字的情况下，集中归档比分散归档更易查找，从而有利于搞清情况和解决争执。

本章小结

1. 再保险是保险人在原保险合同的基础上，通过签订合同，将其所承保的部分风险和责任向其他保险人进行保险的行为。所以，国际上把再保险称为"保险的保险"。我国《保险法》第 28 条指出："保险人将其承担的保险业务，以分保形式部分转移给其他保险人的，为再保险。"

2. 按责任限制分类，再保险可分为比例再保险和非比例再保险。比例再保险以保险金额为基础确定每一危险单位的自留额和分保额，分出公司的自留额和接受公司的接受额均是按照保险金额的一定比例确定的。比例再保险又可分为成数再保险、溢额再保险以及成数和溢额混合再保险。非比例再保险以赔款金额为基础确定每一危险单位的自留额和分保额。非比例再保险主要有超额赔款再保险和超过赔付率再保险两种。

3. 按照分保安排方式分类，再保险可分为临时再保险、合同再保险和预约再保险。临时再保险在安排时需将分出业务的具体情况和分保条件逐笔告诉对方，对方是否接受或接受条件多少完全可以自由选择。合同再保险是分出公司和接受公司双方事先通过契约将业务范围、地区范围、除外责任、分保佣金、自留额、合同限额、账单的编制与发送等各项分保条件用文字予以固定，明确双方的权利和义务。预约再保险是介于临时再保险与合同再保险之间的一种安排方式。一般而言，它对于分出公司来说，相当于临时再保险，而对于接受公司来说相当于合同再保险。

4. 比例再保险与非比例再保险的差异：① 在比例再保险下，接受公司接受分出公司承保责任的一定比例，保费及赔款皆与分出公司保持一定的分配比例。非比例再保险仅在赔款超过分出公司自负额时负其责任。② 比例再保险是以保额为基础分配自负责任和分保责任；而非比例再保险是以赔款为基础，根据损失额来确定自负责任和分保责任。③ 比例再保险按原保险费率计收再保险费，且再保险费为被保险人所支付原保险费的一部分，与再保业务所占原保单责任保持同一比例；非比例再保险采取单独的费率制度，再保险费以合同年度的净保费收入为基础另行计算，与原保险费并无比例关系。④ 比例再保险通常都有再保险佣金的规定，而非比例再保险不必支付再保险佣金。⑤ 比例再保险的接受公司对分入业务必须提存未满期责任准备金，非比例再保险不发生未满期保险费责任。⑥ 比例再保险赔款的偿付，通常都由账户处理，按期结算；非比例再保险对赔款多以现金偿付，并于接受公司收到损失清单后短期内如数支付。

5. 分出业务管理的范围包括：自留额确定、分保规划安排、分保业务流程、分保手续、分保业务账单编制及分保业务的统计与分析。

6. 分入业务是承担或接受其他保险公司所转让的危险或责任。分入业务经营管理的内容既包括承保前对分入业务的质量审核、对分保建议的审查、对分保分出人和分保经纪人资信情况的调查与研究，也包括分入业务承保后的核算与考核、对已接受业务的管理、对已注销业务的未了责任及应收未收款项的管理。

☑ 重要概念

再保险	分出公司	接受公司	危险单位
自留额	分保额	成数再保险	溢额再保险
险位超赔再保险	事故超赔再保险	临时分保	合同分保
预约分保			

💡 思考题

1. 比较成数再保险和溢额再保险。

2. 比较比例再保险和非比例再保险。

3. 临时分保和合同分保各有什么优缺点?

4. 原《保险法》规定保险公司对危险单位的划分应当报经保险监督管理机构核准，2009 年修订后的《保险法》规定:"保险公司对危险单位的划分应当符合国务院保险监督管理机构的规定。"这一变化有何重大意义?

 延伸阅读

中国再保险市场的发展历程

 即测即评

请扫描右侧二维码，进行即测即评。

第三篇

保险经营篇

第十章
保险经营导论

以特定风险为经营对象的保险业，是对自然灾害和意外事故所造成的经济损失和人身伤亡进行补偿或给付的特殊行业。尽管保险经营也是一种商品经营，但它是一种特殊商品的经营，因此有其独特的经营思想、经营行为和经营原则。本章在介绍保险经营特殊性的基础上，让读者了解保险经营投保、承保、防灾和理赔等各环节的含义和主要内容。

第一节 保险经营的特征

一、保险经营思想的特征

保险经营思想是与保险企业所处的社会政治制度、经济制度及其基本经济规律相联系的。所谓现代保险经营思想是把保险作为一种商品来经营的思想，即按照商品经营的客观经济规律来经营保险商品，而不是把保险经营局限在互助互济方面。在社会主义市场经济体制下，我国保险经营思想的基本特征表现如下。

（一）以市场为导向，按照保险市场的需求来安排保险经营活动

按照我国《保险法》的规定，我国现有的保险企业都是商业性保险公司。因此，商业保险企业的经营离开了保险市场，经营也就无从谈起。如果保险企业的经营都能按照市场需求和客户需要来优化保险资源配置、安排组织保险经营活动，就能利用企业自身的防灾防损技术优势和经营特长，引导和指导社会消费，实现保险商品供求的结合和平衡，真正发挥社会"稳定器"和经济"助动器"作用。

专栏 10-1

"亚洲保险竞争力排名"发布：中国寿险公司竞争力增幅突出

（二）以竞争为手段，在市场竞争中求生存、求发展

竞争是商品经济的一般规律，在社会主义市场经济条件下，保险企业之间的竞争也不可避免。竞争是保险企业之间的实力较量，是保险企业在人才、技术、商品质量、商品价格、经营管理水平以及对外适应能力等方面的比较和竞赛。首先，保险经营思想必须充分体现按竞争规律办事的原则，要求保险经营者善于发现、选拔、合理使用人才，注重人才的培训和储备。其次，保险经营者还应抓住良机，努力开发新险种；利用价格杠杆调节保险市场需求；扩大保险服务范围，提高保险服务质量，增强自身经济实力和竞争能力。最后，保险经营者必须认清本企业所面临的竞争对手，要研究制定正确的竞争战略和方针，充分发挥自身优势，创立本企业的经营特色，这样才能在与国内外保险企业的竞争中立于不败之地。

（三）以经济效益为中心，处理好保险企业自身效益与社会效益的关系

商业保险公司在保险经营中的目标就是最大限度地实现自身经济效益，保险企业的一切经营活动都是围绕着经济效益这个中心来开展的。注重经济效益就是要看投入与产出的比例关系，投入少，产出多，效益就好；反之，则效益差。因此，保险经营者应严格经济核算、厉行节约、增收节支，争取以最小的投入取得最佳效益。但是作为经营风险业务的保险企业，其经济效益还要受社会效益的制约。保险企业的经营如果只讲经济效益不讲社会效益，肯定是没有生命力的；同样，只讲社会效益不讲经济效益，保险企业也无法实现其经营目标。可见，保险经营者还必须兼顾保险的社会效益。所谓保险企业的社会效益，就是要求保险企业按照分散风险、平均负担的原则，补偿因自然灾害、意外事故造成的损失，保证社会生产和生活的正常秩序。保险企业的社会效益具体表现在：第一，保险企业在经营活动中积累的保险基金除能够增强自身的补偿能力外，还能够为国家经济建设提供一定的资金；第二，保险企业的涉外保险业务收入和再保险业务收入还能为国家提供非贸易外汇资金；第三，保险的防灾防损工作对于加强社会公共安全，促进投保人不断改进防灾措施，减少社会财富损失都具有重要意义。可以说，我国保险经营性质决定了保险经营者必须处理好经济效益和社会效益的关系。

（四）以法律为准绳，规范保险企业的一切经营活动

现代保险的两个基本特征，即法律与技术。因此，保险企业的一切经营活动应符合国家法律和社会公德的规定，即保险企业在其经营的各个环节（展业、承保、防灾、理赔）中，应当遵守我国《保险法》规定的经营规则。保险经营规则的内容包括保险分业经营规则、保证偿付能力规则、保险风险控制规则、保险资金运用规则等。这些规则既是保险企业依法进行自我规范的基本准则，也是监管机构对保险企业的经营活动进行监管的重要法律依据。因此，遵守保险经营规则，有助于防止和控制保险经营活动中的不规范行为，提高保险经营效益，维护保险市场秩序。

（五）以防灾防损为切入点，发挥风险管理核心功能

保险作为一个发现风险、经营风险、管理风险的行业，以特定风险为经营对象，其基本功能不是融通资金，而是集散风险、控制风险，从而降低风险、减少损失。随着现代科学技术的进步和保险技术的发展，保险利用自身专业优势参与到风险管理全

过程，从事后单一"经济补偿"功能向事前风险预防、事中风险控制和风险管理方向发展，如保险公司将健康服务与健康险相结合，通过提供线上健康咨询、健康管理等服务，帮助被保险人管理自身健康，以此提高社会保障质量，逐步成为现代经济社会体系中风险管理的核心手段。

二、保险经营行为的特征

（一）保险经营活动是一种特殊的劳务活动

保险企业不同于工业企业和农业企业，也不同于其他商业企业，它既不直接生产某种物质产品，也不直接以某种实物形态产品来满足人们生产和生活上的需要。保险经营的是一种社会性的经济损失补偿和给付活动，它以特定风险的存在为前提，以集合尽可能多的单位和个人风险为条件，以大数法则为数理基础，以经济补偿和给付为基本功能。因此，保险企业所从事的经营活动，不是一般的物质生产和商品交换活动，而是一种特殊的劳务活动。首先，这种劳务活动依赖于保险业务人员的专业素质，如果保险企业拥有一批高素质的业务人员，提供承保前、承保时和承保后的系列配套服务，则社会公众对保险企业的信心就会增强，保险企业的竞争能力就能进一步提高。其次，这种劳务活动体现在保险企业的产品质量上。保险企业根据保险市场需求精心设计保险条款，合理规定保险责任，科学厘定保险费率，保险险种就能切合实际，保险合同数量就能逐渐增加；而保险合同数量越多，保险经营就越稳定，保险成本就越低。

（二）保险经营资产具有负债性

一般商业企业的经营资产来自自有资本的比重较大，这是因为它们的经营受其自有资本的约束，必须拥有雄厚的资本为其经营后盾。保险企业也必须有资本金，尤其在开业初期需要一定的设备资本和经营资本。正因为如此，我国《保险法》第 69 条规定："设立保险公司，其注册资本的最低限额为人民币 2 亿元。"但是保险企业的经营资产主要来自投保人按照保险合同向保险企业所交纳的保险费和保险储金，具体表现为从保险费中所提取的各种准备金。保险企业的经营活动就是借所聚集的资本金以及各种准备金而建立起来的保险基金，来实现其组织风险分散、进行经济补偿的职能。由此可见，保险企业的经营资产相当一部分来源于保险人所收取的保险费，而这些保险费正是保险企业对被保险人未来赔偿或给付责任的负债。

（三）保险经营成本和利润计算具有特殊性

与其他商品成本计算相比较，保险经营成本具有不确定性。保险商品现时的价格（保险费率）制定所依据的成本是过去的、历史的支出的平均成本，而现时的价格又是用来补偿将来发生的成本，即过去成本产生现时价格，现时价格补偿将来成本。同时，我们在确定保险历史成本时，也需要大量的统计数据和资料。事实上，一般保险企业无法获得足够的历史资料和数据，而且影响风险的因素随时都在变动，这就使得保险人确定的历史成本很难与现时价格吻合，更难以与将来成本相一致。因此，保险经营成本的不确定性决定了保险价格的合理度不如其他商品高，保险成本与保险价格的关系也不如其他商品密切。

此外，保险利润的计算也与一般企业不同。经营一般商品时，企业只需将出售商品的收入减去成本、税金，剩下来的就是利润。而保险企业的利润除了从当年保费收入中减去当年的赔款、费用和税金，还要减去各项准备金和未决赔款。提存的各项准备金数额较大时，对保险利润会有较大的影响。

（四）保险经营具有分散性和广泛性

一般商业企业的经营过程是对单一产品、单一系列产品或少数几种产品进行生产管理或销售的过程，其产品只涉及社会生产或社会生活的某一方面，即使企业破产倒闭所带来的影响也只会涉及某一行业或某一领域。保险经营则不然，保险企业所承保的风险范围之宽、经营险种之多、涉及的被保险人之广泛是其他企业无法相比的。例如，被保险人包括法人和自然人。就法人来说，包括各种不同所有制的工业、农业、交通运输业、商业、服务业企业和各种事业单位以及国家机关；就自然人来说，有各行各业和各个阶层的人士。无论是自然人还是法人，既可以在国内的不同地区，又可以在世界各国家和地区。一旦保险经营失败，保险企业丧失偿付能力，势必影响全体被保险人的利益乃至整个社会的安定。所以，保险经营的过程，既是风险的大量集合过程，又是风险的广泛分散过程。众多的投保人将其所面临的风险转嫁给保险人，保险人通过承保将众多风险集合起来；而当发生保险责任范围内的损失时，保险人又将少数人发生的风险损失分摊给全体投保人。

第二节　保险经营的原则

保险经营原则是指保险企业从事保险经济活动的行为准则。由于保险商品除具有一般商品的共性外，还具有自身特性，因此，在经营保险这一特殊商品的过程中，既要遵循一般企业经营的基本原则，又要遵循保险业经营的特殊原则。

一、保险经营的基本原则

保险企业经营的基本原则与一般企业一样，主要包括经济核算原则、随行就市原则和薄利多销原则。

（一）经济核算原则

经济核算是商品生产经营的基本原则之一。它利用价格、货币形式对生产经营过程中的劳动耗费和劳动成果进行记载、计算和分析，保证以收抵支并获得利润。可见，经济核算原则不仅适用于一般企业的经营，也适用于保险企业的经营。因为保险企业的经营同样要核算劳动的占用和消耗，同样要核算经营成果。不过，保险企业的经济核算因其经营商品的特殊性而具有自己的特点，它主要体现在保险经济核算的具体内容中。保险企业经济核算的主要内容包括保险成本核算、保险资金核算和保险利润核算。

1. 保险成本核算

对保险成本的核算，就是要核算保险经营所耗费的物化劳动和活劳动。保险成本的物化劳动主要由保险设备耗费金额、保险赔偿或给付金额、各种准备金、各种利息及费用这五部分组成；活劳动就是保险企业职工的工资总额。保险成本核算的特殊之处在于物化劳动中的准备金部分是一种"未来成本"因素，是其他一般商品成本所没有的。

2. 保险资金核算

保险成本核算只能反映保险经营企业所耗费的物化劳动和活劳动的效益，而未能反映所占用资金的收益。只有对保险企业所占用的全部资金进行核算，考核单位经济保障劳务所占用的物化劳动和活劳动，才能全面评价保险企业所用资金的效益。

保险企业的资金是指保险企业经营资金的总和，包括活期银行存款、用于投资的资金、固定资产净值、结算过程的资金、现金等。保险企业资金的核算，主要通过核算各种资金的占用量、利用率、周转速度等指标来进行。

3. 保险利润核算

利润是指保险企业经营活动所产生的经济成果的最终体现。保险企业同其他企业一样，通过提供优质服务，有效运用保险资金和努力增收节支等一系列活动，创造出归全体劳动者所有的利润。但是保险企业的利润核算同其他企业又有着较大的差别，主要表现在：一般企业的利润是通过当年的生产经营收入减去当年的生产经营支出所得，而保险企业的利润来源不是简单地把当年保险费收入减去当年的赔款和费用。保险企业的利润是收入扣除成本、提存责任准备金差额后的余额，再加上企业投资收益和营业外收支差额的总和。由于每年保险风险的发生具有不平衡以及保险未了责任具有延续性特点，保险企业在进行保险利润核算时，应特别注意未了责任，即保险的负债。

保险企业利润核算的指标体系有两个：一是利润额；二是利润率。利润额是保险利润核算的绝对指标，主要用于衡量企业利润计划的完成程度。利润率是保险利润核算的相对指标，可以显示企业不同时期的利润水平差异程度。

总之，保险企业的经营必须遵循经济核算这一基本原则。在经济核算原则的指导下，通过企业核算和险种核算两种形式，全面衡量企业的经营成果及各险种的经营状况，以达到提高保险企业偿付能力的目的。

（二）随行就市原则

随行就市原则也是保险经营必须遵循的基本原则。所谓随行就市，是指根据市场行情及时调整保险商品的结构和价格以适应市场的需求。保险企业应根据市场提出的现实要求，随行就市调整保险商品的结构和价格，才能实现保险商品供求平衡和保险商品的价格。

但是，随行就市不是被动地适应市场行情的变化，更重要的是要有强烈的市场观念，要对影响保险市场行情的各种因素进行全面、细致、深入的分析，并根据所掌握的信息，正确预测和判断其发展变化的趋势和规律，不断地把社会的潜在保险需求转化为现实的保险购买，以达到开拓市场、创造需求的目的。

随行就市要求对保险商品的结构和价格进行调整，主要是指根据市场需求状况和自身经营能力适时地调整保险险种结构和保险费率水平。即保险企业一方面及时推出适应市场需求的新险种，既保持本企业在市场上具有较高的占有率，又起到转移社会各种风险的作用；另一方面根据成本状况、市场需求、国家政策、竞争者价格以及消费者心理等因素适当调整保险费率。

（三）薄利多销原则

薄利多销是保险企业经营的又一基本原则。在薄利多销原则下，保险企业可以略高于保险成本的低廉价格，打开保险销路，依靠较大的销售量来保证盈利。具体做法是，保险企业在制定保险费率时，应尽可能合理。如果保险费率过高，会加重被保险人的负担，使保险企业在同业竞争中失去客户，影响业务的拓展；如果保险费率过低，则将影响保险人的偿付能力，甚至发生亏损，使业务经营难以为继。因此，薄利多销是保险企业迅速占领市场，提高市场竞争能力的有效手段。总之，保险经营遵循薄利多销的原则，有利于加速保险企业的资金周转，提高资金利用率；有利于降低单位商品成本，增加企业盈利；有利于使自己的险种迅速占领市场。

二、保险经营的特殊原则

保险经营原则是指保险企业从事保险经济活动的行为准则。保险商品除具有一般商品的共性外，还具有自身特性，因此，在经营保险这一特殊商品的过程中，既要遵循企业经营的一般原则，又要遵循保险企业的特殊原则。

（一）风险大量原则

风险大量原则是指保险人在可保风险的范围内，应根据自己的承保能力，争取承保尽可能多的风险标的。风险是指某种损失发生的不确定性，可保风险是指保险人可以承保的风险责任。只有可保风险才是保险经营的范围。如果保险人承保的风险超出可保风险的范畴，保险经营的稳定性将受到影响。

风险大量原则是保险经营的首要原则。这是因为：第一，保险的经营过程实际上就是风险管理过程，而风险的发生是偶然的、不确定的，保险人只有承保尽可能多的风险和标的，才能建立起雄厚的保险基金，以保证保险经济补偿职能的履行。第二，保险经营是以大数法则为基础的，只有承保大量的风险和标的，才能使风险发生的实际情形更接近预先计算的风险损失概率，以确保保险经营的稳定性。第三，扩大承保数量是保险企业提高经济效益的一个重要途径。因为承保的标的越多，保险费的收入就越多，营业费用则相对越少。

遵循风险大量原则，保险企业应积极组织拓展保险业务的队伍，在维持、巩固原有业务的同时，不断发展新的客户，扩大承保数量，拓宽承保领域，实现保险业务的规模经营。

（二）风险选择原则

为了保证保险经营的稳定性，保险人在承保时不仅需要签订大量的、以可保风险和标的为内容的保险合同，还须对所承保的风险加以选择。风险选择原则要求保险人充分认识、准确评价承保标的的风险种类与风险程度，以及投保金额的恰当与否，从而决定是否接受投保。保险人对风险的选择表现在两方面：一是尽量选择同质风险标的承保，从而使风险能从量的方面进行测定，实现风险的平均分散；二是淘汰那些超出可保风险条件或范围的保险标的。可以说，风险选择原则否定的是保险人无条件承保的盲目性，强调的是保险人对投保意愿的主动性选择，使集中于保险保障之下的风险单位不断地趋于均质化，有利于承保质量的提高。

保险人选择风险的方式有事先选择和事后选择两种。

1. 事先风险选择

事先风险选择是指保险人在承保前考虑决定是否接受承保。此种选择包括对"人"和"物"的选择。所谓对"人"的选择，是指对投保人或被保险人的评价与选择。例如，在人寿保险中，应了解被保险人年龄、是否从事危险职业、是否患有慢性疾病或不治之症，必要时应直接对被保险人进行体格检查等。在财产保险中，应了解被保险人的资金来源、信誉程度、经营能力、安全管理状况和道德风险等因素。所谓对"物"的选择，是指对保险标的及其利益的评估与选择。例如，对投保财产保险的建筑物，应了解和检查其结构、使用情况以及坐落地点等；对投保的机动车辆、船舶、飞机等运输工具，应了解是否属于"超龄服役"的老车、老船、老飞机，它们的用途及运输区域等。对被保险人和保险标的物的风险已超出可保风险的条件和范围的情况，保险人应拒绝承保。拒保是常见的一种事先选择风险的方法。

但需要指出的是，有时某些保险标的物虽然明显存在着不良危险，但可以通过某种条件加以控制，保险人也会与投保人协商或调整保险条件，如提高保险费率、提高免赔额（率）、附加特殊风险责任或赔偿限制性条款等方式，实行有条件的承保，而不是一概拒保。总之，保险人无论是拒保还有条件地承保，目的都在于保证对承保风险的有效控制，能够公平合理地承担风险损失。

2. 事后风险选择

事后风险选择是指保险人对保险标的物的风险超出核保标准的保险合同做出淘汰性的选择。保险合同的淘汰通常有三种方式：第一，等待保险合同期满后不再续保；第二，按照保险合同规定的事项予以注销合同，如我国远洋船舶战争险条款规定，保险人有权在任何时候向被保险人发出注销战争险责任的通知，通知在发出后 7 天期满时生效；第三，保险人若发现被保险人有明显误告或欺诈行为，可以中途终止承保，解除保险合同。我国《保险法》的第 16 条和第 27 条对上述情况做出了明确规定。

总之，无论保险人采取事先风险选择还是事后风险选择的方式，都是采用了风险管理中避免风险的手段，可见保险经营与风险管理的关系甚为密切。

（三）风险分散原则

风险分散是指由多个保险人或被保险人共同分担某一风险责任。保险人在承保了大量的风险后，如果所承保的风险在某段期间或某个区域内过于集中，一旦发生较大的风险事故，就可能导致保险企业偿付能力不足，从而损害被保险人利益，也威胁着自身的生存发展。因此，保险人除了对风险进行有选择的承保外，还要遵循风险分散的原则，尽可能地将已承保的风险加以分散，以确保保险经营的稳定。保险人对风险的分散一般采用核保时的分散和承保后的分散两种手段。

1. 核保时的风险分散

核保时的风险分散主要表现在保险人对风险的控制方面，即保险人对将承保的风险责任要适当加以控制。控制风险的目的是减少被保险人对保险的依赖性，同时防止可能产生的道德危险。保险人控制风险的方法主要有以下几种：

（1）控制保险金额。保险人在核保时对保险标的要合理划分危险单位，按照每个危险单位的最大可能损失确定保险金额。例如，对于市区密集地段的建筑群，应按风险相对独立的情况，分成若干地段，并科学估测每一地段的最大可能损失，从而确定保险人对每一地段所能承保的最高限额。如保险金额超过保险人的承保限额时，保险人对超出部分不予承保。这样一来，保险人所承担的保险责任就能控制在可承受的范围内。

（2）规定免赔额（率）。即对一些保险风险造成的损失规定一个额度或比率，由被保险人自负这部分损失，保险人对于该额度或比率内的损失不负责赔偿。例如，在机动车辆保险中，对机动车辆每次事故规定有免赔额，只有超过免赔额的部分才由保险人承担赔偿责任。

（3）实行比例承保。即保险人按照保险标的实际金额的一定比例确定承保金额，而不是全额承保。例如，在农作物保险中，保险人通常按平均收获量的一定成数确定保险金额，如按正常年景的平均收获量的 6~7 成承保，其余部分由被保险人自己承担责任。

2. 承保后的风险分散

承保后的风险分散原则应用以再保险和共同保险为主要手段。再保险是指保险人将其所承担的业务中超出自己承受能力之外的风险转移给再保险人承担。共同保险是由两个或两个以上保险人共同承保某个风险较大的保险标的。

第三节　保险经营的环节

保险经营活动通常包括展业、投保、承保、分保、防灾、理赔及资金运用等环节。这些经营活动均以实现保险保障为目的，因此保险人在注重保险业务的特殊性、安全性、效益性的同时，力求经营的各环节连续通畅。本节仅对投保、承保、防灾、理赔四个环节的内容分别进行阐述，其他经营环节将在本书的有关章节中详述。

一、投保

传统的保险业务经营将投保这个环节归入承保的过程中。事实上，保险的经营是从对投保人的投保管理开始的。投保，也称购买保险，投保人通过保险业务人员或保险中介购买保险后，就与提供这种保险的保险公司建立了一种较为长期的关系。正因为如此，一方面保险人应加强对投保环节的经营管理，为投保人提供良好的服务，使投保人在投保时能真正享受到合理选择保险的权利；另一方面投保人有责任自觉地增强保险意识，为自身的利益做出明智的选择。

（一）保险企业有义务为投保人提供良好投保指导服务

通常，投保人愿意向资金雄厚、管理良好、保单和服务都能满足自己需要的保险企业投保。因此，投保人衡量保险企业是否提供良好服务的标准之一，就在于它是否能为投保人提供尽可能多的选择机会。在保险活动中，投保人需要保障的基本权利有：① 得到准确保险信息的权利；② 保证安全的权利；③ 可自由选择保险险种的权利；④ 有申诉、控告所遭受不良待遇的权利；⑤ 要求开发和改进险种的权利；⑥ 获得良好售后服务的权利；⑦ 要求提供的服务不得违反社会公共道德。

在上述的投保人权利中，获得准确保险信息的权利是投保人利益得到保障的首要权利。按照市场经济规则，对于同一种商品，如果大量的销售者与购买者信息来源都很好，且两者相遇，就会产生最大的市场效率。如果违背这条规则，就会在分配财富时在社会福利最大化方面丧失效率；违反的程度越深，为最多的人产生最大的经济福利的潜力就越小。

将这条原理对照保险市场，可以看到保险市场是个理想的市场，即大量的销售者和可替代产品同时存在。首先，保险市场上包含了众多的销售者。目前国内保险市场上销售者主要有以下几类：一是集保险、银行、投资、资产管理为一体多元化融合的集团性保险销售者，如中国人保、中国平安等；二是专营人身险、财产险、车险或者再保险业务的专业性保险机构，如民生人寿、永诚财险保险、鑫安汽车保险、中再产险等；三是履行政策性职能，服务国家战略发展目标的政策性保险机构，如中国信保；四是设在中国境内的外商投资的保险机构及中外合资的保险机构，如友邦保险、中意人寿等；五是以相互保险的组织形式经营的保险机构，如阳光农业相互保险、众惠相互保险等；六是依托互联网科技发展起来的保险公司，如众安保险、泰康在线、工银安盛人寿等。其次，保险市场销售的保险产品具有浓厚的同质性。不同的保险公司销售的保险单，特别是财产保险公司销售的保险单，内容大致相同，可以相互替代。目前我国保险市场上采用的财产保险条款，几乎是内容相同的财产保险条款。

但是，投保人对保险市场和保险合同的了解甚少，已成为妨碍投保人做出合理投保选择的最大障碍。对绝大多数投保人来说，保险合同是一个相当复杂的法律文件，无法理解财产保险合同中的法律问题。对于人寿保险合同来说，投保人除了要具备理解合同的法律知识外，还需要具备金融方面的知识去评价保险单的价值。如果保险方销售保险时缺乏正确的宣传方式，就会使得那些本来就对保险了解甚少的投保人更加眼花缭乱，无法确定个人的保险需求，从而无从做出切实可行的保险计划，或估算可供投保的资金，造成盲目投保的结果。例如，某些保险人或其代理人，在推销某种人寿保险单时，经常将那些不可理解的专业名词挂在嘴边，并肆意夸大某些无法实现的利益；或者是将某个险种换上一种新包装，说成是改进过的产品。设想一下如果某个投保人根本就不知道保险会给他带来什么好处，他又如何去区别这种保险与别种保险？又如何去设法用最少的钱获得最佳的保障？这种保险销售的弊病实际上起到了误导投保人的作用，长此以往就会产生影响保险人信誉的负效应。

其次，投保人在投保时有要求良好服务的权利，那么保险人应如何提供良好的服务呢？

第一，帮助投保人分析自己所面临的风险。不同的风险需要有不同的保险计划。每个人或每家企业的生产状况、工作生活状况以及健康状况都会有所不同，所面临的风险也会不同。例如，投保人面临着财产损失风险、责任风险、意外伤害风险、疾病风险、残疾风险、死亡风险、退休后的经济来源风险等，保险人就要指导投保人分析哪些风险是足以导致企业或家庭经济生活陷入困境的，哪些风险是有可能减少投保人资产和收入的，对于这些风险，投保人应购买合适的保险。

第二，帮助投保人确定自己的保险需求。投保人确认自己所面临的风险及其严重程度后，需要进一步确定自己的保险需求。保险人应当将投保人所面临的风险分为必保风险和非必保风险，那些对生产经营和生活健康将会产生严重威胁的风险，应当属于必保风险。例如，机动车辆的第三者责任风险就是必保风险。因为一旦发生车祸造成他人伤亡，投保人所依法承担的赔偿责任可能会相当巨大，甚至会大大超过自身的经济承受能力。也有些风险事故虽然会给企业和个人带来一定的损失和负担，但却是企业和个人尚可承受的，因此，如果有能力投保，就可以投保；如果没有足够的资金，也可以不投保。

一般来说，投保人确定保险需求的首要原则是"高额损失原则"，即某一风险事故发生的频率虽然不高，但造成的损失严重，则应优先投保。例如，发生严重地陷的概率不是很大，可是一旦发生，就会造成房屋倒塌和人员伤亡，导致巨大的经济损失。相反，有些风险事故，虽然出现频率很高，但造成的经济损失却并不严重。例如，人们每年差不多都会患一两次感冒，但它通常并不会带来严重的经济负担。对于前者，即使发生频率很低，也值得投保；对于后者虽损失不大，但出险频率高，更值得去做的是采取各种预防措施降低其发生频率。

第三，帮助投保人估算可用来投保的资金。对于投保人来说，确定保险需求后，还需要考虑自己究竟能拿出多少资金来投保。资金充裕，便可投保保额较高、保障较全的保险险种；资金不足，就先为那些必须保险的风险投保；资金紧张，就量力而行购买那些保险金额可以修订的险种。保险人还应当了解投保人可用于投保的资金并不完全在于个人收入的数额，更重要的是在于个人的生活方式，在于个人对未来风险预防的认识。有些人的实际收入并不低，但将主要部分用于提高和丰富现实的生活，这样就使能用于保险的资金大为减少。对于这种人，保险人应帮助他们处理好维持现实生活与获得风险保障这二者之间的关系。

第四，帮助投保人制订具体的保险计划。保险人替投保人安排保险计划时确定的内容应包括：保险标的情况、投保风险责任的范围、保险金额的多寡、保险费率的高低、保险期限的长短等。在制订保险计划时一般要注意处理好以下几个问题：

（1）综合投保与单项投保。如果投保人需要保险的项目较多，且资金也充裕，保险人应当尽量安排综合性保单，或以一揽子保险方式投保。这样做有两大好处：一是可以避免各个单独保单之间可能出现的遗漏，从而导致保障不全；二是综合保险单的费率要比各个单项保险单费率的总和要优惠得多，有利于投保人用较少的资金获得最佳的保障。

（2）保障与收益。对投保人而言保险不是一种以谋利为目的的商业投资。保险人要提醒投保人注意买保险不是为了赚钱，而是为了获得保障，尤其是在投保人身保险时。如果投保人一味追求收益去投保某些具有较高保额的险种，就会破坏保险的保障功能，使自己在一些关键方面失去必要的保障，一旦这些风险发生，就会遭受到大大超过收益的损失。

（3）保额与免赔额。保险人与投保人协商确定保险金额时，应提醒他们在尽可能适当的范围内根据财产的实际价值选择保险金额的额度。因为如果保险金额适度，可以使投保人得到最充分的保障；如果保险金额太低，则会使投保人在出险时得不到充分的赔偿；如果保险金额太高，则使投保人多承担保险费。对于投保人来说，还可以接受免赔额规定的办法来减少保险费的支出。只要投保人同意承担小额的损失，保险人就会降低保险费率，从而抵消较高保险金额所高出的保险费。

（二）投保人有充分享受自由选择投保的权利

保险意识较强的或者明智的投保人，在购买保险时应该做出对自己负责的选择，包括选择保险中介人和保险公司。

1. 选择保险中介人

相当多的投保人是通过保险中介人来实现投保的。因此，投保人必须学会选择保险中介人。选择保险中介人，必须了解他们的种类、工作性质以及资格限定等信息。保险中介人可以分为保险代理人和保险经纪人等。一个好的保险中介人应该具有丰富的专业知识和技能；应该具有较高道德标准、将委托人的利益放在首位；应该能清楚地传递信息，从而帮助投保人理解自己所需要的保险合同的含义。

2. 选择保险公司

投保人在选择保险公司时，必须考虑各家保险公司在经营品种、保险价格、偿付能力、经营状况、理赔政策以及服务水平上的差异性。因为投保人在投保后，在整个保险期间，都将与该保险公司有着密切的关系。如果从一家公司转到另一家公司投保，投保人往往要损失许多应获得的优惠（如无赔款优待）和付出相当的代价（如退还的保费需扣除手续费）。所以，从开始投保时就选择一家真正合适的保险公司是极其重要的。

选择保险公司的标准有以下四点：

第一，选择时要注意保险公司的类型。不同类型的保险公司在经营范围和产权性质等方面都有所不同，而这些差异直接影响保险公司经营的品种和方式。保险公司的组织形式有国有独资保险公司、股份有限保险公司和相互保险公司等。

国有独资保险公司是指由政府直接投资设立的保险机构，如我国国有保险公司改制前的中国人民保险公司、中国人寿保险公司和中国再保险公司。国有独资保险公司经营的保险业务极其广泛，既包括自愿保险业务，又包括法定保险业务；既包括商业性保险业务，又包括政策性保险业务。

　　股份有限保险公司是指公司全部资本为等额股份，股东以其所持股份对公司承担责任，公司以全部资本对公司债务承担责任的经营商业保险业务的企业法人。股份有限保险公司的优势是筹集资本容易、偿付能力强、内部机构健全、责任明确、经营效益高、人才罗致方便、保费负担确定，因而各国保险机构大都主要采用股份公司形式。在我国，中国平安保险公司、中国太平洋保险公司等是成立较早的保险业股份有限公司。

　　此外，在国外还有相互保险公司、相互保险社等组织形式，我国也已出现相互保险公司。相互保险公司是指所有参加保险的人为自己办理保险而合作设立的法人组织。在这种公司中，投保人所交的保险费不是确定的，当公司盈利时，盈余的保险费最终将以保单分红方式归投保人所有。它的最大优点是比股份制保险公司更能降低保险经营成本，减轻投保人负担，保障被保险人的利益。

专栏 10-2

阳光农业相互保险：中国首家相互制农险公司获准筹建

　　第二，选择时要注意保险公司提供的险种与价格。一家好的保险公司的经营方式，应当是为投保人量体裁衣，尽可能满足各种投保人的不同需要。所以，投保人在选择保险公司时，首先要选择那些能为自己提供适当的、切实可行的保障的保险公司。

　　便宜的保险不一定是合算的保险。因此，投保人选择保险价格时要注意选择公正的价格而不是最低的价格。最低的价格可能来自财力雄厚的保险公司，也可能来自经常拒绝被保险人合法索赔的保险公司，也可能来自其代理人没有受过充分训练的保险公司，还可能来自保险责任范围不如其他保险公司同类保单的保险公司。

　　选择公正的价格的方法之一，就是对各家公司相同险种的费率进行比较。但是在比较费率时应注意两种情况：一是费率开价较高的保险公司，通常解释高费率的原因是其保单有着特殊优点，或者是本公司有着不同于其他公司的优越之处。二是费率开价较低的公司，可能是采取先亏后盈的销售术，在投保人购买该公司保险后，将保险费提高，或是取消一些服务，或是不及时进行理赔，或是在续保时加上一些限制性保险条款等。可见，选择保险价格时应首先了解开出价格的保险公司情况怎样。从长远的观点来看，经济效益好的保险公司，往往是价格最便宜、服务最好的公司。

　　第三，选择时要考虑保险公司的偿付能力和经营状况。选择保险公司应着眼于它的经济实力，而对其实力的考察，又以其偿付能力和经营状况为主。

　　考察保险公司偿付能力的方法有两种：一是查看保险监管部门或评级机构对保险公司的评定结果。国际上有许多专门对银行、保险公司等金融机构的信用等级进行评估的机构，如美国的穆迪公司（Moody's）、标准普尔公司（S&P）和日本投资家服务公司（NIS）等。评定的等级越高，就表明该保险公司的偿付能力越强。二是对保险公司的财务报表进行直接分析，着重分析公司的资产与负债状况。如果净资产与负债的比率为 1：1，说明该公司有足够的偿付能力。此外，还要分析保险费与净资产的比率。一般来说，保险费与净资产的比率不超过 2：1 被视为安全。如果超过这个比率，就说明保费收入过多，所承担的赔偿责任也相应增大，而现有的准备金就会相对不足，保险公司的偿付能力就会受到威胁。

保险公司经营的稳定性与公司的利润率有着密切联系。保险公司的利润来源于两部分：一是承保利润；二是投资利润。一般来说，利润高（尤其是投资利润高）的保险公司，其经营的稳定性较好。如果保险公司利用投资利润弥补承保的亏损的能力较强，就可以避免被迫提高保险费率或更严格地限制承保标的这类问题。而对于投保人来说，向利润率高的保险公司购买保险，可能获得更优惠的保险费率或更宽松的保险条件。

第四，选择时要考虑保险公司提供的服务。保险公司所推行的保险单在使用方面是极其相似的，但提供的服务却不尽相同。往往保险费率较低的保险公司所提供的服务与期望的会不相符合，因为便宜的价格是以服务标准的降低作为补偿的。投保人在购买保险前后所需要的服务有确定保险需求方面的帮助、选择保险项目方面的帮助、预防损失方面的帮助和索赔方面的帮助等。而且保险公司服务最重要的方面，就是发生保险事故时，能否对较高的索赔尽快做出赔偿。因此，投保人在选择时要格外考虑这一因素。

投保人选择保险公司时，要从两个方面注意其服务，一是从其代理人那里获得的服务，二是从该公司本部那里获得的服务。前者的服务水准，可以确定保险公司对其代理人的培训与管理水平；后者对于投保人来说更为重要，尤其是购买人寿保险时，一旦与保险公司订立保险合同，就会长期与该公司打交道，如交几十年的保险费、领取几十年的保险金。所以，保险公司在服务方面的任何一点微小的差异，都会影响投保人几十年。

二、承保

承保是指保险合同的签订过程，即投保人和保险人双方通过协商，对保险合同的内容取得意见一致的过程。承保是保险经营的一个重要环节。承保质量如何，关系到保险企业经营的稳定性和经济效益的好坏，同时也是反映保险企业经营管理水平高低的一个重要标志。

（一）保险承保工作的意义

承保是保险经营中必不可少的环节。保险人对投保人的投保并非来者不拒，而是先要进行审核，只有符合承保条件的风险，保险人才同意承保。所以，通过承保，保险人可以筛选非可保风险或不合格的被保险人和保险标的，以保证承保质量，增强企业在市场上的竞争能力。

1. 有利于合理分散风险

保险经营的对象是风险，但无论哪一个保险人都不能够承担所有的风险。事实上，保险人承担风险都是受到一定限制的，因此，保险人所追求的是承保在一定费率之下所预期发生的风险。承保的目的就是使可保风险得到合理的分散。例如，同为木质结构的房屋，其中一栋价值极高的房屋发生火灾，其损失金额是其他建筑物的 10 倍。从保险的角度来看，这栋房屋的风险就不属于同质风险。此外，风险在地域上也应分散。即便是同质风险，如集中于某一地区，也有造成巨大损失的可能性，因此，保险人在承保时对此种风险要加以分散。

2. 有利于保险费率的公正

保险费率是根据不同风险的性质和损失的程度来制定的。承保的核心工作就是厘定公正合理的保险费率。为求得承保风险与保险费率之间保持更为合理的关系，保险企业制定有级差费率、浮动费率、优惠费率等制度。然而，再精确的保险费率，如果没有良好的承保制度相配合，也无法体现其公正性和合理性。换言之，公正合理的保险费率的最终实现，是以核实保险标的的风险程度及其损失率为基础的。只有通过承保，确定了不同保险标的的风险程度和损失率，才能使保险费率水平与风险损失程度相当。

在承保中，通常是由精算师来制定费率，但是对于一些保险标的少的险种，其费率由保险人根据以往的经验来确定，也就是说，制定费率也是保险人的一个重要工作。

3. 有利于促进被保险人防灾防损

保险的目的并不限于处理赔案，提供经济补偿，还要立足于积极的预防，提高全社会的防灾防损能力，进而保证人民生活长期稳定和社会生产的持续进行。承保的目的就是要识别风险、分析风险、促使被保险人采取有效的风险管理措施，将损失减少到最低程度。

因此，保险人在承保时要审查保险标的的风险状况、可能发生最大损失程度以及被保险人的情况；在承保后，还要定期检查和分析这些风险是否发生了变化。如果某个被保险人的风险增加了，保险人就可能需要提高保险费，或增加保险限制条件，或不再接受该投保人的续保。

（二）保险承保工作的内容

1. 审核投保申请

对投保申请的审核主要包括对投保人的资格的审核、对保险标的的审核、对保险费率的审核等内容。

（1）审核投保人的资格。即审核投保人是否具有民事行为能力及对标的物是否具有保险利益，也就是选择投保人或被保险人。根据我国《保险法》的规定，投保人必须具备两个条件：一是具有相应的民事行为能力；二是投保人对保险标的应具有法律上承认的利益，即保险利益。审核投保人的资格主要是审核后者，即了解投保人对保险标的是否具有保险利益。一般来说，财产保险合同中，投保人对保险标的的保险利益来源于所有权、管理权、使用权、抵押权、保管权等合法权益；人身保险合同中，保险利益的确定是采取限制家庭成员关系范围并结合被保险人同意的方式。保险人审核投保人的资格，是为了防止投保人或被保险人故意破坏保险标的，以骗取保险赔款的道德风险。

（2）审核保险标的。即对照投保单或其他资料核查保险标的的使用性质、结构性能、所处环境、防灾设施、安全管理等情况。例如，承保企业财产时，要了解厂房结构、占用性质、建造时间、建筑材料、使用年限以及是否属于危险建筑等情况，并对照事先掌握的信息资料核实，或是对保险标的进行现场查验后，保险人方予以承保。

（3）审核保险费率。一般的财产和人身可能遭遇的风险基本相同，因此可以按照不同标准，对风险进行分类，制定不同的费率等级，在一定范围内使用。例如，承保建筑物的火灾保险，确定费率要考虑的因素有：① 房屋的建筑类别，是砖结构还是木结构；② 房屋的占用或使用性质，是商用还是民用；③ 周围房屋的状况；④ 房屋所在区域所能提供的火灾防护设施；⑤ 与房屋相关的任何安全保护设施，如是否安装自动洒水灭火装置或警报器等。保险人承保时只需按风险程度将建筑物划分为不同的等级，套用不同的费率即可。但是，有些保险业务的风险情况不固定，如海上保险，因航程、运输工具、气候不同，承保的每笔业务都需要保险人根据以往的经验，结合风险的特性，制定单独的费率。因此，承保这类业务时应对每一笔业务的实际情况与它所适用的费率条件进行核查，以保证保险费率的合理性。

2. 控制保险责任

控制保险责任就是保险人在承保时，依据自身的承保能力进行承保控制，并尽量防止与避免道德风险和心理风险。保险人通常从以下三个方面控制保险责任：

（1）控制逆选择。所谓逆选择，就是指那些有较大风险的投保人试图以平均的保险费率购买保险。逆选择意味着投保人没有按照应支付的公平费率去转移自己的风险损失。如患有高血压病的人按照平均费率选择投保人寿保险，居住在低洼地的居民按照平均费率选择投保洪水保险。这样一来，某个更容易遭受损失的投保人购买了保险而无须支付超过平均费率的保险费，保险人就成了逆选择的牺牲品。因此，保险人承保的任务就是控制逆选择的发生。

保险人控制逆选择的方法是对不符合承保条件者不予承保，或者有条件地承保。事实上，保险人并不愿意对所有不符合保险风险条件的投保人和投保标的一概拒保，而是愿意有条件地接受较大风险的承保。例如，投保人为自己易遭受火灾的房屋投保火灾保险，保险人就会提高保险费率承保；又如，投保人患有超出正常危险的疾病，保险人就会不同意他投保定期死亡保险的要求，而劝他投保两全保险。这样一来，保险人既接受了投保，又在一定程度上抑制了投保人的逆选择。

（2）控制保险责任。只有通过风险分析与评估，保险人才能确定承保责任范围，明确对所承担的风险应负的赔偿责任。一般来说，对于常规风险，保险人通常按照基本条款予以承保，对于一些具有特殊风险的保险标的，保险人需要与投保人充分协商保险条件、免赔数额、责任免除和附加条款等内容后特约承保。特约承保根据保险合同当事人的特殊需要，在保险合同中增加一些特别约定，其作用主要有两个：一是为了满足被保险人的特殊需要，以加收保险费为条件适当扩展保险责任；二是在基本条款上附加限制条款，限制保险责任。通过保险责任的控制，将使保险人所支付的保险赔偿额与其预期损失额十分接近。

（3）控制人为风险。避免和防止逆选择与控制保险责任是保险人控制承保风险的常用手段。但是有些风险，如道德风险、心理风险和法律风险，往往是保险人在承保时难以防范的。因此，有必要对这些风险的控制做出具体的分析。

第一，道德风险。道德风险是指人们以不诚实或故意欺诈的行为促使保险事故发生，以便从保险中获得额外利益的风险因素。投保人产生道德风险的原因主要有两点：一是丧失道德观念；二是遭遇财务上的困难。从承保的观点来看，保险人控制道德风险发生的有效方法就是将保险金额控制在适当额度内。

例如，在财产保险中，如果一栋价值 50 万元的房屋，向保险人投保时确定投保金额为 80 万元，这就意味着损失发生时，被保险人可能获得 30 万元的额外利益。因此，保险人在承保时要注意投保金额是否适当，应尽量避免超额承保。因为只有保险金额低于或等于保险标的实际价值，道德风险才不可能发生。但是由于技术上的困难，保险人很少能够在投保时先行估计保险标的实际价值，所以保险人为了防范道德风险，在条款中规定保险赔偿只能以实际损失为限。

同样，在人寿保险的承保中，如果投保人为他人购买保险，而指定自己为受益人时，也应注意保险金额的大小是否与投保人的财务状况相一致。例如，一个月收入为 3 000 元的投保人，为他人购买了保险金额 100 万元的人寿保险，除了要查清投保人与被保险人之间是否具有保险利益外，其保险金额还应征得被保险人书面同意，并且还要对投保人收入来源和以往的保险史进行调查，保险人才能决定是否承保。

第二，心理风险。心理风险是指由于人们的粗心大意和漠不关心，以致增加风险事故发生机会并扩大损失程度的风险因素。例如，投保了火灾保险，就不再小心火烛；投保了盗窃险，就不再谨慎防盗。从某种意义上说，心理风险是比道德风险更为严重的问题。任何国家的法律对道德风险都有惩罚的办法，而且保险人对道德风险还可在保险条款中规定，凡被保险人故意造成的损失不予赔偿。但心理风险既非法律上的犯罪行为，保险条款又难制定适当的规定来加以限制。保险人在承保时常采用的控制手段有：第一，实行限额承保。即对于某些风险，采用低额或不足额的保险方式，规定被保险人自己承担一部分风险。保险标的如果发生全部损失，被保险人最多只能获得保险金额的赔偿；如果发生部分损失，被保险人只按保险金额与保险标的实际价值的比例获得赔偿。第二，规定免赔额（率）。免赔额有绝对免赔额和相对免赔额之分。前者是指在计算赔偿金额时，不论损失大小，保险人均扣除约定的免赔额；后者是指损失在免赔额以内，保险人不予赔偿，损失超过免赔额时，保险人不仅要赔超过部分，而且还要赔免赔额以内的损失。这两种方法都是为了激励被保险人克服心理风险因素，主动防止损失的发生。

第三，法律风险。法律风险的主要表现有：主管当局强制保险人使用一种过低的保险费率标准；要求保险人提供责任范围广的保险；限制保险人使用可撤销保险单和不予续保的权利；法院往往做出有利于被保险人的判决等。这种风险对保险人的影响是，保险人通常迫于法律的要求和社会舆论的压力接受承保。

（三）保险承保工作的程序

承保决定是在审核投保申请，适当控制保险责任，分析评估保险风险的基础上做出的。承保的程序包括接受投保单、审核验险、接受业务、缮制单证等步骤。

1. 接受投保单

投保人购买保险，首先要提出投保申请，即填写投保单，交给保险人。投保单是投保人向保险人申请订立保险合同的依据，也是保险人签发保险单的凭证。投保单的内容包括：投保人名称，投保日期，被保险人名称，保险标的名称、种类和数量，投保金额，保险标的的坐落地址或运输工具名称，保险期限，受益人和赔付地点等。

2. 审核验险

（1）审核。保险人收到投保单后，应详细审核投保单的各项内容，如保险标的及其存放地址、运输工具行驶区域、保险期限、投保明细表、对特殊要求的申请等。

（2）验险。验险是对保险标的的风险进行查验，以便对风险进行分类。验险的内容因保险标的的不同而有差异。

第一，财产保险的验险内容。第一，查验投保财产所处的环境。例如，对所投保的房屋，要检验其所处环境是工业区、商业区还是居民区；附近有无易燃易爆的危险源；一旦发生火灾，有无蔓延的可能；附近救火水源如何，距离最近的消防队有多远；房屋周围道路是否通畅，消防车是否能开近；是否属于高层建筑；等等。第二，查验投保财产的主要风险隐患和重要防护部位及防护措施状况。首先，要认真查验财产可能发生损失的风险因素，如查验投保财产是否属于易燃易爆或易损物品，对温度和湿度的敏感度如何；机器设备是否常常超负荷运转，使用的电压是否稳定；建筑物的材料结构状况；等等。其次，要重点查验投保财产的关键部位，如建筑物的基础承重是否达到规范要求；船舶、车辆的发动机保养是否良好。最后，要严格检查投保财产的防护情况，如有无消防设施、报警系统、排水通风设施；机器有无超载保护、降温保护设施；运输货物有无符合要求的包装，运输方式是否合乎标准；等等。第三，查验有无正处在危险状态中的财产。正处在危险状态中的财产意味着该项财产必然或即将发生风险损失。如果保险人承保必然或确定发生的风险，就会造成不合理的损失分摊，这对其他被保险人不公平。第四，查验各种安全管理制度的制定和落实情况。健全的安全管理制度是预防和降低风险发生的重要保障。因此，保险人要检查投保人是否制定了安全管理制度及其实施情况，若发现问题，督促其及时改正。

第二，人身保险的验险内容。人身保险的验险内容包括医务检验和事务检验。前者主要是检查被保险人的健康情况，如检查被保险人过去的病史（包括家庭病史），借以了解各种遗传因素可能对被保险人带来的影响。有时也根据投保险种的需要进行全面的身体检查。后者主要是对被保险人的工作环境、职业性质、生活习惯、经济状况等方面的情况进行调查了解。

3. 接受业务

保险人按照规定的业务范围和承保权限，在审核验险后，有权做出拒保或承保的决定。如果投保金额或标的风险超出了保险人的承保权限，保险人只能向上一级主管部门做出建议，而无权决定是否承保。

4. 缮制单证

缮制单证是在接受业务后，填制保险单或保险凭证等手续的过程。保险单或保险凭证是载明保险合同双方当事人权利和义务的书面凭证，是被保险人向保险人索赔的主要依据。因此，保险单质量的好坏，往往影响保险合同能否顺利履行。填写保险单的要求有以下几点：

（1）单证相符。要依据投保单、验险报告作为原始凭证，填制保险单。所谓单证相符是指投保单、保险单、批单、财产清单、人身保险的体检报告及其他单证都要符合制单要求，其重要内容如保险标的的名称、数量、地址等都应相符。

（2）保险合同要素明确。保险合同的要素是指保险合同的主体、客体和内容。保险合同的主体包括当事人和关系人，即保险人、投保人、被保险人和受益人等，他们是合同中权利的分享者和义务的承担者。因此，保险单中要正确填写被保险人的姓名、单位名称和负责人姓名及详细地址。若是人身保险合同，还需填上受益人姓名、地址及其与被保险人的关系。保险合同的客体是保险合同中权利义务所指向的对象，即保险标的的保险利益。因此，保险单中应标明保险标的的范围及地址、保险利益内容。保险合同的内容包括保险责任、保险金额、保险期限、保险费、被保险人义务以及其他特约事项。

总之，明确保险合同要素是保证保险单质量的依据，否则将影响保险合同的法律效力和保险人的信誉，损害保险合同双方当事人的合法权益。

（3）数字准确。填制保险单时，每一个数字都代表着保险人和被保险人的利益。在这些数字上的微小疏忽，都可能给保险合同双方当事人造成重大损失，或导致不该发生的纠纷。例如，在填写保险金额时，若是 1 000 000 元的数字因疏忽少写一个零，就可能使被保险人面临 900 000 元的损失得不到保险保障的后果。所以填制保险单一定要反复核对每一个数字，切实做到准确无误。

（4）复核签章，手续齐备。保险人签发的保险单是保险合同成立的依据，其他单证也是保险合同的重要组成部分。因此，每一种单证都应要求复核签章。如投保单上必须有投保人的签章；验险报告上必须有具体承办业务员的签章；保险单上必须有承保人、保险公司及负责人的签章；保险费收据上必须有财务部门及负责人的签章；批单上必须有制单人与复核人的签章等。

（四）续保

续保是在原有的保险合同即将期满时，投保人在原有保险合同的基础上向保险人提出续保申请，保险人根据投保人的实际情况，对原合同条件稍加修改而继续签约承保的行为。

续保是以特定合同和特定的被保险人为对象的。在保险合同的履行过程中，经常与被保险人保持联系，做好售后服务工作，增强他们对保险企业的信心，是提高续保率，保持业务稳步增长的关键。

对于投保人来说，及时续保不仅可以从保险人那里得到连续不断的、可靠的保险保障与服务，而且作为公司的老客户，也可以在体检、服务项目及保险费率等方面得到公司的通融与优惠。对于保险人来说，续保的优越性体现在不仅可以稳定公司的业务量，而且还能利用与投保人建立起来的老关系，减少许多展业工作量与费用，因为续保比初次承保手续要简便一些。

保险人在续保时应注意的问题有：① 及时对保险标的进行再次审核，以避免保险期间中断；② 如果保险标的的危险程度增加或减少，应对保险费率做出相应调整；③ 保险人应根据上一年的经营状况，对承保条件与费率进行适当调整；④ 保险人应考虑通货膨胀因素的影响，随着生活费用指数的变化而调整保险金额。

三、防灾

防灾是保险经营过程中不容忽视的重要环节。实施防灾防损，维护人民生命和财产安全，减少社会财富损失，既是提高保险企业经济效益和实现社会管理功能的重要途径，也是发挥保险风险管理功能，帮助投保人构建风险防范体系的必要措施。

（一）保险防灾的概念

保险防灾是保险防灾防损的简称，是指保险人与被保险人对所承保的保险标的采取措施，减少或消除风险发生的因素，防止或减少灾害事故所造成的损失，从而降低保险成本，增加经济效益的一种经营活动。

防灾防损，减少社会财富损失，是一项社会性活动。但是保险防灾只是社会防灾工作的一部分，二者有着明显的区别。保险防灾与社会防灾的区别主要表现在以下四个方面：第一，防灾的主体不同。保险防灾的主体是保险企业，社会防灾的主体则是社会专门防灾部门或机构。第二，防灾的对象不同。保险防灾的对象是保险企业所承保的保险标的，社会防灾的对象则是遍及社会的所有团体和个人。可见，保险防灾的对象是特定的，与社会防灾相比，它的覆盖面要窄。第三，防灾的依据不同。保险公司是企业形式的经济组织，它是根据保险经营的特点，依据保险合同关于权利和义务对等关系的规定开展防灾工作的；社会防灾部门则是各级政府主管防灾工作的行政或事业单位，它可根据国家法令和有关规定，对防灾对象的防灾工作提出要求，督促检查。第四，防灾的手段不同。保险企业是向被保险人提出防灾建议，促使其采取措施进行风险防范，否则不予以承保或不承担赔付责任；社会防灾部门则可以在开展防灾活动时，运用行政手段促使单位和个人采取措施消除危险隐患，对不执行或违反规定的单位和个人可以给予一定的行政或经济处罚。

同时，保险防灾与社会防灾又密切相关，互为补充，其共同之处表现在：第一，两者都是处理风险的必要手段；第二，两者都是为了减少损失，以达到保护社会已有财富、保障社会安定的目的。

（二）保险防灾的内容

1. 加强同各防灾部门的联系与合作

保险企业作为社会防灾防损组织体系中的重要一员，以其特有的经营性质和技术力量，受到社会各界的重视，发挥着越来越大的作用。因此，保险人一方面要注意保持和加强与各专业防灾部门的联系，并积极派人参加各种专业防灾部门的活动，如公安消防部门对危险建筑的防灾检查，防汛指挥部对防汛措施落实的检查，商检部门对进出口货物的商品检验等。另一方面要充分利用保险企业的信息和技术优势，向社会提供各项防灾防损服务，例如，防灾技术咨询服务、风险评估服务、社会协调服务、事故调查服务、灾情信息服务和安全技术成果推广服务等。

2. 进行防灾宣传和检查

目前，人们对风险的防范意识还比较薄弱，保险人应运用各种宣传方式，向投保人和被保险人宣传防灾防损的重要性，提高安全意识，普及防灾防损知识。保险防灾宣传的内容包括：保险与防灾的关系、消防条例和有关法律规定、防灾防损的基本常识，如救火、抗洪、防震的常用措施。

保险防灾的检查应以所承保的单位和个人为主要对象，具体的做法有：第一，借助防灾主管部门的行政手段，对投保人提出切实可行的整改建议；第二，配合行业的主管部门，根据该行业的特点，进行有针对性的风险防范检查；第三，聘请专家和技术人员对某些专业性强、技术要求高的投保单位进行重点防灾检查；第四，保险人在承保前和出险时应对投保单位进行风险查验，尤其是对一些重点防灾企业。例如，有些保险公司规定，保险金额在 1 亿元以上，保险费超过 10 万元，或是五六级工业险的企业都属于防灾检查的重点单位。

3. 及时处理不安全因素和事故隐患

保险企业通过运用自身积累的大量灾情损失统计资料及风险防范技术手段，可以为被保险人提供可靠的风险管理依据，帮助被保险人建立风险防范体系，提高被保险人的防灾减灾水平和能力。如通过防灾防损检查，利用大数据分析，及时发现不安全因素和事故隐患，在出险前向被保险人提出风险预警，协助被保险人采取防灾防损措施，预防或减少损失发生。同时，保险人在接到重大保险事故通知时，应立即赶赴事故现场，直接参与抢险救灾。抢险救灾的主要目的在于防止灾害蔓延并妥善处理好残余物质。

4. 建立防灾基金

保险企业每年要从保险费收入中提取一定比例的费用作为防灾专项费用，建立防灾基金，主要用于增强社会防灾设施和保险公司应付突发性的重大灾害时的急用。例如，用于资助地方消防、交通、航运、医疗卫生部门，帮助它们添置公共防灾设备，奖励防灾部门和人员。这一内容充分体现了保险企业积极参与社会防灾工作。

5. 提供防灾技术服务

保险人除了搞好防灾工作以外，还要经常对各种灾情进行调查研究并积累丰富的灾情资料，掌握灾害发生的规律性，提高防灾工作的效果。例如，有的保险公司要求对资产在 500 万元以上的投保人建立防灾档案。此外，保险人还应开展防灾技术服务活动，帮助事故发生频繁、损失额度大的投保人开展防灾技术研究。

（三）保险防灾的方法

1. 法律方法

法律是保险防灾管理的方法之一。它是指通过国家颁布有关的法律来实施保险防灾管理。例如，有些国家的法律规定，投保人如不加强防灾措施，保险人不仅不承担赔偿责任，而且还要追究其法律责任。我国《保险法》第 51 条规定，投保人、被保险人未按照约定履行其对保险标的的安全应尽的责任，保险人有权要求增加保险费或解除合同。

2. 经济方法

经济方法是当今世界普遍运用于保险防灾的重要方法。保险人在承保时，通常根据投保人采取的防灾措施情况而决定保险费率的高低，从而达到实施保险防灾管理的目的。换句话说，在相同的条件下，保险人通过调整保费来促进投保人从事防灾活动。对于那些防灾设施完备的投保人采用优惠费率，即少收保险费，以资鼓励；反之，对那些懈怠于防灾，缺乏必要防灾设施的投保人则采用较高的费率，即多收保费，以促进其加强防灾。

3. 技术方法

保险防灾的技术方法可以从两个角度来理解：一是通过制定保险条款和保险责任等技术来体现保险防灾精神；二是运用科学技术成果从事保险防灾活动。

第一个角度表现在三方面：首先，设计保险条款订明被保险人防灾防损的义务。例如，我国现行的许多险种的保险条款中，均规定被保险人必须保证保险财产的安全。其次，在保险责任的制定上，也有防止道德风险的规定。例如，现行的保险条款中，都规定凡属被保险人的故意行为所造成的损失，保险人不负赔偿责任。最后，在保险理赔上提出了抢救和保护受灾财产的要求。例如，财产保险合同中规定，如果灾害事故发生在保险责任范围内，被保险人应尽可能采取必要的措施进行抢救，防止灾害蔓延，对未被破坏和损害的财产进行保护和妥善处理；因没有履行这一义务而加重的损失部分，保险人不负赔偿责任。

第二个角度通常是指保险企业专门设立从事防灾技术研究部门，对防灾进行有关的技术研究。防灾部门运用有关的技术和设备对承保风险进行预测，对保险标的进行监测，研制各种防灾技术和设备以及制定有关的安全技术标准。这些防灾活动不仅使保险企业获得了良好的经济效益，而且在社会上也获得了良好声誉。这些保险防灾技术领先于社会防灾技术，也促进了社会防灾技术的发展。

四、理赔

在保险经营中，理赔是防灾防损的继续，也是保险补偿职能的具体体现。理解保险理赔的含义，揭示理赔的本质和规律，可以帮助我们更好地掌握保险这个经济机制，充分发挥保险的作用。

（一）保险理赔的含义

保险理赔是指保险人在保险标的发生风险事故后，对被保险人提出的索赔请求进行处理的行为。被保险人发生的经济损失有的属于保险风险引起，有的则属于非保险风险引起，即使被保险人的损失是由于保险风险引起的，受多种因素和条件的制约，被保险人的损失不一定等于保险人的赔偿额或给付额。所以说，保险理赔涉及保险合同双方的权利与义务的实现，是保险经营中的一项重要内容。

投保人投保的主要目的就是在发生保险事故的时候得到保险保障，所以保险事故发生后，保险人应及时履行赔偿、给付保险金的责任。因此，保险理赔的意义在于以下三个方面：

第一，保险理赔能使保险的基本职能得到实现。也就是说，理赔是保险人依保险合同履行保险责任、被保险人享受保险权益的实现形式。

　　第二，保险理赔能及时恢复被保险人的生产，安定其生活，促进社会生产的顺利进行与社会生活的安定，提高保险的社会效益。

　　第三，保险理赔还可以发现和检验展业承保工作的质量，例如保险费率、保险金额、保险价值的确定是否合理，防灾防损工作是否有效，从而进一步改进保险企业的经营管理水平并提高其经济效益。

　　保险理赔工作主要由理赔人员来完成。保险理赔人员作为专门从事保险理赔工作的人员，可以分为两种类型：一是保险公司的专职核赔人员；二是保险代理人。前者直接根据被保险人的索赔要求处理保险公司的理赔事务，后者则接受保险公司的委托从事理赔工作。在国际保险市场上就有专门从事代为处理赔案和检验工作的代理人，他们在某些险种（如海洋运输货物保险、远洋船舶保险等）的理赔工作中对于提高理赔工作质量和节省查勘费用起到了一定的作用。

　　（二）保险理赔的原则

　　保险理赔是一项政策性极强的工作，为了更好地贯彻保险经营方针，提高理赔质量，杜绝"错赔、惜赔、滥赔"的现象，保险理赔应遵循以下原则。

　　1. 重合同、守信用的原则

　　保险理赔是保险人对保险合同履行义务的具体体现。在保险合同中，明确规定了保险人与被保险人的权利和义务，保险合同双方当事人都应恪守合同约定，保证合同顺利实施。对于保险人来说，在处理各种赔案时，应严格按照保险合同的条款规定，受理赔案、确定损失。理算赔偿金额时，应提供充足的证据，拒赔时更应如此。

　　2. 实事求是的原则

　　被保险人提出的索赔案件形形色色，案发原因也错综复杂。因此，对于一些损失原因复杂的索赔，保险人除了按照条款规定处理赔案外，还须实事求是、合情合理地处理，这样做才既符合条款规定，又遵循实事求是的原则。

　　此外，实事求是的原则还体现在保险人的通融赔付方面。所谓通融赔付，是指按照保险合同条款的规定，对于本不应由保险人赔付的经济损失，由于一些其他原因的影响，保险人给予全部或部分补偿或给付。当然，通融赔付不是无原则的随意赔付，而是对保险损失补偿原则的灵活运用。具体来说，保险人在通融赔付时应掌握的要求有：第一，有利于保险业务的稳定与发展；第二，有利于维护保险公司的信誉和在市场竞争中的地位；第三，有利于社会的安定团结。

　　3. 主动、迅速、准确、合理的原则

　　这一原则的宗旨在于提高保险服务水平，争取更多客户。我国《保险法》第 23 条和第 25 条规定："保险人收到被保险人或者受益人的赔偿或者给付保险金的请求后，应当及时作出核定；情形复杂的，应当在三十日内作出核定，但合同另有约定的除外。保险人应当将核定结果通知被保险人或者受益人；对属于保险责任的，在与被保险人或者受益人达成赔偿或者给付保险金的协议后十日内，履行赔偿或者给付保险金义务。保险合同对赔偿或者给付保险金的期限有约定的，保险人应当按照约定履行赔偿或者给付保险金义务。""保险人自收到赔偿或者给付保险金的请求和有关证明、资料之日起六十日内，对其赔偿或者给付保险金的数额不能确定的，应当根据已有证明和资料可以确定的数额先予支付；保险人最终确定赔偿或者给付保险金的数额后，应当支付相应的差额。"《保险法》的上述规定指出了保险人应当在法律规定和保险合同约定的期限内及时履行赔偿或给付保险金的义务，即应在理赔中坚持"八字"方针。"主动、迅速"，即要求保险人在处理赔案时积极主动，不拖延并及时深入事故现场进行查勘，及时理算损失金额，对属于保险责任范围内的灾害事故所造成的损失，应迅速赔付。"准确、合理"，即要求保险人在审理赔案时，分清责任，合理定损，准确履行赔偿义务。对不属于保险责任的案件，应当及时向被保险人发出拒赔的通知书，并说明不予赔付的理由。

（三）保险理赔的程序

保险理赔的程序包括接受损失通知书、审核保险责任、进行损失调查、赔偿给付保险金、损余处理及代位求偿等步骤。

1. 接受损失通知书

保险事故发生后，被保险人或受益人应将事故发生的时间、地点、原因及其他有关情况，以最快的方式通知保险人，并提出索赔请求。发出损失通知书是被保险人必须履行的义务。发出损失通知书通常有时限要求，根据险种不同，被保险人在保险财产遭受保险责任范围内的盗窃损失后，应当在 24 小时内通知保险人，否则保险人有权不予赔偿。此外，有的险种没有明确的时限规定，只要求被保险人在其可能做到的情况下，尽快将事故损失通知保险人，如果被保险人在法律规定或合同约定的索赔时效内未通知保险人，可视为其放弃索赔权利。我国《保险法》第 26 条规定："人寿保险以外的其他保险的被保险人或者受益人，向保险人请求赔偿或者给付保险金的诉讼时效期间为二年，自其知道或者应当知道保险事故发生之日起计算。人寿保险的被保险人或者受益人向保险人请求给付保险金的诉讼时效期间为五年，自其知道或者应当知道保险事故发生之日起计算。"

被保险人发出损失通知的方式可以是口头的，也可用函电等其他形式，但随后应及时补发正式书面通知，并提供各种必需的索赔单证，如保险单、账册、发票、出险证明书、损失鉴定书、损失清单、检验报告等。如果损失涉及第三者责任，被保险人还需出具权益转让书给保险人，由保险人代为行使向第三者责任方追偿的权益。

接受损失通知书意味着保险人受理案件，保险人应立即将保险单与索赔内容详细核对，安排现场查勘等事项，然后将受理案件登记编号，正式立案。

2. 审核保险责任

保险人收到损失通知书后，应立即审核该索赔案件是否属于保险人的责任，其审核的内容可包括以下七个方面：

（1）保险单是否仍有效力。例如，我国财产保险基本险条款规定，被保险人应当履行如实告知义务，否则，保险人有权解除合同，或对合同解除前发生的保险事故不承担赔偿责任，并视情节严重程度确定是否退还保险费。又如，人身保险合同中，投保人在规定的时期（包括宽限期）内未交纳保险费，保险合同的效力将中止，除非投保人在 2 年内补交保险费及其利息，否则，保险合同将永久失去效力。因此，保险人在处理赔偿问题时，不可忽视这些条款的规定。

（2）损失是否由所承保的风险引起。被保险人提出的损失索赔，不一定都是保险风险引起的。因此，保险人在收到损失通知书后，应查明损失是否由保险风险引起。如果是，保险人才予以承担赔偿责任。

（3）损失的财产是否为保险财产。保险合同所承保的财产并非被保险人的一切财产，即使是综合险种，也会有某些财产被列为不予承保之列。例如，我国财产保险综合险条款规定，土地、矿藏、水产资源、货币、有价证券等就不属于保险标的范围内；金银、珠宝、堤堰、铁路等应通过特别约定，并在保险单上载明，否则也不属于保险标的范围。可见，保险人对于被保险人的索赔财产，须依据保险单仔细审核。

（4）损失是否发生在保单所载明的地点。保险人承保的损失通常有地点的限制。例如，我国的家庭财产保险条款规定，只有在保单载明地点以内保险财产所遭受的损失，保险人才予以负责赔偿。

（5）损失是否发生在保险单的有效期内。保险单上均载明了保险有效期的起讫时间，损失必须在保险有效期内发生，保险人才能予以赔偿。例如，我国海洋货物运输保险的保险期限通常是以仓至仓条款来限制的，即保险人承担责任的起讫地点，是从保险单载明的起运地发货人的仓库运输时开始，直到保险单载明的目的地收货人仓库为止，并以货物卸离海轮后60天为最后期限。又如，责任保险中常规定"期内发生式"或"期内索赔式"的承保方式，前者是指只要保险事故发生在保险期内，而不论索赔何时提出，保险人均负责赔偿；后者是指不管保险事故发生在何时，只要被保险人在保险期内提出索赔，保险人即负责赔偿。

（6）请求赔偿的人是否有权提出索赔。要求赔偿的人一般都应是保险单载明的被保险人，就人寿保险合同而言，应是保险单指定的受益人。因此，保险人在赔偿时，要查明被保险人或受益人的身份，以决定其有无领取保险金的资格。例如，在财产保险合同下，要查明被保险人在损失发生时，是否对保险标的具有保险利益。对保险标的无保险利益的人，其索赔无效。

（7）索赔是否有欺诈。保险索赔的欺诈行为往往较难察觉，保险人在理赔时应注意的问题有：索赔单证的真实与否；投保人是否有重复保险的行为；受益人是否故意谋害被保险人；投保日期是否先于保险事故发生的日期等。

3. 进行损失调查

保险人审核保险责任后，应派人到出险现场进行实际勘查，了解事故情况，以便分析损失原因，确定损失程度。

（1）分析损失原因。在保险事故中，造成损失的原因通常是错综复杂的。例如，船舶发生损失的原因有船舶本身不具备适航能力、船舶机件的自然磨损、自然灾害或意外事故的影响等。只有对损失的原因进行具体分析，才能确定其是否属于保险人承保的责任范围。可见，分析损失原因的目的在于保障被保险人的利益，明确保险人的赔偿范围。

（2）确定损失程度。保险人要根据被保险人提出的损失清单逐项加以查证，如对于货物短少的情况，要根据原始单据的到货数量，确定短少的数额；对于不能确定货物损失数量的，或受损货物仍有部分完好或经加工后仍有价值的，要估算出一个合理的贬值率来确定损失程度。

（3）认定求偿权利。保险合同中规定的被保险人的义务是保险人承担赔偿责任的前提条件。如果被保险人违背了这些事项，保险人可以此为由不予赔偿。例如，当保险标的的危险增加时，被保险人是否履行了通知义务；保险事故发生后，被保险人是否采取了必要的、合理的抢救措施，以防止损害扩大等。这些问题足以使被保险人丧失索赔的权利。

4. 赔偿给付保险金

保险事故发生后，经调查属实并估算赔偿金额后，保险人应立即履行赔偿给付的责任。对于人寿保险合同，只要保险人认定寿险保单是有效的，受益人的身份是合法的，保险事故的确发生了，便可在约定的保险金额内给付保险金。对于财产保险合同，保险人根据保险单类别、损失程度、标的价值、保险利益、保险金额、补偿原则等理算赔偿金额后，方可赔付。财产保险的赔偿金额计算方法有多种，详见前面各险种中的介绍。

保险人对被保险人请求赔偿或给付保险金的要求应按照保险合同的规定办理，如保险合同没有约定时，就应按照有关法律的规定办理。赔偿的方式通常以货币为多，在财产保险中，保险人也可与被保险人约定其他方式，如恢复原状、修理、重置等。

5. 损余处理

一般来说，在财产保险中，受损的财产会有一定的残值。如果保险人按全部损失赔偿，其残值应归保险人所有，或是从赔偿金额中扣除残值部分；如果按部分损失赔偿，保险人可将损余财产折价给被保险人以充抵赔偿金额。

6. 代位求偿

如果保险事故是由第三者的过失或非法行为引起的，第三者对被保险人的损失须负赔偿责任。保险人可按保险合同的约定或法律的规定，先行赔付被保险人。然后，被保险人应当将追偿权转让给保险人，并协助保险人向第三者责任方追偿。如果被保险人已从第三者责任方那里获得了赔偿，保险人只承担不足部分的赔偿责任。

本章小结

1. 保险经营的是风险，因此，保险经营具有其独特的经营思想和经营行为。保险经营行为的特征表现为：保险经营活动是一种特殊的劳务活动；保险经营资产具有负债性；保险经营成本和利润计算具有特殊性；保险经营具有分散性和广泛性。

2. 保险经营的特殊原则有风险大量原则、风险选择原则、风险分散原则。风险大量原则是保险经营的首要原则，保险人只有承保尽可能多的风险标的，才能建立起雄厚的保险基金，确保保险经营的稳定，降低经营的成本。风险选择原则否定的是保险人无条件承保的盲目性，强调的是保险人对投保意愿的主动选择，以提高承保质量。风险分散原则是将保险所承保的风险尽可能地加以分散，承保后分散风险的方法主要有共同保险和再保险等。

3. 保险经营的环节包括投保、承保、防灾、理赔等步骤。投保即购买保险。保险人加强对投保环节的经营管理，旨在使投保人在投保时能够真正享受到合理选择保险的权利，此外，投保人也充分享受自由选择投保的权利。承保是保险经营中的一个重要环节，承保质量的好坏，反映了保险企业经营管理水平的高低。承保工作的内容包括审查投保申请、控制保险责任等。防灾是保险经营中不可忽视的环节，保险防灾与社会防灾相互补充，又相互区别。保险防灾的对象是特定的，它是依据保险合同关于权利和义务对等关系来开展防灾工作的。理赔是保险补偿职能的具体体现。保险理赔的程序包括接受损失通知书、审核保险责任、进行损失调查、赔偿给付保险金、损余处理及代位追偿等步骤。

☑ 重要概念

逆选择	风险分散	投保	承保	承保能力
法律风险因素	续保	保险防灾	理赔	损余处理

☼ 思考题

1. 如何理解保险经营资产具有负债性？
2. 为什么保险人在经营中要遵循风险大量的原则？
3. 风险分散的方法有哪些？
4. 投保人在投保时应如何选择保险公司？
5. 保险人应从哪些方面控制保险责任？
6. 试比较保险防灾与社会防灾的区别。
7. 开展保险理赔应该遵循哪些原则？
8. 请简述保险理赔的程序。

🗒 即测即评

请扫描右侧二维码，进行即测即评。

第十一章
保险单设计

保险单设计是保险商品的制作生产过程，是决定保险公司的保险商品供给能力和市场竞争力的关键要素之一。应时应地应事开发出满足市场需求的保险商品，不仅能够为保险公司带来丰厚的保险费收入，而且能够增强保险对市场经济的渗透力和补偿能力，更充分地发挥保险对社会经济生活的助推器和稳定器之作用。本章以保险单设计制作的特殊性，阐述保险单设计所应遵循的设计原则及其规程，并辅以产寿险保险单设计实务概略。

第一节　保险单设计概述

一、保险单设计引论

保险单设计是指保险单的制作过程，由保险人完成。各种保险商品有着各不相同的保险单。保险单是保险商品的体化物，与超级市场的商品一样，顾客（投保人）只能选择自己所需要的保险商品，这就是保险合同被称格式合同，或曰附和合同之由来。

保险单是无形的保险商品形态。保险人用相当严谨的，甚至可以说是用"死"的文字（如果有的话）作成条款，以事先约定的方式，明确规定保险合同双方当事人的权利和义务，投保人或被保险人基本上只能附和之，故而有"同意则来，不同意则走"之说。

但不能就此给保险合同扣上"霸王合同"的帽子。这是因为，保险单的设计者就像高级厨师，将保险的不同风险要素加以拼盘而成就一盘盘满足顾客（投保人）胃口的成品。由于各种风险的发生机率和损害程度不同，都需要由经验数字加以精算或测算，最后得出不同保险商品的不同市场价格（净费率＋附加费率），因此，保险单的条款一般是不能更改的。

保险单的设计是保险公司保险商品开发、创新和更新的不断继起的过程，这是因为保险市场必须尽可能满足社会物质生活和物质生产不断发展创新对保险商品多样性的需求。

二、保险单设计的原则

（一）最大诚信原则

最大诚信原则是保险的基本原则之一。该原则是基于保险市场所特有的信息不对称现象产生的。我国《民法典》第 7 条规定："民事主体从事民事活动，应当遵循诚信原则，秉持诚实，恪守承诺。"

保险合同条款基本上均为保险人预先做成的格式条款，保险人拥有在合同条款文意表达上的信息优势，而投保人则处于劣势。因此，该原则要求保险人在保险单条款设计时要做到"文必达意，意必达人"：一方面要真实地表述事项条款的交易内容和交易目的；另一方面也要令投保人或被保险人能够真实明白事项条款是否能够满足自己所要求的交易内容和交易目的，尤其是免赔条款。

"文必达意，意必达人"要求保险单的文字语言要直白、简练、规范、准确、通俗易懂，尤其是零售保险商品的保险单，诸如寿险保单，更是应该做到保单文意表达的大众化。

最大诚信原则还要求保险人在保险理赔案件中，不断总结反省既有保单中存在的文字表述方面的缺陷和不足，并及时加以改进；保险单必须采用或不得不采用较为晦涩的保险专业术语时，保单设计者理应在保单上尽说明义务。

总之，保险单条款设计及其文意表达是保险公司最大诚信原则的集中体现，也是保险商品的质量保证，舍此无以取信。

（二）适法合规原则

适法合规原则是指保险险种的开发和保险单的设计都必须严格遵守业务所在地所适用的法律、行政法规，尊重社会公德，不得扰乱社会经济秩序，损害社会公共利益。我国《民法典》第 8 条规定："民事主体从事民事活动，不得违反法律，不得违背公序良俗。"

我国《民法典》《保险法》和《海商法》等法律法规中都有关于保险合同的订立和履行的明确规范。《保险公司合规管理办法》更是对保险公司的经营提出了严格而又具体的合规要求，在保险单设计工作中，要求保单内容符合业务所在地的相关监管政策、行业自律组织的相关规则，以及所在公司的内部管理制度的规定。

此外，保险单的设计还要维护社会公德和公序良俗，杜绝有可能诱发逆选择和道德风险的因素。这是因为，保险的本质是在与平均分担损失补偿的单位或个人之间形成的一种分配关系，如果保险单的条款会引发逆选择和道德风险，不但背离了社会道德，也背离了保险的本质。

（三）公平合理原则

保险合同基本都是附和合同，在设计过程中尤其要注重公平合理原则。我国《民法典》第 6 条规定："民事主体从事民事活动，应当遵循公平原则，合理确定各方的权利和义务。"我国《保险法》第 11 条规定："订立保险合同，应当协商一致，遵循公平原则确定各方的权利和义务。"

　　由于保险人在保险合同的履约博弈过程中，在客观上享有相对的"强势"地位而获得了比被保险人更多的抗辩机会，所以为了保障投保人或被保险人的合法权益，限制保险人利用违反告知或保证条款而规避应当承担的保险责任，在保险单的条款设计中应明示含有保险人弃权或禁止反言的相关内容，以约束保险人及其代理人的恶意抗辩行为，从而平衡保险人与投保人或被保险人之间的权利和义务关系。

　　公平合理原则还要求保险产品的定价必须"物有所值"，即要求保险公司产品的定价应合理。因为，缴纳保险费是投保人或被保险人对他们所购买的保险保障权利的代价（义务），收取保险费是保险人提供保险赔偿责任（义务）的权利，所以，定价合理说明了保险双方当事人的权利和义务是均衡的。

三、保险单设计的基本程序

（一）保险单设计基本步骤

1. 新产品设计的市场调研

　　市场调研实际上是保险公司的常规作业，是保险公司进行产品的开发与创新、既有产品的调整与完善、产品互补交叉与替代交叉，乃至了解既有产品市场竞争状态等的基础性工作。专事该项作业的部门包括保险公司内部所设置的市场调研开发部、战略发展研究中心等机构。

　　保险公司根据常年市场调研所提供的数据，加以分析研判后，锚定新产品形态，而后投入该待开发产品需求端的专项市场调研。

2. 新产品设计可行性评估

　　新产品设计的可行性评估包括需求评估、供给能力评估、技术评估、定位取向评估和适法合规评估等。

　　（1）需求评估。需求评估是判断所设计的新产品是否具备向市场推出的价值。影响判断的要素于财产险与人身险是不同的。

　　财产险产品具有硬需求倾向，新产品需求评估主要包括：一是市场认可程度，是否能达到预想的创新目标；二是定价或开价是否合理，因为财产险产品具有较为敏感的价格弹性。

　　人身险产品具有软需求倾向，新产品需求评估主要包括：一是定位是否得当，根据马斯洛的需求层次理论，人身险产品的需求开发是有层次的；二是竞争力评估，这是因为人身险产品竞争的领域是储蓄市场、基金市场和信托市场。

　　当然，无论是财产险产品还是人身险产品的开发，都要预判该新产品的市场开拓至成熟期间、可持续性和生命周期等因素对可行性的影响程度。

　　（2）供给能力评估。供给能力评估是指保险公司对新产品是否具备承保能力（财务能力）的判断。保险商品的供给似乎仅仅是印刷出来的保险单，保险人的赔付似乎也仅仅是用集中起来的保险费来履行其赔偿义务。其实不然，每当保险公司开发出一种产品，它都得为该产品准备一套资本金，因为保险事故的发生具有不确定性。比如，一辆小轿车价值 10 万元，保险费 1 000 元，当刚承保第一辆时，就发生了全损，保险公司就净赔了 99 000 元，当然，这是极端的例子。另一极端的例子，是巨额的商业卫星保险。

承保能力的财务基础是保险公司的偿付能力，如果一家保险公司的最低偿付能力不足以支撑新产品开发的可能性亏损，或其偿付能力未能达标，那么，该公司也就基本上丧失了向市场推出新产品的可能性。

（3）技术评估。技术评估可分为两类：对风险识别的技术能力的评估、对营销新技术的价值评估。

① 对风险识别的技术能力的评估指对保险标的风险的认识和把握程度的判断。财产保险标的不仅具有所处地域的、时间的和空间的外来风险，还有其本身的物理性、化学性和机械性的内在风险，尤其是科技发展带来的新风险，保险公司是否具备识别和把握这些风险的技术，决定了保险公司是否对新产品的推出具备承保的技术能力。当然，保险公司不可能具备万全的核保技术能力储备，但它可以聘请第三方专家评估。

寿险公司业务除了传统的保障型寿险外，大量的产品均以吸收现金流为主要考量，因此，对宏观金融风险与微观投资风险的识别和处理的技术水平，对过往公司投资效率的评估等，都直接影响着新产品开发的可行性判断。

② 对营销新技术的价值评估指专门对数字保险开发的新产品是否具有市场价值的判断。数字保险产品开发技术的评估要素包括：大数据提供的风险之可保性、该风险责任在线上的可控性、比较机会成本的可行性、需求受众的可及性。如果这些要素的综合评估在预期的目标区间内，即为可开发产品。

（4）定位取向评估。保险公司对新产品的开发均有其战略战术理念思考的定位：

一是该产品的公司战略定位。如果该产品是公司投资战略性产品，即使在短期内是亏损的，甚至预判该产品难有扭亏为盈的可能，但该产品推出市场后能够给公司带来预期保费（现金流）的可观增长，以支持公司战略投资的需求，公司从战略投资中所获取的收益不仅能够抵补该产品的承保亏损，还有相当的盈利，那么，这种产品即为可开发的产品。这就是保险与金融相互渗透、互动发展之所在，也实现了保险基金（保险公司的或有负债）通过保险价格对被保险人的反馈。

二是该产品的成本利润定位。在成熟或比较成熟的保险市场条件下，战略性险种和大险种的开发空间相对较小，小型综合险险种和单一险险种开发的空间则相对较大。后两个险种一般都要求至少能够达到保本点，否则不易推出。比如涉农保险，往往陷入不是保险公司赔不起，就是农民保不起的困境；因此，就有了"商办公助"的政策性农业保险开发。

三是该产品的长效价值定位。设计和推出此类产品，不是考虑公司的中短期收益，而是追求长期价值，即希望该类产品能够成长为公司的长期主打产品之一。但是，在没有保险创新产品专利保护条件下，往往是当该产品获得市场价值后，其他公司则群起仿之，前期的投入很有可能打水漂。这大概是目前保险市场创新产品少的原因。

（5）适法合规评估。适法合规评估不仅仅要审视保险单明示条款的适法合规性，还要评估该保险单是否存在引致被保险人道德风险发生的可能性，尤其是那些人命关天的险种，比如人身意外伤害险的谋财害命骗保案屡见不鲜。

例如，2021年8月发生的杀妻骗保案，在嫌疑人家中搜出一箱以其妻为被保险人的意外伤害险保单，保险金额加总达2 000万元。该案再一次提示，在关乎生命的险种保单中，不仅必须要求被保险人或以未成年人为被保险人的投保人当场亲自签名，还必须有要求投保人履行如实告知义务的条款，内容包括：被保险人之前是否向其他公司投保过同类险种，如有投保需告知保险期间、累计保额，凡有隐瞒的本保单无效，等等。同时，投保人还必须当场签名以保证该条款的法律效力。该条款理应成为涉及死亡给付险种的合规性条款，相应地，保险公司如果未尽谨慎核保义务的，比如保险期间加总的保险金额明显超出被保险人合理需求而承保的，如发生骗保案件，保险公司应对被害人亲属负相应的连带赔偿责任。

3. 新产品保险单制作设计

保险单从制作设计到向市场推出是一个系统工程，必须由专门的团队共同完成。团队一般由新产品开发部门牵头，相关业务部门（如精算、财务、市场、核保、承保、理赔、法规、再保险和信息技术等部门）的人员共同组成。可见，一个新产品的开发可以说调动了保险公司内部所有各部门的精英方能完成。一般步骤如下：

（1）由开发部门提交新产品开发可行性报告书、新产品保险单条款预案及其说明书、新产品设计制作过程的未尽事宜及其解决方案等。

（2）召集团队研讨会。市场部提出该新产品的目标市场定位、开发前景预测、展业渠道分析和营销费用估计等；核保部和承保部提出保险责任条款和除外责任条款的内容和范围的合理性及改进意见；理赔部审视保险单条款制作的文意表述是否准确明了，对比较生涩的保险专属概念是否必须加以说明告知，以避免产生纠纷；再保险部主要对大额或特大额保险标的提出分保安排预案。

（3）开发部整合上述意见并加以改进完善，基本定型后提交法规部。

（4）法规部门负责依法审核新保险单条款内容的合法合规性，并从法律视角对条款用词及其文意内容进行规范，如有未尽其详的内容，则提出质疑或修改意见。

（5）新产品定型后，由精算部门厘定净费率，财务部门厘定附加费率，形成保险商品的市场价格（净费率＋附加费率）。

（6）定型产品交由公司领导层审批。

当然，合格的保险单必须包括我国《保险法》第18条所规定的保险合同内容的所有事项。

（二）保险单成品定案报批

1. 保险单审批备案范围

保险监管机构依法对保险公司的新产品施行审批制或备案制两种分类管理办法。

采取审批制的新产品：关系到国计民生的产品、依法施行强制的产品，以及监管机构认定的寿险产品等。

采取备案制的新产品分为两类：一是向保险监管部门备案类产品，如农业保险类产品、政策性涉农保险产品和其他另有规定的险种产品；二是公司内部备案类产品，此类产品实行的是自主注册制，无需向保险监管机构报送，一般限于财产险类产品。

2. 保险单审批备案材料

保险公司按照规定向保险监管机构提交审批或者备案材料，并对申请材料实质内容的真实性和完整性负责。

审批材料包括审批申请文件、审批报送材料清单表、保险条款和保险费率文本、现金价值表（如有现金价值的产品）、可行性报告、产品说明书、总精算师签署的保险费率精算报告、法律审查声明书、精算审查声明书以及监管机构规定的其他材料。

备案材料包括备案申请文件、保险条款和保险费率文本、可行性报告（或保险行业自律组织示范条款）、总精算师签署的保险费率精算报告、法律审查声明书、精算审查声明书以及监管机构规定的其他材料。附加险无需提供可行性报告及精算报告。

3. 保险单审批备案程序

保险公司申报产品审批或备案的，由其总公司向保险监管机构提出。

对于审批类产品，总公司必须在产品销售前向保险监管机构提交审批材料，获准后才能上市。

对于备案类产品，总公司应当在不迟于产品销售后 7 日内将备案材料报送保险监管机构。监管机构在收到备案材料后，根据不同情况作出相应处理。公司备案类的不在此列。

四、保险单设计的常用方法

（一）组合法

组合法是通过险种要素的重新组合而设计保险单的方法。正如上面所指出的，构成保险单的主要参数有保险标的、保险责任、保险金额、保险费率、保险期限、保险费的交纳方式、保险金的给付方式等。组合法就是在充分考虑市场供求状况的情况下，将这些因素进行不同的排列组合，创造出不同的保险单或保险商品，以满足各种不同的需要。用公式可以表示如下：

保险标的的变化可表示为 X_{11}, X_{12}, X_{13}, $\cdots$, X_{1n}, 构成保险单设计中子系统 X_1；

保险责任的变化可表示为 X_{21}, X_{22}, X_{23}, $\cdots$, X_{2n}, 构成保险单设计中子系统 X_2；

保险金额的变化可表示为 X_{31}, X_{32}, X_{33}, $\cdots$, X_{3n}, 构成保险单设计中子系统 X_3；

保险费率的变化可表示为 X_{41}, X_{42}, X_{43}, $\cdots$, X_{4n}, 构成保险单设计中子系统 X_4；

保险期限的变化可表示为 X_{51}, X_{52}, X_{53}, $\cdots$, X_{5n}, 构成保险单设计中子系统 X_5；

保险交费方式的变化可表示为 X_{61}, X_{62}, X_{63}, $\cdots$, X_{6n}, 构成保险单设计中子系统 X_6；

保险金给付方式的变化可表示为 X_{71}, X_{72}, X_{73}, $\cdots$, X_{7n}, 构成保险单设计中子系统 X_7；

将上面的若干参数汇成要素整体 Y，可以得到下列矩阵表组合：

$$Y = \begin{pmatrix} X_{11} & X_{12} & X_{13} & \cdots & X_{1n} \\ X_{21} & X_{22} & X_{23} & \cdots & X_{2n} \\ X_{31} & X_{32} & X_{33} & \cdots & X_{3n} \\ X_{41} & X_{42} & X_{43} & \cdots & X_{4n} \\ X_{51} & X_{52} & X_{53} & \cdots & X_{5n} \\ X_{61} & X_{62} & X_{63} & \cdots & X_{6n} \\ X_{71} & X_{72} & X_{73} & \cdots & X_{7n} \end{pmatrix}$$

在保险单设计过程中，可以通过改变任何一个或几个参数构成新的保险单，从而创造出品种繁多的保险险种。

（二）反求工程法

这种方法是在对保险市场上已有险种进行分析的基础上，根据本地区的情况，取各险种的长处，并在此基础上设计新的保险单。常见的做法是，收集保险市场上已有的保险单；然后对其在保险市场的表现、消费者的反应进行总结和分析；最后将不同保险单的长处进行组合，形成新的保险单。如具有储蓄性质的家庭财产保险单就是寿险的储蓄性质和财产险的保障性质结合的产物。

第二节 财产保险保单制作设计概略

我国《保险法》第 18 条明确规定了保险单必须包括的十项内容，本节仅择其要者述之，以提供保险单制作环节的基本要领和思路。

一、财产保险责任范围选择

保险责任范围的选择是保险单制作的核心内容，是确定保险人在该保险单中所承担的风险范围，是保险单条款制作的依据。

（一）单一险责任

单一险责任是指保险人仅对保险单指明的某一危险事故所致损失承担赔偿责任。在财产保险中如农作物收获险、保证保险、责任保险等。大多数附加险都是单一险责任，如机动车辆损失险可附加玻璃单独破碎险、新增设备险等。

单一险责任的特点包括：① 保险人责任明确，除了保险单规定的保险责任，其他的危险损害均属除外责任；② 投保人选择性强，因为有许多单一险可作为其他财产保险的附加险，故投保人可自主选择是否加保。

（二）基本险责任

基本险责任是指保险人仅对保险单中列明的多项危险事故所致损失承担赔偿责任。

基本险责任的特点包括：① 列入大量标的财产（如建筑物）同时共同面临的多项危险（基本危险），如自然灾害、火灾等；② 危险项目清晰，简便易行，可避免投保方漏保；③ 是可独立承保的险种，如海洋货物运输保险中的平安险、水渍险和一切险等；④ 是易于开发同国际保险市场对接的险种。

（三）综合险责任

综合险责任一般指在基本险责任基础上列明的扩展承保责任。例如，我国的企业财产综合险，就是对企业财产基本险的扩展产品。

综合险责任的特点包括：① 是可单独承保的险种；② 可根据不同地域不同标的加以设计；③ 进一步扩张了市场避险的需求。

（四）一切险责任

一切险责任是指在保险单中仅列明不保的危险（除外责任），此外均为保险人承保的危险损失赔偿责任。如海洋货物运输一切险，除了承保平安险、水渍险全部责任外，还承保货物在运输过程中，因一般外来风险所造成保险货物的损失。

一切险责任的特点包括：① 是可单独承保的险种；② 提供了"应保尽保""想保都保"的可能；③ 列明的除外责任成为保险单设计的关键条款。

二、财产保险期限界定方式选择

保险期限或保险期间的界定是保险单制作的另一项重要内容，它规定了保险合同双方当事人履行权利和义务的起讫时间，保险人只对保险期限内或保险期间内发生的保险事故承担赔偿或给付责任。在财产保险单中，保险期限或保险期间的设计通常有两种方式。

（一）按自然时间界定

根据保险标的保障的自然时间所确定的保险期限，如1年、半年等（多数合同时间为1年），均以日期为计算标准。保险单上不仅要载明起讫日期，还要标明起讫时点，如某年某月某日0点开始至某年某月某日24点终止。涉外财产保险更要明确计时标准，如北京时间、纽约时间、伦敦时间等。

财产保险的保险期限通常为1年，但有些险种如家庭财产保险也可以直接投保多年。凡是按自然时间界定的，在保险合同上均要明确列出起讫时间。

（二）按行为期间界定

此种方式主要依据保险标的的运动期间来界定保险人的责任起讫，其保险责任的开始与终止一般没有确定的时间标准。如在海洋货物运输保险中，保险期间是按运输航程计算的，即从货物起运开始至运达目的地为止（如仓至仓条款）；在工程保险中，保险期间是按工程期计算的，即从工程开始至竣工验收完毕为止。

上述无论哪种方式，在财产保险单的设计中都必须清晰界定，以明确标定保险合同双方当事人的权利和义务。

三、财产保险赔偿方式选择

根据承保标的的特点，财产保险在赔偿方式上的设计主要有以下三种。

（一）比例责任赔偿方式

比例责任赔偿方式，指出险时保险财产的实际价值大于保险金额的，保险人按保险金额所占财产实际价值的比例履行赔偿责任的方式。此赔偿方式适用于财产保险类中的不定值保险。

采用不定值保险的，在出险核赔时必须重新核定投保财产的实际价值，实际价值大于保险金额的，即为不足额保险，此时适用比例赔偿方式。比例赔偿方式贯彻了被保险人不能从保险赔偿中获得额外利益的补偿性原则，可有效遏制被保险人的道德风险。

（二）第一危险责任赔偿方式

第一危险责任赔偿方式，指在保险金额内的损失均由保险人负责赔偿的方式。此赔偿方式似乎不利于保险人，其实不然。采用该赔偿方式的保险金额往往小于保险标的的实际价值，所以，保险人与被保险人之间形成了共保关系，有利于保险标的的防险防损，减少保险事故的发生。我国的家庭财产保险采取的就是这种赔偿方式（赔偿计算办法见第四章第四节）。

（三）限额赔偿方式

限额赔偿方式通常分为以下两种。

1. 超免赔额赔偿

超免赔额赔偿方式即事先规定一个免赔额，在免赔额以内发生的损失保险人不负赔偿责任，超过此限额，保险人才负责赔偿。例如，在货物运输保险保单设计中，针对某些易损的运输商品，保险人往往规定赔偿责任的一定比率或额度作为免赔率或免赔额，相当于保险人赔偿责任的起赔点。

2. 超限额不赔偿

超限额不赔偿即超过约定的限额，不管被保险人遭受多大损失，保险人不负责赔偿。例如，在农作物收入保险保单设计中，通常会采用该方式，保险赔偿的限额是农作物收获量与限额标准相差的歉收价值。这种赔偿方式只能赔偿被保险人产量不足的损失。如果产量达到或超过限额标准，即使遭受了损失，保险人也不再承担赔偿责任，相当于保险人的"止赔点"。

当然，以上所列示的只是常见的三种赔偿方式，其他方式从略。

四、财产保险费率厘定法选择

财产保险的费率厘定法选择，详见本书第十二章第二节的"非寿险精算"。

第三节　寿险保单制作设计概略

寿险公司发展至今，已经成为金融市场的一支骨干力量，它一端在保险市场，另一端则紧紧地连接着金融市场。其大量产品不是在储蓄市场与银行存款产品竞争，如两全保险、年金保险等储蓄型产品；就是在基金市场与基金产品竞争，如投连险、万能险等投资型产品。

一、明确寿险产品的特征

尽管保险市场上令人眼花缭乱的寿险品种近千种，但万变不离其宗，具有以下几方面特征。

（一）保险给付责任明确

人的一生是一个生老病死的自然过程，寿险无不是以这自然过程所产生的现金需求为条件设计险种的。当然，这里所强调的"自然过程"排除了因外来因素所致的伤残死亡，它属于意外伤害险的范围；也排除了因疾病所产生的医疗费用需要，它属于健康保险的范围。

寿险主要有以下基础险种：一是以生存为条件的给付产品，如定期生存保险和养老金保险等；二是以死亡为给付的产品，如定期死亡保险和终身寿险等；三是定期生与死都给付的产品，如生死两全保险（保险＋储蓄）等。可见，寿险的保险给付责任既简单又明了，且都属于保障型的保险商品。

凡是寿险产品，如投连险、万能险等投资型保险都是以上述三种险种为基础衍生而来的，寿险产品要回归"保障性"、保险姓"保"等说法，就是要求保险产品的万变都要坚守其保障型之"宗"。

（二）产品定价技术划一

寿险产品的定价技术即精算技术，是一门专业技术。所有的寿险产品都必须有精算依据，否则不能上市。寿险精算有以下构成要素：保险金额、预定利息率、生命表和保险期限。由于这四要素都是确定性的，故而精算所得出的保险费（净保费）是精确的。但净保费执行后有可能出现生命表的死亡率与被保险人实际死亡率的偏差，预定利息率与市场利息率的偏差，即所谓的死差损益和利差损益。因寿险市场价格由净费率＋附加费率构成，故又存在费差损益。这些损益差即为寿险的"三差"。

寿险产品的保险金额实为保险人给付的该险种的期终本利和，是寿险产品精算的发动要素。

由于寿险保险标的可保利益或保险利益是无价的，不可能以货币衡量，故寿险产品的保险金额由保险人根据市场需求目标和层次确定。因此，寿险产品是一种纯精算型产品。

（三）条款设计"重死轻生"

"重死轻生"特指在设计寿险保险单条款时，相较于生存类险种，要特别注重那些涉及人的生命的险种设计。

保险经营过程中，道德风险与逆选择时有发生，在保险条款设计中也经常被提及。一般认为，道德风险是不可控风险，逆选择是可控风险。以生存为给付条件的险种几乎不存在这两类风险，如果保险金额足够大，被保险人甚至可能得到保险金利益相关人的精心照料；同时，也只有身体表现健康的人才会选择生存保险，此为正选择，寿险公司经营的结果可能表现为死差益。

相反，以死亡为给付条件的险种，则存在诱发道德危险和逆选择的现实可能性。比如当保险金额足够大时，很可能会诱使保险金利益相关人萌生歹心致被保险人尽快死亡，甚至被保险人在投保当时就有在两年后自杀的心理准备；实践中经常发现投保人或被保险人因被保险人可能患有或已经患有不治之症而向保险公司投保死亡类险种的情况，此为逆选择，寿险公司经营的结果必然会出现死差损。

因此，在设计死亡给付类寿险产品时，在保险条款设计中应对如何遏制道德风险、如何防范逆选择等予以特别关注，以在核保时守关把口。

二、规避寿险产品的金融化风险

寿险新产品开发避不开对现金流的追求，与此相对应，寿险公司的经营受宏观经济影响很大，因此，在设计寿险产品时就必须考虑如何规避诸如利率风险、投资风险、通货膨胀风险等系统性风险因素。

（一）现金流风险与保单设计

寿险公司的现金流风险，指寿险公司因受宏观经济变动的影响而出现现金大量流出的风险。出现的原因有：

货币政策趋紧，市场利率明显上扬，如果此时的市场无风险利率或银行同期贷款利率显著高于保单抵押贷款利率（或约定的贷款利率），被保险人就会利用保单现金价值向寿险公司做保单抵押套现以获取利差；

被保险人预期通货膨胀将加速，保险金实际价值将大大缩水，退保的机会成本有可能小于续保成本，被保险人就会选择退保；

投资类保险产品的投资收益率不及市场其他类投资品收益，被保险人也会选择解约或退保。

有一句话："银行天不怕地不怕，就怕存款人挤兑。"同样，寿险公司也怕被保险人大量退保，故寿险保单的设计不仅要研究应如何在竞争激烈的金融市场上被消费者接受，还要研究如何固化被保险人的续保需求，常见的应对办法见下述"寿险产品的互利共赢设计"。

（二）投资风险与保单设计

融通资金功能是保险公司的一大基本功能，但寿险公司的融通资金业务（即保险资金的投资业务）的重要性是非财险公司可比的。这是因为，财险公司的投资收益即为公司所得，而寿险公司投资收益必须抵扣寿险产品的精算预定利息（年复利计算）后才形成公司所得。寿险公司的所得可简单表述为投资收益减预定利息，这一点与银行的所得来自存贷利差相像。

但是，寿险公司资产业务的风险不是商业银行资产业务风险可比的。这是因为，寿险公司的资产业务涵盖了低收益的银行存款、收益较高的资本市场投资品、长期收益较高的房地产和前景乐观的大型实体项目等，所以，寿险公司的投资既有宏观的系统性风险，又有微观的非系统性风险。而商业银行则只有贷款坏账的微观非系统性风险，并且易于把控。

所以，在寿险新产品设计的精算过程中对于"三差"的把控应适当偏于谨慎，避免激进，这样有利于避免公司投资的风险倾向。

三、寿险产品的互利共赢设计

寿险产品的互利共赢设计，是指将"三差益"或保险资金投资的收益通过寿险产品的灵活设计办法与被保险人共享。

保险公司所积蓄的保险基金实际上是保险公司对被保险人的或有负债，形成保险公司资金运用的来源，故其投资的收益理应与被保险人共享。财险公司可通过价格适当下调来实现与被保险人的共享，但寿险公司不可能通过价格下调来实现，只能通过分红等各种办法来直接分配。

寿险产品的保险期间基本上都在中长期以上，甚至是终身的，投保人不能不考虑该产品保险期间的通货膨胀、退保损失、替代选择等问题，因此，寿险产品的互利共赢设计有利于该产品的推销，有利于满足该产品续保的需求。

（一）分红保险设计

分红保险，是指被保险人分享保险公司经营成果的一种寿险产品。既然是一种分红，那么分红金额就有不确定性。按我国保险监管机构的规定，分红保险可适用于终身寿险、两全保险和年金保险。分红比例、分配办法等详见本书第八章第二节相关论述。

（二）增额保险设计

增额保险，是指在保险合同期间规定在一定的时段内（比如3年或5年内）按保险金额增加一定比例额度的保险。一般分为红利型增额和通货膨胀型增额两种。不管哪一种，增额比例一旦确定，就不能更改。最常见的是通货膨胀型增额保单。由于通货膨胀已成当今世界经济的常态，通货膨胀型保单给了投保人看得见的保值利益，其市场竞争力显然较高，尤其对于长期寿险品种可在很大程度上抵消投保人对长期通胀的疑虑。

（三）现金价值设计

寿险产品的现金价值，亦称退保金，仅存在于储蓄性寿险品种，为被保险人所有。现金价值在长期寿险中尤受关注，投保人往往将其与同期的定期存款本利和加以比较，以决定投保与否。其计算公式为：

$$现金价值 = 保单准备金 - （摊销费用 + 解约费用）$$

由于各家保险公司的业务费用差异及其摊销做法的不同，各家保险公司的现金价值表现不尽相同，甚至差异很大。摊销做法有快速摊销法、平滑递减摊销法、均衡摊销法。快速摊销法固然可令保险公司尽快回收展业费用成本，并可遏制被保险人的退保意图，但初期较低的现金价值也遏制了投保需求，且对被保险人也是不公平的。因此，采用均衡摊销法是最公平合理的，平滑递减摊销法则次之。

四、寿险保单普适条款解说

寿险保单普适条款解说的目的，在于深入理解这些条款的法律渊源和法律意志取向，从而在寿险保单制作设计时，做到知其然的同时，知其所以然，用之理所当然。

（一）不可抗辩条款

不可抗辩条款，又称不可争或不可争议条款，指寿险保单订立或复效的一定年限后保险人即丧失对保险合同解除权的条款。

寿险保单在订立前，都要求投保人对被保险人的身体健康状况及其他足以影响保险人作出是否承保决定的有关情况必须履行如实告知义务，如果投保人故意隐匿或因明显过失而未予以告知，且足以改变或减少保险人对危险的估计，此种情况下，保险人就有权解除保险合同或不负赔偿责任。

但是寿险合同大多是长期合同，被保险人投保后不可能保证其身体状况在保险期间都能满足投保当时的条件，因此，我国《保险法》规定寿险合同在两年期满后获得不可抗辩的权力，即在两年内保险人有权因投保人或被保险人违反了如实告知义务而解除该合同，超过两年，保险人就失去了合同的解除权。

根据民事诉讼"谁主张谁举证"的要求，保险人对解除合同的主张负有举证义务。可见，不可抗辩条款在保证了被保险人合法权益的同时，也警示保险人必须谨慎核保。

（二）现金价值条款

现金价值是指在保险期间内保单上逐年积累的为被保险人所有的货币现金额度。各国保险法都规定有现金价值条款，即"不丧失现金价值条款"或"不没收现金价值条款"。

凡是带有储蓄性的险种都必有与之相对应的"现金价值表"。现金价值是投保人或被保险人所缴纳的保费减去当期（按年）费用成本后表现在保单上的结余，故为被保险人所有，并可为被保险人所主张，如可用于保单抵押贷款、抵交保险费、退保金、保单失效领取等，被保险人遭遇非该寿险合同责任范围内死亡的，其保险单的受益人或继承人可以领取保单上的现金价值。

（三）宽限期条款

宽限期，是指投保人或被保险人因各种原因而未能按约定的交费时间交纳当期保险费时，保险人给予的一定的缓交期限。

在宽限期内，保单效力不变，即在宽限期内发生保险事件的，保险人负完全的给付义务，但要扣除期内应交的保费和利息；宽限期满之前仍未履行交费义务的，保单效力自然中止，保险人不再负保险金给付义务。该条款只适用于分期交纳保险费的寿险保单。

宽限期条款的设定，充分考虑了投保人或被保险人因疏忽或不可预期事件等而未能按时交费的现实可能性，也使保险人有时间催交保险费，是一种人性化的设计。

（四）复效条款

复效，指已经中止或失效的保险合同在一定条件下恢复其效力。

投保人或被保险人因不能如期交付保险费而导致保险合同效力中止或失效后，投保人或被保险人可以申请恢复原保险合同，但是否恢复该保险合同效力的主动权在保险人一方。为了防止逆选择，保险人都规定被保险人必须满足一定条件才能复效，未能满足规定条件的不能复效。

（五）年龄误报条款

年龄误报，指投保当时被保险人的告诉年龄与其真实年龄的背离。这种现象时有发生，尤其投保人与被保险人为两个人时，年龄误告现象发生的概率较高。

被保险人的年龄是决定保险费档次与可保与否的条件，实际上在订立寿险合同时要逐个验明被保险人的实际年龄是比较困难的（尽管有身份证等证件），因此，往往是在保险事件发生后或者在年金保险开始给付时，保险人才逐个核实被保险人的年龄。

我国《保险法》第 32 条规定："投保人申报的被保险人年龄不真实，并且其真实年龄不符合合同约定的年龄限制的，保险人可以解除合同，并按照合同约定退还保险单的现金价值。"但是，同时又规定了保险人行使合同解除权的限制性条件，即《保险法》第 16 条第 3 款规定的成立超过 2 年的合同不得解除，第 6 款规定的保险人明知而为之的不得解除。

寿险合同年龄的误报，必然造成投保人或被保险人多交或少交保险费的后果，处理办法是按《保险法》规定的多退少补。如果在给付保险金时发现投保人或被保险人因年龄误报而少交保险费的，则在给付保险金时按实付保险费与应付保险费的比例给付。

（六）自杀条款

自杀条款，指规定在寿险合同生效或复效的一定年限后被保险人自杀的，保险人应负保险金给付责任的条款。我国《保险法》规定该年限为 2 年。

该条款乍看起来，似乎有违道德规范，其实不然。因为人总是贪生怕死的，只要不是迫不得已为钱财而自杀的，总是有其原因。自杀基本上都是因身心疾病而偶发的，故自杀条款是以人道主义为出发点的；且自杀死亡也已经包含在社会或经验生命表中，故从精算原理看，也是合理的。

自杀条款的规定，从心理学角度分析，基本上可认定，一个人即使在投保当时下了以死来换取保险金的决心，但这个决心恐怕也难以坚持 2 年。换句话说，当一个人每天无时无刻不处于死期将近的累进恐惧中，其安能度过漫长的 2 年？可见，自杀条款给予保险人 2 年的规避责任期可以有效防止投保人逆选择。

当然，以死亡为给付条件的寿险合同在核保时还是应该调查被保险人的经济状况，坚持保险金额与被保险人的经济需求相适应，如是，基本上就可以达到遏制投保人对自杀条款的逆选择而引致的道德风险。

（七）保险单转让条款

寿险保单转让，指被保险人以保单上的现金价值为标的与第三方所作的以保险单为载体的转让交易。

寿险保单中逐年递增的现金价值是被保险人的个人现金资产，《保险法》规定被保险人对保单现金价值具有处分权。因此，具有现金价值的保单与其他有价证券一样，可以用作抵债转让、买卖转让等。

寿险保单的转让仅仅是现金价值的转让，不能变更被保险人，但是，寿险保单转让的后果会发生投保人与受益人的变更，从而产生新的民事权利与义务关系。因此，在具有现金价值的寿险保单中，一般都含有"保险单转让条款"：保单转让须书面告诉保险人，非经保险人同意背书的转让不具法律效力。

该条款的意义在于：一是避免在保险人不知情的情况下，将保险金支付给保单的原被保险人或原受收益人；二是以死亡为给付条件的保单，保险人有义务对变更的投保人和受益人进行风险评估，以防范可能潜在的道德风险。

本章小结

1. 保险单的设计是保险公司保险商品开发、创新和更新的不断继起的过程，应遵循最大诚信原则、适法合规原则和公平合理原则等。

2. 新产品保险单设计的基本程序是：锚定待开发的新产品、市场调研、可行性评估、新产品保险单制作、新产品成品报批等。

3. 可行性评估包括：需求评估、供给能力评估、技术评估、定位取向评估、适法合规评估等。

4. 新产品保险单制作是一个系统工程，需要调动保险公司内部各部门成员组成攻关团队，在新产品开发部门的主持下共同完成。

5. 保险监管机构对保险公司的新产品采取审批制和备案制两种管理办法，且各有不同要求。

6. 保险单设计常用的两种方法：组合法与反求工程法。

7. 财险保单制作设计概略包括：保险责任范围的选择、保险期限界定方式选择、赔偿方式选择和费率厘定法选择等。

8. 寿险保单制作设计概略包括：明确寿险产品的特征、规避寿险产品的金融化风险及做好寿险产品互利共赢设计等。

9. 从法律渊源和法律意志的角度，解释说明寿险保险单的普适性条款：不可抗辩条款、现金价值条款、宽限期条款、复效条款、年龄误报条款、自杀条款、保险单转让条款等。

重要概念

保险单设计	适法合规原则	公平合理原则	需求市场评估
供给能力评估	技术评估	定位取向评估	适法合规评估
金融化风险	增额保险	寿险普适条款	

思考题

1. 何谓保险单设计？应贯彻哪些基本原则？这些原则如何得以体现？
2. 简述保险单设计的基本程序。
3. 简述新产品设计的可行性评估。
4. 单一险责任、基本险责任、综合险责任和一切险责任各有何特点？
5. 简述财产保险保单制作设计的基本要领和思路。
6. 为什么说寿险产品万变不离其宗？
7. 设计死亡给付类寿险产品应当特别注重哪些问题？
8. 为应对寿险产品的金融化风险，保险公司能够做些什么？

即测即评

请扫描右侧二维码，进行即测即评。

第十二章
保险精算

保险精算技术一定程度上被认为是保险经营的核心技术之一。在保险经营中，产品定价、责任准备金计提、利源分析、偿付能力管理等诸多重要问题的解决，都离不开保险精算发挥的独特作用。本章以保险精算的发展历史为切入点，对保险精算的基本任务和基本原理进行了介绍，并详细阐述了非寿险精算与寿险精算的主要原理。

第一节　保险精算概述

一、保险精算的产生与发展

所谓精算，就是运用数学、统计学、金融学及人口学等学科的知识和原理，去解决工作中的实际问题，进而为决策提供科学依据。而保险精算是运用数学、统计学、金融学、保险学及人口学等学科的知识和原理，去解决商业保险和社会保障业务中需要精确计算的项目，如研究保险事故的出险规律、保险事故损失额的分布规律、保险人承担风险的平均损失及其分布规律、保险费和责任准备金等保险具体问题的计算。

寿险精算是从寿险经营的窘境中应运而生的。寿险的前身是欧洲中世纪的基尔特（Guild）制度。18世纪中期以前，英国早期的寿险组织、资格最老的要数于1706年在伦敦成立的协和保险社。1721年，经特许成立的皇家交易保险公司和伦敦保险公司开始经营寿险业务，此外，还有一些捐助团体以及联盟协会也经营寿险业务。当时，寿险的保费采用赋课制，未将年龄大小、死亡率高低等与保费挂钩，有关计算单一、粗糙，考虑的因素少，因而寿险经营缺乏严密的科学基础。

几百年来，保险业依靠承保人的判断力和技艺取得了成功。在过去极端缺乏统计资料的情况下，保险人对各种风险进行了估计并承保了这些风险。17世纪后半叶，两位保险精算创始人对人寿保险计算原理的研究取得了突破性进展，一位是荷兰的政治家维德，另一位是英国天文学家哈雷。前者倡导了一种终身年金现值的计算方法，为国家的年金公债发行提供了科学依据；后者在研究人的死亡率的基础上，发明了生命表，从而使年金价值的计算更为精确。18 世纪 40 年代至 50 年代，辛普森根据哈雷的生命表，制作出依照死亡率增加而递增的费率表，陶德森依据年龄之差等因素找出计算保险费的方法。

如上所述，保险精算首先产生于寿险经营，这是因为寿险精算与寿险经营密不可分，而且寿险精算还是寿险经营的内在要求。所以，寿险精算反过来极大地推动了寿险业的发展，并最终形成了一整套的寿险精算体系。

与寿险精算相比，非寿险精算相对落后。那么，为什么在非寿险精算相对落后的情况下，非寿险业也得到了较好的发展？重要原因之一是所定的保险费率较高，保费收入不仅超过收支相抵的适当水平，还可提供充足的准备金以应付各种意外损失，因而使保险业仍有利可图。

进入 20 世纪以来，情况发生了根本的变化。首先，出现了前所未有的巨大风险；其次，在日益完善的保险市场上，保险人之间的竞争愈演愈烈；最后，还存在着保险费率大幅下降、奉行客户至上主义，甚至政府对某些险种的费率实行管制等多种因素。所有这些都使现代条件下的承保变得极为困难。此外，若出现严重的通货膨胀，还将导致赔付额大大超出预付保费所能承受的范围。由于新技术的迅速发展，新的风险在所承保的总风险中所占的比例不断增大，而对于这些新风险却缺乏足够的经验作为厘定费率的基础。投保人则已适应了这些变化，只要他们发现某些方面有利于己，就期待变更自己的保险人。因此，当代的保险人不再可能收取显著高于适当水平的保费，并在业务中保持。

虽然保险精算向非寿险领域扩张并非什么理论上的开拓，但要在非寿险精算方面形成像寿险精算那样完备的体系，却不是一件容易的事。随着统计理论的出现及不断成熟，保险人在确定保险费率、应付意外损失的准备金、自留限额、未到期责任准备金和未决赔款准备金等方面，都力求采用更精确的方式取代以往的经验判断。

顾名思义，精算师是在保险公司专司精算职责的人。通常，精算师在保险公司的传统职能是计算保险费率和评估公司每年度的责任准备金。由于精算师的工作比较复杂和技术化，整日在自己的岗位上工作，部分保险公司的管理人员也不太清楚精算师所负责的工作范围。此外，国家保险监管部门对保险费率和保单条款的审核很严格，对责任准备金的计算也有一套严格的规定，新险种的审批更是要经过一段较长的时间。这些因素使精算师的职能受到了较大的限制。

随着国际保险市场的开放和保险精算的发展，有些国家已经开始授予一定的法定职能于精算师。发生这种转变的主要原因有：① 政府监管部门的职责主要是确保保险市场的整体稳定、定价合理、保险公司的财务稳定和能够为投保人提供保障。② 寿险品种和保险市场的发展日趋复杂，政府部门难以随时审核每家保险公司的经营情况。③ 部分国家和地区的精算师学会为其会员制定专业指引和守则，以确保其会员可以正确履行精算师的职能；同时，接受过专业训练的精算师，因为经常参与公司的业务，可以熟悉保险公司的整体运作。④ 为了增强保险公司的竞争能力，有关保险条例必须根据每家公司的不同情况灵活处理，同时必须顾及保险公司财政状况的稳定。

二、保险精算的基本任务

精算是从保险业的发展中不断完善的。由于保险公司的基本职责是分摊风险和补偿损失，所以一般要求保险公司有足够的分散风险能力。保险公司所制定的保险费由净保费和附加保费两部分组成。在净保费部分不能有利润因素，附加保费则主要反映保险公司的营业费用和政府认可的合理利润。所以，只要保险公司能按大数法则出售保单，保险公司在每张保单上收取的净保费等于该保单所要承担的预期损失，这就在理论上要求：净费率 = 损失率。由此可以发现，保险定价中确定净保费的关键是损失率的测算，而损失率测算的实质是对各种风险进行评估，如哪些风险是可以测算的、哪些是可保损失、损失的可控性如何，这些也是保险精算研究的原始问题。保险精算最初的定义是："通过对火灾、盗窃以及人的死亡等损失事故发生的概率进行估算以确定保险公司应该收取多少保费。"

在寿险精算中，利率和死亡率的测算是厘定寿险成本的两个基本问题。由于利率一般是由国家控制的，所以在相当长的时期内利率并不是保险精算所关注的主要问题，死亡率的测算即生命表的建立则成为寿险精算的核心工作（即使现在也仍然是精算研究的课题）。寿险精算目前不仅研究单个生命单一偶然因素相关的一系列问题，而且还涉及单个生命多个偶然因素的有关问题。当多个偶然因素涉及死亡、残疾、离退职及退休等时，又派生出一门与生命随机性相关的分支学科——社会保障精算。此外，寿险经营也发展到多个生命遭遇偶然因素的情形。

非寿险精算始终把损失发生的频率、损失发生的规模以及对损失的控制作为它的研究重心。现在，非寿险精算已经发展了两个重要分支：一是损失分布理论，研究在过去有限的统计资料的条件下未来损失的分布情况以及损失和赔款的相互关系等问题；二是风险理论，通过对损失频率和损失规模分布的分析，研究出险次数和每次损失金额大小的复合随机过程，以确定保险公司应具备多大的基金方可不"破产"，以及评估"破产"概率的大小等问题。

如上所述，保险精算的首要任务是保险费率的确定，但这并不是保险精算的全部。伴随着金融深化的利率市场化，保险基金的风险也变为精算研究的核心问题。在这方面要研究的问题包括投资收益的敏感性分析和投资组合分析、资产和负债的匹配等（基于风险理论的技术分析见第十七章）。

三、保险精算的基本原理

保险精算所需要的知识无疑十分繁杂，包括数学、统计学、金融学等，但其最基本的原理可简单归纳为收支相等原则和大数法则。

所谓收支相等原则，就是使保险期内净保费收入的现金价值与支出保险金的现金价值相等。由于寿险的长期性，在计算时要考虑利率因素。根据不同的需要，可分别采取三种不同的方式来计算：① 根据保险期间末期的保费收入的本利和（终值）与支付保险金的本利和（终值）保持平衡来计算；② 根据保险合同成立时的保费收入的现值与支付保险金的现值相等来计算；③ 根据在其他某一时点的保费收入与支付保险金的"本利和"或"现值"相等来计算。

　　所谓大数法则，是用来说明大量的随机现象由于偶然性相互抵消所呈现的必然数量规律的一系列定理的统称。现就其中主要内容加以说明。

　　（一）切比雪夫（Chebyshev）大数法则

　　设 X_1，X_2，$\cdots$，X_n 是由两两相互独立的随机变量所构成的序列，每一随机变量都有有限方差，并且它们有公共上界：

　　$D(X_1) \leqslant C$，$D(X_2) \leqslant C$，$\cdots$，$D(X_n) \leqslant C$，则对于任意的 $\varepsilon > 0$，都有：

$$\lim_{n \to \infty} P\left\{\left| \frac{1}{n}\sum_{k=1}^{n} X_k - \frac{1}{n}\sum_{k=1}^{n} E(X_k) \right| < \varepsilon \right\} = 1 \tag{12-1}$$

　　这一法则的结论可以说明，在承保标的数量足够大时，被保险人所交纳的净保险费与其所能获得赔款的期望值相等。这个结论反过来，则说明保险人应如何收取净保费。

　　（二）贝努利（Bernoulli）大数法则

　　假设某一事件以某一概率 p 发生。如果用 M_n 来表示此事件在 n 次实验中发生的次数，则 M_n/n 就是事件发生的频率。由计算可知：

$$E\left(\frac{M_n}{n}\right) = p, \quad \sigma = \sqrt{\frac{p(1-p)}{n}}$$

　　由此可见，当 n 趋于无穷大时，频率的数学期望不变（恒为 p），标准差 σ 则趋于零。在这里，标准差描述的是相对于不同的 n 值所得到的频率与实际概率的离散程度。由于标准差随着 n 增大而减小，说明当 n 足够大时，频率与实际概率很接近。更一般地，有下面的贝努利大数法则：

　　设 M_n 是 n 次贝努利实验中事件 A 发生的次数，而 p 是事件 A 在每次实验中出现的概率，则对于任意的 $\varepsilon > 0$，都有：

$$\lim_{n \to \infty} P\left\{\left| \frac{M_n}{n} - p \right| < \varepsilon \right\} = 1 \tag{12-2}$$

　　这一法则对于利用统计资料来估计损失概率是极其重要的。在非寿险精算中，往往假设某一类标的具有相同的损失概率，为了估计这个概率的值，便可以通过以往有关结果的经验，求出一个比率——这类标的发生损失的频率。而在观察次数很多或观察周期很长的情况下，这一比率将与实际损失概率很接近。换句话说，当某个所需的概率不能通过等可能分析、理论概率分布近似估计等方法加以确定时，则可通过观察过去大量实验的结果而予以估计，即用比率代替概率。反过来，经估计得到的比率，可由将来大量实验所得的实际经验而修正，以增加其真实性。

　　（三）泊松（Poisson）大数法则

　　假设某一事件在第一次实验中出现的概率为 p_1，在第二次实验中出现的概率为 p_2，$\cdots\cdots$，在第 n 次实验中出现的概率为 p_n。同样，用 M_n 来表示此事件在 n 次实验中发生的次数，则依据泊松大数法则，有：

对于任意的 $\varepsilon>0$，下式均成立：

$$\lim_{n\to\infty} P\left\{ \left| \frac{M_n}{n} - \frac{p_1+p_2+\cdots+p_n}{n} \right| < \varepsilon \right\} =1 \qquad (12\text{--}3)$$

泊松大数法则的含义是：当实验次数无限增加时，某一事件发生的平均概率与观察结果所得的比率将无限接近。

第二节　非寿险精算

非寿险精算包括保险费率的厘定、"大数"的测定、财务稳定性分析、责任准备金提存的计算、利润分析、风险评估、自留额与分保额的决策等内容。下面仅就其中最主要的内容加以简单说明。

一、保险费率的厘定

保险费率的厘定，关键在于净费率的确定。而净费率的确定通常有两种方法：一是依据统计资料计算保额损失率，进而确定净费率 r；二是在损失分布和赔款条件已知的情况下，用赔款金额的期望值 E 除以保险金额 I 而得到 r，即 $r=E/I$。

在此，我们对第一种方法加以简单说明。假定根据 5 年的统计资料，每年的保额损失率分别为 0.21、0.19、0.23、0.18 和 0.24，则可求出其平均数为 0.21。如果上述保额损失率是在大量损失经验的基础上得到的，则可把 0.21 作为预期损失率。有时，为了安全起见，可在预期损失率的基础上加上一个或两个标准差作为净费率。本例中，标准差为 0.023，则净费率可定为 0.233 或 0.256。

如果附加费率在保险费率中的比例为 k，则保险费率可由 $R=r/(1-k)$ 求得。

上述两种计算净费率的方法都涉及许多专门知识，在此不一一展开。但在非寿险精算实务中，厘定保险费率并不仅是计算理论上的费率，而是要确定一定条件下的实用费率。实务上确定保险费率的方法主要有观察法、分类法和增减法。

（一）观察法

观察法是指对个别标的的风险因素进行分析，观察其优劣，估计其损失概率，直接决定其费率。采用这种方法，往往是因为保险标的数量较少，无法获得足够的统计资料，因而主要凭借精算人员的知识与经验。

应该说明的是，观察法并非是一种不科学的方法，相反，观察法所制定的费率，最能反映个别风险的特性，具有灵活、精确的特点，这是因为：① 在风险单位数量很少的情况下，不能硬性地将风险性质差异很大的各风险单位加以集中，统一制定费率，否则，将违反利用大数法则估计损失概率的前提条件；② 观察法制定费率，虽是针对个别标的而言的，但精算人员往往根据过去的费率和经验，并对影响此标的的各种风险因素进行仔细的分析，然后才确定费率；③ 观察法通常也要利用一些资料，只不过较为粗略而已。我们还可以注意到，在精算实务中，其他确定费率的方法，也不可避免地带有观察、判断的意味。

（二）分类法

分类法是指将性质相同的风险，分别归类，而对同一分类的各风险单位，根据它们共同的损失概率，制定出相同的保险费率。这是最常用也是最重要的费率厘定方法，因为其他确定费率的方式都要直接或间接地利用这种方法。由于分类费率所反映的是每一集团的平均损失经验，因此，在决定分类时，应注意每类中所有各单位的风险性质是否相同，以及在适当的长期中，其损失经验是否一致，以保证费率的精确度。当然，为了使总体损失的发生具有相对稳定性，各分类中的风险单位的数量是很重要的。

分类费率确定后，经过一定时期，如与实际经验有所出入，则应进行调整，其调整公式为：

$$M = \frac{A-E}{E} \times C \qquad (12-4)$$

式中：M——调整因素，即保险费应调整的百分比；

　　　A——实际损失比率；

　　　E——预期损失比率；

　　　C——信赖因素。

对于许多具体业务来说，费率的调整比费率的计算更重要。采用公式 12-4 来决定费率调整的百分比，关键在于确定信赖因素 C 的大小。信赖因素的大小，表示经验期间所取得的数据的可信赖程度。客观地确定信赖因素的大小，也是非寿险精算的内容之一。

（三）增减法

增减法是指在同一费率类别中，对被保险人给以变动的费率。其变动或基于在保险期间的实际损失经验，或基于其预想的损失经验，或同时以两者为基础。增减法对分类费率可能有所增加，但也可能有所减少，主要在于调整个别费率。增减法在实施中又有表定法、经验法、追溯法、折扣法多种形式。

1. 表定法

采用表定法时，必须首先在各分类中对各项显著的风险因素设立客观标准。当被保险人购买保险时，就以这种客观标准来测度风险的大小。例如，建筑物火灾保险，可以砖造、具有一般消防设施的建筑物为基点，对影响建筑物火灾的四大因素——用途、位置、构造、防护设施——设立一定的调整幅度。

2. 经验法

采用经验法制定费率，是根据被保险人以往的损失经验，对按照分类费率制定的费率加以增减变动。经验法主要是一种调整费率的方法：过去有利的经验将使投保人减少保险费的支出；反之，过去不利的经验将使投保人增加保险费的支出。因而，经验法具有鼓励保户防灾防损的作用。采用经验法调整费率的公式为：

$$M = \frac{A-E}{E} \times C \times T \qquad (12\text{--}5)$$

式中：M——保险费率调整的百分比；

　　　A——经验时期被保险人的实际损失；

　　　E——被保险人适用某分类时的预期损失；

　　　C——信赖因素；

　　　T——趋势因素（考虑平均赔偿金额支出趋势及物价指数的变动）。

3. 追溯法

追溯法是与经验法相对的一种费率调整方式，它以保险期内被保险人的实际损失为基础，计算被保险人当期应交的保险费。由于被保险人当期的实际数额须到保险期满后才能知道，确切应交的保险费在保险期满后才能计算出来。因此，在使用这种方法时，先在保险期开始前以其他方式确定预交保险费，然后在保险期满后，根据实际损失，对已交保费进行增减变动，其计算公式如下：

$$RP = (BP + L \cdot LCF) \cdot TM \qquad (12\text{--}6)$$

式中：RP——计算所得的追溯保险费（retrospective premium）；

　　　BP——基本保险费（basic premium）；

　　　L——实际损失金额（loss）；

　　　LCF——损失换算因数（loss conversion factor）（其数值大于 1）；

　　　TM——租税乘数（tax multiplier）（其数值大于 1）。

4. 折扣法

顾名思义，折扣法是对个别被保险人采用折扣费率。

二、"大数" 的测定

大数法则应用于保险，最重要的结论之一是：当有足够多的标的物时，实际损失结果与预期损失结果的误差将很小。保险经营利用大数法则，就是要把不确定的数量关系向确定的数量关系转化，而确定性的大小，决定了上述误差的大小，即确定性越大，误差越小；确定性越小，误差越大。那么，标的数要达到多大才能满足确定性的需要？或者说，如何测定一定确定性要求下的"大数"呢？

有必要简单考察一下确定性的内在含义。假定有 100 个风险单位，每个单位发生损失的概率 p=0.3，如果实际损失服从二项分布，则可知期望损失次数为 30 次，且实际损失在 21~39 次幅度内的可能性为 95%。能够知道实际损失 21~39 次的可能性为 95% 是令人满意的，但这一范围与预期损失有 9 个单位的绝对误差，占总数的 9%，这一出入是相当大的，仍不易把握实际损失。这说明，单纯知道某一结果的发生概率，并不能达到不确定性向确定性的转变，还必须考虑实际损失变动与标的总数的比率，这个比率越小，确定性就越好。例如，如果实际损失变动与标的总数的比率为 2%，而实际损失在这一变动范围的可能性为 95%，则可以肯定地说，在平均每 100 个风险单位中，实际损失次数在 28~32 次的概率为 95%。这是一个相当确定的数量关系，有利于保险公司制定公正、合理的费率。前面的比率为 9%，显然是因为标的数不够大。

在一定的要求之下，"大数"由下面的公式来测定：

$$N=\frac{S^2p(1-p)}{E^2} \tag{12-7}$$

式中：N——在一定条件下应具有的风险单位数；

　　　E——实际损失变动次数（相对于预期损失次数而言的）与总数的比率，表示所需要的精确度；

　　　S——实际损失与预期损失相差的标准差的个数；

　　　p——某一特定标的（风险单位）发生损失的概率。

S 的值可以说明对所获得的结果的信赖程度。例如，$S=1$，由此公式所测定的损失次数，具有 68% 的信赖度；如果 $S=2$，具有约 95% 的信赖度；$S=3$，信赖度为 99.7%；等等。

在"大数"的估计中，有两个要素很重要，一个是 S，另一个是 E。在 E 一定的情况下，S 的值越大，要求的风险单位数（N）越大。在 S 一定的情况下，E 的值越小，要求的风险单位数（N）越大。如上所述，S 的值越大，说明对实际损失的范围把握越大；E 的值越小，说明实际损失变动的范围越小，也就是确定性越好。但 E 的值没有固定的标准，E 的值的大小，一般以保证实际损失变动在预期损失 10% 的范围内为选择标准。

通过对"大数"的估计可以发现，"大数"具有相对性，一个数是否足够大，关键在于它是否适合一定的精度要求。

第三节　寿险精算

寿险精算主要研究以生存和死亡为两大保险事故而引发的一系列计算问题。通常情况下，与生存有关的问题由生存年金来处理，与死亡有关的问题由寿险（主要指死亡保险）来解决。生存和死亡保险事故危及单生命（single-life）时，涉及的主要精算问题是：单生命下的净保费计算、准备金提存等。生存和死亡保险事故也危及多生命（multi-life），与此对应的精算主要讨论连生年金和连生保险的保险费、准备金的计算。

为讨论问题的方便，本节的计算一律做如下几个假定：① 被保险人的生死遵循预定生命表所示的生死规律；② 同一种类的保险合同，全部于该年龄初同时订立；③ 保险金于每年度末同时支付；④ 保险费按预定利率复利生息，并假定年利率为 i；⑤ 假定保险金额均为 1 元（有特别说明者例外），因而所求得的净保险费就是净保险费率；⑥ 总是假定生命表中某一年龄的人都向保险公司投保了某种保险，而不管实际情况是否这样，因为这并不影响结论的正确性。

一、生命表

生命表是寿险精算的科学基础，是寿险费率和责任准备金计算的依据，也是寿险成本核算的依据。

生命表是根据以往一定时期内各种年龄的死亡统计资料编制的，由每个年龄死亡率所组成的汇总表。生命表是过去经验的记录，并且通常用于预测那些将来和过去情况完全相同的未来事件。生命表中最重要的就是设计产生每个年龄的死亡率。影响死亡率的因素很多，主要有年龄、性别、职业、习性、以往病史、种族等。一般情况下，在设计生命表时，只注重考虑年龄和性别。

生命表可以分为国民生命表和经验生命表。国民生命表是根据全体国民或者以特定地区的人口的死亡统计数据编制的生命表。它主要来源于人口普查的统计资料。经验生命表是根据人寿保险、社会保险以往的死亡记录（经验）所编制的生命表。保险公司使用的是经验生命表，这主要是因为国民生命表是全体国民生命表，没有经过保险公司的风险选择，一般情况下与保险公司使用的生命表中的死亡率不同。

在生命表中，首先要选择初始年龄且假定在该年龄生存的一个合适的人数，这个数称为基数。一般选择 0 岁为初始年龄，并规定此年龄的人数，通常取整数如 10 万、100 万、1 000 万等。在生命表中还规定最高年龄，用 ω 表示，满足 $l_{\omega+1}=0$。一般的生命表中都包含以下内容：

x：年龄。

l_x：生存数，是指从初始年龄至满 x 岁尚生存的人数。例如，l_{25} 表示在初始年龄定义的基数中有 l_{25} 人活到 25 岁。

d_x：死亡数，是指 x 岁的人在一年内死亡的人数，即指 x 岁的生存数 l_x 人中，经过一年所死去的人数。已知在 $x+1$ 岁时生存数为 l_{x+1}，于是有 $d_x=l_x-l_{x+1}$。

q_x：死亡率，表示 x 岁的人在一年内死亡的概率。显然，$q_x=\dfrac{d_x}{l_x}=\dfrac{l_x-l_{x+1}}{l_x}$。

p_x：生存率，表示 x 岁的人在一年后仍生存的概率，即到 $x+1$ 岁时仍生存的概率。因为 $p_x=\dfrac{l_{x+1}}{l_x}$，所以 $p_x+q_x=1$。

e_x：平均余命或生命期望值，表示 x 岁的人以后还能生存的平均年数。若假设死亡发生在每一年的年中，则有 $e=\dfrac{1}{l_x}(l_{x+1}+l_{x+2}+\cdots+l_{\omega})+\dfrac{1}{2}$。

在寿险数理的计算中，还要遇到一些符号：

$_tp_x$ 表示 x 岁的人在 t 年年末仍生存的概率：

$$_tp_x=\frac{l_{x+t}}{l_x}$$

$_tq_x$ 表示 x 岁的人在 t 年内死亡的概率：

$$_tq_x = \frac{l_x - l_{x+t}}{l_x} = 1 - {}_tp_x$$

$_{t|u}q_x$ 表示 x 岁的人在生存 t 年后 u 年内死亡的概率：

$$_{t|u}q_x = \frac{l_{x+t} - l_{x+t+u}}{l_x}$$

当 $u=1$ 时，用 $_{t|}q_x$ 表示 x 岁的人在生存 t 年后的那一年（$t+1$ 年）中死亡的概率。

$$_{t|}q_x = {}_tp_x - {}_{t+1}p_x = {}_tp_x \cdot q_{x+t}$$

专栏 12-1

中国寿险业生命表的演进

二、趸交净保险费

如果投保人在保险开始时向保险公司一次交清其全部应交的保险费，则这样的交费方式称为趸交方式。

（一）定期人寿保险的净保险费

假定保险期限为 n 年。按照定期人寿保险的承保条件，如果被保险人在保险期内遭遇死亡，则由保险公司按保险金额进行给付；如果被保险人生存至期满，则保险公司无须支付。

假定被保险人的年龄为 x 岁，年初每个投保人应交的净保险费为 $A^1_{x:n}$ 元，则保险公司收取的净保险费总额为 $l_x \cdot A^1_{x:n}$ 元。

依据生命表的规律，第一年有 d_x 个人死亡，每人给付 1 元，共 d_x 元，给付额的现值为 vd_x 元；第二年有 d_{x+1} 个人死亡，给付额的现值为 v^2d_{x+1} 元；依此类推，第 n 年有 d_{x+n-1} 个人死亡，其现值为 v^nd_{x+n-1}。

依据收支相等原则，保险公司支付保险金的现值总和与期初纯保险费的总和应相等。即有：

$$l_x \cdot A^1_{x:n} = vd_x + v^2d_{x+1} + \cdots + v^nd_{x+n-1} \tag{12-8}$$

其中，$v = \dfrac{1}{1+i}$ 为折现率。如果令：

$$C_x = v^{x+1}d_x \quad D_x = v^x l_x$$

则可得到：

$$A^1_{x:n} = (C_x + C_{x+1} + \cdots + C_{x+n-1}) \cdot \frac{1}{D_x} \tag{12-9}$$

（二）终身人寿保险的净保险费

终身人寿保险的保险期间亘于被保险人的一生，仅于被保险人死亡时给付保险金。

各个国家的生命表，都有一个最终年龄，终身人寿保险可以看作是一种长期的定期人寿保险，故其趸交纯保险费的计算，只需将一般定期人寿保险的净保险费中的 n 年做相应的变化即可。假设生命表中所定最终年龄为 ω 岁，则有：

$$A_x = (C_x + C_{x+1} + \cdots + C_\omega) \cdot \frac{1}{D_x} \qquad (12\text{-}10)$$

如果令：

$$M_x = C_x + C_{x+1} + \cdots + C_\omega$$

则定期和终身人寿保险的净保险费可分别表示如下：

$$A^1_{x:n} = \frac{M_x - M_{x+n}}{D_x} \qquad A_x = \frac{M_x}{D_x} \qquad (12\text{-}11)$$

（三）纯粹生存保险的净保险费

生存保险以被保险人在一定时期内继续生存为条件，由保险人负给付保险金的责任。假若被保险人不幸在期内死亡，则合同终止，保险人不进行任何给付。故生存保险金给付的多少，由到期时尚生存的被保险人的数量决定。

假定 x 岁的人投保 n 年定期生存保险，所交的净保险费为 ${}_nE_x$ 元，投保时共有 l_x 人，则净保险费总额为 $l_x \cdot {}_nE_x$ 元。n 年后的生存人数为 l_{x+n} 人。考虑利息因素，依据收支相等原则，有：

$$l_x \cdot {}_nE_x = v^n l_{x+n}$$

整理后可得：

$$_nE_x = \frac{D_{x+n}}{D_x} \qquad (12\text{-}12)$$

（四）混合保险的净保险费

混合保险是一种生死合险，即被保险人不论生存或死亡，到达一定时期后，保险人均须给付定额保险金。所以，这种保险可以看作定期保险与生存保险的组合。如果把保险期限为 n 年的混合保险的纯保险费记为 $A_{x:n}$，则应有：

$$A_{x:n} = {}_nE_x + A^1_{x:n} = \frac{D_{x+n} + M_x - M_{x+n}}{D_x} \qquad (12\text{-}13)$$

三、年金保险的净保险费

年金的意义是每年收取或支付一次款项，数额一般是相同的。但实际上在约定期内按一定的间隔时期，如每半年、每季或每月收付一次的，也都称为年金。

保险公司对年金保险的承保责任是被保险人的终身或者在一定时期内，被保险人生存时每隔一定时期（一般为 1 年），由保险公司按期支付一次年金直至被保险人死亡或保险期限届满为止。

年金保险的过程，可分为两段：从趸交年金现价时起或分期交费的第一次交费时起，直至给付周期开始以前，为第一段，叫作"现价积累期"；从给付周期开始至满期停付或死亡停付时止，为第二段，叫作"年金给付期"。

年金有即期年金与延期年金之分。在保险合同成立后，立即开始支付年金者，叫即期年金。延期年金则是在保险合同成立后，需要等待一定时期或要被保险人到某个年龄才开始支付。不论是即期年金还是延期年金，都有期首付与期末付两种情形，保险金在年末支付的假定在此不再适用。

（一）即期年金

假定 x 岁的人投保期限为 n 年的年金保险。保险公司每年年初支付的保险金分别为 l_x 元、l_{x+1} 元、$\cdots$、l_{x+n-1} 元。设投保人应交的净保险费为 $a_{x:n}$ 元，将支付的保险金折算成现值，则依据收支相等原则应有：

$$a_{x:n} = \frac{D_x + D_{x+1} + \cdots + D_{x+n-1}}{D_x} \qquad (12\text{-}14)$$

如果将给付周期改为终身，则可得到：

$$a_x = \frac{D_x + D_{x+1} + \cdots + D_\omega}{D_x}$$

令：

$$N_x = D_x + D_{x+1} + \cdots + D_\omega$$

则可将上面两个公式变为：

$$a_{x:n} = \frac{N_x - N_{x+n}}{D_x}, \quad a_x = \frac{N_x}{D_x} \qquad (12\text{-}15)$$

仍然假定 x 岁的人投保期限为 n 年的年金保险，但将保险公司每年年初支付保险金条件改为在年末支付，则保险公司每年年初支付的保险金分别为 $l_{x+1}, l_{x+2}, \cdots, l_{x+n}$ 元。

用与上面同样的方法可以得到期末付定期年金的净保险费为：

$$a'_{x:n} = \frac{N_{x+1} - N_{x+n+1}}{D_x} \qquad (12\text{-}16)$$

同理不难推出期末付终身年金的净保险费为：

$$a'_x = \frac{N_{x+1}}{D_x} \qquad (12\text{-}17)$$

（二）延期年金

延期年金与即期年金所不同的是：在保险合同成立后，保险人要在一定时期或被保险人达到一定年龄后，才开始给付年金。因此，相应的延期年金的净保险费的计算，只需按照对应的即期年金净保险费的计算方法，将每一次给付金额的现值进行修改即可。

例如，x 岁的人投保期限为 n 年的年金保险，m 年后开始（在期首）给付，即延期 m 年。用 $_{m|}a_{x:n}$ 表示 n 年定期期首付延期年金的净保险费，由收支相等原则有：

$$l_x \cdot {}_{m|}a_{x:n} = v^m l_x + v^{m+1} l_{x+m+1} + \cdots + v^{m+n-1} l_{x+m+n-1}$$

整理后可得：

$$_{m|}a_{x:n} = \frac{N_{x+m} - N_{x+m+n}}{D_x} \qquad (12\text{-}18)$$

用同样的方法可以得到定期期末付延期年金的净保险费为：

$$_{m|}a'_{x:n} = \frac{N_{x+m+1} - N_{x+m+n+1}}{D_x} \qquad (12\text{-}19)$$

期首付延期终身年金的净保险费为:

$$_{m|}a_x = \frac{N_{x+m}}{D_x} \qquad (12\text{-}20)$$

期末付延期终身年金的净保险费为:

$$_{m|}a'_x = \frac{N_{x+m+1}}{D_x} \qquad (12\text{-}21)$$

四、年度净保险费

前面所讨论的是被保险人在投保时一次趸交净保险费的情形。但趸交净保险费的金额往往较大,可能成为投保人的经济负担。为了解决投保人的这个负担,保险公司一般允许投保人在购买保险时,将保险费分期按年、按季、按月或每半年交付一次,而以一年交付一次的方式最为普遍。按年交付的保险费即为年度保险费。

假定 n 年定期死亡保险的净保险费分 m 年付清,用 $_mP_{x:n}$ 来表示期首交付的年度净保费,则保险公司各年收取的净保险费分别为 $l_x \cdot {_mP_{x:n}}$, $l_{x+1} \cdot {_mP_{x:n}}$, $\cdots$, $l_{x+m-1} \cdot {_mP_{x:n}}$ 元。不难理解,年度净保费的现值之和应与一次付足的净保费的现值相等,即应有:

$$l_x \cdot A^1_{x:n} = l_x \cdot {_mP_{x:n}} + v \cdot l_{x+1} \cdot {_mP_{x:n}} + \cdots + v^{m-1} \cdot l_{x+m-1} \cdot {_mP_{x:n}}$$

整理后可得:

$$_mP_{x:n} = \frac{M_x - M_{x+n}}{N_x - N_{x+m}} \qquad (12\text{-}22)$$

读者不难自己用同样的方法推导出终身死亡保险和混合保险的年度净保费。

人寿保险净费率的计算,被公认为比其他保险种类净费率的准确度高,其原因是由生命表提供的死亡率准确度高。前面已经说过,生命表的编制也是寿险精算的重要内容之一。另外需要注意的是,在寿险费率计算中,采用了 C_x, D_x, M_x, N_x 等换算基数,依据生命表和一定的预定利率计算这些换算基数的值,同样也是寿险精算的重要内容之一。

五、人寿保险的毛保险费

保险公司所收取保险费,应足以应付保险给付的支出及费用的开支。用来作为给付的那部分保险费是净保险费,而用来作为业务费用开支的那部分保险费称为附加保险费。净保险费与附加保险费之和称为毛保险费。

人寿保险的各项费用开支,有几种不同的性质。有些是在第一年承保时一次支出的,如对被保险人的体检费用及业务招揽费用等,这些费用称为原始费用;有些是按保额计算的,如公司的一般管理费用;有些是按毛保险费的一定比例计算的,如代理手续费。所以,在计算附加保险费时,对不同性质的业务开支,要做不同的处理。

　　上述的原始费用，在保险公司方面，仅与保险的第一年有关，但对被保险人而言，每年的年度保险费应该是相同的。所以，公司对原始费用，不应单纯地将它全部加在第一年的纯保险费上，而需将它均匀地分摊到各期的保险费上。

　　如果被保险人在投保时的年龄为 x 岁，保险期限为 n 年，保险费分 m 次期首交付，再假定全部原始费用为 α 元，在每一年度保险费上应摊加的金额为 s 元。很显然，这些摊加在每一年度的费用的现值的积存值与原始费用的现值相等，于是下式成立：

$$s \cdot l_x + s \cdot v l_{x+1} + \cdots + s \cdot v^{m-1} l_{x+m-1} = l_x \cdot \alpha$$

由此可以得到：

$$s = \frac{D_x}{N_x - N_{x+m}} \cdot \alpha = \frac{\alpha}{a_{x:m}} \qquad (12\text{-}23)$$

　　毛保险费的计算，并没有固定的公式，按照各种不同性质的开支计加的附加费率，是根据对公司业务费用的分析及将来的预测来决定的。同净保险费的计算一样，毛保险费的计算也要依据收支相等原则。现举例来说明毛保险费的计算。

　　如果被保险人在投保时的年龄为 x 岁，保险期限为 n 年，保险费分 m 次期首交付，再假定全部原始费用为 α 元，每年的管理费为 β 元，代理手续费占毛保险费的比例为 γ。求保险金额为 1 元的混合保险的年交毛保险费。

　　设年交毛保险费为 P，我们可以做如下分析，见表 12-1。

表 12-1　毛保险费计算分析表　　　　　　单位：元

年龄（岁）	x	$x+1$	$x+2$	$\cdots$	$x+m-1$
保费收入	P	P	P	$\cdots$	P
保险金支出	$_mP_{x:n}$	$_mP_{x:n}$	$_mP_{x:n}$	$\cdots$	$_mP_{x:n}$
原始费用	α				
管理费	β	β	β	$\cdots$	β
手续费	$\gamma \cdot P$	$\gamma \cdot P$	$\gamma \cdot P$	$\cdots$	$\gamma \cdot P$

　　由表 12-1 可以得到：

　　（1）毛保险费的现值总和为 $P \cdot a_{x:m}$。

　　（2）保险金支出的现值为 $A_{x:m} = {}_mP_{x:n} \cdot a_{x:m}$。

　　（3）预定费用开支的现值如下：

　　原始费用 α 元（将由各年保费分摊）；

　　管理费 $\beta \cdot a_{x:m}$ 元；

　　手续费 $\gamma \cdot P \cdot a_{x:m}$ 元。

　　根据收支相等原则应有：

$$P \cdot a_{x:m} = {}_mP_{x:n} \cdot a_{x:m} + \beta \cdot a_{x:m} + \gamma \cdot P \cdot a_{x:m} + \alpha$$

整理后可得：

$$P = \frac{1}{1-\gamma} \left({}_mP_{x:n} + \frac{\alpha}{a_{x:m}} + \beta \right) \qquad (12\text{-}24)$$

上述计算毛保险费的方法称为三元素法，其优点是计算结果精确，但计算过程复杂。实务中可采用较为简单的比例法和比例常数法计算毛保险费。

比例法假定附加保费为毛保费的一定比例，设为 K。如果净保费为 P，毛保险费为 P'，则：

$$P'=P+KP'$$

由此可得：

$$P'=\frac{P}{1-K} \tag{12-25}$$

比例常数法则根据每张保单的平均保额，推算出每单位保额所必须支付的费用，作为一个固定常数（用 C 表示），然后再确定一个毛保费的比例作为附加费用，由此有：

$$P'=P+KP'+C$$

所以：

$$P'=\frac{P+C}{1-K} \tag{12-26}$$

六、理论责任准备金及其计算

人寿保险的保险费既可一次趸交，也可分期交纳。在趸交保费的情况下，保险公司必须提存一部分以应对以后的给付。在分期按年度交费的情况下，大多数是按均衡保险费进行的。一般而言，在保险全过程的初期若干年中，保险公司的保费收入大于其所应支付给受益人的保险金；而在后期若干年中，其所收入的保费小于应支付给受益人的保险金。所以，保险公司必须把保险前期收入的部分保费积存起来，以弥补后期的不足。另外，人寿保险的许多险种都带有储蓄性质，保险公司必须将到期应给付的保险金准备好。这种从保费中抽出一部分作提存的金额，称为责任准备金。

由于附加保费是用来抵付业务开支之用的，故在计算准备金时应以净保险费为基础。

人寿保险的责任准备金，是保险人向投保人所收取的净保险费，加上按事先约定的年利率复利结算方式计算的本利和，与人寿保险合同中所规定的保险人应在当年所支付保险金的差额；从被保险人方面来说，是他所交付的净保险费的本利和，与他当年应分摊的给付保险金之间的差额。

责任准备金实质上是保险人对被保险人或其受益人的一种负债。责任准备金的提存，主要是为了保证对被保险人或其受益人按合同规定支付保险金。此外，如果被保险人在保险期满前中途退保，或改变保费交付方式，或改变领取保险金方式，保险人应根据当前所应提存的责任准备金的多少，计算退保金或保险金的数额。

责任准备金可分为理论责任准备金和在其基础上修正后的实际责任准备金。

理论责任准备金的计算，有过去法和未来法两种。

（一）过去法

过去法以分析已交的纯保险费为出发点。假定生命表内所列年龄为 x 岁的人，全部向保险公司投保同一保险条件、同一保险期限、同一交费次数的人寿保险，保险金额均为1元，则在投保后第 t 年年末，被保险人的年龄为 $x+t$ 岁，届时保险公司对全体被保险人提存的责任准备金应等于：在被保险人的年龄为 $x+t$ 岁时，已交净保险费的积存值，减去被保险人的年龄为 $x+t$ 岁时根据生命表保险公司已支付的保险金的积存值。由于这种计算方式涉及生存分红年金和期末死亡保险费，故仅在此给出相应的计算公式（用 $_tV_x$ 表示在第 t 年的准备金）。

如果交费次数与保险年限相同，则：

$$_tV_x = \frac{1}{D_{x+t}} \left[_nP_{x:n}(N_x - N_{x+t}) - (M_x - M_{x+t}) \right] \tag{12-27}$$

如果保险期限为 n 年，保险费在最初 m 年交付，$t \leqslant m$，则：

$$_tV_x = \frac{1}{D_{x+t}} \left[_mP_{x:n}(N_x - N_{x+t}) - (M_x - M_{x+t}) \right] \tag{12-28}$$

如果保险期限为 n 年，保险费在最初 m 年交付，$t > m$，则：

$$_tV_x = \frac{1}{D_{x+t}} \left[_mP_{x:n}(N_x - N_{x+m}) - (M_x - M_{x+t}) \right] \tag{12-29}$$

如果是纯粹生存保险，由于保险公司在以往 t 年内并未有任何给付，上面公式中含有 M_x 的项目均不出现。

假定某人现年 x 岁，投保 n 年定期死亡保险，保险金额为 1 元，保险费一次趸交，不难求出在 t 年年末应提存的准备金为：

$$_tV_x = A^1_{x+t:n-t} \tag{12-30}$$

这说明，第 t 年年末应提存的准备金，正好是 $x+t$ 岁的人投保 $n-t$ 年期定期死亡保险的趸交纯保险费。准备金之意义由此可见一斑。

（二）未来法

未来法是与过去法相对的一种方法，它以分析未交的净保险费为出发点。按照这一方法，在被保险人 $x+t$ 岁时，$_tV_x$ 的值等于未来的保险责任的现值减去待收保险费的现值。前者等于被保险人自 $x+t$ 岁开始投保的保险责任，即自 $x+t$ 岁起至到期日为止的趸交净保费。后者形成一种前付生存年金，以原保险单上待收的年度净保险费作为每年的固定收入额。根据这种分析，以定期死亡保险为例，责任准备金的计算公式如下。

如果交费次数与保险年限相同，则：

$$_tV_x = A^1_{x+t:n-t} - P_{x:n} \cdot a_{x+t:n-t} \tag{12-31}$$

如果保险期限为 n 年，保险费在最初 m 年交付，$t \leqslant m$，在计算准备金时尚有 $m-t$ 次年度保险费可收，所以：

$$_tV_x = A^1_{x+t:n-t} - _mP_{x:n} \cdot a_{x+t:m-t} \tag{12-32}$$

如果保险期限为 n 年，保险费在最初 m 年交付，$t > m$，则在计算准备金时已无待收的保险费，所以：

$$_tV_x = A^1_{x+t:\,n-t} \qquad\qquad (12\text{--}33)$$

在上述三个公式中，如果将 $x+n$ 推至极限年龄 ω，则可得到终身死亡保险的准备金计算公式；如果将第一项分别改为 $_{n-t}E_{x+t}$ 或 $A^1_{x+t:\,n-t}$，则分别得到生存保险或混合保险的责任准备金的计算公式。

需要说明的是，理论责任准备金仅与保险条件、保险期限、交费方式以及保险金额等有关，而与计算方法无关。因为根据计算净保险费的基本原理公式：

$$\frac{\text{所有净保险费}}{\text{在保单签发日的现值}} = \frac{\text{根据生命表所有保险责任}}{\text{在保单签发日的现值}}$$

经过 t 年后，有如下关系：

$$\begin{array}{c}\text{t 年以前全部}\\\text{已收净保险费的}\\\text{积存值}\end{array} + \begin{array}{c}\text{t 年以后全部}\\\text{未收净保险费的}\\\text{现值}\end{array} = \begin{array}{c}\text{根据生命表 t 年}\\\text{以前已付保险金的}\\\text{积存值}\end{array} + \begin{array}{c}\text{t 年以后}\\\text{保险责任的}\\\text{现值}\end{array}$$

将上面的等式移项有：

$$\begin{array}{c}\text{t 年以前全部}\\\text{已收净保险费的}\\\text{积存值}\end{array} - \begin{array}{c}\text{根据生命表 t 年}\\\text{以前已付保险金的}\\\text{积存值}\end{array} = \begin{array}{c}\text{t 年以后}\\\text{保险责任的}\\\text{现值}\end{array} - \begin{array}{c}\text{t 年以后全部}\\\text{未收净保险费的}\\\text{现值}\end{array}$$

上式左端所得结果即为按过去法所得的 $_tV_x$，右端所得结果即为按未来法所得的 $_tV_x$。一般而言，按未来法计算显得方便一些。

七、实际责任准备金及其计算

利用均衡纯保险费计算准备金，必须假定附加费用足以支付实际的各项费用的开支。因为每年的净保险费相等，附加费用也相同，这就要求每年的实际费用支出相等。然而实际情况却非如此。由于原始费用的关系，第一年的费用要比以后各年的费用大得多。因此，保险公司实际提存的准备金并不与理论准备金相同，而是将理论准备金加以必要的修正计算出来的。这种修正后的准备金称为实际责任准备金，又称修正责任准备金。不论采用什么方式对理论责任准备金加以修正，在保单到期时的实际责任准备金应与理论责任准备金相同。

为讨论问题的方便，我们假定承保有下面的具有代表意义的保单：

某年龄为 x 岁的人，投保 n 年定期混合保险，保险金额为 l 元，保险费自保单开始时起分 m 年交付。

由于保险公司开始承保的第一年的年度毛保险费 P 减去年度净保险费 $_mP_{x:n}$ 的余额不足抵付当年的开支，故将第一年的净保险费修订为一个较小的 $P_{(1)}$，使保险公司有 $_mP_{x:n}-P_{(1)}$ 元的金额以应付当年的开支，同时将第二年及以后各年的年度净保险费修正为 $P_{(2)}=P_{(3)}=\cdots=P_{(m)}$。换言之，在第一年少收的净保险费，要从第二年以后的净保险费内弥补。

在修正准备金时，第一个问题是如何决定第一年度的净保险费 $P_{(1)}$ 及第二年以后的净保险费 $P_{(2)}=P_{(3)}=\cdots=P_{(m)}$，如果令 $P_{(1)}$ 与 $P_{(2)}$ 差额为 α，则有：

$$P_{(1)}+\alpha=P_{(2)}=P_{(3)}=\cdots=P_{(m)}$$

这里的 α 称为扣除额。因为 $P_{(1)}$，$P_{(2)}$，$\cdots$，$P_{(m)}$ 为各年的年度净保险费，故其现值应与趸交净保险费的现值相等，即：

$$P_{(1)}+P_{(2)}(a_{x:m}-1)=A_{x:n}$$

又因为：

$$_mP_{x:n}\cdot a_{x:m}=A_{x:n}$$

联合上面两式整理后可得：

$$P_{(2)}={_mP_{x:n}}+\frac{\alpha}{a_{x:m}} \tag{12-34}$$

可见，只要使 α 等于某个规定值，就可求出对应的 $P_{(1)}$ 及 $P_{(2)}$。

显然，对于扣除额 α 的数值是不能随意规定的，而应有一定的限制。例如，保险公司在第一年的给付，在理论上应等于自然纯保费 c_x，故 $P_{(1)}$ 不论怎样都不得小于 c_x，即应有：

$$P_{(2)}>{_mP_{x:n}}>P_{(1)}\geqslant c_x$$

因此：

$$\alpha=P_{(2)}-P_{(1)}\leqslant P_{(2)}-c_x$$

不难求出 α 的最高限额为：

$$\alpha^*={_{m-1}P_{x+1:n-1}}-c_x \tag{12-35}$$

同理论责任准备金的计算一样，实际责任准备金的计算也可分别用过去法或未来法进行，在此我们不再说明。总之，实际责任准备金计算的关键在于恰当地确定 α 的值。实务上采用的所谓一年定期修正制、终身保险修正制、扣除制等的差别在于选取的 α 的值不同。

本章小结

1. 保险精算是以数学、统计学、金融学、保险学及人口学等学科的知识和原理，去解决商业保险和社会保障业务中需要精确计算的项目，如研究保险事故的出险规律、保险事故损失额的分布规律、保险人承担风险的平均损失及其分布规律、保险费和责任准备金等保险具体问题的计算。

2. 保险精算的基本任务。在寿险精算中，利率和死亡率的测算是厘定寿险成本的两个基本问题。非寿险精算始终把损失发生的频率、损失发生的规模以及对损失的控制作为它的研究重心。保险精算的首要任务是保险费率的确定，但这并不是保险精算的全部。伴随着金融深化的利率市场化，保险基金的风险也变为精算研究的核心问题。在这方面要研究的问题包括投资收益的敏感性分析、投资组合分析、资产和负债的匹配等。

3. 保险精算的基本原理。保险精算最基本的原理可简单归纳为收支相等原则和大数法则。所谓收支相等原则，就是使保险期内纯保费收入的现金价值与支出保险金的现金价值相等。所谓大数法则，是用来说明大量的随机现象由于偶然性相互抵消所呈现的必然数量规律的一系列定理的统称。

4. 在非寿险精算实务中，确定保险费率的方法主要有观察法、分类法和增减法。

5. 在一定的要求之下，"大数"由下面的公式来测定：

$$N=\frac{S^2p(1-p)}{E^2}$$

6. 寿险精算的计算原理及公式。

7. 理论责任准备金及其计算。

8. 实际责任准备金及其计算。

 **重要概念**

保险精算　　　趸交保费　　　年交保费　　　责任准备金

思考题

1. 寿险精算和非寿险精算的基本任务有哪些？

2. "大数"的测定有何作用？

3. 为什么要区分理论责任准备金和实际责任准备金？

即测即评

请扫描右侧二维码，进行即测即评。

第十三章
保险基金及其运用

> 在第二章介绍了现代商业保险具有积蓄保险基金的功能，这是现代商业保险存在的基础。同时，还阐述了保险公司融通资金功能的渊源，及其对保险基金实现保值与增值的功效。本章以马克思关于社会总产品的"六个必要扣除"原理阐述保险基金的性质、来源和特征，以及保险基金的运用及其意义。

第一节　保险基金的性质与特征

一、保险基金与社会总产品

马克思在总结人类社会各个不同发展阶段支配物质资料的生产和分配时阐述了"六个必要扣除"原理，其中包括对用来应付不幸事故和自然灾害等的后备基金或保险基金的扣除。他在《哥达纲领批判》中指出，如果我们把"劳动所得"这个用语首先理解为劳动的产品，那么集体的劳动所得就是社会总产品。

现在从它里面应当扣除：

第一，用来补偿消耗掉的生产资料的部分。

第二，用来扩大生产的追加部分。

第三，用来应付不幸事故、自然灾害等的后备基金或保险基金。

从"不折不扣的劳动所得"中扣除这些部分，在经济上是必要的，至于扣除多少，应当根据现有的物资和力量来确定，部分地应当根据概率计算来确定，但是这些扣除无论如何根据公平原则是无法计算的。

剩下的总产品中的另一部分是用来作为消费资料的。在把这部分进行个人分配之前，还得从里面扣除：

第四，同生产没有直接关系的一般管理费用。

第五，用来满足共同需要的部分，如学校、保健设施等。

第六，为丧失劳动能力的人等等设立的基金，总之，就是现在属于所谓官办济贫事业的部分。[①]

马克思上述关于社会总产品的"六个必要扣除"原理中有两个扣除与本书有关，它们是：第三项扣除中的后备基金或保险基金，第六项扣除中的官办济贫事业基金（即社会保障基金）。具体分析如下：

第一，关于第三项扣除中的后备基金或保险基金。尽管马克思的"六个必要扣除"原理普遍适用于任何社会形态的社会总产品分配，但是，马克思是以社会共同占有生产资料，并且不存在商品交换的"共产主义社会的第一阶段"为研究对象的，其中也不存在本书中以商品交换为基础的商业保险形式的保险基金，所以，第三项"用来应付不幸事故、自然灾害等"由社会统一扣除的基金是称为后备基金，还是称为保险基金，并无二致。也就是说，在这里，两者在词义上可以替代，在经济范畴的内涵与外延上都是一致的。但是，在商品货币经济条件下，保险基金只是社会后备基金的一种特殊形式。社会后备基金的另三种形式是：财政集中型的后备基金、经济主体间互助型的后备基金和经济主体自保型的后备基金。

第二，"用来应付不幸事故、自然灾害等"的后备基金，同"用来补偿消耗掉的生产资料的部分"的补偿基金和"用来扩大生产的追加部分"的积累基金一样，都是必要的扣除，处于同等重要的地位。这是因为，简单再生产是扩大再生产的前提和条件，而不变资本在再生产过程中，从物质方面来看，总是处在会使它遭受损失的各种意外和危险中。为了使社会再生产不至于因自然灾害和意外事故的发生而中断，就必须从剩余产品中提留一部分生产资料和生活资料储存起来，作为后备基金，用来补偿灾害事故所致的损失，保证社会简单再生产的持续进行。"劳动产品超出维持劳动的费用而形成剩余，以及社会的生产基金和后备基金靠这种剩余而形成和积累，过去和现在都是一切社会的、政治的和智力的发展的基础。"[②]

第三，后备基金的扣除原则"应当根据现有的物资和力量来确定，部分地应当根据概率计算来确定"。这个原则不仅适用于马克思所说的由社会统一扣除后备基金的数量决定，而且适用于存在商业保险机制条件下的社会后备基金扣除的数量决定。也就是说，用商业形式筹集的保险基金后备必须根据概率论原理来确定，而其他形式的后备主要根据财力的可能与需要程度来确定。

第四，在消费资料方面"为丧失劳动能力的人等等设立"的"官办济贫事业"基金，即社会保障基金或社会保险基金的扣除，同样是必要的。至于这项基金是由国家统一扣除，还是由国家、企业和个人共同分担扣除份额，则因社会制度不同或各国做法不同而有区别。关于社会保险基金范畴，本书将在附章专门论述。

二、保险基金的性质

保险基金，是由专门的保险机构根据不同险种的保险费率，通过向参加保险的单

---

① 马克思，恩格斯 . 马克思恩格斯选集：第 3 卷［M］. 北京：人民出版社，2012：361-362.
② 马克思，恩格斯 . 马克思恩格斯文集：第 9 卷［M］. 北京：人民出版社，2009：202.

位或个人收取保险费的方式，建立的一种专门用于补偿被保险人因受到约定的保险事件发生所致经济损失或满足被保险人给付要求的货币形态的后备金。

保险基金是社会后备基金的一种特殊形态，从经济范畴的本质属性上考察，它与其他形式的后备基金在性质上是互异的。财政集中型的国家后备基金是国家凭借政权的力量强制参与国民收入的分配和再分配形成的，是无偿的，体现以国家为主体的分配关系；互助型的后备基金是一种合伙出资的共同体共同出资形成的，虽然在合伙人之间存在权利与义务关系，但他们之间不存在商品交换关系；自保型的后备基金则是一种自担风险的财务处理手段。而保险基金体现了保险人与被保险人之间的以等价有偿为原则的商品交换关系。可见，保险基金是以等价有偿原则建立的一种后备基金。

三、保险基金的特征

（一）专用性

保险基金是保险公司专门用来履行保险合同所规定的赔偿或给付义务的专项资金。保险基金的专用性是由保险基金筹集过程的等价有偿原则所决定的，是保险公司实现保险的补偿职能和给付职能的前提条件，也是保险基金完整性、独立性和可靠性的保证。为了保证保险基金的专用性，各国都有诸如保险法、保险企业管理法、金融法等一系列法规和制度来加以规范，主要目的是保护被保险人的合法权益，对经营管理保险基金的经济组织实施监督。

（二）契约性

保险合同（契约）是一种法律文书，受法律保护。保险公司为了组织保险经济补偿，通过收取保费建立赔付和给付准备金，即保险基金，反映了保险人与被保险人之间的等价有偿交换关系。保费的收入表现为货币单方面转移，保险单相当于有条件的"债权证书"。所以，尽管保险公司所积累的保险基金为公司所有（储金除外），但从保险分配看，保险基金的返还性，即取之于保户、用之于保户的特性，毋宁说是保险公司的一种"负债"。保险基金不仅要保证其专用性，而且还必须具有随时处于备付状态的变现能力。由于保险基金的筹集和支付受保险契约的制约，保险基金在履行经济损失补偿和给付义务方面具有保证性、及时性和条件性的特点。

（三）互助性

保险基金的运行机制是取自千家万户，与之个别保户。也就是说，任何单位和个人根据自身转嫁危险的需要，交纳相应的保险费以换取保险保障，但是根据危险发生的大数法则，因灾害事故取得保险赔付的单位或个人毕竟是少数（储蓄性保险给付例外）。保险基金的这种运行机制最充分地体现了人类为应付自然灾害和意外事故的互助共济思想，也是任何其他形式的后备基金所不能比拟的。国家救灾后备基金虽取之于民，但是它只用于灾区的救济和安置，体现政府对全体人民的援助，并非补偿行为。互助型的救灾后备基金，虽然也体现互助共济的抗灾行为，然而它在空间上相当有限，对参与者来说不是负担过重，就是补偿不足。

（四）科学性

保险基金的科学性存在于保险费率计算的合理性。保险费率由于是根据大数法则和概率论原理厘定的，具有时间上和空间上的充分分散性，这一点是任何其他形式的后备基金所不能比拟的。比如，财政后备基金虽然具备空间上的足够分散性，但是，它是现收现付制的，时间上的分散性不够；互助形式的后备基金在时空上的分散性都极为有限，不能应付突发性的巨灾风险。

（五）金融性

保险基金的金融性来自两个方面：① 储蓄寿险中的储金部分；② 保险基金中的总准备金部分。这两部分基金都是长期性闲置资金，而且都具有负债的性质，当然储金是真实负债，总准备金则是"负债"。保险人必然要在金融市场上运用保险基金，使之构成融通资金的一个主要组成部分。

第二节　保险基金的来源与构成

保险基金是以法定的或合同的方式，由作为被保险人的经济单位或个人交纳的保险费汇集而成的，因此，保险基金的主要来源实际上就是保险费。

一、保险基金的来源

（一）公共部门保险费支出

1. 公共部门保险费支出的来源

公共部门一般指政府机关、团体和事业单位，它们的经费来源是财政拨款，因此，它们的保险费支出只能来源于社会净增价值的 m 部分。

2. 公共部门保险费支出的对象

（1）公共部门商业保险费的支出。这包括：第一，公共部门财产保险支出，包括公共部门所有的楼堂馆所、办公设施、通信设备、运输工具等财产保险。第二，公共部门责任保险支出，包括公共部门的公众责任、公务责任、运输工具第三者责任、雇主责任等民事赔偿责任保险。第三，公共部门人身保险支出，包括公务意外伤害险、旅行意外伤害险、特种人员（公检法、市场监管、税务、城管、环保等执法部门的工作人员）意外伤害险等。

（2）公共部门社会保险费支出。这包括：第一，财政预算编制内人员的社会保险支出。第二，社会保险统筹支出。这部分支出是指财政对社会保险的兜底部分，只有在社会保险费收入不抵支出时才有此项支出，即财政贴补部分支出。

3. 公共部门保险费支出的性质

公共部门上述两项保险费支出，应被认为是国家财政支出的公共消费部分。不管社会制度如何，这部分支出不是为了满足公共需要就是为了"官办济贫"事业，对促进社会安定发挥着积极作用。

（二）居民个人保险费支出

1. 居民个人保险费支出的来源

如果严格按照马克思劳动价值论原理，这部分保险费支出可来源于社会总产品价值构成中的 V 和 m 两部分：一是物质生产部门的劳动者，他们的保险费支出来源于收入的 V 部分；二是非物质生产部门的劳动者或其他收入者，他们的保险费支出则来源于国民收入的 m 部分。

2. 居民个人保险费支出的对象

（1）居民个人财产保险及附加险支出。其主要有家庭财产保险、机动车及第三者责任险、盗窃险等。随着城乡居民收入不断提高，居民个人拥有财产的数量与质量不断增长，这部分保险需求也随之增长。

（2）居民个人人身保险支出。人身保险的种类繁多，有简易人身险、团体人身险、健康保险、年金保险、意外伤害险、儿童保险、子女婚嫁保险、子女教育费用保险等。这部分保险受费率、险种设计、服务质量等因素影响很大，随着我国居民收入的提高，这部分保险需求将呈上升趋势。

（3）居民个人社会保险支出。它指实施《社会保险法》的对象按工资比例或自愿交纳的社会保险费。

（4）居民个人职业责任险支出。它指医生、律师、会计师等自由职业者，由于职业上的过失或不当行为使他人遭受痛苦或经济上的损失所必须承担的民事赔偿责任，通过支出保险费的办法将风险转嫁给保险人。

3. 居民个人保险费支出的性质

居民个人保险费支出因对象不同而性质各异。

（1）纯消费性支出，包括财产保险、第三者责任险、意外伤害险、健康保险、盗窃险等。

（2）储蓄性支出。人寿保险中的储蓄性险种对于居民是一种投资行为，此类保险单可视为金融资产，寿险市场可归入资本市场。该类保险费支出受市场利率、通货膨胀、机会成本与流动性偏好等影响，波动性较大。

（3）工资税性质的支出。居民个人社会保险支出部分，因是强制性保险，并按工资额比例征收，故带有税收的性质。其中，用于养老金部分的带有储蓄和统筹的性质，用于医疗等方面的则为消费性支出。

（4）营业成本性的支出。自由职业者的职业责任保险等，应纳入他们的生产成本或服务成本范围内的保险费支出。

（三）企业保险费支出[①]

1. 企业保险费支出的来源

企业保险费支出来自企业净增价值 m 部分，职工的一部分剩余劳动是企业保险费的源泉。由于企业是以收抵支的经济核算单位，保险费支出在成本中列支，由销售收

---

① 对于企业按工资总额提取的强制性社会保险的保险费是否应为 V 部分，有不同看法。

入补偿。

2. 企业保险费支出的对象

（1）企业财产保险和责任保险支出。财产保险包括固定资产保险和流动资产保险，以及与之相联系的预期利润保险和费用损失保险等，责任保险有雇主责任、营业责任、产品责任、第三者责任等民事赔偿责任保险。这部分支出相当于马克思扣除原理中的第三项扣除，用来应付不幸事故和自然灾害等。尤其是财产保险费支出是为了维系社会再生产的继续进行，在经济上是绝对必要的。

（2）企业社会保险费支出。这部分支出是企业根据法律或条例要求，为本企业职工的医疗保健、失业补偿、退休养老等必须交纳的费用，可归入马克思扣除原理中的第六项，保证职工病有所医、老有所养。

3. 企业保险费支出的性质

（1）纯消费性支出。企业财产保险、责任保险、医疗保险、失业补偿等保险费支出均为纯消费性支出。

（2）储蓄性支出。企业为职工养老保险所支出的社会保险费属于储蓄性支出。这部分支出带有强制性、统筹兼顾性、保障性等特征，而且往往以企业工资总额作为计交标准。

（3）不追加商品价值的非生产费用[①]。第一，保险费支出表现在它在单个资本循环中并没有被消费掉，只是由保险公司聚积起来，形成对个别资本价值损失的赔付基金。这一特征与其他非生产费用不同，其他非生产费用不是在生产中就是在流通中被消费掉。第二，保险费支出并没有被转移到产品价值中去，即不追加商品价值，因为"平均化的损失仍然是损失"[②]，既然是损失就只会增加成本而不增加商品价值。第三，保险费支出是对预付资本价值所作保障的代价，是为了在预付资本的使用价值遭到意外损失时，恢复其价值。第四，保险费支出是对预付生产资本的一种扣除，它既不执行生产剩余价值的机能，也不执行实现剩余价值的机能。第五，保险费支出作为预付资本的一部分计入生产成本，是被资本化的一部分剩余价值。马克思指出："一部分剩余价值，作为总利润的一部分，必须形成一个生产保险基金。这个保险基金是由一部分剩余劳动创造出来的，就这一点说，剩余劳动直接生产资本，就是说，直接生产那种要用在再生产上的基金。"[③]

以上分析，明确了企业保险费支出是一种不追加商品价值的非生产性费用，是一种平均化了的损失，是对剩余价值的一种扣除。尽管它作为预付资本的一部分计入生产成本，从出售商品的收入中得到补偿，但它是垫支在先补偿在后，一点也不会改变来源于剩余价值这一事实。因此，保险费支出会通过商品价格最终转嫁给消费者负担的看法是错误的。也正是因为保险费从商品价格中得到补偿，"一旦资本主义生产发展起来并且与此同时保险事业发展起来，风险对一切生产部门来说实际上

---

① 林宝清.保险发展模式论［M］.北京：中国金融出版社，1993：11.

② 马克思，恩格斯.马克思恩格斯文集：第6卷［M］.北京：人民出版社，2009：155.

③ 马克思，恩格斯.马克思恩格斯文集：第6卷［M］.北京：人民出版社，2009：404.

都一样了；风险较大的部门要支付较高的保险费，但会从它们的商品的价格中得到补偿"①。

二、保险基金的构成

商业保险的保险基金由保险公司的自有资本金、非寿险责任准备金和寿险责任准备金三部分构成。

（一）自有资本金

保险公司的自有资本金，包括注册资本（或实收资本）和公积金。注册资本（或实收资本）一般由保险业法规定，在开业时可视作初始准备金，在经营期间又是保险公司偿付能力或承保能力的标志之一。

公积金，是保险公司按保险公司法的规定从历年的利润中提存的，它和保险公司的注册资本（或实收资本）共同构成保险公司的偿付能力或承保能力。

保证金，是注册资本金的一部分，是用于保险公司经营失败后清算的偿债准备金。我国《保险法》第97条规定："保险公司应当按照其注册资本总额的百分之二十提取保证金，存入国务院保险监督管理机构指定的银行，除公司清算时用于清偿债务外，不得动用。"

（二）非寿险责任准备金

非寿险的基本特点是保险期限为1年或1年以下，因此又称短期保险。从性质上看，非寿险都是补偿性保险。

非寿险责任准备金分为保费准备金、赔款准备金和总准备金三大部分。

1. 保费准备金

保费准备金又称未了责任准备金或未满期保费准备金。保险公司在一个会计年度内签发保单后入账的保费称作入账保费。假定会计年度与日历年度一致，那么，在当年满期的保单对应的入账保费称已赚保费，在当年未满期的保单对应的入账保费则称未赚保费。未赚保费部分即为保费准备金，该项准备金一般由保险公司法规定提存比例。严格按照会计年度计算每张保单的未赚保费，无疑是相当准确的，但工作量太大，因此，一般多采用加权平均数法或比例法提存。

2. 赔款准备金

赔款准备金包括：未决赔款准备金、已发生未报告赔款准备金和已决未付赔款准备金。

（1）未决赔款准备金。当会计年度结束时，被保险人已提出索赔，但在索赔人与保险人之间，对是否属于保险责任以及保险赔付额度等事项尚未达成协议的案件，称为未决赔案。为未决赔案提存的责任准备金即为未决赔款准备金。未决赔款准备金的提取方法有逐案估计法和平均估计法。逐案估计法即对未决赔案逐个估计在将来结案时需要支付的赔款数。这个方法比较适用于业务量、规模较小的保险公司。平均估计

---

① 马克思，恩格斯．马克思恩格斯文集：第7卷［M］．北京：人民出版社，2009：233–232.

法即根据以往的保额损失经验，预先估计出某类业务的每件索赔的平均赔付额，再乘以该类未决索赔的件数，得到未决赔款准备金数额。这种方法适用于业务规模足够大，索赔件数较多的保险公司。

（2）已发生未报告赔款准备金。有些损失在年内发生，但索赔要在下一年才可能提出。这些索赔因为发生在本会计年度内，仍属本年度支出，故称已发生未报告赔案。为其提存的责任准备金即为已发生未报告赔款准备金。由于已发生未报告赔案件数和金额都是未知的，只能由每家保险公司根据不同业务的不同经验来确定。最简单的办法可用若干年该项赔款额占这些年份中年内发生并报告的索赔额的比例来确定提存数。

（3）已决未付赔款准备金。对索赔案件已经理算完结，应赔金额也已确定，但尚未赔付，或尚未支付全部款项的已决未付赔案，为其提存的责任准备金为已决未付赔款准备金。该项是赔款准备金中最为确定的部分，只需逐笔计算即可。

3. 总准备金

保险公司用于满足年度超常赔付、巨额损失赔付以及巨灾损失赔付的需要而提存的责任准备金，称为总准备金。提存总准备金是保险在时间上分散风险的要求。

保险公司总准备金一般要按国家保险管理当局的规定，在税前利润中提存，逐年积累而成。保险总准备金的积累对于保障被保险人的合法权益，支持保险公司的稳健经营，都具有十分重要的意义。

（三）寿险责任准备金

寿险的基本特点是保险责任是长期性的，保险期限短则数年、长则数十年。保费或一次性趸交，多按月、季、年均衡交付。保险给付或因保险期满生存而发生，如生存保险和年金保险；或因在保险期间被保险人死亡而发生，如死亡保险；或因中途退保而发生。寿险责任准备金是指保险人把投保人历年交纳的净保费和利息收入积累起来，作为将来保险给付和退保给付的责任准备金。

（四）保险保障基金

保险保障基金，是为了保证保险公司的偿付能力而构筑的又一道防线。许多国家都建立了这项制度。

我国《保险法》第100条规定："保险公司应当缴纳保险保障基金。保险保障基金应当集中管理，并在下列情形下统筹使用：（一）在保险公司被撤销或者被宣告破产时，向投保人、被保险人或者受益人提供救济；（二）在保险公司被撤销或者被宣告破产时，向依法接受其人寿保险合同的保险公司提供救济；（三）国务院规定的其他情形。保险保障基金筹集、管理和使用的具体办法，由国务院制定。"2008年9月实施的修订后的《保险保障基金管理办法》，明确了保险保障基金的性质，并对保险保障基金的管理体制，保险保障基金公司的主要业务、董事会构成，保险保障基金的来源、缴纳范围和比例，保险保障基金救助的情形、程序、救助比例和金额等内容做了规定。

第三节 保险基金的运用

一、保险基金运动的过程

国民经济是社会生产与社会消费的总和，两者的相互作用、互动发展构成了国民经济的自身运动。保险基金运动是国民经济总体运动的组成部分，但又有自己的相对独立性。它既植根于国民经济的发展，又反作用于国民经济。这一过程如图 13-1 所示。

保险基金的来源是社会生产领域和社会消费领域不断流出的保险费。社会生产和社会消费是永远不会完结的连续过程，因此，保险费流入保险基金这个"蓄水池"也是连续不断的过程。在保险费源源不断地流入的同时，保险基金的一部分以赔偿或给付的方

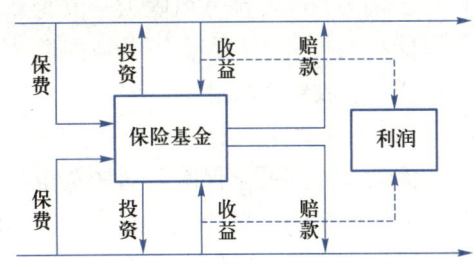

图 13-1 保险基金运动过程
资料来源：王育宪，王巍.保险经济论［M］.
北京：中国经济出版社，1987：4.

式又不断地流回社会生产和生活领域，以满足这两个领域中因灾害损失或保险事故引起的补偿需要。

利用保费流入与保险赔付之间的时间差，保险人将暂时闲置的部分保险基金，以投资形式注入社会生产和生活过程，一方面扩大了生产和消费规模，另一方面在投资期满时不仅能够回流投资资金，而且还带回投资收益，使保险基金实现自身的保值和增值。

作为连续的过程，社会生产不断发展，社会生活水平不断提高，消费规模不断扩大，从社会生产领域和社会消费领域流出的保险费也不断增多，保险基金的规模也不断扩大，这样，流回社会生产领域和社会生活领域的赔款也不断增多。随着保险基金规模的扩大，保险投资规模不断增大，带来的收益也不断增多，保险基金进一步得到充实和积累。

二、保险基金运用的原则

保险基金运用即保险公司运用闲置的资金进行各种形式的投资、融资以增加盈利的行为。保险基金的性质决定了保险基金运用必须遵守"三性"原则。

（一）安全性原则

保险基金的金融性决定了保险公司运用保险基金的必然性与必要性。由于保险基金主要是由保险费中的净保费积聚而成，从其运行的过程看，最终都要实现对被保险人的返还，因此，保险基金的运用首先必须满足安全性原则的要求，否则，就不能保

证保险公司具有足够的偿付能力，被保险人的合法权益也就不能得到充分的保障。

安全性原则是实现保险基金数量完整、回流可靠、保证偿付的条件。所以，我国《保险法》要求："保险公司的资金运用必须稳健，遵循安全性原则。"

但是，任何投资都具有风险，没有风险的投资是不存在的。安全性原则要求保险公司投资应遵循风险管理的程序和要求，认真识别和衡量风险以避免高风险投资，运用分散投资策略以避免风险过于集中，从而达到控制风险的目的。

（二）收益性原则

投资收益是保险公司运用保险基金的动机和目的。收益性与安全性是一对矛盾，往往表现为：收益高—风险大—安全差。这就要求保险公司应以资金安全为条件寻求尽可能高的投资收益，而不是以风险为代价，牺牲安全性去换取高收益。保险公司应回避或控制收益性风险。

（三）流动性原则

流动性原则要求保险公司的资金具有即时变现能力。流动性是以机会成本为代价的，流动性越强，机会成本越高，资本的收益就越低。流动性与安全性具有正相关关系，流动性越强，安全性越高。

流动性对保险公司关系重大。众所周知，保险事故具有极强的偶然性、突发性、破坏性，它可能在一夜之间要求保险人提供巨额赔款。如果保险企业仅在账面资产上具有相应的偿付能力，而不能及时转化成现金赔款，那么，它所担负的社会责任就难以及时兑现，无法起到稳定社会经济生活应有的作用，甚至保险公司本身也可能因缺乏流动性而倒闭。

上述原则是互相联系、相互制约的，收益是保险基金运用的目标，但又往往与安全性和流动性发生矛盾。由于组织经济补偿职能是保险公司的首要职能，融资职能为其次，因此保险公司经营的特殊性决定了其资金运用首先要保证安全性和流动性，在此基础上追求收益以增加利润。

三、保险基金运用的形式和结构

保险公司应根据保险基金的性质、用途和结构，遵循基金运用的"三性"原则，合理选择投资对象和投资结构。

（一）保险基金运用形式

1. 购买债券

保险基金一般有一定比例用于购买国债券、地方政府债券、金融债券和公司债券等可在二级市场上流通的债券。这类债券具有安全性好、变现能力强、收益相对稳定的优点。尤其是国债券和地方政府债券，基本上不存在不确定性风险，但它们的收益不如金融债券和公司债券。由于债券一般采取息票的形式发行，因此对通货膨胀和市场利率变动很敏感，但是对通货膨胀和利率变动损失的避险能力较差。

2. 投资股票

股票投资的特点是：收益高、流动性好、风险大。股票收益来自股息收入和资本利得，股息收入的多少完全取决于公司的盈亏状况，资本利得则取决于未来股票价格的走向，因此，股票投资的风险比较大。

股票可分为优先股和普通股。优先股股息固定，派息后于公司债务还本付息，而先于普通股。当公司破产清盘时，优先股对公司剩余财产的要求权后于公司债务而先于普通股。一般而言，优先股投资风险较债券大，较普通股小；相应地，优先股预期收益也就较债券高，较普通股低。因此，优先股投资是保险基金运用的较佳选择。

3. 投资不动产

保险基金进行不动产投资一般是用于直接建造、购买并自行经营的房地产。房地产投资的特点是：安全性好、收益高、项目投资额大、期限长、流动性差。因此，房地产投资比较适合于长期性保险基金的运用。

4. 贷款

保险基金用于贷款是指向需要资金的单位或个人提供融资。贷款的收益率取决于市场利率。由于我国信贷资产的二级市场尚不完善，信贷资产的变现能力不如有价证券，流动性较差。

贷款可分为信用放款和抵押放款两种形式。信用放款（包括担保放款）的风险主要是信用风险和道德风险，抵押放款的风险主要是抵押物贬值或不易变现的风险。

5. 存款

存款是指保险公司将闲置资金存放于银行等金融机构。存款具有良好的安全性和流动性，但对比其他投资，收益率最低。正因为如此，存款主要用来作为保险公司正常的赔付或寿险保单满期给付的支付准备，一般不作为追求收益的投资对象。

保险基金除了上述运用形式外，还可用来投资各类基金、同业拆借、黄金外汇等。

（二）保险基金运用结构

由于各国和地区保险监管机构对保险企业资产管理办法不同，各国保险企业的资产结构也有差异，很难判断何者更合理，只能结合各国和地区的情况加以说明。

例如，美国纽约州的法律规定，保险投资股票及公司债券的比例不得超过 20%，投资不动产的比例不得超过 10%，海外投资的比例不得超过 10%。存放同一金融机构的资金不得超过保险资金的 10%，购买同一公司的股票和债券不得超过总资产的 5%，对同一单位贷款不得超过总资产的 0.1% 等。

日本保险法律规定，保险投资股票及公司债券的比例不得超过 30%，投资不动产的比例不得超过 20%，海外投资的比例不得超过 30%，贷款的比例不得超过 13%。购买同一公司的股票和债券不得超过总资产的 10%，对同一单位贷款不得超过总资产的 10%。

韩国保险法律规定，保险投资股票及公司债券的比例不得超过 40%，投资不动产的比例不得超过 15%，海外投资的比例不得超过 10%，贷款的比例不得超过 35%。购买同一公司的股票和债券不得超过总资产的 10%，对同一单位贷款不得超过总资产的 3%，对同一物件为抵押品的贷款不得超过总资产的 5%。

我国台湾地区规定，保险投资股票及公司债券的比例不得超过 35%，投资不动产的比例不得超过 19%，海外投资的比例不得超过 5%。购买同一公司的股票和债券不得超过总资产的 5%，对同一单位贷款不得超过总资产的 5%，对同一物件为抵押品的贷款不得超过总资产的 5%。

从上述规定可以看出，各国和地区对各种投资方式的投资额占总资产的比例均加以严格控制，都侧重于保证保险基金运用的安全性和流动性，以保证被保险人的合法权益。

我国《保险法》第 106 条规定："保险公司的资金运用必须稳健，遵循安全性原则。保险公司的资金运用限于下列形式：（一）银行存款；（二）买卖债券、股票、证券投资基金份额等有价证券；（三）投资不动产；（四）国务院规定的其他资金运用形式。保险公司资金运用的具体管理办法，由国务院保险监督管理机构依照前两款的规定制定。"

上述各国和地区的保险资金运用渠道与比例的规定均属强制性规范。当然，各保险公司都应根据自身的实际情况灵活选择投资对象，进行合理有效的投资组合来分散风险，遵循安全性、流动性和收益性的"三性"原则，提高保险资金运用的效率，以保证保险公司的偿付能力。

四、保险基金运用的意义

保险公司是金融市场的四大金融支柱之一（金融市场的四大支柱分别为银行、信托公司、证券公司和保险公司）。之所以如此，是因为保险公司所积聚的可用于中长期投资的巨额保险基金，使其成为资本市场的主要机构投资者。保险资金运用的意义还在于它促使保险公司的承保业务和融资业务相互渗透、互动发展，主要表现在以下几方面。

（一）促使保险与金融相互渗透互动发展

保险公司作为企业，必须实行经济核算，讲求经济效益。因此，和任何经济实体一样，它不仅具有盈利的欲望，而且具有增加盈利的冲动，这是企业的内在动力之一。保险公司组织经济补偿职能、融通资金职能和利润最大化三者间的关系是相互促进的。保险公司以保险业务为手段聚积保险基金，把长期性资金运用于投资以增加盈利。反过来，盈利的冲动促使保险公司不断开拓新险种、扩大承保面、防灾防损以减少赔付支出，从而求得聚积更多的资金来实现其融通资金职能，支援国民经济建设。与此同步，保险公司的组织经济补偿职能也得到了更充分的发挥，保险品种增多，承保面扩大，危险更加分散，费率便可能降低。由此可见，保险公司的两大基本职能之间以及保险公司经营的目的与宏观经济效应之间都不存在非此即彼的矛盾对立，而是水乳交融的关系。具体表现为保险业务作为聚积资金的手段与组织经济补偿目的的统一。

（二）缓解保险费率与利润之间的矛盾

当保险公司的管理费用（附加费率）相对稳定时，保险公司的费率开价高低与利润成正相关关系。当然，降低费率还可通过扩大承保面、减少费用支出、防灾防损等途径实现。但是，保险公司必须考虑危险的偶然性对其利润的影响，所以不可能轻易降低费率（保险费率由保险金额损失率决定，是一个客观的数值）。同时，由于保险市场竞争和刺激保险需求必然引致保险费率下降，其结果是保险公司直接业务的利润下降，甚至降到临界点以下。在这种情况下，保险公司只有通过其间接业务（投资业务）来获取厚利以保证资本的合理利润，甚至在抵补直接业务亏损后还能获取资本的合理利润。比如，英国保险公会成员 1982 年非寿险业务亏损达 12.5 亿英镑，投资业务收入 17.34 亿英镑，弥补亏损后还盈余 4.84 亿英镑。美国的情况也是如此，1982 年非寿险业务亏损 98.2 亿美元，而税前投资收入却达到 150.5 亿美元。从这些情况看，投资收入已经成为各国保险利润收入的主要来源，成为价格竞争的物质基础。

（三）推动保险公司积极开发寿险业务

人寿保险期限一般为 5~20 年，可为保险公司提供长期性资金。寿险市场和储蓄市场的共性，使它们能够相互替代，况且储蓄期限相对比较短，储户动用存款相对灵活，预防通货膨胀损失的机动性相对强，人寿保险的收益如果仅相当于储蓄收益，尽管附有保险因素，在替代竞争上仍然处于劣势。因此，寿险准备金的保值增值不能依靠银行存款利息，保险公司本身应自主地运用资金进行投资，取得收益以提高寿险的预定年息率，给被保险人尽可能高的效益。寿险公司的生命力在于取得资金与运用资金。为了取得资金，寿险公司就得不断开发新险种以满足不同的需要。

总之，保险公司两大基本业务相互渗透、互动发展的宏观效应归根到底体现在：① 经济单位和个人能够以最小的保费支出获得尽可能大的保险保障；② 尽可能大地聚积保险基金并使之转化为生产建设基金，从而使保险公司组织经济补偿这一特有功能得到更充分的发挥。

本章小结

1. 马克思主义经典著作关于社会总产品的"六个必要扣除"原理普遍适用于任何社会形态，其中包含了后备基金或保险基金和社会保障基金的必要扣除。

2. 保险基金是社会后备基金的一种特殊形态，它与集中型、互助型、自保型后备基金有本质上的差异，是在合同契约的基础上建立的一种后备基金，体现着保险人和被保险人之间以等价有偿为原则的商品交换关系。

3. 保险基金的本质属性决定了其具有专用性、契约性、互助性、科学性、金融性五个特征。

4. 保险基金来源于各部门和个人交付的保险费，但不同部门或个人的保险费支出的来源、对象与性质都有一定的差异。

5. 企业保险费支出作为垫付资本的一部分计入成本，是资本化的剩余价值，并不追加商品的价值，因此，认为企业保险费会通过商品价格最终转嫁给消费者负担的看法是错误的。

6. 保险基金的性质、特点与构成决定了保险基金运用的原则、形式与结构。保险基金运用更应注重安全性和流动性，以保证被保险人的合法权益。

7. 保险公司是金融市场上四大金融支柱之一，也是资本市场上的主要机构投资者之一。保险基金的运用促进了保险业务与金融业务相互渗透、互动发展。

重要概念

| 保险基金 | 后备基金 | 集中型后备基金 | 自保型后备基金 |
| 保险准备金 | 赔款准备金 | 总准备金 |

思考题

1. 以"六个必要扣除"原理说明建立保险基金的必要性，并比较不同类型的后备基金。

2. 联系保险基金的性质，比较同类教材对保险基金特性的不同表述。

3. 比较企业财产保险费支出的"剩余价值资本化学说"与保险费"转嫁说"在理论上的差异。你支持哪一种理论？为什么？

4. 如何理解企业财产保险费支出从商品价格中得到补偿与平均化原理？

5. 通过本章的学习，你认为保险是否属于金融范畴？为什么？

6. 简述保险与金融相互渗透、互动发展的条件、表现与意义。

即测即评

请扫描右侧二维码，进行即测即评。

第十四章
保险经营效益

为什么在 2008 年国际金融危机中，美国国际集团（AIG）曾一度濒临破产，爆发系统性恐慌？为什么对各大保险公司，有公开披露财务报表的要求？为什么原中国保监会历时多年，出台并实施了二代偿付能力监管体系？为什么一家保险公司的投资者，可以从公司的经营指标出发，判断公司的盈利亏损情况？

以上几个问题涉及的共同主题，就是保险经营效益。保险经营效益的核心是以尽可能少的经营成本，获得最大的经济效益。评价保险经营效益并非易事，运用不同的指标对某家公司的经营效益进行分析，综合各个点反映出来的情况，就可以得知某一特定时期该公司的经营效益。

保险经营效益的运用十分广泛。中国银保监会要求各公司公开其财务报表，股东也要求上市保险企业定期提供财务情况和各项经营指标，从而获得公司经营情况的第一手数据。精算师关注保险经营，在中国精算师资格考试的"会计与财务"科目中，保险经营效益及相关指标是重要的内容。

通过本章学习，应当掌握和保险经营效益相关的概念的含义、提高保险经营效益的途径、评价保险经营效益的指标及保险企业财务的基本知识等内容。

第一节　保险经营效益概述

一、保险经营效益的概念

在市场经济条件下，保险经济保障活动属于商品经济范畴。因此，保险经营效益既是保险经济保障活动的出发点，也是保险经济保障活动的归宿。

保险企业与工商企业在经营活动方面有很大的区别，保险经营活动既不直接生产物质产品，也不直接经营实物产品。保险企业是专门从事组织保险基金，为社会提供保险保障，对自然灾害和意外事故所造成的损失和人身伤亡进行经济补偿或给付活动的经济组织。因此，保险企业所从事的经营活动，不是一般的物质生产和交换活动，而是一种具有经济保障性质的特殊的劳务活动。保险经济保障活动的这一特点，决定了保险经营效益与物质生产活动和商品经营活动的经营效益，在具体内容和表现形式上，具有明显的差别。然而，就保险企业的基本性质和保险经营活动的商品性看，保险经营效益的基本含义与原理同工业企业生产活动和商业企业商品经营活动的经营效益是相同的。

所谓保险经营效益，是指以尽可能少的保险经营成本，为社会提供尽可能多的符合社会需要的保险保障服务，取得最大的有效成果。从微观的角度看，保险经营效益的实质，就是保险企业所耗费的物化劳动和活劳动的总量与被社会所承认的必要劳动量之间的比例关系；具体而言，保险经营效益就是经营成本与收益之间的比例关系。如果保险收益大于保险经营成本，就有保险经营效益；反之，则无保险经营效益。

衡量保险经营效益涉及许多方面的内容和方法。但保险经营效益的核心内容和本质要求，同样表现为以最小的成本，取得最大的经济利益，或实现利润最大化。因此，反映保险企业经营效益的综合性指标就是利润。具体而言，保险经营效益的主要内容有：一是以尽可能少的承保成本，获得尽可能多的承保利润。这是保险经营效益的最主要内容。二是以尽可能少的投资成本，获得尽可能大的投资收益。这是保险经营效益的重要补充，有利于发挥保险的职能和作用。

二、提高保险经营效益的途径

根据保险经营效益的含义和主要内容，提高保险经营效益的基本途径主要有以下五种。

（一）增加保费收入，提高保险承保质量

提高保险经营效益是以一定的保费收入为前提的。在一定条件下，保险企业取得利润的数量取决于保费收入的增长量。当然，我们同时应看到，保费收入的增加，只是为提高保险经营效益提供了一种可能性，要把这种可能性变为现实，还必须以一定的保险承保质量为前提。提高保险承保质量，具体包括提高展业、核保、分保、防灾、理赔等工作环节的质量。例如，提高核保质量，其含义就是要不断改进和完善核保方法、核保手段、核保政策、核保机制等，从而在对新业务审核的过程中，有效剔除不符合承保要求的业务，即在同样价格水平或同样收入条件下，有可能带来更大赔款支出的业务。保证和不断提高保险承保质量，是提高保险经营效益的重要途径。

（二）提高保险企业经营管理水平

在一定的保费收入数量条件下，保险经营效益的高低取决于保险企业经营管理水平的高低，保费收入不变，但提高保险经营管理水平，就能增加保险企业经营效益。这是因为，保险经营管理水平的高低直接影响了保险成本支出，既影响保险企业的赔付率，也影响保险企业费用率。保险企业经营管理包括保险企业各个环节的管理，如保险业务管理、保险财务管理、劳动人事管理等。

（三）提高保险企业的人员素质

保险企业经营效益，从根本上说是保险企业的职工占用一定的资金创造出来的。

因此，提高企业人员素质是提高企业经营效益的重要途径。如果企业人员素质低下，就无从提高保险承保质量，提高保险经营管理水平。保险企业人员素质主要包括：企业经理人员的素质，他们对保险企业发展起关键作用；职能部门管理人员的素质，他们对提高保险经营管理水平起决定作用；技术人员的素质，他们对保险企业产品开发、产品质量起着重要作用；保险企业广大职工的素质，他们对保险企业劳动生产率的提高起着重要作用。

（四）有效地进行保险投资

在当今保险业中，保险投资已成为保险经营不可分割的组成部分。保险投资不仅成为保险企业获取利润的重要来源，也是提高企业竞争能力、增强偿付能力的重要手段。

（五）积极发挥组织要素的作用

在保险企业经营活动中，"组织"生产要素同样具有重要的作用。通过对保险企业组织的调整，减少不必要的环节或机构，不仅能降低经营管理费用，增加企业经济效益，而且可以提高经营管理的效率，提高企业的竞争能力。

三、保险经营效益技术指标

（一）保费收入指标

保费收入是保险企业在一定时期内收缴的保险费总额。保费收入既是衡量保险业务发展规模的客观尺度，也是提高保险企业经营效益的基础和出发点。衡量保险企业经营效益的保费收入指标有以下两个。

1. 保费收入增长率

保费收入增长率是指保险企业在报告期保费收入增长额与基期保费收入的比率。其计算公式为：

$$保费收入增长率 = \frac{报告期保费收入 - 基期保费收入}{基期保费收入} \times 100\%$$

2. 人均保费收入

人均保费收入是指保险企业全员人均保费额，它从活劳动的消耗上考核保险企业的经济效益，反映保险企业的经营管理水平和劳动生产率水平的高低。其计算公式为：

$$人均保费收入 = \frac{某年度保费收入}{该年度平均职工人数}$$

式中：年度平均职工人数 =（年初职工人数 + 年末职工人数）/2。

（二）赔付率指标

赔付率是一定时期的赔款支出与保费收入的比率，一般用百分数表示。赔付率是一个重要的经济技术指标，也是评价保险业务的经营状况、衡量保险企业经营效益的重要指标。其计算公式为：

$$赔付率 = \frac{赔款支出}{保费收入} \times 100\%$$

（三）保险企业成本指标

保险企业的成本，是保险企业在一定时期内经营保险业务中所发生的各项支出。保险成本既是制定标准价格的依据，也是衡量保险企业经营效益的一个重要指标。

保险企业的成本主要包括业务支出、手续费支出及人工费用。保险企业成本指标主要有成本率、综合费用率、营业费用率等。

（四）保险资金运用指标

通过保险资金运用取得并扩大保险利润总额，已成为现代保险业的基本特征。因此，保险资金运用指标同样是考核保险企业经营效益的重要指标。保险资金运用指标，包括保险资金运用率和资金运用盈利率。

1. 资金运用率

资金运用率是指保险企业在一定时期内投资总额占企业全部资产总额的比例。其公式为：

$$资金运用率 = \frac{投资总额}{全部资产总额} \times 100\%$$

2. 资金运用盈利率

资金运用盈利率是指保险企业在一个计划期内投资所获得的收益占投资总额的比例。它是反映保险企业资金管理水平和资金运用效益的重要经济指标，其计算公式为：

$$资金运用盈利率 = \frac{投资收益}{投资总额} \times 100\%$$

（五）利润指标

保险企业的经营目标是获取利润，利润是指在一定时期内，通过保险企业的业务经营活动，以其全部财务收入抵补全部财务支出后的结余。利润是企业生存和发展的原动力。利润指标是考核保险企业经营效益的综合指标，能综合地反映企业经营各方面的情况。

利润指标包括利润率和人均利润。

1. 利润率

利润率是指保险企业在某一年度利润总额与该年度营业收入总额之间的比率。它综合反映保险企业经营管理水平。其计算公式为：

$$利润率 = \frac{利润总额}{保费收入总额 + 其他收入总额} \times 100\%$$

2. 人均利润

人均利润是指在某一年度内保险企业平均每个职工所创造的利润。它是衡量保险企业平均每个职工创造多少经济效益的综合性指标。其计算公式为：

$$人均利润 = \frac{某年度实现的利润}{该年度平均职工人数}$$

（六）综合效益指标

保险企业的经营效益可以通过系统的财务指标反映出来。净资产收益率（简称ROE）是一种系统反映公司效益的综合性指标，其基本公式如下：

$$ROE= 净利润 / 所有者权益$$

结合保险公司的实际，ROE 可以进行如下分解：

$$ROE=（净利润 / 保费收入）×（保费收入 / 总资产）×（总资产 / 所有者权益）$$
$$= 承保利润率 × 资产周转率 × 权益系数$$

通过以上分析方法就可以从承保利润率、资产周转率和权益系数三个财务比率的贡献度和变化对保险公司经营效率进行分析，但是以上三个指标综合性较强，某种程度上不能深入反映保险公司的实际经营状况。美国学者巴里·D. 史密斯根据保险公司的特性将以上 ROE 分析指标进行了拓展，具体模型如下：

$$ROE=［承保收益率 +（投资收益率 × 投资收益系数）］× 肯尼系数$$

以上分析公式主要由四部分组成：

（1）承保收益率是承保利润与保费收入的比值。它反映保险公司承保业务的盈利水平。

（2）投资收益率是指投资收益与总资产的比值。它反映保险公司投资业务的盈利能力。

（3）总资产与保费收入的比率被定义为投资收益系数（investment returns multiplier）。投资收益系数反映企业潜在的投资规模大小，进而决定潜在的投资收益。

（4）肯尼系数，也称为承保能力比率。它对经营成果（包括承保业务与投资业务）具有放大效应。通常认为，保险公司承保的保费收入，不应当超出其净资产的两倍。所以，肯尼系数一般不应当大于 2。

以上四部分中，承保收益率与投资收益率分别反映了保险公司两种主要业务——承保、投资的经营水平，是对保险公司目前经营状况的体现。投资收益系数与肯尼系数对保险公司长期的发展具有更重要的意义。

第二节　保险经营效益分析

一、保费收入指标分析

（一）有关保费收入的几个概念

保费收入是保险企业经营效益的基础和出发点，是衡量保险企业经营效益的重要指标之一。为了进一步分析保费收入指标及其他相关指标，首先应明确有关保费收入的几个概念。

1. 入账保费

保费收入一般是指入账保费。入账保费是保险企业在一定的时期内签发的保险单项下已经收到的和尚未收到的保费总额。由于各类保险业务具有不同的特点，其入账保费的计算也有所不同。

（1）非寿险的入账保费。非寿险的保费一般应在投保时一次交清，但也可分期交纳。因此，非寿险的入账保费体现了权责发生制原则的要求，其保费收入总额是指该时期签发保单项下的全部应收的保费，包括已实际收到的保费和尚未实际收到的保费。

（2）寿险业务的入账保费。寿险的保费可以在投保时一次交清，也可以分期（按年、按季、按月）交纳。但是，与非寿险合同生效原则不同，寿险投保人的首期保费不能迟交，也不能分期交。此外，若投保人逾期不交费，保险单即失效，补交保费及利息可复效。因此，寿险的保费按实收数额入账，即寿险的入账保费量按时期内实际收到的保费额计算，应交而逾期未交的保费不入账。

（3）储金性非寿险的入账保费。储金性非寿险的入账保费，就是储金在本年度内所生的利息。即使保险企业尚未与银行结账，也要按规定的利息率把储金在全年度内所生的利息入账，作为本年度的保费收入。

2. 应收保费

应收保费是权责发生制条件下的概念。它是指已经入账，即已经记录为本期保费收入，但尚未实际收到的保费。寿险、储金性非寿险不存在应收保费，只有非寿险存在应收保费。

3. 实收保费

实收保费即保险企业在一定时期内实际收到的保费，它包括已记录为上期保费收入但实际是在本期收到的保费，不包括记为本期保费收入，但尚未实际收到的保费。由于应收保费比例过高，会导致部分利润虚增的现象，所以计算和考核实收保费以及相关指标，对于提高企业经营效益具有重要的意义。其计算公式为：

本期实收保费 = 本期入账保费 + 本期初应收保费 − 本期末应收保费

公式中的本期初应收保费，就是上期末的应收保费。

4. 未赚保费

未赚保费也称未到期保费，指非寿险业务中，某一年度的入账保费中应该用于支付下一年度发生的赔款的费用。这是因为保单年度和会计年度并不完全一致，在会计年度终了时，有些保单有效期尚未结束。因此，未赚保费就是入账保费中与保险责任尚未终止的那部分业务相对应的保险费。实质上，从入账保费中核取未赚保费，就是提存未到期准备金。寿险、储金性非寿险一般不使用未赚保费的概念。

5. 已赚保费

已赚保费也称已到期保费，指非寿险业务中，某一年度中可以用于当年赔款支出的保费收入。已赚保费由上年度的未赚保费和本年度入账保费减除本年度未赚保费形成。其关系为：

已赚保费 = 入账保费 + 上年转回未赚保费 − 本年提取未赚保费

如果未赚保费按当年保费收入的50%计算，该年度的已赚保费为上年度保费收入与本年度保费收入之和的1/2。

在寿险业务中，用于支付赔款的不仅有保费收入，还有利息和投资收入，所以一般不使用已赚保费的概念。在储金性非寿险业务中，每一年度的赔款支出只用当年的保费收入支付，所以由储金在每一年度所生利息转入的当年保费收入，全部是已赚保费。

6. 标准保费

保费收入一直被作为评价寿险公司经营业绩和衡量寿险业发展状况的主要指标。但是，从我国保险实践看，仅用简单的规模保费衡量保险公司的收入状况容易使得保险公司过分重视短期收益，造成重规模轻质量的不良局面。标准保费则是为鼓励发展对公司利润有贡献的长期业务，提高保险业务质量所引入的一个重要衡量指标。

标准保费是指将报告期内不同类别的业务按对寿险公司利润或价值的贡献度大小设置一定折标系数进行折算后加总形成的保费收入。折标系数根据险种以及交费年限各有不同，交费年限低则折标系数低，交费年限高则折标系数高，交费年限高到一定程度后就没有影响了。所以，在实践中，某一险种的标准保费收入与实收保费收入差异大小，取决于该险种某渠道趸交业务与期交业务的比例，趸交业务越高，两者间相差就越大。

目前，国内寿险行业的规定是：

标准保费 =1 年期以上新单期交保费收入 × 折算系数 +
1 年期以上新单趸交保费收入 ×0.1+
1 年期及以内短期险保费收入 ×1.0

1 年期以上 10 年期以下期交保费的折算系数为 "交费年限 /10"，10 年期以上期交保费收入折算系数为 1.0。对于月交、季交的保费收入，将其折算为年交保费后再根据交费年期依上述系数折算。

7. 保费收入的确认与计量

收入是保险公司经营与发展的基础，随着保险公司业务的多样化的发展，保险公司的收入的种类也在增加。正确确认并计量保费收入对保险公司乃至整个保险行业都具有重要的意义。

我国《企业会计准则第 25 号——原保险合同》中规定，保费收入同时满足下列条件的，才能予以确认：

第一，原保险合同成立并承担相应保险责任；

第二，与原保险合同相关的经济利益很可能流入；

第三，与原保险合同相关的收入能够可靠地计量。

根据以上原则，保险公司应当将全部收入中由保险合同取得的收入确认为"保险收入"，将由其他合同（如第三方健康管理、信托型养老金等）取得的收入确认为"非保险收入"。除以上两种合同外，对于既包含保险风险又包含非保险风险的混合合同，根据财政部《关于印发〈保险合同相关会计处理规定〉的通知》，其保费收入应当采用"先拆后测"的方法进行确认。

混合合同中保险风险部分和其他风险部分能够区分，并且能够单独计量的，应当将保险风险部分和其他风险部分进行分拆。保险风险部分，确定为保险合同；其他风险部分，不确定为保险合同。

混合合同中保险风险部分和其他风险部分不能够区分，或者虽能够区分但不能够单独计量的，需要将其进行"重大风险测试"。如果保险风险重大，应当将整个合同确定为保险合同；如果保险风险不重大，不应当将整个合同确定为保险合同。其中"重大风险"是指发生合同约定的保险事故可能导致保险人支付重大附加利益的，即认定该保险风险重大，但不具有商业实质的除外。附加利益，是指保险人在发生保险事故时的支付额超过不发生保险事故时的支付额的金额。

专栏 14-1

新保险合同会计准则

（二）保费收入的增长分析

保费收入的增长变化虽然不能完全反映保险企业经营效益的高低，但是保险企业的经营效益主要来源于保费收入，没有保费收入的增长，企业经营效益最终也难以提高。因此，有必要对保费收入的增长进行分析。

1. 保费收入增长的比较分析

保费收入增长的比较分析，是把某一时期（报告期）的保费收入与以前时期（基期）的保费收入进行比较分析。

（1）保费收入增长额分析。保费收入增长额是报告期保费收入与基期保费收入的差额。其计算公式是：

$$保费收入增长额 = 报告期保费收入 - 基期保费收入$$

（2）保费收入增长率分析。保费收入增长率是报告期保费收入增长额与基期保费收入的比率。

$$保费收入增长率 = \frac{报告期保费收入 - 基期保费收入}{基期保费收入} \times 100\%$$

（3）保费收入的长期动态分析。这是根据连续若干年度的保费收入数据，计算其定基增长率和环比增长率，以观察保费收入在一个较长时期内的变动趋势。所谓定基增长率，是把每一年度的保费收入与初始年度的保费收入相比较的增长率；环比增长率，是把每一年的保费收入与上一年度的保费收入相比较的增长率。

2. 保费收入增长的因素分析

某一险种在一定时期内的保费收入，是由承保数量、保险金额、保险费率等因素决定的。当我们把这一时期的保费收入同上期比较时，就会发现，保费收入的增减是承保数量、保险金额、保险费率等因素变化综合作用的结果。利用因素分析法，可以测定各因素变动对于保费收入变化的影响，即对于这些因素作用的结果进行定量分析。

利用因素分析法对保费收入进行分析的一般步骤如下：

（1）首先建立保费收入与各因素之间的数学模型，即建立保费收入的计算公式：

$$P = A \times S \times R \tag{14-1}$$

式中：P——某一险种在一定时期内的保费收入；

A——该险种的总承保数量；

S——该险种的平均保险金额（简称年均保额），其计算方法是，S= 总保险金额/

总承保数量；

R——该险种的平均保险费率（简称年均费率），其计算方法为，$R=$ 保费收入 /
总保险金额。

（2）分别搜集报告期和基期的保费收入、承保数量、保险金额，计算报告期和基期的年均保额和平均费率。

设某公司 2021 年（报告期）和 2020 年（基期）人身意外保险的承保数量、保险金额、保费收入资料如表 14-1 所示。

表 14-1　相 关 资 料

项目	2021 年	2020 年	项目	2021 年	2020 年
承保数量 / 人	5 316 725	4 964 255	保费收入 / 万元	2 263	1 749
保险金额 / 万元	1 090 935	847 740			

根据上述资料，分别计算出 2021 年和 2020 年的平均保额和平均费率，并将分析中要利用的承保数量、保费收入列表如表 14-2 所示。

表 14-2　平均保额和平均费率计算表

项目	2021 年	2020 年	项目	2021 年	2020 年
承保数量 / 人	5 316 725	4 964 255	平均费率 /‰	2.074	2.063
平均保额 /（元 / 人）	2 051.89	1 707.69	保费收入 / 万元	2 263	1 749

（3）分别依次用报告期的各因素替代基期的相应因素，将计算结果与未用该因素替代的计算结果相减，其差额即为该因素对保费收入的影响。

设基期的保费收入、承保数量、平均保额、平均费率分别为 P_0，A_0，S_0，R_0，报告期的保费收入、承保数量、平均保额、平均费率分别为 P_1，A_1，S_1，R_1。

承保数量变化对保费收入的影响是：

$$A_1 \times S_0 \times R_0 - A_0 \times S_0 \times R_0 = (A_1 - A_0) \times S_0 \times R_0$$

用表 14-2 中的数据计算则有：

$$(5\,316\,725 - 4\,964\,255) \times 1\,707.69 \times 2.063‰ = 1\,241\,739（元）$$
$$\approx 124（万元）$$

这说明，由于 2021 年的承保人数比 2020 年增加了 352 470 人，保费收入增加了 124 万元。

平均保额变化对保费收入的影响是：

$$A_1 \times S_1 \times R_0 - A_1 \times S_0 \times R_0 = A_1 \times (S_1 - S_0) \times R_0$$

用表 14-2 中的数据计算，则为：

$$5\,316\,725 \times (2\,051.89 - 1\,707.69) \times 2.063‰ = 3\,775\,325（元）$$
$$\approx 378（万元）$$

这说明，由于每个被保险人的平均保险金额提高了 344.20 元，保费收入增加了 378 万元。

平均保险费率的变化对保险费收入的影响是：

$$A_1 \times S_1 \times R_1 - A_1 \times S_1 \times R_0 = A_1 \times S_1 \times (R_1 - R_0)$$

用表 14-2 中的数据计算，则为：

$$5\,316\,725 \times 2\,051.89 \times (2.074‰ - 2.063‰) = 120\,003（元）$$
$$\approx 12（万元）$$

这说明，由于平均费率提高了 0.011 个千分点，保费收入增加了 12 万元。

根据上述计算结果，我们可以把各因素的变动对保费收入的影响，以及这种影响在保费收入变动额中所占比重，列表如表 14-3 所示。

表 14-3　各因素变动对保费收入的影响情况

项目	变动值	变动相对值	对保费收入影响	占比重
承保数量	+352 470 人	+7.1%	+124 万元	24.12%
平均保额	+344.2 元 / 人	+20.16%	+378 万元	73.54%
平均费率	+0.011‰	+0.53%	+12 万元	2.33%
保费收入	+514 万元	+29.39%	—	—

二、流动性分析

一家公司的流动性是指公司债务到期时的支付能力。保险公司作为具有明显负债经营特征的企业，流动性的分析与管理是公司经营和风险防范中的重要工作之一。保险公司的流动性主要来源于现金流入和资产变现两部分。其中现金流入又通过公司经营中的保费收入以及公司投资的资产所产生的利息、红利、不动产的租金和其他收入实现。流动性的另一个来源是公司所投资的资产。公司总是能够将有价证券、不动产或其他资产出售以获得现金，因此，投资变现的能力越强，公司的流动性也就越好。

（一）流动性比率

流动性比率通过比较流动性资产和负债来反映公司可用于应付未来现金支出的资产水平，此比率称为流动性比率，计算公式如下：

流动性比率 = 流动资产市价 / 总准备金

流动资产是指现金和以市价计量的有价证券，总准备金则包括损失准备金、费用准备金和未到期保费准备金。

流动性比率衡量易于变现的资产是否足以支付损失、理赔费用及归还未到期保费。此比率通用标准是至少应不小于 1。

（二）应收保费与公积金比率

应收保费是一个应收款账户，用以反映投保人、保险代理商和其他为售出保单代收保费者所欠资金。此账户反映了保单售出后保费被延付的情况。延付可能是由于投保人投保后还没收到账单，或者代理商卖出保单后还没有向保险公司付款。监管者要监测在应收保费或保险代理人应付款项上累积的流动资产水平。当一定数量的投保人或再保险商遇到财务困难，无法支付保费时，应收保费余额和应收再保险商账款余额就会大幅上升。公司的这些余额大，显得流动性很高，但是，如果发生保险代理人、投保人或再保险商违约的情形，公司的流动性就会被高估。

为衡量此风险，可设立比较应收保费与公司经营规模的比率，其中之一就是应收保费与公积金比率。如果公司的公积金较多，就可认为其有价证券及其他资产足以弥补未收的应收保费。

若应收代理商账款与公积金比率（即代收过程中的应收代理商账款除以公司的公积金）低于 0.4，保险公司会被认为有足够的流动性；若该比率高于 0.4，则表明保险公司的代理人应付保费余额过大。

在保险公司财务报表的公式中，我们可以扩展此比率，使用应收保费来反映所有保单应收款项，包括应收代理商账款、投保人应直接支付的保费以及再保费。我们重新定义此比率为应收保费与公积金比率，计算公式为：

$$应收保费与公积金比率 = 应收保费 / 公积金$$

三、赔付率分析

保险公司的赔款支出在宏观上体现着保险行业的社会效益，在微观上反映着保险企业的经营水平。

（一）有关赔款支出的几个基本概念

1. 已付赔款

已付赔款是指保险人已向被保险人支付的赔款。

2. 未决赔款

未决赔款是指在保险有效期间内已经发生的损失，但尚未处理或已处理但尚未确立最后赔款金额、也未办理给付手续的赔款。为承担未决赔款的保险责任，保险企业应该提存相应的未决赔款准备金。

3. 承受的赔款

承受的赔款是指保险企业在一定时期内应付的赔款，既包括已付赔款，又包括未决赔款。用公式表示为：

$$承受的赔款 = 已付赔款 + 今年提存的赔款准备金 - 上年赔款准备金$$

（二）赔付率的变动因素分析

1. 入账保费赔付率的概念和变动因素分析

入账保费赔付率是一定时期内赔款支出与该时期入账保费的比率。其计算公式是：

$$入账保费赔付率 = \frac{本期赔款支出}{本期入账保费} \times 100\%$$

公式中的"本期赔款支出"，从理论上说，应是承受的赔款，即本期已付赔款加上本期未决赔款（未决赔款准备金），减去期初未决赔款（未决赔款准备金）。但是，有时为了简化计算，也以本年的已付赔款作为赔款支出。这是因为，年初未决赔款与年末未决赔款抵消后，占已付赔款的比重较小，对入账保费赔付率计算的准确性影响不大。

入账保费赔付率适用于储金性非寿险和短期非寿险。储金性非寿险的保费收入，不仅取决于保险储金的数额，而且取决于利息、存款年息、存款是否及时等因素，比较复杂。以下，仅对短期非寿险的入账保费赔付率进行变动因素分析。

将入账保费赔付率计算公式右边的分子、分母同时除以承保金额，得：

$$入账保费赔付率 = \frac{保额损失率}{平均费率}$$

上式表明，入账保费赔付率的变动取决于保额损失率和平均费率两个因素。入账保费赔付率与保额损失率同方向变化，在平均费率不变的条件下，保额损失率越高，入账保费赔付率也就越高；入账保费赔付率与平均费率反方向变化，在保额损失率不变的条件下，平均费率越高，入账保费赔付率就越低。

利用上面的公式，可以对入账保费赔付率的变动进行因素分析，即测定保额损失率、平均费率的变动对入账保费赔付率的影响程度。如果已知某一年度及上一年度某险种的入账保费赔付率、保额损失率、平均费率，那么就可以计算：

保额损失率的变动对入账保费赔付率的影响为：

$$\frac{本年保额损失率 - 上年保额损失率}{上年平均费率}$$

平均费率的变动对入账保费赔付率的影响为：

$$\frac{本年保额损失率}{本年平均费率} - \frac{上年保额损失率}{上年平均费率}$$

2. 已赚保费赔付率的概念和变动因素分析

已赚保费赔付率是某一年度内的赔款支出与该年度已赚保费的比率。已赚保费一般按年度进行计算，不能逐月计算。其计算公式为：

$$已赚保费赔付率 = \frac{某年度赔款支出}{该年度已赚保费} \times 100\%$$

按现行制度规定，非寿险业务的未到期责任准备金按当年的自留保费收入（入账保费）的 50% 提存，所以上述公式改为：

$$已赚保费赔付率 = \frac{本年赔款支出}{（本年入账保费 + 上年入账保费）/2} \times 100\%$$

在实践中，为了简化计算，公式中赔款支出可以用本年度的已付赔款代替承受的赔款。

将等式左右的分子、分母同除以非寿险业务的年平均有效保额。年平均有效保额 =（本年承保金额 + 上年承保金额）/2。则可得：

$$已赚保费赔付率 = \frac{保额损失率}{有效保单平均费率}$$

上式表明，已赚保费赔付率取决于保额损失率和有效保单平均费率两个因素。在保额损失率不变的条件下，有效保单平均费率越高，已赚保费赔付率就越低；在有效保单平均费率不变的条件下，保额损失率越高，已赚保费赔付率也就越高。

利用上面的公式，可以对已赚保费赔付率的变动进行因素分析。保额损失率和有效保单平均费率都是变动的，它们的变动会引起已赚保费赔付率的变动。如果我们已经掌握了某一年度和上一年度的已赚保费赔付率、保额损失率和有效保单平均费率，那么就可以分别计算出保额损失率的变动、有效保单平均费率的变动对已赚保费赔付率的影响。

保额损失率的变动对已赚保费赔付率的影响为：

$$\frac{\text{本年保额损失率} - \text{上年保额损失率}}{\text{上年有效保单平均费率}}$$

有效保单平均费率的变动对已赚保费赔付率的影响为：

$$\frac{\text{本年保额损失率}}{\text{本年有效保单平均费率}} - \frac{\text{上年保额损失率}}{\text{上年有效保单平均费率}}$$

四、费用率和成本率分析

（一）手续费比例分析

手续费支出是保险企业成本的一项重要内容。在现代保险业中，保险代理人发挥着重要的作用。因此，衡量和考核手续费支出，对于提高保险经营效益同样有重要意义。

根据会计核算的配比原则，保险企业的收入与其相应的成本费用相互配比。用于产生某项收入所支付的费用或成本必须同时入账；同理，对于当期不予入账的收入，其相应发生的成本和费用也必须从当期成本中剔除。手续费支出是保险企业取得保费收入的费用或成本，而保费收入依据保单未到期天数可分为已赚保费和未赚保费。因此，从理论上讲，为了保费收入而发生的手续费支出也应随着保费收入的提存而将一部分手续费支出转作为下一年支出。如果手续费支出比重不大，可以把当年发生的手续费支出全部算作成本，并不作当期成本和下期成本的划分。

对于手续费比例，可按入账保费和已赚保费的比例分别计算，其公式为：

$$\text{入账保费手续费比例} = \frac{\text{手续费支出}}{\text{入账保费}}$$

$$\text{已赚保费手续费比例} = \frac{\text{手续费支出}}{\text{已赚保费}}$$

从上述两个指标看，入账保费手续费比例要比已赚保费手续费比例更合理，更符合配比原则。不同的手续费比例，以及手续费支出是否划分为当年支出和下年支出，在保费收入大量增加的情况下，对保险经营效益具有一定的影响。

（二）费用率的分析

1. 费用率指标

按不同的费用计算口径，可设置不同的费用率指标。一般采用综合费用率和营业费用率两个指标。

"综合费用率"中综合费用的含义，是保险企业全部营业性支出减去赔款支出、营业税及附加和各种准备金的提存额之后的费用支出。而"营业费用率"中的营业费用，是指保险企业的主要经营成本，包括在业务经营及管理工作中发生的各项费用。综合费用率和营业费用率一般依据"利润表"中的项目进行计算。

2. 费用降低率的分析

费用降低率是某一时期（报告期）的费用率与以前某一时期（基期）的费用率相比较的差额。通过费用降低率的分析，能反映保险公司经营管理水平的变化。其计算公式为：

$$综合费用降低率 = 报告期综合费用率 - 基期综合费用率$$

$$营业费用降低率 = 报告期营业费用率 - 基期营业费用率$$

在上述指标中，费用降低率越低，保险经营效益越好。

在计算费用降低率的基础上，还可以计算费用降低额，衡量保险企业经营效益。其公式是：

$$综合费用降低额 = （报告期综合费用率 - 基期综合费用率）× 报告期保费收入$$

$$营业费用降低额 = （报告期营业费用率 - 基期营业费用率）× 报告期保费收入$$

3. 费用结构分析

费用结构就是指在费用支出中，各种费用所占的比例。分析费用结构，可以找出影响费用增减的主要项目，从而能采取对应的措施，降低费用率。

（三）成本率的分析

按照入账保费和已赚保费，成本率可分为入账保费成本率和已赚保费成本率。

1. 入账保费成本率的分析

入账保费成本率是保险企业在某一年度发生的成本与当年保费收入（入账保费）的比率。其计算公式为：

$$入账保费成本率 = \frac{赔款支出 + 费用支出 + 其他支出}{入账保费} \times 100\%$$

式中，"其他支出"是指成本项目中除"赔款支出"和"费用支出"外的支出，如"汇兑损失""未决赔款准备金""坏账准备金"等。按照我国现行制度规定，保险企业支出项目中"税金及附加""提取未到期责任准备金"不能列为成本支出。

由于上述分子中"赔款支出"（已付赔款）总额中既有当年签发保单发生的赔款，又有以前年度签发的保单在本年发生的赔款，而上年提存的未决赔款准备金并没有冲减"赔款支出"，也没有作为收入与入账保费相加，所以，该指标在这一点上具有一定的缺陷。如果将上述"赔款支出"改为"承受的赔款"，那么分母项的"入账保费"便不配比，没有可比性。

2. 已赚保费成本率的分析

已赚保费成本率是某一年度的成本与该年度的已赚保费的比率。其计算公式为：

$$已赚保费成本率 = \frac{赔款支出 + 费用支出 + 其他支出}{已赚保费} \times 100\%$$

与入账保费成本率指标相比，已赚保费成本率同样存在不可比的问题。式中"已赚保费"是当年的实际收入，而"赔款支出"（已付赔款）加上"提取未决赔款准备金"并不能代表当年的实际赔款支出（承受的赔款）；此外，"费用支出"也没有按照配比原则划分当年支出和下年支出。因此，有必要对上述指标加以改进。本书提出"实际成本率"的概念，其计算公式为：

$$实际成本率 = \frac{承受的赔款 + 费用支出 + 其他支出}{已赚保费} \times 100\%$$

这一计算公式也可以写成：

$$实际成本率 = \frac{承受的赔款}{已赚保费} + \frac{费用支出 + 其他支出}{已赚保费}$$

即：

实际成本率 = 已赚保费赔付率 + 已赚保费综合费用率

需要指出，实际成本率能反映某年度成本占收入的比例，也能体现保险企业的利润所占的比例。但是，这种反映只是大致上的反映，因为实际成本率并没有包括保险企业所有的收入和支出。例如，保险公司的收入除保费收入外，还有追偿收入、利息收入、投资收入等；保险公司的支出，除赔款支出、费用支出外，还有营业外支出等。

3. 成本降低率的分析

按照指标分析的一般原理，可计算已赚保费成本降低率，也可计算入账保费成本降低率。下面以实际成本率为例，计算成本降低率。

实际成本降低率 = 报告期实际成本率 – 基期实际成本率

由于实际成本率是由已赚保费赔付率和已赚保费综合费用率两部分组成的，所以不仅要对实际成本率进行总体降低水平的分析，还应该进一步分析上述两个因素各自变动对实际成本率的影响程度。

设基期实际成本率为 C_0，已赚保费赔付率为 P_0，已赚保费综合费用率为 F_0；报告期实际成本率为 C_1，已赚保费赔付率为 P_1，已赚保费综合费用率为 F_1，则有：

$$C_0 = P_0 + F_0, \quad C_1 = P_1 + F_1$$

报告期比基期的实际成本降低率为：

$$\begin{aligned} C_1 - C_0 &= (P_1 + F_1) - (P_0 + F_0) \\ &= (P_1 - P_0) + (F_1 - F_0) \end{aligned} \tag{14-2}$$

式中：$P_1 - P_0$，即报告期和基期已赚保费赔付率的差额及对实际成本率的影响；

$F_1 - F_0$，即报告期和基期已赚保费综合费用率的差额及对实际成本率的影响。

对于保险企业实际成本率，在上述对赔付率和综合费用率进行因素分析的基础上，我们还可以用结构比重分析法，进一步分析成本项目中各项目的影响程度。结构比重的计算方法为：

$$结构比重 = \frac{某项成本支出}{总成本} \times 100\%$$

五、保险资金运用指标分析

如前所述，保险资金运用指标主要有资金运用率和资金运用盈利率。

（一）资金运用率

资金运用率是保险企业投资总额占企业全部资产总额的比例。它体现了保险企业的投资规模。从经济效益角度看，保险资金运用率不能直接反映保险投资收益，但是，在一定条件下，保险资金运用的规模越大，保险投资收益越大；反之，保险投资收益越小。

为了进一步分析保险资金运用状况，还应分析资金运用的结构。保险资金运用是种多元化的投资，各种不同的资产投资额的比重，形成了不同的投资结构。保险资金运用结构就是指各种保险资金投资形式的投资额占总资产的比例。其公式为：

$$保险资金运用结构 = \frac{各形式的投资额}{总资产} \times 100\%$$

保险资金运用结构还可以指各种投资形式的投资额与投资总额的比例。其公式为：

$$保险资金运用结构 = \frac{各形式的投资额}{投资总额} \times 100\%$$

实现最佳的保险资金运用结构，不但能控制资金运用的总体风险，而且能保证资金运用的收益。

（二）资金运用盈利率

资金运用盈利率是指保险企业一个计划期内投资收益与投资总额的比例，这一指标是衡量保险资金运用效益的重要指标。一般来说，资金运用盈利率越高，资金运用效益越好。资金运用盈利率的分析，可采取对比法、结构法、因素分析法。

从经济效益角度看，资金运用盈利率还不能完全反映投资效益，因为资金运用盈利率指标中的资金运用总额虽然是取得投资收益的代价，但并没有包括资金运用过程中所发生的全部成本。

保险资金运用过程中不仅会发生历史成本，而且存在机会成本。机会成本的概念是从稀缺性概念引申出来的。随着社会发展，人们需求无限，但资源有限，所以当人们使用稀缺资源时，需在资源的多种用途中进行选择，以取得最大经济效益。决策者如将资源作某种用途，他就因放弃了其他可供选择的用途而付出了代价，即放弃其他机会而受到损失，这种损失就应算入成本中。机会成本虽然没有实际发生，在会计记录中也不做任何反映，但在投资决策、投资效益分析时，它是必须考虑的一个重要因素。

就保险企业而言，保险资金运用的资金来源是有限的，保险资金运用方式则是多样化的，因此，运用机会成本概念来进行保险资金运用效益分析是很重要的。我们认为，在进行保险资金运用效益分析时，首先应引入利息收入的机会成本。

六、保险企业利润分析

利润是反映保险企业经济效益的综合性指标，也是衡量保险企业经营效益的重要尺度。

（一）保险企业利润的计算

对于非寿险业务，其业务利润计算方式可举例如表14-4所示。

表 14-4　非寿险业务利润计算举例　　　　　　　　　单位：亿元

保费收入	1 000
＋分保费收入	＋150
－分保费支出	－200
入账保费	950
＋转回未到期责任准备金	＋450
－提取未到期责任准备金	－500
已赚保费	900
赔款支出	800
＋分保赔款支出	＋50
－摊回分保赔款	－100
－追偿收入	－50
净赔款	700
费用支出	150
业务成果	50
＋投资、利息收入	＋150
利润（财务成果）	200

对于寿险业务，其业务利润计算方式可举例如表14-5所示。

表 14-5　寿险业务利润计算举例　　　　　　　　　单位：亿元

收入	金额	支出	金额
年初责任准备金	1 000	给付支出	200
保费收入	500	退保金支出	100
投资、利息收入	200	费用支出	50
		年末责任准备金	1 250
利润		利润	100
合计	1 700	合计	1 700

在上述寿险业务利润计算表中，年初责任准备金，实际上就是转回上年末的责任准备金；年末责任准备金，实际上就是提存本年度的责任准备金。寿险业务需要办理

分保的业务较少，所以一般不把分保费收入、分保费支出、分保赔款支出、摊回分保赔款单独列出，寿险业务也不存在追偿收入。

如果综合起来计算利润，其公式如下：

利润总额＝营业利润＋投资收益＋营业外收入－营业外支出

营业利润＝营业收入－税金及附加－成本－提取责任准备金差额

（二）非寿险业务的利润分析

1. 非寿险利润来源

非寿险业务的利润来源于两部分：一部分是业务成果（也称承保成果、承保利润、业务成绩等），另一部分是投资收入。这两部分成果占利润总额的比例称为利润构成。其公式是：

$$业务成果所占比例＝\frac{某年度业务成果}{该年度利润额}×100\%$$

$$投资收入所占比例＝\frac{某年度投资收入}{该年度利润额}×100\%$$

2. 入账保费利润率分析

入账保费利润率是指某一年度实现的利润与该年度入账保费（保费收入）之间的比率。其计算公式为：

$$入账保费利润率＝\frac{某年度实现的利润}{该年度入账保费}×100\%$$

由于某一年度的利润有一部分来自上年度的保费收入，另一部分来自当年的保费收入，因此入账保费利润率并不能准确地反映保险企业的经济效益。

3. 已赚保费利润率分析

已赚保费利润率是某一年度实现的利润与该年度已赚保费的比例。其计算公式为：

$$已赚保费利润率＝\frac{某年度实现的利润}{该年度已赚保费}×100\%$$

由于已赚保费中已考虑了未到期责任准备金转回和提存的因素，某一年度实现的利润与该年度的已赚保费是完全对应可比的，因而可以作为反映保险企业经济效益的客观尺度。在保费收入比上年增长幅度较大的情况下，虽然入账保费利润率可能有所下降，但已赚保费利润率却可能上升。

4. 非寿险业务利润增长因素分析

非寿险业务利润的计算公式为：

利润＝保费收入＋转回责任准备金－提取责任准备金－赔款支出－
　　　费用支出＋投资及利息收益

　　＝已赚保费－赔款支出－费用支出＋投资及利息收益

上述公式表明，非寿险业务利润的多少，取决于已赚保费、已赚保费赔付率、已赚保费费用率、已赚保费利息率等几个因素。利用上述公式，可以对非寿险业务利润的变动进行因素分析，即测定各因素对利润变动的影响。以下举一例说明。

设某保险公司非寿险业务的有关资料如表14-6所示。

表 14-6　某保险公司非寿险业务有关资料　　　　　　　　单位：万元

年度	保费收入	赔款支出	费用支出	利息收入	利润
2020	2 000	—	—	—	—
2021	2 600	1 900	300	200	300
2022	3 000	2 300	400	300	400

根据表 14-6 的资料，计算 2021 年、2022 年度已赚保费、已赚保费赔付率、已赚保费费用率、已赚保费利息率，如表 14-7 所示。

表 14-7　某保险公司非寿险业务各指标计算表

年度	已赚保费 / 万元	已赚保费赔付率 /%	已赚保费费用率 /%	已赚保费利息率 /%
2021	2 300	82.61	13.04	8.70
2022	2 800	82.14	14.29	10.71

根据以上资料，经计算可得出利润增长分析表，如表 14-8 所示。

表 14-8　某保险公司非寿险业务利润增长分析表

因素	对利润影响 / 万元	占利润比 /%
已赚保费	65.25	65.25
已赚保费赔付率	13.16	13.16
已赚保费费用率	−35	−35
已赚保费利息率	56.28	56.28
合计	99.69	99.69

从表 14-8 可以看出，该保险公司 2022 年非寿险业务的利润比 2021 年增加了 100 万元，这主要是由于已赚保费的增加和已赚保费利息率的提高。另外，已赚保费赔付率的下降对利润的增长也做出了部分贡献。而已赚保费费用率的上升，则使利润减少了 35 万元。

（三）寿险业务利润分析

寿险的保费是根据预定死亡率、预定利息率、预定费用率计算的。计算时依据平衡原则，即假设所收保费及其利息收入的现值正好等于给付支出和所需管理费用的现值。保险公司的预定三率（死亡率、利息率、费用率）和实际三率之间存在着差异，因而，寿险业务的利润分析涉及以下三个概念：

第一，死差益（损），即预定死亡率与实际死亡率之间的差异使寿险业务产生的利润或亏损。产生的利润称为死差益，产生的亏损称为死差损。

第二，利差益（损），即由于实际利率与预定利率之间的差异使寿险业务产生的利润或亏损。实际利率高于预定利率时，产生利差益；实际利率低于预定利率时，产生利差损。

第三，费差益（损），即由于实际费用率与预定费用率之间的差异使寿险业务产生的利润或亏损。实际费用率高于预定费用率时，产生费差损；实际费用率低于预定费用率时，产生费差益。

寿险业务利润的计算公式为：

$$G=V_0+P'+I-S-E-V_1 \tag{14-3}$$

式中：G——利润；

V_0——年初责任准备金；

P'——毛保费收入；

I——利息、投资收入；

S——保险金给付；

E——费用支出；

V_1——年末责任准备金。

以下分别列出死差益（损）、利差益（损）、费差益（损）的计算公式。

1. 死差益（损）的计算

$$G_1=V_0(1+i)+(P-S)\left(1+\frac{i}{2}\right)-V_1 \tag{14-4}$$

式中：G_1——死差益（损）；

i——预定利率；

P——净保费，其值等于毛保费（P'）减附加保费（L）。

2. 利差益（损）的计算

$$G_2=I-iV_0-(P'-S-E)\frac{i}{2} \tag{14-5}$$

式中：G_2——利差益（损）。

3. 费差益（损）的计算

$$G_3=(L-E)\left(1+\frac{i}{2}\right) \tag{14-6}$$

式中：G_3——费差益（损）；

L——附加保费。

以下举一实例对寿险业务进行利润分析。

设某保险公司 2021 年寿险业务数据如下：

年初责任准备金（V_0）　　　　1 200 万元

毛保费收入（P'）　　　　　　800 万元

利息收入（I）　　　　　　　100 万元

保险金给付（S）　　　　　　200 万元

费用支出（E）　　　　　　　100 万元

年末责任准备金（V_1）　　　1 700 万元

预定费率为毛保费的 20%

预定利率为年复利 6%

则保险公司利润为：

$$G=V_0+P'+I-S-E-V_1$$
$$=1\,200+800+100-200-100-1\,700$$
$$=100（万元）$$

死差益（损）为：

$$i=0.06，P=P'（1-20\%）=800\times0.8=640（万元）$$

$$G_1=V_0(1+i)+(P-S)\left(1+\frac{i}{2}\right)-V_1$$

$$=1\,200\times1.06+(640-200)\times1.03-1\,700$$

$$=25.2（万元）$$

利差益（损）为：

$$G_2=I-iV_0-(P'-S-E)\frac{i}{2}$$

$$=100-1\,200\times0.06-(800-200-100)\times0.03$$

$$=13（万元）$$

费差益（损）为：

$$L=P'-P=800-640=160（万元）$$

$$G_3=（L-E）\left(1+\frac{i}{2}\right)$$

$$=(160-100)\times1.03$$

$$=61.8（万元）$$

$$死差益（损）占利润比例=25.2/100=25.2\%$$

$$利差益（损）占利润比例=13/100=13\%$$

$$费差益（损）占利润比例=61.8/100=61.8\%$$

根据以上数据，可编制寿险业务利润分析表，如表 14-9 所示。

表 14-9　某保险公司寿险业务利润分析表（2021 年）

项目	金额 / 万元	占利润比 /%
死差益	25.2	25.2
利差益	13	13
费差益	61.8	61.8
合计	100	100

从表 14-9 可以看出，该公司寿险业务的利润主要来源于费差益，其次是死差益，而利差益所占比例较小。若该公司能进一步提高资金运用收益率，增加利息收入，则公司的利润会进一步增加。

七、保险企业价值分析

保险公司经营的目的在于为股东及保单持有人创造持久的价值，因此，以价值评估为基础的保险公司管理模式已经逐步成为国际公认的提高管理水平、促进公司发展的一种重要管理方式。但是，由于寿险公司的经营具有长期性，一般的公司价值评估方法并不能完全适用于保险公司。随着精算技术和财务分析方法的不断进步，一种基于寿险公司特点的"内含价值评估"分析方法在国际保险业中出现，并逐步被运用到实际中。

（一）内含价值评估法的出现

在内含价值（embedded value）评估法出现前，保险公司的价值评估多采用法定会计准则（SAP）评估法和一般会计准则（GAAP）评估法。以上两种方法由于没有考虑寿险公司的特点，使得寿险公司的价值普遍被低估。

1. SAP 法

SAP 评估法是以法定会计准则和法定偿付能力为基础的用于保险监管者评定保险公司财务状况是否良好的方法，主要目的在于证明保险公司有足够的偿付能力，能够履行保险合同，以保护保单持有人的利益，因此，在选择评估假设和评估方法时较为保守。在收入的确认上，SAP 评估法遵守收付实现制，后期的续期保费只有实现后，才能纳入利润中；而在费用的确认上，虽然采用修正责任准备金，但是由于保单发生前几年费用较高，新业务在前几年多处于亏损状态。SAP 法对于死亡率、收益率各方面的假设都是保守的，不足以衡量保险公司的经营成果，不能有效地分析公司的成长。SAP 法的重心在于偿付能力，重视公司当前业务，而忽视了公司长期运营的潜力。因此，SAP 法通常低估了寿险公司的价值。

2. GAAP 法

在美国，为克服 SAP 法的诸多不足，普遍采用美国一般会计准则（GAAP）评估法。与 SAP 法不同，GAAP 法更关心公司的获利能力，因此，其各种假设更符合实际。对于收入的确认，采用权责发生制，即收益在保单签订时已确认；而展业费用作为递延资本在以后确定保费收入时远期摊销。但是 GAAP 法关注的是公司总的收益的情况，无法区分资本金收益和有效业务价值收益，也不能考察不同险种、不同部门的价值增值情况，没有区分现有业务和新业务所创造的利润，不能区分新业务是增加公司的利润还是减少公司的利润。因此，GAAP 法也会低估寿险公司的价值。

3. 内含价值评估法

针对 SAP 法和 GAAP 法的不足，内含价值评估法应运而生。内含价值评估法是针对寿险产品盈利周期长和展业费用高的特性构造的一种价值评估方法。1984 年，英国皇家控股保险公司的董事们发现股票市场上的市盈率偏低，公司的真实价值被严重低估。在这种情况下，公司决定将"经济价值"的概念引入保险公司，从而提出了用内含价值的方法来测定公司寿险业务的真实价值。内含价值的评估方法经过理论界和实务界的不断研究改进，目前已成为英国、美国、澳大利亚及南非等国家和地区寿险公司的主要财务报告形式之一。更为重要的是，内含价值在寿险公司的并购活动中起到不可替代的作用。

（二）内含价值的概念

内含价值可以认为是保险公司价值评估中引入"经济价值"的概念将其按照保险业的特点进行改进，所形成的具有行业特征的公司价值概念。"经济价值"（economy value）是相对于"账面价值"（book value）、"市场价值"（market value）的价值概念，建立在未来现金流量模式和相关的风险折现率基础上。内含价值在本质上是一种以精算技术为基础，将保险行业特殊性通过精算假设引入经济价值分析体系的价值分析方法。

内含价值是保险业独有的概念，指在充分考虑总体风险的情况下，分配给适用业务的资产所产生的股东现金流的现值。通俗地说，内含价值是在没有考虑公司未来新业务销售能力的情况下现有公司的价值，可视为寿险公司进行清算转让时的价值。内含价值是对一家寿险公司的经济价值的估计，不包括未来新业务产生的价值，直接反映寿险公司当前的经营成果。它由有效业务的价值和调整后净值两部分构成，反映在某个评估时点之前已经生效的业务的价值。调整后净值一般是指资产市值（可包括所有不良资产）扣除负债后的数额；有效业务的价值则是反映了资本成本后，目前业务未来可作分配的折现现金流量。

根据我国定义，内含价值的构成如下：[1]

内含价值 = 调整净资产 + 有效业务价值

调整净资产 = 自由盈余 + 要求资本

有效业务价值 = 有效保单未来产生的股东现金流现值 - 持有要求资本的成本

（三）保险公司价值评估法的进一步发展

通过以上分析可以看出，内含价值仅考虑了当前有效业务的价值，但由于寿险公司经营具有持续性的特征，其价值分析中也应当包括未来价值成长的因素，显然，内含价值分析法并不能合理反映寿险公司的成长性。而且寿险公司未来新业务价值随着时间的推移也会逐步变为寿险公司的有效业务价值，所以为了更合理有效地体现寿险公司持续性经营的特征，可在其价值评估中在内含价值的基础上加入未来新业务价值，从而构成保险公司的评估价值（appraisal value）。

评估价值 = 内含价值 + 未来新业务价值

然而除此之外，影响寿险公司价值的可能还有管理层能力、品牌效应等其他因素，将所有这些因素加在评估价值之上便得到了寿险公司的市场价值（market value），即寿险公司股票的理论价值。

市场价值 = 评估价值 + 其他影响公司价值的因素

① 魏迎宁.寿险公司内含价值的理论和实践［M］.北京：经济管理出版社，2005：12.

第三节 保险企业财务报表

财务报表是对企业财务状况、经营成果和现金流量的结构性表述。一套完整的财务报表至少包括"四表一注",即资产负债表、利润表、现金流量表、所有者权益变动表及附注,上述组成部分在列报上具有同等重要程度。

下面分别就保险公司的资产负债表、利润表、所有者权益变动表和现金流量表逐一说明。

一、资产负债表

资产负债表是反映企业在某一特定日期的财务状况的会计报表。该表可以揭示企业在某一特定日期的资产、负债和所有者权益数额及其构成情况,又称财务状况表。

资产负债表遵循"资产=负债+所有者权益"的会计等式,根据资产、负债和所有者权益之间的相互关系,按照一定的分类标准和顺序,把企业一定日期的资产、负债和所有者权益各项目予以适当排列,按照一定的编报要求编制而成。

我国企业会计准则规定,资产负债表应当按照资产、负债和所有者权益三大类别分类列表,并且资产和负债应当分别按流动资产和非流动资产、流动负债和非流动负债列示。但是保险公司因销售产品或提供服务不具有明显可识别营业周期,各项资产和负债可以按照其流动性顺序列示。

通过资产负债表,可以了解保险公司在特定日期所拥有的经济资源、所承担的债务以及所有者在公司中持有的权益,分析保险公司的债务偿还能力,预测保险公司将来的财务趋向等。

保险公司资产负债表的格式如表 14-10 所示。

表 14-10 资产负债表

编制单位: 年 月 日　　　　　　　　　　　　　　　　　　　　　　　　　　　单位:元

资产	期末余额	年初余额	负债和所有者权益	期末余额	年初余额
资产:			负债:		
货币资金			短期借款		
以公允价值计量且其变动计入当期损益的金融资产			以公允价值计量且其变动计入当期损益的金融负债		
衍生金融资产			衍生金融负债		
买入返售金融资产			卖出回购金融资产款		
应收利息			预收保费		

续表

资产	期末余额	年初余额	负债和所有者权益	期末余额	年初余额
应收保费			应付手续费及佣金		
应收分保账款			应付分保账款		
应收分保未到期责任准备金			应付职工薪酬		
应收分保未决赔款准备金			应交税费		
应收分保寿险责任准备金			应付赔付款		
应收分保长期健康险责任准备金			应付保单红利		
保户质押贷款			未到期责任准备金		
其他应收款			未决赔款准备金		
定期存款			保费准备金		
可供出售金融资产			持有待售负债		
持有至到期投资			保户储金及投资款		
贷款及应收款项投资			寿险责任准备金		
长期股权投资			长期健康险责任准备金		
存出资本保证金			长期借款		
投资性房地产			应付债券		
固定资产			递延收益		
在建工程			独立账户负债		
无形资产			递延所得税负债		
开发支出			其他负债		
商誉			负债合计		
递延所得税资产			所有者权益:		
独立账户资产			实收资本（股本）		
其他资产			其他权益工具		
			资本公积		
			其他综合收益		
			盈余公积		
			一般风险准备		
			大灾风险利润准备		
			未分配利润		
			所有者权益合计		
资产总计			负债和所有者权益总计		

二、利润表

利润表是反映企业在一定时期内的经营成果及其形成情况的会计报表。该表采用多步式的格式，即通过对当期的收入、费用、支出项目按性质加以归类，按利润形成的主要环节列示一些中间性利润指标，提供有关企业经营业绩的主要来源和构成的信息。

通过利润表，可以了解保险公司的经营成果及其来源，分析保险公司的成本、费用状况，分析保险公司的盈利能力以及一定期间内的利润发展趋势。

保险公司利润表的格式如表 14-11 所示。

表 14-11　利　润　表

编制单位：　　　　　　　　　　年度　　　　　　　　　　　　　单位：元

项目	本期金额	上期金额
一、营业收入		
已赚保费		
保险业务收入		
其中：分保费收入		
减：分出保费		
提取未到期责任准备金		
投资收益		
其中：对联营企业和合营企业的投资收益		
公允价值变动收益		
汇兑收益		
资产处置收益		
其他收益		
其他业务收入		
二、营业支出		
退保金		
赔付支出		
减：摊回赔付支出		
提取保险责任准备金		
减：摊回保险责任准备金		
提取保费准备金		
保单红利支出		
分保费用		

续表

项目	本期金额	上期金额
税金及附加		
手续费及佣金支出		
业务及管理费		
减：摊回分保费用		
其他业务成本		
资产减值损失		
三、营业利润（亏损以"-"号填列）		
加：营业外收入		
减：营业外支出		
四、利润总额（亏损总额以"-"号填列）		
减：所得税费用		
五、净利润（净亏损以"-"号填列）		
（一）持续经营净利润（净亏损以"-"号填列）		
（二）终止经营净利润（净亏损以"-"号填列）		
六、其他综合收益的税后净额		
（一）以后不能重分类进损益的其他综合收益		
其中：1. 重新计量设定受益计划净负债或净资产的变动		
2. 权益法下在被投资单位不能重分类进损益的其他综合收益中享有的份额		
（二）以后将重分类进损益的其他综合收益		
其中：1. 权益法下在被投资单位以后将重分类进损益的其他综合收益中享有的份额		
2. 可供出售金融资产公允价值变动损益		
3. 持有至到期投资重分类为可供出售金融资产损益		
4. 现金流量套期损益的有效部分		
5. 外币财务报表折算差额		
七、综合收益总额		
八、每股收益		
（一）基本每股收益		
（二）稀释每股收益		

三、所有者权益变动表

所有者权益变动表是指反映构成所有者权益的各组成部分当期的增减变动情况的会计报表。所有者权益变动表应当全面反映一定时期所有者权益变动的情况，不仅包括所有者权益总量的增减变动，还包括所有者权益增减变动的重要结构性信息，特别是要反映直接计入所有者权益的利得和损失，有助于报表使用者准确理解所有者权益增减变动的原因。

保险公司所有者权益变动表的格式如表 14-12 所示。

表 14-12　所有者权益变动表

编制单位：　　　　　　　　　　　　年度　　　　　　　　　　　　单位：元

项目	实收资本（股本）	其他权益工具	资本公积	减：库存股	其他综合收益	专项储备	盈余公积	一般风险准备	大灾风险利润准备金	未分配利润	所有者权益合计
一、上年年末余额											
加：会计政策变更											
前期差错更正											
其他											
二、本年年初余额											
三、本年增减变动金额（减少以"-"号填列											
（一）综合收益总额											
（二）所有者投入和减少资本											
1. 所有者投入的普通股											
2. 其他权益工具持有者投入资本											
3. 股份支付计入所有者权益的金额											
4. 其他											
（三）利润分配											
1. 提取盈余公积金											
2. 提取一般风险准备											
3. 提取大灾风险利润准备金											

续表

项目	实收资本（股本）	其他权益工具	资本公积	减：库存股	其他综合收益	专项储备	盈余公积	一般风险准备	大灾风险利润准备金	未分配利润	所有者权益合计
4. 对所有者的分配											
5. 其他											
（四）所有者权益内部结转											
1. 资本公积转增资本（或股本）											
2. 盈余公积转增资本（或股本）											
3. 盈余公积弥补亏损											
4. 其他											
四、本年年末余额											

四、现金流量表

现金流量表是反映企业一定期间内现金和现金等价物的流入和流出的会计报表。现金，是指企业库存现金以及可以随时用于支付的存款。现金等价物，是指企业持有的期限短、流动性强、易于转换为已知金额现金、价值变动风险很小的投资，如三个月内到期的债券投资。现金流量则是指企业一定时期内的现金及现金等价物流入和流出的数量。

现金流量表应当分别按照经营活动、投资活动和筹资活动列报现金流量，并应当分别按照现金流入和现金流出总额列报。

我国企业会计准则规定，保险公司应当采用直接法列示经营活动产生的现金流量。直接法是指通过现金收入和现金支出的主要类别列示经营活动的现金流量。有关经营活动现金流量的信息，可以通过企业的会计记录获得，也可以通过对利润表中的营业收入、营业成本以及其他项目进行调整获得。

通过对现金流量表的分析，可以了解保险公司一定时期内现金流入和流出的原因，分析保险公司的偿债能力和支付能力，分析保险公司未来获取现金的能力等。

保险公司现金流量表的格式如表 14-13 所示。

表 14-13　现金流量表

编制单位：　　　　　　　　　　　　　年度　　　　　　　　　　　　　　单位：元

项目	本年金额	上年金额
一、经营活动产生的现金流量		
收到原保险合同保费取得的现金		
收到再保业务现金净额		
保户储金及投资款净增加额		
收到的税费返还		
收到其他与经营活动有关的现金		
经营活动现金流入小计		
支付原保险合同赔付款项的现金		
保户储金及投资款减少额		
支付再保业务现金净额		
支付手续费及佣金的现金		
支付保单红利的现金		
支付给职工以及为职工支付的现金		
支付的各项税费		
支付其他与经营活动有关的现金		
经营活动现金流出小计		
经营活动产生的现金流量净额		
二、投资活动使用的现金流量		
收回投资收到的现金		
取得投资收益收到的现金		
处置固定资产、无形资产和其他长期资产收回的现金		
收到买入返售金融资产的现金		
收到其他与投资活动有关的现金		
投资活动现金流入小计		
投资支付的现金		
保户质押贷款净增加额		
购建固定资产、无形资产和其他长期资产支付的现金		
支付买入返售金融资产的现金		
支付其他与投资活动有关的现金		
投资活动现金流出小计		
投资活动产生的现金流量净额		
三、筹资活动产生的现金流量		

续表

项目	本年金额	上年金额
吸收投资收到的现金		
发行债券收到的现金		
收到卖出回购金融资产的现金		
收到其他与筹资活动有关的现金		
筹资活动现金流入小计		
分配股利、利润或偿付利息支付的现金		
偿还债务支付的现金		
赎回债券支付的现金		
支付卖出回购金融资产的现金		
支付其他与筹资活动有关的现金		
筹资活动现金流出小计		
筹资活动产生的现金流量净额		
四、汇率变动对现金及现金等价物的影响额		
五、现金及现金等价物净增加额		
加：年初现金及现金等价物余额		
六、年末现金及现金等价物余额		

本章小结

1. 保险经营效益既是保险经济保障活动的出发点，也是保险经济保障活动的归宿点。保险企业经营效益是指以尽可能少的保险经营成本，为社会提供尽可能多的符合社会需要的保险保障服务，取得最大的有效成果。反映保险企业经营效益的综合性指标是利润。保险企业经营效益的特点是对立统一性和相对不确定性。

2. 提高保险经营效益的基本途径有：增加保费收入，提高保险承保质量；提高保险企业经营管理水平；提高保险企业的人员素质；有效地进行保险投资；积极发挥组织要素的作用。

3. 反映保险企业经营效益的技术指标有：保费收入指标（包括保费收入增长率、人均保费收入）；赔付率指标；保险企业成本指标（包括成本率、综合费用率、营业费用率等）；保险资金运用指标（包括资金运用率、资金运用盈利率）；利润指标（包括利润率、人均利润）；综合效益指标（ROE）。

4. 保费收入指标分析包括：保费收入增长的比较分析、保费收入增长的因素分析。流动性分析包括：流动性比率分析、应收保费与公积金比率分析。赔付率指标分析包括：入账保费赔付率的变动因素分析、已赚保费赔付率的变动因素分析。费用率和成本率指标分析包括：手续费比例分析、费用降低率分析、费用结构分析、入账保费成本率分析和已赚保费成本率分析、成本降低率分析。保险资金运用指标分析包括：资金运用率和资金运用结构分析、资金运用盈利率分析。保险企业利润指标分析包括：非寿险业务利润分析、寿险业务利润分析。保险企业价值分析涉及内含价值评估法。

5. 保险企业的财务报表包括资产负债表、利润表、所有者权益变动表、现金流量表及附注。资产负债表是反映企业在某一特定日期的财务状况的会计报表。利润表是反映企业在一定时期内的经营成果及其形成情况的会计报表。所有者权益变动表是反映构成所有者权益的各组成部分当期的增减变动情况的会计报表。现金流量表是反映企业一定期间内现金和现金等价物的流入和流出的会计报表。

重要概念

保险经营效益	保险企业成本	保险企业费用	保险企业利润
资金运用率	成本率	赔付率	利润率
入账保费	应收保费	实收保费	未赚保费
已赚保费	标准保费	未决赔款	内含价值
资产负债表	利润表	所有者权益变动表	现金流量表

思考题

1. 保险经营效益的含义和基本内容是什么？
2. 根据保险经营特点，保险企业提高其经营效益的基本途径是什么？
3. 简述反映保险经营效益的技术指标。
4. 已赚保费的含义是什么？已赚保费与保险企业经营效益有何联系？
5. 保险企业应如何准确、有效地考核手续费比例？
6. 如何对非寿险利润增长因素进行分析？
7. 如何对寿险利润增长因素进行分析？
8. 简述保险企业资产负债表、利润表、所有者权益变动表、现金流量表的概念及其基本作用。

案例分析

易安财险破产重整

2022 年 7 月 15 日，银保监会发布公告，原则同意易安财产保险股份有限公司（简称易安财险）进入破产重整程序。易安财险成为国内第一家破产重整的保险公司。

易安财险成立于 2016 年 2 月 16 日，是经监管部门批准设立的我国四家专业互联网保险公司之一，注册资本金 10 亿元，注册地为深圳市前海深港合作区。易安财险顶着"互联网保险"的光环成立，开业当年便实现盈利，但是好景不长，2018 年和 2019 年连续两年发生巨额亏损。

2020 年 7 月 17 日，银保监会发布公告：鉴于易安财险触发了《中华人民共和国保险法》第 144 条规定的接管条件，为保护保险活动当事人合法权益，维护社会公共利益，银保监会决定对易安财险实施接管。接管期限自 2020 年 7 月 17 日起至 2021 年 7 月 16 日止。2021 年 7 月 16 日，银保监会决定延长易安财险接管期限一年，自 2021 年 7 月 17 日起至 2022 年 7 月 16 日止。

2022 年 7 月 8 日，易安财险以其不能清偿到期债务且明显缺乏清偿能力为由，向北京金融法院申请破产重整。法院认为，易安财险作为四家互联网保险公司之一，具有管理结构扁平、轻资产运营等优势；同时易安财险自身资产负债体量不大，有望通过有限投资改善偿付能力，其提出的重整申请，符合法律规定，应当予以受理。

请扫描右侧二维码，查阅易安财险 2016—2019 年的财务报表。

案例思考：

1. 导致易安财险破产重整的原因是什么？
2. 保险公司应如何控制经营风险？

 即测即评

请扫描右侧二维码，进行即测即评。

第四篇

保险市场篇

第十五章
保险市场结构与运作

中共十八届三中全会明确提出"使市场在资源配置中起决定性作用",市场的重要性不言而喻。保险市场作为一种特定的市场,同样包含构成要素,遵循市场规律,但其交易对象的特殊性,决定了保险市场具有较一般商品市场的许多不同之处。本章在介绍保险市场的要素、特征、模式与机制等基础知识和基本原理的基础上,重点探究保险市场的组织、供求等问题。

第一节　保险市场概述

一、保险市场的概念

保险市场是指保险商品交换关系的总和或保险商品供给与需求关系的总和。它既可以指固定的交易场所(即狭义上的保险市场),如保险交易所,也可以是所有实现保险商品让渡的交换关系的总和。保险市场的交易对象是保险人为消费者提供的保险保障,即各类保险商品。较早的保险市场出现在英国的保险中心——伦巴第街;后来随着"劳合社"海上保险市场的形成,参与保险市场交易活动的两大主体——供给方与需求方渐趋明朗,但这种交换关系仍较简单;之后,随着保险业的不断发展,承保技术日趋复杂化,承保竞争日趋尖锐化,保险商品推销日趋区域化与全球化,仅由买卖双方直接参与的交换关系已经远不适应了,这时保险市场的中介力量应运而生,使得保险交换关系更加复杂,同时保险市场也趋于成熟。尤其当今,信息产业的高速发展,通过信息网络,足不出户,就可以完成保险的交易活动。因而,保险市场的含义应从广义上去理解。

二、保险市场的构成要素

如前所述,保险市场的交易对象是保险保障,即由保险商品供给方向面临不同风险的保险需求方即投保方提供各类保险商品,以满足他们不同的保险保障需求。从投保方的需求来看,有些是对物质财产及其相关利益的保险保障需求,有些则是对人的生命或者身体的保险保障需求。为满足前一种保障需求，保险人提供以物质财产及其相关利益为保险标的的各类保险商品，由此形成的各种交换关系的总和就是财产保险市场；为满足后一种保障需求，保险人提供以人的生命或身体为保险标的的各类保险商品，由此而形成的各种交换关系的总和就是人身保险市场。

无论是财产保险市场还是人身保险市场，无论保险市场的模式属于何种类型，其构成要素如下：首先是为保险交易活动提供各类保险商品的卖方或供给方，其次是实现交易活动的各类保险商品的买方或需求方，最后是具体的交易对象——各类保险商品。起初的保险市场只要具备这三个要素，保险交易活动就可以完成。后来，随着保险业的不断发展，保险活动专业化分工加深，保险市场向更深层次细分。保险市场交易的顺利实现，除了保险供给方与需求方必须参加外，往往还须有保险中介方的介入，因而，保险中介方也渐渐成为构成保险市场不可或缺的要素之一。这些要素归结起来就构成了保险市场必须具备的两大要素，也就是保险市场的主体与客体。

（一）保险市场的主体

保险市场的主体是指保险市场交易活动的参与者，包括保险商品的供给方、需求方以及充当供需双方媒介的中介方。保险市场就是由这些参与者缔结的各种交换关系的总和。

1. 保险商品的供给方

保险商品的供给方是指在保险市场上，提供各类保险商品，承担、分散和转移他人风险的各类保险人。在不同的国家或地区，保险人的市场准入有不同程度的法律许可，最终以各类保险组织形式出现在保险市场上，如保险股份有限公司、相互保险公司、国有保险公司、专业自保公司、保险合作社、相互保险社等。

2. 保险商品的需求方

保险商品的需求方是指在一定时间、一定地点等条件下，为寻求风险保障（或寻求风险保障与投资）而对保险商品具有购买意愿和购买力的消费者的集合。保险商品的需求方就是保险营销学所界定的"保险市场"，即"需求市场"，它由有保险需求的消费者、能满足保险需求的交费能力和投保意愿三个主要因素构成。其中，保险消费者包括投保人、被保险人和受益人。这三者可能是合而为一的，也可能是分离的，他们有各自独特的保险需求，也有各自特有的保险消费行为。交费能力即保险购买力，人们的保险消费需求是通过利用手中的货币购买保险来实现的。投保意愿又可称保险购买意愿，是指保险消费者购买保险的动机、愿望或要求，是保险消费者把潜在消费变为现实消费的非常重要的条件。保险需求市场的这三个要素相互制约，缺一不可。

3. 保险市场中介方

保险市场中介方既包括活动于保险人与投保人之间，充当保险供需双方的媒介，把保险人和投保人联系起来并建立保险合同关系的人（包括保险代理和保险经纪人）；也包括独立于保险人与投保人外，以第三者身份处理保险合同当事人委托办理的有关保险业务的公证、鉴定、理算、精算等事项的人，如保险公证人（行）或保险公估人（行）、保险律师、保险理算师、保险精算师、保险验船师等。

（二）保险市场的客体

保险市场的客体是指保险市场上供求双方具体交易的对象，这个交易对象就是保险商品。保险商品是一种特殊形态的保障性商品。

首先，这种商品是一种无形商品。保险企业经营的是看不见摸不着的风险，"生产"出来的商品仅仅是对保险消费者的一纸承诺，而且这种承诺只能在约定的事件发生或约定的期限届满时履行，不像一般商品可以实质性地感受其价值和使用价值。一张保单也不过是保险产品的一个外壳，是保险保障的一个有形载体。

其次，这种商品是一种"非渴求商品"。所谓非渴求商品，是指购买者一般不会想到要去主动购买的商品。通常，很少有人主动买保险，除非法律有强制性的规定，因为人们总是在风险事故发生前存有侥幸心理。

最后，保险商品具有灾难的联想性。保险商品总是与未来可能发生的不幸相连的，因为通常是在被保险人发生，如疾病、伤残、死亡等不幸事件时，才能得到保险金。对某些人来说，考虑保险本身就是一段不愉快的经历，当保户索赔时，他们往往正经历着精神或财务的压力，因而很多人不愿意考虑保险。

正因为保险商品的这些特性，使得"保险必须靠推销"，才能更好地完成保险市场的交易活动。

三、保险市场的特征

保险市场的特征是由保险市场的交易对象的特殊性所决定的。保险市场的交易对象是一种特殊形态的商品，因此，保险市场表现出其独有特征。

（一）保险市场是直接的风险市场

这里所说的直接风险市场，是就交易对象与风险的关系而言的。尽管任何市场都存在风险，交易双方都可能因市场风险的存在而遭受经济上的损失。但是，一般的商品市场所交易的对象，其本身并不与风险联系，而保险企业的经营对象就是风险，保险市场所交易的对象是保险商品，其使用价值是对投保人转嫁于保险人的各类风险提供保险保障，所以本身就直接与风险相关联。保险商品的交易过程，本质上就是保险人聚集与分散风险的过程，风险的客观存在和发展是保险市场形成和发展的基础与前提。"无风险，无保险。"保险市场是一个直接的风险市场。

（二）保险市场是非即时清结市场

所谓即时清结的市场是指一旦市场交易结束，供需双方立刻就能够确切知道交易结果的市场。无论是一般的商品市场，还是金融市场，都是能够即时清结的市场。对于银行存款，由于利率是事前确定的，交易双方当事人在交易完成时就能够立即确切知道交易结果。而对于保险交易活动，因风险的不确定性和保险的射幸性，交易双方都不可能确切知道交易结果，因此，不能立刻清结。相反，还必须通过订立保险合同，来确立双方当事人的保险关系，并且依据保险合同履行各自的权利与义务。因而，保险单的签发，看似保险交易的完成，实则是保险保障的刚刚开始，最终的交易结果则要看双方约定的保险事故是否发生。所以，保险市场是非即时清结市场。

（三）保险市场是特殊的"期货"交易市场

由于保险的射幸性，保险市场所成交的任何一笔交易，都是保险人对未来风险事故发生所致经济损失进行赔付的承诺；而保险人是否履约，即是否对某一特定的对象进行赔付，却取决于保险合同约定时间内是否发生约定的风险事故以及这种风险事故造成的损失是否达到保险合同约定的赔付条件。这实际上交易的是一种特殊期货，即"灾难期货"。因此，保险市场是一种特殊的"期货"交易市场。

四、保险市场的模式

当今世界保险市场有多种模式，主要有完全竞争模式、完全垄断模式、垄断竞争模式、寡头垄断模式。

（一）完全竞争模式

完全竞争又称纯粹竞争。完全竞争型保险市场，是指一个保险市场上有数量众多的保险公司，任何公司都可以自由进出市场。在完全竞争模式下，保险市场处于不受任何阻碍和干扰的状态中，同时由于大量保险人的存在，且每个保险人在保险市场上所占份额的比例都很小，因而任何一个保险人都不能够单独左右市场价格，由保险市场自发地调节保险商品价格。在这种市场模式下，保险资本可以自由流动，价值规律和供求规律充分发挥作用。国家保险管理机构对保险企业的管理相对宽松，保险行业公会在市场管理中发挥重要作用。

一般认为完全竞争是一种理想的保险市场模式，它能最充分、最适度、最有效地利用保险资源。因而，保险业发展较早的西方发达国家多为这一类型。但是，完全竞争发展的结果，必然导致垄断。自垄断资本主义以后，完全竞争已无现实性。现实保险市场中存在的竞争往往是一种不完全的竞争（寡头垄断和垄断竞争）。

（二）完全垄断模式

完全垄断型保险市场，是指保险市场完全由一家保险公司所操纵，这家公司的性质既可是国营的，也可是私营的。在完全垄断的保险市场条件下，价值规律、供求规律和竞争规律受到极大的限制，市场上没有竞争，没有可替代产品，没有可供选择的保险人。因而，这家保险公司可凭借其垄断地位获得超额利润。

完全垄断模式还有两种变通形式。一种是专业型完全垄断模式，即在一个保险市场上同时存在两家或两家以上的保险公司，各垄断某类保险业务，相互间业务不交叉，从而保持完全垄断模式的基本性质。另一种是地区型完全垄断模式，指在一国保险市场上，同时存在两家或两家以上的保险公司，各垄断某一地区的保险业务，相互间业务没有交叉。

（三）垄断竞争模式

垄断竞争模式下的保险市场，大小保险公司并存，少数大保险公司在市场上取得垄断地位。竞争的特点表现为：同业竞争在大垄断公司之间、垄断公司与非垄断公司之间、非垄断公司彼此之间激烈展开。

（四）寡头垄断模式

寡头垄断型保险市场，是指在一个保险市场上，只存在少数相互竞争的保险公司。在这种模式的市场条件下，保险业经营依然以市场为基础，但保险市场具有较高的垄断程度，保险市场上的竞争是国内保险垄断企业之间的竞争，形成相对封闭的国内保险市场。存在寡头垄断模式市场的国家既有发展中国家，也有发达国家。

五、保险市场机制

（一）保险市场机制及其内容

所谓市场机制，是指价值规律、供求规律和竞争规律三者之间相互制约、相互作用的关系。现代意义的市场，是以市场机制为主体进行经济活动的系统和体系。市场机制的具体内容包括价值规律、供求规律和竞争规律及其相互关系。

价值规律在流通领域中要求等价交换，即要求价格与价值相一致。价值规律在流通领域中的运动，表现为价格的运动。价格既反映价值量，又反映供求状况，它既不会时时处处与价值相一致，又不会过久和过多地偏离价值，而是以价值为中心，围绕着价值上下波动。

供求规律是流通领域中的一条重要规律。供求规律表现为供给与需求之间的关系，即供给总是追随着需求。但是在商品经济条件下，供给不是大于需求就是小于需求，二者很少正好相等；然而，供给又不能过久和过多地大于需求或小于需求。从长期发展趋势看，供给量与需求量是相等的。

竞争包括供者之间的竞争、求者之间的竞争以及供求之间的竞争。在竞争过程中，优胜劣汰。竞争的结果，使供给和需求、社会生产和社会需要总是在互相脱离又互相一致的两种状态之间运动，但从总的趋势看，两者是趋向平衡的。

价值规律、供求规律和竞争规律之间的关系直接表现为价格与供求之间的关系，即供求影响价格，价格调节供给。一方面，如果供求相一致，价格与价值一定相等；如果供大于求，价格就会低于价值；如果求大于供，价格就会高于价值。另一方面，价格高于价值，就会抑制需求，刺激供给；反之，价格低于价值，就会刺激需求，抑制供给。这就是价值规律对流通的调节作用。此外，价值规律不仅调节流通，而且也调节生产。

（二）保险市场机制及其特殊作用

保险市场机制是指将市场机制一般引用于保险经济活动所形成的价值规律、供求规律及竞争规律之间相互制约、相互作用的关系。但由于保险市场具有不同于一般市场的独有特征，市场机制在保险市场上表现出特殊的作用。

1. 价值规律在保险市场上的作用

保险商品是一种特殊商品，这种商品的价值一方面体现为保险人提供的保险保障（包括有形的补偿或给付和无形的心理保障）所对应的等价劳动的价值，另一方面体现为保险从业人员社会必要劳动时间的凝结。保险费率即保险商品的价格，投保人据此所交纳的保险费是为换取保险人的保险保障而付出的代价，无论从个体还是总体的角度，都表现为等价交换。但是，由于保险费率的主要构成部分是依据过去的、历史的经验测算出来的未来损失发生的概率，所以，价值规律对于保险费率的自发调节只能限于凝结在费率中的附加费率部分的社会必要劳动时间。因而，价值规律对于保险商品的价值形成方面具有一定的局限性，只能通过要求保险企业改进经营技术，提高服务效率，来降低附加费率成本。

2. 供求规律在保险市场上的作用

供求规律通过对供需双方力量的调节达到市场均衡，从而决定市场的均衡价格，即供求状况决定商品的价格。因而，就一般商品市场而言，其价格形成，直接取决于市场的供求状况。但是，在保险市场上，保险商品的价格即保险费率不是完全由市场供求状况决定的，即保险费率并不完全取决于保险市场供求力量的对比。保险市场上保险费率的形成，一方面取决于风险发生的频率，另一方面取决于保险商品的供求情况。如人寿保险的市场费率，是保险人根据预定死亡率、预定利率与预定营业费用率三要素事先确定的，不可能完全依据市场供求的情况来确定，也就是说，保险人不能就需求情况的变化随意调整市场费率。因此，保险市场的保险费率不是完全由市场的供求情况决定的，相反，需由专门的精算技术予以确立。尽管费率的确定要考虑供求状况，但是，供求状况本身并不是确定保险费率的主要因素。

3. 竞争规律在保险市场上的作用

价格竞争是任何市场的重要特征。一般的商品市场竞争，就其手段而言，价格是最有力的竞争手段。在保险市场上，也曾一度有保险人把价格竞争作为最主要的甚至是唯一的竞争手段，为了在市场上取得竞争优势，有的甚至将费率降至成本线以下；结果一些保险人难以维持，纷纷破产倒闭，最终影响了广大被保险人的利益。其实，在保险市场上，由于交易的对象与风险直接相关联，保险商品的费率的形成并不完全取决于供求力量的对比，相反，风险发生的频率即保额损失率等才是决定费率的主要因素，供求仅是费率形成的一个次要因素。因此，一般商品市场的价格竞争机制，在保险市场上必然受到某种程度的限制。

第二节　保险市场的组织

一、保险市场的一般组织形式

保险市场的组织形式是指在一国或一地区的保险市场上，保险人经营保险所采取的组织形式。一般经营保险业务的组织，由于财产所有制关系不同，有以下五种组织形式。

（一）国营保险组织

国营保险组织是由国家或政府投资设立的保险经营组织。它们可以由政府机构直接经营，也可以通过国家法令规定某个团体来经营，该种组织形式被称为间接国营保险组织，如日本健康保险组合、办理输出保险的日本输出银行等。

由于各国的社会经济制度不同，在有些保险市场上，国营保险组织完全垄断了一国的所有保险业务，这样的国营保险组织往往是"政企合一"组织，既是保险管理机关，又是经营保险业务的实体。1988年以前，中国人民保险公司就属于这一性质的国营保险组织。而有些国家，为了保证某种社会政策的实施，则将某些强制性或特定保险业务专门由国营保险组织经营，这是一种政策型国营保险组织，如美国联邦存款保险公司。另外，在许多国家，国营保险组织同其他组织形式一样，可以自由经营各类保险业务，并可与之展开平等竞争，同时还要追求公司最大限度的利润。这是一种商业竞争型的国营保险组织，如股份制改造前的中国人民保险公司、中国人寿保险公司。

（二）私营保险组织

私营保险组织是由私人投资设立的保险经营组织，多以股份有限公司的形式出现。保险股份有限公司是现代保险企业制度下最典型的一种组织形式。

（三）合营保险组织

合营保险组织包括两种形式：一种是政府与私人共同投资设立保险经营组织，属于公私合营保险组织形式（公私合营保险组织通常也以股份有限公司的形式出现，并具有保险股份有限公司的一切特征）；另一种是本国政府或组织与外商共同投资设立的合营保险组织，我国称其为中外合资保险经营组织形式。

（四）合作保险组织

合作保险组织是由社会上具有共同风险的个人或经济单位，为了获得保险保障，共同集资设立的保险组织形式。在西方国家的保险市场上，合作保险组织分为消费者合作保险组织与生产者合作保险组织。前者是由保险消费者组织起来并为其成员提供保险的组织，它既可以采取公司形式（如相互保险公司），也可以采取非公司形式（如相互保险社与保险合作社）。后者多半是由医疗机构或人员为了向大众提供医疗与健康服务而组织起来的，如美国的蓝十字会和蓝盾医疗保险组织。

（五）行业自保组织

行业自保组织是指某一行业或企业为本系统或本企业提供保险保障的组织形式。欧美国家的许多大企业集团，都有自保保险公司。

行业自保公司是在第一次世界大战和第二次世界大战期间首先在英国兴起的，20世纪50年代美国也出现了这种专业性自保公司。2000年8月23日，由中海油集团全资筹建的中海石油保险有限公司在我国香港注册成立，这是我国第一家真正意义上的专业自保公司。它的成立，拉开了我国专业自保公司发展的序幕。

（六）个人保险组织

个人保险组织是以个人名义来承接保险业务的一种组织形式。迄今为止，这种组织形式只有英国的"劳合社"，它是世界上最大的也是唯一一家个人保险组织。

二、几种典型的保险市场组织形式

由于社会经济制度、经济管理体制和历史传统等方面的差异，对于保险人以何种组织形式进行经营，各个国家都有特别限定。例如，我国保险经营主体的组织形式适用《中华人民共和国公司法》的规定，即可以采取有限责任公司和股份有限公司的组织形式。2016 年 6 月，众惠财产相互保险社、汇友建工财产相互保险社和信美人寿相互保险社成为保监会出台《相互保险组织监督试行办法》后首批筹建的三家相互保险组织。我国台湾地区的保险组织形式有股份有限公司和保险合作社两种。美国规定的保险组织形式有股份有限公司和相互保险公司两种；日本规定的保险组织形式有股份有限公司、相互保险公司和保险互济合作社三种；英国较为特殊，除股份有限公司和相互保险社以外，还允许个人保险组织形式经营保险，即允许"劳合社"采用个人保险组织形式。

（一）保险股份有限公司

股份有限公司简称为股份公司，是现代企业制度最典型的组织形式。它由一定数目以上的股东发起组织，全部注册资本被划分为等额股份，通常发行股票（或股权证）来筹集资本，股东以其所认购的股份承担有限责任，公司以其全部资产对公司债务承担民事责任。

1. 保险股份有限公司的特点

股份有限公司以其严密而健全的组织形式被各国保险业广泛推崇。保险股份有限公司，是一种遵照股份有限公司的法律与事实特征形成的法律形式。首先，股份有限公司是典型的合资公司，公司的所有权与经营权相分离，有利于提高经营管理效率，增加保险利润，进而扩展保险业务，使风险更加分散，经营更加安全，对被保险人的保障更强。其次，股份有限公司通常发行股票（或股权证）来筹集资本。保险股份有限公司进入资本市场，通过发行股票进行融资，有利于增强保险公司的偿付能力。最后，保险股份有限公司采取确定保险费制，确定投保人保费负担，比较符合现代保险的特征和投保人的需要，为业务扩展提供了便利条件。

2. 保险股份有限公司的组织机构

所谓组织机构就是保险公司为了达到有效经营管理目的，确定各个部门及其组成人员的职责以及不同职责间的相互关系，从而使全体参加者既要有明确的分工，又要通力合作的一种形式。保险股份有限公司的组织机构为：股东大会、董事会、监事会和总经理。

（1）股东大会。股东大会由保险股份有限公司的股东组成，它是保险股份有限公司的最高权力机构。股东大会会议由股东选举的董事会负责召集，董事长主持，一般每年召开一次，某些特殊情况下可以召开临时股东大会。股东大会行使的职权一般是有关公司的重大决策，如对公司合并、分立、解散和清算等事项进行投票表决，一般采取"一股一票"表决权的形式。

（2）董事会。董事会是由股东选举的，一般由 5~19 名成员组成，设董事长 1 人，副董事长 1~2 人。董事会是公司的决策与管理机构，是股东大会领导下的公司行政中枢部门。它受股东的委托执掌决策大权，并对重大过失、欺诈、使用公司资产为个人目的而损害公司利益的行为向股东负责，但对正常业务判断错误不负直接责任。董事会主要负责宣布派息方针，决定收益留存的比例和股息的支付方式，决定扩大或缩减生产和经营规模，以及任命高级管理人员。董事长为保险股份有限公司的法定代表人，负责主持股东大会和召集、主持董事会会议，检查董事会决议的实施情况，签署公司股票、公司债券等。董事会每年度至少要召开两次会议，也可召开临时会议。

（3）监事会。监事会是公司的监督机构，由股东代表和适当比例的公司职工代表组成，成员一般不得少于3人。监事会行使的主要职权有：检查公司财务；监督董事执行公司职务时违反法律、行政法规或公司章程的行为；要求董事、经理纠正损害公司利益的行为；提议召开临时股东大会。监事的任期每届3年，任期届满，可连选连任。监事会应当依照国家法律、行政法规、公司章程，忠实履行监事职责。监事可列席董事会会议。

（4）总经理。总经理是公司的高级职员，由董事会聘任或解聘，负责执行公司的经营方针，并向董事会负责。总经理是公司的代理人，有权以公司名义签约，但应当遵守公司的章程，忠实履行职务，维护公司利益，不得利用其在公司的地位和职权为自己牟私利。

3. 保险股份有限公司在中国的发展

1937年，中国保险公司（1931年中国银行在上海设立）分离出中国人寿股份有限公司，1944年中国保险公司更名为中国产物保险股份有限公司；1944年国民政府成立了中国农业保险股份有限公司。中华人民共和国成立以后，第一家股份制保险企业是1988年3月成立的平安保险公司；第一家全国性、综合性的股份制保险公司是中国太平洋保险公司。1995年《保险法》颁布后，我国保险股份有限公司的发展进入一个新的历史时期，不仅有中资，还有中外合资；不仅原中国人民保险公司一分为四，而且平安、太平洋更是各自变更为集团股份有限公司。2003年，国有保险公司股份制改革取得突破，之后中国人保、中国人寿、中国平安、中国太平洋等公司在海内外成功上市。

目前，在我国保险市场上，保险股份有限公司在数量、资产规模、市场份额上，都已占据了绝对的优势地位。

（二）相互保险公司

相互保险公司是由所有参加保险的人自己设立的保险法人组织，是保险业特有的公司组织形式。与股份保险公司相比较，相互保险公司具有以下特点。

1. 相互保险公司的投保人具有双重身份

相互保险公司虽然被称为公司，却没有资本股票和股东，保单持有人叫会员，其地位与股份公司的股东地位相类似，公司为他们所拥有。因此，投保人具有双重身份，既是公司所有人，又是公司的顾客；既是投保人或被保险人，又是保险人。他们只要交纳保险费，就可以成为公司成员；而一旦解除保险关系，也就自然脱离公司，成员资格随之消失。

2. 相互保险公司的交费模式

按照是否事先收取保险费，相互保险公司可以分为评估性和事先收费两大类。评估性相互保险公司不事先确定保险价格，也不收取保费，在保险事故发生后，根据经验损失情况，将损失在所有保单持有人之间进行分摊，确定每人的应付金额，收取后用于支付赔款。事先收费相互保险公司类似于股份有限公司，事先设计产品，确定保障范围，评估风险，厘定费率，再通过销售产品吸纳会员参加。

3. 相互保险公司的组织机构类似于股份公司

相互保险公司的最高权力机关是会员大会或会员代表大会，即由保单持有人组成的代表大会。会员大会选举董事会，由董事会任命公司的高级管理人员。但随着公司规模的扩大，董事会和高级管理人员实际上已经控制了公司的全部事务，会员很难真正参与管理，而且现在已经演变成委托具有法人资格的代理人营运管理，负责处理一切保险业务。在美国人寿保险业中，约有 7% 的人寿保险公司采用相互保险公司的组织形式。如美国最大的人寿保险公司——谨慎人寿保险公司、大都会人寿保险公司都是相互保险公司。在国际保险市场上，股份保险公司与相互保险公司之间的转制一直没有停止过。一方面，相互保险公司最初的相互性正在渐渐消失，与股份保险公司已无明显差异，而且事实上，不少相互保险公司最初也是以股份公司形式设立，后来再通过退股相互公司化。另一方面，在现阶段经济全球化的推动下，由相互制转向股份制又成为了保险业发展的主流方向。

（三）相互保险社

相互保险社是同一行业的人员，为了应付自然灾害或意外事故造成的经济损失而自愿结合起来的集体组织。相互保险社是最早出现的保险组织，也是保险组织最原始的状态，但是在欧美国家现在仍然相当普遍，如在人寿保险方面有英国的"友爱社"、美国的"同胞社"，海上保险方面有"船东相互保障协会"等。与保险合作社及相互保险公司相比较，相互保险社具有以下特征：一是参加相互保险社的成员之间互相提供保险，即每个社员为其他社员提供保险，同时又获得其他社员提供的保险，真正体现了"我为人人，人人为我"。二是相互保险社无股本，其经营资本的来源仅为社员交纳的分担金，一般在每年年初按暂定分摊额向社员预收，在年度结束计算出实际分摊额后，多退少补。三是相互保险社保险费采取事后分摊制，事先并不确定。四是相互保险社的最高管理机构是社员选举出来的管理委员会，通常由一具有法人资格的代理人代为经营，在社员提出要保书时予以授权。

专栏 15-1

行在当代的原始互助

（四）保险合作社

保险合作社是由一些对某种风险具有同一保障要求的人，自愿集股设立的保险组织。保险合作社与相互保险社很相似，相互保险社通常又是按照合作社的模式建立的，因此，人们往往对二者不加区别。实际上，它们之间存在着很大的差异。首先，保险合作社是由社员共同出资入股设立的，加入保险合作社的社员必须交纳一定金额的股本，社员即为保险合作社的股东，其对保险合作社的权利以其认购的股金为限，而相互保险社却无股本。其次，只有保险合作社的社员才能作为保险合作社的被保险人，但是社员也可以不与保险合作社建立保险关系。也就是说，保险关系的建立必须以社员为条件，但社员却不一定必须建立保险关系；保险关系的消灭不影响社员关系的存在，也不影响社员身份。因而保险社与社员间的关系比较长久，只要社员认缴股本，即使不利用合作社的服务，仍与合作社保持联系。而相互保险社与社员是为了一时目的而结合的，如果保险合同终止，双方即自动解约。再次，保险合作社的业务范围仅局限于合作社的社员，只承保合作社社员的风险。最后，保险合作社采取固定保险费制，事后不补交；而相互保险社保险费采取事后分摊制，事先并不确定。

（五）劳合社

"劳合社"是当今世界上最大的保险组织之一，它是伦敦劳合士保险社的简称。劳合社并不是一家保险公司，仅是个人承保商的集合体，其成员全部是个人，各自独立、自负盈亏，进行单独承保，并以个人的全部财力对其承保的风险承担无限责任。因而，劳合社实际上是一个保险市场，它的保险交易方式通常是由保险经纪人为其保户准备好一份承保文件，写明保险的船舶和货物，然后将此保单置于桌上，由劳合社中的承保会员承保。如若会员愿意承保，即在承保文件上签字，并写明所愿接受的金额。一张承保单往往需要许多承保会员签字承保，直到所需承保的金额全部有人承保，再交签单部签单，交易才算达成。这种在承保文件下方签字的习惯，就是当今所采用的"承保人"（underwriter）一词的由来。

劳合社的成员经过劳合社组织严格审查批准，最初只允许具有雄厚财力且愿意承担无限责任的个人为承保会员，1995年开始接纳一些实力雄厚的法人团体入社。

第三节　保险市场的供给与需求

一、保险市场供给

（一）保险市场供给的含义

保险市场供给是指在一定的费率水平上，保险市场上各家保险企业愿意并且能够提供的保险商品的数量。保险市场供给可以用保险市场上的承保能力来表示，它是各个保险企业的承保能力之总和。保险供给包括质和量两个方面的内容。保险供给的质既包括保险企业所提供的各种不同的保险商品品种，也包括每一具体的保险商品品种质量的高低；保险供给的量既包括保险企业为某一保险商品品种提供的经济保障额度，也包括保险企业为全社会所提供的所有保险商品的经济保障总额。

（二）影响保险市场供给的主要因素

保险供给是以保险需求为前提的。因此，保险需求是制约保险供给的基本因素。在存在保险需求的前提下，保险市场供给受到以下因素的制约。

1. 保险费率

在市场经济条件下，决定保险供给的因素主要是保险费率，保险供给与保险费率呈正相关关系，保险费率上升，会刺激保险供给增加；反之，保险供给则会减少。

2. 偿付能力

由于保险经营的特殊性所在，各国法律对于保险企业都有最低偿付能力标准的规定，因而保险供给会受到偿付能力的制约。另外，企业的业务容量比率（净保费收入/净资产）也制约着企业不能随意、随时扩大供给。

3. 互补品、替代品的价格

互补品价格与保险供给呈正相关关系。互补品价格上升，引起保险需求减少，保险费率上升，保险供给增加；互补品价格下降，引起保险需求增加，保险费率下降，保险供给减少。替代品价格与保险供给呈负相关关系。替代品价格下降，保险需求减少，保险费率上升，保险供给增加；反之，则保险供给减少。

4. 保险技术

保险的专业性、技术性很强，有些险种很难设计，即使有市场需求，也难以供给。从而，保险技术的难易制约了保险供给。

5. 市场的规范程度

竞争无序的市场会抑制保险需求，从而减少保险供给；而竞争有序、行为规范，则会使保险市场信誉提高，从而刺激保险需求，扩大保险供给。因而，规范的保险市场会促进保险供给扩大，而不成熟、不规范的市场则会使保险供给受到抑制。

6. 政府的监管

保险业是一个极为特殊的行业，各国对其都有相对于其他行业更为严格的监管，有些甚至是极为苛刻的。因而，即使保险费率上升，由于政府的严格监管，保险供给也难以扩大。

（三）保险商品供给弹性

1. 保险商品供给弹性的含义

保险商品供给与保险费率呈正相关关系（见图15–1）。

保险商品供给弹性通常指的是保险商品供给的费率弹性，即指保险费率变动所引起的保险商品供给量变动，它反映了保险商品供给量对保险费率变动的反应程度，一般用供给弹性系数来表示，其公式为：

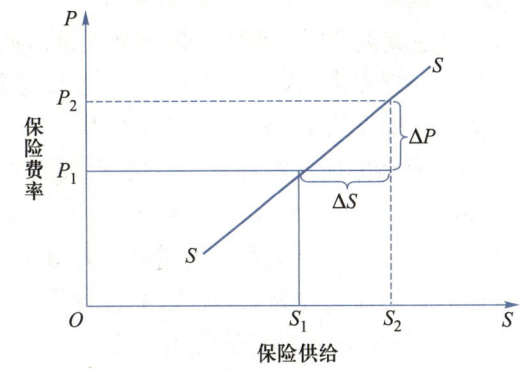

图 15–1　保险商品供给与保险费率

$$E_s = \frac{\Delta S/S}{\Delta P/P} \qquad (15-1)$$

式中：S——保险商品供给量；

　　ΔS——保险商品供给量的变动；

　　P——保险费率；

ΔP——保险费率的变动。

2. 保险商品供给弹性的种类

由于各保险商品的有机结构、保险对象、设计的难易程度等诸多因素的影响，保险商品供给弹性表现出不同的情况：供给无弹性，即 $E_s=0$，表明无论保险费率如何变动，保险商品供给量都保持不变；供给无限弹性，即 $E_s=\infty$，表明即使保险费率不再上升，保险商品供给量也无限增长；供给单位弹性，即 $E_s=1$，表明保险费率变动的比率与其供给量变动比率相同；供给富于弹性，即 $E_s>1$，表明保险商品供给量变动的比率大于保险费率变动的比率；供给缺乏弹性，即 $E_s<1$，表明保险商品供给量变动的比率小于保险费率变动的比率。

3. 保险商品供给弹性的相对稳定性

尽管保险商品的供给弹性有以上几种不同的表现，但就长期观察而言，保险商品供给弹性表现得较为稳定。这是因为保险商品向人们提供的是风险保障，并且其供给与需求几乎同时存在，因而，它不易受经济周期的影响，无论繁荣还是衰退期，保险商品的供给并无显著不同，故弹性较为稳定。

二、保险市场需求

（一）保险市场需求的含义

1. 保险需求

经济学意义上的需求是针对消费者的购买能力而言的，即指在一定价格条件下，以一定的货币支付能力为基础，消费者愿意、能够并且打算购买的商品数量表（单），这里一般指的是个人需求。就保险商品而言，其价格就是费率，因而，保险需求就是指在一定的费率水平上，保险消费者从保险市场上愿意并有能力购买的保险商品数量表（单）。它是消费者对保险保障的需求量，可以用投保人投保的保险金额总量来计量。

与一般需求的表现不同，保险需求的表现形式有两方面：一方面体现在物质方面的需求，即在约定的风险事故发生并导致损失时，它能够对经济损失予以充分的补偿；另一方面则体现在精神方面的需求，即在投保以后，转嫁了风险，心理上感到安全，从而消除了精神上的紧张与不安。

然而，由于保险商品的特殊性所在，消费者除了要有投保欲望与交费能力以外，保险利益的存在成为保险需求的首要前提。无论是财产保险还是人身保险，倘若投保人对投保的标的不具有保险利益关系，那么投保是毫无意义的。

2. 保险市场需求

保险市场需求是与保险需求相联系的另外一个概念，是一个总括性、集合性的概念，但它又不是所有保险需求的简单加总，而是在各种不同的费率水平上，消费者愿意并有能力购买的保险商品数量表（单），即在特定时间内，在不同的费率水平上，消费者保险需求的集合形成了保险市场需求。

（二）影响保险市场需求的主要因素

保险市场需求是一个变量，受诸多因素的影响，当这些因素发生变化时，保险市场需求会增加或减少。

1. 风险因素

"无风险，无保险"，风险是保险产生、存在和发展的前提条件与客观依据，也是产生保险需求的触发条件。风险程度越大，风险所致的损失越大，消费者越无法自行承担，保险需求就会越强烈。

2. 保险费率

保险费率对保险市场需求有一定的约束力，两者一般呈反方向变化。受投保人交费能力的限制，从总体上讲，费率上升会带来保险需求的减少，费率下降会导致保险需求的增加。但是，费率对保险需求变化的影响会随不同的保险商品品种而不同。

3. 保险消费者的货币收入

消费者的货币收入直接关系到其购买力的大小。当国民收入增加时，保险商品的消费者——个人和企业会有更多的收入和利润，会有更强的交费能力，保险的需求也就随之扩大。因而，保险消费者的货币收入是影响保险需求的主要因素之一。

4. 互补品与替代品价格

财产保险的险种是与财产相关的互补商品，如汽车保险与汽车。当汽车的价格下降时，汽车需求量会增加，从而导致汽车保险商品需求量的扩大；反之则会引起汽车保险商品需求量的减少。另外，一些保险商品特别是人寿保险商品是储蓄的替代商品，当储蓄利率上升时，人寿保险商品品种的需求就会减少，反之则会增加。

5. 文化传统

保险需求在一定意义上受人们的风险意识以及保险意识的直接影响，而风险意识与保险意识又是受特定的文化环境影响和控制的。在某些地区，由于封建文化的影响，对于一些风险，人们有时宁愿求助于神灵的保佑，也不接受保险的保障，从而抑制了保险需求。

6. 经济制度

在市场经济条件下，个人与企业会面临更多的风险，如果这一切不由国家包揽解决，那么保险就是一条最佳解决途径，因而经济制度的变化会影响保险需求。

（三）保险需求弹性

保险需求弹性是指保险需求对其诸影响因素变动的反应程度，通常用需求弹性系数来表示，即：

$$E_{\mathrm{d}} = \frac{\Delta D / D}{\Delta f / f} \qquad （15\text{--}2）$$

式中：D——保险需求；

　　ΔD——保险需求的变动；

　　　f——影响保险需求的因素；

　　Δf——影响保险需求的因素的变动。

如前所述，影响保险需求变化的因素很多，但其中保险费率和消费者的收入是直接而有效的两个因素，因而，对保险需求弹性的分析，我们主要分析保险需求的费率弹性和收入弹性。

1. 保险需求的费率弹性

保险需求与费率之间呈负相关关系（见图 15-2）。

保险需求的费率弹性是指由于保险费率的变动而引起的保险需求量的变动，它反映了保险需求对费率变动的反应程度，用公式表示为：

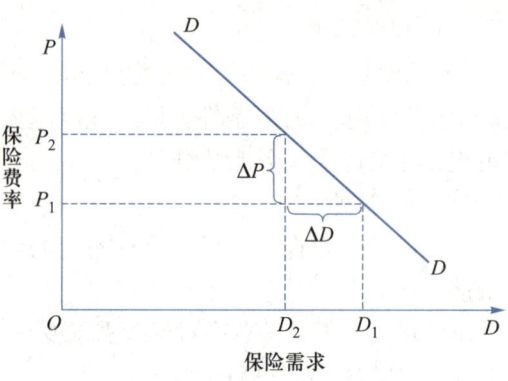

图 15-2　保险需求与保险费率

$$E_{\mathrm{P}}= \frac{\Delta D/D}{\Delta P/P} \qquad （15-3）$$

式中：D——保险需求；

ΔD——保险需求的变动；

P——保险费率；

ΔP——保险费率的变动。

由于保险费率与保险需求之间呈负相关关系，所以保险需求的费率弹性为负值，但经济学中一般用其绝对值表示。当 $|E_{\mathrm{P}}|=0$ 时，称完全无弹性，即保险需求量不因费率的上升或下降而有任何变化，如强制保险；当 $|E_{\mathrm{P}}|<1$ 时，称缺乏弹性，即当该险种的费率下降时，保险需求的增加幅度小于费率下降的幅度，如大部分责任险；当 $|E_{\mathrm{P}}|>1$ 时，称富于弹性，即当该险种的费率下降时，保险需求量的增加幅度大于费率下降的幅度，如大部分的汽车保险；当 $|E_{\mathrm{P}}|=1$ 时，称单位弹性，即保险需求的变化与费率变化呈等比例；当 $|E_{\mathrm{P}}|=\infty$ 时，称无限弹性，即保险费率的微小变化就会引起保险需求量无限大的变动。

研究保险需求的费率弹性，基本目的是了解保险费率与保险收入之间的关系。当保险费率变动时，其需求的费率弹性的大小与保费收入是密切相关的。费率变动引起保险需求量的变动，从而引起销售量的变动，进而影响保费收入。不同险种的需求弹性不同，费率变动引起销售量的变动也不同，保费收入的变动也就不同。保险需求的费率弹性、保险需求与保费收入三者之间的关系可用图 15-3 表示。

图 15-3 表明：在区间 OA 中，保险需求具有相对费率弹性，费率与保险需求、保费收入呈反方向变化，即当费率下降时，保险需求与保费收入同步增长；在 AB 区间中，保险需求是一种单位弹性，费率下降，保险需求上升，但保费收入不因费率下降而下降；在 BC 区间中，保险需求缺乏相对费率弹性，费率下降，需求增长，但保费收入下降。

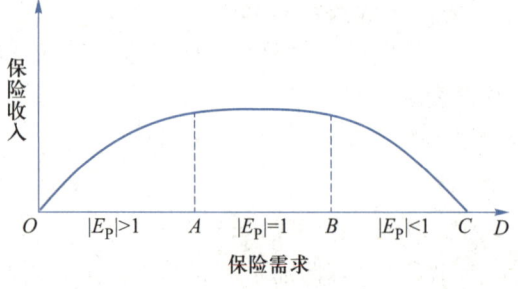

图 15-3　保险需求的费率弹性、保险需求与保费收入的关系

2. 保险需求的收入弹性

保险需求与消费者收入呈正相关关系（见图 15-4）。

保险需求的收入弹性是指保险消费者货币收入变动所引起的保险需求量的变动，它反映了保险需求量对保险消费者货币收入变动的反应程度，用公式表示为：

$$E_i = \frac{\Delta D/D}{\Delta I/I}$$　　　　（15-4）

式中：D——保险需求；

　　　ΔD——保险需求的变动；

　　　I——货币收入；

　　　ΔI——货币收入的变动。

一般来讲，保险需求的收入弹性大于一般商品。首先，保险商品特别是人身保险带有很强的储蓄性，而储蓄与消费者的货币收入是呈正方向变化的，因而消费者货币收入

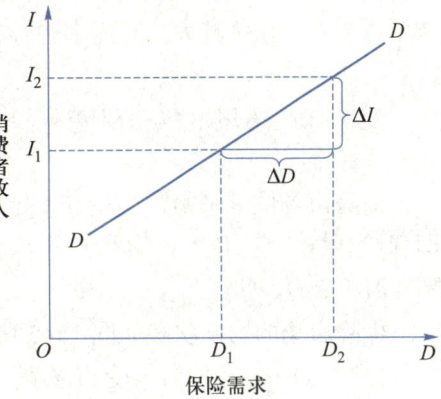

图 15-4　保险需求与消费者收入的关系

的增加，必然带动储蓄性保险需求量的增加。其次，人们的消费结构会随着货币收入的增加而变化，一些高额财产、文化娱乐、旅游等精神消费支出比例会由此而增大，而与其具有互补作用的保险会随着消费者货币收入的增加而增加，如汽车保险、家庭财产保险、旅游意外伤害保险的需求会随之增加。最后，对于大多数中低收入的消费者而言，保险尚属于奢侈品，他们的货币收入增加，必然会引致对保险商品的需求。

但是，由于各保险商品的有机结构、保障对象不同，在一定的经济条件下，消费者对保险商品的需求量也不同，那么各保险商品需求的收入弹性也会不一样，因而会出现不同情况，即：收入无弹性，$E_i=0$；收入富于弹性，$E_i>1$；收入缺乏弹性，$E_i<1$；收入单位弹性，$E_i=1$；收入负弹性，$E_i<0$。

3. 保险需求的交叉弹性

保险需求的交叉弹性指相关的其他商品的价格变动引起的保险需求量的变动，它取决于其他商品对保险商品的替代程度或互补程度，反映了保险需求量对替代商品或互补商品价格变动的反应程度。用公式表示为：

$$E_x = \frac{\Delta D/D}{\Delta P_g/P_g}$$　　　　（15-5）

式中：D——保险需求；

　　　ΔD——保险需求的变动；

　　　P_g——替代商品或互补商品价格；

　　　ΔP_g——替代商品或互补商品价格的变动。

一般而言，保险需求与替代商品的价格呈正方向变动，即交叉弹性为正，且交叉弹性越大，替代性也越大。如自保与保险就是互为替代品。保险需求与互补商品价格呈反方向变动，即交叉弹性为负。如汽车保险与汽车具有互补作用，当汽车价格提高时，汽车保险需求量减少。

4. 影响保险需求弹性的因素

影响保险需求弹性的因素很多。一般而言，消费者对保险商品的需求越强，其需

求弹性越小；保险商品的可替代程度越高，其需求弹性越大；保险商品用途越广泛，其需求弹性越大；保险商品消费期限越长，其需求弹性越大；保险商品在家庭消费结构中占的支出比例越大，其需求弹性越大。

三、保险市场的供求平衡

保险市场供求平衡，是指在一定费率水平下，保险供给恰好等于保险需求的状态，即保险供给与需求达到均衡点。当费率 P 不变时，$S=D$。

保险市场的均衡状态如图 15-5 所示。

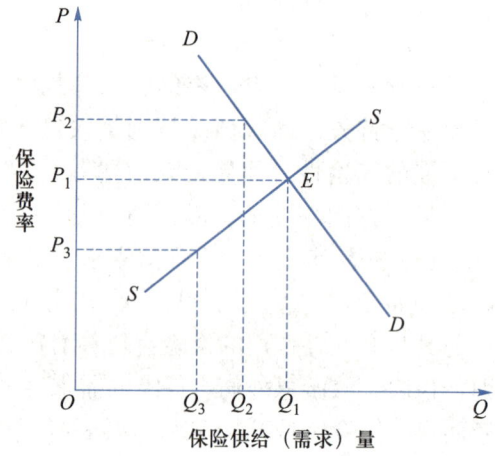

图 15-5　保险市场的均衡状态

保险市场供求平衡，受市场竞争程度的制约。市场竞争程度决定了保险市场费率水平的高低，因此，市场竞争程度不同，保险供求平衡的水平各异。而在不同的费率水平下，保险供给与需求的均衡状态也是不同的。如果市场达到均衡状态后，市场费率高于均衡费率，则保险需求减少，迫使供给减少以维系市场均衡；反之，如果市场费率低于均衡费率，则保险供给减少而迫使需求下降，实现新的市场均衡。所以，保险市场有自动实现供求平衡的内在机制。

需要指出的是，保险市场供求平衡应包括供求的总量平衡与结构平衡两个方面，而且平衡还是相对的。保险供求的总量平衡是指保险供给规模与需求规模的平衡。所谓保险供求的结构平衡是指保险供给的结构与保险需求的结构相匹配，包括保险供给的险种与消费者需求险种的适应性、费率与消费者交费能力的适应性以及保险产业与国民经济产业结构的适应性等。

📑 本章小结

1. 保险市场是所有实现保险商品让渡的交换关系的总和。目前，世界范围的保险市场主要有完全竞争、完全垄断、垄断竞争和寡头垄断四种模式。在保险市场上，交易的对象是保险人为消费者提供的保险保障，既包括物质财产及其相关利益的保险保障，也包括对人的生命或者身体的保险保障。前者即为财产保险市场，后者即为人身保险市场。

2. 无论财产保险市场，还是人身保险市场，也无论是何种市场模式，其构成必须具备保险供给方、保险需求方以及协助保险交易活动完成的保险中介人，它们是构成保险市场的三大要素。市场机制在保险市场上同样发挥作用，但具有其独有的特殊作用。与一般市场相比较，保险市场是一种直接的风险市场、一种非即时清结的市场、一种特殊的期货交易市场。

3. 保险市场的组织形式多种多样，一般按照财产所有制关系不同可划分为国营、私营、合营、合作、行业自保等组织形式，这些组织形式可具体采取股份有限保险公司、相互保险社、保险合作社及劳合社等形式。

4. 保险市场供求及其平衡是保险市场正常运行的具体所在，包括总量平衡与结构平衡两个方面。保险供给包括质和量两个方面的内容，它受保险费率、偿付能力、互补品及替代品的价格、保险技术、市场的规范程度及政府的监管等因素的影响。保险需求表现为物质与精神两个方面，受风险因素、保险费率、消费者的货币收入、互补品与替代品价格、文化传统、经济制度等因素的影响。计算保险供给弹性与需求弹性，可以分析影响保险供给与保险需求对其各个因素变动的反应程度。

☑ 重要概念

保险市场	保险市场机制	完全垄断型保险市场
垄断竞争型保险市场	完全竞争型保险市场	寡头垄断型保险市场
保险市场组织形式	保险市场供给	保险市场需求
保险商品供给弹性	保险市场需求弹性	保险市场供求平衡

☼ 思考题

1. 简述保险市场及其模式。
2. 试述市场机制及其在保险市场上的特殊作用。
3. 简述保险市场的基本构成要素。
4. 保险市场的主要特征是什么?
5. 试分析比较几种典型的保险组织形式。
6. 简述保险市场供求及其各自的影响因素。
7. 简述保险商品供求弹性及其种类。
8. 通过保险需求的费率弹性，说明保险费率、保险需求与保费收入之间的关系。

▤ 即测即评

请扫描右侧二维码，进行即测即评。

第十六章

保险市场营销

保险市场营销是现代市场营销学在保险企业经营中的应用。本章阐述了保险市场营销的相关概念、市场营销观念的演变、影响市场营销的各种环境因素，并着重分析了如何选择目标市场和如何确定保险商品的有效销售渠道等基本知识，为读者进一步深入了解和研究保险市场营销奠定了基础。

第一节　保险市场营销概述

一、保险市场营销的概念及特点

（一）保险市场营销的概念

保险市场营销是指以保险为商品，以市场为中心，以满足被保险人需要为目的，实现保险企业目标的一系列整体活动。从整体来看，保险市场营销活动由三个阶段组成，即分析保险市场机会、研究和选择目标市场、制定营销策略。保险市场营销活动具体包括：保险市场需求的调查；保险市场细分；保险险种的组合与设计；保险市场营销渠道的比较以及保险促销策略的制定与手段的选择等。总之，保险市场营销是以保险市场为起点和终点的活动，它的对象是目标市场的准保户，目的是满足目标市场准保户的保险需求。保险市场营销的目标不仅是推销保险商品获得利润，而且还要提高保险企业在市场上的地位或占有率，在社会上树立良好的信誉。

（二）保险市场营销的特点

1. 保险市场营销并非等于保险推销

保险推销是指推销人员通过对保单说明等手段，促使客户购买保险的活动过程。显然，保险推销仅是保险市场营销过程中的一个阶段，在这一阶段的任务就是千方百计地把保险单卖出去，而保险商品是否适销对路、营销管理是否卓有成效等不是保险推销的任务。

2. 保险市场营销特别注重推销

保险商品具有特殊性，即保险业经营的是看不见摸不着的风险，"生产"出来的商品仅是对保险消费者的一种承诺，只能在约定的事件发生或约定的期限届满时履行，而不像一般商品或服务能立即有所感受。也就是说，保险单从其外在形式来看只不过是一张纸，它虽然代表了保险公司的信用，但对投保人而言，却无法在购买保险时立即见到保险单的收益及效果。此外，由于保险商品过于抽象，保险单过于复杂，人们对保险商品了解甚少，若没有强烈的销售刺激和引导，一般不会主动地购买保险商品。正是这种购买欲望的缺乏，使保险推销成为保险市场营销中的一个重要组成部分，即保险必须靠推销。

3. 保险市场营销更适应于非价格竞争的原则

保险商品价格（费率）是依据对风险、保额损失率、利率等多种因素的分析，通过精确的计算而确定的，因此它是较为科学的。为了规范保险市场的竞争，保证保险人的偿付能力，国家保险监管部门对保险费率进行统一管理，所以价格竞争在保险市场营销中并不占有重要地位，相反，非价格竞争原则更适于保险市场营销活动，其具体表现为保险市场营销的服务性和专业性。首先，保险服务不仅表现为在保险消费者购买保险之前，要根据投保人的需求设计保险方案，选择适当的保险公司或保险险种，而且还表现在消费者购买保险后，应根据投保人保险需求的变化和新险种的出现，帮助投保人调整保险方案，或在损失发生时，迅速合理地进行赔付。可见，优质的服务是保险市场营销的坚实基础。其次，保险市场营销需要高素质的专业推销人员，他们不仅要具备保险专业知识，还应具备推销保险商品的其他知识，如经济、法律、医学、心理学、社会学的知识等。对一个被保险人而言，购买保险并不是一种纯粹的消费行为，而是一项风险管理计划、一项投资计划、一项财务保障计划，因而保险推销人员需要运用自己丰富的知识，根据保险市场的行情，结合不同客户的心理特征，帮助其购买合适的保险保障。

（三）保险市场营销观念的发展

保险市场营销观念经历了与市场营销同样的发展过程，即从单纯依靠大量倾销产品作为促销主要手段来获取利润的方式，转变为以满足消费者需求来获取利润的方式。保险市场营销观念的发展经历了以下四个阶段。

1. 以产品为导向的营销观念

在此阶段，保险市场营销部门只是一个简单的保险推销部门，是保险企业的一个附属单位。保险企业的整个销售没有系统化、专业化，所推出的保险商品往往都是保险企业根据本公司情况或其他公司所设计的险种加以推销，而不考虑保险市场是否有需求，如某些在市场上根本无法销售的险种。

2. 以销售为导向的营销观念

在这一阶段，保险企业虽然以保险商品的销售为主要手段，但营销部门本身仍具有附属功能，保险推销已由专门的营业部或展业部负责。当保险企业所推出的险种无法满足消费者的需求时，就不予承保。

3. 以消费者为导向的营销观念

在此阶段，保险市场营销部门已是保险企业中一个独立的单位。例如，保险公司在组织机构上分设营销部和承保部，将营销人员与承保人员分开，承保人员不负责业务的拓展，只对承保标的进行风险评估并做出承保签单的决定。营销人员则专门推销保险单。由于此时营销部门的地位已提高，对于营销人员的要求也相应提高，营销人员除具有良好的专业知识外，还需具备一定的管理能力、创新精神和对外协调能力。也就是说，只有这样的营销人员才能了解消费者的需求，适应此阶段营销观念的转变。

4. 以市场为导向的营销观念

随着社会、经济的进步，现行的保险市场营销不再只依赖于营销部门。保险企业需运用其所有的资源，包括人员及财务，拟订适当的营销计划，对定价、配销、促销、客户沟通等方面制定具体方案，主动做好与客户间的沟通工作，对市场需要定期进行调查研究，随时掌握市场需求变化，使保险商品的营销更为顺畅。

以市场为导向的保险营销流程如图 16-1 所示。

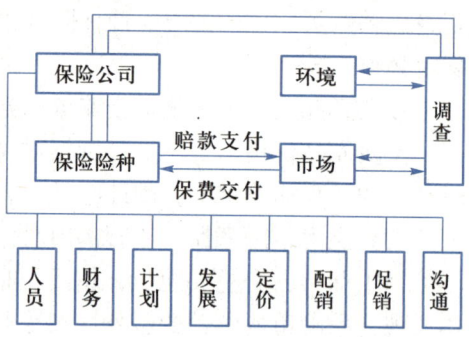

图 16-1 以市场为导向的保险营销流程

二、保险市场营销管理程序

保险市场营销管理程序包括分析营销机会、保险市场调查与预测、保险市场细分与目标市场选择、制定保险市场营销策略、组织实施和控制营销计划等项工作。

（一）分析营销机会

分析市场环境，寻找营销机会，是保险市场营销活动的立足点。所谓机会，是指在营销环境中存在的对保险企业有利的因素。一个市场机会能否成为保险企业的营销机会，取决于它是否符合保险企业的目标和资源，有些市场机会不符合本企业的目标，也就不能转化成营销机会。如承保出租汽车的车身险，能大幅度增加保险公司的保费收入，但由于道德风险难以控制会导致高赔付率，这样，不但不能为公司增加利润，还会使公司利益受到影响。因此，保险企业应通过环境分析发现机会，抓住机会，化解威胁。

（二）保险市场调查与预测

在分析营销机会的基础上，保险企业要对保险市场进行调查和预测。市场调查就是弄清各种保险需求及其发展趋势，其程序包括确定调查目的、调查计划、调查方法、数据分析及撰写调查报告等。预测保险市场，特别是目标市场的容量，目的是不失时机地做出相应决策。保险市场预测一般要经过下列六个步骤：明确预测目标；制订预测计划；确定预测时间和方法；搜集预测资料；分析预测结果；整理预测报告。

（三）保险市场细分与目标市场选择

在激烈竞争的保险市场上，无论实力多么雄厚的保险公司也不可能占领全部市场领域，每个公司只能根据自身优势及不同的市场特点来占领某些市场。这就需要保险企业对市场进行细分并确定目标市场。市场细分是依据保险购买者对保险商品需求的偏好以及购买行为的差异性，把整个保险市场划分为若干个需求与愿望各不相同的消费群，即"子市场"。在市场细分的基础上，保险企业可以根据自身的营销优劣选择合适的目标市场。一般而言，保险企业首先对细分市场进行评估，然后选择一个或几个细分市场作为目标市场，最后确定吸引目标市场的策略。

（四）制定保险市场营销策略

保险市场营销策略主要有险种策略、费率策略、销售渠道策略和保险促销策略。险种策略是根据保险市场的保险需求制定的，包括新险种开发策略、险种组合策略、产品寿命周期策略等内容。费率策略包括定价方法、新险种费率开价等，保险企业应根据不同险种制定保险费率。销售渠道策略是对如何将保险商品送到保险消费者手中的决策。保险推销渠道有两种，即直接销售和间接销售。保险促销策略是指促进和影响人们购买行为的各种手段和方法，如人员促销、广告公关促销等。

（五）组织实施和控制营销计划

保险市场营销管理程序的最后一个步骤就是组织实施和控制营销计划。首先，保险企业应设立一个能够执行市场营销计划的市场营销组织。营销组织通常由公司副经理负责，其主要工作是：① 合理安排营销力量，协调全体营销人员的工作。② 协调各有关部门的工作，促使保险公司同心同德实现营销目标。其次，保险企业要用控制手段来保证营销计划的实现。营销控制有年度计划控制、利润控制和策略控制三种。

三、保险市场营销环境分析

保险市场营销环境是指与保险企业有潜在关系，能够影响保险企业的稳定和发展的，目标市场所涉及的一切外界因素和力量的总和。保险企业要想获得业务的成功发展，就必须正确对待和努力适应环境的变化，任何忽视环境因素的盲目行为都会或多或少地影响其经营。环境力量的变化，既可以给保险企业的营销带来市场机会，也可以形成某种威胁，因此，全面地分析保险企业的营销环境，把握各种环境力量的变化，对于保险企业审时度势、趋利避害地开展营销活动具有重要意义。保险市场营销环境分为外部环境和内部环境。

（一）外部环境分析

保险市场营销外部环境包括人口环境、经济环境、政治法律环境、社会文化环境和科学技术环境等。

1. 人口环境

保险市场是由具有购买欲望与购买能力的人所构成的，因此，人口数量、人口分布、人口构成、受教育程度以及在地区间的移动等人口统计因素，就形成保险企业营销活动的人口环境。人口状况将直接影响保险企业的营销战略和营销管理，其中人寿保险的市场营销与一国人口环境的联系更为密切。人口环境及其变动对保险市场需求有着整体性、长远性的深刻影响，制约着保险企业营销机会的形成和目标市场的选择。因而多角度、多侧面地正确认识人口环境与保险企业营销之间存在的深刻联系，把握住人口环境的发展变化，是保险企业把握自身行业特点和资源的要求。

2. 经济环境

影响保险市场营销的经济环境是指保险企业与外部环境的经济联系，它包括一个国家或地区的消费者收入、消费者支出和物价水平等经济指标。保险企业在分析消费者收入这个经济指标时，应当注意社会各阶层收入的差异性，以及不同地区、不同年龄、不同职业的消费者的收入水平，以便针对具体情况，把握时机，及时开发和推出各种适销对路的新险种。在分析消费者支出时，要了解消费者用于各种消费支出的比例，了解消费者的各种储蓄目的，以便准确地预测消费发展趋势和发展水平，适时调整自己的营销策略，不断拓宽保险企业的市场领域。

专栏 16-1

中国老龄化社会下的保险需求

3. 政治法律环境

政治法律环境主要指与保险市场营销有关的国家方针、政策、法令、法规及其调整变化动态，以及相关政府管理机构和社会团体的各种活动。世界各国都制定法律法规来规范保险市场营销者的活动，保险市场营销者一方面可以凭借这些法律来保护自己的正当权益，另一方面也应当依据法律规定开展保险市场营销活动。总之，任何国家的国内政治局势和政策法规与国外的政治局势和政策法规的变化，都会给保险市场营销带来相应的影响，无论是挑战还是机遇，保险企业都应认真对待。

4. 社会文化环境

社会文化环境是指一个国家、地区或民族的文化传统，如风俗习惯、伦理道德观念、价值观念、宗教信仰、艺术等。文化是在人们的社会实践中形成的，是一种历史现象的沉淀。人们在不同的社会文化背景下生活和成长，在不知不觉中形成了各自不同的基本观念和信仰，成为他们的一种规范。保险市场营销活动是在一个非常广阔且复杂的社会文化背景下进行的，它面对的是形形色色的价值观念、伦理道德观念、风俗习惯等。因此，保险市场营销者必须具体研究这些问题，了解和熟悉各种不同的社会文化环境，才能做好保险市场营销工作。

5. 科学技术环境

科学技术对人类的生活最具影响力，如新技术、新产品的不断问世，一方面将会降低原有风险，给企业带来源源不断的经济利益；另一方面也会给企业带来一些新的风险，从而为保险市场营销创造新的机会。

（二）内部环境分析

保险市场营销的内部环境是指与保险企业直接有关的市场营销环境，包括保险供给者、保险中介人、保险购买者、竞争对手、社会公众以及保险企业内部影响营销管理决策的各个部门，如计划、人事、财务、业务、营销等部门。

1. 保险企业内部各部门的影响力

保险企业内部各部门之间分工协作的关系是构成保险企业内部环境的一个重要因素。保险企业内部各个部门、各个管理层次之间的分工是否科学合理，协作是否和谐，能否精神振奋、目标一致、配合默契，做到心往一处想、劲往一处使，直接影响保险企业的营销管理决策和营销方案的实施。例如，新险种开发和试销就需要营销部门与其他部门的密切配合，如果营销部门为了获得较高的收入而不愿推销新险种，就可能导致企业经营的失败。

2. 保险中介人的影响力

保险中介人（保险代理人、保险经纪人和保险公估人）与保险企业构成协作关系，保险企业提供保险商品（险种）、为投保人服务所必备的各种设施等；保险中介人则向社会公众提供保险咨询、推销保险单等多种服务。如何在两者之间建立起稳定有效的协作关系，对保险企业服务于目标顾客能力的最终形成，具有重大影响。事实上，一个成熟健全的保险市场不应只是保险企业与保险购买者两个基本要素的简单组合，它还需要有保险中介人活跃其中，这已是大多数保险业发达国家的具体实践所证实的一个普遍规律。

3. 保险购买者的影响力

保险购买者即保险顾客，是保险市场营销的基础。就某一险种而言，购买该险种的个人或组织越多，风险就越分散，保险企业的经营就越稳定；反之，其经营的危险性就越高。因此，分析保险购买者的心理及行为特征是保险企业不可忽视的一项重要工作。

4. 竞争对手的影响力

保险企业的竞争对手主要是指提供同一种类保险服务，但其承保条件、保险责任、除外责任、保险范围以及售后服务皆不相同的众多保险企业。这些众多保险企业是保险市场上最直接，也是最强有力的竞争者，它们涵盖了在保险市场上提供保险服务、经营保险业务的所有保险企业。各个保险企业为了达成自身最佳的经营绩效，都会采取不同的营销策略和竞争手段，从而形成行业竞争关系。行业间的竞争通常可用三个指标来衡量：① 卖方密度；② 服务商品差异性；③ 市场进入难度。卖方密度是指保险竞争者的数量，即保险市场上有多少家保险公司。保险公司数量越多，意味着保险市场的竞争越激烈。服务商品差异性是指各家保险公司提供同类保险服务的差异程度，它主要表现为险种差异、业务差异和营销策略差异。差异使保险商品各有特色，也就构成了一种竞争关系。市场进入难度是指一家新的保险公司试图进入某个保险市场时的困难程度。在不同国家或地区、同一国家的不同区域、一国经济发展的不同阶段，新公司进入的难易程度是不相同的。

5. 社会公众的影响力

保险市场营销活动会影响社会公众的利益，因而政府机构、金融机构、中介机构、群众团体、地方居民等公众，乃至国际上的公众，也会关注、监督、影响、制约保险企业的营销活动。保险企业遵纪守法、及时理赔、开展社会公益活动，努力塑造并保持良好的信誉和公众形象，是保险企业适应和改善环境的一个重要方面。

6. 保险企业价值观的影响力

随着经济社会的发展，保险购买者受教育程度和收入水平普遍提高，高度同质化的产品及服务很难触动购买者的保险需求，因此，保险企业的竞争越来越关注企业核心价值观和企业文化的塑造，希望创造出能够体现客户至上的企业价值观，即通过塑造企业品牌形象和文化表达出目标购买者的内心需求，增强客户的体验感，使企业价值与客户价值共同成长，从而提升客户的忠诚度，留住老客户并赢得更多的新客户。

7. 保险科技发展的影响力

人工智能、大数据、区块链及云计算等新兴技术在保险领域的应用，拓宽了保险营销渠道和服务方式，推动保险交易和售后服务线上线下融合发展。如平安保险推出的平安金管家 APP，不仅集结了投保、承保、理赔等原有保险业务流程，还添加了健康服务、生活服务、财富管理等功能模块，为被保险人提供多元化的服务，既延伸了服务领域，丰富了服务内涵，也为保险购买者节约了时间成本。同时，保险企业利用大数据，可以分析客户需求，细分客户群，精准推送保险产品与服务信息，提高交易成功率，增强客户的忠诚度。但是，人工智能等技术仍在起步阶段，还有很多不足。如目前市场上的较为成熟的保险企业 APP 智能客服也只能提供简单服务，无法解决复杂性问题或者为购买者提供定制化的保险方案，未能真正满足客户的需求，影响了客户购买及售后服务的体验感。

第二节　保险市场营销策略

在以市场为导向的营销观念的指导下，保险企业都应尽可能地利用自身资源来满足保险市场的需求，以实现企业目标。因此，保险企业要解决的一个核心问题就是如何制定合适的营销策略。从经营财产保险和人寿保险的共同特征来看，其营销策略应包括三个方面的内容：如何选择目标市场；如何发展适当的营销组合来满足目标市场的需求；如何才能战胜竞争对手。这三项内容即为目标市场策略、营销组合策略和竞争策略。

一、目标市场策略

目标市场策略是指选择适当的保险消费者作为保险企业的目标市场。换言之，保险企业根据自身情况和市场情况确定最具吸引力的细分市场作为自己为之服务的目标市场，以自己有限的能力来满足市场上特定保险消费者的需要。所谓目标市场，是指保险企业经过市场细分后所要服务的一群保险消费者。

（一）选择目标市场的步骤

在西方国家，市场营销的思想主要有三种：第一，大量营销思想。销售者向所有的消费者推销自己品种规格单一的产品，其推销方式是大量生产、大量配销和大量促销。持有这种营销思想的人认为这样做可以使产品的成本和价格降到最低，并可创造最大的潜在市场。第二，产品差异化营销思想。销售者生产多种具有不同的特点、风格、质量和规格的产品，但目的是向消费者提供多种产品，而不是为了满足各种不同细分市场的需求。持有这种营销观念的人认为，消费者有不同爱好，而且其爱好随着时间的推移也有所变化，消费者也在寻求差异化。第三，目标市场营销思想。由于第二次世界大战后，生产力迅速发展，社会商品大量涌现，消费者对消费品的需求和购买行为日益表现出明显的差异性，追求个性化，众多产品市场转化为买方市场。为适应这一新形势，销售者首先从整个市场中区分出主要的细分市场，然后从其中选择一个或几个细分市场作为自己的目标市场，并分别拟订产品及营销计划。相比之下，第三种市场营销思想，即目标市场营销思想具有前两种思想不曾具备的优点，如易于发掘新的营销机会，可以有针对性地开发各类细分市场所需的商品；可以调整价格、推销渠道及促销等营销组合，便于有效地进入目标市场。因此，许多保险企业都采用目标市场营销策略来经营保险业务。

选择目标市场包括三个步骤：第一，细分市场。按照消费者对保险险种和营销组合的不同需求，将市场划分为不同的消费群体。第二，选择目标市场。制定衡量细分市场的标准，选择一个或几个要进入的细分市场。第三，确定营销险种及营销组合策略。确定保险企业向每个目标市场提供的险种和营销组合策略，以保证本企业在市场上的竞争地位。

保险市场营销中的细分市场，是指保险企业根据保险消费者的需求特点、投保行为的差异性，把保险市场划分为若干个细分市场，每一细分市场都由具有同类需求倾向的保险消费者构成。保险企业在细分保险市场时要注意其实用性和有效性。有效性表现在细分后的市场能为保险企业制定营销组合策略提供依据；实用性则以细分市场能否成为保险企业的目标市场为条件。保险市场细分的依据是保险消费者对保险需求的差异，每个保险消费者都会因其居住地区、经济状况、生活习惯、购买保险的动机和方式等情况影响其对保险的需求，因此，在细分保险市场时应充分考虑这些因素。如年龄在26~35岁的人，对医疗保险、养老保险、子女教育保险的需求较高，这是因为这个年龄段的人开始建立家庭并有了孩子，对家庭负有一定的责任。

（二）选择目标市场的依据

保险企业在选择目标市场时，必须考虑三个要素，即目标市场的规模与潜力、目标市场的吸引力、保险企业的目标和资源。

1. 目标市场的规模与潜力

潜在的目标市场必须具有适度的规模和潜力。因为只有具有一定的购买力，目标市场才有实际意义；有了足够的营业额，目标市场才具有开发的价值。但"规模"是个相对的概念：大的保险企业重视销售量大的细分市场，往往忽视销售量小的细分市场，认为不值得为它苦心经营。同时，小的保险企业也避免进入大的目标市场，因为目标市场过大，需要投入的资源太多，并且大的目标市场对大企业的吸引力过于强烈，容易导致来自大企业的竞争。

此外，保险企业在选择目标市场时，还要考虑是否有尚未满足的需求和尚未充分发展的潜力。例如，某寿险公司准备开发女性寿险市场时，一定要考虑有多大的潜力，会不会影响正在推出的还本终身寿险。因为保险企业一般都想通过扩大市场份额，来增加利润收入。

2. 目标市场的吸引力

目标市场可能具备理想的规模和潜力，然而从盈利的观点来看，它未必有吸引力。目标市场的内在吸引力受下列五种影响：

（1）同行业竞争者的影响。如果某个细分市场已经有了为数众多的、强大的或者竞争意识强烈的竞争者，该细分市场就会失去吸引力；如果细分市场出现过于稳定或萎缩、固定成本过高、撤出市场的壁垒过高、竞争者投资很大等情况，保险企业要想坚守这个细分市场，就会出现价格战、广告争夺战。

（2）潜在的新竞争者的影响。如果新的竞争者进入某个细分市场时遭遇森严壁垒，并且会遭受到细分市场内原有企业的强烈报复，这个细分市场就最具有吸引力；反之，保护细分市场的壁垒越低，原来占领细分市场的保险企业报复心理越弱，这个细分市场就越缺乏吸引力。

（3）替代产品的影响。如果某个细分市场现已存在替代产品或者有潜在的替代产品，该细分市场就会失去吸引力，因为替代产品会限制该细分市场内价格和利润的增长。

（4）购买者议价能力的影响。如果某个细分市场中购买者议价能力很强或正在加强，该细分市场就没有吸引力。因为购买者会设法压低价格，对产品质量和服务提出更高的要求，并且使竞争者相互争斗，使保险企业的利润受到损失。

（5）供应商议价能力的影响。如果供应商，如银行、公用事业部门、行业公会能够控制某个细分市场的保险商品价格或服务质量等问题，这个细分市场就失去了吸引力。

3. 保险企业的目标和资源

任何时候，保险企业均应将其自身目标与所选择的细分市场结合考虑，如某一细分市场有较大的吸引力，但不符合保险企业的长远目标，也应该放弃。对于符合保险业目标的细分市场，保险企业在进入时也要考虑自己是否具备必要条件，如是否具有足够的竞争能力，或者是否能充分发挥自己的优势等，不应该贸然进入。此外，保险企业还要考虑是否具有足够的资源来进入这一细分市场。

（三）目标市场策略的选择

保险公司在选择好目标市场后，还要选择适当的目标市场策略。一般来说，可供选择的目标市场策略有下列三种。

1. 无差异性市场策略

无差异性市场策略也称整体市场策略。这种策略是保险公司把整体市场看作一个目标市场，只注重保险消费者对保险需求的同一性，而不考虑他们对保险需求的差异性，以同一种保险条款、同一标准的保险费率和同一营销方式向所有的保险消费者推销同一种保险。保险企业的许多险种都适用于无差异性营销，如汽车第三者责任保险，可在一个国家的任何地区用同一营销方式和保险费率进行推销。

　　无差异性市场策略适用于差异性小、需求范围广、适用性强的保险险种的推销。这种策略的优点是：减少保险险种设计、印刷、宣传广告等费用，降低成本；能形成规模经营，使风险损失率更接近平均的损失率。它的缺点是：忽视保险消费者的差异性，难以满足保险需求的多样化，不能适应市场竞争的需要。

　　2. 差异性市场策略

　　差异性市场策略是指保险企业选择了目标市场后，针对每个目标市场分别设计不同的险种和营销方案，去满足不同保险消费者的保险需求的策略。差异性市场策略的目的就是要保险企业根据保险消费者需求的差异性去捕捉保险市场营销机会。这种策略的优点是：使保险市场营销策略的针对性更强，有利于保险企业不断开拓新的保险商品和使用新的保险市场营销策略；适用于新的保险企业或规模较小的保险企业。它的缺点是：提高了营销成本，增加了险种设计和管理核算等费用。

　　3. 集中性市场策略

　　集中性市场策略也称密集性市场策略，是指保险企业选择一个或几个细分市场为目标市场，制定一套营销方案，集中力量争取在这些细分市场上占有大量份额，而不是在整个市场上占有小量份额。这一策略的优点是：能够集中力量，迅速占领市场，提高保险商品知名度和市场占有率，使保险企业集中有限的精力去获得较高的收益；可深入了解特定的细分市场，实行专业化经营，适用于资源有限、实力不强的小型企业。它的缺点是：如果目标市场集中，经营的保险险种较少，经营风险较大，一旦市场上保险需求发生变化，或者有强大的竞争对手介入，保险企业就会陷于困境。

二、营销组合策略

　　营销组合策略是指用来满足目标市场内保险消费者需求的综合营销手段。它包括险种策略、费率策略、营销渠道策略和促销策略等。营销渠道策略将在下节讲述。

　　（一）险种策略

　　险种策略主要有险种开发策略、险种组合策略和险种生命周期策略等。

　　1. 险种开发策略

　　新险种是整体险种或其中一部分有所创新或改革就能够给保险消费者带来新的利益和满足的险种。新险种开发的程序包括：构思的形成、构思的筛选、市场分析、试销过程和商品化。

　　2. 险种组合策略

　　险种组合策略又可分为以下三种策略：

　　（1）扩大险种组合策略。扩大险种组合策略有三种途径：一是增加险种组合的广度，即增加新的险种系列；二是加深险种组合的深度，即增加险种系列的数量，使险种系列化和综合化；三是实行险种广度、深度并举。按照第一种途径，保险企业应在原有的险种系列基础上增加关联性大的险种系列，如人身保险可细分为人寿保险、意外伤害保险、健康保险等相关险种系列，人寿保险又可细分为死亡保险、生存保险、两全保险等相关险种系列。按照第二种途径，保险企业应把原有的险种扩充为系列化险种，也就是要在基本险种上附加一些险种，扩充保险责任。例如，财产保险附加利润损失保险，不仅对火灾等风险造成的财产直接损毁负责赔偿，而且对因火灾引起营业中断造成利润损失的间接损失也承担责任。险种系列化可使保险消费者的需求获得更大的满足。

（2）缩减险种组合策略。这种策略是指保险企业缩减险种组合的广度和深度，即减掉一些利润低、无竞争力的保险险种。保险企业可在保险市场处于饱和状态、竞争激烈、保险消费者交付保险费能力下降的情况下，为了集中精力进行专业化经营而采取这种策略。具体做法是将一些市场占有率低、经营亏损、保险消费者需求不强烈的险种取消，以提高保险企业的经营效率。

（3）关联性小的险种组合策略。如财产保险的险种与人身保险的险种关联性较小，但是随着保险市场需求的开发，这些关联性小的险种组合将更能满足保险消费者的需求。例如，家庭财产保险与家庭成员的人身意外伤害保险的组合，房屋的财产保险与分期付款购房人的人寿保险的组合，将形成具有特色的新险种。

3. 险种生命周期策略

险种生命周期是指一种新的保险商品从进入保险市场开始，经历成长、成熟到衰退的全过程。险种的生命周期包括投入期、成长期、成熟期和衰退期共四个阶段，不同阶段需要配合不同的营销策略。

（1）投入期的营销策略。险种投入期是指险种投放保险市场的初期阶段，其特点是：第一，由于对承保风险缺乏了解，所积累的风险资料极为有限，保险费率不尽合理；第二，由于承保的保险标的的数量极为有限，风险分散程度较低；第三，由于保险费收入低，而投入的成本较高，保险企业利润很少，甚至会出现亏损。因此，保险企业通常采用的营销手段有：① 快速掠取策略，即以高价格和高水平的营销推出新险种；② 缓慢掠取策略，即以高价格和低水平的营销将新险种投入保险市场；③ 迅速渗透策略，即用低价格和高水平的营销推出新险种；④ 缓慢渗透策略，即用低价格和低水平的营销推出新险种。

（2）成长期的营销策略。险种成长期是指险种销售量迅速增长的阶段，其特点是保险企业已掌握风险的出险规律，险种条款更为完善，保险费率更加合理，保险需求日益扩大，风险能够大量转移，承保成本不断下降等。因此，保险企业应采取的营销策略包括不断完善保险商品的内涵，广泛开拓营销渠道，适时调整保险费率，确保售后服务的质量等，以尽可能地保持该险种在保险市场上长久的增长率。

（3）成熟期的营销策略。险种成熟期是指险种销售量的最高阶段，其特点是险种的利润达到最高峰，销售额的增长速度开始下降，市场呈饱和状态，潜在的消费者减少，更完善的替代险种开始出现。因此，保险企业应采取的营销策略有：① 开发新的保险市场，如原来主要以城市人口为对象的养老保险，可以转移到农村，开办农村养老保险。② 改进险种，如在承保一些特殊保险标的时，适当增加保险责任。③ 争夺客户。对于向其他保险企业投保同一保险标的的投保人，可采取适当降低保险费率或提供优质服务来吸引他们。

（4）衰退期的营销策略。险种衰退期是指险种已不适应保险市场需求，销售量大幅度萎缩的阶段。这一阶段的特点是，保险供给能力大而销售量迅速下降，保险企业的利润也随之下滑，保险消费者的需求发生了转移等。因此，保险企业要采取稳妥的营销策略，有计划地、逐步地限制推销该险种。此外，还应有预见性地、有计划地开发新险种，将那些寻求替代险种的消费者再一次吸引过来，使险种衰退期尽量缩短。

（二）费率策略

费率策略是保险市场营销组合策略中最活跃的策略，它与其他策略存在相互依存、相互制约的关系。有关保险费率的概念及其制定方法在其他章节有所阐述，此处只讨论保险费率策略在营销中的运用。保险费率策略包括如下几种。

1. 低价策略

低价策略是指以低于原价格水平确定保险费率的策略。实行这种定价策略的目的是迅速占领保险市场或打开新险种的销路，更多地吸引保险资金。但是保险企业要注意严格控制低价策略使用的范围，如只用于与人们生活密切相关的险种——家庭财产保险，或政府给予扶植政策的险种——种养两业保险等。实行低价策略，是保险企业在保险市场上进行竞争的手段之一，但是如果过分使用它，就会导致保险企业降低或丧失偿付能力，损害保险企业的信誉，结果在竞争中失败。

2. 高价策略

高价策略是指以高于原价格水平确定保险费率的策略。保险企业可以通过实行高价策略获得高额利润，有利于提高自身的经济效益；也可以利用高价策略拒绝承保高风险项目，有利于自身经营的稳定。但是保险企业要谨慎使用高价策略，因为保险价格过高，会使投保人支付保险费的负担加重而不利于开拓保险市场；此外，定价高、利润大，极容易诱发激烈竞争。

3. 优惠价策略

优惠价策略是指保险企业在现有价格的基础上，根据营销需要给投保人以折扣费率的策略。实行优惠价策略的目的是刺激投保人大量投保、长期投保，并按时交付保险费和加强风险防范工作等。优惠价策略主要有以下几种：

（1）统保优惠。如某个律师协会为所有律师统一投保职业责任保险，保险公司可以少收一定的保险费，因为统保能为保险企业节省对单个投保人所花费的营销费用和承保费用。

（2）续保优惠。财产保险企业通常对现已投保的被保险人，如果在保险责任期内未发生保险赔偿，期满后又继续投保的，可按上一年度所交保险费的一定比例给予优惠。

（3）趸交保费优惠。在长期寿险中，如果投保人采取趸交方式，一次交清全部保险费，保险人也可给予优惠。因为这样减少了保险人按月、按季或按年收取保险费的工作量。

（4）安全防范优惠。如财产保险的条款规定，保险人对于那些安全措施完善、安全防灾工作卓有成效的企业可以给予一定的安全费返还。

（5）免交或减付保险费。如子女教育金保险规定，如果投保人因在保险期限中死亡或完全残疾而无法继续交保险费时，保险人允许免交未到期部分的保险费，而其受益人到约定年龄仍可领取保险金。

4. 差异价策略

这一策略包括地理差异价、险种差异价和竞争策略差异等。地理差异价是指保险人对位于不同地区相同的保险标的采取不同的保险费率。险种差异价是指各个险种的费率标准和计算方法都有一定的差异。竞争策略差异的主要做法有：第一，与竞争对手同时调整费率，以确保本企业在保险市场占有的份额；第二，在竞争对手调整费率时，保持原费率不变，以维护本企业的声誉和形象；第三，采取跟随策略，即在知晓竞争对手调整费率时，先不急于调整本公司的费率，待竞争对手的费率对市场销售产生较大影响时，才跟随竞争对手调整相关费率。

（三）促销策略

在保险市场营销活动中，促销策略起着十分重要的作用。由于各家保险企业提供的险种差别甚微，因此，谁的促销策略高明，谁将夺得竞争的主动权。下面着重介绍广告促销、公共关系促销和人员促销三种策略。

1. 广告促销策略

广告是通过大众媒介向人们传递保险商品和服务信息，并说明其销售的活动。广告是保险促销组合中的一个重要方面，是寻找保险对象的有效手段。广告的作用主要有：第一，建立公司的企业形象；第二，介绍新险种服务项目或营销策略；第三，宣传社会对保险企业的评价；第四，促进保险消费者接受保险市场营销的手段等。

人寿保险公司多采用商品广告和企业广告。商品广告的目的主要是将特定的保险商品介绍给保险消费者。由于人寿保险商品具有无形性，广告词应着重强调保险商品的特点，刺激保险消费者认识商品，并接受营销员的拜访。企业广告主要是展示保险公司的实力和资信，以达到建立良好社会形象的目的。

财产保险公司采用广告的做法比寿险公司少，原因是财产保险所承保的均为灾害事故，以此打广告难让保险消费者接受。但是近年来，财产保险公司采用公益广告，以宣传防火、谨慎驾驶等防灾防损的观念，获得了社会的好评。

2. 公共关系促销策略

公共关系对保险市场营销能够产生积极的作用。保险企业在保险市场营销可运用的公关工具有新闻宣传、事件创造、公益活动、报刊与视听资料、电话公关、互联网公关等。

（1）新闻宣传。新闻宣传是指利用报纸、杂志、广播、电视等媒介对新闻的传播活动。新闻宣传具有社会影响面广、公众容易理解和信任、传播成本低的特点，保险企业应更多地利用新闻宣传的方式来提高保险及保险企业的知名度和美誉度。因此，保险企业公关人员应善于发现和创造对本企业及其险种有利的新闻，并通过新闻媒介尽快公之于众。

（2）事件创造。事件创造就是利用机会安排一些特殊事件，来吸引公众对保险服务的注意，以提高保险企业的公众信誉。例如，当保险公司发生巨额理赔时，召开理赔兑现大会。此外还有新闻发布会、保险知识竞赛、保险咨询日、周年庆典活动等。

（3）公益活动。公益活动就是保险企业通过投入一定资金和人员用于社会公益事业，以利于保险企业树立良好的企业形象。例如，举办音乐会、儿童绘画比赛、老年人登山等活动时，保险市场营销员邀请一些准保户参加，举办后再对这些活动情况进行调查。这样做不仅增进了主办单位与客户的关系，而且给营销人员带来一连串拜访机会，使得准保户可对公司加深了解。

（4）报刊与视听资料。保险企业可以借助保险报刊、宣传小册子等资料来影响公众。此外，电视、电影、在线影音等视听资料也可以用作公关工具，其影响力大，效果也很好。

（5）电话公关。通过打电话，潜在的客户和已购买保险的客户可从保险企业那里获得更多的信息和良好的服务，从而促使他们购买保险。电话最好在电视、报纸、杂志和邮寄保险广告之后使用，当准保户收到有关的保险广告后，保险人及时用电话与他们联系，就能促使他们更快地产生购买保险的欲望。在美国，约有70%的人身保险是用电话推销出去的。

（6）互联网公关。随着互联网、移动通信、大数据等科学技术的高速发展，尤其是智能手机的广泛应用，保险+科技营销模式可以随时随地为广大客户服务。一方面客户可以轻松快捷地搜索到各家保险公司各类险种的详细资料，如在腾讯微保上客户可以看到各家公司车险的条款、报价，加以甄别、比对、挑选，免去了代理人、经纪人等环节，极大地压缩了投保、承保及理赔之间的费用，既降低了保险经营成本，又提高了保险合同签订时效。另一方面，保险企业通过APP中健康习惯、健康测评及健康课程等增值服务，协助客户进行健康管理，减少医疗支出，降低赔付率，增强了客户忠诚度。据相关数据显示，自2013年到2018年，互联网健康保险规模从54.46亿元增长到1 193亿元，增长了近21倍，复合增长率高达85%。

3. 人员促销策略

人员促销是指保险市场营销员直接与客户接触，洽谈、宣传、介绍、销售保险商品的活动。人员促销在保险市场营销组合中，起着不可取代的重要作用，尤其是人寿保险公司，人员促销是其主要的营销手段。因为通过人员促销，保险消费者可以直接获得有关保险企业和保险商品的详细信息，营销人员也可以直接了解潜在客户的购买意图和态度。可见，人员促销帮助保险企业与客户之间建立起一架桥梁，有利于双方的沟通。营销人员的主要任务有：① 招揽新保险业务；② 做好售后服务；③ 收集信息，提供保险公司资信和挖掘潜在的客户资源。

寿险营销人员的促销方式主要有缘故法、介绍法、直销法等，每种方法都可因人因时因地交互使用，但无论使用哪种方法，营销人员必须要有诚恳的态度、风趣的谈话技巧、丰富的专业知识和被接纳的能力。作为营销人员应具备的说服力、影响力和魅力，对于促销策略的实现或成功是十分必要的。

三、竞争策略

保险企业为了获得成功，必须采取竞争策略，以便有效地与竞争者进行竞争，达到长期保持竞争优势的目的。制定保险企业的竞争策略，需要考虑的因素很多，如在行业中的竞争地位、企业目标、经营实力、市场机会等。下面主要探讨竞争地位及竞争策略与竞争地位的关系。

（一）竞争地位

根据保险企业在目标市场上所起的作用，可将这些企业的竞争地位分为四类，即市场领导者、市场挑战者、市场跟随者和市场拾遗补阙者。处于不同地位的保险竞争者，宜选用不同的竞争策略。

1. 市场领导者策略

市场领导者是指在保险市场上占有市场最高份额的保险企业。它通常在保险商品开发、保险费率变动、保险促销强度等方面领导其他企业。无论领导者是否受到赞赏或尊敬，其他企业都不得不承认它的领导地位。但是领导者也必须随时注意其他企业的动向，不使自己轻易丧失良机，失去领导地位。因此，市场领导者通常采取的策略是：① 扩大总市场，即扩大整个保险市场的需求；② 适时采取有效防守措施和攻击战术，保护其现有的市场占有率；③ 在市场规模保持不变的情况下，扩大市场占有率。

市场领导者扩大整个保险市场，是因为它在现有市场上占有率最高，只要市场的销售量增加，它就是最大的受益者。市场领导者既可以采取扩大营销的方式来提高其市场占有率，又可以采用各种防守措施来保护其市场占有率。总之，一个有经验的市场领导者永远不会留任何机会给它的竞争者。

2. 市场挑战者策略

市场挑战者是指位于行业中名列第二名或第三名的保险公司。它们以市场领导者、经营不善者或小型经营者为攻击对象，以扩大市场占有率为目标，选择进攻策略。市场挑战者最常用的策略是正面攻击、侧翼攻击、迂回攻击、游击战等。例如，甲保险公司在某细分市场的市场占有率最高，而乙保险公司也想进入这个市场，这对乙公司而言就是正面攻击，这个竞争策略会遭到的反击往往也最强。在侧翼攻击的情况下，乙保险公司考虑进入的细分市场是甲保险公司竞争力或服务较差的市场，如甲公司在寿险经营上比较薄弱，乙公司就专门研究寿险市场，开发寿险险种。在迂回攻击的情况下，乙保险公司还可以采取不直接与甲保险公司发生正面冲突的方式展开竞争，如开发新的目标市场。在游击战的情况下，乙保险公司若无法对甲保险公司提出正面挑战，就采取在某个细分市场向对方发动小规模的、断断续续的攻击的方式。这种方式包括有选择的降价、猛烈的爆发式的促销行动。一般来说，游击战是小公司用来对付大公司的常用策略。总之，市场挑战者策略旨在掠夺领导者地位和吞并弱小者市场。

3. 市场跟随者策略

市场跟随者是指那些不想扰乱市场现状而想要保持原有市场占有率的保险公司。市场跟随者并非不需要策略，而是谋求用其特殊能力参与市场的发展，有些市场跟随者甚至能够比本行业的领导者获得更高的投资报酬率。因此，市场跟随者必须懂得如何保持现有的客户，如何争取一定数量的新客户。每个跟随者都力图给目标市场带来某些独特的利益，如在地点、服务和融资方面的优惠或方便。市场跟随者必须保持低廉的成本和优秀的产品质量与服务，当新市场开放时，市场跟随者也必须很快打进去。跟随的策略有三种，即紧随其后策略、有距离跟随策略和有选择跟随策略。

4. 市场拾遗补阙者策略

拾遗补阙者是指一些专门经营大型保险公司忽视或不屑一顾的业务的小型保险公司。成为拾遗补阙者的关键因素是专业化。有些专业化经营程度较高的保险公司，尽管在整个市场上占有率较低，但仍有利可图。

（二）竞争策略与竞争地位的关系

每一保险企业在保险市场上都会利用或根据其竞争地位来决定采取的竞争策略，而采取特定竞争策略的保险企业也能达到某种竞争地位。换言之，竞争策略和竞争地位为因果关系，互相影响。

既然竞争地位与竞争策略互相依存、互相影响，那么保险企业如何根据自己的竞争地位来决定竞争策略？除了要考虑自身的经营目标、实力和市场机会外，还应考虑的因素有：① 竞争者无法模仿的策略，如人海战术；② 竞争者不愿采用的策略，如放宽承保或理赔条件；③ 竞争者不得不追随的策略，如采用更优惠分红办法；④ 竞争双方均获利的策略，如保险企业广泛宣传保险，使社会公众对保险产生良好的印象。总之，竞争是保险市场开放后不可避免的趋势，只有通过竞争才能使保险业的经营更有效率。因此，保险企业如何在现有的竞争地位上，拟定一套行之有效的竞争性营销策略，是整个保险市场营销工作不可忽视的一环。

第三节　保险市场营销渠道选择

一、保险市场营销渠道的概念及种类

（一）保险市场营销渠道的概念

保险市场营销渠道是指保险商品从保险企业向保户转移过程中所经过的途径。对于保险企业来说，如果不能使保险消费者在想买的时间和地点买到自己需要的保险商品，就不能达成最终的营销目标。因此，保险市场营销渠道的选择直接制约和影响着其他营销策略的制定和执行效果。选择适当的营销渠道，不仅会减少保险企业经营费用的支出，而且还会促进保险商品的销售。

（二）保险市场营销渠道的种类

按照有无中间商参与的标准，可将保险市场营销渠道划分为直接营销渠道和间接营销渠道。

1. 直接营销渠道

直接营销渠道，也称直销制，是指保险企业利用支付薪金的业务人员向保险消费者直接提供各种保险商品的销售和服务。这种方式适合于实力雄厚、分支机构健全的保险公司。随着互联网的广泛应用和移动电话的普及，近年来电话营销和网络营销发展迅速，并开始成为保险直销的重要渠道，业务份额逐年上升。

（1）电话营销。保险电话营销是指保险公司业务人员以电话为主要沟通手段，借

助网络、传真、短信、邮寄递送等辅助方式，通过保险公司专用电话营销号码，以保险公司名义与客户直接联系，并运用公司自动化信息管理技术和专业化运行平台来完成保险产品的推介、咨询、报价以及保单条件确认等主要营销过程的业务。电话营销兴起于 20 世纪 70 年代的美国，目前已经成为很多国际知名保险公司的主要销售渠道之一。一次成功的保险电话营销包括必不可少的三个步骤：第一步是激发客户对保险产品的兴趣；第二步是取得客户的信任，根据客户特定情况推介合适的保险产品或产品组合；第三步是赢得客户认同，达成投保意向并签订保险合约。

（2）网络营销。保险网络营销是保险公司利用互联网的技术和功能，销售保险产品、提供保险服务、在线完成保险交易的一种销售方式。具体来讲，就是客户通过进入保险公司的专业保险服务网站，在网上选择该公司所提供的保险产品，如有意愿投保某一险种，则在网上填写投保单，提出投保要约，经保险公司核保后，做出同意承保或者拒绝承保的回复，由投保人在网上或通过其他方式支付保险费，保险公司收到保费后，向其寄发保险单的过程。

根据具体营销方式和运作内容的不同，保险网络营销可以分为基于保险公司自身站点的营销模式和依托电商的新型互联网＋保险营销模式。前者指保险公司通过建立自己的网站，发布网上信息，进行网上市场调研、网上直接销售、网上顾客服务、网上营销集成等。后者则是保险公司通过与电商合作，借助电商网站、微信、微博、社交网站等 IT 工具去进行保险知识推广、保险产品介绍及销售等。2013 年以来，国内许多保险公司正在进入互联网金融领域，通过移动终端实现了线上与线下的无缝对接，加上智能终端的普及，使得互联网的移动性、实时性、便捷性得到了充分发挥，极大地改善了人们的消费体验。人们通过手机购买保险产品，像在淘宝上买衣服一样简单方便，不仅给用户带来了快捷的服务，更极大地促进了保险业绩的增长。例如，2013年 10 月 15 日，珠江人寿正式入驻淘宝天猫商城，当年"双 11"首次触网，销售理财产品"汇赢 1 号"的成交金额就突破 2 000 万元。2014 年 2 月，其推出的"汇赢 1 号"元宵节特供版产品，在 2 分钟内，限额 3.8 亿元的保险理财产品就销售一空，创下了同一时间保户购买同一保险理财产品人数的世界之最。

专栏 16-2

互联网重塑保险行业

保险网络营销的具体流程如图 16-2 所示。

2. 间接营销渠道

在现代保险市场上，保险企业在依靠自身的业务人员进行直接营销的同时，更广泛地利用保险中介人进行间接营销。间接营销渠道，也称中介制，是指保险企业通过保险代理人和保险经纪人等中介机构推销保险商品。保险中介人不能真正代替保险人承担保险责任，只是通过参与或代办、推销、提供专门技术服务等各种保险活动，促

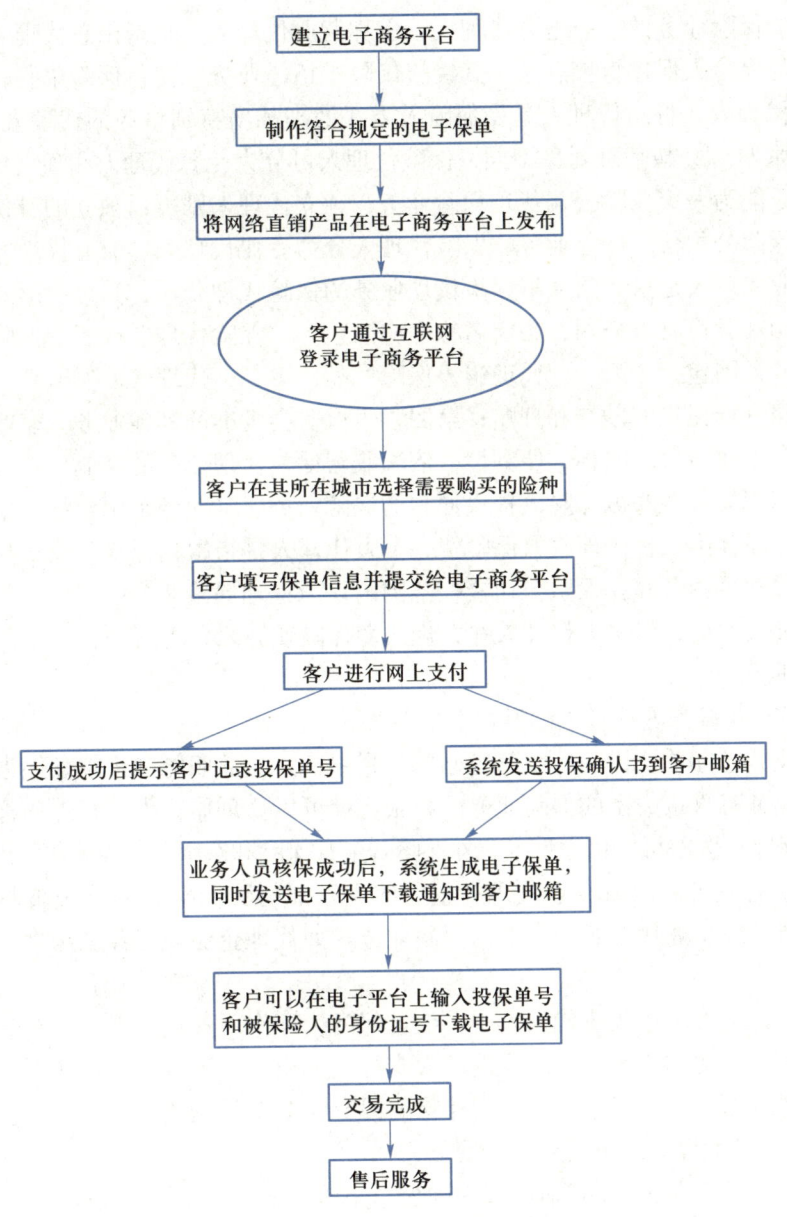

图 16-2　保险网络营销流程

成保险商品销售的实现。间接营销渠道是一种依靠保险代理人和保险经纪人进行保险市场营销的方式。

（1）保险代理人。保险代理人是从事保险代理活动的人，保险代理制度是保险代理人代理保险公司招揽和经营保险业务的一种制度。我国《保险法》第 117 条规定："保险代理人是根据保险人的委托，向保险人收取佣金，并在保险人授权的范围内代为办理保险业务的机构或者个人。"保险代理人与被代理的保险公司在法律上被视为同一人。保险代理人根据保险公司的授权代为办理保险业务的行为，由保险公司承担责任。

保险代理人根据不同的标准，可分为不同的种类：① 按授权范围不同，保险代理人可分为总代理人、地方代理人和特约代理人。总代理人是经保险人授权，全面负责某一地区的保险业务的人。地方代理人，也称营业代理人，是指由总代理人委托，但同时又可与保险人保持直接联系，其授权仅限于招揽业务、交付保险单、收取第一次保险费的代理人。特约代理人是受保险人委托处理某项特别事务的代理人，如医生、海损理算师等。② 按代理对象不同，保险代理人可分为专属代理人和独立代理人。专属代理人只能为一家保险公司代理保险业务，独立代理人则可以独立的身份和名义同时为几家保险公司代理保险业务。保险代理人分为专业代理人、兼业代理人和个人代理人。专业代理人是指专门从事保险代理业务的保险代理公司，其组织形式可以是有限责任公司和股份有限公司，法定名称中应当包含"保险代理"或者"保险销售"字样，其业务范围包括：第一，代理销售保险产品；第二，代理收取保险费；第三，代理保险公司进行损失的勘查和理赔；第四，银保监会批准的其他业务。兼业代理人是指利用自身主业与保险的相关便利性，依法兼营保险代理业务的企业。它只能代理与本行业直接相关且能为被保险人提供便利的保险业务，其业务范围包括：第一，代理销售保险产品；第二，代理收取保险费。个人代理人是指根据保险公司委托，向保险公司收取代理手续费并在保险公司授权范围内代为办理保险业务的个人，其业务范围与兼业代理人一样，但个人代理人在办理人寿保险业务时，不得同时接受两个以上保险人的委托。

（2）我国保险兼业代理人的形式主要有以下三种：

一是业务经办单位代理。业务经办单位利用其自身的职能和优越条件为保险人代理和自身业务有直接关系的保险业务。如旅行社可以代理旅客人身意外伤害保险和旅行社责任保险；医院可以代理手术意外保险、生育保险和医师责任保险等。

二是企业主管部门或企业代理。企业的主管部门受保险人的委托兼办所属企业的保险业务，或企业代办企业内部的保险业务。如代理企业职工养老保险、家庭财产保险。

三是银行保险。在兼业代理人中，金融部门代理作用日益增强。随着金融竞争的加剧和金融一体化的推进，金融业内三大支柱——银行、证券、保险联手合作、相互渗透的趋势日渐明显。其中，银行与保险的混业经营发展迅速，引人注目。银行保险作为新的保险销售渠道，其优势十分明显：

第一，银行有着卓越的品牌，与保险公司相比，客户更加信任银行。

第二，银行有固定的办公地点，业务人员也相对稳定，客户对银行售卖的保险产品也相对放心。

第三，商业银行密集而庞大的银行网络是银行办理保险业务的重要的资源。银行可以通过现有的销售渠道，节约成本。在开展银行保险业务时，增加保险业务的边际成本较保险公司独立完成的成本要低得多。

第四，银行网点可直接与顾客保持经常的联系，存在提供低成本销售保险产品的机会，有利于银行向客户出售和推荐保险产品。

第五，银行手里掌握着丰富的客户资源，这是银行开展保险业务的最重要的优势。从营销学的角度来看，对一个老客户提供新业务品种的成本是向新客户提供产品所需成本的1/3左右。

第六，银行与保险公司在所经营的产品上有一定的趋同性，即都是为客户提供具有预防和投资性质的金融产品，因此银行在代理保险业务时易于得到客户的认同。通过银行保险，可以在同一家金融机构获得所有金融服务，正好迎合了消费者的心理。

第七，银行经过多年的发展，有一批金融知识丰富、业务熟练、掌握客户营销手段的队伍，只要经过适当的培训，很快就会掌握有关的保险业务知识，并能够独当一面。

（3）保险经纪人。保险经纪人是代表投保人或被保险人的利益参与保险活动的人。保险经纪制度是指保险人依靠保险经纪人争取保险业务、推销保险商品的一种保险市场营销方式。我国《保险法》第118条规定："保险经纪人是基于投保人的利益，为投保人与保险人订立保险合同提供中介服务，并依法收取佣金的机构。"根据《保险经纪人监管规定》，保险经纪机构的组织形式，除银保监会另有规定外，应当采取有限责任公司或股份有限公司的形式，其法定名称中应当包含"保险经纪"字样。

保险经纪人的专业资格一般要求高于保险代理人，其主要工作是为投保人寻找合适的保险公司，代理投保人同保险公司商谈保险条件，运用其专业知识和技术，为投保人以最优惠的条件取得最充分、最合理的保险保障。如果投保人与保险经纪人有特别约定，保险经纪人还可以代理投保人订立保险合同，并代理收取保险费。保险经纪人作为投保人的代理，其行为可以约束投保人，但不能约束保险公司。投保人或被保险人因保险经纪人的过失而遭受损失时，保险经纪人在法律上需独自承担赔偿责任。保险经纪人与保险代理人不同，其主要区别在于：前者代表投保人的利益，为投保人的保险合同提供中介服务；后者则是保险公司的代表，为保险公司招揽业务。

保险经纪人以保险业务为依据，可分为人寿保险经纪人、非人寿保险经纪人和再保险经纪人三种。人寿保险经纪人是指在人寿保险市场上代理投保人选择保险人，代为办理投保手续，并从保险人处收取佣金的中介人。人寿保险经纪人必须熟悉保险市场行情、保险标的（被保险人）的情况，掌握较深厚的保险专业知识，懂得法律，知道计算人寿保险费率等。非人寿保险经纪人主要为保险人介绍财产保险、责任保险和信用保证保险等非寿险业务。他们比人寿保险市场上的经纪人更为活跃，如在海上保险中，保险经纪人的作用十分突出，他们既深谙航海风险，又通晓保险知识，能为被保险人寻求最佳保险保障。再保险经纪人是指专门从事再保险业务的特殊保险经纪人，不仅介绍再保险业务，提供保险信息，而且在再保险合同有效期间继续为再保险公司服务。再保险业务具有较强的国际性，事实上每个国家的许多巨额的再保险业务都是通过再保险经纪人之手促成的，因此，充分利用再保险经纪人就显得十分重要。

（4）保险中介人应具备的条件。为了防止保险中介人损害投保人或被保险人的利益，各国对保险中介人的资格都制定了相应的法律规范。保监会于2009年9月颁布了《保险专业代理机构监管规定》和《保险经纪机构监管规定》，对于保险代理机构和保险经纪机构的资格和行为规范做出了一些具体规定，后于2013年、2015年两次修订。2018年，保监会制定了《保险经纪人监管规定》，2020年，银保监会制定了《保险代理人监管规定》，代替了前述两个规定。

按现行规定，经营区域不限于工商注册登记地所在省、自治区、直辖市、计划单列市的保险专业代理公司和保险经纪公司的注册资本最低限额为 5 000 万元；经营区域为工商注册登记地所在省、自治区、直辖市、计划单列市的保险专业代理公司的注册资本最低限额为 2 000 万元，保险经纪公司为 1 000 万元。两类公司的注册资本均必须为实缴资本。保险专业代理公司和保险经纪公司的股东需符合前述规定的要求。

二、保险市场营销渠道的利弊分析

（一）直接营销渠道的利弊分析

1. 直接营销渠道的优势

在这种营销方式下，保险企业可有效控制承保风险，保持业务量的稳定。其主要优势有以下四个方面：

（1）保险公司业务人员工作的稳定性强，又比较熟悉保险业务，有利于控制保险欺诈行为的发生，不容易发生因不熟悉保险业务而欺骗投保人的道德风险，给保险消费者增加了安全感。

（2）保险公司的业务人员直接代表保险公司开展业务，具有较强的公司特征，有利于在客户中树立公司良好的外部形象。

（3）在保险公司业务人员完成或超额完成预期任务的情况下，维持营销系统的成本较低。因为公司员工享有固定的工资和福利，其收入不会因其业务超额完成而大量增长，员工的培训等费用也少于代理人员的同类费用。

（4）诸如网络营销这种新的直销方式，主要借助保险公司的自有网站来完成，极大地节约了展业成本。

2. 直接营销渠道的弊端

保险服务需要与大量的目标顾客进行长时间的接触，而保险企业所雇用的直销人员总是有限的，因此，从保险市场发展的需要来看，直销制的弊端是显而易见的。

（1）不利于保险企业争取更多的客户。有限的业务人员只能提供有限的服务，同时他们预定任务较重，无法与所有客户建立较为密切的关系，因此，许多保户的潜在保险需求无法转化为现实的购买能力，使保险企业失去了很多潜在的客户。

（2）不利于扩大保险业务的经营范围。由于直销人员有限，他们只能侧重于进行某些大型险种的营销活动，如企业财产保险、团体人身保险的业务，而对于某些极有潜力的业务领域则无暇顾及，如个人寿险、家庭财产保险等业务，导致保险企业对市场需求的变化不能做出充分合理的预测，错失发展良机。

（3）不利于发挥业务人员的工作积极性。在直销方式下业务人员的收入与其业务量不发生必然的联系，当其超额完成预定工作任务后，没有业务提成或提成太少，因而不能够充分发挥业务人员的积极性。

（4）在互联网营销和电话营销中，由于保险公司的业务人员无法与客户实现面对面的交流，在条款的理解上容易出现分歧，招致较多的投诉。特别在互联网的虚拟空间中，极易滋生互联网欺诈、骗保等违规违法现象。

（二）间接营销渠道的利弊分析

1. 保险代理制度的利弊分析

自保险问世以来，保险代理人便随着保险业的发展而发展，对推动整个保险业的发展起了十分重要的作用。

（1）保险代理制度的优势。具体表现在以下四方面：

第一，有利于保险企业降低保险成本，提高经济效益。保险企业由于资金限制，要在短期内迅速解决自身营业机构与人员的合理配置是不现实的。建立保险代理制度，保险代理人是按劳取酬，保险企业只需向代理人支付代理手续费，这样就节约了在直销制下必须支付的各项费用，如员工管理费、宣传费、防灾费和员工福利等，从而大大降低了保险成本。可见，保险代理人的工作提高了保险企业的经营效率。

第二，有利于提高保险企业的供给能力，促进保险商品销售。保险代理人拓展了保险人在保险市场上的业务空间，弥补了保险企业营业网点少、营销人员不足的缺陷，在客观上提高了保险企业的供给能力，方便了保险消费者购买保险。事实证明，我国的保险企业利用保险代理人在争取分散性保险业务方面是十分成功的。

第三，有利于提高保险企业的服务质量，增强其在市场竞争中的实力。保险企业利用保险代理人分布广泛、人员众多、服务优良等优势，可以弥补自身在保险服务方面的欠缺，全面提高保险企业的服务质量。如保险代理人与客户联系紧密，就容易获得投保人的信任，便于提供投保、交付保险费、防灾防损咨询、损失查勘及损失理算等服务。此外，有些保险代理人还具有自身的特长，如具有某个行业的专业技术，或在某个特定范围内具有良好的业务背景，能够提供一些专业性服务。

第四，有利于保险企业迅速建立和健全更为有效的保险信息网络，提高保险企业的经营水平。随着社会经济的日益发展，各种新的、更为复杂的保险需求不断涌现，保险代理人在营销过程中，接触的客户多，信息灵通，这将有助于保险企业全面、迅速地了解整个保险市场的发展趋势，从而使保险企业在激烈的市场竞争中站稳脚跟，求得发展。

（2）保险代理制度的缺点。主要表现在以下四个方面：

第一，保险企业与保险代理人之间始终存在核保与推销之间的冲突，难以解决。保险代理人的任务是推销更多的保险单，以获取更多的代理手续费，保险人则在扩展业务的同时更要注意提高承保质量，显然两者的冲突是难免的。保险人是从保险企业的整体情况来决定个别风险的承保与否，而这正是保险代理人无法做到的。因此，保险代理人认为是良好的业务，也有可能被保险公司拒绝承保。例如，责任保险人对于空气或水的污染问题，会将它们列入保险条款的除外责任部分，以达到不负该项损失责任的目的，或者在保险条款中增加承保此种危险的条件（如安装污染防止设备），以防止污染的产生。但是，无论采取何种方式，都会使保险单的推销增加难度，这自然是保险代理人所不愿意看到的。又如，某家企业的投保金额较高，同时企业中有些标的物并非是保险人所愿接受承保的，但是如不接受这些标的物的投保，就会失去更多的保险业务。站在保险人的立场上，这种所谓"搭配"的保险乃是不得不吃的苦药，但保险代理人的看法则不一定如此。由此可见，保险代理人与保险人产生利益冲突的原因就在于保险人在承保时总是十分谨慎，从而减少了保险代理人可能获得的手续费。

第二，保险代理人单纯为代理手续费而开展业务的做法，导致保险企业承保质量下降。由于保险代理人的个人收入与保险费挂钩，个别保险代理人为了赚得更多的代理手续费，往往频繁地利用默示代理权力，有时甚至超越代理权限去推销保险单。个人代理人的业务素质不高的话，有可能给保险企业带来一些风险极大的业务，影响保险人的经营效率。

第三，保险代理人滥用代理权，有损保险人的利益。例如，保险代理人擅自变更保险条款，提高或降低保险费率，或挪用侵占保险费等，都是有损保险人利益的行为。尤其是保险代理人出于恶意，与投保人或投保人以外的第三方虚假申报，骗取高额保险金，结果不仅造成保险企业自身的经济损失，还极大地损害了保险企业的信誉。

第四，保险人的行为缺乏规范化管理，造成保险代理市场的混乱。例如，对保险代理人缺乏严格的业务培训和资格要求，造成保险代理人业务素质的低下；某些兼职代理的主管部门利用其对下属客户的制约关系，强迫客户在指定的保险公司投保；个人代理人队伍庞大，业务素质良莠不齐，管理难度大等。因此，加强对保险代理人的管理，规范保险代理人的代理行为，是完善保险市场，促进保险事业健康发展的需要。

2. 保险经纪制度的利弊分析

（1）保险经纪制度的优势。主要表现在以下三个方面：

第一，保险经纪人提供服务的专业性强。保险经纪人一般都具有较高水平的业务素质和保险知识，是识别风险和选择保险方面的专家。因此，投保人或被保险人借助保险经纪人能获得最佳的保险服务，即支付较低的保险费而获得较好的保障。保险经纪人具有丰富的保险经验，可以帮助投保人及时发现潜在风险，能够提出消除或减少这种风险的各种可能办法，并帮助投保人在保险市场上寻找最合适的保险公司等。

第二，保险经纪人作为被保险人的代表，独立承担法律责任。在保险市场上，保险经纪人代表投保人或被保险人的利益，为其与保险人协商保险事宜、办理投保手续，充当了保险顾问的角色。因此，根据法律规定，保险经纪人应对投保人或被保险人负责，有义务利用自己的知识和技能为其委托人安排最佳的保险。如果因为保险经纪人的疏忽致使被保险人利益受到损害，经纪人要承担法律责任。应当注意的是：保险经纪人不同于保险代理人，保险代理人是保险人的代表，在授权范围内所从事的保险业务活动由保险人承担法律责任；而保险经纪人只是被保险人的代表，对于他们在办理保险业务中所犯的过错，应自行独立承担法律责任。

第三，保险经纪人的服务不增加投保人或被保险人的经济负担。保险经纪人虽然是投保人或被保险人的代理人，但其佣金却是向保险人提取的。一般来说，保险人从被保险人所交纳的保险费中按一定比例支付佣金给保险经纪人，作为其推销保险业务的报酬。因此，利用保险经纪人不会给投保人或被保险人增加额外开支。

（2）保险经纪制度的弊端。这主要在于：保险经纪人不依托某家保险公司进行中介活动，如果缺乏法律、法规的限制，就可能以中介为名，行欺诈之实。例如，提供虚假信息来牟取暴利，使交易者在经济上蒙受损失，扰乱保险市场的正常秩序。

三、保险市场营销渠道的选择原则与控制方法

（一）保险市场营销渠道的选择原则

保险市场营销渠道的选择是保险公司销售工作中最重要的决策之一。营销渠道的选择是否合理，中间环节的多少是否恰当，会直接影响保险产品的销售成本，从而会影响保险产品的价格和在市场中的竞争力。所以，现代保险公司都十分重视研究选择合理的营销渠道，即采取少层次的短渠道，还是多层次的长渠道。但任何保险公司都不能随心所欲地选择营销渠道，因为营销渠道的选择要受到多方面因素的制约。要选择合理的营销渠道，必须遵循以下原则。

1. 客户导向原则

保险公司要在激烈的市场竞争中生存发展，必须将客户需求放在第一位，建立客户导向的经营思想。通过周密细致的市场调查研究，不仅要提供符合投保人需求的险种，同时还必须使所选择的营销渠道为准投保人和投保人的购买提供方便，满足投保人在购买时间、购买地点以及售后服务上的需求。

2. 最高效率原则

不同的营销渠道针对不同险种的营销过程的效率是有差异的。保险公司选择合理的营销渠道，能够提高营销的效率，不断降低营销成本和费用，使营销渠道的各个阶段、各个环节、各个流程的费用合理化，从而取得竞争优势并获得效益的最大化。

3. 发挥优势原则

保险公司在选择市场营销网络时，要注意发挥自己的特长，确保在市场竞争中的优势地位。现代保险市场营销的竞争已经不再是单纯的险种、价格、促销手段的竞争，而是整个规划的综合性营销渠道的整体竞争。企业依据自己的特长，选择合适的营销渠道，能够达到最佳的成本经济和良好的顾客反应。同时，保险公司也要注意通过发挥自身优势来保证营销渠道各成员的合作，贯彻营销渠道策略。

4. 利益分配原则

除了保险直销制度外，其他的分销制度一般都涉及利益在独立的中介机构成员间的分配问题，合理分配利益是营销渠道的关键，利益分配不公常常是营销渠道中内部矛盾冲突的根源。因此，保险公司应该设置一整套利益分配制度，根据各成员负担的职能、投入的成本和取得的绩效，合理分配在保险市场营销中所取得的利益。各个保险中介成员在追求自身利益的同时，也要充分考虑其他中介成员的利益及营销渠道的全体利益。

5. 协调合作原则

保险中介成员之间不可避免地存在着竞争，保险公司在建立选择营销渠道时，要充分考虑竞争的强度，一方面鼓励保险中介人之间的有益竞争，另一方面又要积极引导保险中介人之间的合作，协调其冲突，加强保险中介人之间的沟通，努力使营销渠道畅通和有序运行，实现既定的销售目标。

总之，保险企业无论选择哪种营销渠道，都必须根据自身条件、保险商品特性和

保险市场需求情况，对可供选择的各种渠道的费用、风险和利润进行详细的分析、评价和比较，只有这样，才能选择出最有效的保险市场营销渠道。保险险种将直接影响到保险企业对营销渠道的选择。保险企业准备推销何种保险、保险费率是多少、面对什么样的目标顾客等，都是选择保险市场营销渠道时首先要考虑的问题。保险企业要提供所有的服务是不切实际的，高水准的服务将导致营销渠道成本增加，对消费者而言意味着价格的提高。因此，保险企业必须在消费者的服务需求、符合需求的成本和可行性及消费者对价格的偏好三者之间达到平衡。保险企业自身条件包括营销管理的技能和经验、资信实力以及对营销渠道的控制能力等。

直接营销渠道一般适用于新成立的、规模较小的保险公司；间接营销渠道一般适用于经营规模较大、市场份额较高、营销控制能力较强的保险公司。对于财产保险公司，宜采用直接营销渠道，以便于保险企业减少营销成本，并加强承保控制；对于人寿保险公司而言，则宜采用代理制，以便于保险企业争取更多的客户，从而不断扩大市场占有率，增强企业的竞争力。

（二）保险市场营销渠道的控制形式

保险公司建立起合理的营销渠道后，其正常有效的运转离不开保险公司对其实施有效的管理和控制。保险市场营销渠道的控制形式主要有三种：

1. 激励

如对保险中介成员在代理某险种时给予较高的代理手续费和各种促销津贴等优惠措施，以激励其销售活动。激励必须针对受控制的中介人的真正需要，这样效果才会显著。

2. 强制

强制包括制裁和处罚等手段，如减少保险中介成员销售某险种的代理手续费比例，取消其对某险种的代理销售权等。激励和强制是相辅相成的，激励是一种常用的积极手段，而强制是一种不常用的消极手段，只有在其他手段无效时才运用。当保险公司的实力非常雄厚或险种在市场上备受欢迎，受控制的保险中介机构实力较弱又热衷于销售这些险种时，运用强制手段最为有效。

3. 改进和调整

保险公司对营销渠道的改进和调整需要从三个层次上进行：增加或剔除个别中介机构；增加或剔除个别营销渠道；变更整个营销渠道。第一层次的调整是结构性调整，后两个层次的调整是功能性调整。

本章小结

1. 保险市场营销是现代市场营销学在保险企业经营中的应用。保险市场营销与一般商品营销的区别在于：第一，保险市场营销并非等于保险推销，保险推销的任务只是想方设法地将保险单卖出去；第二，保险市场营销特别注重推销，因为保险人经营的是看不见摸不着的风险；第三，保险市场营销更适应于非价格竞争的原则。同时，保险市场营销观念的发展也经历了四个阶段，即以产品为导向的营销观念、以销售为导向的营销观念、以消费者为导向的营销观念和以市场为导向的营销观念。

2. 保险市场营销管理程序包括分析营销机会、保险市场调查与预测、保险市场细分与目标市场选择、制定保险市场营销策略、组织实施和控制营销计划等步骤。分析保险市场营销机会，首先必须分析保险市场营销环境。保险市场营销环境可分为外部环境和内部环境，外部环境即为保险市场的宏观环境，内部环境即为保险企业的微观环境。

3. 分析保险市场环境的目的是制定合适的保险市场营销策略。保险企业的营销策略包括三项内容：如何选择目标市场；如何发展适当的营销组合来满足目标市场的需求；如何才能战胜竞争对手。目标市场营销策略易于挖掘新的营销机会，可以有针对性地开发各类细分市场所需的险种；有利于调整费率，进行险种组合。选择目标市场时，应考虑目标市场的规模和潜力、目标市场的吸收力及保险企业的目标和资源等因素。一般来说，可供选择的目标市场策略有无差异性市场策略、差异性市场策略和集中性市场策略。营销组合策略指险种策略、费率策略、营销渠道策略、促销策略等。竞争策略主要依据保险企业在行业中的竞争地位、经营目标与实力、市场机会等因素制定，具体有市场领导者策略、市场挑战者策略、市场跟随者策略、市场拾遗补阙者策略。

4. 保险市场营销渠道的选择直接制约和影响着其他营销策略的制定和执行效果。保险市场营销渠道通常分为直接营销渠道和间接营销渠道两种。直接营销是保险企业利用自己的业务人员销售保险商品，或借助电话与网络直接销售保险商品。其优点是能有效控制承保风险，保持业务质量的稳定；缺点是不利于扩大保险业务的经营范围和客户群体。间接营销通常是指利用保险代理人和保险经纪人进行营销的方式。保险代理人营销制的优点是有利于扩大保险企业的业务数量和提高服务质量，缺点是保险代理人由于利益驱动可能导致承保质量下降等。保险经纪人营销制提供的服务具有专业性强的特点。总之，在选择保险市场营销渠道时，保险企业要对可供选择的各种渠道的费用、风险和利润进行详细分析、评价和比较。

重要概念

保险市场营销	保险市场营销环境	目标市场策略
营销组合策略	费率策略	人员促销
保险直接营销渠道	保险代理人	保险经纪人
银行保险	网络营销	

思考题

1. 什么是保险市场营销？保险市场营销具有哪些特点？
2. 请分析保险市场营销环境对保险市场营销策略的影响。
3. 如何确定目标市场？目标市场的策略有哪些？
4. 请比较险种不同生命周期的营销策略。

5. 如何理解竞争地位与竞争策略的关系?

6. 试比较保险代理人和保险经纪人制度的优劣势。

7. 为什么银行保险业务发展较快?

8. 保险市场营销渠道的选择原则与控制方法有哪些?

 即测即评

请扫描右侧二维码，进行即测即评。

第十七章
保险经营风险及其防范

在第二章已经阐述了组织经济补偿功能和融通资金功能的统一是金融型保险公司的特征。很显然，此两大基本功能的混合交融之效应，必然增进保险公司的规模经济和范围经济，但与此同时，保险公司的承保风险和投资风险也必然相互渗透互动发展。因此，在防范和监管的技术上对保险公司的经营风险加以量化和控制也就有其必然性和必要性，这些内容构成了本章的重点。

第一节　保险经营风险的特征

保险公司是集散风险的中介，它通过收取保险费，分散风险的同时把客户的风险损失概率集中在自己的身上，当保险事故发生时履行赔付义务或给付义务。保险公司这一特有的运行机制决定了其经营风险有如下特征。

一、射幸性

保险的风险是一种不确定的风险，这种风险的发生在时空上和损害程度上都是不确定的。因此，就单个保险合同而言，有时保险公司收取了保费而不用赔偿（履约终止的寿险合同除外），有时则要上百倍、上千倍、上万倍地赔付。保险合同的这种射幸性既给保险公司创造了盈利机会，又给保险公司的经营带来了极大的风险。

二、非控性

保险标的既是风险作用的对象，又在投保人或被保险人的控制中。保险人所承担的风险责任基本上都是外在的风险，诸如自然灾害、道德风险、意外事故、伤病死亡等，这些风险都不是保险公司所能控制的。保险公司的防险防灾固然重要，但只能对保险标的的安全起外部的警示或监督作用，推动投保人或被保险人加强风险管理。而且，有些风险是不可抗力的，如自然风险、突发性疫病等。

三、突发性

保险事故的发生都是意外的和偶然的，因而都具有突发性。有些巨灾风险积累到一定程度，其出险已是不可避免，但很多情况下事前也难以预料，对保险事故来说也是意外的。突发的保险事故，损失严重者，往往要求保险公司持有的资产必须具备充分的流动性。

四、联动性

由于保险公司的保险业务与融资业务具有相互渗透、互动发展的关系，保险公司的投资风险与承保风险也就具有了联动关系。比如，保险公司一方面为了取得可供投资的资金来源，不惜降低费率以增加保费收入；另一方面，为了抵补承保利润的损失或承保业务的亏损，追寻高收益投资，增加了融资的风险倾向。而融资风险倾向的强化，可能对保险基金的安全性和流动性造成威胁，甚至伤及保险公司的偿付能力。

第二节　保险经营风险的类型及其成因

保险经营风险从直观上看似乎单指保险公司承保业务的风险，但是，保险公司承保业务的风险与融资业务风险具有相互渗透的联动关系，而且保险公司在费率开价时往往渗有对投资收益预期的因素，即所谓的保险与金融的相互渗透，因此，保险经营风险包括了保险公司的投资风险。

一、承保风险

（一）财务风险

财务风险指保险公司因偿付能力不足或流动性不足所导致的支付危机。偿付能力不足的成因主要有：第一，承保金额超过公司的承保能力；第二，市场价格竞争导致赔付率上升；第三，通货膨胀对资本金和总准备金的腐蚀；第四，投资亏损或坏账。

流动性不足的成因主要是投资结构不合理，资产变现能力差。保险公司的财务风险一般表现为潜伏状态，只有当遭遇到巨灾或巨额损失赔偿发生时才会暴露出来，现实的表现为支付危机。

（二）逆选择

保险合同是平等互利、等价有偿的经济合同。经济合同是在要约承诺双方合意的基础上签订成立的。一般情况下，双方选择的机会是均等的，但是，保险合同却存在投保人做出对保险人不利的逆选择现象。

逆选择的成因在于保险合同双方当事人掌握保险标的的风险信息不对称。由于保险标的自始至终都控制在投保人或被保险人手中，只有他们对标的的风险状况最为清楚，这样就使得保险人在保险标的的选择或费率开价等方面处于不利的地位。

逆选择会因单一费率的险种而强化。比如，在人身保险中，身体健康状况不好的人乐于参加健康保险，潜在死亡率高的人乐于参加死亡保险；身体健康的、认为自己寿命将比一般人长的人乐于参加年金保险等。

虽然逆选择在保险定价过程已被估计，但由于合理的逆选择是不可完全被控制的，因此有可能破坏保险人经营的财务稳定性，加大保险经营的风险。如何防止逆选择，是保险公司面临的一个重要课题。

（三）道德风险

道德风险的表现形式有下列三种。

1. 制造保险事故

故意引发保险事故，以便向保险公司诈取保险金。例如，投保财产保险的因经济萧条或存货贬值而故意纵火烧掉房子、仓库或存货，投保人寿保险的故意杀害被保险人，投保意外伤害险的故意自杀或自残，投保船舶保险的凿沉船舶，等等。

2. 捏造保险事故

保险事故并未发生，却伪装现实中已经发生，以诈取保险金。例如，投保盗窃险的与他人勾结导演财产被窃，投保机动车辆险和第三者责任险的伪造车辆出险或交通事故致害第三者，投保人寿保险的用他人尸体冒充被保险人尸体，投保牲畜保险的将死亡的非保牲畜混充投保牲畜，等等。

3. 恶用保险事故

恶意利用已发生的保险事故或冒用保险事故，以诈取保险金。例如，投保财产险的发生火灾后不采取或不积极采取施救措施而任其扩大损失，或隐匿被救财产，或虚报损失数量；投保盗窃险的虚报失窃财物的数量、价格；投保人寿保险的将被保险人的自然死亡伪称意外死亡；等等。

道德风险由于保险的缘故而诱发，甚至不顾刑事犯罪而达到诈取保险金的目的。道德风险也会因保险从业人员或保险代理人或有关的第三者与投保人或被保险人勾结而具有一定的隐蔽性。道德风险是无形的，既无法量度，又难以用经济的办法加以惩罚令其改进或加以遏制，在保险界是一个国际性的问题，在我国也时有发生。

（四）竞争风险

保险同业竞争几乎可以说是无差异竞争，因此，价格竞争成为最有效的手段，也是最残酷的手段。价格竞争的主要内容有：① 在同等承保责任条件下降低费率或提高返还率；② 在同等费率条件下扩大承保责任范围或提高保险金额；③ 放宽承保条件，疏于对保险标的的选择；④ 提高代理回扣或中介佣金以揽保。价格竞争必然提高保险公司的业务费用和赔付率，甚至造成承保业务的亏损，从而增加保险经营风险。

价格竞争的诱因包括：第一，保险机制。保险公司的经营从表面现象上看似乎是在集中风险，但实际上是在分散风险，通过收取保费实现风险损失的平均分摊。这就要求保险公司经营必须具有足够大量的标的。第二，射幸心理。补偿性保险合同的履约终止取决于偶然性，就单家保险公司而言，其经营损失率并不一定贯彻损失或然率。也就是说，如果出险率高，即使高的费率也不会降低赔付率，甚至会出现超常的高赔付率；如果出险率低，就是较低的费率也不一定导致高的赔付率，结果往往取决于偶然性。第三，吸收现金。吸收保费，聚积资金转为投资，几乎成为当代保险市场价格竞争的驱动器。尤其是寿险业务，其盈余的大部分是靠利差益得来。所谓利差益，是指资金运用的实际净收益率大于责任准备金计算所采用的预定利率时产生的利益。

（五）利率风险

利率预期对于非寿险费率开价有一定影响，但不是主要因素。而在寿险纯费率厘定过程中，利率是一个十分重要的因素。利率风险对于寿险公司来说，主要表现为对利差益和费差益的影响。寿险的预定利率是长期不变的，市场利率却是变化的，因此，当预定利率长期高于市场利率时，利差益趋向零，甚至为负数，表现为利差损，这时寿险公司将出现亏损，消耗自有资本；相反，当预定利率低于市场利率时，将发生行业间替代效应，公众的资金将转向银行储蓄或证券投资，甚至开始退保，这样保险公司业务量将萎缩，可供运用的资金减少，费差出现赤字，表现为费差损。

市场利率的变动主要受商业周期的影响，是不可控风险，因此，对寿险的预定利率要谨慎预期。我国实施的是官定利率，寿险利率也必须随之浮动，所以，目前我国寿险的利率风险主要是政策性风险因素。

（六）汇率风险

经营涉外业务的保险公司在接受国际运输保险、国际分保等业务时，都是以外币为收费币种，因而持有多种外币，就存在汇率风险，即由于各国货币间汇价的变动而引致财务损失。在会计处理上，年终结算损益时，一般都把外币换算为本国货币，以本币为统一的计账单位，若外币贬值，就表现为账面价值的减少。汇率风险也为不可控风险，但可以用套头交易等手段避险。

二、投资风险

保险公司将保险基金用于各种投资，一是为了增加公司盈利，二是为了保险基金的保值和增值，两者均以投资收益为条件。但是，收益与风险是正相关关系，为了取得高收益，就要冒相应的高风险。投资风险主要由非系统性风险和系统性风险引起。

（一）非系统性风险——可控风险

此类风险主要有：第一，投资项目或对象选择上判断错误；第二，对融资对象的资信调查不够，义务人违约造成呆账、坏账等的信用风险；第三，投资的流动性结构不合理；第四，投资过于集中，没有贯彻分散原则以控制风险。

（二）系统性风险——不可控风险

此类风险主要有：第一，商业周期风险；第二，利率风险；第三，汇率风险；第四，不可预料的政治风险、政策风险等。

在投资风险中，系统性风险因素是最基本的，非系统性风险的产生往往是由于对系统性风险预测判断的错误。

第三节　保险经营风险的技术分析

上一节，我们已经明确保险经营风险包括承保风险和投资风险，关于投资风险的技术分析（如证券市场投资风险分析）请参阅有关书籍，本节不做介绍。

本节还略去了寿险承保风险的分析，这是因为寿险责任准备金的精算可以说是相当准确的，影响寿险责任准备金的主要因素是预定利率与市场利率的正负背离，但从长期来看，只要有一个合理的预定利率水平，利率的上下波动一般可以达到均衡。寿险业务的亏损主要是出现死差损失，即在生存保险中，实际死亡率低于预定死亡率；而在死亡保险中，实际死亡率高于预定死亡率，致使保险金支出增加，给寿险业务带来亏损。即便如此，一般也不至于影响寿险业务的财务稳定性。寿险业务的支付危机主要受退保（相当于银行挤兑）和投资损失的影响。当然还有费差损的风险，但比较次要。

寿险公司是非银行金融机构，其出售保单上的现金价值相当于银行储蓄，因此，寿险公司也就相当于储蓄银行，其经营风险的技术分析与储蓄银行等金融机构相同。这部分内容在后一章的监管技术指标中将有所体现，故而在本节与下一节中从略。至于寿险公司经营的健康保险和意外伤害险则属补偿性合同，其经营风险的技术分析同于财产合同类保险。

就非寿险经营风险的技术分析而言，本书在第十二章第二节"非寿险精算"中已有涉及，因此本节主要介绍财务风险的技术分析。财务风险问题，实际上就是保险经营的财务稳定性问题，包括财务稳定性的含义、指标与分析。

一、财务稳定性的含义

保险经营的财务稳定性指经营非寿险业务中使承担的风险同赔付能力相适应，表现为积蓄的保险基金满足履行赔偿义务的可靠性程度。其存在两种情况：一是财务稳定性良好，即积蓄的保险基金足够履行可能发生的赔付义务；二是财务稳定性恶化，即积蓄的保险基金不足以应付突然发生的较大数额的赔款，如果发生巨额赔款将会导致经营失败或影响其财务收支平衡。

财务稳定性要求保险公司科学合理地厘定和执行费率，保证资金的运用安全可靠，避免价格的恶性竞争和高风险投资。财务稳定性也是保险管理当局进行监督以维护被保险人合法权益的主要内容之一。

二、财务稳定性指标

财务稳定系数是衡量保险经营财务稳定性程度的一项非常重要的技术指标，用保险赔偿额的均方差（保险实际赔偿额与期望赔偿额的偏差范围值）与净保险费总额的比率指标 K 表示。K 值越小，表明财务稳定状况越理想。

（一）基本系数

$$K=\frac{\delta}{P}=\frac{a\sqrt{nq(1-q)}}{anq}=\sqrt{\frac{1-q}{nq}} \qquad (17-1)$$

式中：δ——损失均方差；

      P——净保费总额；

      a——每件标的平均保额；

      n——保险标的件数；

      q——期望损失的或然率（期望净费率）。

该基本系数的要求：① 同类标的；② 同样的风险；③ 保险金额的上下限必须有一个合理的区间；④ 适用于同一等级的损失或然率。根据要求，该基本系数适用于同类标的同样风险的不同组别的财务稳定系数。比如，小轿车的车损险，不同等级的轿车保险金额可分为 20 万元、50 万元、100 万元、150 万元，甚至 200 万元或以上，而且损失的或然率也不一样，因此，就需要分组以分别计算财务稳定系数。

（二）险种系数

险种系数是把同一险种（如车身险）不同组别的财务稳定系数值加以综合，计算出该险种的综合财务稳定系数。其计算公式为：

$$K_{A}=\frac{\delta_{A}}{P_{A}}=\frac{\sqrt{\delta_1^2+\delta_2^2+\cdots+\delta_n^2}}{P_1+P_2+\cdots+P_n} \qquad (17-2)$$

险种系数有何意义？我们可以从表 17-1 得到提示。

表 17-1 险种系数资料表

组别	标的件数/件	每件标的平均保额/元	总保额/元	年净保费/元	均方差	K
1	1 400	1	1 400	2.8	1.67	0.60
2	2 000	0.8	1 600	3.2	1.60	0.50 } 0.27
3	4 000	0.5	2 000	4.0	1.41	0.35
合计	7 400	—	5 000	10.0	—	—

根据公式 17-2 计算出该险种的综合财务稳定系数 $K=0.27$，显然比各组单独考察要小多了。为什么会有这样的效果？这是因为保险赔偿额的均方差指的是正负偏差范围，有的组发生正偏差，有的组则发生负偏差，正负在一定程度上相互抵消的结果使该险种的财务趋向稳定。

（三）综合系数

综合系数是把不同的险种的财务稳定系数加以综合，计算出保险公司全部业务的财务稳定系数，用以衡量该公司总体业务财务稳定性状况。其计算公式为：

$$K_{\mathrm{T}}=\frac{\delta_{\mathrm{T}}}{P_{\mathrm{T}}}=\frac{\sqrt{\delta_{\mathrm{A}}^2+\delta_{\mathrm{B}}^2+\cdots+\delta_{\mathrm{X}}^2}}{P_{\mathrm{A}}+P_{\mathrm{B}}+\cdots+P_{\mathrm{X}}}$$（17-3）

综合系数效果与险种系数相同。

三、财务稳定性分析

保险经营的稳定性问题最终都要归结到财务稳定性状况，财务稳定性良好说明保险公司具有良好的赔付能力（在这里我们暂时撇开保险公司资产的流动性状况），因此，财务稳定性分析也就必须围绕着 K 值进行。

（一）K 值的合理区间

由于 K 值是净保险费总额均方差与净保险费总额的比率，财务稳定性良好或不利的可能性也就各占 50%。也就是说 K 值为 0.4 时，正负偏差各为 0.2（20%），那么，每 5 年保险经营中，就有 1 年对保险人不利。K 值为 0.2 时，每 10 年中有 1 年对保险人不利。K 值为 0.1 时，每 20 年中有 1 年对保险人不利。一般认为 K 值小于 0.1，即 $0<K<0.1$ 是比较理想的合理区间。保险监管当局可以此为准，衡量各保险公司经营的财务稳定性状况。

（二）K 值的影响因素

由公式 17-1 可知，K 值为因变量，受自变量 q 和 n 的影响，这就告诉我们保险经营的财务稳定性受期望净费率 q 和保险标的数量 n 的影响。

1. n 值不变

当 n 值不变时，q 值越高，K 值越小，经营越稳定；否则相反。q 估计值越大时，积蓄的净保险费总额也就越大，保险公司赔付能力越强。但是，实际损失率可能大于或小于期望损失率，当实际损失率大于期望损失率时，以期望损失的或然率积累的净保险费总额就将远小于实际损失率所要求的净保险费总额，其结果必然是期望的 K 值要大于实际所要求的 K 值，财务稳定性趋于弱化。导致实际损失率大于期望损失的或然率的主要原因有：一是保险标的质量差；二是逆选择；三是道德风险；四是巨额或巨灾赔偿；五是分保不当，自留额过大。

此外，市场价格竞争也将导致 K 值趋大。设实际损失率等于期望损失的或然率，由于降低了毛保险费使实际净保险费总额小于期望净保费总额，其结果也必然令实际的 K 值大于期望的 K 值，财务稳定性趋于弱化。

以上分析说明，保险公司在科学合理地预测保险金额损失率和厘定保险费率的基础上，还必须严格把好核保关，防止逆选择，及时识破保险欺诈，合理安排分保，既不惜赔又不滥赔，做好风险防范工作，从而保证保险经营财务的稳定性。

2. q 值不变

当 q 值确定时，K 值大小取决于保险标的数量，即保险标的数量越多，K 值越小，经营越稳定，否则相反。但是，保险标的数量的扩张（以净保险费收入总额衡量）要受到保险公司承保能力的限制。

第四节　保险经营风险的防范

保险经营风险的防范是一个关于保险业风险管理的系统工程，贯穿于保险经营的诸环节、诸方面，而它们又都独立形成各自相互渗透、相互影响的子系统。各子系统的风险估计与防范问题，本书前述有关章节已有论及，运用第一章中"风险管理"的原理和知识亦可推而论之。本节将论述和分析保险经营的财务风险（支付风险）的防范问题，因为财务风险是保险经营风险的最终表现，防范财务风险的核心是保险公司的偿付能力与所承担的风险要相适应。

保险经营的大数法则和时空分散原则，都要求保险市场上有足够大量的投保人。这是因为事故的偶然性是不可预测的，而事故的发生次数再多也不会超过存在的事实数量。也就是说，投保的标的越多，事故的偶然性就越接近于必然性，这样，保险经营也就趋于稳定。为了经营上的稳定性，降低成本（包括不变成本和可变成本），增加承保盈利，保险公司无一例外地极力扩张其承保业务。从现象上看，似乎只要有人买保险商品，保险公司都可以毫无所费、无限制地开出保单；然而，恰恰相反，保险人的愿望往往要受到自身能力的限制，即承保能力的限制。

一、危险单位承保限额决定 [①]

危险单位承保限额，指保险公司对每一危险单位所能承受并作为赔偿损失的最高责任的数额。如果所能承担的危险单位的保险金额超过这个数额，就必须分保，故而，承保限额也称自留限额。承保限额分为法定承保限额与理论承保限额。

（一）法定承保限额

法定承保限额是由国家保险监管机构以法规的形式，规定每一危险单位保险公司所能承受的最高保险责任数额。一般都规定占保险经营资本的一定比例数。

（二）理论承保限额

理论承保限额是通过数理统计的办法，求出单个保险公司的承保限额，即单个保险公司愿意和可能向保险市场提供的保险商品的数量。它体现单个保险公司自我约束的程度，同时也可向保险管理当局在既可保证保险人合法权益又可保证被保险人合法权益的前提下，确定法定承保限额，提供客观的依据。理论承保限额的计算基本上可分为三种情况。

1. 保守的理论承保限额

保守的理论承保限额以净保费收入与承保限额之间的数量比例关系表示。这个比例关系表明该保险人希望通过吸纳的净保费，满足赔付的需要，且尽量不伤及原有的

---

① 林宝清.保险发展模式论［M］.北京：中国金融出版社，1993：11.

经营资本（资本金＋公积金），从而保证每一个会计年度的保险业务财务稳定。因此，我们称之为"保守的理论承保限额"。

设：某公司全部业务稳定系数 $K^①$，根据公式 17-1，则有：

$$K=\frac{\delta}{P}=\frac{\sqrt{m^2+x^2q\,(1-q)}}{P+xq} \qquad （17-4）$$

由公式 17-4 得：

$$X=2K^2P \qquad （17-5）$$

由公式 17-5，把 K 确定为 0.1 时，$X=0.02P$，即为保守型理论承保限额。在 $0.02P$ 之内，保险公司尽可自留无须分出，不会导致 K 值增高，所以其业务经营是稳定的。

公式 17-5 表明，单个保险公司对危险单位的保险商品供给能力与该公司对稳定系数 K 的要求以及净保费收入呈正相关关系。一般认为 K 不应大于 0.1，原因如前所述：$K=0.1$ 时，理论上，保险经营的 20 年中，有 1 年对该保险公司不利。

2. 中性的理论承保限额

在 $X=2K^2P$ 的基础上，加进公积金 R 的因素，即 $X=2K^2（P+R）$。显然，该承保限额比保守的理论承保限额大 $2K^2R$ 数量，但不至于影响到自有资本，我们称为"中性的理论承保限额"。

3. 扩张的理论承保限额

在 $X=2K^2（P+R）$ 的基础上再加进自有资本金 C 的因素，即 $X=2K^2（P+R+C）$。这是理论上极限的承保限额，我们称为"扩张的理论承保限额"。

当然，理论承保限额只是一种参考值，在实际执行过程中，保险人往往还要凭自己的经验、各类标的以及业务质量等方面做出全面的衡量判断，而后确定每笔业务的自留额，将超过部分分给其他保险人。

（三）承保限额极限比率

承保限额极限比率，指扩张的承保限额与经营资本（经营资本＝资本金＋公积金）的比例关系。承保限额极限比率用 L_x 表示，计算公式为：

$$L_x=\frac{2\,K^2（P+R+C）}{R+C}=\frac{2\,K^2（P+3KP）}{3KP}=\frac{2}{3}K（1+3K）^② \qquad （17-6）$$

当 $K\leq0.1$ 时，L_x 极大值为 0.087，小于我国规定的 10% 的法定比率。

二、单个公司承保总额决定 [③]

承保总额决定与承保限额不同，它指单个保险公司能够向保险市场提供保险商品的数量。

---

① $m^2=\delta_1^2+\delta_2^2+\cdots+\delta_n^2$，$q=$ 承保标的净费率，$x=$ 净费率为 q 的标的最高自留额。引自：康辛. 苏联国家保险［M］. 中国人民保险总公司，译. 北京：中华书局，1953：55.

② $R+C=3KP$，参阅本节公式 17-10。

③ 林宝清. 保险发展模式论［M］. 北京：中国金融出版社，1993：11.

单个保险公司的承保总额要受其经营资本制约。保险公司的经营资本除了在创办时必须满足注册资本规定，在日常经营中也要达到一定的标准。由于保险公司经常性的保费收入并不一定随时都满足赔付需要，在任何一年都可能有超常规的巨灾损失发生，必须以经营资本抵补履约，而且超常规损失与承保总额成正比，那么，应该具备多少经营资本作为超常规巨灾损失赔偿的保证？英美两国有"偿付能力计算法"，苏联的方法是采取数理统计中的 3δ 原理分析经营资本与承保总额之间的比例关系。

（一）公积金比率

公积金比率是分析公积金与承保总额之间的比例关系，解决单个保险公司在一定量的承保金额下，所必须保有的最低数额公积金问题。根据 3δ 原理，有：

$$R=3\delta$$

前面已经说过，经营资本只要保持 3 个净保费总额均方差，就可满足任何超常规赔付责任。因此，我们只要算出 $R=3\delta$ 占净保费总额的比率，就可很方便地计算出某保险公司净保费收入（净保费 = 毛保费 − 附加保费）所要求的公积金部分的资本额 R。现在我们先求出公积金比率 r。公式如下：

$$r=\frac{R}{P}=\frac{3\delta}{P} \tag{17-7}$$

因为 $\delta=K\cdot P$（由公式 17-1 求得），所以：

$$r=\frac{3KP}{P}=3K \tag{17-8}$$

$$R=3\delta=3KP \tag{17-9}$$

假定 $K=0.1$，那么 $R=0.3P$。不过这里还是含有遗漏，因为在竞争激烈的情况下，净费率可能下降到损失率的临界点以下，使净保费总额趋小，这样按单个保险公司的个别净保费确定公积金数额，可能是不够充分的。在这种情况下，保险管理当局如果采用公积金比率方法确定公司的承保总额，就应该采用标准的（准确的）损失或然率计算公司的净保费，据此衡量公司的公积金积累是否符合要求。若不足，可采取下列处理办法：① 要求分保；② 要求追加公积金。

采用公积金比率的做法，是相当稳健的，因为它为保险公司构筑了经营稳定性的第一道防线，一般不至于伤及资本金。

（二）经营资本比率

经营资本比率是分析经营资本与承保总额之间的比例关系，解决单个保险公司在一定量的承保金额条件下，所必须拥有的经营资本量问题。其公式推导过程如下：

由于经营资本 $G_B=R+C$，令 $R+C=3\delta$，则有：

经营资本比率：

$$g_b=\frac{R+C}{P}=\frac{3KP}{P}=3K$$

所以：

$$G_B=3KP \tag{17-10}$$

比较公式 17-9 和公式 17-10，由于 G_B=（$R+C$）>R，可见在 G_B=3δ 的条件下，保险公司的承保总额得以扩张，而且是可以接受的。

当 K=0.1 时，G_B=0.3P。这个结果与美国的《通用偿付能力表》的规定比值不谋而合。[①] 保险管理当局可使用 G_B=3KP 公式，在核定单个保险公司承保能力时按经营状况将 K 划分为高于 0.1 的若干等级，并使之规范。经营资本不足的解决办法是：① 超过部分分保；② 要求增资补足。G_B=3KP 是保险公司方便的核资工具，该公式还表明，当净保费收入一定时，该保险人的财务稳定系数 K 的值较小，其所需的经营资本也就相对较小。K 的值大小取决于：① 保险金额损失率高低，影响因素有承保标的质量、防险防损效果和核损理赔的准确度等。② 承保标的数量。③ 净费率高低。以上指标对于不同的保险人是不同的。所以，在核资时必须区别对待，目的在于保护被保险人的正当权益。

三、经营资本流动性合理化结构 [②]

在分析之前，我们先把保险业的流动资金分为两类：

第一类，用于当年赔付或给付的经常性付现准备金，包括非寿险责任准备金、赔款准备金与当年必须支付的寿险责任准备金。这类准备金所对应的资产要求是流动性强、变现速度快，收益性则是次要的。

第二类，资本金、公积金和寿险 1 年以上未到期责任准备金。这部分流动资金运用面广、对象多，情况比较复杂，也是我们分析研究的重点。以下在流动资产的安全性、流动性、收益性和保证偿付四原则基础上，对非寿险经营的第二类流动资金所对应的流动资产合理化框架进行概括性的定量分析。

A 项资产：保证金 + 银行存款的数量决定。

保证金是保险业根据保险管理当局的规定交存中央银行（或指定银行）的一部分现金资本。我国规定保证金为注册资本总额的 20%。该项资金只要在 0.2 个净保费总额均方差以内，就可满足该公司当年较大的一次性损失赔偿的付现需要。发生这种赔付后，必须适时减少其他资产以补足第一类资产和 A 项资产，以及抵还可能发生的拆进资金。

设：A 项资产与净保费总额之比为 α，则：

---

① 美国要求的净保费与股东基金（资本金 + 公积金）比值如下表所示：

净保费 / 万美元	不超过 150	150~350（不包括 350）	350~750（不包括 750）	750~1 500（不包括 1 500）	1 500~3 500（不包括 3 500）	3 500 及以上
比值	<2	<2.2	<2.5	<2.8	<3	<3.3

说明：此表应视为 K≥0.1，承保能力越强 K 值越趋稳定。举例一：当净保费 <350 万美元时，股东基金 =0.3× 净保费总额，即 G_B=3×0.1× 净保费总额。举例二：当净保费总额在 350 万~750 万美元时，股东基金 =0.4× 净保费总额，即 G_B=3×0.13× 净保费总额。

② 林宝清 . 保险发展模式论［M］. 北京：中国金融出版社，1993：11.

$$\alpha=\frac{A}{P_{总}}=\frac{0.2\delta}{P_{总}}=\frac{0.2KP_{总}}{P_{总}}=0.02$$

$A=0.02P_{总}$　（设 $K=0.1$，下同）

根据 A 项资产的性质，可知它的流动性要求与第一类流动资金的要求毫无二致，因此，对保险企业偿付变现能力的考核，应包括这两部分资金所对应的资产是否符合第一等级的流动性要求。

B 项资产：中长期政府债券 + 金融债券 + 有担保的贷款的数量决定。

该项资产具有安全性和较高收益率的特点，但变现的及时性能力较差。当然，其中两项可用抵押或贴现的方式临时取得资金，但是，由于该项资产的收益率不是很高，在资产中所占比例也就不可能太高，因此 B 项资产保持在 0.8 个净保费总额均方差左右是合适的，即：

$B=0.08P_{总}$　（$K=0.1$，计算方法同上）

这样，B 项资产加 A 项资产就相当于 1 个净保险费总额均方差，从而两项之和的变现能力保证偿付度就达到 68%，也就是说超常赔付在一个均方差之内是没问题的。

C 项资产：合格股票 + 企业债券 + 信用放款的数量决定。

该项资产收益率较高，具有一定的投机性和风险性。一般都要求股票、债券是合格的证券，其中对股票价值要定期评估，贷款要扣除呆账部分，以保证流动资金的完整性。由于该项投资的收益率比 B 项资产高，所以往往成为保险业投资的重心；对于保险监管机构来说，也是考核的重点，而且技术性较强。

C 项资产数量可以考虑定在 1 个净保费总额均方差上下，即：

$C=0.1P_{总}$　（$K=0.1$）

在这里，C 项资产落在净保费总额的第二个均方差之内。如果要动用该项资产以履行赔付责任，对保险公司来说无疑是从天而降的一场灾难，这种情况不多；即使发生，该公司应付超常规重大损失的赔付能力也达到 95%，而且其中的股票和债券具有相当的变现能力。

D 项资产：不动产投资。

不动产投资包括：购买土地，修建住宅、商业写字楼，建造饭店等。不动产投资一般被认为是高收益率投资项目，尤其是在通货膨胀情况下具有很强的保值和增值效果，只是它的流动性比较差。但也不绝对如此，在商业繁荣时期，不动产契约的流动性和收益性，甚至比任何证券都好；当然相对地说，在商业危机和萧条时期则相反。因此，不动产投资具有较强的投机性。由于我国政策的限制，国内金融机构一般不被允许从事不动产投资。

根据数理统计原理，保险业如果持有第 3 个净保费总额的均方差，其赔付能力的保证度就达到了 99.73%。如果到了动用第 3 个均方差所保有的经营资本，可想而知该公司即使面临的是破产清算，也不至于伤害到保户的利益。一般看来这种情况极不可能发生，所以我们可以大胆地把不动产投资的数量界定在该公司净保费收入总额的一个均方差内。即：

$D=0.1P_{总}$　（$K=0.1$）

通过以上分析，单个保险公司经营资本流动性结构合理化数量模型可表示为：

$$A : B : C : D = 0.02 : 0.08 : 0.1 : 0.1 \quad (K=0.1)$$

或者

$$A : B : C : D = 0.2K : 0.8K : K : K \quad (K \leqslant 0.1)$$

A、B、C、D 四项相加，其总额就等于 $0.3P_{总}$（$G_B = 0.3P_{总}$，$K=0.1$）；或者说，等于 $3KP_{总}$（$K \leqslant 0.1$）。

我们在单个保险公司承保总额的定量分析中，研究了其经营资本与承保总额的适应度，现在又通过经营资本流动性结构定量分析，研究了保险公司现金偿付能力与保险基金运用流动性的适应度。这样对保险公司供给形成了一套比较完整的约束机制。比如，某保险公司，虽然经营资本与承保总额符合要求，但其流动性不符合要求，或者 C、D 两项偏大，或者 D 项偏大，就不应该认为其具有同等的承保能力。解决办法：一是责其调整比例，二是责其分保（分保结果要达到 A、B 两项要求）。当然，这里所建立的流动性数量模型仅是一个理论框架，在实践中可根据具体情况加以适当的调整（参阅第十三章第三节"保险基金的运用"）。

本章小结

1. 保险公司是集散风险的中介，其特有的运营机制和风险的特性决定了其经营风险具有射幸性、非控性、突发性和联动性等特征。

2. 保险经营风险包括承保风险和投资风险。投资风险本不属于保险经营风险范畴，是因为保险与金融相互渗透、互动发展而属之。

3. 财务风险即偿付能力的风险，是保险经营风险的集中表现。影响寿险业务财务稳定性的主要是退保风险和投资风险，其技术分析可视同储蓄银行等存款机构。非寿险业务财务稳定性可以通过 K 值进行分析。

4. 通过对非寿险业务危险单位承保限额与承保总额的定量分析，能够论证保险公司经营资本与承保业务在量上的制约关系，从而为保险管理当局的量化监管提供技术支持。

5. 保险公司经营资本流动性合理化结构同时可适用于寿险与非寿险，但是，它仅是一个模型，在实践中应根据具体情况加以适当调整。

重要概念

承保风险	死差益（损）	费差益（损）	利差益（损）
财务稳定系数	承保能力	偿付能力	承保限额
承保限额极限比率	公积金比率	经营资本比率	

思考题

1. 研究保险经营风险的类型、特征和成因对于保险公司加强风险管理有何意义?

2. 寿险公司经营风险的技术分析能否同于储蓄银行等金融机构？为什么？

3. 本书财产险承保限额极限比率理论值为自有资本金加公积金的 8.7%，而我国的法定比率为 10%，你认为是否合理？为什么？

4. 本书财产保险公司自留净保费收入的极限为自有资本金加公积金的 3.3 倍，而我国的规定为实有资本金加公积金总和的 4 倍，你认为是否合理？为什么？

5. 本书认为非寿险公司的净保险收入在 3.3 倍自有资本金加公积金范围内就无须强制分保，其根据是什么？

6. 本书的经营资本流动性合理化结构是否合理？有何改进意见？

即测即评

请扫描右侧二维码，进行即测即评。

第十八章
保险市场监管

第一节　保险监管引论

保险监管是指一个国家对保险业的监督和管理。保险监管制度通常包括两大部分：一是国家通过制定有关保险法规，对本国保险业进行宏观指导与管理；二是国家专司保险监管职能的机构依据法律或行政授权对保险业进行管理，以保证保险法规的贯彻执行。

一、保险监管成因

纵观世界各国，无论是经济发达国家还是发展中国家，大多对保险业实施监管。保险监管之所以具有国际普遍性，不仅有着重要的经济理论支撑，也是由保险业的性质及其经营的特点所决定的。

（一）市场失灵与保险监管

市场失灵是指市场机制不能有效地动员和配置资源的现象，主要表现为市场支配力、外部性和信息的不对称等。

在保险市场中，一般来说被保险人处于交易较为弱势的地位，市场支配力较多地倾向于保险人一方；即便是垄断竞争的保险市场，市场价格也必然高于完全竞争市场价格。因此，政府监管部门就有必要对保险人的定价权实施监管。

良性发展的保险市场必定是以最大诚信为本的交易市场，凡是存在道德风险的交易，如保险人利用保险合同欺诈或诱导被保险人以谋取不正当利益，被保险人以不法行为骗取保险赔偿等，都会给保险市场带来负的外部性，因此，需要政府监管部门对保险合同条款实施严格的监管并完善相关的立法规范。

交易信息的不对称是保险商品最为突出的特征，一方面表现为保险人对保险格式合同的信息优势，另一方面表现为投保人或被保险人对投保或已投保标的物的信息优势。因此，对于可能滋生的欺诈隐瞒等道德风险，通过保险监管予以防范和化解尤为必要。

（二）公共利益与保险监管

规范经济学的公共利益论是保险监管的重要理论依据之一。保险业直接关系着社会、企业和个人的经济安全，对社会福利和公共利益至关重要。例如，保险公司破产倒闭或经营亏损导致的偿付能力不足不仅会直接损害其自身利益，还会使得被保险人在遭受损失时无法获得经济补偿，严重损害公共利益。因此，对保险公司的法定监管是维护公共利益的重要体现。

公共利益论认为政府监管是通过修正市场失灵等原因导致的资源误配现象，进而对社会福利进行再分配的一种机制或方法。监管的目标是实现经济效率最大化，防止或减少市场失灵对公共利益的重大损害。

（三）金融稳定与保险监管

保险监管不仅有利于保证保险市场稳定运行，更事关国家金融安全。

首先，保险业是金融体系的重要组成部分，且由于保险经营的特殊性，保险业的风险往往具有隐蔽性、长期性和复杂性等特点，如果不能及时加以预防和控制，就有可能通过风险传染蔓延到银行业、证券业等其他金融行业，甚至引发系统性风险，从而影响整个金融市场的稳定。2007年8月，美国爆发次贷危机；2009年3月，美国国际集团（AIG）宣布历史性季度亏损617亿美元，成为压垮美国股市的最后一根稻草，AIG也创下了美国公司史上亏损之最。次贷危机引发的2008年国际金融危机，使人们认识到深藏在保险业的系统性风险源，昭示了对保险市场的监管是不可或缺的。

其次，保险业的基本功能是组织经济补偿，经济主体在灾后能否得到及时足额的保险赔偿或给付，不仅关乎社会生产和生活能否及时恢复正常，而且事关社会信用链条的稳定。因此，对保险业的偿付能力监管是绝对必要的。

最后，保险公司是资本市场的重要机构投资者，其所积累的巨额保险基金是资本市场的重要资金力量。但保险基金是保险公司的或有负债，因此，监管机构必须对保险公司投资的合理性加以跟踪监管，以阻遏保险公司投资的风险倾向。

（四）保险商品特性与保险监管

保险商品的特殊性在于：保险商品是以格式合同为买卖对象的无形商品；保险商品的定价依据的是精算技术。

首先，格式合同所规定的保险合同双方当事人的权利和义务，都是由保险人事先拟定的，保险人具有格式合同文意表达上的信息优势，以及对所承保风险的信息优势。因此，必须由保险监管机构对保险合同条款进行审核，保证交易双方的权利和义务对等，从而保证投保人和被保险人的合法权益，阻遏不良保险人利用保险合同行欺诈的可能性。

其次，保险商品的定价需要专业技术，如精算技术，这些专业技术不是一般人所能熟知或掌握的，因此，必须由保险监管当局的精算师等专业人员根据保险公司上报的定价依据加以审核和测算，以保证保险合同双方当事人的权利和义务在保险价格上达到公平合理。

专栏 18-1

保险监管的产生

二、保险监管原则

保险监管适用的原则通常包括以下几方面。

（一）依法监管原则

保险监管机构是政府的行政部门，所谓的"依法监管"即依法行政，指保险监管机构凭借国家赋予的权力介入市场，充当市场的"守夜人"，遏制或惩处违法违规行为，为市场营造良好的运行氛围。

依法行政要求行政机关既要恪守自己的权力边界，又要坚守自己的行政职责；既不能对自己分管的"一亩三分地"怀揣"父爱"，又不能越权当起"大掌柜"。

（二）市场化监管原则

市场化监管要求监管机构尊重市场规律，尊重市场主体的经营自主权，凡是法律法规并未禁止的均为合法行为。我国的监管既非所谓"小政府大市场"的放任自流，也不是所谓"大政府小市场"的一卡就死，监管者与市场主体在法律上是平等的。但是，监管者必须意识到，监管主体与市场主体始终都在玩跷跷板，监管者必须对市场主体行为（比如规避监管的创新等）有清醒的风险预见性和评估，以出台新的规则对其加以禁止或规范引导。

（三）谨慎监管原则

谨慎监管是对保险公司个体的监管。利润最大化和风险最小化始终是一对矛盾，在竞争激烈的市场环境下，保险市场行为主体往往具有追求利润最大化的风险经营倾向，比如为了追逐保费收入而不惜大幅降低收费标准或变相回扣等，伤害到了保险公司的偿付能力；为了获取保险资金投资收益而投资风险资产等。

谨慎监管就是对保险公司的风险倾向做到"以防万一"的依规监管，具体内容包括资本充足率、资产与负债结构匹配、准备金提取和偿付能力等。

三、保险监管目标

保险监管的目标，既是保险监管制度设计的出发点，也是保险监管原则的归属点。

（一）保护被保险人合法权益

保护被保险人合法权益，即保护保险商品消费者的合法权益。相较于保险人，在保险交易中，被保险人一般处于相对弱势，故被保险人的权益保护首先取决于保险监管机构对保险条款和定价的守关把口，使进入保险市场的商品都能做到质量保证、物有所值。保护被保险人的合法权益是保险市场诚信建设之所需，也是推动保险市场需求繁荣的关键要素。

（二）维护保险市场交易秩序

保险合同的生效必须经交易双方当事人意思表示一致，否则为无效合同。维护保险市场交易秩序是指要求保险商品交易双方的行为必须都是诚信的和透明的，不允许任何一方有隐瞒、欺诈、诱导和不实告知的行为，因为这些行为的发生均破坏了保险市场的正常交易秩序，为法律所不容。尤其是那些累见不鲜、花样翻新的各种骗保行为，如故意制造保险事故、内外勾结编造保险事故、隐瞒违法行为等所致的保险事件、冒充保险代理人来骗取保险费等，这些不法行为不仅破坏了保险交易秩序，其当事人还可能被追究刑事责任。

（三）促进保险业健康发展

当下，我国的保险市场可归类为垄断竞争型的保险市场，在激烈的竞争氛围中，价格竞争成为最有效的手段。毋庸置疑，价格竞争是悬在保险业头上的一把双刃剑。

保险经营的特点是保费收入在前，赔偿或给付在后，保险产品的成本是预期的，真实成本具有极大的不确定性。加之保费收入是业绩考核的"硬道理"，这就给保险公司的价格竞争留下了不小的腾挪空间，因此，价格竞争已成保险市场的常态。比如，财产险公司对于风险责任的低价承保，甚至有低到匪夷所思的案例；寿险公司支付高额代理佣金，以至于知其底细者都怀疑保险公司的产品是否物有所值。

保险监管不是要遏制竞争、取消竞争，而是通过对公司财务的谨慎监管手段，对资本充足率和偿付能力表现脆弱的公司进行黄牌警告，甚至对其承保开价画出最低红线。遏制非理性的恶性价格竞争的同时，如何鼓励保险公司创新产品，是促进保险业和保险市场健康发展的一道难题，也是保险监管机构所必须应对的课题。

第二节　保险监管制度安排

监管的制度性安排，一般包含监管的法律安排、监管的机构安排和自律组织的安排。我国保险监管的制度安排具体介绍如下。

一、保险监管法规

保险监管法规，指保险监管机构凭以监管的调整保险关系的一切法律规范，主要包括保险合同法、保险业组织法、保险监管法等。我国的《保险法》涵盖了保险合同法、保险公司法（即保险业组织法）、保险经营法、保险代理人和经纪人法、保险监管法这五部分内容，是调整保险关系的一切法律规范的总汇。这是我国保险立法的一大特色，它既不同于英日等国的单行保险法，也不同于美国纽约州将保险监管法和保险合同法二合一的立法。

我国《保险法》于 1995 年 10 月 1 日起实施，随着我国保险市场的发展，经过了 2002 年、2009 年、2014 年和 2015 年的多次修正或修订，日益成熟。除了《保险法》，我国监管机构还适时陆续出台了《保险公司管理规定》《保险专业代理机构监管规定》等部门规章，更细化了保险监管机构的监管行为。

二、保险监管机构

保险监管机构作为一国保险业的主管机关，不同国家有不同称谓，同一国家的不同时期也有不同的监管机构。例如，英国的保险监管机构历经了由工贸部到金融服务局（Financial Service Authority，FSA），再到今天的金融行为监管局（Financial Conduct Authority，FCA）和审慎监管局（Prudential Regulation Authority，PRA）的转变。美国对保险业实行联邦政府和州政府双重监管制度，保险监管机构包括联邦及各州的保险监管局（署）和全国保险监督官协会（The National Association of Insurance Commissioners，NAIC）。日本的保险监管机构也由原大藏省调整为内阁直属的金融厅。可见，国外保险监督机构的设置分为两种情况：一是设立直属政府的保险监管机构；二是在政府直属机构下设立保险监管机构，如执行保险监管的部门隶属于财政部、商业部、中央银行、金融管理局等。

我国保险业务恢复初期，保险监管机构是中国人民银行非银行金融机构管理司的保险处。《保险法》颁布后，中国人民银行内部进行了机构调整，成立保险司，专门负责保险市场的监管。1998 年年底，我国成立了中国保险监督管理委员会，该委员会是国务院的直属事业单位，是全国商业保险的主管机关，根据国务院授权履行依照法律法规统一监管中国保险市场。2018 年，国家将中国银行业监督管理委员会和中国保险监督管理委员会的职责进行整合，成立了中国银行保险监督管理委员会（简称银保监会），银保监会作为国务院直属事业单位，依法依规对全国银行业和保险业实行统一监督管理，维护银行业和保险业合法、稳健运行。

专栏 18-2

中国保险监管机构的历史演变

三、保险行业自律组织

保险行业自律组织，通常是指保险行业协会或保险同业公会，是保险人和保险中介人的民间社团组织。我国《保险法》附则规定保险公司应当加入保险行业协会。

保险行业自律组织对保险市场的监管效率发挥着保险监管机构所不具备的横向协调作用。保险同业公会在保险市场发达的国家或地区比较普遍。

保险同业公会的地位大致可以区分为两种情况：一种是充当政府与保险人、被保险人及社会大众之间的桥梁，如我国香港特区的保险行业工会是按保险公司业务性质分别组合的，有香港保险联合会及其下属的香港产险总会和香港寿险总会三个组织；

另一种是典型的英国模式，保险同业公会仅为同业信息沟通的场所，并无管理职能，保险人参加与否完全自愿。

　　尽管各国保险行业自律组织在保险监管中所处的地位不尽相同，但其作用是一致的。保险行业自律组织在保险监管中的作用主要是代表会员对政府有关保险业管理立法施加影响，协调会员在市场竞争中的行为规范，制定供市场统一试用的保单及其费率最低标准等。

　　保险行业自律组织虽然对维护保险市场秩序，增强市场活力，弥补政府行为的不足等方面发挥着不可忽视的作用，但这种作用是有限的，这是由保险行业自律的特点所决定的。

　　保险业的自律管理只能出于自愿而不能加以强制；管理的范围只是保险市场上的一部分而不是全部；成立保险行业自律组织是为了保障或增进保险业本身的利益，而不是为了被保险人或受益人的利益。因此，保险监管的主体仍然是国家或政府，行业自律只能是政府监管的一种补充。

第三节　保险监管实施

一、保险监管实施方式

　　在不同的历史时期，各国对保险业的监管曾经采用过不同的方式，归纳起来，主要包括以下三种。

　　（一）公示方式

　　公示方式，又称公告管理方式，是指政府对保险业的经营不作直接监督，仅规定保险人按照政府规定的格式及内容，将其经营结果定期呈报给监管机构予以公告。公示方式是一种宽松的监管方式，英国因保险业自律能力较强，在1964年以前曾采用这种方式。这种方式的特点在于，通过公告的形式让保险人的经营可以被社会监督，监管机构对保险人的经营不作任何评价，保险人的经营优劣完全由社会公众自己分析和判断。

　　（二）准则方式

　　准则方式，又称规范监管方式或形式监管方式，是指国家对保险业的经营制定具体的准则，要求保险业者共同遵守的一种监管方式。政府对保险经营的重大事项，如最低资本金的要求、资产负债表的审核、资金的运用、违反法律行为的处罚等均做出明确规定。

　　（三）实体方式

　　实体方式，又称严格监管方式或许可监管方式，是指国家订立完善的保险监督管理规则，监管机构根据法律法规赋予的权力，对保险市场尤其是保险公司进行全面监督管理的一种方式。实体方式是保险监管方式中最严格的一种，由瑞士于1885年首创。

目前，大多数国家都采用这种监管方式，如日本、德国、美国、奥地利等，我国也采用这种监管方式。

二、保险监管实施方法

保险监管的目标是保护被保险人利益，监管机构可以制定科学的监管程序，采用有效的监管手段和方法，对保险机构进行监管。《保险公司管理规定》第59条规定，"中国保监会对保险机构的监督管理，采取现场监管与非现场监管相结合的方式。"

（一）非现场监管

非现场监管是指监管机构通过采集、分析、处理保险公司的经营信息，对保险公司的风险状况进行监测、评估，从而采取预警和管制措施的过程。我国《保险法》对非现场监管形式有原则性的规定，它同《保险公司管理规定》等规范性文件构成了我国对保险公司的非现场监管体系。

《保险公司管理规定》第65条规定："中国保监会有权根据监管需要，要求保险机构进行报告或者提供专项资料。"第66条规定："保险机构应当按照规定及时向中国保监会报送营业报告、精算报告、财务会计报告、偿付能力报告、合规报告等报告、报表、文件和资料。保险机构向中国保监会提交的各类报告、报表、文件和资料，应当真实、完整、准确。"

上述监管规定明确了监管机构非现场监管的职权，规范了非现场监管工作流程，设立了非现场监管操作标准，建立了我国的非现场监管制度。

（二）现场监管

现场监管的主要手段是现场检查。现场检查是指监管机构到保险机构现场对其经营和风险情况按照一定程序实施全面或重点的检查。

现场检查是保险监管的重要形式，与非现场检查密切相关。非现场检查是现场检查的基础，现场检查是非现场检查的重要补充。现场检查有定期检查和临时检查两种，临时检查一般针对专项内容进行检查，定期检查是对保险机构作出综合评价。

《保险公司管理规定》第62条规定："中国保监会对保险机构进行现场检查，保险机构应当予以配合，并按中国保监会的要求提供有关文件、材料。"第61条、第63条还分别规定了监管机构对保险机构进行现场检查的主要事项、工作要求等。

第四节　保险监管内容

尽管各国的保险监管机构及其监管方式、形式有所差异，但监管内容大多相似。保险监管的内容主要包括三大方面：一是市场行为监管；二是公司治理监管；三是偿付能力监管。

一、市场行为监管

市场行为是指保险公司的行为和保险中介机构的行为，以及保险机构相互之间的市场行为。

保险监管机构对市场行为监管的根本任务和目的是保证保险市场的健康发展，为社会提供充分的经济保障。具体任务有：维护合法经营，取缔非法经营；合理发展保险机构；完善保险法规；规范保险公司市场行为，保护正当竞争；保证保险公司的稳健经营和发展。

市场行为监管是偿付能力监管的有力保证，对偿付能力监管有着重要的影响，也是我国保险监管的重要内容之一。保险监管机构对于市场行为的监管主要有以下几方面内容。

（一）经营范围的监管

经营范围监管，是指政府通过法律或行政命令，规定保险公司所能经营的业务种类和范围，其内容主要包括以下两个方面。

1. 兼业问题

兼业问题即保险人可否兼营保险以外的业务，非保险人可否兼营保险或类似保险的业务。我国《保险法》第6条规定："保险业务由依照本法设立的保险公司以及法律、行政法规规定的其他保险组织经营，其他单位和个人不得经营保险业务。"第8条规定："保险业和银行业、证券业、信托业实行分业经营、分业管理，保险公司与银行、证券、信托业务机构分别设立。国家另有规定的除外。"

2. 兼营问题

兼营问题即同一保险企业可否经营性质不同的数种保险业务。《保险法》第95条规定："保险公司的业务范围：（一）人身保险业务，包括人寿保险、健康保险、意外伤害保险等保险业务；（二）财产保险业务，包括财产损失保险、责任保险、信用保险、保证保险等保险业务；（三）国务院保险监督管理机构批准的与保险有关的其他业务。保险人不得兼营人身保险业务和财产保险业务。但是，经营财产保险业务的保险公司经国务院保险监督管理机构批准，可以经营短期健康保险业务和意外伤害保险业务。保险公司应当在国务院保险监督管理机构依法批准的业务范围内从事保险经营活动。"

（二）公司准入的监管

创设一家保险公司需要得到政府主管机关的批准，这是当今世界各国的普遍做法。目前各国大致有两种思路：一是登记制，即申请人只要符合法律规定的进入保险市场的基本条件，就可以提出申请，经政府主管机关核准登记后进入市场。二是审批制，即申请人不仅必须符合法律规定的条件，还必须经政府主管机关审查批准后才能进入市场。我国对保险市场的准入采用的是审批制。

《保险法》第67条规定："设立保险公司应当经国务院保险监督管理机构批准。国务院保险监督管理机构审查保险公司的设立申请时，应当考虑保险业的发展和公平竞争的需要。"第68条、第70条还分别对设立保险公司应当具备的条件、申请设立保险公司应当向保险监管机构提交的材料等作了规定。

（三）组织形式的监管

对于保险人以何种组织形式进行经营，各个国家和地区根据本国国情均有特别规定。美国保险人的组织形式包括股份有限公司和相互保险公司两种；日本包括股份有限公司、相互保险公司和互济合作社三种；英国除股份有限公司和互相保险社外，还允许劳合社采用个人保险组织形式；我国保险人的组织形式包括保险公司以及法律、行政法规规定的其他保险组织。

（四）保险中介人的监管

我国对保险中介人的监管主要依据《保险法》以及相关的中介监管规定。《保险法》的监管规定主要涉及保险代理人和保险经纪人，而《保险代理人监管规定》《保险经纪人监管规定》和《保险公估人监管规定》分别针对不同的保险中介人给出了具体的监管要求。

（五）停业解散的监管

政府对保险业进行管理的目的是为了保证保险公司稳健经营，从而维护被保险人的合法利益。比如，监管机构发现保险公司存在违法违规行为时，可以责令保险公司限期改正，若保险公司在规定期限内未改正，监管机构可以决定对其进行整顿；对于违法违规行为严重的保险公司，监管机构可以对其实行接管；被接管保险公司不能清偿到期债务且资产不足以清偿全部债务或者明显缺乏清偿能力的，以及明显丧失清偿能力可能的，监管机构可以依法申请对该保险公司进行重整或者破产清算。相关监管规定详见《保险法》第 139 条至 149 条。

（六）保险条款和保险费率的监管

保险条款是投保人和保险人对权利和义务的约定，专业性极强。投保人很难对保险合同中的每一条款进行充分了解，一般也很少与保险人协商保险条款的具体内容，客观上要求监管机构对保险条款进行相应的监管。

保险费率是保险产品的价格，受预期损失、预期经营成本、预期投资收益等因素影响。保险费率如果过高，会降低保险公司的竞争力，同时对投保人也不公平；如果过低，会降低保险公司的财务稳定性，甚至影响其偿付能力，最终损害被保险人的利益。因此，厘定合理的费率水平对保险公司和广大消费者而言都是至关重要的。保险费率的监管方式一般可以分为强制费率、规章费率、事先核定费率、事先报批费率、事后报批费率和自由竞争费率等。

我国《保险法》第 114 条规定："保险公司应当按照国务院保险监督管理机构的规定，公平、合理拟订保险条款和保险费率，不得损害投保人、被保险人和受益人的合法权益。"第 135 条规定："关系社会公众利益的保险险种、依法实行强制保险的险种和新开发的人寿保险险种等的保险条款和保险费率，应当报国务院保险监督管理机构批准。""其他保险险种的保险条款和保险费率，应当报保险监督管理机构备案。"

二、公司治理监管

原保监会高度重视公司治理监管的制度建设，于 2006 年颁布了《关于规范保险公司治理结构的指导意见（试行）》，初步确立了公司治理的制度框架。之后，又陆续发布了《保险公司股权管理办法》《保险公司董事会运作指引》《保险公司内部控制基本准则》《保险公司控股股东管理办法》等多个相关配套的规章或指引文件。在加强制度建设的同时，原保监会还通过报告制度、窗口指导、董事会秘书谈话制度等，推动相关配套制度的落实，提高保险公司治理的能力和水平。

2018 年银保监会成立后，先后发布了《保险公司信息披露管理办法》《保险公司关联交易管理办法》《银行保险机构公司治理准则》等规章或规范性文件，基本形成了一整套公司治理的监管制度体系。其中，《银行保险机构公司治理准则》第 4 条对"良好公司治理"给出了标准。

具体而言，我国监管机构主要从优化股权结构、加强董事会建设、完善内控体系以及健全信息披露制度等四方面加强公司治理监管。

（一）优化股权结构

为引导建立适合行业稳健发展和持续增资需求的较为合理的股权结构，监管机构重点从三个环节进行了规范。

1. 把好股东入口关

在公司设立或增资扩股时，一方面要对股东特别是控股股东的资质严格依法审查，另一方面要保证社会资本的有序进入，重点引入大型国有和优质民营企业，壮大保险行业资本实力。

2. 规范股权流转

2018 年修订的《保险公司股权管理办法》第 26 条、第 49 条及第 61 条规定："投资人通过购买保险公司可转换债券，按照合同条件转为股权的，或者通过质押权实现取得保险公司股权的，应当按照本办法规定报中国保监会批准或者备案。""保险公司股东质押其持有的保险公司股权的，不得损害其他股东和保险公司的利益。""保险公司应当加强对股权质押和解质押的管理，在股东名册上记载质押相关信息，并及时协助股东向有关机构办理出质登记。"

3. 强化股东股权监管

股权是公司治理的基础，也是保险监管的重点和难点。2012 年，保监会出台了《保险公司控股股东管理办法》，以控股股东与保险公司之间的管控和业务联系为基础，从控制行为、交易行为、资本协助、信息披露和保密、监管配合五个方面对控股股东行为作了规定，既强化了控股股东对公司的责任和经营管理行为的合理监督，又注重规范控股股东的控股行为，防止其损害保险公司利益。

2018 年修订的《保险公司股权管理办法》第 4 条根据持股比例、资质条件和对保险公司经营管理的影响，将保险公司股东分为财务 I 类股东、财务 II 类股东、战略类股东和控制类股东四类，各类型股东适用不同的监管标准。例如，对持股比例在 5% 以下的股东变更，采取简单的备案制管理，鼓励社会资本向保险业流动；对持股比例在 15% 以上的股东实施严格监管，鼓励大型国有企业和优质民营企业投资保险业，壮大保险业资本实力。

（二）加强董事会建设

董事会是公司治理的核心，加强董事会建设是国内外企业完善公司治理的普遍做法。保险经营专业性和审慎性的特点决定了保险公司董事会建设的重要性。

2008 年保监会发布的《保险公司董事会运作指引》从明确董事会职责、强化董事责任、建立独立董事制度、设立专业委员会四个方面，将加强董事会建设作为规范保险公司治理结构的重要内容，对董事会职权的明确和组织完善进行了重点规范。

2021 年银保监会发布的《银行保险机构公司治理准则》强调了董事特别是独立董事的选任、职责及履职保障，明确了董事会及其专门委员会的组成、职权及会议表决等要求。

在具体的监管实践工作中，保险公司被要求主要完成以下几项工作：一是完善董事会组织建设，建立独立董事制度，保证董事会足够的专业性和独立性，提升董事会决策和监管水平。二是强化董事会职能，从加强风险防范的角度出发，明确规定董事会对公司内控、合规和风险管理负最终责任，并要审议公司治理等一系列重大报告，促使董事会真正关心、了解公司运作和督促管理层改进工作。三是规范董事会运作，从会议召集、提案与通知、会议召开、表决和决议等各个方面，规范董事会会议的整个流程，保障董事会科学决策。

（三）完善内控体系

内控机制既是公司治理的重要组成部分，也是公司治理真正发挥作用的重要保障。具体而言，监管机构的相关规定包括以下几方面。

1. 健全公司内部控制体系

《银行保险机构公司治理准则》第 102 条规定："银行保险机构应当建立健全内部控制体系，明确内部控制职责，完善内部控制措施，强化内部控制保障，持续开展内部控制评价和监督。"

《保险公司内部控制基本准则》第 5 条规定："保险公司内部控制体系包括以下三个组成部分：（一）内部控制基础。包括公司治理、组织架构、人力资源、信息系统和企业文化等。（二）内部控制程序。包括识别评估风险、设计实施控制措施等。（三）内部控制保证。包括信息沟通、内控管理、内部审计应急机制和风险问责等。"

《保险公司内部控制基本准则》还借鉴国际经验，基于前期公司和监管部门的实践，提出了三个层次的内控活动框架，即前台控制、后台控制和基础控制。其中，前台控制是对直接面对市场和客户的营销及交易行为的控制活动；后台控制是对业务处理和后援支持等运营行为的控制活动；基础控制是对为公司经营运作提供决策支持和资源保障等管理行为的控制活动。保险公司要建立和发布风险管理指引、合规管理指引等配套制度，明确公司的不同风险控制职能，建立较为科学的工作机制和清晰的报告路线。

2. 推动公司内部审计体制改革

《银行保险机构公司治理准则》第 106 条规定："银行保险机构应当按照法律法规和监管规定，建立健全内部审计体系，开展内部审计工作，及时发现问题，有效防范经营风险，促进公司稳健发展。"

《保险公司内部控制基本准则》第 45 条规定："保险公司内部审计部门对内部控制履行事后检查监督职能。内部审计部门应当定期对公司内部控制的健全性、合理性和有效性进行审计，审计范围应覆盖公司所有主要风险点。审计结果应按照规定的时间和路线进行报告，并向同级内控管理职能部门反馈，确保内控缺陷及时彻底整改。"

3. 建立关联交易管理制度

近年来，随着保险资金运用改革不断深入、投资渠道持续拓宽，保险公司的关联交易呈现增长趋势，部分中小保险公司关联交易占比偏高、交易对手比较集中、另类投资领域的关联交易增幅明显。部分保险公司的关联交易管理制度不健全、落实不严格，保险公司关联交易的潜在风险值得关注。

2022 年 3 月 1 日起施行的《银行保险机构关联交易管理办法》第 3 条规定："银行保险机构开展关联交易应当遵守法律法规和有关监管规定，健全公司治理架构，完善内部控制和风险管理，遵循诚实信用、公开公允、穿透识别、结构清晰的原则。"第 37 条规定："银行保险机构应当制定关联交易管理制度。关联交易管理制度包括关联交易的管理架构和相应职责分工，关联方的识别、报告、信息收集与管理，关联交易的定价、审查、回避、报告、披露、审计和责任追究等内容。"

（四）健全信息披露制度

《银行保险机构公司治理准则》第 91 条规定："银行保险机构应当按照法律法规和监管规定，披露公司重要信息，包括财务状况、重大风险信息和公司治理信息等。""银行保险机构披露的信息应当真实、准确、完整、及时，简明清晰，通俗易懂，不得有虚假记载、误导性陈述或重大遗漏。"

2018 年 7 月修订的《保险公司信息披露管理办法》中，也对保险公司信息披露的内容、方式、时间、管理做了具体规定，要求保险公司应当建立信息披露管理制度并在公司网站主页置顶的显著位置设置"公开信息披露"专栏。

三、偿付能力监管

（一）偿付能力监管的含义

偿付能力的概念最早出现于 1946 年的英国。偿付能力可以被认为是保险公司承担所有到期债务和未来责任的财务支付能力。

保险公司的实际偿付能力也称为有效偿付能力，是指公司的实际资产减去实际负债的部分，而实际资产和实际负债均要按照监管准则进行评估和核准。最低偿付能力是指法律规定的保障一定偿付能力所要求的最低数额，是监管部门从监管的角度用来判定保险公司偿付能力状况的重要指标。保险公司的实际偿付能力应当保持在最低偿付能力以上，否则就会被要求采取相应的措施来提高其偿付能力。

偿付能力监管通常包括三方面的内容：一是偿付能力的计算方法，包括保险公司资产和负债的谨慎性评估、风险资本评估标准和法定最低偿付能力标准等，运用这些标准对负债、资产质量、流动性、市场价值、资产和负债的匹配等进行评估。

二是偿付能力真实性的检查方法，包括财务报告、精算报告制度、偿付能力报告、监管部门的现场检查及非现场检查制度。

三是偿付能力不足时的处理方法，指监管部门根据保险公司的偿付能力水平而采取的整顿、接管、清算等监管措施。

（二）中国的偿付能力监管

中国的偿付能力监管始于世纪之交，目前已经经历了三个阶段：偿付能力额度监管、第一代偿付能力监管和正在实施的第二代偿付能力监管。

1. 偿付能力额度监管

2000 年 1 月，保监会出台《保险公司管理规定》，正式引入了"偿付能力额度"这一概念。2001 年 1 月，原保监会颁布了《保险公司最低偿付能力及监管指标管理规定（试行）》，这是我国第一部比较系统全面的专门针对保险偿付能力监管的部门规章，对偿付能力额度的计算、认可资产的评估标准、偿付能力报告制度等细节进行了说明，具有一定的科学性和可操作性。

2003 年 3 月，保监会在总结试行 2 年的实践基础上，结合国情与保险业的发展，修订后发布了《保险公司最低偿付能力及监管指标管理规定》。

《保险公司最低偿付能力及监管指标管理规定》包括总则、偿付能力额度、财产保险公司监管指标、人寿保险公司监管指标、偿付能力额度和监管指标的管理等五章，规定了保险偿付能力额度，制定了财产保险公司和人身保险公司的分项监管指标及正常变动的参考范围，强调了监管指标体系对偿付能力状况的预警功能。

2. 第一代偿付能力监管

保监会于 2003 年启动了偿付能力监管制度体系建设工作，到 2007 年年底基本搭建起具有中国特色的第一代偿付能力监管制度体系（简称"偿一代"）。2008 年，保监会颁布了《保险公司偿付能力管理规定》，同时废止了《保险公司偿付能力额度及监管指标管理规定》。《保险公司偿付能力管理规定》着重建立以风险为基础的动态偿付能力监管机制，建立分类监管机制，并首次引入资本充足率概念来衡量保险公司的偿付能力，提出将潜在的风险和对未来的预测作为考量偿付能力的重要因素，确立了由年度报告、季度报告和临时报告组成的偿付能力报告体系，并要求保险公司进行动态偿付能力测试，对不同情形下的偿付能力趋势进行预测和评价，从而使监管部门可以及时监测保险公司偿付能力的变化情况，采取监管措施。

《保险公司偿付能力管理规定》体现出了五个新特点：

第一，着重于建立以风险为基础的动态偿付能力监管机制，树立分类监管机制和外国保险公司在华分支机构并表监管机制。

第二，用"最低资本"和"实际资本"分别替代以往规定中的"最低偿付能力额度"和"实际偿付能力额度"，并重新定义资本充足率为保险公司的实际资本与最低资本的比率。

第三，取消财产险公司和寿险公司的监管指标，不再设置分类监管指标，而是对可能出现偿付危机的保险公司进行预警。这主要由于分类监管的指标范围在选定上有一定主观性，而我国保险业的发展较快、变化较大，各公司之间的差异也较大，很难确定一个长期普适的指标体系。

　　第四，不再规范最低资本和实际资本的具体计算规则，只是对最低资本、实际资本的定义和确定依据做了原则规定，具体评估方法由偿付能力报告编报规则进行规范。

　　第五，对偿付能力充足率低于100%的公司规定了统一的监管措施，而不再对偿付能力不足的公司按30%和70%两个临界点分为三类规定不同的监管措施。

　　"偿一代"的监管框架主要依照欧盟"偿付能力I"体系，一定程度上借鉴了美国的RBC监管标准，建立了以监管流程为主线的监管框架，主要由公司内部风险管理、偿付能力报告、财务分析和财务检查、适时监管干预、破产救济五部分内容组成，并在实践中形成了行之有效的监管机制。

　　近十几年来，保险行业整体偿付能力保持充足，行业没有发生系统性风险，"偿一代"制度发挥了应有的历史作用。"偿一代"的建立使我国偿付能力监管从无到有，保险业第一次树立了资本约束的经营理念，行业的风险管理水平得到了提升。但由于当时专业能力和行业数据的缺乏，"偿一代"标准主要是参考国外标准制定的，没有根据我国行业实际进行校验。

　　3. 第二代偿付能力监管

　　中国以风险为导向的偿付能力监管体系（简称"偿二代"）于2012年启动，2013年立项，2014年全部标准建立，并在进行多轮压力测试后于2016年正式运行。"偿二代"旨在以一套以风险为导向的监管体系取代以规模为导向的"偿一代"监管规则，是中国保险行业的一次重大变革。

　　"偿二代"的总体目标包括：科学全面地计量保险公司面临的风险，使资本要求与风险更相关；守住风险底线，确定合理的资本要求，提高我国保险业的竞争力；建立有效的激励机制，促进保险公司提高风险管理水平，促进保险行业科学发展；积极探索适合新兴市场经济体的偿付能力监管模式，为国际偿付能力监管体系建设提供中国经验。

　　"偿二代"的整体框架由制度特征、监管要素和监管基础三大部分构成。"偿二代"采用了目前国际上金融审慎监管普遍采用的"三支柱模型"，即分别从定量资本要求、定性监管要求和市场约束机制三个方面对金融机构的风险和资本进行监督和管理。

　　（1）第一支柱：定量资本要求。定量资本要求的目标是防范能够量化的风险，通过科学地识别和量化各类风险，要求保险公司具备与其风险相适应的资本。在第一支柱中，能够量化的风险应具备三个特征：第一，这些风险应当是保险公司经营中长期稳定存在的；第二，通过现有的技术手段，可以定量识别这些风险的大小；第三，这些风险的计量方法和结果是可靠的。

　　第一支柱的内容包括五个部分：

　　一是量化资本要求，具体包括：保险风险资本要求；市场风险资本要求；信用风险资本要求；宏观审慎监管资本要求，即对顺周期风险、系统重要性机构风险等提出的资本要求；调控性资本要求，即根据行业发展、市场调控和特定保险公司风险管理水平的需要，对部分业务、部分公司提出一定期限的资本调整要求。二是实际资本评估标准，即保险公司资产和负债的评估标准和认可标准。三是资本分级，即对保险公司的实际资本进行分级，明确各类资本的标准和特点。四是动态偿付能力测试，即保险公司在基本情景和各种不利情景下，对未来一段时间内的偿付能力状况进行预测和评价。五是监管措施，即监管机构对不满足定量资本要求的保险公司，区分不同情形，可采取的监管干预措施。

（2）第二支柱：定性监管要求。定性监管要求是在第一支柱的基础上，进一步防范难以量化的风险，如操作风险、战略风险、声誉风险、流动性风险等。

保险公司面临许多非常重要的风险，但有些风险无法量化或难以量化。特别是，我国保险市场是一个新兴市场，采用定量监管手段来计量这些风险存在较大困难，因此，需要更多地使用定性监管手段来评估和防范。例如，操作风险难以量化，我国也没有积累这方面的历史数据，现阶段难以通过定量监管手段进行评估。因此，对于不易量化的操作风险、战略风险、声誉风险等，我国将进行定性监管。

第二支柱共包括四部分内容：一是风险综合评级，即监管部门综合第一支柱对能够量化的风险的定量评价，和第二支柱对难以量化的风险（包括操作风险、战略风险、声誉风险和流动性风险）的定性评价，对保险公司总体的偿付能力风险水平进行全面评价；二是保险公司风险管理要求与评估，即监管部门对保险公司的风险管理提出具体监管要求，如治理结构、内部控制、管理架构和流程等，并对保险公司风险管理能力和风险状况进行评估；三是监管检查和分析，即对保险公司偿付能力状况进行现场检查和非现场分析；四是监管措施，即监管机构对不满足定性监管要求的保险公司，区分不同情形，可采取的监管干预措施。

（3）第三支柱：市场约束机制。市场约束机制是引导、促进和发挥市场相关利益人的力量，通过对外信息披露等手段，借助市场的约束力，加强对保险公司偿付能力的监管，进一步防范风险。其中，市场力量主要包括社会公众、消费者、评级机构和证券市场的行业分析师等。

第三支柱主要包括两项内容：一是通过对外信息披露手段，充分利用除监管部门之外的市场力量，对保险公司进行约束；二是监管部门通过多种手段，完善市场约束机制，优化市场环境，促进市场力量更好地发挥对保险公司风险管理和价值评估的约束作用。

第三支柱是新兴保险市场发展的客观要求，是我国偿付能力监管体系的重要组成部分。第一，市场力量是对保险公司进行监管的有效手段和重要组成部分，可以有效约束保险公司的经营管理行为，应当充分利用；第二，我国现阶段监管资源有限，更应该充分调动和发挥市场力量的约束作用，作为监管机构的有力补充；第三，现阶段我国市场约束力量对保险公司的监督作用没有充分发挥，急需监管机构进一步完善市场约束机制，优化市场环境。

2021年年初，银保监会修订发布了《保险公司偿付能力管理规定》，吸收了"偿二代"建设实施的成果，将"偿二代"监管规则中的原则性、框架性要求上升为部门规章，并进一步完善了监管措施，以提高其针对性和有效性，更好地督促和引导保险公司恢复偿付能力。修订的重点有如下五个方面：第一，明确偿付能力监管的三支柱框架。结合我国保险市场实际和国际金融监管改革发展趋势，将"偿二代"具有中国特色的定量资本要求、定性监管要求和市场约束机制构成的三支柱框架体系，上升为部门规章。第二，完善偿付能力监管指标体系。将偿付能力监管指标扩展为核心偿付能力充足率、综合偿付能力充足率、风险综合评级三个有机联系的指标；三个指标均符合监管要求的保险公司，为偿付能力达标公司。第三，强化保险公司偿付能力管理的主体责任。通过要求保险公司建立健全偿付能力风险管理的组织架构，建立完备的偿付能力风险管理制度和机制，制定三年滚动资本规划等，进一步强化了保险公司偿付能力管理的主体责任。第四，提升偿付能力信息透明度，进一步强化市场约束。明确银保监会应当定期披露保险业偿付能力总体状况和偿付能力监管工作情况；保险公司应当每季度披露偿付能力季度报告摘要，并在日常经营有关环节，向保险消费者、股东等披露和说明其偿付能力信息。第五，完善偿付能力监管措施。对于偿付能力不达标的公司，银保监会应当根据保险公司的风险成因和风险程度，依法采取有针对性的监管措施，并将监管措施分为必须采取的措施和根据其风险成因选择采取的措施，以进一步强化偿付能力监管的刚性约束。

第五节　保险监管模式比较

保险监管模式从发展历史来看，有以下三种代表性类型：一是英国模式，重点监管保险企业的偿付能力额度，主张承保费率、承保条件自由竞争；二是日德模式，初期主要统一市场上的条款和费率，而后对偿付能力的要求和重视程度逐渐提高。三是美国模式，同时监管偿付能力和市场行为，对保险活动进行全面严格监管。

一、英国保险监管模式

英国保险业历史悠久，保险市场具有高度竞争性，国家对保险业采用宽松监管模式，强调对保险企业偿付能力的监管，而相应地放松对承保费率、承保条件等内容的约束，依赖于市场自由竞争和自律行为。这主要是由于英国监管目标除了要避免保险企业经营失败之外，同时还强调保险市场效率。

2000 年以前，英国保险业由贸工部（Department of Trade and Industry，DTI）下属的保险局根据议会立法进行监管，实行"公开性自由原则"，具体采取以下做法：

第一，规定偿付保证金。英国 1981 年的《保险公司管理条例》明确规定，所有注册的保险公司必须始终保持规定的偿付保证金数额，所需的保证金的最低额以欧洲货币单位（ECU）计算。英镑与 ECU 的汇率，统一使用上一年 10 月 31 日公布的汇率。

条例规定综合性公司必须将人身险与非人身险业务的偿付保证金分开计算，不能挪用。非人身险业务的最低限度保证金的计算按下面三种计算方法得出的最大金额为准：

（1）根据保费计算偿付准备金：总保费收入中的第一个 1 000 万 ECU 的 18%，加上总保费扣除这 1 000 万 ECU 后剩余部分的 16%。

（2）根据赔款计算偿付准备金：按前三个财务年度中平均赔款进行计算，将总平均赔款中的第一个 700 万 ECU 的 26%，加上总平均赔款的剩余部分的 23%。

（3）最低限度保证基金：根据业务种类的不同，在 20 万 ECU 和 40 万 ECU 之间。

人身险业务的偿付保证金按如下办法计算：将准备金总额的 4%，扣除一定再保险因素后（不超过 15%），加上风险资本的 0.3%（指保险金额减去技术准备金的余额）。人身险的最低限度保证基金是 86 万 ECU，最低限度保证金以这两者中较大的为准。

第二，保险企业自由经营。只要保险企业具有足够的偿付能力，其经营是相当自由的。在英国，无论是寿险还是非寿险，费率都不受任何监管和控制，保险企业可以自己划分风险类别，并据此来制定保单条款。保险企业的投资也不受到任何限制，只是在某一方向上的过多投资可能会不被计入其资产中，从而削弱其偿付能力。通过这一手段，可以对投资产生影响。

同时，英国保险市场在长期发展过程中形成了较为完善的行业自律组织体系，如保险人协会、劳合社承保人协会、寿险组织协会、英国保险经纪人注册委员会等，它们分别在各自的组织范围内发挥着相当大的自我管理和约束作用。

英国在 1997 年成立了金融服务局（Financial Service Authority，FSA）并于 2000 年通过《金融服务及市场法案》，明确了其对金融业实施统一监管的职责，标志着英国正式进入金融综合监管时代。从 2004 年起，英国金融服务局采用欧盟监管委员会提出的"偿付能力 I"体系进行监管。

鉴于 2008 年国际金融危机暴露出金融服务局单一监管体制的内在弊端，即在监管方面过多关注对单个保险企业的监管，而不够重视保险业和整个金融业的系统性风险，英国政府从根本上对金融监管体系进行了改革。2013 年 4 月，英国金融服务局正式拆分为审慎监管局（Prudential Regulation Authority，PRA）和金融行为监管局（Financial Conduct Authority，FCA）两个机构，英国"双峰"金融监管体制开始运行。

审慎监管局作为英格兰银行的附属机构，具体负责评估保险企业的治理过程和管理决策机制，并对保险企业的财务实力、偿付能力和风险水平进行前瞻性评估。其监管以判断为基础，并具有以下特征：一是细化具体监管。在统一监管标准的基础上，监管措施的特性及强度均与特定保险企业的风险水平相匹配。二是强化风险评估。审慎监管局会适时根据保险企业的安全性和稳健性对其进行风险评估。三是强调前瞻性监管。主要体现在评估保险企业的运营模式、资本及流动性状况、内部治理及风险控制等是否存在威胁未来金融安全的风险。四是引入主动干预机制。一旦认定某保险企业存在危害金融系统安全的潜在风险时，审慎监管局将启动提前介入机制主动进行干预，以降低保险企业倒闭的可能性和影响程度。

金融行为监管局直接对英国议会和财政部负责，其监管目标是维护金融服务市场秩序，保证效率和诚信，促进金融服务提供者之间的良性竞争以及确保消费者受到公正对待。金融行为监管局的主要职责为：监督金融机构是否遵守了监管当局设定的规则和标准；保护保险消费者免受金融犯罪、金融诈骗和不公平合约的侵害；让没有遵守规则的机构和个人承担实质性后果等。

2016 年，英国全民公投决定"脱欧"。此后，英国政府启动了金融服务监管框架审查以及对欧盟"偿付能力Ⅱ"在英国的应用方式的审查。在2020年12月31日"脱欧"过渡期结束之后，英国政府可以根据英国保险业情况自由制定新的监管规则。

英国保险监管模式的产生主要有如下几个原因：一是有开放自由的市场经济，崇尚市场竞争的传统。国家非常关注市场的效率，在保险监管中也体现这一国家传统。二是有发达的经纪人制度。英国保险市场中大约90%的业务都是经纪人介绍成交的，被保险人可以通过经纪人在纷繁复杂的保险条款和费率组合中选出最经济的一种。三是有详尽的财务报告制度。1982年《保险公司法》要求保险公司提供季度报表，投资、业务活动情况及精算报告等内容，并定期向社会披露保险监管报表。通过详尽的财务报告，保险监管机构可以及时地了解保险公司的财务状况和偿付能力，对偿付能力不足的保险公司及时进行处理。

英国宽松的保险监管模式对于被保险人来说，既有有利的一面，也有不利的一面。有利的一面是，由于市场自由竞争，被保险人在购买保险商品时，价格水平较低。不利的一面是，英国的被保险人易遭受较多的保险人破产之苦。为此，英国通过了被保险人保护法案，使被保险人得到更多的保护。"双峰"金融监管体制下，金融行为监管局的存在也充分体现了监管当局对保险消费者权益保护的高度重视。

二、日德保险监管模式

日本和德国早期采取的监管模式为对保险企业的经营行为进行严格监管，主要统一了保险市场上的条款和费率。通过此种方式，可以使保险企业具有足够的偿付能力，因而不必对企业的偿付能力额度进行直接规定。

（一）日本的保险监管

由于日本保险业的市场集中度较高，早期政府对保险公司采取"保驾护航式"监管，严格限制国外保险公司的市场准入。1997年以前，日本保险监管的权力集中于中央政府，由大藏省监管，行政指导是其重要特色。

长期以来，日本一直注重对保险条款和费率的监管，《保险业法》中对此均有严格规定。在财产保险费率方面，各界学者、消费者、保险公司成员、大藏省人员组成了财产保险费率算定会。该会是一个中立机关，各财产保险公司均为该会会员。1949年，日本制定了关于财产保险费率计算团体的法律。该法规定：该团体算出的各险种费率须经大藏大臣认可，会员公司有遵守的义务；大藏大臣每年对算定会制定的费率进行实地检查；为防止保险费折扣的竞争，应制定计算合理、妥当、公平的保险费率制度等。该会的费率制度中，包括净费率和附加费率在内的所有营业保费均用统一的费率。这种对市场行为进行严格监管的单一监管模式使得保险产品在价格、条款及准备金上没有很大差别，保险公司主要在规模上竞争。

进入20世纪90年代以后，受当时金融危机影响，日本金融机构频繁倒闭。为了加强金融监管，日本于1998年6月成立了金融监管厅，接管了大藏省对银行、保险及证券的监管工作。2000年7月，金融监管厅更名为金融厅。与此同时，日本保险监管的模式也进行了重大改革。1996年，日本颁布新的《保险业法》，效仿美国实行以偿付能力为核心的保险监管体制，引进了"偿付能力比率指标""标准责任准备金制度"和"早期改善措施"等，通过监管保险公司的偿付能力来确保其对保单持有人利益的保障程度。自此，日本保险监管的工作重点由对市场准入的严格审批、对条款费率的严格规定转向对保险公司偿付能力的监管，注重保护保险消费者利益，公开、规范地监管保险公司并推动保险市场的适度竞争。

（二）德国的保险监管

德国的保险业是一个受到高度监管的行业，这主要表现在以下几个方面：一是统一的契约和危险分类。例如，在德国汽车险中，监管部门将危险分成几类，由保险公司作为承保的共同依据。在此基础上，对契约进行标准化管理，形成不同的契约种类。二是费率控制。所有的保险公司必须按监管部门的规定，确定各自的费率。制定方法是：风险保费加预计管理费用和佣金，再加安全准备金和占总保费3%的收益率。其中，风险保费由行业平均损失率确定，预计管理费用由前年的结果来确定，佣金不得超过保费的11%。三是利润控制。德国保险监管机构认为保险企业的利润水平不得超过总保费的3%，超过的部分要返还被保险人。四是偿付能力控制。德国的偿付能力指标只是作为一种早期预警系统，只有在出现非常紧迫的偿付能力问题时，监管部门才进行干预。

20世纪90年代，欧共体实施的有关保险的指令已被引入德国法规体系，关于偿付能力的规定同英国相同。但实际上，由于严格的费率、条款的控制，一般公司往往拥有比要求水平更高的偿付能力，偿付能力指标对于德国保险公司没有太大的约束作用。此后，德国偿付能力监管方面的改革主要体现在与欧盟"偿付能力Ⅰ""偿付能力Ⅱ"体系的衔接上。1994年，欧盟为进一步推进欧盟保险市场的监管统一，启动了"偿付能力Ⅰ"项目并于2002年通过审批。该体系通过借鉴各国偿付能力监管经验，以保费或赔款规模为基础建立单一风险度量模型并增加独立的投资指标，降低投资风险引发公司偿付能力不足的可能性。欧盟"偿付能力Ⅰ"的监管体系框架主要包括：基本偿付能力额度要求的计算、监管部门对保险公司的干预措施、准备金的计提、投资风险监管以及资本金计算方式等。2007年，欧盟为弥补"偿付能力Ⅰ"指标依赖于业务规模，主要反映承保风险，而未能全面反映总体风险的不足，将保险业监管标准与其他金融行业相协调，启动了新一代偿付能力监管体系的建设。2012年，德国分别于3月和7月对《保险监管法》进行了修订，使其与欧盟"偿付能力Ⅱ"体系进一步衔接。欧盟"偿付能力Ⅱ"监管体系于2016年正式生效，其借鉴了新《巴塞尔协议》的框架，以通过两分法来决定资本要求的定量监管、由监管部门建立风险管理制度的定性监管、满足公开性和透明性要求的信息披露为三大支柱。

日德早期监管模式对市场行为严格监管的效果是明显的。20世纪，德国只有3家保险公司破产，日本也只有1家保险公司破产。但由于保险市场缺乏费率方面的竞争，保险商品的价格较高，并且保单条款、费率被统一，保险经纪人失去了存在的土壤。20世纪90年代后，日本和德国保险监管当局顺应国际监管形势变化，逐渐将其监管重心由对市场行为的监管转变为对偿付能力的监管，确保了对被保险人的有效保障，促进了保险公司的稳健发展。

三、美国保险监管模式

美国代表了另一种保险监管模式。在这种监管模式下，保险活动受到政府全面严格的监管。1945 年，美国国会通过了《麦克伦－福克森法案》（McCarran-Ferguson Act）。该法案规定各州政府设立保险监管局，拥有各自独立的保险立法权和监管权，州法律未涉及的领域适用联邦法律，确立了美国保险业的双重监管体制。

在监管方式上，美国联邦政府和各州政府通过立法、司法和行政对保险业实施严格监管。立法方面，涉及保险公司的市场准入、业务范围、保险条款、费率条件、最低资本金和责任准备金标准、资金运营以及市场退出等各个环节，几乎贯穿了整个保险经营过程。同时，联邦政府和各州政府通过对保险业行使司法管辖权来加强监管。例如，法院可以解释保单条款，裁决保险纠纷，甚至审查保险监管措施的合法性，对违法的监管措施进行裁决，并有权要求修改或停止执行。

为了加强各州监管的协调性，美国于 1971 年成立了全国保险监督官协会，其主要工作职责包括：制定全国性的监管政策、示范性的监管规定；定期召开全国会员大会；发展联邦和国际关系；进行监管技术的培训；投保人的投诉处理与服务。

在监管内容上，美国的保险监管主要包括市场行为监管和偿付能力监管。其中，对市场行为的监管主要是对保险费率和保单的监管。在制定费率监管原则的基础上，大部分州政府对人寿保险的费率不进行直接的控制，而是通过规定生命表和设定计算准备金的方法间接控制。财产保险费率的监管方法主要分为两种：约 1/3 的州采用竞争性价格制度，约 2/3 的州则采用预先核准制。偿付能力监管方面，20 世纪 90 年代，全国保险监督官协会创建了风险资本（risk-based capital，RBC）偿付能力监管体系，分别于 1992 年和 1993 年通过了寿险公司和非寿险公司风险资本示范法。风险资本标准对于一家保险公司的资本要求是根据其业务规模和风险程度来设定的，并充分考虑了资产和负债所产生的影响。该标准把寿险公司和非寿险公司面临的风险进行分类，确定不同的风险系数，通过风险加权得到累加的风险资本值。监管机构通过比较保险公司经调整后的实际资本值与风险资本值来判断该公司的偿付能力状况，将保险公司分成不同的等级并采取不同的监管措施。美国对偿付能力的监管还借助以现代信息技术为基础设计的保险监管信息系统（insurance regulatory information system，IRIS）、财务分析和偿付能力追踪系统（financial analysis and solvency tracking，FAST）等，来及时把握各个保险公司的经营状况和未来潜在的偿付能力风险，建立起保险公司偿付能力预警及危机处理机制。为适应国际保险业与美国保险业的发展变化，全国保险监督官协会还于 2008 年 6 月开始偿付能力现代化工程建设，对风险资本标准进行完善，将巨灾风险等考虑进风险资本的计算中。

美国分权式的监管模式对各州保险业的自由、蓬勃发展起到了极大的促进性作用，但一个重大的弊端在于对规模大的跨州甚至跨国的保险集团的监管协调性不足。2008 年美国国际集团的破产危机就充分地体现了这一问题。

四、监管模式的发展趋向

（一）偿付能力监管成为核心

随着国际保险业的发展，对保险公司偿付能力进行监管的做法越来越被国际社会所接受，偿付能力监管的核心地位日益突出，如欧盟从"偿付能力 I"到"偿付能力 II"的监管体系、美国的风险资本模式等。新加坡、我国香港等在亚洲比较发达的保险市场，也对保险偿付能力有明确的监管规定，区别只是在于对偿付能力要求的水平不同，对违反规定的企业处理方式不同，对该监管手段的依赖程度不同而已。

（二）"三支柱"监管框架渐成共识

在早期以偿付能力为核心建立监管框架的基础上，国际保险监督官协会（International Association of Insurance Supervisors，IAIS）借鉴各国保险监管经验，以 1997 年首次发表的《保险监管核心原则》（Insurance Core Principles，ICPs）为依据，率先提出以市场行为、公司治理结构、偿付能力为核心的"三支柱"保险监管新框架。《保险监管核心原则》经历了 2000 年、2003 年和 2011 年的全面修订，在 2011 年版中对保险公司的风险防控机制、治理结构、信息披露、危机管理等做了全面的原则性规定。2011 年以后，国际保险监督官协会又根据国际监管形势不断完善《保险监管核心原则》。例如，2012 年 10 月对监管审查程序和监管报告作了更详细的说明，2018 年 11 月对保险公司所有权变更相关事项进行了完善。

随着"三支柱"保险监管框架逐渐成为共识，在市场行为和偿付能力监管以外，近年来许多国家和地区开始关注并加强对保险企业公司治理的监管。例如，经济合作与发展组织（Organization for Economic Co-operation and Development，OECD）在 2011 年发布了《OECD 保险公司治理指南》，指出保险公司治理结构包括股东权利、股东平等对待、利益相关者的作用、信息披露与透明度以及董事会责任五个方面的内容；澳大利亚审慎保险监管局于 2002 年 7 月发布了保险公司治理指引文件；我国于 2006 年颁布了《关于规范保险公司治理结构的指导意见（试行）》。

（三）分业监管向综合监管转变

20 世纪 90 年代以后，全球金融业综合经营的趋势不断发展，银行业、保险业和证券业的相互渗透不断加强，三者之间的互动效应也越来越大。为了适应金融业综合经营的变化趋势，解决随之产生的保险业风险加大、金融业风险传染等问题，不少国家都开始对其金融监管体制进行改革，由分业监管向综合监管转变，以保证金融市场稳定运行，防范和化解金融风险。如前所述，英国、日本都先后成立了金融业统一监管机构。德国也于 2002 年 4 月 22 日通过《统一金融服务监管法》，在合并银行监督局、保险监督局和证券监督局三家机构的基础上，于当年 5 月 1 日正式组建成立了联邦金融监管局（BaFin）。我国也于 2018 年合并成立了银保监会，统一监管银行业和保险业。

保险监管模式的发展历史表明，不同监管模式各有优劣，决定一国保险监管模式的因素主要有两个方面：一是该国的保险市场状况；二是该国的保险监管目标。保险监管模式会随着一国保险业、国际保险业的发展而不断变化。我国目前的保险监管虽然已经取得长足进步，但是由于历史较短，保险市场的发展也未达到成熟阶段，仍需不断借鉴国际经验，建立健全适合中国国情的保险监管模式。

本章小结

1. 保险监管是指一个国家或地区对保险业的监督和管理。保险监管制度通常包括两大部分：一是国家通过制定有关保险法规，对本国保险业进行宏观指导与管理；二是国家专司保险监管职能的机构依据法律或行政授权对保险业进行管理，以保证保险法规的贯彻执行。

2. 保险监管之所以具有国际普遍性，不仅有着重要的经济理论支撑，也是由保险业的性质及其经营的特点决定的。

3. 保险监管适用的原则通常包括依法监管原则、市场化监管原则、谨慎监管原则等。

4. 保险监管目标主要包括保护被保险人合法权益、维护保险市场交易秩序、促进保险业健康发展等。

5. 保险监管的制度安排包括监管的法律安排、监管的机构安排和自律组织的安排三大部分。保险监管法规，是指保险监管当局凭以监管的调整保险关系的一切法律规范。保险监管机构是一国保险业的主管机构。保险行业自律是保险业的自我管理。

6. 在不同的历史时期，各国对保险业的监管曾经采用过不同的方式，归纳起来主要包括公示、准则和实体三种方式。保险监管的形式包括现场监管和非现场监管。

7. 保险监管的内容主要包括市场行为监管、公司治理监管和偿付能力监管。

8. 英国、日德、美国的监管模式代表了国际保险监管模式的三种主要类型。

9. 国际保险监管的发展趋势主要包括：偿付能力监管成为核心；"三支柱"监管框架成为共识；分业监管向综合监管转变。

重要概念

保险监管	公共利益论	监管制度	保险行业自律
公示方式	准则方式	实体方式	非现场监管
现场监管	市场行为监管	公司治理监管	偿付能力监管
保险监管模式	综合监管		

思考题

1. 为什么要对保险业进行监管？
2. 如何理解保险监管的目标？

3. 简述保险监管制度的构成。

4. 比较保险监管的公示、准则和实体方式。

5. 保险监管的形式包括哪些?

6. 如何理解市场行为监管、公司治理监管和偿付能力监管之间的关系?

7. 国际保险监管模式的代表性类型有哪些? 比较各类型的特点。

8. 简述保险监管模式发展新趋势及其对中国保险监管的启示。

 即测即评

请扫描右侧二维码，进行即测即评。

附　章
社会保险

　　社会保险（social insurance）是国家立法强制征集社会保险费（税），并形成社会保险基金，当被保险人发生相关风险时，给以损失补偿或提供收入的风险分散制度，是一项重要的社会经济制度。本章给出了社会保险的概念，分析了社会保险的特点，简洁地介绍了世界社会保险的历史、社会保险的功能以及社会保险的运行机制，着重介绍了中国社会保险的历史和现状及其特点。由于养老保险和社会医疗保险具有特别重要的作用，因此本章着重介绍了中国这两个领域的现行政策、发展的现状，并分析了存在的问题。

第一节　社会保险概述

一、社会保险的概念及特点 [①]

　　社会保险包括的风险主要有因年老、疾病、工伤、残疾、生育、死亡、失业等风险引起的经济损失、收入中断或减少等。社会保险是社会保障制度中的核心部分，这是因为它对社会经济生活影响的广度和深度超过其他制度。

　　按照风险的不同，社会保险有不同的保险项目，或者说不同的保险计划，主要包括养老保险、健康保险、失业保险、工伤保险、生育保险、残障保险和死亡保险。不同的国家可能将不同的风险合并提供保险，比如，有些国家将老年、残障和死亡保险合并在社会养老保险中，有的国家将生育保险合并在医疗保险中。在各项保险中，就对社会和经济的影响而言，养老保险最重要，健康保险次之，失业保险再次之。因为养老保险涉及的人口最多，保险给付的金额也最多，尤其在人口老龄化的情况下更是如此。人口老龄化不仅增加了社会养老保险金的需求，也极大地增加了健康保险支出的需求，因为老年人口的健康支出是全部人口平均数的约 3 倍。

　　与社会保障的其他制度相比，社会保险制度有以下三个特点：

　　第一，社会保险制度在一定程度上强调权利与义务的对等关系。社会保险制度一

---

　　① 李珍.社会保障理论［M］.4 版.北京：中国劳动社会保障出版社，2017：9.

般是与就业相关联的制度，它保障的对象享受社会保险的资格和保障的水平直接或间接与工龄的长短、工资水平等因素相联系，也就是说，被保人对社会保险的权利在很大的程度上取决于他对社会保险制度供款的多寡。

社会保险制度中两项重要的制度是社会养老保险和社会医疗保险，在我们观察到的高收入国家中，社会养老保险不只保护退休后的雇员，通常也为退休金领取者的配偶提供部分年金收入，当退休金领取者死亡后，需要抚养的遗属也可从该制度获得年金收入。在社会医疗保险中，雇员是被保人的情况下，被抚养家庭成员也会自动成为被保人。

第二，社会保险制度既强调社会性又强调风险分散机制。社会保险由社会加保险两个概念构成，不同于商业保险，它强调社会性，即通过收入再分配达到个人分散风险、缓解贫困和缩小收入差别的目的，它涉及高收入者与低收入者之间的再分配。商业保险也是一种再分配制度，它在发生了风险事故和没有发生风险事故的被保人之间再分配风险，但与贫富无关。社会保险与其他社会保障项目不同，它借用了商业保险的运行机制，强调制度的收支精算平衡，也强调大数法则。通常来说，社会保险由雇主雇员共同缴费形成制度的收入，收入的多少取决于制度的支出，所以需要精算平衡。正因为如此，社会保险的被保人需要有足够的数量才能在众多的人口中分散风险，即所谓大数法则。

第三，社会保险制度具有强制性。社会保险与商业保险不同，它具有强制性，法律会就社会保险具体的保障项目、对象、内容、形式及参与者应尽的义务、享受标准以及运作程序等进行明确规定，并要求符合条件者必须参加。只有强制的社会保险制度才能做到应保尽保，当社会成员发生某种风险才能受到保护，以示社会公平；同时强制保险也有利于社会保险费的有效征集，对制度的可持续发展意义重大。

二、社会保险发展的四个阶段

社会保险是社会保障制度最重要的组成部分，一部社会保障发展的历史也是一部社会保险发展的历史，我们无法将它们绝对分开。自 1883 年德国建立医疗社会保险至今的 100 多年间，我们可以将社会保险的发展分为四个阶段，分别是初创期、发展期、繁荣期和改革期。总体来说，在全世界范围内，在前三个阶段，社会保险不断在扩大，其覆盖面在提高、保障水平在提高、保险项目在增加，而 20 世纪 70 年代后，社会保险总体进入了做"减法"的改革期，通过制度的结构性或参量改革来降低保险水平、减轻政府的责任。

（一）社会保险的初创时期：1883—1934 年

在工业化早期，德国阶级矛盾突出，社会不稳定，德国政府接受了新历史学派改良主义政策的建议，开始为产业工人提供社会保险来解决社会冲突问题。这一时期，社会保险是被政府作为管理社会的政治工具来利用的，远不是一个完善的体制。1883—1927 年，德国先后建立了社会医疗保险，老年和失业保险，工伤、疾病、残障保险。1883 年社会医疗保险制度在德国的建立可以看作是现代社会保险的开端。但是，德国的社会保险制度还远不是一个完善的制度。从覆盖范围来看，它仅为有正常工资收入的人提供保障，大批无正常收入的人都被排斥在这一制度外；从保障水平看，它提供的保障很低，并不足以保障被保险人的基本生活水平；从限制条件看，它带有明显的政治色彩，那些积极参加工人运动、反对政府的工人，均因莫须有的理由被拒之于这一制度外。德国的社会保险资金来源于雇主和雇员共同供款，财务上实行即期平衡制度，即当年的收入用于当年的支出，在养老保险上称为现收现付。德国模式影响深远，各国的社会保险都受到德国模式的影响。

德国之后，西欧和北欧各资本主义国家也从 19 世纪 80 年代后半叶开始纷纷建立了社会保险体系。

（二）社会保险的发展时期：1935—1947 年

1935 年美国通过《社会保障法案》，可被看作社会保险和社会保障制度进入大发展的标志性事件。与德国不同，美国的社会保障制度被作为政府管理社会的经济工具。如果说德国创建了社会保险制度，美国则使得社会保险制度全球化。1929—1933 年的世界性经济大危机给美国经济造成了严重的创伤。1933 年，罗斯福出任总统。为了摆脱危机，重振美国经济，缓和国内的阶级矛盾，罗斯福制定并实施了"罗斯福新政"。与凯恩斯主义相一致，罗斯福新政强调国家干预经济生活，其主要手段就是刺激总需求。社会保障制度就是新政的一个重要组成部分。1935 年，美国通过《社会保障法案》，标志着美国现代社会保障制度的诞生。美国最初的社会保障项目有五个：老年社会保险、失业社会保险、盲人救助制度、老年人救助制度和未成年人救助制度。美国的社会保障制度是个一揽子风险保障制度，其中的社会养老保险一开始就是全国统一的制度。此后，《社会保障法案》经过多次修改，其目的是增加一些社会保障项目、扩大保障的覆盖面、提高保障水平。

1929—1933 年的经济危机是世界性的，各主要工业国面临的问题与美国是一样的，因此各国纷纷仿照美国建立了包括社会保险制度在内的较为完善的社会保障制度体系。

（三）社会保险的繁荣时期：1948—1978 年

1948 年英国宣布建成福利国家，可被看作包括社会保险在内的社会保障制度进入持续繁荣时期。这一时期，高收入国家纷纷扩大各项社会福利制度，而在国际劳工组织的推荐下，各中低收入国家也纷纷建立了各项就业关联的社会保险制度。

在社会保障制度的发展过程中，第二次世界大战是个分水岭。总的来说，第二次世界大战以前的社会保障制度在保障的项目、覆盖率和保障水平等方面各国可能有所不同，但是相同的一点是，社会保障只能保证居民拥有维持生存所必需的生活资料。第二次世界大战以后，社会保障进入到另一个阶段，福利国家纷纷出现，其先锋是英国。

英国工党的民主社会主义的五项原则是政治自由、混合经济、福利国家、凯恩斯主义和平等信念。1945 年工党当选为执政党，它将福利国家的理论变为执政的纲领和现实的政策，以 1942 年《贝弗里奇报告》为基础，颁布了一系列重要的社会立法，包括：①《国民保险法》。该法强制 16 岁以上、享受退休金年龄以下的所有公民参加国民保险并交费。该保险为因失业、疾病、伤残及各种意外事故等风险的发生而失去生活来源的人提供津贴或救济。②《国民医疗保健法》。该法的核心内容是将全国医院国有化，并由国家对全民提供免费医疗。③《住房法》和《房租管制法》。该法规定国家为低收入者提供廉价住房。④《国民救济法》。这是对《国民保险法》的补充，它为不足最低标准的低收入者提供救济。这样，加上原有的各种社会保障项目，1948年，英国宣布建立了一个为它的国民提供"从摇篮到坟墓"的福利制度。

在英国之后，其他一些发达国家也先后宣布实施"普遍福利政策"，并宣布建成"福利国家"。尤其是20世纪五六十年代，世界范围内的经济繁荣，使得社会保障制度得到了扩张。

1952年，国际劳工组织制定并通过《社会保障制度最低标准公约》，对退休待遇、失业津贴、疾病津贴、医疗护理、工伤补偿、子女补助等社会保障项目的最低标准都一一做了明文规定。虽然该公约对任何国家都不具有实质的约束力，但它表明社会保障制度已经是一个全球化的事业。不单是发达国家，发展中国家也纷纷开始建立自己的社会保障体系，中国的社会保障制度就是在此间建立起来的。

（四）社会保险的改革时期：1979年至今

1979年，英国执政的保守党领导人撒切尔夫人鼓励雇员从社会养老保险中退出，进入私人年金制度的改革，可被看作社会保险由此进入了做"减法"的改革时期。

20世纪70年代初，石油价格大幅度上升、国际金融体系瓦解，发达国家经济增长的速度减缓，曾经使福利国家为之骄傲的福利制度，相对于其经济增长来说，已太昂贵，成为这些国家的负担。20世纪70年代，通货膨胀和失业都上升到大危机后的最高水平，出现了滞胀的新现象。滞胀是指经济滞长和通货膨胀同时发生的经济现象。按经典的经济理论，当经济高速增长时才会出现通货膨胀，而经济停滞不前时，就业下降，就不会出现通货膨胀。20世纪"滞胀"的出现，不能被原有的经济理论所解释，人们将注意力较多地放在探讨"滞胀"的原因上。主流的观点是新自由主义的观点。新自由主义认为，凯恩斯国家干预主义指导下的福利政策是导致"滞胀"的罪魁祸首，高福利制度伤害了人们储蓄和工作的积极性，伤害了效率，从而导致了"滞胀"。

除了经济增速放慢外，人口老龄化问题日益严重，成为一个世界现象，于是社会保障制度改革的实践纷纷出现于工业国家。首先实施福利政策的英国，对福利制度的改革也处于先锋的地位。其指导思想是：社会保障不应由政府包办，而应公私协作；不能养成单纯依赖国家的"懒汉思想"，要鼓励个人用劳动争取福利。1979年开始，英国政府通过税惠，鼓励雇员从社会养老保险制度中"合同退出"，进入企业为雇员举办的年金制度中去，从而减轻政府的责任，加强私人部门的责任。我们把社会养老保险私有化的改革称为"制度的结构性改革"。由英国的改革开始，一些国家选择了部分或全部的社会养老保险私有化改革，即将社会保险改为个人账户，其中智利的私有化改革、瑞典的名义账户制（NDC）改革备受关注，至今有约20个国家选择了结构性改革。2008年国际金融危机之后，因为个人账户基金积累制的脆弱性显现，一些国家选择放弃个人账户制度。除此之外，更多的国家选择了参量的改革。通常的做法是提高退休年龄、严格领取退休金的资格、提高费率、降低退休金水平等。除了养老保险，改革最多的是失业保险，因为失业保险是最容易引起"失业陷阱"的险种。所谓失业陷阱是指由于有失业保险的过度保护，失业人口愿意处于失业状态而不是积极寻找工作。

三、社会保险的功能

作为社会保障制度的重要内容，社会保险制度具有以下功能。

（一）分散风险、稳定社会生活的功能

社会保险制度为参保人群提供收入损失的保障或风险补偿，使得人口的再生产得以顺利进行，社会生活得以稳定。这种功能尤其在失业问题严重、经济衰退时期显得十分重要。

（二）再分配的功能

虽然社会保险强调被保险人权利和义务的对等，但它仍不失为一种再分配制度。除了少数国家的少数社会保险项目进入个人账户外，绝大多数国家的多数社会保险项目都具有再分配性质。社会保险制度强调被保险人的受益以交纳社会保险费为前提，但被保险人是否能受益或受益多少却要取决于其是否满足某些条件，交费多的人，受益并不一定等量上涨。在这种情况下，社会保险对于缩小贫富差距、减轻贫困引起的社会痛苦的作用就更为明显了。

（三）促进社会经济发展的功能

社会保险促进经济发展的功能表现在两个方面：第一是社会保险制度作为需求管理的一个重要工具对经济起正面的作用。这一点从美国社会保障制度的建立可以看得非常清楚。当经济萧条，就业下降，有效需求不足时，社会保险基金的发放，会增加有效需求；相反，当经济繁荣时，失业救济金会自动减少。所以社会保障制度可以平滑经济周期。比如，2001 年 "9·11" 事件后，美国经济大受打击，就业下降，消费不足，一贯主张经济自由的布什政府宣布将为期半年的失业救济金延长至 9 个月，以增加有效需求。除此之外，作为一种再分配制度，政府可以通过开征较高的边际所得税，使富人收入的一部分向穷人倾斜，这也有利于提高有效需求，因为穷人的消费倾向比富人高。第二是社会保险基金的有效利用可以促进经济的持续繁荣，这一功能在社会保险基金积累制度下，基金按市场原则配置的情况下才会得以发挥。20 世纪 80 年代，智利改革了原有的现收现付的社会养老保险制度，实施了个人账户积累的制度并允许基金公司运营养老基金，对该国的资本市场并通过资本市场对经济起到良好的作用。因此，到 20 世纪 90 年代，智利的改革被称为 "智利模式" 而受到广泛的关注。

第二节　社会保险制度的运行

一、社会保险费收入

（一）社会保险费的计算

社会保险必须根据各种风险事故的发生概率，并按照给付标准事先估计的给付支出总额，求出被保险人所负担的一定比率，作为厘定保险费率的标准。社会保险费率的计算较为复杂，一方面其损失概率已是相当复杂，同时其给付范围、给付的标准、基金的收益率等重要的参数在很大程度上受人为因素影响，如政策倾向；另一方面各方的负担能力、财富分配的状况等都会影响保险费率的厘定。所以，与商业保险不同，社会保险费率的计算，除风险因素外，还需要更多地考虑社会经济因素，以求得公平合理的费率。

（二）社会保险费的征集方式

各国保险实务中使用两种社会保险费征集方式：一是比例保险费制，二是均等保险费制。

1. 比例保险费制

这种方式是以被保险人的工资收入为准，规定一定的百分率，计收保险费。采用比例制，是因为社会保险的主要目的是补偿被保险人遭遇风险事故期间所丧失的收入，以维持其最低的生活水平。因此必须参照被保险人平时赖以为生的收入，一方面作为衡量给付的标准，另一方面又作为保费计算的根据。

需要指出的是，以工资为基准的比例保险费制最大的缺陷是社会保险的负担直接与工资相联系，不管是雇主、雇员双方负担社会保险费还是其中一方负担社会保险费，社会保险的负担都表现为劳动力成本的增加，其结果会导致资本排挤劳动，从而引起失业增加。所以长期以来，理论上一直在探讨改革以工资为基准的比例保险费制。

2. 均等保险费制

均等保险费制即不论被保险人或其雇主收入的多少，一律计收同额的保险费。这一制度的优点是计算简便，易于普遍实施；而且采用此种方法征收保险费的国家，在其给付时，一般也采用均等制，具有收支一律平等的意义。但其缺陷是，低收入者与高收入者交纳相同的保费，在负担能力方面明显不公平。实行这种制度的国家一般以全体国民为保险对象。

二、社会保险费分担方式

社会保险费的分担主体是国家、企业和个人。这三个主体的不同组合就产生了许多费用的分担方式，即使同一国家，在不同的社会保险项目中可能使用不同的保险费用分担方式：有国家财政独立承担保险费用制度，有雇员雇主双方供款、政府负最后责任制度，有雇主和财政分担制度，有雇员承担制度，等等。其中以雇主雇员双方供款、政府负最后责任制度最为普遍。

在雇主雇员共摊保险费的方法中，可细分三种情况：

（1）费率等比分担制。在这种制度下，劳动者个人和雇主按工资标准的同一比率交费。例如，奥地利20世纪70年代的失业保险就是实行的费率等比分担制度。

（2）费率差别分担制。在这种制度下，雇主承担的费率高于雇员。例如，奥地利的老年、伤残、死亡社会保险的费率为投保人工资的20.1%，其中雇员分担9.75%，雇主分担 10.35%。

（3）费率等比累进制。在这种制度下，随着雇员收入的增加而提高费率，雇主的供款率也同比提高。一般地，费率的提高，是以工资标准提高一定幅度为依据，而并非工资稍有提高就提高费率。

三、社会保险的财务制度

综观各国的社会保险制度，其财务制度有三种：现收现付制度、完全积累制度和部分积累制度。

（一）现收现付制度

现收现付制度是指当期所收保险费用于当期的给付，使保险财务收支保持大体平衡的一种财务制度。除养老保险项目外，一般社会保障项目都采用这种财务制度。在社会保险的早期，绝大多数国家社会养老保险项目中也采用这种财务制度。

养老保险采用这一制度有利有弊。现收现付制度最大的优点是费率计算简单，同时因为没有巨额基金，不会有保值增值的压力，不会受到货币贬值的不利影响。在人口年龄结构较轻、工资增长较快的时期，这一制度尤其具有社会保险负担较轻的优点。但这一制度的缺点也是明显的：因为没有准备金，所以必须经常重估财务结构，调整费率，由于人口结构趋于老化、福利水平的刚性等原因，费率一般是日益提高的；而日益提高的费率往往难以迅速实现，以致出现财务困难。同时，从分配关系看，在退休金保险方面，现收现付制度实质上是代际间的再分配关系，在职一代赡养退休一代，日益上升的费率，会加深代际矛盾，造成政治问题。这一财务制度最为普遍，不过随着人口年龄结构的老化，从 20 世纪 80 年代开始，已有国家对该制度进行改革。

（二）完全积累制度

这种制度是在对影响费率的相关因素进行长期测算后，确定一个可以保证在相当长的时期内收支平衡的平均费率，并将所收保险费全部形成社会保险基金的一种财务制度。到目前为止，还没有社会养老保险项目采用完全积累财务制度的例子，但在企业年金制度中及社会保险制度框架下的养老保险个人账户计划下采用这种财务制度的例子很多。比如，美国的 401K 计划是企业年金计划的重要内容之一，职工个人交费及企业匹配的交费全部积累于职工的 401K 账户下。又如，智利于 20 世纪 80 年代用养老金个人账户制度替代了原来的现收现付制度。因为个人账户制度不具有再分配性质，所以，智利的个人账户制度不是真正意义上的社会保险制度。

这一制度最明显的长处是由于基金的积累，保险费率在人口老龄化的情况下能保持相对稳定，但这是以基金收益率高于工资增长率为前提的。这一制度的缺陷也是明显的：一是在制度运行初始就要求较高的费率；二是基金受通货膨胀的压力较大，如果基金运用得当，不但社会保险制度能从中受益，而且整个经济将由于基金的有效配置而受益，但是如果基金不能保值增值，则这一制度比现收现付制度的成本更高；三是不具备收入再分配性。

（三）部分积累制度

这种制度是现收现付制度和完全积累制度的混合物。在初始时，它的费率高于现收现付制度而又低于完全积累制度。在准备金方面，它会多于现收现付制度而少于完全积累制度。这一制度是要在迎接人口老龄化和初始的高保费制度中寻找一条中间道路。从20世纪80年代开始社会保障制度改革以来，有些国家选择了这一道路。通常的做法是将原来现收现付制度所交保费中的一小部分积累于个人账户制度，或在原来制度之上提高费率，并将增量部分全部积累于个人账户制度。1997年中国建立的社会养老保险制度就采用了这种混合财务制度，称社会统筹与个人账户制度相结合的社会养老保险制度。这一制度也同样面临基金的管理和保值增值问题。

四、社会保险基金的管理

社会保险基金的管理不是在积累制度中才有的事情，即使在现收现付制度下，社会保险费从收集到给付也有一个时间差，这样社会保险基金管理的问题自然就产生了。

（一）社会保险基金管理的主体

社会保险基金管理体制往往与一国的社会保险组织机构有关。有的国家成立了一个政府专署或受托机构，从政府中独立出来；一些国家由政府的一个部门来直接管理社会保险基金；有的国家社会保险基金由国家来管理。无论是哪种模式，我们都可以称之为社会保险基金公共管理制度。20世纪80年代，智利养老保险个人账户制度由私人基金公司管理并取得较好的成绩，从而受到推崇，社会保险制度民营化的思潮占有了一席之地，一些国家运用私人基金管理机构来管理社会保险框架下的个人账户基金。智利的邻国多采用社会统筹和个人账户制度相结合的财务制度，并学习智利，将个人账户基金交由市场主体管理，欧洲一些国家也有类似的做法。

（二）社会保险基金投资运营的管理

因为保险基金具有保险功能这一特殊性，基金的安全性要求比其他资产高，所以，保险基金就成为各国监管的重要对象，社会保险基金也不例外。由于社会养老保险基金带有更强的社会性和政策性，即便个人账户基金也会受到较纯粹商业保险基金更为严格的监管。关于投资立法考虑的要素不外乎社会保险基金的安全性、收益性、流动性和效益性。

1. 关于投资的安全性

有些国家的法律会规定社会保险基金的风险程度，并规定投资的方向。投资的安全性有两个概念：一是名义安全性，二是实际安全性。前者指到期还本付息，后者指对本利和的保值。当人们使用"实际"一词时，通常是指扣除通货膨胀因素后的保值价值，因此在法律上规定基金的实际安全性为多高是比较困难的事。有些国家的做法非常精细，如智利的老年基金管理局下设风险分类委员会，对各类证券的风险评定等级，并要求老年基金投资于一定等级风险的证券。

2. 关于投资的收益性

有些国家的法律会对收益率进行规定，其中一些规定不具体，只是规定投资应努力实现一定的收益；有的国家则规定一个最低收益率；也有一些国家规定一个具体的百分比或实际收益率；还有些国家规定基金投资至少不得低于精算师的估计值。

3. 关于投资的流动性

有些国家的法律会规定应急储备基金的流动性。应急储备基金是在现金流动过程中，应对突然出现的现金支付情况的。很少有国家规定用社会保险基金进行短期投资，但对于技术性的储备金，则不一定非要投资于长期项目。不同的投资项目期满时间的均衡分布，也可以使流动资金与支付大体平衡。

4. 关于投资的效益性

有些国家的立法只是泛泛地规定社会保险基金应尽可能考虑社会及经济效益；有些国家则很具体，法律会给出社会保险基金投资的方向，以达到某种社会经济效益；有些政府要求社会保险基金用于购买政府债券或存入中央银行，由政府来搞基本建设，此时，社会保险基金同社会经济效益已经没有太大的直接联系，但是对社会经济效益仍起着间接的作用。

（三）社会保险基金管理的变化及其原因

社会保险基金在早期都是直接或间接由政府经营，在投资的方向上，绝大多数国家规定基金用于购买政府债券或对公共部门进行投资。但是，从 20 世纪 80 年代起，一些国家开始在社会保险基金管理的主体模式和投资模式上做出新的尝试，因而在社会保险基金的管理方面出现了一些新的变化。这些变化是：一些国家的社会保险基金对私人基金管理公司开放；在投资模式方面，不少国家进行多样化投资，在基金的安全性与收益性之间探索一个平衡点。

社会保险基金管理方面发生变化的主要原因有两方面：第一，社会保险制度本身的要求。人们认识到政府管理的投资于政府债券的基金过于强调基金的名义安全性而使得基金的实际投资收益率过低，在人口老龄化的情况下，基金的低投资收益率甚至是负收益率，无疑与人口结构的变迁相矛盾。第二，人们对社会保险基金的经济贡献有了新的认识。社会保险基金的积累对储蓄率的积极影响是不容怀疑的，但是，这些储蓄在多大程度上能顺利转化为资本，在很大的程度上取决于投资模式。如果投资模式能有效地适应市场经济的原则，经济的高速成长会带来资本的高收益率，资本的高收益率会吸引更多的储蓄转化为资本。在这个意义上，社会保险基金管理已经远远超过了对基金保值增值的追求。

第三节　中国的社会保险制度

社会保险制度是中国社会保障体制中的主体内容。以中华人民共和国建立为起点，经过 70 多年的发展，社会保险从无到有、从城镇到农村、从职工到居民、从碎片到整合，不断发展和完善。目前，其已经为就业人群建立了养老等四项社会保险，为非就业人群建立了基本养老和医疗保险。

一、中国社会保险制度的历史及现状

（一）中国社会保险制度的历史特点

在发展的进程中，中国社会保险最大的特点是制度的缺位与福利的早熟并存。制度的缺位是指对农民的保障制度缺位，福利的早熟是指城市中某些项目福利水平太高。20世纪90年代以前，中国原有的社会保障制度是城乡两个截然不同的、封闭的、两条平行线上运行的二元结构。户籍制度这道屏障，保护着城镇居民生活在享受包括充分就业、社会保障、义务教育、福利住房、公共设施供给等福利的高地；而在农村，除了少数人口受到社会救助制度的保护外，其他人口都被排除在社会保障制度及其他福利制度外。直到21世纪初农村才开始真正意义上的社会保险制度建设。

（二）中国城镇职工社会保险制度的沿革

中国城镇职工社会保险制度的历史可以分为两个阶段：与计划经济相适应的企业保险或国家保险阶段，与社会主义市场经济相适应的社会保险阶段。1997年统一的城镇职工基本养老保险的建立可以看作企业保险向社会保险转变的开端。

第一阶段，城镇职工的各项保险是以企业（单位）为风险分散单位的，所以可以称其为企业保险。同时，在国有经济一统天下的情况下，保险的最后责任人是国家，所以在这个意义是它又是国家保险。1951年2月，政务院公布了《劳动保护条例》，标志着我国社会保险体系的建立，其保障对象是企业职工，保险项目包括疾病、负伤、生育、医疗、退休、死亡和待业等。企业按月缴纳全部职工工资总额的3%作为劳动保险金，其中的30%存于全国总工会作为总基金，70%存于企业基层工会，基金由全国总工会委托人民银行管理。全国总工会是全国劳动保险事业的最高领导机构，劳动部是全国劳动保险的最高监督机构。与此同时，机关事业单位也相应建立了由财政支持的退休金制度、公费医疗制度和"单位福利"制度，其中公费医疗制度的覆盖人群也包括大学和专科学校的在校学生。

从20世纪50年代初到1966年，社会保障制度有基金、有管理、有监督，基金的收集、管理和监督是分立的，在人口年龄结构轻且经济发展较快的情况下，这一制度运行良好。1966年后，社会保险制度转变成企业保险制度。"文化大革命"开始后不久，全国总工会停止了工作，财政部规定，企业退休职工的退休金改在营业外列支，劳动保险业务由各级劳动部门管理。这样，基金制度没有了，一部分的社会统筹也没有了，变成了地道的企业保险制度。从保险理论的角度看，这一改变是一种退步，因为它违背了保险大数法则的前提。企业保险制度之所以能够运行，原因有两方面：一方面此时企业人口结构年轻化，退休人口不多，养老负担不重，医疗负担也不重，直到1978年，仍是由30个在职人员来养1个退休人员；另一方面，在各行业、各企业内部，赡养率也是不同的，但是当时国有企业几乎是一统天下，而国有企业的最后"负责人"都是国家，企业的盈亏、负担的轻重无关企业的痛痒，人们对企业保险制度并无太敏感的反应。

第二阶段，20世纪80年代初，城镇开始进行由计划经济向市场经济的改革，同

时人口老龄化问题开始显现，在这种背景下，1984 年，中国的社会保险制度进入改革阶段。中国社会保险制度改革首先是从医疗保险开始的。20 世纪 90 年代初，以企业为单位的公费医疗制度日益成为企业的负担，对医疗保险制度改革的尝试开始了。1994—1995 年，中国为城镇职工建立了较为完善的社会保险制度体系，项目包括城镇职工基本养老保险、城镇职工基本医疗保险、失业保险、工伤保险、生育保险五个险种。

伴随着企业职工基本社会保险制度的改革完善，机关事业单位的公费医疗制度和退休金制度也在逐步改革，改革的方向是和企业职工基本社会保险制度并轨。医疗保障制度的改革进展较快，至 2012 年，除极少数城市外，并轨大体完成。退休金制度的改革稍缓，2015 年 1 月，《机关事业单位工作人员养老保险制度改革的决定》公布，并轨开始全面实施。至此，城镇职工在五项基本社会保险制度上并行运行的时代正式开启。2016 年，生育保险与职工基本医疗保险合并，"五险"变为"四险"。

（三）中国城乡居民社会保险制度的沿革

1. 农村居民社会保险制度的沿革

新型合作医疗在本质上是社会保险。在 2003 年新型农村合作医疗制度建立前，中国并没有为农村居民单独建立严格意义上的社会保险制度，但也一直在探索保险式的养老、医疗风险分摊机制，且合作医疗制度、家庭联保的劳动保险制度为城乡居民也提供了相当程度的保障，具有时代意义且影响深远。

合作医疗体系是为农民提供预防性服务、基础医疗服务以及医疗费用发生后进行补偿而筹集资金和支付的系统。该制度以集体经济和人民公社制度为依托，以自愿、互惠和适度为原则，以集体公益金和社员的供款为资金来源。发轫于 20 世纪 50 年代的合作医疗制度，到 1976 年已经使 93% 的农村人口享受到医疗服务和费用分担方面的益处。

从 20 世纪 50 年代开始一直到经济体制转轨的近 30 年时间内，赤脚医生、合作医疗制度以及公社保健站一起构成了中国农村医疗卫生服务的"三件法宝"。这种异于西方强调技术、治疗的以预防为主的卫生体系可以说彻底地改变了中国农村地区的卫生状况。世界卫生组织也有感于这样伟大的成就，在 1978 年召开的阿马阿塔（Alma Ata）会议上，将中国的医疗卫生体制推崇为世界范围内基层卫生推动计划的模范。

随着 1978 年农村开始实施生产承包制度，集体经济瓦解，到 20 世纪 80 年代末 90 年代初，农村仅有的一项覆盖人口最多的保障制度崩溃了，农民看病难、看病贵的问题逐渐积累。为了解决这一问题，政府主导的新型农村合作医疗制度（简称新农合）于 2003 年开始试点并迅速推广。2009 年，新农合覆盖了 8.3 亿人口，基本实现农村人口全覆盖。

对农村居民养老保险制度的探索始于 20 世纪 80 年代。1992 年，民政部出台《县级农村社会养老保险基本方案（试行）》，确定以县为基本单位开展农村社会养老保险，坚持自助为主、互济为辅的原则，采用的是纯个人账户模式，其实质是个人自愿储蓄制度。由于存在诸多问题，1999 年国务院下发通知，对农村社会养老保险进行整顿规范，并要求停止接受新业务。经过 10 年的真空期，2009 年，新型农村社会养老保险

（简称新农保）开始试点并迅速推广，2014 年基本实现应保尽保。

2. 城镇居民社会保险制度的沿革

在 2007 年前，城镇居民的医疗保障由实行家庭联保的劳动保险制度和公费医疗制度提供，劳动保险制度下的企业员工供养的直系亲属患病时，可在指定医院免费诊治，手术费及普通药费由企业负担一半。随着劳动保险制度的消逝，20 世纪 90 年代新建立的城镇职工基本医疗保险制度将"一老一小"排斥在保障制度外，城镇居民看病难、看病贵的问题迅速凸显，直至 2007 年城镇居民基本医疗保险制度建立后才逐步得以缓解。2011 年城镇居民基本养老保险（简称城居保）开始试点，至此，城镇居民的基本养老、医疗保险在制度上实现了全覆盖。

3. 城乡居民社会保险制度的整合

新农合与城镇居民基本医疗保险在筹资来源、筹资水平上是相同的，农村养老保险和城镇居民养老保险也是这样，为了提升管理效率，城乡居民医疗和养老保险开始了整合。

2014 年 2 月，《国务院关于建立统一的城乡居民基本养老保险制度的意见》颁布实施，新农保和城居保两项制度在全国范围内合并实施，统一的城乡居民基本养老保险制度正式登上历史舞台。2016 年，国务院发布《关于整合城乡居民基本医疗保险制度的意见》，城乡居民基本医疗保险制度开始整合。整合后的两项制度分别被称为城乡居民基本养老保险和城乡居民基本医疗保险。

（四）中国社会保险制度的现状

经过几十年的发展，中国社会保险制度实现了从无到有、从城市到农村、从职工到全民的制度体系，这个体系不但实现了制度的全覆盖，还实现了人群的基本覆盖。覆盖城镇职工的社会保险制度是就业关联的制度，其筹资来源于用人单位和个人，包括城镇职工基本养老保险、城镇职工基本医疗保险、失业保险、工伤保险四个险种；覆盖城乡居民的保险是非就业关联的制度，其筹资来源于政府和个人，包括城乡居民基本养老保险和城乡居民基本医疗保险两个险种。附章表 1 为 2021 年我国社会保险的基本情况。

附章表 1　中国社会保险基本情况（2021 年）

	城镇职工社会保险制度				城乡居民社会保险制度	
	养老保险	医疗保险	失业保险	工伤保险	养老保险	医疗保险
参保人数（万人）	48 074	35 431	22 958	28 287	54 797	100 866
基金收入（亿元）	60 455	19 003	1 460	952	5 339	9 724
基金支出（亿元）	56 481	14 747	1 500	990	3 715	9 296
基金累计结存（亿元）	52 574	17 686	3 313	1 411	11 396	6 717

数据来源：人力资源和社会保障部网站、国家医疗保障局网站。

二、基本养老保险制度的主要内容、现状及问题

基本养老保险是中国社会保险最重要的内容，2021 年仅城镇职工基本养老保险的基金支出就达 5.65 万亿元，占当年 GDP 的 5% 左右。这一制度无论是对个人还是对社会都意义重大。

（一）城镇职工基本养老保险制度的主要内容、现状及问题

1. 城镇职工基本养老保险制度的主要内容

1997 年国务院颁布实施《关于建立统一的企业职工基本养老保险制度的决定》，标志着城镇职工基本养老保险正式建立。经过几年的探索和修正，特别是 2005 年的调整，制度框架基本形成，主要内容如下：

基本养老保险强调提供基本养老收入保障，政策的目标保障水平为社会平均工资的 59.2%，目标养老金水平比 1997 年改革前退休金的水平低，这为商业保险的发展创造了空间。

基本养老保险制度在所有制方面实行社会统筹与个人账户相结合，费用由企业和职工个人共同负担，企业的费率为职工工资的 20%，缴费进入社会统筹账户。社会统筹账户的性质是社会保险，具有再分配性质。社会统筹账户用于当期退休金的支付，即实行现收现付制度，是代际转移支付制度；职工个人缴费为本人工资的 8%，缴费进入个人账户，实行基金积累制，个人账户属个人所有，不具备再分配的性质。参保缴费基数下限和上限分别为当地上年社会平均工资的 60% 和 300%。2005 年，为了鼓励个体工商户和灵活就业人员参加职工基本养老保险，政策规定这部分人员参保费率为 20%，全部自己承担，其中 12% 进入统筹账户，8% 进入个人账户，计算养老金的办法与职工相同。这样，一个制度内就有两种费率。由于企业缴费负担较重，从 2016 年开始，企业缴费费率曾几次降低，至 2020 年企业负担的费率已降至 16%。

基本养老保险提供的养老金由两部分组成，一部分是基于社会统筹账户发放的基础养老金，另一部分是个人账户养老金。基础养老金以当地上年度在岗职工平均工资和本人指数化月平均工资的平均值为基数，缴费每满 1 年发给 1%。个人账户养老金月标准为积累额除以计发月数，计发月数根据职工退休时人口预期寿命、本人退休年龄、利息等因素确定，针对 50 岁、55 岁以及 60 岁退休的实际计发月数规定为 195 个月、170 个月和 139 个月。如果参保人去世后个人账户上还有余额，则其法定继承人可以继承；如果个人账户发放完毕参保人还存活，则可以从社会统筹账户继续获得个人账户相同的养老金。这就意味着在养老金领取阶段，统筹账户和个人账户的产权是混淆的。同时，制度规定基本养老保险待遇设有随物价和工资上涨的调整机制。

基本养老保险待遇的领取条件是达到法定退休年龄和最低缴费年限满 15 年。目前，中国关于职工法定退休年龄的政策仍然沿用的是 20 世纪 50 年代初劳动保险的规定，即男性的退休年龄为 60 岁，女性干部和女性职工分别为 55 岁和 50 岁。虽然近年关于延迟退休的呼声不断提高，但尚没有正式政策出台。

城镇职工基本养老保险开始实施时基本都是以县市为统筹单元。为了均衡地区间的差异，中央政府一直努力提高统筹层次。"十四五"期间有望实现全国统筹。

2. 城镇职工基本养老保险制度的现状及问题

1997年至今，基本养老保险制度发展迅速，其资金来源多元化、管理规范化，为数以亿计的退休人员提供了收入保障。截至2021年年底，全国参加城镇职工基本养老保险的人数已经达到4.807 4亿人，其中离退休人员1.315 7亿人，基金支出56 481亿元，折合人均每月养老金3 577.37元。基本养老金起到了为退休人员提供基本生活保障的作用。但是，在迅速发展的同时，也存在一些比较突出的问题：

（1）统账结合、混账运行的结构性问题。制度设计的初衷是以社会统筹兼顾公平、以个人账户兼顾效率，此设计的用意是良好的，却造成了一些问题：一是社会统筹账户收入不足当期支出，个人账户一直被挪用以弥补统筹给付的不足，这导致个人账户一直处于"空账"状态，而不是积累起来。二是个人账户计息的问题。在2015年之前，个人账户计息率为一年期银行利率，长钱短息，参保人利益受损；2015年以后，个人账户改为按工资增长和物价增长水平计息，计息水平都相当高，这可以保护参保人的利益，但是高利率并无实际资产背书，快速增加的制度负债为将来的收支平衡埋下隐患。

（2）低参保门槛、低缴费年限、低退休年龄等参量引起的不可持续问题。通过设计低档费率降低门槛，从而扩大覆盖面、维持赡养比，制度财务的负面影响已开始显现，因为个体工商户、灵活就业人员会选择在较高年龄时参保，并且缴费基数较低，所以这个群体的缴费水平低、老化水平更高。20世纪50年代中国人口预期寿命只有40多岁，2020年中国的人口预期寿命已达77.3岁，但退休年龄仍然沿用几十年前的规定，再加上缴费15年的领取养老金资格年限，若干制度参量综合作用，使得许多人缴费年限短、领取养老金年限长，制度财务平衡能力差，许多地方已收支不平衡，这也是推进全国统筹的主要原因。

（二）城乡居民基本养老保险制度的主要内容、现状及问题

1. 城乡居民基本养老保险制度的主要内容

年满16周岁（不含在校学生），非国家机关和事业单位工作人员及不属于职工基本养老保险制度覆盖范围的城乡居民，可以在户籍地参加城乡居民养老保险。

城乡居民养老保险基金由个人缴费、集体补助、政府补贴构成。

个人缴费是指，参加城乡居民养老保险的人员应当按规定缴纳养老保险费。缴费标准目前设为每年100元、200元、300元、400元、500元、600元、700元、800元、900元、1 000元、1 500元、2 000元12个档次，省（自治区、直辖市）人民政府可以根据实际情况增设缴费档次，最高缴费档次标准原则上不超过当地灵活就业人员参加职工基本养老保险的年缴费额，并报人力资源和社会保障部备案。人力资源和社会保障部会同财政部依据城乡居民收入增长等情况适时调整缴费档次标准。参保人自主选择档次缴费，多缴多得。

集体补助是指，有条件的村集体经济组织应当对参保人缴费给予补助，补助标准由村民委员会召开村民会议民主确定，鼓励有条件的社区将集体补助纳入社区公益事

业资金筹集范围。鼓励其他社会经济组织、公益慈善组织、个人为参保人缴费提供资助。补助、资助金额不超过当地设定的最高缴费档次标准。

政府补贴是指，政府对符合领取城乡居民养老保险待遇条件的参保人全额支付基础养老金，其中，中央财政对中西部地区按中央确定的基础养老金标准给予全额补助，对东部地区给予 50% 的补助。地方人民政府应当对参保人缴费给予补贴，对选择最低档次标准缴费的，补贴标准不低于每人每年 30 元；对选择较高档次标准缴费的，适当增加补贴金额；对选择 500 元及以上档次标准缴费的，补贴标准不低于每人每年 60 元，具体标准和办法由省（自治区、直辖市）人民政府确定。对重度残疾人等缴费困难群体，地方人民政府为其代缴部分或全部最低标准的养老保险费。

城乡居民基本养老保险在制度模式上参照职工制度设计了基础养老金加个人账户养老金相结合的待遇支付政策。政府对符合领取城乡居民养老保险待遇条件的参保人全额支付适时调整的基础养老金，个人缴费、地方政府对参保人的缴费补贴、集体补助等全部记入个人账户，个人账户储存额按国家规定计息。个人账户养老金的月计发标准为个人账户全部储存额除以 139。若参保人死亡，个人账户资金余额可以被依法继承。城乡居民基本养老险的领取条件为年满 60 周岁、累计缴费满 15 年，且未领取国家规定的其他基本养老保障待遇。

2. 城乡居民基本养老保险的现状及问题

城乡居民基本养老保险是国家为农村老年人提供的社会性制度帮助，这一制度的建立符合社会主义市场经济追求城乡统筹、缩小收入差别、全民共享社会经济发展成果的理念。截至 2021 年年末，城乡居民基本养老保险参保人数 5.479 7 亿人，实际领取待遇人数 1.621 3 亿人，基金支出 3 715 亿元，折合人均每月养老金为 190.95 元。基础养老金的发放不仅使得受益人获得一定收入保障，对增加社会总需求也有帮助。

然而，由于绝大多数参保人都选择以最低缴费档次参保，目前城乡居民基本养老保险制度的实质是"老年津贴＋低额个人储蓄"，并引发了一系列问题：

（1）城乡居民基本养老保险的制度属性成为难题。城乡居民基本养老保险由老年津贴和个人账户两部分组成：前者是一个普享的、按人头分配财政资金的保障制度，不是参保人之间分散风险的保险制度；后者是个人储蓄性的养老金，不具有社会互济功能，也不是保险制度。

（2）地方财政支出压力较大，待遇水平提升难度大。城乡居民基本养老保险中的基础养老金包括中央政府补贴和地方政府补贴两部分。现实情况是，在经济欠发达地区，城镇化水平低，需要补贴的人数多，但地方政府财力也低，导致经济欠发达地区待遇水平提升难度更大，对地方政府的财政支出压力也更大。这同时也解释了城乡居民基本养老保险待遇水平在全国范围内的不平衡和不充分。

（3）个人账户作用有限。城乡居民基本养老保险也有个人账户，但与职工基本养老保险不同，城乡居民基本养老保险个人账户的缴费是由参保人自愿选择缴费档次的。现实情况是，90% 以上的参保人选择最低缴费档次，2016 年的人均年缴费为 231 元，积累水平远不能满足参保人年老后的养老需求。

三、基本医疗保险制度的主要内容、现状及问题

中国的医疗保险经历了从无到有，从城镇到农村，从职工到农民，从人群的部分覆盖到基本全覆盖，从保住院到既保住院也保门诊的发展历程，制度筹资水平和保障水平不断提高，城乡居民医疗服务利用水平和健康水平也明显提高。

（一）城镇职工基本医疗保险制度的主要内容、现状及问题

1. 城镇职工基本医疗保险的主要内容

1998 年 12 月，《国务院关于建立城镇职工基本医疗保险制度的决定》颁布，职工医疗保险制度改革工作在全国范围内全面推进，标志着我国城镇职工社会医疗保险制度正式建立。城镇职工基本医疗保险制度的建制思路与职工基本养老保险基本一致，制度的主要内容包括：

（1）参保人群上，城镇所有用人单位、机关、事业单位、社会团体、民办非企业单位的职工和退休人员都必须参保。

（2）基金及其筹资上，基本医疗保险基金由统筹基金和个人账户构成。职工个人缴费为本人工资收入的 2%，全部计入个人账户；用人单位缴费为在职职工工资总额的 6% 左右，其中 70% 进入统筹基金，30% 划入职工个人账户。退休人员不缴费，同时从社会统筹基金划入资金到其个人账户。

（3）基金支付上，个人账户为职工本人所有，主要支付门诊费用，可以转结使用和继承统筹基金支付住院费用。基金支付受起付线、报销比例和封顶线约束。起付标准为当地职工年平均工资的 10% 左右，最高支付限额目前为当地职工年平均工资的 6 倍左右，起付标准以上、最高支付限额以下的医疗费用，主要由基金支付，但个人也要负担一定比例。超过限额的部分，通过实行职工大额医疗费用补助、公务员医疗费用补助、企业补充医疗保险和商业医疗保险等途径解决。

（4）保障范围上，通过药物目录、诊疗项目目录和医疗服务设施目录加以控制。被保人在三个目录范围内利用医疗服务、药物或设施所发生的费用，医疗保险按规定给予补偿。

（5）运行机制上，参照公务员法管理的基本医疗保险的经办机构是该制度的执行主体。2018 年新成立的国家医疗保障局主要负责医保基金监督管理、医保筹资和待遇调整、医保三个目录调整、医保定点医药机构协议与支付管理等相关内容的组织制定和监督实施。

2019 年，国务院印发《关于全面推进生育保险和职工基本医疗保险合并实施的意见》，生育保险和职工基本医疗保险合并实施，参加职工基本医疗保险的在职职工同步参加生育保险，生育保险基金并入职工基本医疗保险基金，两项保险统一征缴，统一经办管理。

2. 城镇职工基本医疗保险的现状及问题

截至 2021 年年底，全国参加城镇职工基本医疗保险人数已达到 3.543 1 亿人，其中参保职工 2.610 6 亿人，参保退休人员约 9 324 万人，当年职工医保基金（含生育保

险）收入 19 003 亿元，支出 14 747 亿元，统筹基金累计结存（含生育保险）17 686 亿元，个人账户累计结存 11 754 亿元。伴随着制度覆盖面的不断扩大，制度保障水平也在逐年提高。2021 年，职工医保政策范围内住院费用基金支付比例达 84.4%，各地统筹基金支付的门诊大病范围也不断扩大，一些地方还建立了普通门诊统筹，将个人自付超过一定限额的门诊费用纳入统筹基金支付范围。

在保障水平不断提高的同时，城镇职工基本医疗保险运行也存在一些问题，特别是关于个人账户和医保基金可持续问题。

（1）个人账户问题。基本医疗保险个人账户存在理论和实践上的若干问题。理论上，保险是分散风险的机制，保费是分散风险的成本，而进入个人账户的保费只能是风险自留的财务办法，它起不到分散风险和互助共济的作用。在实践上，个人账户资金大量沉淀，一是面临较大的贬值风险并损失参保人当期消费福利，造成效率损失；二是因板块式报销推高住院率而导致浪费，并被滥用于非医疗领域。此外，退休职工不缴费但按比例从统筹基金中划转的做法，不仅不符合医疗保险制度的即期权利与义务相平衡原则，也混淆了统筹基金和个人账户的产权。2019 年，政策规定用人单位缴费不再进入个人账户，但职工个人缴费仍然进入个人账户，统账结合模式仍然没有发生变化。目前已有部分地区进行了职工医保家庭共济账户的探索。

（2）医保基金可持续性问题。随着人民群众健康保障需求的不断攀升、药品和医疗技术的革新与应用，加上制度自然老化带来的较为沉重的抚养比、医疗资源倒配等导致的一定资源浪费，医疗卫生费用呈不断增长之势。与此同时，一些制度参数与设计依然维持在旧有水平，导致职工医疗保险统筹基金面临财务不可持续的艰巨挑战。一直以来，都有相当数量的统筹地区出现基金当期收不抵支，并且不同省份的基金当期收支状况存在明显差别，省际基金收支结余差距悬殊。国家医疗保障局成立以来，通过加强基金运行管理、建立高效医保支付机制、建立健全基金监管机制等方式，不断努力提高职工医疗保险统筹基金的稳健可持续水平。

（二）城乡居民基本医疗保险制度的主要内容、现状及问题

1. 城乡居民基本医疗保险的主要内容

2016 年，国务院颁布《关于整合城乡居民基本医疗保险制度的意见》，提出整合城镇居民基本医疗保险和新型农村合作医疗两项制度，建立统一的城乡居民基本医疗保险制度，以实现城乡居民公平享有基本医疗保险权益，增进社会公平正义。经过整合后的城乡居民基本医疗保险的主要制度内容包括：

（1）参保人群上，城乡居民医保制度覆盖范围包括现有城镇居民医保和新农合所有应参保（合）人员，即从制度上覆盖除职工基本医疗保险应参保人员以外的其他所有城乡居民。农民工和灵活就业人员依法参加职工基本医疗保险，有困难的可按照当地规定参加城乡居民基本医疗保险。

（2）基金及其筹资上，继续实行个人缴费与政府补助相结合为主的筹资方式，鼓励集体、单位或其他社会经济组织给予扶持或资助。总体来说，到目前为止，政府、集体出资占多半，个人出资是小部分，尤以经济发达地区为明显。例如，2021 年，北京市老年人人均筹资标准为 4 600 元，其中个人缴费 340 元，财政补助 4 260 元；学生

儿童人均筹资标准 1 970 元，其中个人缴费 325 元，财政补助 1 645 元；劳动年龄内居民人均筹资标准 2 790 元，其中个人缴费 580 元，财政补助 2 210 元。

（3）保障的内容及水平上，遵循保障适度、收支平衡的原则。和职工基本医疗保险制度一样，城乡居民基本医疗保险也设有起付线、报销比例和封顶线约束的规定。城乡居民医保基金主要用于支付参保人员发生的住院和门诊医药费用。无论是住院保障还是门诊保障都是在三个目录的范围内提供补偿，这一点与城镇职工基本医疗保险是一样的，只是由于筹资水平较低，城乡居民医保目录的范围会更小。此外，各地普遍建立了针对多发病、常见病的普通门诊统筹，针对部分门诊费用较高的慢性病、特殊疾病的门诊慢特病保障，减轻了包括高血压、糖尿病患者在内的城乡居民医保患者门诊负担。

2. 城乡居民基本医疗保险的现状及问题

截至 2021 年年底，参加全国城乡居民基本医疗保险的人数达 10.086 6 亿人，其中成年人、中小学生儿童、大学生分别占参保总人数的 73.7%、24.4%、2.0%。城乡居民基本医疗保险基金收支规模不断扩大，2021 年居民医保基金收入 9 724 亿元，支出 9 296 亿元，参加人员共享受待遇 20.81 亿人次，政策范围内住院费用基金支付比例 69.3%。

城乡居民基本医疗保险为广大人民群众提供了基本医疗费用的保障，基本解决了城镇居民看病的问题，投入产出比较高，但仍然存在以下问题：

（1）非强制参保问题。尽管我国基本医保的官方统计覆盖率达 95% 以上，但许多微观数据显示，实际参保率可能不足 95%，距离人人有保险还有一段距离。没有参保的人群，多为应参加城乡居民基本医疗保险的弱势群体，包括未成年人、流动人口、城镇未就业者等，尤其 6 岁以下婴幼儿的参保率较低。

（2）筹资机制问题。城乡居民基本医疗保险实行个人缴费与政府补助相结合为主的筹资方式，政府财政按人头定额补助，并且在其中占有较大的比重。这种筹资机制一方面使财政陷入"无出口死循环"，给财政带来不断增长的巨大压力，另一方面也因自愿参保的制度设计而使得更多参保人愿意加入居民基本医保而非职工基本医保，不利于制度健康发展，也不利于制度筹资和保障水平的提高。

（3）保障水平不足问题。尽管城乡居民基本医保以较低的筹资水平实现了相对较高的保障水平，但是，城乡居民基本医保的实际住院费用中，基金支付比例并不高，2019 年的个人负担比例为 40.3%，仍有部分居民基本医保参保人承担着较高的医疗费用负担。同时，经济发展水平不同的各个地区的保障水平相差较大，更加凸显了制度的地区不平衡和欠发达地区的保障水平不充分。

3. 大病保险制度的内容与现状

目前中国的大病保险机制包括始于 2010 年的内嵌于新农合的大病保障、始于 2012 年的重特大疾病救助、始于 2012 年的城乡居民大病保险。

2010 年，新农合开始探索大病保障，优先选择 6 种危及儿童生命健康、医疗费用高、经积极治疗预后较好的重大疾病开展试点工作。2012 年 8 月，国家发改委等六部门颁布《关于开展城乡居民大病保险工作的指导意见》，建立城乡居民大病保险，作为对城镇居民基本医保和新农合发生高额大病医疗费用的补充。2012 年，新农合将大病保障范围扩大到 22 个病种，并且将新农合对相关病种的实际补偿比例提高到本省（自治区、直辖市）限定费用的 70% 左右。

2015 年，国务院颁发《关于全面实施城乡居民大病保险的意见》，正式建立大病保险制度，成为基本医疗保障制度的扩展和延伸，以期对大病患者发生的高额医疗费用给予进一步保障，防止发生家庭灾难性医疗支出。大病保险覆盖所有城乡居民基本医疗保险参保人群，从城乡居民基本医保基金中划出一定比例或额度作为大病保险资金，原则上实行市（地）级统筹。2020 年，国家医疗保障局等部门发布的《关于做好 2020 年城乡居民基本医疗保障工作的通知》要求，全面落实大病保险起付线降低并统一至居民人均可支配收入的一半，政策范围内支付比例提高到 60%，并鼓励有条件的地区探索取消封顶线。

大病保险在缓解因病致贫、因病返贫的问题上起到了重要作用，对基本医疗保险起到了有效的补充作用，但大病保险在运行中暴露的问题也十分突出，特别是由商业保险公司经办大病保险时，由于业务的公益性性质，使得经办保险公司面临利润率限制等诸多制约，经常状况很不乐观。

本章小结

1. 社会保险是国家立法强制征集社会保险费（税），并形成社会保险基金，当被保险人发生相关风险时，制度给以损失补偿或提供收入的风险分散制度，它主要包括养老保险、医疗保险、失业保险、工伤保险、生育保险。在社会保障的历史上有两个里程碑：一是德国在 1883 年首创社会保障制度；二是在 1935 年美国建立全面社会保障制度，并将社会保障制度化。社会保险与商业保险既有联系也有区别。

2. 社会保险费率的计算、保费的征收、保费的负担方式、社会保险的财务制度以及社会保险基金的运用构成了社会保险制度运行的主要内容。多数国家在保费的征收方面采用的是比例保费制，负担主体多为雇主和雇员双方；财务方面多为现收现付制度；基金多用于购买政府债券和公共投资。由于人口老龄化的发展，在养老社会保险项目上，一些国家开始采用完全或部分积累制，在基金运用上开始多样化投资。

3. 20 世纪 80 年代开始，中国对以企业为单位分散风险的社会保险制度进行了改革，使之成为独立于企业之外的社会化管理的社会保险制度。经过几十年的发展，当前中国社会保险制度主要包括四个险种：基本养老保险、基本医疗保险、失业保险和工伤保险。在城乡统筹发展的思想指导下，整合建立了城乡居民基本养老保险和城乡居民基本医疗保险，与城镇职工基本养老保险和城镇职工基本医疗保险并行发展。

重要概念

社会保险	比例保费制	均等保费制	现收现付制
完全积累制	养老社会保险	医疗社会保险	

思考题

1. 有了商业保险，为什么还要社会保险？
2. 哪种社会保险费征收方式较好？为什么？
3. 现收现付制度不能应对人口老龄化，个人积累账户制度能否有效解决人口老龄化条件下的养老问题？
4. 如何控制社会医疗保险的成本？
5. 如何认识城乡统筹背景下，基本社会保险的整合路径选择？

即测即评

请扫描右侧二维码，进行即测即评。

主要参考文献

1. 康辛.苏联国家保险［M］.北京：中华书局，1953.

2. 王效文，孔涤庵.保险学［M］.台北：商务印书馆，1970.

3. 李嘉华，魏润泉，陈继儒.保险学概论［M］.北京：中国金融出版社，1983.

4. 园乾治.保险总论［M］.李进之，译.北京：中国金融出版社，1983.

5. 陈云中.保险学［M］.台北：五南图书出版公司，1984.

6. 汤浚湘.保险学［M］.台北：三民书局，1984.

7. 王育宪，王巍.保险经济论［M］.北京：中国经济出版社，1987.

8. 张旭初.保险新论［M］.北京：中国金融出版社，1989.

9. 邓大松.保险经营管理学［M］.成都：西南财经大学出版社，1993.

10. 林宝清.保险发展模式论［M］.北京：中国金融出版社，1993.

11. 刘茂山.保险经济学［M］.天津：南开大学出版社，1993.

12. 王海柱.保险管理学［M］.成都：西南财经大学出版社，1993.

13. 庄咏文，乌通元，吴越.保险法教程［M］.北京：法律出版社，1993.

14. 潘履孚.保险学概论［M］.北京：中国经济出版社，1995.

15. 陈继儒.新编保险学［M］.上海：立信会计出版社，1996.

16. 威廉姆斯，汉斯.风险管理与保险［M］.陈伟，张清寿，王铁，等译.北京：中国金融出版社，1996.

17. 孙积禄.保险法论［M］.北京：中国法制出版社，1997.

18. 刘茂山.保险学原理［M］.天津：南开大学出版社，1998.

19. 马鸣家.保险代理基础知识［M］.北京：中国商业出版社，1998.

20. 普雷切特，丝米特，多平豪斯，等.风险管理与保险［M］.孙祁祥，等译.北京：中国社会科学出版社，1998.

21. 魏华林.保险法学［M］.北京：中国金融出版社，1998.

22. 中国保险学会.中国保险史［M］.北京：中国金融出版社，1998.

23. 庹国柱.保险学［M］.北京：首都经济贸易大学出版社，1999.

24. 姚海明，段昆.保险学［M］.上海：复旦大学出版社，1999.

25. 赵春梅，陈丽霞，江生忠.保险学原理［M］.大连：东北财经大学出版社，1999.

26. 陈朝先.保险学［M］.成都：西南财经大学出版社，2000.

27. 袁宗蔚.保险学：危险与保险［M］.北京：首都经济贸易大学出版社，2000.

28. 沃恩，沃恩．危险原理与保险［M］.8 版．张洪涛，等译．北京：中国人民大学出版社，2002.

29. 胡炳志，刘子操．保险学［M］.北京：中国金融出版社，2002.

30. 刘子操，刘波．保险概论［M］.北京：中国金融出版社，2002.

31. 许布纳，布莱克，韦布．财产和责任保险：第 4 版［M］.陈欣，等译．北京：中国人民大学出版社，2002.

32. 布莱克，斯基博．人寿与健康保险：第 13 版［M］.孙祁祥，郑伟，等译．北京：经济科学出版社，2003.

33. 兰虹．保险学基础［M］.成都：西南财经大学出版社，2003.

34. 申曙光．现代保险学教程［M］.北京：高等教育出版社，2003.

35. 汪祖杰．现代保险学导论［M］.北京：经济科学出版社，2003.

36. 许谨良．保险学［M］.上海：上海财经大学出版社，2003.

37. 王绪瑾．保险学［M］.北京：经济管理出版社，2004.

38. 徐文虎，陈冬梅．保险学［M］.上海：上海人民出版社，2004.

39. 张洪涛，郑功成．保险学［M］.北京：中国人民大学出版社，2004.

40. 张虹，陈迪红．保险学教程［M］.北京：中国金融出版社，2005.

41. 孙祁祥．保险学［M］.4 版．北京：北京大学出版社，2009.

42. 李珍．社会保障理论［M］.3 版．北京：中国劳动社会保障出版社，2013.

43. 许飞琼．财产保险［M］.北京：高等教育出版社，2014.

44. 许飞琼，郑功成．财产保险［M］.北京：中国金融出版社，2015.

郑重声明

高等教育出版社依法对本书享有专有出版权。任何未经许可的复制、销售行为均违反《中华人民共和国著作权法》，其行为人将承担相应的民事责任和行政责任；构成犯罪的，将被依法追究刑事责任。为了维护市场秩序，保护读者的合法权益，避免读者误用盗版书造成不良后果，我社将配合行政执法部门和司法机关对违法犯罪的单位和个人进行严厉打击。社会各界人士如发现上述侵权行为，希望及时举报，我社将奖励举报有功人员。

反盗版举报电话 （010）58581999 58582371

反盗版举报邮箱 dd@hep.com.cn

通信地址 北京市西城区德外大街 4 号 高等教育出版社法律事务部

邮政编码 100120

防伪查询说明

用户购书后刮开封底防伪涂层，使用手机微信等软件扫描二维码，会跳转至防伪查询网页，获得所购图书详细信息。

防伪客服电话 （010）58582300

网络增值服务使用说明

使用微信扫描本书内置的二维码，输入封底防伪二维码下的 20 位密码进行微信绑定后即可免费访问相关资源。（只需输入一次，再次使用不必输入。注意：微信绑定只可操作一次，为避免不必要的损失，请您刮开防伪密码后立即进行绑定操作！）